Robertson McQuilkin

Biblische Ethik

Eine Einführung in biblisch begründetes
Denken und Handeln

Biblische Ethik

Eine Einführung in biblisch begründetes Denken und Handeln

Robertson McQuilkin

-EDITION
2. TIMOTHEUS 3,16
BIBLISCHE THEOLOGIE

Bibelzitate nach der Revidierten Elberfelder Übersetzung.
R. Brockhaus Verlag Wuppertal und Zürich

McQuilkin, Robertson
Biblische Ethik
Eine Einführung in biblisch begründetes
Denken und Handeln

ISBN 3-89436-317-7

Titel des amerikanischen Originals:
An Introduction to Biblical Ethics

Originally Published by Tyndale House Publishers, Inc. Wheaton Illinois.
Translated by permission of Tyndale House Publishers.

Satz: Enns Schrift & Bild, Bielefeld
Umschlaggestaltung: Werbestudio 71a, Wuppertal
Druck: GGP Media, Pößneck

Printed in Germany

Für *Muriel,*
durch die die Worte dieses Buches
zu meinem ewigen Gewinn
Gestalt angenommen haben.

Inhalt

Vorwort

Leben wir eigentlich richtig? Diese Frage bewegt den Menschen – zumindest zeitweise in seinem persönlichen Leben – elementar. Bezogen auf die Gesellschaft drängt diese Frage jedoch stets an die Oberfläche und verlangt nach einer möglichst für alle verbindlichen Antwort. Diese Frage ist deshalb so relevant, weil das Verhalten des Individuums immer wieder an Grenzen stößt; Grenzen, die Konflikte heraufbeschwören – mit dem Nächsten, innerhalb einer Gruppe, mit dem Staat und u. U. in mir selbst, wenn sich das eigene Gewissen zu Wort meldet. Auch der nichtreligiöse Staat ist darauf angewiesen, Grundwerte festzulegen, auf deren Grundlage Gesetze formuliert werden und nach denen sich der Bürger richten muss. Ein Zusammenleben wäre sonst nicht möglich. Doch reicht das aus? Auch die höchsten irdischen Instanzen müssen sich fragen lassen, ob sie in ihrem Menschenbild, in ihren Werten und in ihren ethischen Entscheidungen gemäß diesen Werten nicht zu kurz greifen. Eine »christliche Ethik« sucht ihren Ausgangspunkt jenseits der materiellen Welt bei der höchsten Instanz überhaupt, bei Gott. Sie basiert auf der Überzeugung, dass der Schöpfer unserer Welt für seine geschaffene Welt die umfassendsten und grundlegendsten Werte gibt, nach denen der Mensch leben und sein Menschsein auf die bestmögliche Weise verwirklichen kann. Eine »biblische Ethik« geht darüber hinaus; sie gründet sich auf die Überzeugung, dass Gott seinen Willen klar und deutlich geoffenbart hat – in der Bibel. Sie entfaltet daher ihre Grundsätze und Prinzipien auf der Grundlage der Heiligen Schrift. Hier liegt der Ausgangspunkt der »Einführung in die Biblische Ethik« von Robertson McQuilkin, wie der Titel in direkter Übersetzung des amerikanischen Originals lautet. Eine »Einführung« deshalb, weil dieses Werk von vorneherein nicht vollständig sein will und kann. Warum nicht?

Geradezu verlockend wäre es, für jedes ethische Detail in Bezug auf unsere moderne Gesellschaft und unser Leben als Christen eine klare und deutliche Anweisung zu bekommen. Doch so einfach hat Gott es uns nicht gemacht. Indem er uns als verantwortungspflichtige und – fähige Menschen erschuf, beabsichtigte er, dass wir es lernen, in seinem Sinne zu denken und zu handeln. D. h. nichts anderes, als dass Gott den Menschen in seinem Bilde erschuf und den in Sünde gefallenen Menschen wieder in sein Bild umgestalten möchte. Diese Umwandlung kann nur so geschehen, dass der Mensch sich dem Anspruch Gottes stellt und Gottes Weg zu seiner Umwandlung beschreitet. Dieser besteht in einer wesensmäßigen Neuwerdung, er wird nicht erreicht durch bloßes Befolgen von richtigen Anweisungen bei passenden Gelegenheiten. Gott geht es darum, dass wir durch Verinnerlichung seines Wesens aus eigenem Antrieb heraus richtig, d. h. in seinem Sinne, handeln. Seine Gebote sind dazu Leitlinien, an denen wir uns messen sollen, durch die wir aber auch das Grundproblem erkennen können, das unser Dasein prägt: die Sünde in uns. Wir sind also auf Hilfe angewiesen. Eine biblische Ethik beginnt an dem Punkt, wo wir unsere Hilflosigkeit anerkennen, dann aber nach dem Mittel greifen, das uns aus dieser Hilflosigkeit zu verantwortlich handelnden Menschen Gottes macht, die in dieser Welt den so notwendigen Hoffnungsakzent setzen. Damit strahlt ein wenig von dem göttlichen Licht hinein in die Dunkelheit einer immer mehr orientierungslos gottlosen Welt.

Robertson McQuilkins »Biblische Ethik« bleibt also eine »Einführung«, jedoch reicht sie in Einzelheiten z. T. sehr weit in die Belange des Lebens auf staatlicher, gesellschaftlicher und persönlicher Ebene hinein. Dabei ist auch von untergeordneter Bedeutung, dass McQuilkin als Amerikaner natürlich häufig auf die Situation in den Vereinigten Staaten Bezug nimmt, wo manche Verhältnisse gewiss anders sind als in Europa. Jedoch sind die Grundgedanken und einzelnen Schlüsse ohne weiteres anwendbar und zum größten Teil übertragbar auf unsere eigene Situation. Andererseits ist es sogar interessant – und im Hinblick auf die zunehmende Globalisierung auch wertvoll – dadurch ansatzweise Verständnis für gewisse Aspekte »amerikanischer Prägung« zu gewinnen, die bei uns anders gesehen oder gewichtet werden.

Was kann der Leser von diesem Standardwerk »Biblische Ethik« nun erwarten? Er bekommt – wie es der deutsche Untertitel ausdrückt – eine »Einführung in biblisch begründetes Denken und Handeln«, das ohne weitere Umschweife ansetzt im Zentrum biblischer Offenbarung, was Gottes Wille für den Menschen ist: die Zehn Gebote. Einer tiefgehenden Analyse und Anwendung des Dekalogs vorausgeschickt werden die grundlegenden Themen der Bibel wie »Liebe«, »Gesetz«, »Sünde« und »Tugend« sowie die Problematisierung einer modernen Ethik-»Variante«, die in den 70-er und 80-er Jahren kontrovers diskutiert wurde und die bestrebt war, sich als umfassende »Ersatzethik« an Stelle einer christlich begründeten Ethik zu etablieren. Diese sogenannte *Situationsethik* hat auch bei uns ihre Auswirkungen, zumindest in der Hinsicht, dass sie einer Individualisierung ethischer Überzeugungen und Handlungsweisen Vorschub geleistet hat. Die Irrwege der Situationsethik können jederzeit neu beschritten werden, so dass es weiterhin wichtig ist, ihre Hinterfragung nachzuvollziehen und ihre Spuren im eigenen Denken und Handeln auszumachen.

Einige praktische Hinweise im Detail: Natürlich geht McQuilkin von der amerikanischen Gesellschaft aus, von der er das Rassenproblem, die spezifische Form der Gerichtsurteile (z. B. *Roe versus Wade* zum Problem Abtreibung), das Schulgebet und die Demokratie in der Verantwortung des Christen für den Staat deutlich herausstellt. Auch sollte man sich nicht stören an der häufig gebrauchten Bezeichnung »Pastor«, die bei uns mit den Großkirchen verbunden wird, in Amerika jedoch meist nur den Gemeindeleiter oder Prediger meint. Taucht der Begriff »Kirche« auf, so bezieht er sich z. T. auf eine Gemeinschaft gläubiger Christen und sonst auf die Institution Kirche in der Gesellschaft. Ist von Fundamentalisten die Rede, so ist eine extrem rechte Position gemeint, mit der bei uns niemand sympathisiert. Zwei Entscheidungen des Autors sehen wir als vielleicht problematisch an: 1. In Afrika soll der Ehemann nach seiner Bekehrung eine bisherige zweite Frau nicht entlassen. 2. Wiederverheiratung nach Scheidung: Für unschuldige Partner bei Ehebruch steht die Wiederverheiratung offen, unter der Voraussetzung, dass »nicht gebunden« in 1. Korinther 7,15 »frei zu heiraten« bedeutet (siehe die weiteren Erläuterungen dazu auf Seite 219-229 und 304).

Ein ganz wichtiger Gesichtspunkt ist folgender: Man muss sich ein wenig in die Darstellungsweise der einzelnen Themen einlesen und nicht sofort jede genannte Position als die vom Autor bevorzugte Lösung betrachten, sondern weiterlesen und die Zusammenfassung abwarten. Auch die gelegentlich auftretende unterschwellige Ironie sollte man nicht voreilig ablehnen.

Wir hoffen und beten, dass sich dieses gründliche und seit 1989 verfügbare Werk (überarbeitet und aktualisiert im Jahr 1995) von Dr. Robertson McQuilkin nun auch für den deutschen Leser als wertvolle Hilfe erweist, sein Leben nach den göttlichen Maßstäben zu gestalten, wie sie uns in der Bibel übermittelt sind. Wir wünschen uns eine weite Verbreitung und von diesem Werk ausgehend einen nachdrücklichen Anstoß, neu über echte Werte und deren Umsetzung nachzudenken und mutig die Aufgabe anzugehen, »Licht der Welt« und »Salz der Erde« zu sein.

Der Verlag
im Juni 2003

Einführung

Ethik kann als ein System moralischer Werte und Pflichten bezeichnet werden. Es hat damit zu tun, wie der ideale Charakter des Menschen beschaffen ist und wie er am besten handelt. Was sollte eine Person tun oder unterlassen zu tun? Welche Haltungen und welches Verhalten soll als gut angesehen werden? Und *warum* sollten sie für gut gehalten werden? Was ist der höchste Grad von Gutsein, »das Hauptziel des Menschen«, der Zweck der menschlichen Existenz? Dies sind die Fragen, die das Studium der Ethik zu beantworten sucht.

Es gibt viele Versuche, Antworten auf diese Fragen zu finden, aber alles Nachforschen in diesem Buch wendet sich an die Heilige Schrift und prüft alle Texte, die sich mit jeder ethischen Frage befassen. Wir tun dies aufgrund der Überzeugung, dass die Bibel den Willen Gottes für das menschliche Verhalten offenbart, und weil wir von ihrer Glaubwürdigkeit überzeugt sind. Obwohl wir auch andere Quellen zu Hilfe nehmen könnten, um biblische Wahrheiten zu verstehen und anzuwenden, werden wir die Bibel als unsere letzte Autorität verwenden. Und wir beabsichtigen, biblische Prinzipien und sogar ihre direkten Anweisungen anzuwenden, aber wir wollen nur so weit gehen, wie die Heilige Schrift selbst geht, und wir werden nicht stärker gewichten als die Bibel selbst es tut. Wir nennen unsere Studien deshalb »Biblische Ethik«.

»Eine Einführung«, wie es im Untertitel heißt, impliziert, dass das Studium jeglicher Teilbereiche der Ethik nicht erschöpfend sein kann. Wir werden trotzdem versuchen, auf zweierlei Weise umfassend zu sein. Wir werden zuerst alle grundsätzlichen Elemente genau zur Kenntnis nehmen, sodass der Leser durch ein intensiveres Studium sein Verständnis in dem Vertrauen erweitern kann, dass seine Grundlage zuverlässig ist. Wir werden darüber hinaus versuchen, alle wesentlichen ethischen Themen im Überblick zu erfassen, sowohl die klassischen und zeitgenössischen als auch die persönlichen und gesellschaftlichen. Obwohl einige Menschen die persönliche Ethik von der gesellschaftsbezogenen Ethik trennen, werden wir versuchen, sie zu integrieren, weil wir der Überzeugung sind, dass nur wenige Themen ausschließlich persönlich sind und dass gesellschaftliche Probleme nur gelöst werden können, wenn einzelne Personen ihre Verantwortung wahrnehmen.

Bevor Sie sich mit unserem Vorgehen vertraut machen, könnte es sich als hilfreich erweisen, innezuhalten und zu beobachten, wie die Ethik in Beziehung zu anderen Disziplinen steht – Philosophie, Psychologie, Soziologie, Politikwissenschaft und Religion – und wie man sich bisher ethischen Fragen genähert hat.

Seit es das Bestreben der *Philosophie* ist, die Bedeutung aller Dinge herauszufinden, wurde Ethik traditionell als ein Teil der Philosophie angesehen. Christliche Ethik wäre demnach Teil einer christlichen Philosophie oder dessen, was wir als systematische Theologie bezeichnen.

Wenn ein neues ethisches Problem in der Gesellschaft entsteht wie z. B. Euthanasie oder Homosexualität, ziehen Zeitungsreporter oft einen Professor der *Psychologie* zu Rate, der gerade in greifbarer Nähe ist. Genauso viel Sinn – wenn nicht sogar mehr – würde es machen, einen Kellner im Restaurant um die Ecke zu befragen. Psychologie ist beschreibend und kann uns, mit größerer oder geringerer Präzision, nur sagen, was der Durchschnittsmensch tut und was dabei herauskommt, wenn man den Durchschnitt zum Maßstab erhebt. Es fehlt der Psychologie jede Autorität, Aussagen darüber zu machen, wie das menschliche Verhalten sein *sollte*. Da ihr diese Autorität fehlt und da alle ihre Schlussfolgerungen vorläufigen Charakter haben, ist sie in ihrem Verfahren relativistisch. Viele Psychologen zwingen allerdings auch der Ethik diese Relativität auf und lehnen alle Normen ab. Zum Beispiel kann uns Psychologie helfen zu verstehen, was einen Konflikt erzeugt, aber ob wir diese Auskunft benutzen, um den Konflikt zu verursachen oder ihn beizulegen, hängt von unseren Werten ab. Es ist historisch gesehen Fakt, dass psychologische Kenntnisse von einigen Menschen benutzt wurden, um Konflikte zu erzeugen. Und dies ist ein ethisches Problem, nicht ein psychologisches. Psychologie hilft Leuten zu verstehen, *warum* sie machen, was sie tun, und wie sie sich verändern können; die Ethik sagt ihnen, *was* sie tun *sollten*.

Andere Wissenschaften, die sich mit menschlichem Verhalten auseinandersetzen wie *Soziologie* und *kulturelle Anthropologie* sind der Psychologie ähnlich. Wenn diese Disziplinen zur beschreibenden Wissenschaft erhoben würden, die uns sagen, wie Gesellschaften und Kulturen funktionieren und was durch ein bestimmtes Verhalten und durch gesellschaftliche Einrichtungen als Ergebnis entsteht, dann wären sie für Politiker und für normale Bürger sehr nützlich.

Zum einen, um sich selbst zu verstehen, und zum anderen, wie sie erfolgreicher darin sein könnten, ihr Handeln zu ändern. Doch diese Wissenschaften sind zunehmend normativ geworden, indem sie moralische (kulturelle) Relativität oder seit neuerem wieder mehr humanistische Wertvorstellungen auferlegen. Der Verhaltensforscher hat natürlich jedes Recht, sich seine eigenen Werte auszusuchen und sie zu empfehlen. Aber es fehlt ihm jede Autorität, die sich von seiner Disziplin ableitet, um über ethische Inhalte zu sprechen.

Politikwissenschaft andererseits sollte viele Disziplinen miteinander vereinen, einschließlich der Einsichten der Verhaltensforschung und vor allem der Ethik. Die Welt leidet, weil so viele Politiker Mittel und Ziele ohne ethische Kontrollen wählen. Jeder, der Menschen führt, sollte sich vor allem auf Ethik spezialisieren. Die erste Frage sollte sein: Was ist richtig?, und nicht: Was dient am besten meinen Interessen? oder: Wie ist gegenwärtig die Meinung in meinem Wahlkreis? oder: Was ist möglich? Pragmatik ist das Spezialgebiet des Politikers, und die Verhaltensforschung kann ihm sicherlich helfen, Antwort auf die Frage zu finden, wie ein vorgegebenes Ziel am besten erreicht werden kann. Aber die Kontrolle über die Wahl des Zieles, muss die Ethik übernehmen.

In welcher Beziehung steht Ethik schließlich zur *Religion*? Das kann von der jeweiligen Definition von Religion abhängen. Religion befasst sich mit dem Übernatürlichen, mit dem Glauben an und dem Dienst für einen Gott. Wenn dem so ist, kann man den klassischen Konfuzianismus kaum als eine Religion bezeichnen, da er ausschließlich ein ethisches System war. Auf der anderen Seite: Ist Ethik ein wesentlicher Bestandteil der Religion? Wenn das zutrifft, dann ist der Shintoismus in Japan nicht qualifiziert, da er eine amoralische Sammlung von Ritualen ist. Die Definition von Religion ist sowohl für Gelehrte als auch für Gesetzgeber eine unklare Angelegenheit. Aber für den Durchschnittsmenschen sollte Religion einen vorrangigen Bezug zum moralischen Lebenswandel haben, mit klaren Normen für das Verhalten. Wenn dieser einfache Gedanke richtig ist, dann sollte Religion – obwohl umgeben von Philosophie, Ritualen und anderen Elementen – sich zu Fragen der Ethik äußern. Die meisten Leute betrachten ihre eigene Religion als höchst ethisch. Sie antwortet mit höchster Autorität auf die grundlegende Frage, zu welchem Zweck jemand da ist und was er zu tun hat und warum er überhaupt existiert. Wenn es zwischen Religionen überhaupt etwas Gemeinsames gibt, dann sicherlich auf dem Gebiet der Ethik.

Wir wollen nicht sämtliche ethischen Systeme analysieren, aber ein kurzer Überblick wird denen eine Hilfe sein, die wissen wollen, wie unsere Methode in Beziehung zu anderen Systemen steht. Die Ethik teilt sich traditionell in naturalistische und transzendentale Ethiken.

Naturalistische Ethiken – in denen man den Bereich des Geistlichen oder Religiösen ausschließt – teilen sich in die humanistische und individualistische (egoistische) Ethik. Humanistische Ethik glaubt an den höchsten Wert und die höchste Vervollkommnung der menschlichen Persönlichkeit durch den Menschen selbst; als moralisch gut wird das Streben nach dem Wohl für die Menschheit erachtet. Einige Humanisten haben moralische Richtlinien ausschließlich aus ihrer eigenen Vernunft abgeleitet, wohingegen andere jede absolute Norm für menschliches Verhalten ablehnen. Die andere Linie naturalistischer Ethik, *egoistische* oder *individualistische Ethiken*, denkt nicht in Begriffen der gesamten Menschheit und ihres Wohlergehens, sondern gründet ihre ethischen Entscheidungen auf den persönlichen Nutzen. Die griechischen Individual-Ethiken in der Vergangenheit teilten sich in die Stoiker und Hedonisten. Der Stoiker war den Naturgesetzen und allen Ereignissen gern untertänig, wohingegen der Hedonist allein das Vergnügen für das einzig oder hauptsächlich Gute hielt. Moralische Pflicht wird in Verbindung mit Befriedigung erfüllt.

Transzendentale Ethik wird oftmals unterteilt in theologische Ethik und philosophischen Idealismus, wie wir ihn bei Immanuel Kant, William James und Ralph Waldo Emerson finden. Beide Richtungen behaupten den Vorrang des Geistigen oder des Allgemeinen im Gegensatz zum Empirischen und Materiellen, um ethische Normen zu setzen. Das ethische System der meisten Religionen könnte als »Theologische Ethik« bezeichnet werden.

Es gibt viele Gemeinsamkeiten der wesentlichen christlich-theologischen Ethiken, aber um unsere Position zu klären, werden wir eine grobe Vereinfachung riskieren, indem wir zwei Kategorien theologischer Ethiken bilden: eine antinomistische (wörtlich: »gegen das Gesetz«) und eine absolute Ethik.

Menschen, die gegen das Gesetz opponieren, tun dies aus verschiedenen Gründen und in verschiedenen Graden. *Situationsethiken* sind zum Beispiel antinomistisch in dem Sinne, dass sie jegliche Gesetze außer dem Gesetz der Liebe ablehnen. Viele liberale Ethiker und linksgerichtete Evangelikale sind so sehr von radikaler Bibelkritik und von spät-behavioristischen Vorentscheidungen beeinflusst geworden, dass ihr ethisches Denken nicht mehr von der Autorität der Bibel gelenkt wird. Einige verwerfen jegliche ethische Autorität der Heiligen Schrift, indem sie die Bibel als Sammeltopf vergangener religiöser Erfahrungen benutzen, wohingegen andere daraus einige biblische Prinzipien auswählen und als universell normativ anerkennen. Beide neigen zu einem »absoluten« oder, genauer, einem »verhältnismäßigen« Relativismus.

Schließlich gibt es die konservativen Dispensationalisten, die jegliches Gesetz als Forderung an den gläubigen Christen ablehnen. Diese extreme Form des Dispensationalismus wird von immer weniger Verfechtern vertreten. Obwohl sie im Prinzip die Autorität der Heiligen Schrift anerkennen, werden sie üblicherweise als antinomistisch bezeichnet, weil sie im Interesse der »absoluten

Gnade« jegliches Gesetz als Gesetz verwerfen und Prinzipien der Schrift mehr als hilfreiche Information betrachten, die für das Gewissen nicht bindend sind.

Unter den *Absolutisten* stehen sich *Konflikt-Absolutisten* und *Nicht-Konflikt-Absolutisten* gegenüber. Beide stimmen darin überein, dass die universellen Gesetze der Heiligen Schrift im absoluten Sinne Gehorsam von allen Menschen zu allen Zeiten fordern. Das Problem ist hier, dass es Situationen gibt, in denen man offenbar ein Gesetz brechen muss, um einem anderen zu gehorchen. Ein Beispiel: Einem Kind werden widersprüchliche Befehle von seinem Vater und seiner Mutter gegeben. Welchem von beiden gehorcht es? Der Konflikt-Absolutist würde sagen, dass solche Situationen eine tragische moralische Wahl darstellen, und dass der treue Gläubige das Geringere von zwei Übeln wählen und Gott um Vergebung für seine Sünde bitten muss. Der Nicht-Konflikt-Absolutist sagt, dass es keinen Konflikt im Willen Gottes geben kann. Also ist das, was scheinbar eine Wahl zwischen zwei Übeln ist, in Wirklichkeit keine, wenn sie aus einer biblischen Perspektive richtig verstanden wird. Es ist die Wahl zwischen Recht und Unrecht, und der Gläubige tut Recht daran, die Möglichkeit zu wählen, die unter anderen Umständen Unrecht bedeuten würde. Zum Beispiel trafen die Jünger die Entscheidung, Gott mehr zu gehorchen als der Obrigkeit (Apg 5), sie wählten nicht das Geringere von zwei Übeln, sondern taten das Rechte und erhielten dafür die Zustimmung von Gott.

Obwohl wir eher am biblischen Muster des praktischen Realismus festhalten, als dass wir logisch abstrakt über verschiedene ethische Theorien schlussfolgern, mag es sich als hilfreich erweisen, gleich zu Beginn den Blickwinkel dieses Buches festzustellen. Unsere Methode geht davon aus, dass universelle biblische Normen absolut sind und dass diese absoluten Normen – richtig verstanden – nicht im Gegensatz zueinander stehen werden. Damit ist formal betrachtet die Position dieses Buchs eine *nicht in Konflikt stehende absolutistische, transzendentale, theologische Ethik.* Obwohl wir die verschiedenen theologischen Systeme nicht analysieren werden, wird diese Position herausgestellt werden, wenn der Unterschied in den Standpunkten zum Konflikt in Bezug auf ethische Entscheidungen führt.

Wir sind mehr darum bemüht, die Bibel ihre eigene Ordnung setzen zu lassen, als den Aussagen der Bibel ein logisch gefolgertes System von Ethik aufzuerlegen. Deshalb beginnen wir mit dem, was die Schrift als Grundlage aller Ethik ausweist: Liebe. Anschließend werden wir die göttlichen Maßstäbe für das menschliche Verhalten analysieren – Gesetz – und dann dieses große Thema der Heiligen Schrift behandeln, das im Detail mit dem Bruch des Gesetzes zu tun hat – Sünde. Nachdem diese grundsätzlichen biblischen Lehren dargelegt sind, werden wir innehalten, um die wichtigsten aktuellen Situationsethiken zu betrachten. Danach wird der Großteil der Ausführungen dazu bestimmt sein, bestimmte ethische Standards der Heiligen Schrift anhand der Kategorien der zehn Gebote zu prüfen. Daran anschließen wird die Berücksichtigung von drei Aspekten, die nicht so ohne weiteres zu den Zehn Geboten passen: der Christ und die Gesellschaft; ethische Fragen, in deren Beantwortung sich Christen unterscheiden, und der Wille Gottes in Bezug auf nicht-ethische Angelegenheiten.

Unsere grundlegende Voraussetzung bei der Interpretation der Heiligen Schrift ist, dass sie allein die letzte Autorität in ethischen Angelegenheiten ist und jegliche ethische Belehrung von der Heiligen Schrift her für uns normativ ist, außer wenn die Schrift selbst den angesprochenen Personenkreis einschränkt oder ihre Lehre modifiziert. Dies bedeutet, dass die hier vertretene Position in mancher Hinsicht weniger herausfordernd sein wird als die zeitgenössische evangelikale Sichtweise und in anderer Hinsicht wiederum herausfordernder als diese. Antike kulturelle Forschungsergebnisse werden benutzt, um die Intention der biblische Schreiber zu untermauern, sie werden aber nicht benutzt, um die Lehre zu verändern oder gar aufzugeben. Historische Texte können u. U. benutzt werden, um die Lehre der Heiligen Schrift zu bekräftigen, aber der bloße Bericht eines Ereignisses ohne ein biblisches Urteil bezüglich dessen Ethik wird nicht benutzt werden, um Richtlinien für Verhalten festzulegen. Die Ausnahme von dieser allgemeinen Regel für die Hinzunahme von anderen Quellen der Geschichte ist, dass jede Handlung, die Gott oder seinem Sohn zugeschrieben wird, als ausreichender Beweis anerkannt wird für die Tatsache, dass diese Handlung moralisch war.

Welches Studium könnte für den Christen wichtiger sein, als den Willen Gottes für sein Leben herauszufinden? Wir wenden uns jetzt dem aufregenden Studium göttlicher Maßstäbe für das Verhalten des Christen zu. Dieses Studium enthüllt nicht, wie wir diesen Richtlinien gehorchen sollen oder wie wir in unserer Ähnlichkeit zu Jesus Christus wachsen können. Das ist ein anderes Thema: die Lehre von der Heiligung. Ethik beantwortet nicht die Frage nach dem »Wie«. Aber vor dem »Wie« des christlichen Wachstums kommt das »Was« der biblischen Ethik. Und das »Was« oder das Ziel des Christenlebens ist nichts weniger als das wiederhergestellte Bild Gottes. Wir wollen uns jetzt der genauen Betrachtung zuwenden, welche Art von Menschen wir sein werden in Bezug auf unser Denken und Handeln, wenn wir mehr und mehr ihm ähnlicher werden.

Teil 1

Grundlegende Betrachtungen

Kapitel 1 Liebe

Dichter und Liebende – und auch einige Theologen – sagen uns, dass Liebe das Größte der Welt ist. Aber was ist Liebe eigentlich? Die menschliche Sprache scheint nicht in der Lage zu sein, eine Leidenschaft zu erfassen, von der man sagt, sie setze so die Vorstellungskraft in Flammen, dass man es nicht beschreiben kann; eine Norm, die einen solchen Stachel in das Gewissen treibt, dass man es nicht ertragen kann.

Liebe ist so schwer zu definieren, dass sich die biblische Vorstellung von Liebe im Wortschatz keiner Sprache finden lässt – nicht einmal im Altgriechischen, das dazu ausersehen war, die Offenbarung der göttlichen Wahrheit zu übermitteln.

Das Griechisch der Antike weist vier verschiedene Bezeichnungen für Liebe auf, aber selbst alle zusammen können die biblische Vorstellung von Liebe nicht erfassen. Die jüdischen Gelehrten, die das hebräische Alte Testament in die griechische Sprache übersetzen mussten (bekannt als die »Septuaginta«), wählten das Wort *agape*, um den hebräischen Begriff für Liebe, *aheb*, auszudrücken, wahrscheinlich weil es den willensmäßigen Aspekt oder den der Auswahl enthielt, der den übrigen griechischen Begriffen fehlte. *Agape* war jedoch ein nüchterner, intellektueller Begriff für diese mitmenschliche Beziehung und wurde im klassischen Griechisch nur wenig gebraucht. Die Bibel selbst musste ihn mit tieferer Bedeutung füllen.

Im Englischen wie im Deutschen gibt es ähnliche Probleme. Die Übersetzer der *Authorized Version* verschmähten das schlichte angelsächsische Wort »love« und wählten statt dessen das vom Lateinischen abgeleitete Wort *charity* (Nächstenliebe). Und was ist aus diesem Wort geworden? Selbst nach Jahrhunderten des Einflusses durch den weit verbreiteten Gebrauch der Heiligen Schrift ist das heutige Englisch (ebenso wie auch das Deutsche) immer noch unzulänglich:

»Ich liebe Würstchen und Mixgetränke.«
»Ich liebe mich, ich liebe meinen Hund.«
»Stürmische Liebe«
»Peter liebt Ulrike.«
»Denn also hat Gott die Welt geliebt ...«

Ob unter den Stämmen Afrikas oder unter den Sirioni, versteckt im Dschungel des Amazonasgebietes, überall haben Übersetzer darum gerungen, wie man *agape* am besten übersetzt. Vielleicht ist die biblische Vorstellung von Liebe deshalb so schwierig auszudrücken, weil sie so wenig gelebt wurde und deswegen niemals eine treffende Bezeichnung zugewiesen bekam. Als ein Übersetzer versuchte, 1. Johannes 4,1 (*»Geliebte, wenn Gott uns so geliebt hat, sind auch wir schuldig, einander zu lieben«*) in die Sprache der Sirioni zu übersetzen, deckte er die Wurzel des weltweiten menschlichen Problems auf.

»Die Sirioni werden das niemals tun«, sagte Echobe, sein Assistent unter den Eingeboren.

»Nein, auf sich allein gestellt kann man das nicht. Aber es ist Gott, der uns befähigt, uns gegenseitig zu lieben.«

Echobe antwortete: »Wir Sirioni sagen: ›So sind wir nun mal‹ und nehmen uns weiter das Recht, uns gegenseitig zu provozieren, zu bekämpfen und Gottes Wort zu ignorieren. Selbst wenn Gott uns zu Hilfe kommt, ist es nicht sehr wahrscheinlich, dass wir uns gegenseitig lieben.« Kein Wunder, denn das Wort dafür fehlt in jeder Sprache!

Gottes umfassender Wille in Bezug auf das, was Menschen sein und tun sollen, hängt an diesem Gebot: »Du sollst lieben.« Was also erwartet Gott von uns?

Die biblische Definition von Liebe

Es gibt zwei innere und zwei äußere Aspekte bei dem, was die Bibel unter Liebe versteht. *Liebe* ist ein Substantiv, das vielleicht eine besondere Art von Gefühl anzeigt, aber *lieben* ist ein Verb, das betont, wie wir uns verhalten sollen. Der innere Aspekt konzentriert sich auf Gefühl, Einstellung und Motiv. Der äußere Aspekt konzentriert sich auf das Wollen, Auswählen, Handeln: die Art und Weise, wie man lebt.

Die inneren Aspekte der Liebe

Das Alte Testament spricht von Liebe als einem spontanen Gefühl, das danach drängt, sich hinzugeben.[1] Dies traf gleichermaßen auf Gott wie auf den Menschen zu. Wenn der Mensch Gott »liebte«, bedeutete dies, dass er Gefallen an Gott fand, sich impulsiv nach ihm ausstreckte und ihn um seiner selbst willen suchte. Von Gottes Seite aus bedeutete es ein warmherziges, starkes Gefühl von Zuneigung, wie es z. B. eine gesunde Eltern-Kind-Beziehung kennzeichnet, die auch als Illustration für die Art und Weise dient, wie sich Gott, der Vater, zu Israel, seinem Sohn, verhält. Die Bundesbeziehung zwischen Gott und seinem Volk Israel ist auf Liebe gegründet. Während in der Vater-Sohn-Beziehung der rechtliche Aspekt und der Bundescharakter der Beziehung stärker hervorgehoben wird, wird im Bild der ehelichen Beziehung zwischen Gott, dem Ehemann, und Israel, der Ehefrau, besonders die brennende Liebe und freundschaftliche Verbundenheit betont. Den Höhepunkt der Enthüllung dieser tiefen Liebesbeziehung finden wir beim Propheten Hosea und seiner von ihm so sehr geliebten ehebrecherischen Frau. Diese Analogie der Vater-Sohn-Beziehung und der Verbindung von Braut und Bräutigam wird im Neuen Testament fortgesetzt. Sie konzentriert sich auch dort auf die warmherzige Zuneigung und treue Verbundenheit zwischen zwei Personen, die eine tiefe Liebe zueinander empfinden.

Der innere Aspekt der Liebe ist jedoch mehr als ein Gefühl. Es ist ein Lebensstil, eine Lebenseinstellung. Alttestamentlern bereitet es Probleme, eine passende Übersetzung für ein anderes hebräisches Wort, *chesded*, zu finden. In einigen Übersetzungen heißt es *Güte*, andere reden von *unerschütterlicher Liebe*, weitere von *beständiger Liebe*. Ganz gewiss ist Gottes Liebe unerschütterlich und zuverlässig – eine Grundhaltung, die sich niemals bei ihm ändern wird und die alles beherrscht, was er tut. Das hat etwas mit Verpflichtung zu tun. Gottes Art zu lieben besteht nicht darin, dass er sich ab und zu versuchsweise dazu durchringt. Seine Bundestreue und Liebe reichen von Jung bis Alt, von Generation zu Generation, für alle Zeiten und von Ewigkeit zu Ewigkeit. Dieser immer währenden Liebe bleibt er durch alle Umstände hindurch treu, sogar wenn sie auf Ablehnung stößt. Liebe ist in der Bibel also kein vorübergehendes Gefühl, sondern ein Lebensstil, eine Einstellung, eine Beziehung mit bleibender Verpflichtung in Bezug auf das Wohl des anderen.

Es gibt jedoch noch ein weiteres Element beim inneren Aspekt der biblischen Liebe: die Liebe als Antriebskraft, als Motiv, als Beweggrund. In der Tat geht man nicht zu weit, wenn man sagt, dass Liebe die einzig wirkliche Antriebskraft überhaupt ist. Die Wurzel jeder Wahl, die ein Mensch trifft, und der Grund jeder seiner Taten ist die Liebe, sei es nun pure Eigenliebe oder die Nächstenliebe. Immer ist die Liebe das dynamische Element, das uns antreibt, der Katalysator, der uns veranlasst, unsere Gedanken in Taten umzusetzen.

Einige sprechen von der Ehre Gottes als Antriebskraft. Aber streng genommen ist Ehre kein Motiv. Wenn ich z. B. die Ehre meiner Frau suche, kann das Motiv durchaus meine eigene Ehre sein. Wenn sie in den höchsten Tönen gelobt wird, kann es noch weitaus ehrenvoller für mich sein, sie für mich gewonnen und auch bei mir gehalten zu haben. Natürlich kann ich beabsichtigen, sie gegenüber anderen in das beste Licht zu stellen, weil ich sie und nicht mich selber liebe. Aber mein *Beweggrund* dafür ist nicht *ihre* Ehre. Mein Beweggrund ist *meine* Liebe, auf die eine oder andere Weise.

Auch wird der Missionsbefehl als Beweggrund bezeichnet. Aber ich kann jedem Gebot Gottes Gehorsam leisten, weil ich mich selbst liebe – und das ist modern.

Ein Pastor kann so hart arbeiten, dass er Magengeschwüre bekommt, und doch nur, um sich auf Erden oder im Himmel einen Namen zu machen. Ich kann großzügig geben, um auf andere Eindruck zu machen, oder für den Herrn zeugen aus Angst vor den Konsequenzen, wenn ich es nicht tue. Aus diesem Grund kann ich meine eigene Ehre suchen, weil ich mich selbst liebe. Oder es kann mir völlig gleichgültig sein, was die Leute über mich denken. Ich kann auf Vergnügen aus sein oder auf Geld. Aber Geld, Vergnügen und Ehre sind keine Beweggründe; es sind Mittel, durch die ich Erfüllung für mich suche. Das trifft ebenso zu auf mein Bestreben, Gott zufrieden zu stellen oder meinen Nächsten. Der grundlegende Antrieb, die treibende Kraft, der letzte Beweggrund menschlicher Aktivität ist Liebe.

Später werden wir noch sehen, wie die Bibel Selbst- und Nächstenliebe behandelt und wie die Konflikte zwischen beiden gelöst werden können. Aber im Moment kommt es uns darauf an, klar zu definieren, inwiefern Liebe in der Bibel ein Gefühl, eine Einstellung und eine Antriebskraft ist.

Unser bisheriger Blickpunkt auf die inneren Aspekte der Liebe verschiebt sich sofort auf die äußeren Aspekte, wenn wir den Begriff *Motiv* einführen. Motiviert zu was? Zu handeln! Also wenden wir uns nun von der Liebe als einer inneren Reaktion zur Beschreibung des Verhaltens einer von der Liebe motivierten Person.

Die äußeren Aspekte der Liebe

Die Bibel betont viel mehr, was die Liebe tut, als das, was sie fühlt. Deswegen braucht man sich nicht zu wundern, warum jene, die das hebräische Alte Testament ins Griechische übersetzten, den etwas farblosen Begriff *agape* dem starken, kraftvollen *eros* und dem warmherzigen, liebevollen *philia* vorzogen. Der

Vorzug von *agape* beruht auf seiner Betonung der Auswahl und des Handelns, was in den anderen Begriffen nicht enthalten ist. *Eros* (das nicht mit dem heutigen Verständnis von erotischer oder sexueller Leidenschaft gleichzusetzen ist) als Ausdruck von Leidenschaft kann man am besten mit einem Rauschzustand vergleichen. Es gibt keine Wahl, keinen Willen, keine Freiheit für denjenigen, der sich in den alles überwältigenden Fängen von *eros* verstrickt.[2] *Agape* jedoch bezieht sich auf eine freie, beschlossene Tat, die vom Handelnden selbst bestimmt wird, nicht von der Anziehungskraft des Objekts, wie es beim leidenschaftlichen *eros* oder bei der warmherzigen, aber verbindlich-verpflichtenden *philia* der Fall ist. Der vorrangige Wesenszug biblischer Liebe ist die Tat.

Wie im Alten Testament ist auch im Neuen Liebe oft mit Gehorsam verbunden – die äußere Reaktion auf eine innerlich vorhandene Liebe. Wir werden aufgefordert zu lieben. *»Du sollst den Herrn, deinen Gott, lieben ... Du sollst deinen Nächsten lieben wie dich selbst«* (3Mo 19,18; 5Mo 6,5; Mt 22,37-39). *»Wenn ihr mich liebt, so werdet ihr meine Gebote halten«* (Joh 14,15). *»Denn dies ist die Liebe Gottes, dass wir seine Gebote halten«* (1Jo 5,3; 2Jo 1,6). Die erste Frage, die uns die Schrift stellt, ist nicht: Was fühlst du gegenüber dieser Person?, sondern eher: Welche Entscheidung muss du in Bezug auf diese Person treffen?

Natürlich ist der Mensch ein ganzheitliches Wesen und kann nicht aufgeteilt werden, z. B. in Verstand, Wille und Gefühl. Da jedoch ein ganzheitlicher Mensch sowohl willensmäßig als auch gefühlsmäßig »reagiert«, ist es angemessen zu sagen, dass die eine Tat vom Willen bestimmt ist, während die andere mehr von Gefühlen gesteuert wird. Man kann willentlich seinen Gefühlen zuwider handeln. Genau das tat Jesus Christus, als sein Herz (seine Gefühle) ausrief: *»Vater, lass diesen Kelch an mir vorübergehen!«* und er trotzdem entschlossen war, nach dem Willen seines Vaters zu handeln, entgegen seinen persönlichen Wünschen oder Gefühlen. Vom Standpunkt der Bibel aus beweist sich Liebe durch den Entschluss, Liebe zu üben, nicht durch die Intensität des Gefühls. Willentliche Liebe steht über der gefühlsbetonten Liebe. Das ist von allerhöchster Wichtigkeit, denn es kann sein, dass man seine gefühlsmäßige Reaktion nicht unter Kontrolle halten kann. Aber durch Gottes Gnade können wir uns entschließen, Liebe zu üben, unabhängig davon, was wir gerade fühlen.

Manche behaupten, dies sei unaufrichtig. Wir müssten in Übereinstimmung mit unseren Gefühlen handeln, sagt man. Sonst würde man in Versuchung geraten, den anderen über seine eigenen wahren Gefühle zu täuschen. Aber diese Denkweise reduziert eine Person auf nur eine Möglichkeit zu reagieren. Ich bin aber nicht nur ein Mensch mit Gefühlen, ich bin ebenso jemand, der sich entscheiden kann – ganz zu schweigen von Intelligenz, Verpflichtung und vielen anderen Aspekten meiner Person. Wenn ich mir gegenüber ehrlich sein will, dann muss ich zu mir als Ganzes ehrlich sein; ich muss in Übereinstimmung mit meinem ganzen Wesen handeln. Und darüber hinaus muss ich auch Gott gegenüber aufrichtig sein und in Übereinstimmung mit seinem Willen und meiner Verpflichtung ihm gegenüber handeln. Das ist in der Tat eine befreiende Wahrheit – ich kann mich für das Wohl eines anderen einsetzen unabhängig davon, was ich ihm gegenüber oder der Handlungsweise gegenüber fühle, die Gott von mir erwartet. Aufrichtigkeit macht es zum Beispiel nicht erforderlich, dass ein Sohn gegenüber seinem Vater Feindseligkeit äußert oder sonst ein unangemessenes Gefühl. Und Liebe lässt dies nicht zu. Gehorsam aus Liebe Gott gegenüber wird den Sohn sich gegenüber dem Vater zurückhalten lassen bis sein hasserfülltes Gemüt durch Gottes Gnade geheilt ist. Und es wird noch mehr möglich sein: der Entschluss, beständig auf dem Weg der Liebe zu bleiben. Die liebende Tat löscht die Schuld liebloser Gefühle zwar nicht aus, aber es ist ein erster Schritt in die richtige Richtung.

Wenn wir sagen, aus Liebe handeln habe Vorrang vor den Gefühlen der Liebe, so bedeutet dies nicht, dass mit der liebenden Tat die Vorstellung der Bibel von Liebe schon ausgeschöpft ist. Ohne das Gefühl kann Liebe zwar wahrhaftig sein, jedoch ist sie so nicht vollständig. Wenn wir aus Liebe handeln, wird normalerweise auch das Empfinden bald folgen. Deshalb kann man im biblischen Sinne lieben, ohne jedoch Zuneigung zu empfinden. Es wird sogar von uns gefordert, aus Liebe zu handeln, unabhängig davon, was wir fühlen.

Tätige Liebe hat einen negativen und einen positiven Aspekt. Die so genannte »Silberne Regel« spricht davon, dass man vermeiden soll, jemandem Schaden zuzufügen – oder: »Was du nicht willst, dass man dir tu, das füg auch keinem andern zu!« Der große chinesische Lehrer Konfuzius und der berühmte jüdische Rabbi Hillel haben dies gelehrt. Aber das ist nur blasser Schatten der Goldenen Regel, nach der wir den anderen das tun sollen, was wir wünschen, dass sie es uns tun (Mt 7,12). Liebe nach der Bibel ist positiv und aktiv – sie ist beständig auf das Wohl der anderen bedacht und handelt entsprechend. Es zu vermeiden, seinen Feind zu töten, hat sicherlich mit Liebe zu tun, aber sein Leben für die Feinde zu geben, ist der höchste Akt der Liebe überhaupt (Joh 15,13).

Genau genommen kann die Silberne Regel leicht das genaue Gegenteil zur Goldenen Regel werden. Dies wird besonders deutlich in einer Kultur, in der die Silberne Regel vorherrschend ist. Nach der Aussage des japanischen Philosophen Kitomori liegt die Silberne Regel einem weit verbreiteten japanischen Wesenszug zugrunde: Distanz halten. Die beste Möglichkeit zu vermeiden, jemandem Schaden zuzufügen, ist, sich von ihm fernzuhalten. So kommt es, dass der Japaner sich ungeheuer verpflichtet fühlt gegenüber denen, mit denen er eng verbunden ist (Familie, Arbeitsplatz), sich gegenüber aller weiteren Verantwortung aber unerbittlich verweigert. Liebe jedoch bindet sich freiwillig. Liebe im biblischen Sinne handelt, was auch immer es kosten mag.

Daraus ergibt sich die Definition von Liebe als eine Zuneigung oder ein Streben zum Wohl des anderen hin zu der Verpflichtung, zu seinem Vorteil zu handeln. Normalerweise ist genau das die Eigenschaft von Liebe, nämlich dass sie sich von der Einstellung zur Tat bewegt. Wenn jedoch die inneren Aspekte der Liebe fehlen, kann man einfach damit beginnen, aus Liebe zu handeln, also mit dem äußeren Aspekt, und es dem Gefühl überlassen, sich anzuschließen, wann immer es möchte. Und dies ist kein Ausweichen, kein unerwünschter Ausweg. Nein, *aus Liebe zu handeln, ohne ein Gefühl der Liebe zu empfinden, kann sogar der Kern biblischer Liebe sein* – gerade hierin besteht der starke Kontrast zur normalen menschlichen Liebe. Wir bezeichnen dies auch als sich aufopfernde Liebe. Diese Liebe strömt in beide Richtungen – freudig von der Zuneigung zur Tat oder voller Schmerz über die Brücke des Kreuzes – eben »trotzdem«, egal wie sehr man sich auch nach einem anderen Weg sehnt: *»Nicht mein Wille, sondern der deine geschehe.«*

Wenn die inneren Aspekte (Liebe als Zuneigung und als Beweggrund) zu einem Zustand führen, der durch eine beständige Haltung der Liebe gekennzeichnet ist, werden die äußeren Aspekte (Liebe als Entschluss und Tat) zu einem von Liebe geprägten Lebensstil führen. Diese Lebensweise kann aber offensichtlich nicht zum Ausdruck kommen, wenn man sich isoliert. Liebe verlangt nach einem Gegenüber.

Wir haben uns bisher auf die Person konzentriert, welche Liebe übt, nicht auf die, welche Liebe empfängt. In welcher Beziehung stehen beide zueinander? Im Idealfall beruht Liebe natürlich auf Gegenseitigkeit. Zuneigung wird durch Zuneigung erwidert; eine Tat aus Liebe wird durch eine ebensolche beantwortet.

Erwiderte Liebe und Liebe, die nicht erwidert wird

Einige verunglimpfen vergeltende Liebe, indem sie sie als »bedürfnisorientiert« oder als »Tauschgeschäft« bezeichnen. Sie sind der Meinung, es sei unwürdig zu erwarten oder gar zu wünschen wiederzubekommen, was man in andere an Liebe investiert hat. Aber es passiert leicht, dass man »geistlicher« sein will als die Bibel selbst. C. S. Lewis sagt dazu:

> »Wir müssen uns hüten, bedürftige Liebe ›nur Selbstsucht‹ zu nennen. ›Nur‹ ist immer ein gefährliches Wort. Ohne Zweifel kann man der bedürftigen Liebe, wie all unseren Trieben, selbstsüchtig freien Lauf lassen. Ein tyrannisierendes und gieriges Fordern von Zuneigung kann grauenhaft sein. Aber niemand bezichtigt normalerweise ein Kind des Egoismus, weil es bei seiner Mutter Trost sucht ... Jeder Christ wird bestätigen, dass die geistliche

> Gesundheit eines Menschen direkt abhängig ist von seiner Liebe zu Gott. Aber die Liebe des Menschen zu Gott ist ihrem Wesen nach größtenteils und oft ausschließlich bedürftige Liebe. Das ist offensichtlich, wenn wir um Vergebung unserer Sünden oder um Beistand in unseren Nöten bitten. ... Nur ein dummdreistes Geschöpf könnte sich vor seinen Schöpfer hinstellen mit den prahlerischen Worten: »Ich bin kein Bettler. Ich liebe dich selbstlos.«[3]

In der Tat, sogar Gott erwartet einen »Rückfluss seiner Investition«. Er ersehnt und wünscht es, geliebt zu werden (Hos; Mt 22,37; Joh 4,23; Offb 3,20). Aber der Unterschied ist folgender: Er fordert die Gegenliebe nicht. Er macht Gegenliebe nicht zur Bedingung, bevor er selber liebt (Röm 5,6-8). Wir Menschen tun das immer. *Eros* war für die alten Griechen und ist auch für den modernen Menschen die leidenschaftliche Liebe, die den anderen *für sich selbst* begehrt. Wir geben nur so lange, wie wir auch empfangen – oder so lange, wie wir zu empfangen hoffen. Aber bei Gottes Liebe geht es nicht um die Frage: Wie sehr werde ich selbst geliebt?, sondern vielmehr: Wie sehr liebe ich?

Deshalb liegt das Gewicht der biblischen Liebe auf der Qualität des Subjekts, auf dem liebenden Charakter dessen, der liebt, nicht auf der Qualität des Objekts: ob es wertvoll, attraktiv oder würdig genug ist, geliebt zu werden. Jesus Christus erklärte dies in allen Einzelheiten an verschiedenen Beispielen (Lk 6,27-35). Er lehrte, dass es nichts Besonderes ist, wenn wir die lieben, die uns auch lieben. Wir spiegeln erst dann die göttliche Liebe wider, wenn wir uns aus freien Stücken dazu entschließen, die zu lieben, die es nicht verdienen.

Gegenseitige Liebe ist dennoch das Ideal: im anderen reichlich Anlass zur Wertschätzung zu finden, sich hingezogen zu fühlen, überwältigt von dem Wunsch zu geben. Wir geben, weil wir es wollen, nicht weil wir müssen – wir erfreuen uns an dem, den wir lieben. Dann wiederum freuen wir uns, von dem, den wir lieben, Liebe zu empfangen. Wenn unser Gegenüber nicht liebenswert ist oder das Gefühl der Liebe nicht vorhanden ist, gerade dann strahlt das Wesen gebender Liebe in höchstem Glanz.

Biblische Liebe ist also eine liebevolle Haltung, die den Liebenden dazu drängt, sich beständig für das Wohl des anderen einzusetzen, unabhängig davon, ob dieser es verdient hat und ob er diese Liebe erwidert.

Wir haben versucht, Liebe zu definieren. Aber ihre Länge, Breite, Tiefe und Höhe übersteigt bei weitem das, was wir erfassen können. Was sollen wir machen? Wenn man einen abstrakten Gedanken oder ein umfangreiches Thema verstehen will, ist es oftmals notwendig, es durch Beschreibungen und Beispiele zu erklären. Wie gut, dass Gott uns beides in seinem Wort gegeben hat!

Definition von Liebe durch ihre Beschreibung in der Bibel

Die bekannteste Beschreibung von dem, was Liebe ist, hat Paulus niedergeschrieben (1Kor 13). Halten wir fest, dass er Beispiele sowohl für die inneren als auch für die äußeren Aspekte der Liebe gibt; Liebe als innere Haltung und Einstellung, aber ebenso Liebe als Tat. Auf der einen Seite prahlt Liebe nicht, ist nicht stolz oder selbstsüchtig, nicht nachtragend, freut sich nicht über das Böse, sondern über die Wahrheit, vertraut immer und hofft immer. Auf der anderen Seite tritt Liebe in Aktion: Sie ist geduldig und freundlich, nicht unverschämt und auch nicht leicht erregbar; sie beschützt andere und ist ausdauernd.

Die Schrift ist voll von zahlreichen weiteren Beschreibungen der Liebe. Liebe heuchelt nicht (Röm 12,9; 2Kor 6,6; 1Petr 1,22), Liebe tut dem anderen nichts Böses (Röm 13,10), sie gibt ihr Leben für andere hin (Joh 15,13), sie nimmt die Rolle eines Dienenden ein (Gal 5,13) und äußert sich als Bruderliebe (Röm 12,16; 1Thes 4,9; Hebr 13,1).

Obwohl die direkten Beschreibungen von Liebe so zahlreich sind, dass sie eine Herausforderung für die Dauer eines ganzen Lebens sind, scheinen die indirekten Beschreibungen fast unerschöpflich zu sein. Betrachten wir nur einmal die so genannten »wechselseitigen« Verben des Neuen Testaments. Wir werden nicht nur ausdrücklich 13 weitere Male dazu angehalten, einander zu lieben (Joh 13,34-35; 15,12.17; Röm 13,8; Gal 5,13; 1Thes 3,12; 4,9; 1Petr 1,22; 1Jo 3,11.23; 4,7.11-12; 2Jo 5), uns wird auch befohlen, füreinander Sorge zu tragen (1Kor 12,25), einander aufzunehmen (Röm 15,7), herzlich zueinander zu sein (Röm 12,10), einander mit heiligem Kuss zu grüßen (Röm 16,16; 1Kor 16,20; 2Kor 13,12; 1Petr 5,14), aufeinander zu warten (1Kor 11,33), freundlich gegeneinander zu sein (Eph 4,32), ehrerbietig einander voranzugehen (Röm 12,10), einander in Liebe zu ertragen (Eph 4,2; Kol 3,13), einander zu vergeben (Eph 4,32; Kol 3,13). Und weiter: Wir sollen uns nicht gegenseitig richten (Röm 14,13), nicht schlecht übereinander reden (Jak 4,11), einander nicht belügen (Kol 3,9), uns gegenseitig auch nicht »beißen« und »fressen« (Gal 5,15), uns nicht gegenseitig herausfordern (Gal 5,26) oder uns einer über den anderen beklagen (Jak 5,9).

Aber auch das ist nur ein Teil des Ganzen. Liebe ordnet sich auch dem anderen unter (Eph 5,21; 1Petr 5,5); jeder ist eigentlich auch zugleich Teil des anderen (*»Glieder voneinander«*, Röm 12,5; Eph 4,25); wir sollen in Frieden miteinander leben (Röm 12,16; 15,5); wir sollen uns zur gegenseitigen Erbauung dienen (1Thes 5,11), uns gegenseitig ermahnen (Röm 15,14; Kol 3,16), einander singen (Eph 5,19; Kol 3,16), einer den anderen ermutigen (1Thes 4,18; 5,11), uns gegenseitig unsere Sünden bekennen (Jak 5,16), einander dienen

(Gal 5,13; 1Petr 4,10), einer dem anderen die Füße waschen (Joh 13,14); untereinander Gastfreundschaft üben (Hebr 10,24), uns gegenseitig zur Liebe und zu guten Werken anreizen (Hebr 10,24), füreinander beten (Jak 5,16) und einer des anderen Lasten tragen (Gal 6,2). So unglaublich die Auflistung auch sein mag, es ist nur eine von zahllosen Belehrungen in der Schrift, welche die Einstellungen und die Verhaltensweisen der Liebe beschreiben.

Die vielleicht umfassendsten Beschreibungen der Liebe sind die Gebote in der Schrift. In unserem nächsten Kapitel werden wir uns deshalb intensiv mit dem Verhältnis zwischen Gesetz und Liebe beschäftigen. Doch im Augenblick können wir uns schon jetzt darauf einigen, dass die Gebote in der Schrift den Willen Gottes enthüllen für die, an welche er seine Gebote richtet. Und sein Wille besagt letztendlich, dass wir in moralischer Hinsicht ihm wesensgleich sein sollen. Da Gott Liebe ist, sollte es uns nicht überraschen, dass die gesamte alttestamentliche Offenbarung des Willens Gottes an dem einen Gebot der Liebe hängt (Mt 22,37-40). Als Jesus seinen Jüngern die »Goldene Regel« vorstellte, schloss er mit den Worten: *»... denn darin besteht das Gesetz und die Propheten«* (Mt 7,12). Paulus wiederholt diesen Gedanken: *»Denn das ganze Gesetz ist in einem Wort erfüllt, in dem: ›Du sollst deinen Nächsten lieben wie dich selbst‹«* (Gal 5,14). Und noch einmal sagt Paulus in Römer 13,8-9, dass dieses Gebot der Liebe die Summe der Zehn Gebote ist. Diese grundlegende Tatsache bei der Beziehung zwischen der Liebe und den Geboten in der Schrift bedeutet, dass jedes für Christen anwendbare Gebot ein Beschreibung dafür ist, wie Liebe sich äußert. Mit anderen Worten: Die Anweisungen der Schrift konkretisieren und definieren das Grundgesetz der Liebe.

Eine Beschreibung kann jedoch ein lebloser Moralkodex sein, eine Anweisung, die mich einschüchtert und durch ihre Verurteilung wie eine schwere Hand auf mir lastet, die mich durch ihre Komplexität verwirrt und mich durch ihre unerfüllbaren Forderungen betäubt, die meine Empfindungen verwischt, weil sie von meinen eigenen Erfahrungen so weit entfernt ist. Gott weiß, wie sehr wir Beispiele brauchen. Wir haben es nötig, Liebe illustriert zu bekommen, und so hat er selbst diese Aufgabe zu einem unermesslich hohen Preis übernommen.

Definition von Liebe durch Demonstration

Johannes sagt: *»Gott ist Liebe«* (1Jo 4,8.16). Dies ist der grundlegende Unterschied zwischen dem biblischen Konzept von Liebe und unserem eigenen. Die Bibel definiert Liebe durch das Wesen Gottes. Wir neigen dazu, Liebe ausgehend vom menschlichen Wesen zu definieren.

Wenn man sagt, dass Gott Liebe ist, heißt das nicht, Gott sei *gleich* Liebe.

Durch Liebe ist Gott nicht erschöpfend beschrieben. Er besitzt weitere Qualitäten wie z. B. Weisheit und Stärke; aber das bedeutet nicht, dass diese Wesenszüge Gottes auf Kosten der Liebe bestehen. Gott handelt immer aus Liebe, auch wenn er Gericht ausübt.

Noch einmal: »Gott ist Liebe« bedeutet nicht, dass Liebe mit Gott gleichzusetzen ist. Liebe existiert nicht einfach an sich wie eine Sache; sie hat schon gar nicht Persönlichkeitscharakter. Wenn man sagt, Liebe und Gott seien deckungsgleich, würde man die Liebe zum Gott erheben und aus ihr ein absolutes Prinzip machen, dem selbst Gott unterworfen wäre und nach dem er beurteilt werden könnte. Sowohl die Situationsethik als auch die »Christliche Wissenschaft« würden dazu neigen, dies zu tun. Vielmehr erhält Liebe ihr Wesen dadurch, dass Gott so ist. Er bestimmt den Begriff der Liebe durch sein Wesen. Er ist die Quelle wahrer Liebe (1Jo 4,7.19). Weil Gott selbst die Liebe definiert, trägt wahre menschliche Liebe gottähnlichen Charakter (1Jo 4,16).

Gott war nicht durch irgendeinen äußeren Zwang verpflichtet zu lieben. Lieben ist seine Art. Dies ist einer der größten Beweise für die Dreieinigkeit. Gott der Vater liebt Gott den Sohn und Gott den Heiligen Geist von aller Ewigkeit. Gott der Sohn liebt den Vater und den Geist, und der Geist liebt den Sohn und den Vater. Sie sind daher durch Liebe verbunden, und nur durch die Liebe zu anderen wurde diese göttliche Einheit am Kreuz unterbrochen, als der Sohn durch die Kraft des Geistes unsere Schuld auf sich nahm und Gott sich in seiner Eigenschaft als Richter von einem Teil seiner selbst abwandte.

Die Liebe Gottes ist die Grundlage für sein Handeln als Schöpfer und Erlöser. Er schuf den Menschen, weil er Liebe ist, und er wollte ein ihm entsprechendes Gegenüber, das er lieben und von dem er aus freien Stücken wiedergeliebt werden konnte. Als der Mensch diese ihm zugewandte Liebe Gottes verwarf, indem er die Beziehung zerbrach, fuhr Gott trotzdem fort, den Menschen zu lieben, weil Gott in seinem Wesen Liebe ist. Und das ist der Grund, warum die Geschichte der Erlösung des Menschen begann. Liebe wurde Mensch. Deshalb findet alles Leben seine letztendliche Bestimmung darin, von Gott geliebt zu werden und ihn zu lieben.

Durch sein Leben hat Jesus auf vollkommene Weise gezeigt, wie sich göttliche Liebe äußert. Und durch seinen Tod gab der den höchsten Beweis der Liebe. Er war unser Vorbild – an ihm können wir *sehen*, wie wir in Liebe wandeln sollen: *»... wie auch der Christus uns geliebt und sich selbst für uns hingegeben hat als Opfergabe und Schlachtopfer, Gott zu einem duftenden Wohlgeruch!«* (Eph 5,1-2). Wir können nun *sehen*, was es bedeutet, die Gesinnung dessen zu haben, *»der in Gestalt Gottes war und es nicht für einen Raub hielt, Gott gleich zu sein. Aber er machte sich selbst zu nichts und nahm Knechtsgestalt an, indem er den Menschen gleich geworden ist, und der Gestalt nach wie ein*

Mensch befunden, erniedrigte er sich selbst und wurde gehorsam bis zum Tod, ja, zum Tod am Kreuz« (Phil 2,6-8). *»Hieran haben wir die Liebe erkannt, dass er für uns sein Leben hingegeben hat; auch wir sind schuldig, für die Brüder das Leben hinzugeben«* (1Jo 3,16). Im ganzen Neuen Testament wird uns die Liebe Christi als Vorbild für uns vorgestellt: *»Dies ist mein Gebot, dass ihr einander liebt, wie ich euch geliebt habe«* (Joh 15,12).

Alles im Leben Christi stellt das liebende Wesen Gottes heraus, aber das Kreuz Christi demonstriert die Liebe Gottes viel klarer als irgendeine andere Tat eines Menschen in der ganzen Menschheitsgeschichte.

Christus selbst ist das vollkommene und lebendige Modell des Wesens Gottes; aber Gott erschafft in seiner Gnade dieses Wesen auch in solchen Menschen neu, die umkehren und wahre Liebe beweisen. In der Tat werden daran *»alle erkennen, dass ihr meine Jünger seid, wenn ihr Liebe untereinander habt«*, sagt deshalb in Johannes 13,35 der Herr Jesus zu seinen Jüngern.

> Pastor Son war ... ein feiner, klein gewachsener Mann – kaum 1,50 m groß. Seine größte Freude im Leben bedeuteten ihm seine beiden Söhne, Tong-In und Tong-Sin. Während des Krieges hatte sich Tong-In wie sein Vater geweigert, im Shinto-Heiligtum anzubeten und war deswegen durch die Japaner von der Schule verwiesen worden. Nach dem Krieg – im Alter von 24 Jahren – kehrte er an die höhere Schule zurück ... Im Oktober 1948 fegte ein kommunistischer Aufstand über diesen Teil Süd-Koreas hinweg, in dessen Verlauf junge Kommunisten in einem Schreckensregime die Kontrolle über die Schule übernahmen. Ein 19 Jahre alter Kommunist richtete seine Pistole auf Tong-In und befahl ihm, von seinem christlichen Glauben abzuschwören. Aber Tong-In bat ihn einfach darum, selbst Christ zu werden und den Weg christlicher Liebe zu gehen. Tong-Sin, sein jüngerer Bruder, lief herbei, um ihn zu retten. »Erschieße mich«, rief er, »und lass meinen Bruder am Leben!« »Nein!«, rief Tong-In. »Ich bin der Ältere. Ich bin es, der sterben sollte. Erschieße mich!« Der Kommunist erschoss sie beide ... Zwei Tage später wurde der Aufstand niedergeschlagen und der Mörder der beiden Jungen gefasst und vor Gericht gestellt. Pastor Son begegnete ihm, als er – die Hände auf dem Rücken gefesselt – sein Todesurteil erwartete. Pastor Son wandte sich an den kommandierenden Offizier: »Keine auch noch so schwere Strafe bringt mir meine Söhne wieder zurück«, sagte er zu ihm, »was gewinnen wir also durch den Tod dieses jungen Mannes? Überlassen Sie ihn doch mir, damit ich einen Christen aus ihm mache. So kann er all das in dieser Welt tun, was Tong-In und Tong-Sin nun nicht mehr tun können.« Zunächst von diesem Vorschlag konsterniert, stimmten die Befehlshaber schließlich widerwillig zu, so dass der junge Mann der Obhut des Vaters der

beiden Jungen übergeben wurde, die er ermordet hatte, und Pastor Son nahm ihn mit nach Hause.[4]

Gott beweist sein liebendes Wesen in seiner Gnade nicht allein durch seinen ewigen Sohn, sondern auch durch weitere Söhne und Töchter in jedem Land der Erde und zu allen Zeiten.

Fassen wir zusammen: Liebe ist eine herzliche Zuneigung, die eine Haltung mehr und mehr durchdringt, bis sie sich ganz auf den Nächsten konzentriert, ob er es nun wert ist geliebt zu werden oder nicht. Ist das nur »graue Theorie«? Schauen wir uns einmal die Einstellungen und Verhaltensweisen an, welche die Bibel als Gott wesensgleich beschreibt, und die Gebote, die den Willen Gottes offenbar machen – sie beschreiben den Weg, wie man Liebe im Leben verwirklichen kann. Ist das etwa erdrückend oder vielleicht verwirrend, nur weil es so vielfältig und komplex ist? Schauen Sie doch auf den Herrn Jesus. Er ist die vollkommene Darstellung, ja die göttliche Liebe in Menschengestalt. Doch es mag sein, dass Sie gerne etwas Sichtbares und Handfestes hätten. Dann suchen Sie einen wirklichen Christen und beobachten ihn. Natürlich nicht zu kritisch, denn es könnte ja sein, dass auch Sie jemand beobachtet. Wenn Sie dies alles berücksichtigen, werden sie entdecken, dass die göttliche Liebe unabhängig von Gefühlen wirksam ist, die Initiative ergreift und handelt, um das Wohl des anderen zu suchen.

Das Gegenüber biblischer Liebe

Die ganze Vielfalt der Möglichkeiten zu lieben kann in vier Gruppen unterteilt werden: Liebe zu Gott, Liebe zum Nächsten, Selbstliebe und Liebe zu Dingen. Es ist gut möglich, viele Menschen und auch viele Dinge gleichzeitig zu lieben und das ohne Konkurrenz oder Widerspruch. Aber oftmals gibt es dabei Zielkonflikte zwischen denen, die geliebt werden, und kaum etwas kann so schmerzvoll und zerstörerisch sein. Wir wollen zunächst die jeweiligen Objekte der Liebe beschreiben und uns dann dem biblischen Weg zur Lösung des Konflikts zuwenden.

Liebe zu Gott

Jesus Christus belehrt uns darüber, dass dies das höchste Ziel unserer Liebe ist: *»Du sollst den Herrn, deinen Gott, lieben mit deinem ganzen Herzen«* (Mt 22,37). Dies ist das erste Gebot und auch das wichtigste und größte. Es überstrahlt alle weiteren und ist das alles beherrschende Gesetz des menschlichen

Lebens. Deshalb wurde dieses alttestamentliche Gebot (5Mo 6,5) von den Lehrern Israels als die höchste und umfassendste Zusammenfassung des göttlichen Willens gedeutet und durch den Messias Jesus als das wichtigste Gebot von allen bestätigt.

Wie aber kann ein begrenztes menschliches Wesen den unendlichen Gott lieben? Durch liebende Verehrung in der Anbetung, durch dauernde Dankbarkeit, durch ein Leben festen Gehorsams, durch das Suchen seiner Gemeinschaft und durch jubelnde Freude über die unermessliche Fülle seiner Gaben. Dies ist das Ziel der Schöpfung und der Erlösung: Gott zu lieben. Es geht weniger darum, dass ich meine eigene Erfüllung finde, sondern seine suche, ihm Freude mache, seine Absichten verfolge und seinen Willen tue.

Gott zu lieben ist tatsächlich das erste und größte Gebot, aber es nicht das einzige. Das *»Gesetz und die Propheten«* hängen nicht allein daran. Es gibt noch ein weiteres Gebot. Es ist wahr, man kann nicht dem ersten gehorchen, ohne nicht auch das zweite zu befolgen (Mt 22,34- 40; 1Jo 3,11-18; 4,19 – 5,1).

Liebe zum Nächsten

Jesus nannte zwei Gebote, von denen alles andere abhängt. Das zweite davon, so sagte er, sei dem ersten gleich gestellt: *»Liebe deinen Nächsten wie dich selbst«* (Mt 22,39; s. a. 3Mo 19,18). Sowohl Jesus selbst als auch Johannes, der Jünger, den Jesus liebte, waren sehr bemüht darum, unmissverständlich klar zu machen, dass Nächstenliebe der unabdingbare Beweis für die Liebe zu Gott ist. Doch das Gebot der Nächstenliebe bedeutet nicht für alle das Gleiche. Schauen wir uns die verschiedenen Stufen von Verantwortlichkeit an.

Als Gott den Menschen erschuf, kam er zu dem Schluss, dass dieser unvollständig sei. Er war täglich in Gemeinschaft mit Gott und doch sagte Gott: *»Es ist nicht gut, dass der Mensch allein sei«* (1Mo 2,18). Also erschuf Gott einen Partner, um ihn zu vervollständigen. Deshalb war die vorrangige Beziehung auf gleicher Ebene, die zwischenmenschliche Liebesbeziehung, Gottes geniale Idee für Mann und Frau: in eins zusammengefügt durch die Ehe. Diese Beziehung ist so wichtig, dass es dem Ehemann auferlegt wird, seine Liebe zum Maximum auszudehnen, zu dem Liebe fähig ist: wie Christus seine Gemeinde liebte und sich selbst für sie hingegeben hat (Eph 5,25). Und die Frauen werden ebenso angewiesen, ihre Männer zu lieben (Tit 2,4).

Direkt danach rangiert die Liebe gegenüber der eigenen Familie: Eltern, Kinder, Brüder und Schwestern. Auch dies wird als so wichtig eingestuft, dass jemand, der nicht für seine eigene Familie sorgt, als einer bezeichnet wird, der schlechter ist als ein Ungläubiger (1Tim 5,4.8).

Doch es gibt auch eine Bruderschaft, die über die natürliche familiäre Bindung hinausgeht. Der Blickpunkt des Alten Testaments in Bezug auf Verantwortung lag auf der Liebe zu den Angehörigen des eigenen Volkes, und die Leitlinie der Apostel war die Bruderliebe. So spricht zum Beispiel Johannes in der umfassendsten Abhandlung zum Thema Liebe in der Bibel (1Jo 3 – 5) konsequent immer wieder von der *Bruder*liebe. Paulus pflichtet dem bei: *»Lasst uns also nun, wie wir Gelegenheit haben, allen gegenüber das Gute wirken, am meisten aber gegenüber den Hausgenossen des Glaubens!«* (Gal 6,10). Das ist die Vorgabe des ganzen Neuen Testaments (Joh 15,12.17; 1Petr 1,22; 2,17; 3,8). Es zeichnet im Großen und Ganzen das aufregende Bild einer Gruppe von Menschen, der Gemeinde, die als echte Familie durch ein festeres Band als natürliche Blutsverwandtschaft miteinander verbunden sind, nämlich durch das Blut von Golgatha. Es ist das Bild eines Volkes, das durch Liebe und gegenseitiger Verantwortung füreinander fest verbunden ist unter sämtlichen Aspekten des Lebens: geistlich, physisch, emotional und materiell. Das ist neutestamentliche »Bruderliebe«.[5] Aber auch damit ist biblische Liebe noch nicht erschöpft.

Im Alten Testament war das Thema der »Nächstenliebe« niemals beschränkt auf die Angehörigen des Gottesvolkes. Der Fremde war mit inbegriffen (3Mo 19,33). Aber die Juden wollten – und das ist menschlich – das umfassende Gebot der Liebe beschränken. So wollte der Gesetzesgelehrte in Lukas 10,29, der zu verstehen gab, dass er das umfassende Liebesgebot sehr wohl kannte, gegenüber Jesus sein liebloses Verhalten rechtfertigen und fragte: *»Und wer ist mein Nächster?«* Jesus stellte diese Frage auf den Kopf oder vielmehr richtig mit der Geschichte vom Samariter, der das Prinzip der Liebe besser begriffen hatte als die anerkannten religiösen Führer und dem, der ihn brauchte, zum Nächsten wurde. Nächstenliebe erreicht also über die Bruderliebe hinaus jeden, der in Not ist, jedenfalls fast jeden. *Nächster* bedeutet nicht »jeder Beliebige« oder »jeder Einzelne«. Es ist so leicht, die Menschen in ihrer Allgemeinheit zu lieben und doch den, der mir ganz nahe ist, zu übersehen oder zu verachten.

Liebe ist nicht einfach nur Toleranz oder ein diffuses erwärmendes Gefühl für jeden »da draußen«. Sie ist auch nicht Entrüstung darüber, dass in weiter Ferne Menschen unterdrückt werden. Sie muss sich auf den konzentrieren, der uns am nächsten ist – die Person, die in Reichweite ist, ja, auf jeden, der in unserer Reichweite ist. Tätige Liebe muss für den da sein, der nötig hat, was ich besitze und geben kann (Gal 6,10). Nächstenliebe erfasst einen größeren Umkreis als Bruderliebe, so wie die Bruderliebe hinausreicht über den Kreis der eigenen Familie. Und sie ist nicht beschränkt auf den Nächsten, der uns unserer Liebe würdig erscheint. Sie bezieht auch die Feinde mit ein.

Seine Feinde zu lieben wurde auch schon im jüdischen Gesetz gelehrt (2Mo 23,5; Hi 31,29-30; Spr 24,17; 25,21), aber niemand hat das so richtig ernst genommen. Tatsächlich sagt der Herr Jesus, dass es nach der jüdischen Überlieferung durchaus korrekt war, seinen Feind zu hassen (Mt 5,43). Er selbst lehrte aber die Feindesliebe mit einer solchen Entschiedenheit und Konsequenz, dass es in seinem jüdischem Umfeld Bestürzung auslöste. Auch das römische Gesetz und die Philosophie der Griechen schreckte er auf. Dies war einzigartig: Liebe deine Feinde! Auch wenn du kein warmherziges *Gefühl* ihnen gegenüber hast, so kannst du dich doch dazu *entschließen*, ihnen in Liebe zu begegnen: Bete für sie, tue ihnen Gutes, rede gut von ihnen! (Mt 5,43-48; Lk 6,27-38). Aber die Schlagkraft dieser Botschaft lag nicht darin, dass er diese Art zu leben *lehrte*, sondern – so unglaublich das ist – darin, dass er seine eigenen Feinde genau in dieser Weise liebte: *»Gott aber erweist [seine] Liebe zu uns darin, dass Christus, als wir noch Sünder waren, für uns gestorben ist«* (Röm 5,8). Und auch wir sollen unsere Feinde in der gleichen Weise lieben.

Dieses sind die beiden Gebote, an denen alles andere hängt. Liebe Gott! Ja, und liebe auch deinen Nächsten! Nicht drei, genau zwei. Manche behaupten, es gäbe ein drittes, und zwar, dass wir uns selbst lieben sollen. Aber die Satzkonstruktion rechtfertigt eine solche Interpretation nicht zwingend. Selbstliebe wird vorausgesetzt, aber nicht geboten, weder in Mattäus 22,39 noch in Epheser 5,28-29. Allerdings, wenn sie vorausgesetzt wird, dann ist sie auch nicht zu verurteilen. Also werden wir nun die Selbstliebe betrachten:

Selbstliebe

Paul Vitz, Professor an der New Yorker Universität, hat auf überzeugende Weise nachgewiesen, dass sich die zeitgenössische Psychologie in der Absicht, Menschen zur Ganzheit ihrer Persönlichkeit zu verhelfen, dem »Kult der Selbstvergötterung« verschrieben hat.[6] Offenbar im Bedürfnis nach Anpassung an dieses sich immer weiter ausbreitende Klima gibt es unter den Christen eine Flutwelle der Betonung der Selbstliebe als biblischer Norm, so dass Selbstfindung, Selbstbestätigung, Selbstbehauptung, Selbsterfüllung, Selbstverwirklichung, Selbstwertgefühl, Selbstachtung, und Selbstbestimmung allesamt als erstrebenswert für den Christen herausgestellt werden. Uns wird allen Ernstes gesagt, dass wir ohne dies alles keine vollständigen Menschen sind. Wie passt dies zur Forderung der Bibel nach Selbsthingabe und Selbstverleugnung – ja, gar zum Gebot, sich selbst zu hassen (vgl. Lk 14,26)? Zum Teil liegt das Problem in der Definition von »Selbstliebe« und zum Teil in der grundsätzlich unterschiedlichen Ideologie.

Der Begriff *Selbstliebe* kann entweder bedeuten, *sich selbst in den Mittelpunkt zu stellen*, oder auch, *sich selbst anzunehmen*, wie dies John R. Stott in seiner scharfen Kritik der modernen Begeisterung für die Selbstliebe als Voraussetzung jeglicher anderweitigen Liebe dargelegt hat.[7] Wenn wir unter Selbstliebe verstehen, dass wir uns in den Mittelpunkt stellen, dann würde dies sicher kein Christ befürworten; wenn wir darunter Selbstannahme verstehen, dann lässt sich darüber reden. Da der Begriff mehrdeutig ist, schlägt Stott vor, ihn zu vermeiden. Aber es geht nicht um ein Bedeutungsproblem. Es gibt vielmehr einen entscheidenden ideologischen Unterschied, der von Professor John Piper herausgestellt wurde:

> Die Befürworter dieser Interpretation verbinden die zwei Annahmen miteinander: Die erste Pflicht einer Person im Gehorsam gegenüber Jesus besteht darin, ein hohes Selbstwertgefühl zu entwickeln, so dass sie die zweite Hälfte des Gebots, nämlich den Nächsten zu lieben, erfüllen kann, und zwar so, wie sie sich nun selbst liebt.

Nach einer sehr gründlichen Auslegung dieses Abschnitts und der darin angesprochenen Probleme zieht Piper folgenden Schluss:

> Meiner Ansicht nach ist die Bedeutung des Gebots *»Du sollst deinen Nächsten lieben wie dich selbst«* folgende: Es ist die Absicht unseres Herrn, liebende, mitfühlende und barmherzige Männer und Frauen zu schaffen, in deren Herzen ein unwiderstehliches Verlangen zu handeln ist, sobald Leid und Schmerz in ihrer Reichweite sind. Zu diesem Zweck fordert er, dass sie sich immer wieder diese Frage stellen: Wünsche und suche ich das zeitliche und ewige Wohl meines Nächsten mit demselben Eifer, demselben Einfallsreichtum und derselben Ausdauer wie für mich selbst?[8]

Nein, wir werden nicht dazu aufgefordert, uns selbst zu lieben – wir sind bereits so veranlagt. Doch einige betonen so sehr die Selbsthingabe, dass sie die Selbstliebe für ganz und gar falsch halten. Ist denn nach 2. Timotheus 3,2 Selbstliebe nicht ein Zeichen des Verfalls in der Endzeit? Hat nicht Jesus Christus gesagt, dass man sich selbst hassen soll? Im gleichen Abschnitt werden wir aber auch dazu aufgefordert, unsere Eltern zu hassen (Lk 14,26).

Wir haben es hier mit einer Eigenart des Hebräischen im Umgang mit den Begriffen »Lieben« und »Hassen« zu tun. Der Gedanke des Fühlens soll nicht herausgestellt werden. Gott hatte nicht ein so intensives Gefühl der Ablehnung gegenüber Esau, wie das der Begriff »Hassen« nahelegt. Nein, das Gewicht liegt auf der richterlichen Entscheidung – er entschied sich, Esau zu verwerfen und Jakob anzunehmen als die Linie, aus der der Messias kommen würde. »Hassen« in diesem Sinne bedeutet »verwerfen«; »lieben« dagegen »annehmen« und »bestätigen«. Man könnte deshalb sogar sagen, dass Gott zu unserem Heil seinen Sohn »hasste«. Gott nahm den Standpunkt des Richters ein, als er seinen Sohn am Kreuz verließ und um unserer Sünde willen verurteilte. Wenn es also einmal der Fall sein sollte, dass die Liebe gegenüber den Eltern mit der Liebe zu Gott in Konflikt gerät, müssen wir uns für das eine oder das andere entscheiden. In der gleichen Weise sind wir aufgerufen, uns selbst zu verleugnen oder bewusst unsere eigenen Interessen zugunsten der Interessen Gottes oder gar einer anderen Person aufzugeben. Jemand, der sein eigenes Leben d. h. sich selbst »liebt«, pocht auf seine eigenen Rechte und will um jeden Preis seine eigenen Interessen durchsetzen. Indem er so handelt, verwirft er die Ansprüche Gottes. In letzer Konsequenz verliert er aber sein eigenes Leben – genau das, was er unter allen Umständen festhalten wollte.

Die heute vorherrschende Meinung ist die, dass Ganzheit mit Selbstbestätigung beginnt und mit Selbstverwirklichung endet, während die Schrift uns lehrt, dass Ganzheit mit Selbstverleugnung beginnt und mit der Erfüllung Gottes endet. Wenn jemand mit Selbstbestätigung beginnt und Selbstverwirklichung zum vorrangigen Ziel in seinem Leben macht, dann werden weder er selbst noch Gott die Erfüllung in seinem Leben finden. Aber wenn er die Verwirklichung von Gottes Absichten in dieser Welt zu seinem Lebensziel macht, dann wird Gott zufrieden gestellt und verherrlicht und er selbst wird, sozusagen als Nebenprodukt, die Erfüllung seiner persönlichen Bestimmung finden, zu der ihn Gott geschaffen und für die er ihn erlöst hat. Das ist wahre Selbstverwirklichung.

Wenn jemand sich tatsächlich gefühlsmäßig hasst und sich selbst nicht leiden kann, dann ist er nicht normal. Mangelnde Selbstannahme ist wirklich ein großes Problem. Viele Psychologen versuchen dieses Problem zu lösen, indem sie die betreffende Person davon überzeugen, dass sie von wirklichem Wert ist oder dass sie keine Schuld hat. Ihr Versagen liege in ihrem Umfeld begründet oder in ihren ererbten Eigenarten, wofür sie selbst nicht verantwortlich sei. Diese Art von Psychologie beherrscht die Theorie und Praxis evangelikaler Seelsorge und Beratung wie der Psychologe Jay Adams in seinem Buch »The Biblical View of Self-Esteem, Self-Love, Self-Image«[9] gründlich nachgewiesen hat. Das Konzept der Selbstwert-Beratung geht von einem Ursprung des menschlichen Problems aus, der nicht aus der Bibel stammt, nämlich außerhalb der eigenen moralischen Entscheidungen, die jemand trifft. Entsprechend dieser Sichtweise geschieht Folgendes: Andere haben dem Selbst einer Person nur geringe Bedeutung zugemessen und so ihr Potenzial vermindert und sie möglicherweise zu einem seelischen Krüppel gemacht. Da das grundlegende Problem ungenau bestimmt ist, wird auch eine falsche Lösung geliefert. In der Bibel wird die Entwicklung eines hohen Selbstwertgefühls niemals als Lösung für irgendein Problem gesehen. Solch eine »Lösung« wird das Problem nur verschleiern, denn früher oder später wird die verletzte Person entdecken, dass sie in Wirklichkeit in den Augen der anderen bei weitem nicht so wichtig ist und dass sie wirklich schuldig ist.

Die biblische Lösung für dieses Problem ist ganz anders. Es ist die Gewissheit, dass Gott uns vergibt und annimmt. Wir sind verantwortlich für das, was wir tun und was aus uns geworden ist; wir sind wirklich schuldig. Aber die Schuld ist beseitigt worden. Und wenn Gott uns annimmt, können wir uns selbst auch annehmen. Weiter lehrt uns die Schrift, dass wir im Bild Gottes geschaffen sind, und wir sind geschaffen und gerettet *zu einem bestimmten Zweck.* Auch wenn wir für irgendeinen anderen nicht wichtig sein mögen, wir sind aber so wichtig für Gott. Welch ein Bild von uns selbst: im Bild Gottes geschaffen, erlöst zu einem unendlich hohen Preis und von Gott selbst ausgestattet mit einer einzigartigen Bestimmung im Leben!

Diese großartige Entdeckung dessen, was ich bin, nämlich wer ich in Christus bin, befreit mich und gibt mir die Kraft, das Böse in mir zu hassen und auszumerzen und meine eigenen Rechte und mein eigenes Wohlergehen für andere zu opfern (Selbstverleugnung). Jetzt kann ich dankbar annehmen, was ich bin – und was ich werde – als Geschenk von Gott, der mich liebt.

Von daher kann man ein biblisches Konzept zur Selbsteinschätzung ableiten. Ein »starkes« Selbstbild ist die Auffassung von mir, die richtig ist, die sich möglichst nahe an die Tatsachen hält, all die Schwachheit eingeschlossen, die mir von meiner Natur her anhaftet, aber auch die Ehre, die mir durch Gottes Gnade zuteil wird.

Selbstliebe ist also – richtig definiert – aus Sicht der Schrift die Art und Weise, wie Gott uns gemacht hat. Wenn wir so mit uns umgehen, sind wir in Übereinstimmung mit der Realität und damit in der Lage, zur Ganzheit zu gelangen.

Gibt es noch weitere Arten der Liebe? Ich glaube, die Bibel schafft uns Raum – wenn auch nur etwas – für eine weitere Wirklichkeit: die Liebe zu Dingen.

Liebe zu Dingen

Es ist möglich, einem Gegenstand so viel Wertschätzung entgegenzubringen, dass man diese Haltung als »Liebe« bezeichnen könnte. Dies kann teuflisch sein, wie z. B. in der Begierde oder ganz zu Recht bestehen z. B. in der Bewunderung von etwas Schönem. Diese Art von Liebe kann man sehr deutlich in der Begeisterung für eine große Idee oder Sache erkennen. Die Bibel äußert sich nicht direkt zur Frage der Liebe zu unbelebten Dingen, außer dass sie diese Regung verurteilt, wenn sie götzendienerischen Charakter angenommen hat. Aber die Schrift spricht von Mitgefühl Tieren gegenüber (im mosaischen

Gesetz; Spr 12,10) und sicherlich ist unsere menschliche Erfahrung reich an Beispielen von Liebe und Freundschaft gegenüber einem Tier.

Gott, andere Menschen, sich selbst oder Dinge: Man kann allem so lange Liebe entgegenbringen, wie es uns nicht in Konflikt bringt. Was aber ist, wenn die Liebe zu einem anderen uns in Konflikt bringt mit der Liebe, die Gott zusteht? Was ist, wenn meine berechtigten Interessen und die meines Nächsten nicht zu vereinbaren sind? Wie gehen wir damit um, wenn die unterschiedlichen Bezugspunkte der Liebe miteinander in Konflikt geraten?

Liebe in Konflikt

Die meisten Menschen entscheiden und handeln aufgrund von Eigeninteresse. Der unerlöste Mensch sieht sich zuallererst sich selbst verpflichtet. Selbst in der uneigennützigsten Variante menschlicher Ethiken besitzt die Menschheit den absoluten Vorrang, nicht Gott. Aber bei der Liebe, wie die Bibel sie beschreibt, bildet die Liebe zu Gott den Angelpunkt, den alles entscheidenden und beherrschenden Faktor des Lebens. Wie weiß ich, ob ich Gott am meisten liebe?

Es wird wohl kaum dadurch deutlich, indem ich ein warmherziges Empfinden für Gott habe, genauso wie man es gegenüber den Eltern, einem Kind, einer Frau oder dem Ehepartner hat. Aber es gibt eine Möglichkeit herauszufinden, welche Liebe für mich den höchsten Stellenwert besitzt, und zwar dann, wenn es zu einer Konfrontation kommt. Dann beweist sich, welche Liebe bei mir vorherrscht. Wenn das Bestmögliche, was ich für einen anderen oder für mich selbst möchte, in Konflikt mit dem Bestmöglichen für Gott gerät, dann muss die Liebe sich entscheiden.

Normalerweise ist menschliche Liebe bis zu einem gewissen Punkt bereit zu geben. Wenn aber die Kosten zu hoch steigen, hört das Handeln aus Liebe ziemlich schnell auf. Gottes Art zu lieben ist jedoch anders. Wie weiß ich, ob ich meinen Nächsten so sehr liebe, wie Christus es will? Stellen wir uns die alles entscheidende Frage: Setzt mir meine Eigenliebe die Grenze für das Maß der Liebe gegenüber meinem Nächsten oder setzt die Nächstenliebe mir die Grenze für meine Eigenliebe? Liebe wird nicht gemessen an der Intensität ihres Gefühls, sondern an dem Opfer, das sie bereit ist zu bringen.

Darauf wies Jesus Christus hin, als er sagte: *»Größere Liebe hat niemand als die, dass er sein Leben hingibt für seine Freunde«* (Joh 15,13). Liebe ist oftmals vorhanden, wenn kein Opfer verlangt wird, aber solange sie mit einem Nutzen für mich verbunden ist, gibt es keinen *Beweis*, das es sich um wirkliche Nächstenliebe und nicht um Selbstliebe handelt. Es ist nicht wichtig, was unsere gefühlsmäßige Reaktion ist; wenn wir uns dazu entschließen, das zugunsten anderer zu opfern, worin wir unsere eigenen Interessen sehen, dann lieben wir so, wie Gott liebt. Aufopferung! Das ist Gottes Art zu lieben. Das liegt jenseits dessen, wofür die Welt Verständnis aufbringen kann.

Der natürliche Mensch will sich normalerweise nicht für das Wohl eines anderen einsetzen. Vor allem will er nicht zugunsten eines anderen gar einen Verlust erleiden. Als im März 1964 in New York Kitty Genovese vor dem Haus, in dem sie wohnte, brutal überfallen, niedergestochen und schließlich getötet wurde, beobachteten dies 38 Menschen von ihren zugezogenen Fenstern aus. Niemand tat etwas, um ihr zu helfen, obwohl sie 30 Minuten lang um Hilfe schrie. Warum? Der leitende polizeiliche Untersuchungsbeamte sagte: »Das Wort, das wir immer wieder von den vernommenen Zeugen zu hören bekamen, war: *verwickelt.* Die Leute sagten uns, dass sie einfach nicht in die Sache verwickelt werden wollten. Sie wollten nicht, dass man ihnen lästige Fragen stellte oder beim Gericht vorlud.« Der Fall wurde so bekannt, weil eine ganze Nation durch die Medien darüber informiert wurde; doch diese Geschichte wiederholt sich täglich. Niemand möchte in irgendetwas verwickelt werden. Aber göttliche Liebe ist genau das Gegenteil: Sie beschließt, verwickelt zu werden, egal was es kostet.

Dabei sind die Opfer, vor denen wir zurückschrecken, im Allgemeinen nicht lebensbedrohend: das Opfer, das Eltern bringen, wenn sie ihr Kind, so lange es klein ist, Kind sein und ihm, wenn es älter wird, Freiheiten lassen; das Opfer, das ein Kind bringt, wenn es seinen Eltern erlaubt, ihm durch übertriebene Fürsorge zur Last zu fallen; das Opfer des Ehepartners, der darauf verzichtet, Recht zu haben – in all den kleinen Irritationen des täglichen Einerleis. Eine Lösung im Konflikt der verschiedenen Interessen verlangt nach einem Opfer. Wer wird es sein? Werde ich mein Kreuz auf mich nehmen oder den anderen an sein Kreuz nageln? Es hängt davon ab, wen ich mehr liebe.

Shirai war eine junge japanische Frau, deren Ehemann traditionell der Herr im Haus war. Als sie zum Glauben kam, wurde er wütend. Wenn sie jemals wieder zu der christlichen Versammlung ging, würde er sie aussperren, warnte er sie. Als Shirai am Sonntagabend nach Hause kam, war das Haus dunkel, die Haustür verschlossen. Sie schlief vor der Tür ein. Als der Ehemann am Morgen die Tür öffnete, lächelte sie zärtlich und beeilte sich, ihm ein besonders gutes Frühstück mit Bohnensuppe, Reis und rohem Fisch zuzubereiten. Jeden Sonntag und jeden Mittwoch geschah dies auf die gleiche Weise. Der Winter kam und mit ihm Regen und Kälte. Shirai kauerte sich in der Dunkelheit zusammen, und ihre die nasse Wolljacke gefror über ihr. Sechs Monate lang vergab sie ihrem Mann Woche für Woche freiwillig und vollständig ohne jede Anschuldigung und Bockigkeit. Es war ein hoher Preis – sie ertrug seine Sünde. Schließlich konnte es ihr armer Ehemann nicht mehr länger aushalten. Die Liebe hatte zum Schluss gesiegt. Als ich ihm begegnete, war er bereits eine Säule der Gemeinde und lernte, den dornigen Pfad aufopferungsvoller Liebe zu gehen. Shirais Beispiel erschütterte meine eigene Selbstzufriedenheit durch ein scharfes und klares Bild von dem, was es bedeutet, sich selbst zu verleugnen, täglich sein eigenes Kreuz aufzunehmen und Jesus nachzufolgen.

»Dass ein Mensch immer bereit sein sollte zu vergeben, hat man als die am meisten beeindruckende Neuerung bezeichnet, die Jesus in die Ethik einführte.«[10] Vergebung ist vielleicht eins der schmerzvollsten Opfer, zu dem Liebe bereit ist. Zu vergeben ist teuer, weil dabei jemand den Preis für Unrecht zahlen muss. Wenn ich mich dazu entschließe, die betreffende Person so zu behandeln, als hätte sie nie etwas Falsches getan, wenn ich also vergeben will, dann werde ich dafür bezahlen müssen. Es ist nicht nur das Opfer meines eigenen Ichs – das ist schon schmerzlich genug. Wenn ich vergebe – wirklich vergebe – den verbeulten Kotflügel, dann bezahle ich dafür. Und ich lasse nicht den Schuldigen in Raten dafür bezahlen, z. B. durch kleine Andeutungen und Anspielungen. Als Präsident Ford Richard Nixon vergab, bezahlte er dafür bei der nächsten Wahl, wie es hieß. Sogar wenn die Beziehung solcher Art ist, dass Bestrafung notwendig ist, wie bei Eltern und ihren Kindern, bedeutet Vergebung volle Wiederherstellung ohne das Schreckgespenst leiser Erinnerungen. Und manchmal ist nicht Vergebung nötig, sondern ein gemeinsames Anerkennen von Schuld. Manchmal mag ein »Tut mir Leid, dass ich gestern betrunken nach Hause gekommen bin!« die christliche Ehefrau zu der Antwort veranlassen: »Bitte vergib mir, dass ich dir das Leben so schrecklich mache.« Ein selbstgerechtes »Ich vergebe dir« wird in diesem Moment ein weiterer Nagel in seinem Kreuz, nicht in ihrem.

Auf der anderen Seite haben manche Leute das Talent, aus einer Entschuldigung eine Anklage zu machen. Ich kann sagen: »Entschuldige, wie konnte ich nur so dumm sein, so etwas zu sagen und dich aus der Fassung zu bringen. Bitte vergib mir.« Darin verbirgt sich ein nur schlecht verhehlter Unterton: »Ich vergaß, wie unglaublich empfindlich du bist. Es ist sehr bedauerlich, dass du schon wieder im Reden gesündigt hast.« Das Ergebnis einer solchen »Entschuldigung« ist eine doppelte Verletzung – eine für deine Schlechtigkeit und eine zweite für meine unausgesprochene Unschuld. Eine angemessene Antwort wäre folgende gewesen: »Weißt du, wie das klingt, was du sagst?« Oder besser: »Hier haben wir uns missverstanden. Was sollen wir als Nächstes tun?« Die beste Antwort würde wahrscheinlich sein, zu schweigen und fröhlich zum nächsten Thema oder zu einer Arbeit überzugehen. Es fällt schwer, sich nicht zu rechtfertigen. Ja, es ist der schmerzhafte Weg der Kreuzesaufnahme, da ja wahre Vergebung die Kosten übernimmt, die jemand anderes durch seine Sünde verursacht hat.

Muss ich vergeben, wenn der andere nicht bereut und mich nicht um Vergebung bittet? Jesus Christus sagte: *»Wenn dein Bruder sündigt, so weise ihn zurecht, und wenn er es bereut, so vergib ihm!«* (Lk 17,3). Daher *müssen* wir demjenigen vergeben, der Reue darüber zeigt, dass er an uns gesündigt hat. Unter solchen Bedingungen vergibt Gott. Aber Jesus Christus und Stephanus beteten, dass Gott es denen nicht zurechnen sollte, die gegen sie gesündigt hatten, obwohl die Mörder nicht um Vergebung gebeten hatten. Also ist es in Ordnung, wenn wir in jeder Hinsicht Vergebung gewähren. Und weil wir nicht wie Gott sind in unserem Wissen darüber, was der andere denkt, wird es das Beste sein, wenn wir in jedem Fall vergeben. Gewöhnlich betrachtet der andere die Umstände nicht aus meiner Perspektive und sieht keine Notwendigkeit, zu bereuen und um Vergebung zu bitten. In jedem Fall liegt es in meiner Verantwortung einen Versuch zur Versöhnung zu machen, egal wer der Hauptschuldige war. Außerdem ist Unversöhnlichkeit wie ein Krebs, der sich im Geist dessen ausbreitet, der nicht zur Vergebung bereit ist. Es liegt also ein hoher therapeutischer Wert in der Vergebung als grundlegende Lebenseinstellung, egal wie sich die Übeltäter uns gegenüber verhalten.[11]

Der Wert der Liebe

Das Wesen Gottes

Die Agape-Liebe wird als »das zentrale Element des Christentums, das christliche Grundmotiv *par excellence*«[12] bezeichnet. Setzt dieses Zitat den Anspruch der Liebe zu hoch an? Ich glaube, Augustinus war der Wahrheit näher, als er sagte, das höchste Gut sei nichts anderes als Gott selbst. Gewiss ist Christus selbst das Zentrum des Christentums. Und dennoch, was für ein Gott ist denn unser Gott? Was ist das Wesen Jesu Christi? Wie wir gesehen haben, liebt Gott; ja, Gott *ist* Liebe. Der höchste Wert der Liebe ist darin zu sehen: Liebe ist die Art, wie Gott ist.

Heftig und scharf ist die Auseinandersetzung darüber gewesen, ob Gerechtigkeit oder Liebe das Höchste im Wesen Gottes ist. Und wie passen sein Gericht und sein heiliger Zorn über die Sünde zu seiner Liebe? Manche halten daran fest, dass Gerechtigkeit die umfassende Beschreibung ist und dass Liebe lediglich ein Aspekt dessen ist, was richtig oder wahr ist. Andere wiederum halten Liebe für die umfassende Kategorie und Gerechtigkeit nur für eine Seite der Liebe. Vielleicht können wir nichts Besseres tun, als in den Jubel des Psalmisten einzustimmen, der ausruft: *»Gnade und Wahrheit sind sich begegnet, Gerechtigkeit und Frieden haben sich geküsst«* (Ps 85,11). Das geschah auf Golgatha, als Gottes gerechter Zorn über die Sünde seinen eigenen geliebten Sohn traf, weil er dich und mich liebt. Sicher ist es wahr, dass Gottes Gerechtigkeit nicht ohne Liebe sein kann, und Gottes Liebe nicht ohne seine Gerechtigkeit. Liebe ist von äußerster Wichtigkeit, denn es ist die Art, wie Gott ist.

Gottes Ebenbild im Menschen

Liebe ist nicht nur ein wesentliches Merkmal Gottes; sie ist sein Abdruck in menschlichen Wesen, der sie ihm ähnlich macht. Sie ist das unabdingbare Merkmal der Zugehörigkeit zur Familie Gottes, ohne das niemand für sich in Anspruch nehmen kann, zur Familie Gottes zu gehören (1Jo 4,7-8). Liebe verbindet die Dreieinheit Gottes zu einem Ganzen und aus dem Überfluss dieser Liebe geschah die Erschaffung eines Wesens, das nicht ganz oben an der Spitze der Tiere steht, sondern nur wenig niedriger als Gott einzustufen ist (Ps 8,6). Es ist befähigt zur Gemeinschaft mit Gott selbst und dazu, mit ihm in Liebe zu einer Einheit verbunden zu sein. Diese Einheit ist nicht nur der zentrale Aspekt im Wesen Gottes und die Absicht der Schöpfung; es ist auch der Zweck der Erlösung durch die Wiederherstellung des Abbildes, das der Mensch verdorben hat. Gott stellte den Menschen nicht wieder her, um lediglich seine Stärke zu beweisen und Satan zu besiegen. Er beabsichtigte, den ursprünglichen Zweck zu erfüllen – nichts weniger als die liebende Verbindung mit sich selbst.

Wahre Liebe ist etwas so Tiefes, so Weitreichendes, so Hohes, dass es jenseits dessen liegt, was wir verstehen können (Eph 3,18-19), ja sie ist irgendwie verbunden mit der *»ganzen Fülle der Gottheit«* (V. 19). Aber wenn Jesus Christus wirklich durch den Glauben in uns lebt, können wir so fest gegründet sein in der Erfahrung der Liebe, dass *wir* die Kraft haben, diese größte aller Qualitäten zu verstehen (V. 17-18).

Die Quelle und Summe aller Tugenden

Die Liebe ist nicht nur deshalb so wichtig, weil sie das Wesen Gottes ist und den Ursprung und die Bestimmung des Menschen durchflutet; sie ist auch die Grundlage aller Ethik, Gottes Offenbarung von dem, was wir sein und tun sollen. Augustin hat dies klar erkannt:

> Im Zentrum der Ethik Augustins stand völlig diese Liebe. Die Haupttugenden waren der Liebe untergeordnet. Tugend besteht in nichts anderem als darin zu lieben, was liebenswert ist; es ist Besonnenheit, wenn man sich dafür entscheidet; innere Stärke, durch nichts davon abgebracht zu werden; Mäßigung, der Verlockung durch keine Versuchung zu erliegen, Gerechtigkeit, um keinen Preis davon abgelenkt zu werden.[13]

Unvergleichliche Ergebnisse der Liebe

Schließlich unterstreichen die Resultate einer liebenden Einstellung und eines liebenden Verhaltens die höchste Wichtigkeit unseres Themas. Gottes Liebe zu uns brachte uns Leben und Heil und für jetzt alles, was wir nötig haben. *»Wer wird uns scheiden von der Liebe Christi? ... Denn ich bin überzeugt, dass weder Tod noch Leben, weder Engel noch Gewalten, weder Gegenwärtiges noch Zukünftiges, noch Mächte, weder Höhe noch Tiefe, noch irgendein anderes Geschöpf uns wird scheiden können von der Liebe Gottes, die in Christus Jesus ist, unserem Herrn«* (Röm 8,35-39). Wie groß sind die Resultate der Liebe Gottes uns gegenüber! Aber wie steht es um unsere Liebe zu Gott?

Wenn wir Gott lieben mit unserer ganzen Zuneigung (Herz), mit aller Entschiedenheit (Seele) und mit unserer ganzen geistigen Kraft (Verstand) (Mt 22,37), dann beweisen wir damit nicht nur, dass wir ihm gehören und ihm wohlgefallen, sondern wir erklären damit ebenso alle andere Arten von Liebe für gültig. Liebe zu Gott bewirkt, dass wir auch die Liebe zum Nächsten und sogar uns selbst gegenüber in dem Maße üben, wie er es vorgesehen hat. Wenn ich darin versage, die Liebe zu Gott als das Höchste zu achten, dann geschieht mehr, als dass ich der Liebe anderen gegenüber Schaden zufüge oder meinen eigenen Wert als eine Person in Christus herabsetze. Ich kann sogar jede andere Art von Liebe zunichte machen. Wenn zum Beispiel Eltern ihr Kind auf den höchsten Thron ihrer Zuneigung setzen und dafür ihre Verantwortung und ihren Gehorsam Gott gegenüber opfern, dann wird die Beziehung zu ihrem Kind verzerrte und groteske Züge annehmen.

Ich habe mich immer gefreut, wenn ich die Nakamuras besuchte. Gott hatte sie aus einem armseligen Leben am Rande einer Scheidung gerettet und hineingenommen in die Familie Gottes. Ihr sechsjähriger Sohn Hideyaki war ein großartiger Spielkamerad für unseren Jüngsten. Eines Tages fragte ich sie, ob sie Fotos von ihm hätten. Und ob sie die hatten! Allein das erste Album gab mir zu meinem Erstaunen einen Überblick gerade mal über die ersten sechs Monate von Hidayakis Leben – seitenweise Bilder von seiner Geburt, von seinem ersten »Geburtstag« nach einem Monat und noch mehr Seiten von den ersten 100 Tagen. Ein ganzer Schrank war voll mit Exklusiv-Fotoalben über Hideyaki. Wie groß war ihre Zuneigung zu ihrem einzigen Sohn! Allmählich verdrängte diese Zuneigung Gott von seinem Platz in ihrem Leben und begann unvermeidlich auch das aufzuzehren, was sie als Ehepaar füreinander empfanden.

Aber vielleicht würde das ja wenigstens für Hideyaki zum Besten sein. Das Letzte, was ich von ihnen gehört habe, war, dass der Sohn die Herzen der Eltern brach, die ihn doch so vergötterten. Er glitt immer tiefer in ein Leben voller Drogen und Kriminalität ab. Diese Vergötterung zerstörte nicht nur ihre Beziehung zu Gott und zu anderen, sie trug auch zur Zerstörung der Person bei, für die sie sich so hingebungsvoll aufopferten.

Wenn jedoch die Liebe zu Gott über alles andere auf den Thron gehoben wird, dann hat sie die Kraft, all unsere weitere Liebe fest zu verankern, sie in die richtige Bahn zu lenken, ihr Kraft zu geben, sie mit Bedeutung zu füllen, ihr das rechte Maß zuzuweisen und ihr zu ihrem höchsten und besten Stand in unserem Leben zu verhelfen.

Und über alle Ergebnisse der Liebe hinaus, führt die Person, die liebt, tatsächlich ein Leben in Gott (1Jo 4,16), das höchste Ziel unserer Existenz überhaupt.

Anmerkungen

1. »Agapao« in: Theologisches Wörterbuch zum Neuen Testament, Band 1, hrsg. von Gerhard Kittel.
2. Ebda.
3. C. S. Lewis, Was man Liebe nennt, Brunnen Basel 1979, S. 10-11.
4. Samuel Moffet, *The Christians of Korea* (New York: Friendship, 1960), S. 120-121.
5. R. E. O. White, *Christian Ethics* (Atlanta: John Knox, 1980), S. 18-25.
6. Paul Vitz, *Psychology as Religion: The Cult of Self-Worship* (Grand Rapids: Eerdmanns, 1977).
7. John Stott, »Must I Really Love Myself?« in: *Christianity Today*, 5. Mai 1978, S. 34-35.
8. John Piper, »Is Self-Love Biblical?« in: *Christianity Today*,12. August 1977, S. 8-9.
9. Jay Adams, *The Biblical View of Self-Esteem, Self-Love, Self-Image* (Eugene, Oregon: Harvest House, 1986).
10. L. H. Marshall, zitiert von Carl. F. H. Henry, *Christian Personal Ethics* (Grand Rapids: Eerdmanns, 1957), S. 483.
11. Für eine tiefergehende Studie über Vergebung vgl. die Artikelserie des Autors in *Moody*, November 1994.
12. Anders Nygren, *Agape and Eros*, übers. von Philip S. Watson (Philadelphia: Westminster, 1953), S. 48.
13. George W. Forell, *History of Christian Ethics*, Band 1 (Minneapolis: Augsburg, 1979), S. 167.

Kapitel 2 Gesetz

Warum ist das Gesetz für manche eine Art Schreckgespenst des leibhaftigen Bösen, das man aus dem Leben besser verbannen sollte, während es für andere die einzige Hoffnung auf Rettung ist? Wozu ist das Gesetz da und wie kann man das wissen?

Ein Gesetz ist irgendeine Regel oder Verfügung, der man gehorchen muss. In der Religion bestimmen solche Regeln gewöhnlich Zeremonien oder Riten und auch die Ethik oder Moral. Ja, diese Gesetze sind in den meisten Religionen so wichtig, dass man sie als das Eigentliche dieser Religionen ansehen kann. Dies traf auf die Führer der jüdischen Religion zu Lebzeiten Christi zu und ebenso auf weite Bereiche des Christentums heute. Ist dies aber die Sicht der Bibel? Gewiss gibt es viele Gesetze in der Bibel – mehr als sechshundert Gebote im mosaischen Gesetz und mehr als sechshundert direkte Gebote im Neuen Testament. Sind dies alles Regeln, denen wir Folge leisten müssen? *Kann* man sie überhaupt befolgen? Wenn nicht, zu welchem Zweck wurden sie dann gegeben? Bevor wir diese und weitere wichtige Fragen beantworten können, ist es wichtig, dass wir die Bibel selbst den Begriff »Gesetz« definieren lassen.

Definition von Gesetz

Die Bibel benutzt den Begriff *Gesetz* auf verschiedene Weise und oftmals werden die verschiedenen Bedeutungen nicht deutlich voneinander unterschieden. In einigen Abschnitten des Neuen Testaments kann man sehr klar eine spezielle Bedeutung erkennen. Manche behaupten, es gebe sogar zwölf verschiedene Anwendungen des Begriffs.[1] Hier sind einige davon.

Das Gesetz als der ausdrückliche Wille Gottes, dass der Mensch ihm in moralischer Hinsicht gleich sein soll

Gott hat den Menschen im moralischen Sinn in seinem Bild geschaffen. Der Mensch ist zweifellos in verschiedener Hinsicht Gott ähnlich, aber vorrangig ist der sittliche Aspekt. Dieser ist die Grundlage gemeinsamer Liebe und Verbundenheit; er ist unentbehrlich, um im menschlichen Leben die Herrlichkeit Gottes (sein herrliches Wesen) zu demonstrieren. Die Menschheit hat diesen Aspekt der Gottesebenbildlichkeit schon immer vernachlässigt und arbeitete eher daran, Gott in Bezug auf sein Wissen und seine Macht gleich zu werden. Darin bestand die Versuchung Satans gegenüber Eva: *»Ihr werdet sein wie Gott.«* Wie war das gemeint? Sie war doch schon Gott ähnlich in sittlicher Hinsicht. Sie verwarf diese Ähnlichkeit, um unbegrenzt zu werden wie Gott, und verlor gleich zu Beginn beides. Alle ihre Nachkommen, ausgenommen einem, folgten ihr in ihren Fußstapfen. Aber Gott blieb bei seiner Absicht: Er wollte, dass die Menschen so sind wie er.

Dies ist die Absicht des souveränen Herrschers, die er durch Mose am Beginn des Sinai-Bundes und durch Jesus Christus zu Beginn des neuen Bundes geltend machte: Ihr sollt heilig sein, *wie ich heilig bin* (3Mo 19,2; 1Petr 1,16), ihr sollt vollkommen sein, *wie euer Vater im Himmel vollkommen ist* (Mt 5,48). Das können wir uns nicht aussuchen. Weil es ein göttlicher Imperativ ist, bezeichnen wir diesen Willen Gottes mit Recht als *Gesetz.*

Es ist falsch, Gott moralisch nicht ähnlich zu sein. Dieser Mangel ist nicht einfach eine Schwäche oder eine unglückliche Abweichung von der Norm. Die Bibel nennt ihn Sünde. Heilig zu sein bedeutet, von der Sünde getrennt zu sein; in Ordnung zu sein heißt, in Übereinstimmung mit Gottes Wesen zu sein. Das ist die Heiligkeit, die vom Menschen gefordert wird. Es ist eine Verpflichtung, nicht nur eine Anweisung oder Empfehlung. Ohne Heiligkeit wird niemand Gott schauen (Hebr 12,14). Wie Calvin sagte: »Das Gesetz lehrt nicht nur, sondern es stellt auch gebieterisch Forderungen.«[2]

Diese ganz wichtige Verwendung des Wortes *Gesetz* wird oft auch als »Sitten-Gesetz« bezeichnet, Gottes ausdrücklicher Wille in Bezug auf das, was uns Gott ähnlich macht. Wird dieser Begriff im Neuen Testament in diesem Sinn gebraucht?

Wenn Paulus vom Werk des Gesetzes spricht, das in den Herzen derer geschrieben ist, die kein geschriebenes Gesetz haben (Röm 2,14-15), dann meint er Gottes moralisches Gesetz. Wenn er sagt: *»Durch Gesetz kommt Erkenntnis der Sünde«* (Röm 3,20), dann bezieht er sich auf das moralische Gesetz oder auf die Gebote Gottes, bei denen es um menschliches Verhalten geht (siehe auch Röm 4,15; 7,2.5.7-9.12.16.22; 8,3-4.7; 13,8-10; 1Kor 7,19; Gal 3,13; 5,14; 6,2 und

1Tim 1,8). Der Verfasser des Hebräerbriefes gebraucht manchmal den Begriff *Gesetz* genauso: *»Meine Gesetze gebe ich in ihren Sinn und werde sie auch auf ihre Herzen schreiben«* (Hebr 8,10ff.; 10,16). Das ist besonders bedeutsam, da der Hebräerbrief normalerweise den Begriff *Gesetz* im Sinn von Zeremonialgesetz gebraucht. Natürlich würde man auch von Jakobus erwarten, dass er *Gesetz* im Sinn des rechten Verhaltens gebraucht, das Gott von seinem Volk fordert, und er tut das auch (Jak 1,25; 4,11).

Wir halten also fest: Wir finden im Neuen Testament so gut wie im Alten dieses Verständnis des Gesetzes als Gottes ausdrücklichen Willen, dass wir so sind wie er – üblicherweise bezeichnet als das Sitten- oder Moralgesetz.

Gesetz als mosaisches Rechtssystem

Ein zweiter wichtiger Gebrauch des Begriffs *Gesetz* im Neuen Testament – insbesondere in den Schriften von Paulus – bezieht sich auf das ganze Netzwerk von Regeln, die Israel von Gott für die Zeit gegeben wurde, die mit Mose begann und mit Jesus Christus endete, der kam, um das Gesetz zu erfüllen. Auch Johannes benutzt den Begriff so, z. B. wenn er sagt: *»Denn das Gesetz wurde durch Mose gegeben; die Gnade und die Wahrheit ist durch Jesus Christus geworden«* (Joh 1,17). Feststellungen wie *»denn bis zum Gesetz war Sünde in der Welt«* (Röm 5,13) und *»das Gesetz aber kam daneben hinzu, damit die Übertretung zunehme«* (Röm 5,20) sind typisch für Paulus, wenn er sich auf das mosaische Gesetz bezieht. Als Paulus an die Galater schrieb, gebrauchte er *Gesetz* oftmals als umfassende Bezeichnung für den ganzen »Alten Bund«, von dem wir durch Jesus Christus befreit wurden, so dass wir als Christen nicht gezwungen sind, unter all den Forderungen dieses System zu leben, wie es das Volk Israel tun musste (siehe Gal 3,17.19.21). John Murray fasst die Formulierung *»unter dem Gesetz«* (1Kor 9,20; Gal 3,23; 4,4-5.21) manchmal auch in diesem Sinne auf.[3]

Gesetz als Gehorsam gegenüber dem Gesetz

Manchmal wird der Begriff *Gesetz* im übertragenen Sinne gebraucht, wenn jemanden dem Gesetz gehorcht. Paulus sagt z. B.: *»... denn wenn Gerechtigkeit durch Gesetz ›kommt‹ ...«* (Gal 2,21) und meint offensichtlich nicht die Gebote selbst, sondern dass jemand damit erreichen will, durch Gehorsam gegenüber dem Gesetz als gerecht anerkannt zu werden. Denselben Gedanken finden wir in dem Ausdruck »Werke des Gesetzes« (Röm 3,20) und bei der manchmal wiederkehrenden Wendung: *»... dass aber durch Gesetz niemand vor Gott gerechtfertigt wird«* (Gal 3,11). Paulus wollte damit sagen: Niemand wird durch *Gehorsam* gegenüber dem Gesetz gerechtfertigt.

Vor allem diesen Gedanken griff Paulus an. Der Irrtum der Pharisäer bestand darin, dass sie glaubten, jemand könne durch Gehorsam gegenüber dem Gesetz Anerkennung vor Gott finden, und dies war teilweise der Irrtum der Judaisten in der frühen Kirche. Da Paulus nicht jedes Mal den Begriff *Gesetz* definiert, wenn er ihn gebraucht, haben manche Ausleger das *Gesetz* im Sinn des mosaischen Gesetzes und das Gesetz im Sinn des falschen Gedankens, Gerechtigkeit könne durch Gehorsam gegenüber diesem Gesetz erlangt werden, verwechselt. Paulus hat sehr klar ausgedrückt, dass niemand – weder »unter Mose« noch »unter Christus« – jemals gerechtfertigt werden konnte durch seine eigenen Bemühungen, dem Gesetz zu gehorchen, *»... weil aus Gesetzeswerken kein Fleisch gerechtfertigt wird«* (Gal 2,16; siehe auch Röm 4,14; 6,4.15; Gal 3,2.5.10.18; Phil 3,9).

Es gibt noch andere Bedeutungen von *Gesetz* im Neuen Testament, aber diese ersten drei sind von vorrangiger Bedeutung und das nicht einfach nur, weil sie seit der Entstehung der Bibel immer wieder zu theologischen Auseinandersetzungen geführt haben. Für jeden, der Gottes Willen kennen lernen und tun will, ist es von höchster Bedeutung zu entdecken, was dieser Wille ist. Da sowohl Jesus Christus als auch die Apostel lehrten, dass sich in der Beziehung des Volkes Gottes zum »Gesetz« etwas verändert hat, müssen wir sorgfältig herausfinden, was das für ein Gesetz und was die Veränderung ist.

Alle werden darin übereinstimmen, dass eine Änderung des verdammenden Gedankens, dass jemand durch seine eigenen Bemühungen Anerkennung vor Gott finden könnte, längst überfällig war. Übereinstimmung wird auch darüber bestehen, dass zumindest einige Elemente des mosaischen Gesetzes durch den Opfertod Jesu Christi und die Entstehung der Gemeinde erledigt wurden. Aber hier enden sie schon. Manche meinen, dass Paulus bei den Gesetzen keine Unterscheidung macht und dass der Christ keinem der mosaischen Gebote gegenüber verpflichtet ist, auch nicht dem Sittengesetz.

> Die Schriften des Neuen Testaments gehen davon aus und lehren ausdrücklich, dass das Gesetz hinweg getan ist. Also ist es in der gegenwärtigen Zeit in keiner Weise gültig. ... Das alttestamentliche Gesetzessystem ist völlig überholt durch das neue System der Gnade. Christen sind nicht unter Gesetz, weder bei der Rechtfertigung noch bei der Heiligung.[4]

Wir werden diese Meinung später noch genauer prüfen, aber hier ist es wichtig zu betonen, dass das Neue Testament den Begriff *Gesetz* für die sittlichen Forderungen Gottes, das mosaische Regelwerk und den bildlichen Gebrauch von *Gesetz* im Sinne des Gehorsams ihm gegenüber gebraucht.

Gesetz als »Altes Testament«

Da Mose, der große Gesetzgeber, das Gesetz in seinen Schriften aufzeichnete, wurde der Pentateuch (die fünf Bücher Mose) als *»das Gesetz«* (Gal 4,21) bezeichnet. Die hebräische Bibel war in drei Teile geteilt, die man allgemein als das Gesetz, die Propheten und die Schriften (bzw. die Psalmen, nach dem ersten Buch dieses dritten Teils) bezeichnete. Deshalb sprach Christus von den Worten, *»die ich zu euch redete, als ich noch bei euch war, dass alles erfüllt werden muss, was über mich geschrieben steht in dem Gesetz Moses und in den Propheten und Psalmen«* (Lk 24,44). Hier bezieht sich der Ausdruck »Gesetz Moses« eindeutig auf den ersten Teil des hebräischen Alten Testaments, dem Pentateuch.

Manchmal wird auf das Alte Testament einfach in nur zwei Teilen Bezug genommen. Es heißt dann: das Gesetz und die Propheten (Mt 11,13; Lk 16,16; Röm 3,21).

Noch einmal: Da »das Gesetz« der erste Teil des Alten Testaments war, wurde es oft als Ausdruck für das ganze Alte Testament gebraucht. Das kann man dort beobachten, wo aus »den Propheten« oder aus »den Psalmen« zitiert wird und diese Zitate dann dem »Gesetz« zugeschrieben werden (siehe Röm 3,19; 1Kor 14,21; siehe auch Mt 5,18; Lk 16,17; Joh 8,17; 10,34; 15,25). Also bezieht sich der Ausdruck »das Gesetz« oft auf das ganze Alte Testament oder auf Teile davon.

Gesetz als besondere Gebote

Manchmal bezieht sich der Begriff *Gesetz* auf bestimmte Gebote, wie z. B. die Zehn Gebote (Röm 2,20ff; 7,7; 13,8ff.). *»Wir haben ein Gesetz«* (Joh 19,7) ist ein weiteres Beispiel für den Gedanken an ein bestimmtes Gebot. Wenn Paulus in Galater 6,2 davon spricht, dass wir das Gesetz des Christus erfüllen sollen, und wenn Jakobus von dem königlichen Gesetz schreibt (Jak 2,8), dann beziehen sich beide auf das besondere Gebot der Liebe. Und wenn Jakobus vom Halten des ganzen Gesetzes redet (Jak 2,10), dann spricht er von bestimmten Geboten, wahrscheinlich von den Zehn Geboten.

Gesetz als herrschendes Prinzip

Manchmal gebraucht das Neue Testament den Begriff *Gesetz,* um ein Prinzip zu bezeichnen, so wie wir vom »Gesetz der Schwerkraft« sprechen. *»Das Gesetz meines Sinnes«* und *»das Gesetz der Sünde«* (Röm 7,23.25), *»das Gesetz des Geistes des Lebens«* (Röm 8,2) und *»das Gesetz des Glaubens«* (Röm 3,27) sind allesamt Beispiele für den Gebrauch des Begriffs *Gesetz* als Synonym für »Prinzip«.

Weil der Begriff *Gesetz* ganz unterschiedlich benutzt wird und sich dabei verschiedene Bedeutung überlappen, ist es wichtig, aus dem Kontext herauszufinden, welche Bedeutung der Autor meinte. Sonst werden wir etwas über das Gesetz lehren, was nicht stimmt. Wenn wir z. B. sagen, frei vom Gesetz zu sein, und dies auf das sittlich-moralische Gesetz Gottes deuten, die Schrift sich aber darauf bezieht, dass uns das Gesetz verdammt (Röm 8,1-2), oder das alttestamentliche Opfersystem meint, machen wir einen großen Fehler. Zunächst werden wir den Begriff *Gesetz* in seiner Hauptbedeutung verwenden: das Gesetz als ausdrücklichen Willen Gottes, dass der Mensch ihm in moralischer Hinsicht gleich sein soll.

Dieser absolute Maßstab für den Christen ist nicht bloß ein ethischer Gesetzeskodex oder ein Lehrsystem oder ein subjektives Gefühl für das, was richtig ist. Der Maßstab für den Christen ist Gott selbst (Mt 5,48; Röm 8,29; 2Kor 3,18; Eph 4,13; Kol 3,10; 1Petr 1,15-16).

Das ist eine aufregende Sache. Es bedeutet, dass die Grundlage unseres moralischen Maßstabs nicht der Mensch ist, auch nicht seine Weisheit, seine gefallene Natur, sein Begehren, seine Werte, seine Traditionen, seine Kultur. All dies mag die Grundlage eines von Menschen aufgestellten Gesetzes sein, jedoch nicht die des Maßstabs für ein Leben als Christ. Da Gott unser Maßstab ist, ist dieser nicht relativ und ändert sich nicht mit der Zeit oder der Gesellschaft. Gottes Gesetz ist *absolut*, vollkommen, unveränderlich und ewig.

Da Gott selbst unser Maßstab ist, ist dieser universell, d. h. der moralische Charakter Gottes als Maßstab gilt für alle Menschen zu allen Zeiten.

Dieser Maßstab ist persönlich, lebendig und erkennbar, eben anders als tote Buchstaben. Er ist nicht etwas, was Gott uns willkürlich auferlegt. Er entstammt seinem eigenen Wesen.

Diese Wahrheit bedeutet auch, dass Gottes Wesen nicht dem moralischen Aufbau des Universums entspringt. Einige meinen, dass Gott richtig und in Liebe handelt, weil er dazu durch ein absolutes Naturgesetz verpflichtet sei. Wir sagen vielmehr, dass Gerechtigkeit und Liebe gut sind, weil dies die Art ist, wie Gott ist. Wir leiten auch nicht wie manche Theologen unseren ethischen Maßstab von der Natur ab, indem wir wie Dompteure der Moral große »kosmische« Ringe hochhalten, durch die Gott springen soll. Vielmehr erkennen wir diese Maßstäbe als aus dem Wesen unseres unendlichen, absoluten und persönlichen Gottes entspringend.

Somit ist Gottes Wille für den Menschen, dass wir ihm gleich sein sollen. Wir wurden geschaffen in seinem Bild, ihm moralisch ähnlich, und wir spiegeln sein herrliches Wesen wider. Seine Absicht ist, durch die Erlösung dieses Bild, das zerstört worden ist, wieder herzustellen.

Aber warum will Gott, dass wir ihm gleich sein sollen?

Der Zweck des Gesetzes

Das Gesetz Gottes wird in der Schrift oft mit dem Licht verglichen (z. B. Ps 119,105). Wie eine Straßenlaterne das Dunkel, so verdrängt Gottes Gesetz das Böse (1Tim 1,9-10). Das Gesetz Gottes beherrscht nicht die bösen Menschen, aber es ist ein Einfluss, der die Mächte des Bösen in der Welt eindämmt. Einige bezeichnen dies als die *politische* Funktion des Gesetzes. Durch moralische Maßstäbe wird eine Gesellschaft zusammengehalten. Wenn moralische Maßstäbe verloren gehen, geht es mit einer Gemeinschaft oder einem Volk abwärts.

Wie das Licht in einem Waschraum enthüllt das Gesetz Gottes die sittliche Verunreinigung des Menschen (Röm 3,20; 7,7). Durch das Gesetz kommt Erkenntnis der Sünde. Wenn ich nicht glaube, dass ich schmutzig bin, werde ich mich nicht reinigen wollen. Wenn ich nicht glaube, dass ich verloren bin, werde ich auch keinen Retter wünschen. Aber wenn ich weiß, dass ich völlig verdreckt bin und unfähig zu tun, was ich will, werde ich einen Retter suchen und ihn freundlich empfangen. Das ist die »Erziehungsarbeit«, die das Gesetz leistet und die uns zu Christus treibt (Gal 3,24). Paulus versteht das Gesetz hier streng genommen nicht als einen Lehrer. Das Gesetz ist für den Sünder eher wie der Fahrer des Schulbusses oder wie die Person, die dafür sorgt, dass Schulschwänzer den Unterricht nicht versäumen. Das Gesetz bringt den Sünder zu Christus. Für den Sünder wird durch das Gesetz die Sünde überdeutlich, er ist *»überaus sündig«* (Röm 7,13). Das Schrecken erregende Gesetz verurteilt uns und ist dazu bestimmt, dass wir einen Ausweg suchen. Dies ist die *evangelistische* Funktion des Gesetzes. Wenn wir nicht zum Kreuz fliehen, wird das Gesetz die Grundlage für unsere Verurteilung beim letzten Gericht und es wird seinen evangelistischen Sinn verfehlt haben (Röm 3,19).

Für den Christen hat das Gesetz eine ganz andere Funktion. Wie die Scheinwerfer des Autos zeigt es dem Christen den Weg, den er gehen muss, um Christus ähnlich zu werden und damit seiner Bestimmung zu entsprechen.

> *»Und dies ist die Botschaft, die wir von ihm gehört haben und euch verkündigen: dass Gott Licht ist und gar keine Finsternis in ihm ist. Wenn wir sagen, dass wir Gemeinschaft mit ihm haben, und wandeln in der Finsternis, lügen wir und tun nicht die Wahrheit. Wenn wir aber im Licht wandeln, wie [er] im Licht ist, haben wir Gemeinschaft miteinander, und das Blut Jesu, seines Sohnes, reinigt uns von jeder Sünde«* (1Jo 1,5-7).

Dieser Maßstab ist das Ziel unseres Lebens als Christen. Er wird auch bezeichnet als der *geistliche* oder *erzieherische* Gebrauch des Gesetzes.

Gott gab uns also das Gesetz zu unserem Nutzen, zu unserer Erfüllung, ob wir nun gerettet oder nicht gerettet sind.

> *»Und nun, Israel, was fordert der HERR, dein Gott, von dir als nur, den HERRN, deinen Gott, zu fürchten, auf allen seinen Wegen zu gehen und ihn zu lieben und dem HERRN, deinem Gott, zu dienen mit deinem ganzen Herzen und mit deiner ganzen Seele, indem du die Gebote des HERRN und seine Ordnungen, die ich dir heute gebe, hältst, dir zum Guten?«* (5Mo 10,12-13).

Solche, die auf das Gesetz pochen, wollen dies immer ins Gegenteil verkehren und die Leute um des Gesetzes willen umgestalten, während Jesus Christus darauf bestand, dass das Gesetz (des Sabbats) für den Menschen gemacht wurde und nicht umgekehrt (Mk 2,27). *»Wer aber in das vollkommene Gesetz der Freiheit hineingeschaut hat und dabei geblieben ist, indem er nicht ein vergesslicher Hörer, sondern ein Täter des Werkes ist, der wird in seinem Tun glückselig sein«* (Jak 1,25).

In der Absicht Gottes, der uns liebt, liegt das Wohl des Menschen, sein Glück und seine Erfüllung. Je ähnlicher wir ihm werden, desto mehr Erfüllung finden wir. Jakobus nannte dies das *»Gesetz der Freiheit«* (Jak 2,12). Die Tragödie eines Menschen ohne Gesetz besteht darin, dass er immer von der wahren und richtigen Zielrichtung abgelenkt wird. Gerechtigkeit ist realitätsbezogen, und wer fernab von der Realität lebt, wird sich schließlich selbst zerstören. Aber wahr und richtig in konsequenter Ausrichtung auf die Realität zu leben, wird den Menschen frei machen und ihn befähigen, den Zweck seines Daseins zu erfüllen.

Nur jemand, der sich an die Spielregeln hält, kann sich auch am Spiel erfreuen und das Spiel gewinnen. Nur derjenige, der ein Produkt erwirbt und sich nach den Gebrauchsanweisungen des Herstellers richtet, wird auch Freude daran haben. Das gilt auch für die Verkehrsregeln und für das Strafgesetz – sie sind zu unserem Nutzen. Gott belohnt nicht einfach gutes Verhalten und bestraft Böses, so zutreffend dies auch sein mag, sondern Sünde bringt ihre eigene Strafe mit sich und Rechtschaffenheit ihren eigenen Lohn: *»Seine eigenen Sünden fangen ihn, den Gottlosen, und in den Stricken seiner Sünde wird er festgehalten«* (Spr 5,22).

Wenn die Schrift dies immer wieder betont (4Mo 32,23; Ps 7,15; 9,15; 40,12; Spr 1,31; 11,1-31), meint sie nicht nur die offensichtliche Tatsache, dass der Trinker sich selbst schadet, einen Kater bekommt und oft sein eigenes Leben und das anderer ruiniert. Es geht noch tiefer als die Wahrheit: *»Mit welchem Maß ihr messt, wird euch gemessen werden, und es wird euch hinzugefügt werden«* (Mk 4,24). Die Sünde selbst entstellt und zerstört letzten Endes den Menschen. Begierde zerfrisst uns wie Krebs. Sie nimmt alle Freude und allen

Frieden. Sie nimmt das Denken gefangen und erniedrigt es – wenn sie nicht gar zu einem anderen groben Verhalten führt. Einer, der die Ehe bricht, sündigt gegen sich selbst und beraubt sich selbst der Dinge, die das Leben lebenswert machen: Liebe, Sicherheit, Zugehörigkeit, Treue, Frieden, Geradheit, das wunderbare Gefühl, mit sich selbst im Einklang zu sein. Ja, in der Sünde selbst steckt schon die Bestrafung (2Petr 2,13).

Auf der anderen Seite haben *»großen Frieden die, die dein Gesetz lieben. Sie trifft kein Straucheln«* (Ps 119,165). Und: *»Ich werde wandeln in weitem Raum, denn nach deinen Vorschriften habe ich geforscht«* (V. 45). »Innerhalb der Grenzen des Gesetzes wandeln, ohne dieses als Einschränkung zu erleben« war nicht nur die Erfahrung des Herrn Jesus.[5] Das Gesetz ist Recht von Geburt an all derer, die ihm gehören. Es wundert uns daher nicht, dass das längste Kapitel der Bibel dazu bestimmt ist, die herrlichen Vorzüge des göttlichen Gesetzes zu preisen (Ps 119).

Beachte sorgfältig, dass sich die Absicht des göttlichen Gesetzes von dem Zweck, den Regeln und Anweisungen in anderen Religionen unterscheidet. Das Gesetz war niemals dazu bestimmt, uns gerecht zu machen. Es gibt Abschnitte im Alten Testament und ebenso einige im Neuen Testament, die so klingen, als wäre dies die Absicht des Gesetzes (vgl. 3Mo 18,5; Mt 19,17; Lk 10,28.). Aber Paulus betont wiederholt, dass niemand – weder unter dem alten noch unter dem neuen Bund – jemals durch Befolgen des Gesetzes gerechtfertigt wurde oder wird: *»Darum: Aus Gesetzeswerken wird kein Fleisch vor ihm gerechtfertigt werden«* (Röm 3,20; Gal 2,16). Paulus stellt heraus, dass dies bereits im Alten Testament gelehrt wurde, von den Tagen Abrahams (Röm 4,1-3) über David (V. 4-8) bis zu den Propheten (Gal 3,11). Jesus selbst lehrte eindeutig, dass niemand gut ist (außer Gott) (Mt 19,17) und dass selbst der Beste von uns von oben geboren werden muss (Joh 3,1-7) und aus Gnade durch den Glauben gerettet wird (V. 14-16). Es wird nicht der gerechtfertigt, der für sich in Anspruch nimmt, das Gesetz zu erfüllen, sondern der bußfertige Sünder (Lk 18,14).

Dieses biblische Thema von der Unfähigkeit des Menschen, sich selbst zu retten, wird noch durch ein weiteres bekräftigt – die völlige Sündhaftigkeit und das Versagen des Menschen. Schon am Anfang der Schrift wird der Mensch als böse beschrieben (1Mo 6,5.12; Hi 9,20; 25,4). Jahrhunderte später ruft David aus: *»Da ist keiner, der Gutes tut, auch nicht [einer]«* (Ps 14,3; 53,1-3) und: *»Vor dir ist kein Lebendiger gerecht«* (Ps 143,2). Davids Sohn Salomo greift dieses Thema auf: *»Wer darf sagen: Ich habe mein Herz rein gehalten, ich bin rein von meiner Sünde?«* (Spr 20,9). *»Denn kein Mensch auf Erden ist ‹so› gerecht, dass er ‹nur› Gutes täte und niemals sündigte«* (Pred 7,20). Die Propheten bezeugen dies ebenfalls: *»Wir alle irrten umher wie Schafe, wir wandten uns jeder auf seinen ‹eigenen› Weg ...«* (Jes 53,6).

Diese Wahrheit über die Verdorbenheit des Menschen bedeutet natürlich nicht, dass jeder Einzelne so böse ist wie nur möglich oder dass niemand je etwas Gutes tut. Das übereinstimmende Zeugnis der Schrift ist, dass Gottes Ebenbildlichkeit im Menschen zwar verzerrt, aber nicht vollkommen ausgelöscht ist. Gott nahm Notiz von den guten Werken eines Kornelius, die dessen Glauben widerspiegelten (Apg 10,1-2). Gott erkennt immer Gehorsam und gute Taten an und begrüßt sie. Aber jeder Mensch sündigt und kommt zu kurz gegenüber Gottes herrlichem Wesen (Röm 3,23). Niemand ist gut genug, dass er Gottes Annahme verdienen könnte. Niemand ist rein genug, um mit Gott Gemeinschaft zu haben. Wie eine Brücke, die nur bis zur Hälfte über den Abgrund reicht, so schmerzen die Werke eines guten Menschen noch viel mehr in ihrer völligen Unfähigkeit zu retten.

Das Gesetz war niemals dazu bestimmt, uns zu rechtfertigen. Das Gesetz zeigt uns einfach, wie wir sein sollen. Für den verlorenen Sünder ist dies eine gute Nachricht, denn sie führt ihn hin zu dem Retter. Für den geretteten Sünder ist dies eine gute Nachricht, weil das Gesetz genau beschreibt, zu welchem Ziel hin er wächst und was er sein möchte, um seinen Retter zufriedenzustellen: dem Herrn Jesus ähnlich sein.

Bei einer so herrlichen Bestimmung werden unser Verstand und unser Herz bewegt, diesem wunderbaren Geschenk der Gnade nachzujagen, dem Gesetz. Doch wie offenbart uns Gott seinen Willen?

Quellen der Erkenntnis über das Gesetz

Gott offenbart seinen Willen auf viele Weisen: durch das Gewissen, durch Anweisungen, Gebote, Prinzipien und lebende Beispiele.

Wahrheit und Güte sind definiert durch Gottes Wesen und kommen von ihm her. Es gibt keinen übergeordneten »Sachverhalt«, dessen Urteil selbst Gott unterworfen wäre. Es gibt auch keine »Natur der Dinge«, der sich Gott angleichen müsste, um gut zu sein. Nein, er definiert Wahrheit und Güte dadurch, dass er wahr und gut ist. Es trifft zu, dass Gott durch die Schöpfung seine Existenz und seine Macht offenbart (Röm 1,18-20), aber der einzig sichere Führer für Wahrheit und Güte ist die übernatürliche Offenbarung des geschriebenen Wortes Gottes, das er durch die Propheten und Apostel übermittelt hat.

Die römisch-katholische Kirche hat sich, da sie der Theologie Thomas' von Aquin (1224-1274) folgte, mehr Wert auf das »Gesetz der Natur« gelegt, als die Protestanten. Beide erkennen jedoch an, dass – außerhalb der Bibel – eine gewisse Kenntnis von Gut und Böse, so gedämpft und entstellt sie auch sein mag, doch irgendwie im Gewissen der Menschen eingeprägt ist. Paulus lehrt dies klar und deutlich (Röm 2,14-15).

Natürliches sittliches Urteilsvermögen

Obwohl das Alte Testament den Begriff *Gewissen* nicht verwendet, ist der Gedanke trotzdem vorhanden (1Sam 24,5; 2Sam 24,10; Jer 31,33) und er wird ausdrücklich im Neuen Testament gelehrt (Apg 24,16; Röm 2,14-15; 2Kor 1,12; 1Tim 1,5; 2Tim 1,3; Hebr 10,2.22).

Das Gewissen ist nicht mehr und nicht weniger als die persönliche Urteilsinstanz auf sittlichem Gebiet. Natürlich ist dieses Urteilsvermögen starken Einflüssen unterworfen wie alle unsere Urteile und Meinungen. Es ist stark geprägt von dem, was wir von unseren Eltern und von der Gesellschaft gelernt haben. Trotzdem lehrt die Bibel, dass sittliches Bewusstsein angeboren ist – jeder weiß etwas von Gut und Böse, obwohl nicht alle darin übereinstimmen, was genau beides ist. Unser sittliches Urteilsvermögen ist entstellt durch die Kultur, in der wir leben. Deshalb ist es auch kein ausreichender sittlicher Maßstab, dem wir folgen könnten.

Unser Urteil wird nicht nur von der Umgebung beeinflusst, sondern unser moralisches Urteilsvermögen ist grundsätzlich wegen unseres begrenzten Wissens und mangelnder Weisheit fehlbar. Der Mensch besitzt nicht genügend Informationen, um ein richtiges Urteil zu fällen, und ebensowenig besitzt er genügend Weisheit, um die Informationen, die er hat, richtig einzuschätzen. Darüber hinaus wird sein sittliches Urteilsvermögen verdunkelt durch sein Getrenntsein von Gott, der Quelle sittlicher Erkenntnis. Sein Sinn neigt durch die Sünde dazu, das Wissen um das Richtige zu unterdrücken und das sittliche Licht, das er hat, abzudunkeln.

Deshalb kann man den menschlichen Verstand mit einem Computer vergleichen, der mit zu wenig Speicherplatz ausgestattet, falsch programmiert und gelegentlich durch einen Kurzschluss lahmgelegt ist. Die Empfehlung »Lass dich durch dein Gewissen leiten« kann also ein ziemlich gefährlicher Grundsatz sein. Auf der anderen Seite trifft auch zu, dass es das *»wahrhaftige Licht«* gibt, *»das, in die Welt kommend, jeden Menschen erleuchtet«* (Joh 1,9). Und welch eine Hölle würde diese Welt sein, wenn Gott nicht seine moralische Ähnlichkeit dem Menschen aufgedrückt hätte, wie begrenzt und verwischt sie auch sein mag.

Das moralische Urteil einer Person ist unzuverlässig, aber es kann erneuert und immer vertrauenswürdiger werden. Die »Erneuerung des Sinnes«, von der die Apostel so beharrlich sprechen, ist aufs Engste verbunden mit dem Gedanken des Gewissens oder des sittlichen Urteilsvermögens. Der erneuerte Sinn, durch das Studium des Wortes Gottes geformt, gehorsam und aufgeschlossen gegenüber dem Heiligen Geist und beständig in der Bitte um Erleuchtung gewinnt mehr und mehr an Zuverlässigkeit.

Das Denken des Christen ist das Mittel, durch das Gott ihn in das Bild seines Sohnes verändert. In seinen Schriften gebraucht Paulus häufig das Wort *Sinn*, während wir den Begriff *Herz* gewählt hätten, und er spricht von *Erkenntnis*, wo wir von *Gefühlen* geredet hätten. Natürlich ist diese Erkenntnis im hebräischen Sinn gemeint; von daher geht es weniger um ein verstandesmäßiges Erfassen als um persönliche Erfahrung und Verpflichtung. Trotzdem ist es der *Sinn*, auf den es Gott ankommt, denn er trägt den Stempel der Ähnlichkeit mit ihm. Dieser Sinn muss erneuert werden, damit seine moralische Urteilskraft mehr und mehr an Zuverlässigkeit gewinnt. Selbst die große Herzensangelegenheit und die höchste Leistung, zu der wir als moralische Wesen fähig sind, die Liebe, hat etwas mit diesem Sinn zu tun. Als Jesus Christus aus dem Alten Testament das Liebesgebot Gott gegenüber zitierte, fügte er ganz bewusst etwas hinzu, das Mose nicht erwähnt hatte (5Mo 6,5), nämlich dass wir Gott mit unserem ganzen Verstand lieben sollen (Mt 22,37). Gottes Erneuerunsstrategie für unseren Verstand programmiert auch unser moralisches Urteilsvermögen neu, so dass es immer zuverlässiger wird.

Trotzdem ist auch das erneuerte und für den Geist Gottes offene Gewissen nicht völlig zuverlässig im Gegensatz zum offenbarten und niedergeschriebenen Willen Gottes. Wir sind auf Offenbarung angewiesen.

In der Schrift offenbart uns Gott seinen Willen durch Unterweisung, wie wir richtig denken und uns richtig verhalten sollen, durch direkte Gebote, Prinzipien und Beispiele für richtiges und falsches Verhalten. Unterweisung schien vor der Zeit Moses und auch im Neuen Testament vorrangig gewesen zu sein, während Gebote in der Ära »des Gesetzes« die Vorgehensweise bestimmten. Im Alten Testament gibt es zahlreiche Beispiele für richtiges und falsches Verhalten, aber das größte Vorbild finden wir in Jesus Christus. Prinzipien, entweder klar als solche formuliert oder abgeleitet aus Beispielen und Vorschriften, finden wir über die ganze Schrift verteilt.[6]

Unterweisung in göttlichen Maßstäben

Ganz am Anfang wurde einiges von Gottes Willen für den Menschen offenbart: Der Mensch sollte Kinder haben und mit dem Schöpfer an der Beaufsichtigung der Schöpfung teilhaben (1Mo 1,28). Das mag umfassend und im absoluten Sinne gemeint gewesen sein oder nicht, jedenfalls war es Adam auch untersagt, von einer bestimmten Frucht zu essen (1Mo 2,17). War dies eine sittlich-moralische Angelegenheit? Wir pflanzen uns fort und bemühen uns, den Teil der Schöpfung zu beaufsichtigen, auf den wir Zugriff haben, aber wer ist in der Lage zu sagen, welche Frucht verboten ist? Es war eben doch eine moralische Angelegenheit; Adam und Eva erkannten das klar. Es ging nämlich um Gehorsam. Der Test bestand darin, etwas Wünschenswertes jenseits der erlaubten Grenzen zu setzen.

Wir haben in den ersten Kapiteln des Buches Genesis kein Gebot über Tieropfer, aber sobald die Sünde begann, wussten die Menschen, dass Gott Sühnung erwartete. Adam und Eva wussten, dass ein Tieropfer Gottes Zorn über die Sünde irgendwie besänftigen würde. Und Sünde war bekannt. Wie sonst konnte sie »vor der Tür lagern« wie ein wildes Tier, das bereit ist, auf seine Beute zu springen (1Mo 4,7)? Die Forderung später gegenüber Abraham war ganz klar: *»Sei vollkommen«* (1Mo 17,2). Aber was hat Beschneidung mit Moral zu tun? Sie wurde zu einer sittlichen Angelegenheit, als Gott sie zum Zeichen des Bundes anordnete. Die Zehn Gebote sind moralisch, dem würde jeder zustimmen, aber das Verbot des Verzehrs von Schweinefleisch? Seine Feinde lieben ist der höchstmögliche moralische Standard, aber warum wäre die Taufe eine Angelegenheit der Moral, wenn Christus sie nicht angeordnet hätte?

Von Anfang an hat Gott den Menschen in seinem Willen unterwiesen. Aber was ist das Moralgesetz, das Wesenszüge Gottes anzeigt, die wir auch aufweisen sollen, und was wurde zu einer moralischen Angelegenheit, nur weil Gott es forderte? Diese Fragen scheinen miteinander zusammenzuhängen. Christen verstoßen unbekümmert gegen viele alttestamentliche Gebote (wir essen z. B. Schweinefleisch und Meeresfrüchte) und beachten andere wiederum sehr sorgfältig. Auf welcher Grundlage unterscheiden wir zwischen dem, was Gottes ausdrücklicher Wille für uns heute ist, und dem, was wir getrost übergehen dürfen?

Einige sagen, dass nur die Bedingungen, die im Wesen Gottes ihren Ursprung haben, als bindend angesehen werden sollten. Aber wer entscheidet, wessen Lehre gilt? Bekommt diese Person dann nicht höhere Autorität als die Schrift? Und wo wird uns in der Bibel ein solches Prinzip gegeben? Andere sagen, nur das, was im Neuen Testament oder in den Briefen wiederholt wird, sei bindend für den Christen. Aber Jesus Christus und die Apostel kannten offenbar ein solches Prinzip nicht. Sie zitierten die Schrift immer als die höchste Autorität, und das Alte Testament war die ganze Schrift, die sie hatten. Und in den apostolischen Schriften besaß die Lehre Jesu höchste Autorität. Es wäre den Aposteln höchst seltsam erschienen, wenn sie gesehen hätten, dass ihre eigenen Worte über die Worte Christi gesetzt werden könnten.

Wenn die Schrift die letztgültige Autorität sein soll, die alle menschliche Meinung beurteilt, selbst aber nicht Gegenstand der Bewertung und Zerstückelung durch moderne Gelehrte ist, dann darf man die Lehre, die einmal durch Inspiration von Gott gegeben wurde, nicht beiseite setzen, es sei denn, dies wird später durch göttliche Offenbarung in der Schrift selbst gesagt.[7] Wenn wir dieses Prinzip anerkennen, dann ist die Frage, welche Anweisung der Bibel, die

Gottes Willen für unseren Gehorsam betrifft, noch in Kraft ist und welche später beiseite gesetzt wurde.

Während der langen Periode vom Sündenfall bis zum Sinai wurden nicht viele genaue Gebote notiert. Trotzdem ist durch alle Aufzeichnungen hindurch klar erkennbar, dass Gott seine sittlichen Forderungen deutlich offenbart hat. Die Menschen waren sündhaft und dies willentlich. Sie wussten, worin Sünde bestand: Lügen, Betrügen, Stehlen, Morden, Ehebrechen, Götzendienst. Schließlich erwählte Gott »nach Auswahl der Gnade« aus diesem Sündenpfuhl heraus einen Menschen und seine Nachkommen. Er gab ihm eine Verheißung und einen Befehl: *»Sei untadelig!«* (1Mo 17,1). Die Patriarchen kannten den Bund – beides, die Verheißung und ihre Verpflichtung. Da nur wenige Forderungen Gottes im ersten Buch Mose in Form von präzisen Geboten festgehalten sind, gibt es unter Christen kaum Auseinandersetzungen darüber, was davon heute anzuwenden ist.

Dann kam Mose, der Gesetzgeber. Und das Gesetz, das er aus der Hand Gottes empfing und weitergab, war eine Mischung aus sittlichen Anweisungen, rituellen Vorschriften, Gesundheitsregeln und zivilrechtlichen Verfügungen für das Volk Israel. Welche davon gelten für uns und welche nicht? Die meisten sind der Auffassung, nur das Sittengesetz habe bleibende Autorität als Lebensregel auch für heute. Aber Mose machte eine derartige Unterscheidung nicht. Wie können wir das tun? Selbst wenn wir dazu die Autorität besäßen, wäre es keine leichte Aufgabe. Ehebruch ist eine moralische Angelegenheit (5Mo 22,22), jeder würde dem zustimmen. Das gilt auch für unterlassene Hilfeleistung (V. 1ff). Selbst das Anbringen eines Zaunes auf einer Dachterrasse fällt noch unter den Begriff »moralisch« (V. 8). Aber was ist mit der Anweisung über eine Frau, die Männerkleidung trägt (V. 5)? Dieses Gesetz kann man weder dem Zivilrecht noch der Hygiene und auch nicht dem Zeremonialgesetz zuordnen. Ist es moralisch? Wenn ja, was ist dann mit der Aussaat zwei verschiedener Samen auf einem Stück Land (V. 9) oder dem Anbringen von Quasten an Kleidern (V. 12)? Mose hat die Gesetze Gottes nicht in klare Kategorien eingeteilt: »Diese beziehen sich nur auf die jetzige Zeit« oder: »Dies sind sittliche Gebote von bleibender Bedeutung«. Es wurden daher *alle* Forderungen des mosaischen Gesetzes den Forderungen und Zusagen des abrahamitischen Bundes hinzugefügt und wurden verbindlich für das ganze Volk Gottes. Dann kam der verheißene Messias. Hat er alles verändert? Hat er eines der Gebote oder gar das ganze Gesetz beiseite gesetzt?

Der in Jesus Christus offenbarte Wille Gottes

Die Frage, was Jesus vom Gesetz hielt, ist nicht leicht zu beantworten, weil es so aussieht, als habe er gleichzeitig ja und nein zum Gesetz gesagt. *»Meint* *nicht, dass ich gekommen sei, das Gesetz oder die Propheten aufzulösen«*, sagte er, *»ich bin nicht gekommen aufzulösen, sondern zu erfüllen«* (Mt 5,17). Auf der anderen Seite aber heißt es: *»Ihr habt gehört, dass gesagt ist: Auge um Auge und Zahn um Zahn. Ich aber sage euch ...«* (Mt 5,38). Und dies hatten sie wirklich immer wieder gehört: im zweiten Buch Mose (21,24), im dritten Buch Mose (24,20) und im fünften Buch Mose (19,21)! Und dies war kein Zeremonialgesetz oder nur ein bürgerliches Gesetz. Dies war ein moralisches.

In welchem Sinn also erfüllte er das Gesetz und in welcher Hinsicht setzte er es beiseite? *Erfüllen* ist die Übersetzung eines weit reichenden Begriffes. Er findet sich als Erfüllung von Vorhersagen, Erreichen einer Reife, deren Vervollständigung und als Gehorchen.

1. Jesus Christus erfüllte das sittliche Gesetz dadurch, dass er ihm gehorchte. Er gehorchte ausnahmslos allen sittlichen Forderungen (Lk 23,31; 2Kor 5,21). Dadurch wurde er zum Grundbeispiel für christliches Verhalten.

Gottes Wille für den Menschen war schon immer, dass dieser ihm gleich sein sollte. Aber wie sieht es aus? Jahrhunderte lang sandte Gott seine Propheten, um uns dies klar zu machen. Und zuletzt kam er selbst, um uns dies an seinem lebendigen Beispiel zu verdeutlichen. *»Wer mich gesehen hat, hat den Vater gesehen«* (Joh 14,9). Wie sehr sind wir doch im Zeitalter der Gnade gesegnet! Wir können Gott sehen in Jesus Christus. Dies bedeutet nicht, dass wir mit Gott in Ordnung kommen, indem wir seinen Sohn nachahmen. Nein, das Heil ist ein freies Geschenk seiner Geradheit, um meine Verkehrtheit auszutauschen. Wir werden nur durch den Glauben an Christus gerechtfertigt. Aber wir wurden *»in Christus Jesus geschaffen zu guten Werken«* (Eph 2,10); und er hat dieses Leben sehr deutlich vorgeführt, als er kam, um den Willen des Vaters zu tun (Joh 4,34; 14,31; 15,10). Sicher, wir folgen ihm nicht in seinem Gehorsam gegenüber den religiösen Gebräuchen des mosaischen Gesetzes, die er selbst bald darauf abschaffen würde, noch ahmen wir ihn nach in seinem einzigartigen Dienst als Sohn Gottes und Retter. Aber in seiner treuen Wiedergabe des Wesens seines himmlischen Vaters ist er unser wahres und festes Vorbild.

2. Jesus Christus erfüllte das Gesetz, indem er die Prophezeiungen erfüllte, die im Gesetz enthalten sind. Seine Geburt, sein Leben und sein Dienst wurden bis in Einzelheiten vorausgesagt und diese Prophezeiungen hat er erfüllt. Unter ihnen war das größte und zentrale Ereignis der Geschichte sein Tod, durch den er sowohl das Gesetz zur Vollendung brachte und auch gleichzeitig beseitigte. Er brachte es zur Vollendung, indem er das Opferlamm wurde, um ein für alle Mal den Forderungen des Gesetzes Genüge zu tun. Er schaffte es ab, indem er die Macht des Gesetzes, nämlich zu verurteilen, zunichte machte. Durch das Ausführen der Wirklichkeit, die in der Symbolik des Zeremonialgesetzes vorgeschattet war, führte er dessen Ende herbei (Hebr 7,26-28; 9,1.9.10.23-27).

Jesus Christus erfüllte das ganze System der zeremoniellen Gesetze und setze sie dadurch beiseite. Diese Erklärung der Bedeutung des Todes Christi, nachdem er alles vollbracht hatte, stimmt völlig mit dem Vorbild seines Lebens und seines Lehrens überein. Er bestätigte immer wieder die Autorität des »Gesetzes«, aber seine Lehre konzentrierte sich immer auf das sittliche Gesetz. Nie hat er die zeremoniellen Aspekte des Gesetzes bestätigt.[8] Ja, manchmal tat er eher das Gegenteil. Zum Beispiel *»erklärte er alle Speisen für rein«* (Mk 7,19), sogar noch vor dem Kreuz. Damit hat er alle Speisevorschriften aufgehoben.

Aber sein Sterben war mehr als die Erfüllung des Gesetzes in dem Sinn, dass er die Strafe bezahlte, die das Gesetz forderte. Sein Tod ist für uns auch das Beispiel höchster Wesensgleichheit mit Gott. Ja, der Herr stellte das höchstmögliche Maß an Liebe zur Schau – seine völlige Aufopferung, sogar für den Feind (Röm 5,8). Niemals hat man sich in der Welt eine solche Liebe vorstellen können. Und sie wurde die Grundlage für christliches Verhalten überhaupt und auch die Quelle für ein Leben als Christ. Das Predigen des Christus und ihn als gekreuzigt ist der einzig tragende Grund für eine gesunde Morallehre. *»Denn Gott«*, sagt Paulus mit Entschiedenheit, *»hat uns nicht zur Unreinheit berufen, sondern in Heiligung«* (1Thes 4,7). *»Und für alle ist er gestorben«*, sagt er noch einmal, *»damit die, welche leben, nicht mehr sich selbst leben, sondern dem, der für sie gestorben und auferweckt worden ist«* (2Kor 5,15). In dieser Tatsache liegt für ihn das Motiv für ein heiliges Leben. Das ist auch der Grund, warum Paulus niemals müde wird, unsere sittliche Verpflichtung mit der Tatsache zu verbinden, dass Christus für uns gestorben ist. Ist dies eine Angelegenheit, die unsere Familie betrifft? *»Ihr Männer, liebt eure Frauen! wie auch der Christus die Gemeinde geliebt und sich selbst für sie hingegeben hat«* (Eph 5,25). Ist es eine Angelegenheit, die den schwächeren Bruder betrifft? *»Denn wenn dein Bruder wegen einer Speise betrübt wird, so wandelst du nicht mehr nach der Liebe. Verdirb nicht mit deiner Speise den, für den Christus gestorben ist!«* (Röm 14,15). Ist es eine Angelegenheit ehrgeiziger Rivalitäten?

> *»Habt diese Gesinnung in euch, die auch in Christus Jesus war, der in Gestalt Gottes war und es nicht für einen Raub hielt, Gott gleich zu sein. Aber er machte sich selbst zu nichts und nahm Knechtsgestalt an, indem er den Menschen gleich geworden ist, und der Gestalt nach wie ein Mensch befunden, erniedrigte er sich selbst und wurde gehorsam bis zum Tod, ja, zum Tod am Kreuz«* (Phil 2,5-8).

Ist es eine Sache des täglichen Lebens? *»Und wandelt in Liebe, wie auch der Christus uns geliebt und sich selbst für uns hingegeben hat als Opfergabe und Schlachtopfer, Gott zu einem duftenden Wohlgeruch!«* (Eph 5,2). Ist es eine

Sache der sexuellen Moral? *»Oder wisst ihr nicht, dass euer Leib ein Tempel des Heiligen Geistes in euch ist, den ihr von Gott habt, und dass ihr nicht euch selbst gehört? Denn ihr seid um einen Preis erkauft worden. Verherrlicht nun Gott mit eurem Leib!«* (1Kor 6,19-20). Die Schreiber des Neuen Testaments berufen sich konsequent auf das Werk von Golgatha – auf eine vollbrachte Erlösung – als Grundlage und Antrieb für ein geheiligtes Leben.[9]

Christus erfüllte das Gesetz durch die Erfüllung einer weiteren Prophetie: Er sandte den Heiligen Geist, so wie es durch den Propheten Joel vorausgesagt wurde (Apg 2,17ff). Pfingsten markierte die Geburt eines neuen Gottesvolkes, der Gemeinde. Es scheint so, als sei auch dies vorausgesagt worden, zieht man in Betracht, was Paulus in Römer 9 – 11 ausführt. Allerdings ist dies nicht so offensichtlich wie andere Aspekte der Prophetie. In jedem dieser Ereignisse, nämlich dadurch dass er die Gemeinde gründete (Mt 16,18), legte Jesus neue Grundlagen für den Umgang mit dem Volk Gottes hier auf der Erde. Die neue Zuweisung von Autorität war nicht mehr verbunden mit politischer oder militärischer Macht. Ja, sein Reich war nicht mehr *»von dieser Welt«* (Joh 18,36). Durch die Gründung der Gemeinde setzte Jesus Christus die Durchführung seiner Absichten durch das Volk Israel beiseite. Und durch dieses Beiseite-Setzen wurden sämtliche Regelungen für das irdische Reich außer Kraft gesetzt.

Christus erfüllte das Gesetz durch seinen Gehorsam und durch Erfüllung der alttestamentlichen Prophetie. Er führte die vorübergehenden Elemente des alten Bundes zu ihrem Ziel und setzte sie dadurch beiseite.

3. Jesus Christus erfüllte das Gesetz, indem er es bestätigte und erklärte. Er erfüllte das Gesetz, indem er es »vervollständigte«, d. h. seine vollkommene und tiefste Bedeutung herausstellte: Mord ist ganz sicher Unrecht, aber Hass ebenso (Mt 5,21ff). Ehebruch ist Sünde, aber ebenso Begierde (V. 27). Er legte das Wesen, die tiefere Bedeutung des Gesetzes dar; er radikalisierte es, indem er es zuspitzte. Er gab den positiven Anstoß zur Liebe und auch die negativen Verbote. Während seines ganzen Dienstes bestätigte er konsequent das Alte Testament als verbindliches Gotteswort (vgl. Mt 5,17-19; 23,23). Und dazu benutzte er die Autorität der Schrift, um seine eigene Lehre zu untermauern. Seine Kritik am Gesetz bezog sich in erster Linie auf die pharisäische Interpretation des Gesetzes und auf die Überlieferungen, die dem Gesetz beigefügt wurden (vgl. Mt 15,1-9; 23). Jesu Ablehnung der pharisäischen Überlieferung war so scharf und klar wie andererseits sein Eintreten für das Gesetz und die Propheten.[10]

Jesus Christus nimmt also die ganze unveränderliche Wahrheit über das Wesen Gottes auf wie auch seinen im Alten Testament enthüllten Willen für den Menschen, klärt ihn, weitet ihn aus und vertieft ihn. Die Bergpredigt in Matthäus 5-7 ist das beste Beispiel für die Klärung des Gesetzes, aber dieser Ansatz zieht sich durch seine ganze Lehre. Das Gesetz wird Thema seiner Lehre (*»Ich aber sage euch ...«*), was dann Maßstab für christliches Verhalten wird. Indem er die Gebote des Vaters an uns weitergibt, warnt er uns wiederholt und klar davor, dass wir nach diesem Maßstab gerichtet werden (vgl. Joh 12,47-50).

Darüber hinaus sollen wir diesen ganzen Block seiner Lehre, alles, was er uns geboten hat, auch alle Nationen lehren (Mt 28,18-20). Lediglich die besonderen Gesetze des Alten Testaments oder die Bereiche des Gesetzes (Speisevorschriften, rituelle und bürgerliche Pflichten), die er beiseite setzte, dürfen wir in *seiner* Autorität beiseite setzen.

4. Jesus Christus erfüllte das Gesetz, indem er die Wirklichkeit von dem war, was das Gesetz lediglich vorschattete. Er erfüllte die Verheißungen des Gesetzes; er wurde das Opfer, das tat, was das Gesetz der Tieropfer niemals vollbringen konnte. Dadurch stellte er die Gültigkeit des Zeremonialgesetzes fest, indem er das wurde, worauf es abzielte. Aber er bekräftigte genauso die Gültigkeit des Sittengesetzes. Er zeigte auf, wie heilig Gott wirklich ist und wie schrecklich die Sünde aus der Sicht Gottes wirklich ist. Das Kreuz Christi ist tatsächlich die höchste Erfüllung der Forderungen des Gesetzes. Und gleichzeitig bewies er dadurch die Gerechtigkeit Gottes, der lange Sünde vergab, bevor das vollkommene Opfer gebracht war (Röm 3,21-31). Ja, Jesus der Messias kam, um das Gesetz zu erfüllen!

Gottes Willen offenbart durch die Apostel

Die Apostel beriefen sich fortwährend auf das Leben und die Liebe Jesu als höchste Autorität. Der Auftrag Christi war klar: Geht hinaus, macht die Nationen zu Jüngern und lehrt sie alles, was ich euch befohlen habe (Mt 28,20). Es wundert nicht, das die Apostel diese Lehre zum Prüfstein der Wahrheit machten. Paulus ermahnt zum Beispiel Timotheus:

> *»Wenn jemand anders lehrt und sich nicht zuwendet den gesunden Worten unseres Herrn Jesus Christus und der Lehre, die gemäß der Gottseligkeit ist, so ist er aufgeblasen und weiß nichts«* (1Tim 6,3-4).

Und mit apostolischer Autorität fügten sie Lehren hinzu, die sie von Gott empfingen. Dies geschah in Form von Geboten – und zwar Hunderte – und durch Beschreibungen und Erklärungen, wie Christen denken und leben sollten. Zum Beispiel setzt die Beschreibung der Liebe in 1. Korinther 13 oder die der Frucht des Geistes in Galater 5 eine Norm für das Verhalten des Christen von aufregender Erhabenheit. Es gibt auch viele negative Beschreibungen, wie z. B. Paulus' Beschreibung der Werke des Fleisches – Hurerei, Unreinheit, Lust,

Götzendienst, Zauberei, Feindschaft, Streit, Eifersucht, Wut, Zwietracht, Parteiungen, Trinkgelage, Neidereien, Trunkenheit, Ausschweifung und dergleichen. Versteht er dies als wohlmeinenden Rat oder als Gebot? Er lässt uns darüber nicht im Zweifel: *»Von diesen sage ich euch im Voraus, so wie ich vorher sagte, dass die, die so etwas tun, das Reich Gottes nicht erben werden«* (Gal 5,19-21). Glücklicherweise bestätigen alle Schattierungen theologischer Meinung, dass die Lehre der Apostel in den Briefen für das Leben des Christen ein fest verbindlicher Maßstab ist.

Aber was ist mit dem im Alten Testament offenbarten Gesetz? Bestätigen die Apostel wie Jesus Christus dieses Gesetz als verbindliche Autorität? Gilt es für die Zeit der Gemeinde? Die Antwort der Apostel scheint, wie es auch bei Jesus Christus der Fall ist, ein Ja und ein Nein zu sein (siehe 1Kor 9,19-23).

Sind wir unter Gesetz? Ja, sagen die Apostel: Römer 7,12.25; 8,7; 13,8-10; Galater 5,13- 14; Epheser 6,1-3; Kolosser 3,5-8; Jakobus 2,8; 1. Petrus 1,16; 1. Johannes 2,4-5; 3,7-8; 5,2-3; 2. Johannes 5-6.

Sind wir unter Gesetz? Nein, sagen die Apostel, insbesondere Paulus: Römer 6,14; 7,4.6; 8,3-4; 10,4; 1. Korinther 3,11; Galater 3,19-25; 4,1-6; Epheser 2,14-17; Kolosser 3,14-23.

Die Apostel bringen dies in klaren Worten zum Ausdruck: *»Wer sagt: Ich habe ihn erkannt, und hält seine Gebote nicht, ist ein Lügner, und in dem ist nicht die Wahrheit«* (1Jo 2,4). *»So ist also das Gesetz heilig und das Gebot heilig und gerecht und gut«* (Röm 7,12). *»Denn ihr seid nicht unter Gesetz, sondern unter Gnade«* (Röm 6,14). *»Jetzt aber sind wir von dem Gesetz losgemacht«* (Röm 7,6).

Wie kann man diese Lehren in Einklang bringen? Nur eine sehr kleine Minderheit von Bibelgelehrten haben zurückgewiesen, dass das alttestamentliche Gesetz und die Lehren Christi vor dem Gespräch im Obersaal (Joh 13 – 17) an Christen gerichtet sei. Vielmehr hat die Mehrheit der Theologen im Verlauf der Kirchengeschichte versucht, eine Lösung für diesen offensichtlichen Konflikt zu finden, indem sie eine klare Unterscheidung im unterschiedlichen Gebrauch des Begriffs *Gesetz* vornahmen und dann das Moralgesetz für weiterhin verbindlich erachteten, während das Zeremonialgesetz beiseite gesetzt sei. Aber so leicht kann man es sich nicht machen. Weder Mose noch die Propheten trafen diese Unterscheidung, und es ist auch nicht immer offensichtlich, was sittlich und was bloß zeremoniell ist. Darüber hinaus machte Jesus, obwohl er durch Gewichtung und durch sein Verhalten beide unterschied, doch nicht ausdrücklich mit Worten diese Unterscheidung. Aber das größte Problem in dieser Deutung ist, dass Paulus selbst wohl diese Unterscheidung nicht machte. Es scheint, als würde er oftmals alles in der mosaischen Ordnung als »das Gesetz« in einen Topf werfen und lehren, dass wir in Christus all das hinter uns gelassen haben.

Bei Paulus gibt es keine Unterscheidung zwischen den Zehn Geboten und dem übrigen Gesetz. Das Gesetz ist eins, der offenbarte Wille Gottes.[11]

So scheint also die mosaische Ordnung beiseite gesetzt zu sein. Und doch war das mosaische Gesetz eindeutig und unwidersprochen die Autorität, das Wort Gottes und die letzte Instanz für Christus und die Apostel.[12] Die Gebote, Verheißungen und Verhaltensregeln im Alten Testament offenbaren Gottes Wesen und seinen Willen für die Menschheit. Diese Vorschriften, gefiltert durch das Sieb späterer Offenbarung (die Lehren Christi und der Apostel), sind die verbindlichen Führer für Glauben und Leben. Aber welche Elemente sind aussortiert? Ohne Zweifel wurde das Zeremonialgesetz in Christus erfüllt und das Gesetz, welches für das Volk Israel als Nation galt, wurde abgelöst von einer anderen Ordnung, der Gemeinde. Damit würden sich alle einverstanden erklären. Aber was ist mit dem »sittlichen« Gesetz?

Vielleicht wird uns der gesunde Menschenverstand der besten Lösung für dieses strategisch wichtige Problem näher bringen. In der ganzen Kirchengeschichte hatten die Zehn Gebote die Funktion eines repräsentativen Auszugs aus dem Gesetz, einer Zusammenfassung dessen, was Gott von uns erwartet.

Die Zehn Gebote scheinen zusammenzufassen, was die Nachkommen der Patriarchen bereits verstanden. Haben sie es allein deshalb verstanden, weil ihnen die Gebote ins Gewissen geprägt waren, oder waren ihnen diese Gebote auf eine Weise mitgeteilt worden, die uns unbekannt ist?

Als der Dekalog gegeben wurde, stand er wohl im Mittelpunkt aller Aufmerksamkeit. Er war der erste Teil des Gesetzes, das Gott gab; er allein wurde von ihm selbst mit seinem Finger auf Steintafeln geschrieben, und das nicht einmal, sondern zweimal. Weiterhin wurde eben dieses heilige Gesetz – und nicht die Schriftrollen der gesamten Torah – an dem heiligsten Ort aufbewahrt, der Bundeslade. Mit anderen Worten, diese zehn »Worte«, wie sie bezeichnet werden, waren offenbar die Grundlage des mosaischen Bundes. Sie wurden einem Volk nicht gegeben, um ihm zu zeigen, wie es mit Gott ins Reine kommen konnte, sondern sie wurden einem Volk gegeben, das schon längst von Gott erwählt war. Es sollte unterwiesen werden, wie es vermeiden konnte, den Bund mit Gott zu brechen und aus der Gnade zu fallen.

Wenn wir nun in das Neue Testament hineinschauen, stellen wir fest, dass der Dekalog und Teile davon sowohl für Jesus Christus als auch für die Apostel die verbindliche Basis dessen ist, was Gott von seinem Volk erwartet, und auf die sie sich konsequent beziehen.

Im Licht dieser Konzentration auf den Dekalog und der ambivalenten Haltung des Neuen Testaments zu den anderen Aspekten des alttestamentlichen Gesetzes, kommen wir mit folgender These einer Lösung unseres Konflikt am nächsten: Die mosaische Ordnung wurde überholt durch den Fleisch gewordenen Sohn Gottes (Joh 1,17; Lk 16,16), aber der Dekalog ist ein Prüfstein zu erkennen, was unter all den überlieferten alttestamentlichen Geboten der immerwährende Wille Gottes für sein Volk zu allen Zeiten ist. Jedes Gebot oder jegliche Unterweisung, die sich aus einem der Zehn Gebote ableitet, sie erläutert oder unterstreicht, sollte deshalb als bleibende Autorität anerkannt werden.

Dabei ist zu beachten, dass diese Auswahl von Geboten aus dem Alten Testament nicht deswegen getroffen wird, weil sie im Neuen Testament wiederholt werden. Das würde sonst bedeuten, dass der Ausleger sein Urteil der Schrift aufzwingt. Die Auswahl wird auf der Grundlage dessen vorgenommen, was spätere Offenbarung – also die Schrift selbst – an früherer Offenbarung beiseite setzt. Zeremonielle und nationale Elemente des Gesetzes und auch einige sittliche Geboten sind eindeutig beiseite gesetzt. Ja, es scheint, als habe Paulus die ganze alte Heilsordnung als nicht maßgebend für das Gewissen des Christen zurückgewiesen. Die Zehn Gebote und das Moralgesetz jedoch werden immer wieder als Gesetz bekräftigt. Auf dieser Grundlage wenden wir die Lehren des Alten Testaments auf das Leben und die Lehre des Christen an.

Gottes Wille für uns ist also offenbart durch angeborenes moralisches Bewusstsein, durch niedergeschriebene Anweisungen, durch Jesus Christus und durch die Lehre der Apostel. Es gibt noch einen anderen Weg, der zu denen gehört, die wir bereits erwähnt haben: das Beispiel.

Gottes Wille offenbart durch Menschen

Das offensichtlichste Beispiel haben wir schon betrachtet: Jesus selbst stellte Gottes Willen vollkommen dar. Das sofort folgende wichtige Beispiel ist vermutlich Paulus, nicht nur weil wir mehr über ihn wissen als über andere, sondern weil wir sechsmal aufgefordert werden, seinem Beispiel zu folgen (1Kor 4,6; 11,1; Phil 3,17; 1Thes 1,6; 2Thes 3,7.9). Das bedeutet nicht, dass Paulus' Beispiel vollkommen ist; er war Sünder wie wir auch. Aber sein Leben ist vorbildlich, wenn auch nicht so unfehlbar wie seine Lehre.

Über diese leuchtenden Vorbilder hinaus ist die Schrift jedoch voll von Beispielen richtiger und falscher Verhaltensweisen und Einstellungen, die Gottes Willen für uns enthüllen. Natürlich können wir nicht einfach das Beispiel von Personen aus der Schrift zu unserem Maßstab machen, es sei denn, die Schrift selbst heißt das Verhalten gut oder verurteilt es als böse. Aber wenn sie es tut, wird dies ein weiteres Mittel, durch das wir Gottes Willen erkennen können.

Auf diese verschiedenen Weisen hat Gott uns in seiner Liebe und Gnade klar gezeigt, was wir sein und tun sollen. Gottes Absichten mit seinem Gesetz werden jedoch nur erfüllt, wenn das Gesetz richtig angewandt wird. Wenn es falsch gebraucht wird, werden wir eher dem Teufel ähnlicher und nicht dem

Sohn Gottes. Christus und Paulus finden beide sowohl ein Ja wie ein Nein zum Gesetz; sie sagen nein zu einer falschen Anwendung des Gesetzes und ja zu seinem richtigen Gebrauch. Ein sehr häufiger, aber falscher Umgang mit dem Gesetz ist die »Gesetzlichkeit«.

Gesetzlichkeit

Das Gesetz ist gut (Röm 7,12), das Gesetz ist geistlich (V. 14), das Gesetz bleibt wirksam (Mt 5,17-19), aber es ist nur dann gut, wenn es gesetzmäßig gebraucht wird, seinem Zweck entsprechend (1Tim 1,8). Wie ist es möglich, das Gesetz zu missbrauchen? Wie kann das Gesetz unrechtmäßig oder rechtswidrig angewandt werden?

Gesetzlichkeit, der die Bibel widerspricht

Gehorsam als Weg zum Heil. Sich auf Gehorsam gegenüber dem Moralgesetz verlassen oder die zeremoniellen Gebote beobachten, um das Heil zu erlangen (Röm 3,20.28; Gal 2,16; 3,11.21), ist das, was die historische Theologie unter Gesetzlichkeit versteht. Vieles von dem, was Paulus an die Gemeinden in Rom und Galatien schrieb, sollte diese tödliche Irrlehre bekämpfen. Es war keine neue Idee der Pharisäer, die Jesus Christus durch das Gesetz töteten, auch nicht der Judaisten, die Paulus hartnäckig verfolgten. Es war schon immer die Methode des Menschen zu versuchen, das Heil zu erlangen.

Das ist die vorrangige Bedeutung von *Gesetzlichkeit* – sich auf den Gehorsam gegenüber dem Gesetz zu verlassen, um von Gott akzeptiert zu werden. Aber es gibt noch anderen Formen von Gesetzlichkeit.

Gehorsam, um sich selbst zu rühmen. Es ist durchaus möglich, das Heil aus Gnade allein durch den Glauben zu lehren und doch gesetzlich zu sein, indem man das Gesetz dazu missbraucht, sich durch Gehorsam gegenüber dem Gesetz »retten« zu wollen. Wenn wir unser Licht vor den Menschen scheinen lassen, damit sie unsere guten Werken sehen und *uns* rühmen, dann nehmen wir für uns die Ehre, die allein Gott zusteht. Das kann man beobachten, wenn ein Christ seine Anerkennung durch Gott oder die anderer Christen durch ihn selbst nach Leistung misst. Das gute Gefühl, das den erfolgreichen Gehorsam gegenüber dem Gesetz begleitet und das der eigenen Person die Ehre gibt, statt voller Staunen und Dankbarkeit gegenüber einem gnädigen und befähigenden Heiligen Geist zu sein, ist ein weiterer Beweis für Gesetzlichkeit, die Gott hasst. Solche werden keinen Lohn erlangen (Mt 6,1-18). Dies ist dem Glauben völlig entgegengesetzt: *»Wie könnt [ihr] glauben, die ihr Ehre voneinander nehmt und die Ehre, die von dem alleinigen Gott ist, nicht sucht?«* (Joh 5,44).

Gehorsam durch eigene Anstrengung. Eng verbunden mit dem Motiv des Gehorsams zur eigenen Ehre ist das Gehorchen durch eigene Anstrengung. Wenn wir ohne die Befähigung durch den Heiligen Geist versuchen, dem Gesetz zu gehorchen, »erretten« wir uns selbst durch Werke, obwohl wir durch Gnade gerettet sind.

> Gesetzlichkeit ist immer die schlimmste Form der Verdorbenheit; oder, mit anderen Worten, der schlimmste Zustand des Menschen ist der, wenn er völlig auf sich selbst vertraut. Diese Geisteshaltung ist die Quelle aller Falschheit, denn sie ist die Leugnung der Tatsache, dass das Gute immer Geschenk Gottes ist ..., dass der Mensch nicht aus sich selbst heraus leben kann ...[13]

Nicht verziehene Schuld. Ein anderer Weg zu leugnen, dass die Mittel in Jesus Christus völlig ausreichen, besteht darin, die Last der Schuld zu tragen, die der Retter bereits getragen hat. Gott *»ist treu und gerecht«*, nicht einfach nur gnädig und freundlich (1Jo 1,9). Wenn der Vater uns nicht unsere Schuld vergäbe, wäre er untreu und ungerecht, weil er von uns eine zweite Bezahlung fordern würde für etwas, was schon längst bezahlt ist. Er würde die Vereinbarung mit seinem Sohn brechen. Aber wo Gott treu und gerecht ist, sind wir oftmals untreu und ungerecht und tragen unser eigenes Schuldbewusstsein, als könnten wir selbst durch angemessene Reue oder zusätzliches gutes Benehmen dafür Sühne leisten, als wäre das Sühnewerk Christi nicht ganz ausreichend. Dies ist Gesetzlichkeit schrecklicher Art.

Gehorsam aus Furcht. Obwohl Gehorsam aus geringerem als dem höchsten Motiv nicht notwendigerweise Sünde ist und auch nicht unbedingt Gesetzlichkeit, spiegelt er trotzdem eine gewisse Unreife wider, was Beziehungen betrifft. Wenn wir dem Gesetz gehorchen aus Furcht vor den Konsequenzen und nicht aus Liebe zu dem Geber des Gesetzes, geraten wir erneut unter den Fluch des Gesetzes. Sicher ist es besser, gesetzlich zu gehorchen als ungesetzlich ungehorsam zu sein.

Gott appelliert an seine Kinder zu gehorchen wegen der Hoffnung auf eine Belohnung und auch aus Furcht vor Verlust (Hes 3,17-21; 33,7-9; Dan 12,3; 1Kor 3,10-15). Aber das höchste Motiv ist Liebe. Gehorsam aus Dankbarkeit für all die Gnadengeschenke ist das beste Mittel gegen den Virus der Gesetzlichkeit.

Dies sind Beispiele für den Missbrauch des Gesetzes, vor denen uns die

Bibel warnt. Aber der Begriff *Gesetzlichkeit* wird von den meisten Menschen mit Einstellungen und Verhaltensweisen verbunden, die absolut biblisch oder wenigstens berechtigt sind.

Gesetzlichkeit, der die Bibel nicht widerspricht

»Bestätigung des Gesetzes als Lebensnorm« ist keine Gesetzlichkeit. Die meisten Verfechter der Situationsethik und einige Vertreter der Haushaltungslehre sind gegen das Gesetz als solches; sie haben überhaupt keinen Platz für von außen auferlegte Anweisungen. *»Wir sind nicht unter Gesetz«* bedeutet für sie, dass wir keinerlei festgelegtem Verhaltenskodex verpflichtet sind. Von ihrem Standpunkt aus ist Liebe zum Gesetz Gesetzlichkeit. Die Aussage *»Oh, wie liebe ich dein Gesetz«* ist ein sicherer Beweis für die Gesetzlichkeit des Psalmisten. Wir haben versucht, von der Bibel her den Stellenwert des Gesetzes im Leben des Menschen zu bestimmen, aber diesen besonderen Aspekt werden wir später noch vertiefen (in den Abschnitten »Gesetz und Gnade« und »Situationsethik«), weil er von solch zentraler Bedeutung und weitreichendem Einfluss ist.

»Bindung im Gegensatz zu Freiheit« ist keine Gesetzlichkeit. In der Bibel bedeutet Freiheit nicht zu tun und zu lassen, was uns gefällt, sondern die Kraft zu tun, was wir tun sollen. Und was wir tun sollen, ist, dem Willen Gottes zu gehorchen. Dieser Wille ist u. a. offenbart durch die Gebote Gottes. Die moderne Sicht, dass der Mensch grundsätzlich gut sei und ihn nur Einschränkungen böse machen, hat das Denken von Christen beeinflusst, sodass Gesetz und Freiheit als Gegensätze gegenübergestellt werden. Aber das ist nicht die Sicht der Bibel. Zunächst einmal ist Freiheit im absoluten Sinn nach der Schrift eine Illusion. Was uns in unserer menschlichen Existenz angeboten wird, ist die Wahl des Herrn: Sünde oder Gerechtigkeit bzw. Satan oder Gott.

> Die Freiheit Gottes, der für seine Geschöpfe Freiheit vorgesehen hat, liegt im Streit mit der Versklavung des Geschöpfes, das seinen eigenen Stamm von der Wurzel abhauen will, um ihn als sein Eigentum zu bezeichnen und zu lieben. ... Wenn das Geschöpf sagt: »Zumindest habe ich meinen Willen«, dann würde ich antworten: »Du weißt überhaupt nicht, was dein eigener Wille ist und was nicht. Du weißt nichts darüber, woher deine Impulse, Wünsche, Neigungen und Vorlieben kommen. Sie mögen das eine Mal einem Zufall entspringen wie kranken Nerven; mal dem Brüllen eines umherirrenden Dämons; mal dem kindlichem Hass in deinem Herzen; mal der Gier eines verbrecherischen Vorfahren, die in dir steckt, und dessen du dich schämen wür-

dest, wenn er dir bekannt wäre; oder vielleicht auch dem aus der Ferne durchdringenden Schall eines himmlischen Orchesters: In dem Augenblick, wo es in dein Bewusstsein dringt, nennst du es deinen eigenen Willen und rühmst dich deswegen.«[14]

Nicht nur ist absolute Freiheit eine Illusion, sondern in gewissem Sinn liefert eigentlich das Gesetz die wahre Freiheit, soweit sie vorhanden ist. Die Lokomotive ist äußerst frei darin, ihren Zweck zu erfüllen, wenn sie frei auf den festen Gleisen vorwärts rollt; sie ist jedoch äußerst unfrei und zum Scheitern verdammt, wenn sie diese Gleise verlässt und auf das Weideland hinaus fahren will. Genauso sind die Menschen äußerst frei, wenn sie den Gleisen des offenbarten Willen Gottes folgen; aber ganz bestimmt verfehlen sie den Zweck ihres Menschseins, wenn sie diese Gleise verlassen, um auf ihrem eigenen Weg »frei« zu sein. Der Begriff *Gesetzlichkeit* wird falsch angewendet, wenn man Gesetz als Gegensatz zur Freiheit versteht. Das Gegenteil von Freiheit ist Sklaverei. Und die schlimmste Sklaverei ist Bindung an die Sünde und nicht die an das Gesetz.

Besondere Regeln aufzustellen ist keine Gesetzlichkeit. Der häufigste Missbrauch des Begriffs *Gesetzlichkeit* geschieht, wenn man darunter das Aufstellen von Regeln versteht, besonders vieler Regeln, vor allem negativer Regeln und besonders unbedeutender Regeln, die man auch als »kleinkariert« bezeichnen könnte. Häufig wird gesagt – auch von einigen Gelehrten –, dass die Bibel keine Liste sei für Ge- und Verbote sei.

> Manche betrachten die Bibel als eine Zusammenstellung von Regeln nach dem Prinzip erstens, zweitens drittens usw. Wir finden jedoch so etwas nicht in der Bibel. Was wir finden, sind zeitlose Richtlinien, die uns leiten und zur Freiheit in Christus führen.[15]

Ich weiß nicht, welche Bibel dieser Autor las. Mose ist nicht der einzige, der eine Liste von Verboten aufstellte. Paulus zählt häufig Dinge auf, die man vermeiden sollte und fügt dem sogar »Kleinkariertes« hinzu, das mit Haartracht, Kleidung usw. zu tun hat.

> Das Vorhandensein einer Zusammenstellung von Bestimmungen und Regeln oder eines Gesetzeskodexes bedeutet nicht Gesetzlichkeit (Gal 6,2; 1Tim 3,2; Röm 8,2). Wenn von uns auf der Grundlage der geistlichen Segnungen in Christus erwartet wird, würdig unserer Berufung zu wandeln und den Geboten Gottes zu gehorchen, dann bedeutet der Wunsch, Gott zu

gehorchen, nicht Gesetzlichkeit (Eph 1,3; 4,1; 5,8; Phil 1,27). Etwas tun müssen bedeutet nicht gesetzlich sein (1Tim 3,2; Eph 5,28; 2Thes 1,3; Röm 15,27). Paulus sprach davon, Schuldner zu sein, in der Schuld zu stehen und verpflichtet zu sein – etwas tun zu müssen. Eine Auflistung von Verboten ist nicht Gesetzlichkeit (Röm 12,2; Kol 3,9; Gal 6,9; Eph 4,25 – 5,18; 1Jo 2,13).[16]

Es ist nicht zulässig, eine Gesellschaft als »streng gesetzlich« zu bezeichnen, einfach weil sie viele Gesetze hat. Wenn dies so wäre, wäre die Bibel eines der gesetzlichsten Bücher überhaupt.

»Sich mehr auf das Gesetz zu berufen als auf den Heiligen Geist« ist keine Gesetzlichkeit. Ein allgemein verbreitetes Missverständnis von Gesetzlichkeit besteht darin, den Buchstaben des Gesetzes (»Gesetzlichkeit«) dem Geist des Gesetzes (»Freiheit«) gegenüberzustellen. Bei dieser Betrachtungsweise wird gewissenhafte Ausrichtung auf die ausdrücklichen Gebote der Schrift für gesetzlich gehalten. »Anpassung als das Wesen christlicher Moral« wird als Definition für Gesetzlichkeit gegeben. Damit wird striktes Festhalten und ständiger Gehorsam genau dem gegenüber, was die Schrift lehrt, als seelenzerstörende Sklaverei angeprangert. Aber ist es dies, was die Bibel unter Gesetzlichkeit versteht? Oftmals meinen die, welche vom Gehorsam gegenüber dem Buchstaben als Gesetzlichkeit sprechen, dass es in Ordnung sei, das Gesetz zu ignorieren, solange man es nur gut meint, solange man im Geist Liebe übt. Das ist pure Situationsethik, und die, welche die Autorität der Schrift ernst nehmen, werden eine solche Position wahrscheinlich nicht einnehmen.

Was meint Paulus, wenn er »Buchstaben« und »Geist« gegenüberstellt? Er meint genau das, was er immer sagt, wenn er Gesetzlichkeit angreift: Errettung durch Werke. Gegen eine bestimmte Art von Bestimmungen ist Paulus unnachgiebig: Es sind solche, die einen Ersatz oder Zusatz zu Christi Sühnewerk am Kreuz anbieten.

Zwei Aussagen im Neuen Testament stellen Buchstaben und Geist gegenüber (Röm 7,6; 2Kor 3,6). *»Der Buchstabe tötet, der Geist aber macht lebendig.«* In beiden Fällen gebraucht Paulus den Begriff »Buchstaben« als Synonym für Gesetz – das Gesetz, welches das Verdammungsurteil über uns spricht – und »Geist« für den Heiligen Geist, der lebendig macht. In beiden Fällen formuliert Paulus die gleiche Lehre; und zwar richtet er sich gegen eine gesetzliche Abhängigkeit davon, sich selbst anzustrengen, um das Heil zu erlangen.

Weiter verurteilt die Bibel klar das Befolgen der gesetzlichen Anweisung (»Buchstabe«) als Deckmantel für den Verstoß gegen die Absicht oder den

Geist des Gesetzes. Die Pharisäer benutzten die Gesetzesvorschrift, um die Zielrichtung des Gesetzes zu unterminieren und gleichzeitig bekannten sie sich als treue Anhänger des Gesetzes. Sie lehrten, wenn jemand bei dem Altar schwört und nicht beim Opfer auf dem Alter, sei der Schwur nicht bindend. Wenn jemand im Namen des Tempels einen Vertrag schließt, statt bei dem Gold des Tempels, könne dieser Vertrag gebrochen werden. Wenn wertvoller Besitz als »Gott geweiht« erklärt wurde, brauchte man ihn nicht zu verwenden, um seine in Not geratenen Eltern zu unterstützen (Mt 23,17-18).

Die Pharisäer betonten den Gehorsam gegenüber dem geringeren, einfacheren, sichtbaren und äußeren »Buchstaben«, während sie das Wichtigere vernachlässigten, den »Geist« des Gesetzes. Ihr Motiv war, von den Menschen gesehen zu werden (Mt 23,5). Sie wollten Anerkennung für eine Frömmigkeit erhalten, die nicht der Wahrheit entsprach. Sie versuchten, sich einen guten Namen zu Billigpreisen zu erwerben und sie hatten Erfolg damit. »Pharisäer« bedeutet »Gerechter« und sie wurden nicht zum Spott so genannt. Die Leute betrachteten sie als die Höchsten und Besten in ihrer moralischen Aufrichtigkeit. Aber Jesus Christus verurteilte dies.

> *»Wehe euch, Schriftgelehrte und Pharisäer, Heuchler! Denn ihr verzehntet die Minze und den Anis und den Kümmel und habt die wichtigeren Dinge des Gesetzes beiseite gelassen: das Recht und die Barmherzigkeit und den Glauben; diese hättet ihr tun und jene nicht lassen sollen. Ihr blinden Führer, die ihr die Mücke seiht, das Kamel aber verschluckt!«* (Mt 23,24).

Ihr Problem war streng genommen nicht Gesetzlichkeit, sondern Heuchelei. Sie waren Schauspieler. *»Denn sie sagen es und tun es nicht«* (Mt 23,3).

Es wird berichtet, dass evangelische deutsche SS-Truppen im Zweiten Weltkrieg nicht tanzten und keinen Alkohol tranken, obwohl sie Tausende von Juden hinrichteten. Es gab »bibelgläubige« junge Leute, die weder ins Kino gingen, noch tanzten, um von der Gemeinde anerkannt zu werden, aber dann knutschten sie auf dem Rücksitz im Auto. Viele Christen zahlen den Zehnten, sind aber durch und durch materialistisch eingestellt. Wie viele eifrige Christen gibt es, die massiv auf Entscheidungen für Christus drängen, deren tägliches Leben aber kein Zeugnis für Christus ist, sondern von ihnen selbst, von ihrem eigenen selbstsüchtigen Denken!

Nein, die Antwort Jesu ist klar: *»Diese hättet ihr tun und jene nicht lassen sollen«* (Mt 23,23). *»Alles nun, was sie euch sagen, tut und haltet; aber handelt nicht nach ihren Werken! Denn sie sagen es und tun es nicht«* (Mt 23,3). Er spielt den Buchstaben nicht gegen den Geist aus. Christus sagt, dass der Buchstabe wichtig ist, aber darüber hinaus ist der Geist des Gesetzes wichtig. Die

Gesetzesvorschrift wird niemals gegen das Prinzip des Gesetzes verstoßen, aber wir müssen vor allem das Prinzip beachten.

»Menschengeboten zu gehorchen« ist keine Gesetzlichkeit. Manche meinen, dass Gehorsam gegenüber göttlichen Geboten wahrhaft christlich ist, Gehorsam gegenüber Menschengeboten zu fordern, ist für sie dagegen gesetzlich. Aber die Schrift steht klar auf der Seite menschlicher Autorität. Ja, die menschliche Obrigkeit ist von Gott eingesetzt. Gehorsam gegenüber menschlicher Autorität ist keine freiwillige Sache. Auf der anderen Seite gibt es aber keine absolute menschliche Autorität, weil alle menschliche Autorität dem Urteil Gottes untersteht. Zuletzt muss jeder gegenüber der höchsten Autorität Rechenschaft ablegen über die Treue zu ihr.

1. in der **Ehe**: *»Ordnet euch unter: die Frauen den eigenen Männern als dem Herrn«* (Eph 5,22)!
2. **Zu Hause**: *»Ihr Kinder, gehorcht euren Eltern im Herrn! Denn das ist recht«* (Eph 6,1).
3. der **Obrigkeit** gegenüber: *»Jede Seele unterwerfe sich den übergeordneten ›staatlichen‹ Mächten! Denn es ist keine ›staatliche‹ Macht außer von Gott, und die bestehenden sind von Gott verordnet«* (Röm 13,1).
4. im **Beruf**: *»Ihr Sklaven, gehorcht euren irdischen Herren mit Furcht und Zittern, in Einfalt eures Herzens, als dem Christus«* (Eph 6,5).
5. in der **Gemeinde**: *»Gehorcht und fügt euch euren Führern! Denn [sie] wachen über eure Seelen, als solche, die Rechenschaft geben werden, damit sie dies mit Freuden tun und nicht mit Seufzen; denn dies wäre nicht nützlich für euch«* (Hebr 13,17).

Die Echtheit des Gehorsams gegenüber Gott wird oft an der menschlichen Autorität geprüft. Die menschliche Autorität wurde von Gott nicht nur eingesetzt, um die Zehn Gebote durchzusetzen oder wohlmeinende Ratschläge auszuteilen. Die menschliche Autorität ist eine gesetzgebende und exekutive Autorität. Jeder, der einer legitimen Autorität unterstellt ist, muss dieser Autorität gehorchen, es sei denn, dieser Gehorsam würde gegen den offenbarten Willen Gottes verstoßen (Apg 5,29).

Menschliche Autorität sollte in Gerechtigkeit, Weisheit und Liebe ausgeübt werden. Gehorsam sollte eine freudige Sache sein. Wenn sie nicht gerecht, weise oder liebend ist, ist jedoch derjenige, der unter dieser Autorität steht, dadurch nicht von der Verantwortung zu gehorchen befreit (1Petr 2,18). Es ist wohl legitim, dass er auf biblischem Weg versucht, etwas zu verändern, aber wenn er verbittert Widerstand leistet, dann wird die Beziehung zerstörerisch. Es gibt zwischenmenschliche Beziehungen, die berechtigterweise aufgelöst werden können, aber nicht in jedem Fall. In unserer Gesellschaft verlässt ein Kind irgendwann endgültig sein Elternhaus, ein Bürger kann in ein anderes Land auswandern, ein Angestellter kann kündigen und eine neue Arbeitsstelle suchen, ein Gemeindeglied kann sich einer anderen Gemeinde anschließen. Aber eine Ehefrau kann nicht ihren Mann verlassen; das Kind kann sein Elternhaus nicht verlassen, bevor es volljährig ist. Es ist ganz sicher nicht immer der Wille Gottes, dass Bürger, Angestellte oder Gemeindeglieder aus einer schwierigen Situation flüchten, aber oftmals ist es der Wille Gottes. Solange die Beziehung jedoch Bestand hat, gilt Gottes eigene Autorität, die er eben an menschliche Verwalter delegiert. Offensichtlich weiß Gott, dass eine unzulängliche menschliche Herrschaft besser ist als überhaupt keine.

»Gesetz« im Gegensatz zu »Liebe« ist keine Gesetzlichkeit. Manche sind der Auffassung, dass es gesetzlich ist, wenn man sich am Gesetz orientiert, denn das heißt, dass man sich nicht am Menschen orientiert. Diese Art und Weise, das Gesetz über die Liebe zu stellen, ist so weit verbreitet und so einflussreich, dass wir den letzten Teil dieses Kapitels dem Thema »Gesetz und Liebe« widmen werden. Wie wir bereits im ersten Kapitel gesehen haben, ist Liebe die eigentliche Erfüllung des Gesetzes. Weit davon entfernt, beide als Gegensatz zu betrachten, sieht die Schrift in gewissem Sinn beide als eins an.

Gesetz und Gnade

Gibt es überhaupt ein schöneres und herrlicheres Wort als *Gnade*? Wenn ein gerechter Gott heute auf uns herabschaut, sieht er nicht sein eigenes Bild hoffnungslos entstellt und verunreinigt. Er sieht uns nicht als schwache, fehlbare und moralisch verwahrloste Menschen. Er sieht uns so rein und unschuldig, gerecht und stark wie Jesus Christus. Weil er uns durch das Kreuz sieht, sind wir rein.

Gnade ist nicht einfach Gunst gegenüber jemandem, der das nicht verdient hat. Gnade ist liebende Gunst dem gegenüber, der Gottes Zorn verdient hat. Versöhnung mit Gott und ewiges Leben kann man sich nicht verdienen. Alles Gute, was ich habe, ist Gottes freies Geschenk (Röm 3,21-31; Eph 2,1-8). Aber das ist nicht neu. Schon immer wurden Menschen allein durch die Gnade Gottes gerettet. Was ist dann mit diesem schrecklichen Wort *Gesetz*? Steht es nicht im Gegensatz zur Gnade? Wurde es in Christus nicht weggetan?

Jeder würde dem zustimmen, dass Gnade ohne Gesetz keinen Sinn macht. Ohne Gesetz gäbe es keine Sünde (Röm 7,7). Wo keine Sünde ist, da bedarf es auch keiner Vergebung. Das Kreuz Jesu bringt uns nicht nur Vergebung durch

Gnade, es ist auch ein Beweis für die Realität und Bedeutung des Gesetzes. Übertretung des Gesetzes ist so schlimm, dass Gott seinen eigenen Sohn hingab, um die Forderung des Gesetzes zu erfüllen und das Gericht auszusetzen, das Adams Nachkommenschaft verdient hat. So hart und so streng ist das Gesetz in Wirklichkeit. Aber wenn der Zweck des Gesetzes einmal erfüllt ist, ist es dann nicht hinweggetan?

Nein! Wie wir gesehen haben, ist das Gesetz immer noch heilig, gerecht und gut. Es steht nicht mehr mit Gericht drohend über mir. Es leuchtet hell und klar auf meiner Reise zur Herrlichkeit. Es wirft seinen Lichtkegel auf meine Bestimmung – das herrliche Wesen von Gott selbst. Und wer könnte dagegen sein? Es sind hauptsächlich zwei Denkrichtungen.

Die erste und einflussreichste im Verlauf der Kirchengeschichte ist der antinomistische (gegen das Gesetz) Standpunkt der Existenztheologie. Wenn diese Theologen ihre Grundsätze auf die Ethik anwenden, dann nennt man das Situationsethik.

> Was Rudolf Bultmann schon 1930 sagte, fand allgemein Zustimmung, nämlich dass jegliche Ethik, die eine Antwort auf die Frage »Was muss ich tun?« geben will, auf einem Missverständnis der menschlichen Situation beruht. In seinen Ausführungen zum »größten Gebot« stellte er heraus, dass die Aufforderung »Liebe deinen Nächsten« uns nicht sagt, was wir tun sollen, sondern nur, wie wir es tun sollen. Bultmanns Bemerkung ist in der christlichen Ethik zu einem Gemeinplatz geworden. Christen wissen zugegebenermaßen intuitiv, was sie zu tun haben, wenn sie unter der Macht der Liebe stehen ... In ähnlicher Weise sagt Joseph Fletcher: »Kein Gesetz oder Prinzip als solches ist gut – nicht Leben, nicht Wahrheit, Reinheit, Besitz, Ehe oder sonst etwas, sondern nur die Liebe. Einzig eins ist in sich gut, nämlich die Liebe, nichts anderes.«[17]

Diese Position ist so weit verbreitet und übt selbst in ehemals evangelikalen Kreisen einen solchen Einfluss aus, dass wir ihr später ein ganzes Kapitel widmen werden. Aber an dieser Stelle wird es nicht notwendig sein, ihre Ablehnung des Gesetzes zu diskutieren, weil sich diese Ansicht gar nicht auf die Schrift gründet. Die Autorität der Schrift spielt in dieser Diskussion keine andere Rolle, als Ideen zu liefern, die herangezogen werden, um die philosophische Position, die man aus nicht-biblischen Gründen vertritt, zu untermauern. Viele der einflussreichsten Vertreter dieser Denkrichtung wie z. B. Joseph Fletcher, glauben nicht einmal an einen persönlichen Gott.

Aber es gibt noch eine andere Denkrichtung, die mitten im evangelikalen Hauptstrom fest an der Verpflichtung gegenüber der Bibel als autoritativer

Offenbarung Gottes festhält. Viele führende Vertreter der Haushaltslehre sind im ausgehenden zwanzigsten Jahrhundert von der Auffassung des bedeutendsten Systematikers dieser Bewegung, Lewis Sperry Chafer, abgerückt; aber viele seiner Nachfolger, die seine Lehren im Volk verbreiten, sehen keinen Raum für das Gesetz – nicht nur wenig für Moses Gesetz, sondern auch genauso wenig für die Lehren Jesu.

> Es ist offensichtlich, dass das Gesetz niemals an jemand außerhalb des Volkes Israel gerichtet war, und auch, dass seit dem Tod Christi kein Jude, Heide oder Christ unter dem Gesetz steht, weder für seine Rechtfertigung noch als Lebensregel.[18]
>
> Es gibt eine gefährliche und völlig grundlose Auffassung, die besagt, alle Lehren Christi seien für unsere Zeit bindend, einfach nur deshalb, weil Christus sie lehrte.[19]
>
> Da Gesetz und Gnade in allen Punkten im Gegensatz zueinander stehen, ist es unmöglich, dass sie nebeneinander bestehen können, weder als Basis der Anerkennung des Menschen durch Gott noch als Lebensregel. Deshalb gehen die Schriften des Neuen Testaments, welche die Fakten und das Ausmaß der Gnade herausstellen, notwendigerweise davon aus und lehren, dass das Gesetz hinweggetan ist. Es ist in der gegenwärtigen Zeit nicht in Kraft. Diese augenblickliche Ungültigkeit des Gesetzes bezieht sich nicht nur auf den Gesetzeskodex des mosaischen Systems und auf das Gesetz des Reiches, sondern auf jede mögliche Anwendung der Prinzipien des Gesetzes.[20]

Es ist klar, dass für Chafer das Gesetz als solches hinweggetan ist. Weder die Zehn Gebote, noch die Bergpredigt, nicht einmal die Anweisungen in den apostolischen Briefen sind für Christen Gesetz im Sinn einer Lebensregel oder einer bindenden Verpflichtung, der man gehorchen muss. Aber was sagen andere Theologen dazu?

> Augustinus: Das Gesetz wurde gegeben, damit man nach Gnade verlangt; Gnade wurde gegeben, damit das Gesetz erfüllt würde.[21]

> Das Westminster-Bekenntnis (Presbyterianer): Das Moralgesetz verpflichtet für alle Zeiten alle, ob es sich um Gerechtfertigte handelt oder nicht, ihm zu gehorchen ... als Lebensregel, die sie über den Willen Gottes, und über ihre Pflicht unterweist. Es leitet und bindet sie, entsprechend zu wandeln.[22]

> Artikel über die Religion (Kirche von England): Das Alte Testament widerspricht nicht dem Neuen Testament. Denn in beiden wird der Menschheit in

Jesus Christus ewiges Leben angeboten. Er ist der einzige Mittler zwischen Gott und Menschen, da er Gott und Mensch zugleich ist ... Obwohl das von Gott durch Mose gegebene Gesetz in seinen Zeremonien und Riten für den Christen nicht bindend ist, und auch die bürgerlichen Vorschriften nicht unbedingt auf ein Gemeinwesen übertragen werden sollten, ist doch kein Christ frei vom Gehorsam gegenüber dem Sittengesetz.[23]

Konkordienformel (Lutheraner): Das Gesetz ist die sichere Regel und Norm, um ein gottwohlgefälliges Lebens und Verhaltens in Übereinstimmung mit Gottes ewigem unveränderlichem Willen zu erreichen.[24]

Institution der christlichen Religionen, John Calvin: Es gibt nicht verschiedene Lebensregeln, sondern ein einziges, immerwährendes und unveränderliches Gesetz. Wenn daher David die Gerechten beschreibt, wie sie ihr ganzes Leben lang über das Gesetz nachsinnen (Ps 1,2) –, dann dürfen wir eine Tätigkeit, die für alle Zeitalter angemessen ist, sogar bis ans Ende der Welt, nicht auf ein einziges Zeitalter beschränken.[25]

Carl F. H. Henry, Baptist und führender evangelikaler Theologe: Es gibt keine Herabminderung weder des Gesetzes, noch der im Grundsatz bestehenden Kontinuität der Ethik des Alten und Neuen Testaments, weder bei Augustinus, noch bei Thomas von Aquin, Luther, Calvin oder Wesley.[26]

Viele Prediger und Laien folgen weiterhin Chafer in seiner Auffassung vom Gesetz und gehen in ihren Lehren gegen das Gesetz sogar noch über ihn hinaus. Aber nur wenige der führenden Theologen der Haushaltslehre halten an der früheren Sichtweise fest. Diese nähern sich immer mehr dem Hauptstrom der christlichen Lehre und stellen das Moralgesetz als Gottes Bedingung für Christen heraus. Charles Ryrie zum Beispiel, einer ihrer führenden Sprecher, schreibt:

Die Bergpredigt zeigt nicht den Weg des Heils auf, aber den Weg eines gerechten Lebens für diejenigen, die zur Familie Gottes gehören ... Es war auch eine verfeinerte Darstellung des Geistes des Gesetzes. Für uns alle ist es eine detaillierte Offenbarung der göttlichen Gerechtigkeit, und ihre Prinzipien beziehen sich auch auf die Kinder Gottes heute.[27]

Der Autor sagt nicht, dass die Gebote selbst bindend sind, aber er bestätigt klar den Geist und die Prinzipien des Gesetzes als maßgeblich für die Gläubigen heute.

Mit einer Stimme halten die Strömungen des orthodoxen theologischen Denkens daran fest, dass das Gesetz den Gläubigen gilt. Doch es ist wahr, dass die Schwerpunkte im Alten Testament anders liegen als im Neuen Testament. Das steckt in der notwendigen historischen Abfolge der Ereignisse. Die Liebe und Gnade Gottes, wie sie in ihrem vollen Glanz in der Person Jesu Christi enthüllt wurde, konnte naturgemäß nicht vollständig offenbart werden, bevor der Sohn Gottes erschien. Es bedurfte nicht nur des historischen Geschehens der Menschwerdung Christi, es war ebenso notwendig, dass die Menschen durch das Wissen um einen heiligen und gerechten Gott darauf vorbereitet wurden. Sonst hätten sie kaum einen Retter gewollt. In gewissem Sinn durchläuft jeder, der zu Gott kommt, eine Phase göttlicher Offenbarung nach dem Muster der Heiligen Schrift. Denn bevor er nicht die gerechte Forderung des Gesetzes versteht, wird er das Heil nicht suchen. Solange es kein großes Problem gibt, ist niemand an einer Lösung interessiert. Bevor nicht die Ohren des Herzens durch das Donnern vom Sinai geöffnet sind, wird niemand wirklich die wunderbaren Klänge der Gnade von Golgatha hören.

Also sind Gesetz und Gnade zwei Seiten der Münze des göttlichen Heils. Ohne Gnade ist das Gesetz ein schrecklicher Zerstörer. Ohne Gesetz ist Gnade bedeutungslos. Ein jedes ist nur wahr, wenn auch das andere richtig verstanden wird. Wie Jesus Christus sagte: *»Die, welche das geringste von Gottes Geboten beiseite setzen, werden die Geringsten im Reich der Himmel sein«* (Mt 5,18-19).

Müh dich, müh dich, spricht das Gesetz
und gibt uns weder Hand noch Fuß.
Das Wort des Heils viel süßer klingt,
spricht: Flieg! Und gibt uns Flug.

Wenn Gesetz und Gnade nicht im Gegensatz zueinander stehen, was ist dann mit Gesetz und Glaube?

Gesetz und Glaube

Macht Paulus das Gesetz schlecht, wenn er sagt: *»Das Gesetz aber ist nicht aus Glauben«* (Gal 3,12)? Niemals, denn Gesetz und Glaube haben unterschiedlichen Charakter. Sie miteinander vergleichen ist wie ein Vergleich zwischen Äpfel und Birnen. Das Gesetz ist ein Maßstab; der Glaube ist Haltung oder Einstellung. Paulus wollte sagen: »Erwarte nicht vom Gesetz, was allein der Glaube vollbringen kann.« Aber das macht das Gesetz nicht überflüssig. Beide passen in Gottes Plan für das Leben des Christen wunderbar zusammen.

Glaube ist der einzige Weg, um auf Gnade zu antworten. Wenn Gott in Gnade zu mir redet, sagt er nicht: »Tu dies für mich«, sondern eher: »Ich habe es für dich getan.« Ich kann mir die Gnade nicht verdienen. Es geht um Glauben. Das gesamte Leben des Christen ist durch Glauben geprägt. *»Alles aber, was nicht aus Glauben ist, ist Sünde«* (Röm 14,23).

Der Glaube nimmt, was Gott gibt – aber zu den Bedingungen Gottes. Gott bittet mich nicht einfach, ihm zuzustimmen, dass seine Gnade richtig, wirksam und großartig ist. Er gebietet mir, im Licht ihrer radikalen Konsequenzen zu leben. Er ruft mich zur Umkehr, indem ich meine Verpflichtung zur Sünde und zu mir selbst aufgebe zugunsten der Hingabe an Gott durch Christus. Einfach nur Glauben fordern ist leicht, aber ohne Wirkung. Hingabe an Gott – durch Glauben – in Christus jedoch ist das Leben selbst. Wahrer und biblischer Glaube ist immer tätiger Glaube (Jakobus 2,17-18). Er ist ein beständiger Glaube, der sich nicht aussucht, wann er dem Herrn folgen will (im Grunde leugnet dies, dass Christus Herr ist). Biblischer Glaube schließt gehorsame Jüngerschaft ein.

Bevor Paulus sagte: *»Das Gesetz aber ist nicht aus Glauben«* (Gal 3,12), sprach er davon, dass *»durch Gesetz niemand vor Gott gerechtfertigt wird«* (Gal 3,11). Das Alte und Neue Testament sprechen mit einer Stimme: *»Der Gerechte aber wird durch seinen Glauben leben«* (vgl. Hab 2,4). Das Gesetz ist ein Maßstab, der durch sich selbst Fluch bewirkt. Ein Gesetz wird gegeben, damit man ihm gehorcht und es nicht nur einfach anerkennt (oder »glaubt«). Wir hatten gegen das Gesetz verstoßen und waren schuldig. Wie sehr wir auch von der Vollkommenheit des Gesetzes oder von der Genauigkeit seines Urteils überzeugt sein mochten, es konnte den Fluch nicht abwenden. Auch konnte noch so viel Gehorsam früheren Ungehorsam nicht ungeschehen machen. An dieser Stelle kam uns Gottes Gnade in Christus zu Hilfe. Paulus fährt fort: *»Christus hat uns losgekauft von dem Fluch des Gesetzes, indem er ein Fluch für uns geworden ist«* (Gal 3,13). Er war vollkommen gehorsam gegenüber dem Gesetz, so dass er an meiner Stelle durch das Gesetz verurteilt werden konnte. Gott gab uns Christus, so dass das Gesetz uns nicht mehr mit Recht verurteilen konnte, d. h. nicht, dass es unser Verhalten nicht mehr zu kritisieren brauchte. Denn Paulus gibt uns im nächsten Vers den Zweck unserer Erlösung vom Fluch des Gesetzes an – *»damit der Segen Abrahams in Christus Jesus zu den Nationen komme, damit wir die Verheißung des Geistes durch den Glauben empfingen«* (Gal 3,14).

Der Geist Gottes ist im Leben des Gläubigen durch den Glauben gegenwärtig, aber zu welchem Zweck? Wir wandeln im Geist oder werden geleitet durch den Geist, um die Frucht des Geistes hervorzubringen (Gal 5,16.18.22-23). Die Frucht des Geistes, ein Paket von neun göttlichen Wesenszügen, stellt Gott und uns völlig zufrieden. Warum? Paulus sagt: *»Gegen diese ist das Gesetz nicht gerichtet«* (5,23). Paulus sagt nicht, dass kein Gesetz da ist. Er sagt auch nicht, dass das Gesetz keine Rolle mehr spielt. Was Paulus hier bemerkt, wäre bedeutungslos, wenn die Kategorie »Gesetz« nicht mehr auf das Leben des Christen anzuwenden wäre. Was Paulus sagen will, ist dies: Der vom Heiligen Geist geleitete Christ erfüllt das Gesetz als Ziel der Erlösung im neuen Zustand, nämlich als Tempel des Heiligen Geistes. Gott hat in seiner Vollmacht durch das Opfer seines Sohnes den Fluch des Gesetzes unwirksam gemacht und befähigt mich nun durch den in mir wohnenden Heiligen Geist, die Forderungen des Gesetzes zu erfüllen.

Obwohl also das Gesetz nicht aus Glauben ist (Gesetze sollen befolgt werden und Gnade ist im Glauben anzunehmen), glaubt der Glaubende (was jeder Glaubende tun sollte), was Gott über das Gesetz gesagt hat (dass wir befreit sind vom Fluch des Gesetzes, um es durch den Geist zu erfüllen). Der gläubige Christ ist dadurch frei, dem Gesetz zu gehorchen. Gehorsam ist eine Dimension des echten biblischen Glaubens. Glaube und Gesetz stehen sich nicht entgegen, solange man das Gesetz gesetzmäßig gebraucht. Nachdem Abraham, der Vater des Glaubens, umgekehrt war (1Mo 15,6), brachte er, gehorsam gegenüber Gottes Befehl, Isaak als Opfer dar. Die Schrift sagt: *»Du siehst, dass der Glaube mit seinen Werken zusammenwirkte und der Glaube aus den Werken vollendet wurde«* (Jak 2,22).

Gesetz und Liebe

Wohlmeinende Leute, die vorgeben, der Bibel zu glauben, verbinden sich mit wohlmeinenden Leuten, welche die Autorität der Schrift leugnen, und verweisen jegliches Gesetz oder alle Gebote außer dem der Liebe nach draußen in die Finsternis der Nicht-Liebe. Es scheint, als müsse man sich zwischen den schweren Tugenden der Gerechtigkeit und Heiligkeit und der höchsten Tugend der Liebe entscheiden.

Doch wenn Liebe die Summe des Willens Gottes für die Menschheit ist und wenn Gerechtigkeit als richtig oder als Wahrheit auf moralischem Gebiet beschrieben wird, ist sicher jedes der beiden, selbst wenn wir sie nicht als Synonyme verstehen, ein wichtiges Element des Wesens Gottes.

Wenn Gottes gerechtes Wesen und sein gerechter Wille für die Menschen u. a. in Geboten ausgedrückt wird, so ist das Halten dieser Gebote die Auswirkung oder der praktische Ausdruck der Liebe, die dann als die Summe aller Gebote oder als Motiv gesehen wird. Ohne diesen Gehorsam aus Liebe gegenüber dem Gesetz kennen wir Gott nicht und unser christliches Bekenntnis ist eine Lüge (Mt 28,20; Joh 14,15.23.31; 15,10.14; Röm 13,10; Jak 2,8; 1Jo 2,4-6; 3,24; 4,8; 5,3; 2Jo 6).

> Der Christ sieht sich manchmal einem falschen Dilemma gegenüber: Entweder gilt die Liebe zum Gesetz oder das Gesetz der Liebe, sagt man. Entweder geht es um die Liebe zur Pflicht oder um die Pflicht zur Liebe. Das ist mehr Dichtung als Moral ... Die Gebote erläutern die Pflicht zur Liebe auf jedem Gebiet der Verantwortung. Man kann einem Menschen nicht die Zusammenfassung einer Geschichte, die er nie gelesen hat, geben und ihn dann bitten, die ganze Geschichte aufzuschreiben. ... Die Tatsache, dass viele Gebote in der Verneinung stehen, bedeutet nicht, dass sie negativ in der Zielrichtung sind. Es ist viel leichter, die wenigen Dinge zu nennen, die nicht der Liebe entsprechen, als die vielen Dinge, die es tun. ... Das Gesetz ist Liebe, in Worten ausgedrückt.[28]

Die Liebe ist weit davon entfernt, mit dem Gesetz nicht übereinzustimmen oder auch nur mit ihm unvereinbar zu sein. Sie ist das Wesen des göttlichen Gesetzes, und weitere Gebote sind die Erläuterungen des Gebots der Liebe. Das alte Sprichwort sagt schon: Liebe ist die Mutter aller Tugenden. Indem sie sagten, dass die Liebe die Summe des Gesetzes ist, meinten weder Christus noch Paulus, auch nicht Jakobus, dass sie das Gesetz ersetzt.

Wenn Liebe kein Ersatz für die weiteren Gebote ist, so mindert auch das Gebot der Liebe nicht die Anforderungen des Gesetzes. Vielmehr erweitert sie diese. Liebe radikalisiert das Gesetz, indem sie das wahre Ausmaß und die innere Bedeutung der spezifischen (und daher begrenzten) und äußerlichen Gebote aufzeigt.

Wenn Liebe die Forderung des Gesetzes nicht ersetzt und auch nicht einschränkt, so ist sie andererseits auch nicht schwächer als das Gesetz. Liebe, verstanden als Motiv, umfasst nicht die volle Bedeutung des »Gesetzes der Liebe«. Es ist das Gesetz, das über Motivation oder Gefühl hinausgeht und tatsächlich manchmal an der Liebe als Gefühl vorbeigeht.

Muss ich es tun?

Ja.

Muss ich es tun, ob ich will oder nicht?

Ja.

Muss ich es tun, egal was mich bewegt?

Ja.

Das ist es, was das Gesetz meint. Natürlich, wenn die Liebe den Geist frei setzt, sind Gottes Gebote nicht länger eine Last (1Jo 5,3). Dann werde ich danach verlangen, diesem Gesetz als meinem großen Vorrecht zu gehorchen. Liebe ist also weit davon entfernt, dem Gesetz feindlich gegenüber zu stehen oder gar ihm fremd zu sein. Sie dient vielmehr dazu, uns sowohl zum Gehorsam gegenüber dem Gesetz zu motivieren (Liebe als Substantiv zur Beschreibung des Gefühls) als auch dazu, die Forderungen des Gesetzes zusammenzufassen (Liebe als Verb zur Beschreibung rechten Verhaltens).

Wir haben es also mit drei Arten von Feinden des Gesetzes zu tun:

1. Solche, die »Freunde« des Gesetzes sind, und ihm eine Rolle zuweisen, für die es niemals vorgesehen war, nämlich als Weg zur Versöhnung mit Gott.
2. Eine Art Freund-Feind, der Gebote anerkennt, aber nur ganz bestimmte: Gesetzes-Prinzipien, das Gebot der Liebe oder allein von Gott gegebene Gebote.
3. Feinde – die reinen Gesetzesgegner, die das Gesetz der Vergangenheit oder vielleicht der Zukunft zuweisen und die Freiheit oder das Werk des Heiligen Geistes gegen das Gesetz austauschen.

Aber, wie wir gesehen haben, ist keine dieser Sichtweisen biblisch. Das Gesetz ist begrenzt: Es kann keine Gerechtigkeit hervorbringen, weder in einem Sünder noch in einem Gerechten; es kann kein Leben geben oder Sünde überwinden. Und der ist kein echter Freund des Gesetzes, der es behandelt, als könnte es das. Aber das Gesetz hat seinen Stellenwert. Es ist ein Geschenk der Gnade, kein Feind der Gnade. Gnade ist kein Ersatz dafür. Das Gesetz leitet uns zur Gnade und Gnade wiederum befähigt uns, dem Gesetz zu gehorchen. Und das Gesetz ist auch kein Feind der Freiheit. Wahre Freiheit kann nur in der Befreiung zu einer vollständigen Unterwerfung unter den Willen Gottes gefunden werden, von dem ein großer Teil in seinen Geboten offenbart ist. Genauso wenig ist der Heilige Geist ein Ersatz für das Gesetz. Es war niemals Gottes Absicht, dass man sich auf eigene, subjektive innere Impulse verlassen sollte statt auf seinen schriftlich offenbarten Willen. Er ist der Verfasser der Gebote und er befähigt dazu, das Gesetz zu halten.

Wenn das Gesetz als solches nicht beiseite gesetzt werden kann, so kann auch kein einzelner Aspekt des Gesetzes das ganze ersetzen. Grundsätze sind wirklich wichtig in Gottes offenbartem Willen; ja, sie sind Gesetz. Aber sie waren niemals dazu bestimmt, als Ersatz für andere Aspekte des Gesetzes zu dienen. Sie sind eine besondere Art des Gesetzes, aber sie befreien niemals von der Verpflichtung gegenüber anderen, speziellen Geboten. Prinzipien weiten sie lediglich aus und helfen, sie auf die gegenwärtige Zeit anzuwenden. Auch von Gott gegebene Gebote sind nicht immer das einzige Kriterium für richtiges Verhalten im biblischen Sinn. Gott hat auch menschlicher Autorität als Teil seiner Anweisungen einen festen Platz gegeben. Und schließlich kann das Gebot der Liebe nicht an die Stelle aller anderen Gebote treten. Das Liebesgebot fasst die Gebote insgesamt zusammen, gibt die Quelle an, veranschaulicht den Zweck und klärt die Motivation, aber es ersetzt nicht alle seine »Kinder«.

Trifft es zu, dass »Gesetz Knechtschaft bedeutet«? – *»Und ich werde wan-*

deln in weitem Raum, denn nach deinen Vorschriften habe ich geforscht« (Ps 119,45).

Trifft es zu – wie Joseph Fletcher sagt –, dass »kein Mensch des zwanzigsten Jahrhunderts mit auch nur durchschnittlicher Bildung sich den anthropologischen und psychologischen Beweisen für die Relativität der Moral versagen wird. ... Es gibt keine ›universalen Gebote‹, an die sich alle Menschen überall und zu allen Zeiten hielten ... es gibt keine Tafeln aus Stein mehr«?[29] Die Schrift sagt: *»Die Summe deines Wortes ist Wahrheit, und jedes Urteil deiner Gerechtigkeit ›währt‹ ewig«* (Ps 119,160).

Trifft es zu, dass »jeder Gläubige eher die Erleuchtung durch den Heiligen Geist suchen sollte, als sich an starre Regeln zu halten, die seine Individualität missachten«?[30] – *»Die Sünde hätte ich nicht erkannt als nur durch Gesetz«* (Röm 7,7). *»Wodurch hält ein Jüngling seinen Pfad rein? Indem er sich bewahrt nach deinem Wort«* (Ps 119,9). *»Eine Leuchte für meinen Fuß ist dein Wort, ein Licht für meinen Pfad«* (Ps 119,105).

Trifft denn folgende Aussage zu? »Gesetz und Gnade sind in jeder Hinsicht einander entgegengesetzt. Also ist das Gesetz im gegenwärtigen Zeitalter nicht in Kraft und zwar in keiner Hinsicht. Diese gegenwärtige Nichtigkeit des Gesetzes bezieht sich nicht nur auf den Gesetzeskodex des mosaischen Systems und auf das Gesetz des Reiches (was Christus lehrt), sondern auf jede mögliche Anwendung des Gesetzesprinzips«?[31] – *»Wer nun eins dieser geringsten Gebote auflöst und so die Menschen lehrt, wird der Geringste heißen im Reich der Himmel; wer sie aber tut und lehrt, dieser wird groß heißen im Reich der Himmel«* (Mt 5,19). *»Wenn ihr mich liebt, so werdet ihr meine Gebote halten«* (Joh 14,15). *»Und hieran erkennen wir, dass wir ihn erkannt haben: wenn wir seine Gebote halten. Wer sagt: Ich habe ihn erkannt, und hält seine Gebote nicht, ist ein Lügner, und in dem ist nicht die Wahrheit«* (1Jo 2,3-4).

Ist Christi Geist in dem Theologiestudenten älteren Semesters wirklich gegenwärtig, der öffentlich mit glühendem Eifer bezeugte: »Ich verabscheue jedes gesetzliche System«? – *»Wie liebe ich dein Gesetz! Es ist mein Nachdenken den ganzen Tag«* (Ps 119,97). *»Wie süß sind meinem Gaumen deine Worte, mehr als Honig meinem Mund!«* (Ps 119,103). *»Deine Zeugnisse sind mein Erbe für ewig, denn die Freude meines Herzens sind sie«* (Ps 119,111). *»Meine Augen sind den Nachtwachen zuvorgekommen, um nachzudenken über dein Wort«* (Ps 119,148). *»Lieber ist mir das Gesetz deines Mundes als Tausende von Gold- und Silberstücken«* (Ps 119,72). *»Lieder waren mir deine Ordnungen im Haus meiner Fremdlingschaft«* (Ps 119,54).

Anmerkungen

1. Robertson C. McQuilkin, *God's Law and God's Grace* (Grand Rapids: Eerdmans, 1958), S. 13-17.
2. John Calvin, *Institutes of the Christian Religion,* übersetzt von John Allen, Band 1 (London: James Clark, 1949), S. 310.
3. J. Murray, »Law«, in: *New Bible Dictionary*, Hrsg. J. D. Douglas u. a., 2. revid. Ausgabe (Wheaton, Ill.: Tyndale House, 1982), S. 687.
4. Lewis Sperry Chafer, *Grace* (Grand Rapids: Zondervan, 1922), S. 215, 239.
5. Patrick Fairbain, *The Revelation of Law in Scripture* (New York: Carter, 1869), S. 245.
6. Für Richtlinien, wie man Prinzipien aus der Schrift ableitet, vgl. Robertson McQuilkin, *Understanding and Applying the Bible* (Chicago: Moody Press, 1983), Kapitel 18 und 19.
7. J. R. McQuilkin, »Problems of Normativeness in Scripture: Cultural versus Permanent«, in: *Hermeneutics, Inerrancy, and the Bible,* Hrsg. Earl D. Radmacher und Robert D. Preuss (Grand Rapids: Zondervan, 1984), S. 219.
8. »Nomos«, in: TDNT, Band 4, S. 1062.
9. Stuart Barton Babbage, »The Preacher's Task Today«, *The Presbyterian Journal,* 2 September 1964, S. 7.
10. »Nomos«, in: TDNT, S. 1064.
11. »Nomos«, in: TDNT, S. 1069.
12. »Mehr als 90-mal bestätigen Jesus und die Schreiber des Neuen Testaments: ›Es steht geschrieben‹ und zitieren das Alte Testament als die Autorität, auf der sie ihre Lehren stützen, z. B. Matthäus 4,4.7.10.« Norman L. Geisler, *The Christian Ethic of Love* (Grand Rapids: Zondervan, 1973), S. 46.
13. Emil Brunner, *The Devine Imperative,* übers. von Olive Wyon (London: Lutterworth, 1937), S. 71.
14. George Macdonald: *An Anthology*, Hrsg. C. S. Lewis (New York: Macmillan, 1947), S. 87.
15. Robert L. Maddox, *Adult Bible Study* (Nashville: Baptist Sunday School Board, July 1981), S. 12.
16. Paul Wright, *class notes on »Legalism«* (Columbia, S.C.: Columbia Bible Seminary and Granduate School of Mission).
17. George W. Forell, *History of Christian Ethics,* Band 1 (Minneanapolis: Augsburg, 1979), S. 21.
18. Chafer, *Grace,* S. 99.
19. Ebda., S. 179.
20. Ebda., S. 215.
21. *De Spiritu et Littera,* Sec. XIX.
22. Westminster Confession, Kapitel XIX.
23. *Articles of Religion,* VII.
24. *Formula of Concord,* S. 4. Siehe auch: Luther's Large Catechism, I, 311.9.
25. Calvin, *Institutio,* 2. Buch, Kapitel VIII, 13.
26. Carl F. Henry, *Christian Personal Ethics* (Grand Rapids: Eerdmans, 1957), S. 259.
27. *The Ryrie Study Bible* (Chicago: Moody Press, 1976), 12.
28. Geisler, *The Christian Ethic of Love,* S. 43, 51-52.
29. Joseph Fletcher, *Situation Ethics: The New Morality* (Philadelphia: Westminster, 1966), S. 76, 50.
30. Carol A. Usher, »One Kind: Conformity or Liberty«, *Christianity Today*, 28. März 1975, S. 10.
31. Chafer, *Grace,* S. 215.

Kapitel 3 Sünde

Sünde ist ein unbeliebtes Wort, aber eine sehr beliebte Handlungsweise. Auf der Erde denken die, welche sie ausüben, geringschätzig darüber, aber im Himmel, wo der Preis dafür gezahlt wurde, wiegt Sünde so schwer wie nichts anderes.

Im Amerika des 19. Jahrhunderts wurden die Vorstellungen von der Natur des Menschen und von der Lösung der menschlichen Probleme von der Bibel her entwickelt. Sünde war der Zentralbegriff. Unter der Vormundschaft der Sozialwissenschaften, insbesondere der Psychologie, wurde die Vorstellung darüber, was mit dem Menschen falsch ist, von der Sünde auf Krankheit, Fehler und Verletzungen verschoben, so dass nun das Gefühl vorherrscht, dass jemand, der Probleme hat, das Opfer der Bosheit, des Geizes oder der Dummheit eines anderen ist. Niemand empfindet mehr Schuld. So wird das Wesen der Sünde kaum verstanden, ihr Ursprung ist kaum bekannt und ihre Folgen werden nur zu spät in Betracht gezogen. Doch die Sünde ist eines der Hauptthemen der Heiligen Schrift, und ohne das Verständnis, was Sünde ist, können auch die noch größere Themen wie Rechtfertigung und Errettung niemals richtig erfasst werden. Wir wollen nun untersuchen, was Gottes Wort über das Wesen der Sünden, ihren Ursprung und ihre Früchte lehrt.

Definition von Sünde

Sünde ist moralisch Falsches. Es läuft Vieles falsch in dieser Welt ohne Moral. Rost am Kotflügel meines Autos ist eine böse Sache, ebenso die Pleite einer Bank, die Schwachheit im Alter oder ein Erdbeben, das eine Stadt zerstört. Ja, es gibt Böses, aber wir halten niemanden für schuldig wegen mangelnder Einsicht, wegen Ärgernissen und Nöten in unserem Leben als Menschen oder wegen Naturkatastrophen. Wenn der Löwe sich auf die Antilope stürzt, wird zumindest die Antilope dies als etwas Böses einstufen. Aber wir sagen nicht, der Löwe habe gesündigt. Warum nicht? Weil im Unterschied zu »falsch«, »böse«, »Verdorbenheit« oder selbst »Verbrechen« Sünde *Gott* miteinbezieht. Websters akademisches Wörterbuch hat grundsätzlich Recht, wenn es ausschließlich religiöse Definitionen von Sünde nennt. Sünde hat mit moralischen Bedingungen zu tun und mit Verhalten in Bezug auf das gerechte Wesen Gottes und auf seinen Willen für seine Geschöpfe, die in moralischer Hinsicht ihm ähnlich geschaffen wurden.

Die Bibel sieht Sünde als etwas Aktives und an den Willen Gebundenes, aber auch als eine Anlage.

Sünde als Übertretung

Sünde ist Übertretung des Gesetzes. Wo also kein Gesetz ist, da gibt es auch keine Sünde (Röm 7,7). Es kann eine willentliche, eine bewusste Entscheidung sein – und gewöhnlich ist sie das. Der Aufrührer bricht mit Absicht das Gesetz. Der Sünder weiß, was richtig ist, aber er handelt nicht danach. Das ist Sünde (Jak 4,17).

Aber Sünde ist nicht das Brechen irgendwelcher Gesetze – das Gesetz der Vernunft, die Gebote der Eltern, die Gesetze des Staates. Sünde ist gegen das Gesetz *Gottes* gerichtet. Das Gesetz Gottes brechen heißt gleichzeitig Gott verletzen. Das Problem liegt in der Über- und Unterordnung, und aus einer falschen vertikalen Beziehung entstehen all die Probleme auf der unteren Ebene (1Mo 39,9; Ps 51,4; 1Thes 4,8). Als David sagte: *»Gegen dich, gegen dich allein habe ich gesündigt«* (Ps 51,6), meinte er nicht, dass er nicht in schwerer Weise gegen Uria und Bathseba und auch gegen sein ganzes Volk gesündigt hätte. Er meinte vielmehr, dass diese Verantwortung gegenüber den Mitmenschen zur Bedeutungslosigkeit verblasste, verglichen mit der schrecklichen Sünde gegen Gott und sein Gesetz. Der biblische Begriff der Sünde »geht von der Existenz eines persönlichen Gottes von absoluter Vollkommenheit aus und ... von der Verantwortung des Menschen.«[1]

Einige sagen, dass bewusstes Verstoßen gegen den erkannten Willen Gottes die einzige Haltung oder Handlung ist, die wir als »Sünde« einstufen können.

> Sünde ist willentlicher Ungehorsam gegenüber Gott – die wissentliche Übertretung seines Gesetzes, letzten Endes die bewusste Ablehnung seiner absoluten Souveränität im Universum.[2]
>
> Die pelagianische Sicht der Sünde, die von allen christlichen Kirchen immer verworfen wurde, ist diese: 1) Das Gesetz kann nur dem Willen

Befehle geben. 2) Befehle können sich nur an Seelenzustände richten, welche die direkte Auswirkung vorheriger Willensakte sind. 3) Infolgedessen besteht Sünde einfach in Taten des Willens. 4) Wenn ein Mensch nicht vollständig in der Lage ist, etwas zu tun, hat er auch keine Verpflichtung, es zu tun. 5) Deshalb gibt es auch nicht so etwas wie angeborene Verderbtheit.[3]

Wesley unterscheidet zwischen »Sünde, die zu Recht so genannt wird, d. h. willentliche Übertretung des bekannten Gesetzes, und Sünde, die ungerechtfertigterweise so genannt wird, d. h. unbeabsichtigte Übertretung eines bekannten oder unbekannten Gesetzes«. Er sagt dann weiter: »Ich glaube, dass wir in diesem Leben niemals so vollkommen sein werden, dass wir diese unbeabsichtigten Übertretungen ausschließen können. Sie sind also die natürlichen Folgen von Unwissenheit und Fehlern, die von unserer Sterblichkeit nicht zu trennen sind.«[4]

Schränkt die Bibel ihre Definition von Sünde auf den bewussten Verstoß gegen den erkannten Willen Gottes ein?

Sünde als Zielverfehlung

Das am meisten gebrauchte Wort für Sünde im Alten Testament (*chata*) bedeutet, einen Punkt oder ein Ziel verfehlen. Es wurde verwendet für das Verfehlen eines Zieles, für das Abirren vom Weg, aber auch für Verfehlung im moralischen Sinn, für das Verfehlen göttlicher Verhaltensnormen oder für ein geistliches Abirren vom Weg. Die Übersetzer des Alten Testaments wählten ein griechisches Wort, das dieselbe Grundbedeutung hat (*hamartano*). Im Lauf der Jahre kam dabei heraus, dass die Schreiber des Neuen Testaments eine andere Form des Wortes nahmen (*hamartia*) und ihm dann die Bedeutung von Sünde als Zustand der menschlichen Natur gaben. Sünde im Singular – die Gesinnung der Entfremdung von Gott – stand über dem Gedanken von Sünden (Plural) oder Verstößen gegen verschiedene Gebote. Die Sünde gegen das Gesetz – und nicht so sehr die Sünden gegen Gesetze – rückte ins Zentrum der Aufmerksamkeit .

Dieses christliche Verständnis von Sünde stand in scharfem Gegensatz zum griechischen Denken vom Menschen als einem sterblichen Wesen, belastet mit einem begrenzten Körper und durch Unwissenheit dem Irrtum ausgeliefert. Für den Griechen war das kein Problem der Moral; Mängel machten nicht schuldig; sie erregten nicht den Zorn der Götter. Aber die Bibel lehrt, dass der Mensch von Natur aus grundsätzlich moralisch mangelhaft und deshalb schuldig vor Gott ist. Das biblische Verständnis von Sünde als einem inneren Zustand, für den der Mensch verantwortlich ist, zeigt sich in drei grundsätzlichen Aussagen über die Sünde: sündige Natur, sündige Gedanken und Sünden der Unterlassung.

Sündige Natur. Die meisten Leute glauben, man werde zum Sünder, wenn und sobald man sündige Taten begeht. Die Bibel sieht das genau umgekehrt. Sie lehrt, dass der Mensch von Natur aus Sünder ist (Eph 2,3) und dass er sündigt, weil er ein Sünder ist. Nach der Schrift ist das Grundproblem nicht eine schlechte Umgebung und es liegt auch nicht in der Verantwortung einer anderen Person, z. B. der Eltern (Hes 18). Das menschliche Herz neigt von seiner Geburt an zum Bösen. Dies bedeutet nicht, dass der Mensch unfähig ist, überhaupt etwas Gutes zu tun (Röm 2,14), auch nicht, dass alles, was ein nichtbekehrter Mensch tut, falsch ist (Apg 10,31). Es bedeutet einfach, dass die Menschen gefallen sind und unvermeidlich Falsches tun, weil es in ihrem Wesen liegt, falsch zu handeln. Also hat ein Mensch von seinem inneren Wesen her schon »das Ziel verfehlt«, bevor er in voller Absicht beschließt, ein bestimmtes Gebot zu übertreten. Aus dieser verunreinigten Quelle fließen Bäche unsauberen Verhaltens. Im Grunde ist Sünde die fehlende Übereinstimmung mit Gottes heiligem Wesen.

Die Bibel redet von einem bösen Herzen (Hebr 3,12), das trügerisch und durch und durch böse ist (Jer 17,9). Paulus nennt in seiner sehr gründlichen Analyse der Sünde, ihres Ursprungs, ihrer Folgen und der Erlösung davon (Röm 1 – 8), als Grundproblem das verkehrte Herz. Der große baptistische Theologe A. H. Strong sagte: »Diese Darlegungen von Sünde als einem Prinzip oder als einem Zustand der Seele vertragen sich nicht mit einer Definition von ihr als bloßer Tat.«[5]

Sündige Gedanken. Manche glauben, dass ein Mensch nur dann sündigt, wenn er sündige Taten begeht, aber die Bibel lehrt, dass die Gedanken im Inneren genauso Sünde sind (Mt 5,28ff.; 15,18-19). Hass ist nicht bloß deshalb falsch, weil er zu Gewalttaten führen kann. Hass an sich ist Sünde. Die der christlichen Ethik zu Grunde liegende Behauptung ist, dass jede fehlende Übereinstimmung mit Gott sündig und böse ist. Dies schließt fehlende Übereinstimmung im Tun und auch in den Motiven und Haltungen mit ein.[6]

Unterlassungssünden. Wir sündigen auch, indem wir das nicht tun, was wir tun sollten. Alle haben gesündigt, das steht fest; aber alle verfehlen laufend das Ziel, dem herrlichen Wesens Gottes zu entsprechen (Röm 3,23). *»Wer nun weiß, Gutes zu tun, und tut es nicht, dem ist es Sünde«* (Jak 4,17). *»Alles aber, was nicht aus Glauben ist, ist Sünde«* (Röm 14,23). Paulus spricht hier nicht von einer ausdrücklichen Entscheidung, etwas Böses zu denken oder zu tun, sondern er lehrt klar, dass schon das Zurückbleiben hinter dem Anspruch des Rechten Sünde ist. Es ist nicht nur Sünde, wenn ich meinen Nächsten aktiv hasse; es ist Sünde, wenn ich ihn nicht liebe, wie ich es sollte. Mir ist geboten zu lieben, wie Christus geliebt hat; tue ich das nicht, habe ich nicht einfach nur eine – moralisch neutral zu bewertende – persönliche Schwäche gezeigt, sondern ich habe gesündigt.

> Das Sündopfer für das Sündigen aus Unwissenheit (3Mo 5,14-15), das Schuldopfer für Unterlassungssünden (3Mo 5,5-6) und das Brandopfer, um Sünde im Allgemeinen zu sühnen (3Mo 1,3; vgl. Lk 2,22-24), alle zeugen davon, dass Sünde nicht auf das bloße Tun beschränkt ist.[7]

Es ist bezeichnend, dass die Theologen, die das Glaubensbekenntnis von Westminster verfassten, und die Katechismus-Frage »Was ist Sünde?« zu beantworten hatten, mit der Sünde der Unterlassung begannen und nicht mit den Sünden der Übertretung: »Sünde ist jeglicher Mangel an Übereinstimmung mit Gottes Gesetz oder dessen Übertretung.«

Sünde im Sinn der Bibel ist also nicht einfach nur Sünde gegen Menschen, sondern Sünde gegen Gott; nicht einfach nur sündiges Verhalten, sondern sündige Natur; nicht einfach nur sündige Taten, sondern auch sündige Gedanken; nicht einfach nur Übertretungssünden, sondern auch Unterlassungssünden – das Nichterreichen des Zieles, Gott ähnlich zu sein.

Wer kann gegenüber einem solchen Maßstab bestehen? *»Ich elender Mensch!«*, rufen wir verzweifelt mit Paulus aus. Sein Bild von dem titanischen Kampf mit der Sünde (Röm 7) war sicher nicht die Schlacht gegen Diebstahl und Mord. Nein, es war der Krieg in seinem Inneren, seine völlige Unfähigkeit, dem von Gott gesetzten Standard zu genügen, *»vollkommen zu sein, wie euer himmlischer Vater vollkommen ist«* (Mt 5,48). Er stand als Verurteilter und Schuldiger da, obwohl er sagte, er habe das Gesetz immer erfüllt (Phil 3,6).

Sünde und Schuld

Sünde ist in der Schrift meist nicht zu unterscheiden von Schuld. Für den Hebräer gab es niemals eine scharfe Unterscheidung zwischen Sünde und Schuld.[8] Jemand ist schuldig, gegen die von Gott gesetzte Norm verstoßen zu haben, selbst wenn er gar nichts davon weiß. Der Hinweis auf seine Unwissenheit entschuldigt ihn nicht. Der unfreiwillige, unbewusste moralische Mangel in der Anlage des Menschen macht ihn schuldig.

Es gibt zwei Aspekte der Schuld: der Vorwurf und die Strafe, die man dafür erleiden muss. Christus übernahm die Strafe für unsere Schuld und tilgte so unser Sündenregister. Aber er selbst hat sich niemals etwas zu Schulden kommen lassen. Gerade seine Unschuld befähigte ihn, stellvertretend unsere Schuld auf sich zu nehmen. Das Ergebnis davon ist, dass die Erlösten niemals mehr den Preis für ihre Sünde bezahlen müssen (sie sind frei von Schuld im rechtlichen Sinn), aber sie sind trotzdem schuldig im Sinne von »nicht untadelig«. Es ist die wunderbare Gnade Gottes, dass wir als zu tadelnde und schuldige Sünder die berechtigten Konsequenzen für unsere Sünde erlassen bekommen. Gott sieht uns heute nicht als schwache, versagende und schuldige Sünder, sondern als rein und unschuldig und heilig wie der, der an unsere Stelle getreten ist. Aber um diese wunderbare Gnade auch zu verstehen, müssen wir zunächst begreifen, wie tief die Boshaftigkeit unserer verdorbenen Natur auf Gottes Gnade traf. Wir sind jetzt schuldig, mehr als zuvor – wir haben gesündigt und sind zu tadeln. Und doch sind wir jetzt ohne Schuld, frei von jeder Verpflichtung, für unsere Sünde zu bezahlen. Jesus hat alles bezahlt. Sehen wir uns einmal das Zeugnis einer Person an, die verstanden hat, was Sünde für Gott bedeutet:

> Oft ... war das Erkennen meiner eigenen Sündhaftigkeit und Schändlichkeit so aufwühlend und häufig von einem solchen Ausmaß, dass ich nicht anders konnte als laut zu weinen; manchmal dauerte das so lange, dass ich mich einschließen musste. Ich hatte sogar ein viel größeres Empfinden von meiner Schlechtigkeit und von der Verdorbenheit meines Herzens als vor meiner Bekehrung. Oft erschien es mir, als wäre ich – sollte Gott einmal meine Ungerechtigkeit aufrechnen – der schlechteste Mensch auf der ganzen Erde, der schlimmste von allen vom Anfang der Welt an bis heute; den tiefsten Platz unten in der Hölle hätte ich verdient. Wenn andere zu mir kamen, mit mir über den Zustand ihrer Seele sprachen und sagten, sie hätten von ihrer Sündhaftigkeit das Empfinden, dass sie so schlecht wie der Teufel selbst seien, dann hatte ich den Eindruck, dass ihre Worte äußerst kläglich und viel zu schwach waren, um meine eigene Sündhaftigkeit zu beschreiben.

Was für ein heruntergekommener Krimineller konnte wohl ein solch ehrliches Bekenntnis ablegen? Kein anderer als der Gottesmann Jonathan Edwards, von dem A. H. Strong sagte:

> Jonathan Edwards war kein gottloser Mensch, sondern der heiligste Mensch seiner Zeit. Er war kein Schwärmer, sondern ein Mann mit einem scharfen philosophischen Geist. Er war kein Mensch, der sich in übertriebenen oder zufälligen Äußerungen erging, denn mit der Kraft seiner Selbsterkenntnis und seinem analytischen Verstand verband er die Fähigkeit und Gewohnheit einer genauen Ausdrucksweise, die unter den Menschenkindern unübertroffen blieb.[9]

Einem solchen Mann wollen wir zuhören, wenn er fortfährt:

> Meine Sündhaftigkeit tief in mir selbst erschien mir lange so, als könnte ich sie nicht in Worte fassen, und sie überstieg meine Gedanken und Vorstellungskraft – wie eine unaufhörliche Flut oder wie Berge, die weit über meinen Kopf hinausragen. Ich weiß nicht, wie ich es besser beschreiben kann, wie mir meine Sünde vorkam: Ich kann nur Ausdrücke der Unbegrenztheit aufhäufen und immer wiederholen. Während dieser vielen Jahre waren sehr oft diese Worte in meinen Gedanken und auf meinen Lippen: »Unendlich viel – unendlich viel!« Schaue ich in mein Herz und erblicke ich dort meine Sündhaftigkeit, erscheint sie mir wie ein Abgrund, unendlich tiefer als die Hölle. Wäre da nicht die freie Gnade, verherrlicht und emporgehoben zu der unendlichen Höhe der ganzen Fülle und Herrlichkeit des großen Gottes, und wäre da nicht der Arm seiner Macht und Gnade ausgestreckt in all seiner majestätischen Kraft und in all seiner herrlichen Souveränität, dann würde ich wohl – so scheint es mir – in meinen Sünden noch tiefer als die Hölle selbst hinabsinken, dem Blickfeld aller Augen entzogen – außer dem Auge der höchsten Gnade, das sogar in eine solche Tiefe hinabschaut. Und doch erscheint mir meine Sündenerkenntnis außerordentlich gering und schwach; es erstaunt mich sehr, dass ich nicht mehr Empfinden für meine Sünde habe.

Das ist die Antwort von jemandem, der die Sicht der Bibel über die Sünde verstehen lernte. Woher kommt diese zerstörerische moralische Krankheit?

Der Ursprung der Sünde

Die Schrift lehrt klar und wiederholt, dass die Sünde im Menschen, wie er ursprünglich von Gott gedacht war, keinen Platz hatte und dass die Sünde von außen in die Menschheit eindrang. Verantwortlich dafür war Satan. Aber warum Satan moralisch böse ist, wird nicht so deutlich offenbart. In der christlichen Tradition haben einige am griechischen Dualismus der menschlichen Existenz festgehalten – gut und böse, Gott und Gegen-Gott (Satan) seien beide ewig. Aber diese Annahme beruht auf Spekulation, nicht auf biblischen Fakten. Sie wurde von allen bedeutenden kirchlichen Richtungen verworfen. Ausgehend von den wenigen Aussagen über den Ursprung Satans in der Schrift und einer Menge davon abgeleiteter logischer Schlüsse haben christliche Theologen daran festgehalten, dass Satan ein geschaffenes Wesen ist, das ursprünglich rechtschaffen war und einen hohen Rang unter Gottes Dienern einnahm. Aus Stolz und Eigennutz entschied er sich gegen Gott. Wie genau diese knappe Aussage über die ursprüngliche Entstehung der Sünde die historische (aber nicht offenbarte) Wirklichkeit auch immer widerspiegelt, der Ursprung der Sünde bei der Menschheit ist in der Schrift sehr klar bezeugt: Durch den Einfluss Satans entschlossen sich Adam und Eva zum Ungehorsam gegenüber Gott und wurden so zu Sündern (1Mo 3; 2Kor 11,3; 1Tim 2,14).

Satan überredete Eva, wenigstens an zwei Dingen zu zweifeln: dass Gottes Bestimmungen ganz und gar in ihrem Interesse waren und dass Gottes Wille absolut bindend war. Satan sorgte für den ersten »Selbstbestimmungskurs« und Eva nahm an der ersten »Suche nach Selbstverwirklichung« teil. Adam, der als »Herr im Haus« die Verantwortung trug, setzte den Vorschlag Evas über Gottes Gebot, und so verschmutzte die Sünde den klaren Bach menschlicher Unschuld. Dies ist klar der Ursprung der Sünde bei dem ersten Menschpaar. Aber was hatte das mit Adams Nachkommen zu tun? An der Tatsache, dass alle Nachkommen Adams durch dessen moralischen Fall zu Sündern wurden, haben bibeltreue Theologen und Kirchen festgehalten, aber, um es mit den Worten von Charles Hodge zu sagen: »Das Wesen und das Ausmaß des Bösen, das sich auf das Menschengeschlecht ausbreitete, und der Grund, warum Adams Nachkommen in die bösen Folgen seiner Übertretung verwickelt wurden, sind immer Gegenstand von Meinungsunterschieden und Auseinandersetzungen gewesen.«[10]

Protestanten glauben im Allgemeinen, dass Sünde allen Nachkommen Adams auf der Grundlage seiner Bundesbeziehung mit Gott zugewiesen oder im rechtlichen Sinne zugerechnet wurde. Andere verstehen es so, dass der sündige Zustand, so wie andere menschliche Wesensarten von den Eltern an ihre Kinder weitergegeben werden, durch natürliche Vererbung an seine Nachkommen übertragen wurde. Es gibt eine Vielzahl weiterer Theorien, die mit biblischen Begriffen oder mit menschlicher Logik zu erklären versuchen, wieso diese natürliche Neigung zur Sünde zum allgemein gültigen Wesen der menschlichen Natur gehört. Aber alle stimmen darin überein, dass die Bibel lehrt: Der Mensch ist von Natur aus ein Sünder. Die Bibel bezeugt das wiederholt, behauptet dies konsequent und zeigt klar auf, dass dies die Grundlage all ihrer Lehren über Gott und die Errettung ist (1Kö 8,46; Ps 130,3; 143,2; Pred 7,20; Jes 53,6; 64,4; Röm 3,23; Gal 3,22; 1Jo 1,8.10; 5,19).

Jeder Einzelne hat die Neigung geerbt, eigennützig zu denken und zu handeln, ob es nun anderen schadet oder nicht. Von Geburt an ist jeder Gott entfremdet und widersteht seiner Herrschaft. Alle haben eine unheilbare Neigung, moralisch falsch zu denken und zu handeln. Darin sind sich die Bibel und die Geschichte einig.

Wir sind nicht nur in diesem Zustand geboren, wir entscheiden uns auch dauernd dafür zu sündigen und machen so alles noch schlimmer. Welche Folgen ergeben sich aus diesem erbärmlichen Zustand?

Folgen der Sünde

Verderbtheit

Diesen sündigen Zustand haben die Theologen als »völlige Verderbtheit« bezeichnet. Das Glaubensbekenntis von Westminster spricht davon als etwas, das alle Menschen »völlig untauglich, unfähig, allem Guten widerstrebend und ganz und gar dem Bösen zugeneigt« macht.

> Alle Menschen sind gleichermaßen böse; was nicht heißt, dass jeder Mensch so durch und durch verdorben ist wie nur möglich, auch nicht, dass es den Menschen gänzlich an jeglicher moralischer Tugend mangelt. Die Schrift erkennt die Tatsache an, die durch Erfahrung reichlich bestätigt wird, dass Menschen in größerem oder geringeren Maß aufrichtig sind in ihrem Handeln, gutmütig in ihren Empfindungen und wohlwollend in ihrem Verhalten. Selbst die Heiden, so belehrt uns der Apostel, handeln von Natur aus nach dem Gesetz.[11]

Völlige Verderbtheit bedeutet vielmehr, dass der Abwärtstrend nicht durch menschliche Anstrengung umgekehrt werden kann und dass jeder in allen Bereichen seines Lebens davon infiziert ist – in seinem Denken, seinen Empfindungen, seinem Körper, seinen Beziehungen und vor allem in seinem Willen. Er ist unfähig, sich dauernd für das Richtige zu entscheiden.

Gericht

Trennung. Gott verurteilt die Sünde wegen seinem eigenen Wesen. Deshalb ist er von seinem Wesen her unvereinbar mit allem, was nicht moralisch richtig ist. Beide können nicht nebeneinander bestehen. Das ist es, was Heiligkeit bedeutet: Gott ist getrennt von der Sünde. Deswegen ist das Gericht über die Sünde das unvermeidliche Ergebnis des Wesens Gottes und dem der Sünde, nämlich Trennung. Adam und Eva erfuhren dieses Gericht als das sofortige Ergebnis dieser ersten schicksalhaften Entscheidung, Gottes Weg zu verwerfen. Sie wurden nicht nur aus dem Paradies verstoßen; ihre innige Gemeinschaft mit Gott war zerbrochen. Die Unabhängigkeit, nach der sie gegriffen hatten, wurde ihnen zugebilligt; das war im Grunde das Gericht – Trennung von Gott. Die meisten würden dies wohl kaum als ein besonders schreckliches Gericht ansehen, weil sie niemals Gemeinschaft mit Gott erlebt haben. Aber Trennung von Gott, dem Ursprung des Lebens, bedeutet Trennung von den Gaben, die Gott geben würde, einschließlich der höchsten, dem Geschenk des Lebens. *»Der Lohn der Sünde ist der Tod«* (Röm 6,23).

Dieser Tod ist unerbittlich wirksam bei allen Aspekten menschlichen Lebens. Gott gewährt dem Menschen in seiner Gnade eine Bewährungszeit (unsere Lebenszeit), um Evas Wahl rückgängig zu machen; und während dieser Zeit gibt er reichlich von seinen Gaben. Durch Güte will Gott uns zur Buße leiten (Röm 2,4). Aber wenn die Gnade Gottes bis zum physischen Tod abgelehnt wird, dann ist das Gericht – Trennung von Gott – endgültig. Das ist das eigentliche Wesen der Hölle. Sünde wird definiert als das Brechen des Gesetzes Gottes, das Verwerfen des Willens Gottes. Und deshalb wird das Gericht über die Sünde – Trennung – eigentlich vom Sünder selbst gewählt. Er entschließt sich, Gott gegenüber auf Distanz zu gehen, und Gott gestattet ihm dies. Das ist die furchtbare Folge der Sünde.

Der Psalmist zeigt, wie der Sünder das Gericht der Trennung selbst wählt: *»Aber mein Volk hat nicht auf meine Stimme gehört, und Israel ist mir nicht willig gewesen. Da gab ich sie dahin in die Verstocktheit ihres Herzens. Sie wandelten nach ihren Ratschlägen«* (Ps 81,12-13).

Paulus wiederholt die gleiche Wahrheit in seiner schonungslosen Abrechnung in Römer 1: *»Darum hat Gott sie dahingegeben ... darum hat Gott sie dahingegeben ... darum hat Gott sie dahingegeben.«*

Sünde, die nicht vergeben werden kann. Jesus und Johannes haben beide von Sünde gesprochen, die nicht vergeben werden kann:

> *Deshalb sage ich euch: Jede Sünde und Lästerung wird den Menschen vergeben werden; aber die Lästerung des Geistes wird nicht vergeben werden. Und wenn jemand ein Wort reden wird gegen den Sohn des Menschen, dem wird vergeben werden; wenn aber jemand gegen den Heiligen Geist reden wird, dem wird nicht vergeben werden, weder in diesem Zeitalter noch in dem zukünftigen* (Mt 12,31-32).

> *Wenn jemand seinen Bruder sündigen sieht, eine Sünde nicht zum Tod, soll er bitten, und er wird ihm das Leben geben, denen, die nicht zum Tod sündigen. Es gibt Sünde zum Tod; nicht im Hinblick auf sie sage ich, dass er bitten solle. Jede Ungerechtigkeit ist Sünde; und es gibt Sünde, ›die‹ nicht zum Tod ›ist‹* (1Jo 5,16-17).

Was ist Sünde, die nicht vergeben werden kann? Die Theologen sind darüber nicht einer Meinung, weil weder Christus noch der Apostel Johannes für seine Feststellungen eine Erklärung abgibt. Die des Johannes bereitet weniger Schwierigkeiten, denn es scheint, dass er vom physischen Tod spricht. Jedenfalls ist aus dieser Stelle nicht die ewige Verdammnis abzuleiten. Auf der anderen Seite scheint die Warnung Jesu klar eine Drohung mit der ewigen Verdammnis zu sein und das durch eine besondere Formulierung. Dies führt deswegen zu Problemen, weil manche durch diese Warnung so verängstigt sind, dass sie sich durch einen seelischen Zwang unwiderstehlich dazu hingezogen fühlten, diese verbotenen Worte auszusprechen. Echte Christen sind gerade mit dieser Angst zu mir gekommen. Aber wenn das Heil nicht durch das Aussprechen einer besonderen Formel, die gar nicht mit dem Herzenszustand übereinstimmt, gewonnen werden kann, wie könnte dann die Verdammnis auf diese Weise bewirkt werden? Aus diesem Grunde hat die Gemeinde immer über diese bloße Feststellung hinausgeblickt, um zu sehen, welcher Herzenszustand wohl nicht vergeben werden kann.

Vom Zusammenhang her haben die Pharisäer das Werk Christi dämonischen Mächten zugeschrieben. Damit verwarfen sie die Echtheit des Lebens und der Lehren Christi. Deshalb haben einige gemeint, dass die einzige Sünde, die nicht vergeben werden kann, darin besteht, endgültig das Werk des Heiligen Geistes zu verwerfen – in der Person des Sohnes, im inspirierten Wort Gottes und in seinem Werk, den Sünder in dessen Herz zu verurteilen. Deshalb besteht für jemanden, der Jesus Christus und die Bibel als das Wort Gottes verwirft, keine Hoffnung mehr. Ihm wird niemals vergeben werden können.

Bis zu diesem letzten Gericht jedoch, wird jedem vergeben, der aufrichtig bereut, welche Sünde er auch immer getan hat. Denn dies ist die klare Lehre der ganzen Heiligen Schrift über die Errettung. Die meisten Bibelgelehrten haben daher gemeint, dass die einzige Sünde, die nicht vergeben werden kann, in der letztendlichen Ablehnung Gottes besteht. Dieser schwierige Abschnitt der Schrift, den wir hier untersucht haben, wird daher durch das helle Licht vieler anderer Abschnitte erklärt.

Aber wird das dem Text gerecht? Viele denken, das sei nicht der Fall, sondern dass es einen deutlichen Unterschied *in diesem Leben* gibt zwischen den vielen Sündern, die erlöst werden können und einigen, die es nicht können. Obwohl wir nicht endgültig wissen, um was für eine Sünde es sich hier handelt, so ist es jedenfalls eine Sünde gegen den Heiligen Geist und sie führt zur bleibenden Trennung von Gott. Die vielleicht einzige Feststellung, die man mit Sicherheit treffen kann, ist, dass es einen selbst verursachten Geisteszustand gibt, eine Gesinnung, die so die Überzeugungsarbeit des Heiligen Geistes verworfen hat, dass keine Rettung mehr möglich ist. Bedeutet dies, dass der Heilige Geist solch einen Menschen aufgibt, oder dass er sich so verhärtet hat, dass er nun taub gegenüber der fortdauernden gnädigen Stimme des Geistes ist? Die Wirkung ist auf jeden Fall dieselbe und die Warnung ist ernst. Es ist möglich, den Tag der Gnade durch eigene Schuld unwirksam zu machen.

»Habe ich diese Sünde begangen?«, schreit die gequälte Seele. Ich denke nein. Jede Seele, die gequält ist, also jeder, der zu Gott flehentlich nach Vergebung ruft, wird gehört werden. Der sichere Beweis, dass so jemand die Sünde, die nicht vergeben werden kann, nicht begangen hat, ist, dass er sich nach Vergebung sehnt. Aber jemand, der Gott verwirft und darüber keine Gewissensbisse hat, der ist in tödlicher Gefahr und sollte nach einer bußfertigen Gesinnung suchen, bevor es für immer zu spät ist.

Automatische Strafe. Sünde trägt oftmals ihre eigene Bestrafung schon in sich. *»Der Gottlose hat sich verstrickt im Werk seiner Hände«* (Ps 9,17). *»Seine eigenen Sünden fangen ihn, den Gottlosen, und in den Stricken seiner Sünde wird er festgehalten«* (Spr 5,22). *»Irrt euch nicht, Gott lässt sich nicht verspotten! Denn was ein Mensch sät, das wird er auch ernten«* (Gal 6,7). *»Diese aber ... werden auch in ihrem Verderben umkommen, wobei sie um den Lohn der Ungerechtigkeit gebracht werden«* (2Petr 2,12-13; siehe auch Ps 7,16; 34,21; Jer 2,19).

Obwohl der Versucher Sünde so tarnen wird, dass sie höchst begehrenswert erscheint, trägt sie ihr Gericht schon mit sich. Ein bitterer und kritisierender Geist verurteilt seinen Besitzer zu einem freudlosen Dasein mit viel Ärger. Der Unbarmherzige erfährt selten Barmherzigkeit, der Selbstsüchtige schließt sich selbst ein in dem einsamen Gefängnis seiner auf sich selbst beschränkten Verpflichtung. Die Sünde selbst tötet den Sünder schrittweise. Der Lohn der Sünde ist der Tod.

Schaden für andere

Sünde führt auch zum Schaden für andere. Bei den meisten Sünden ist das offensichtlich: Mord, Diebstahl, Trunkenheit am Steuer. Von einigen Sünden wird behauptet, sie beträfen nur den, der sündigt, und schädigten nur ihn selbst. Doch wir können in Frage stellen, ob es Sünde von wirklich nur privater Natur gibt. Zumindest trägt die »private« Sünde mit dazu bei, den Charakter des Sünders zu formen. Diese Person beeinflusst mit ihrer Sünde jeden anderen, mit dem sie in Kontakt kommt. Der Vater, der privat für sich selbst die Sünde der Habsucht pflegt, gibt für sein Kind kein Beispiel großzügiger Zufriedenheit ab.

Darüber hinaus verhindert jede Sünde, dass jemand das wird, was er sein könnte, und somit auch, dass er Liebe übt und dient, wie er es sollte. Also noch einmal: Der Verlust, der entsteht, betrifft nicht nur ihn selbst.

Schaden für Gott

Vor allem ist Sünde ein Schaden für Gott. Gäbe es keine Sünde, wäre kein Kreuz nötig. Und wer kann die Tiefe der Schmerzen des Vaters und des Sohnes ergründen, als der Sohn sich mit all dem identifizierte, was im Gegensatz zu ihm steht – unsere Sünde und Verderbtheit? Die unausweichliche Folge war Trennung – der erstaunliche Plan Gottes, dass der Vater und der Sohn unser Strafgericht erdulden sollten, unsere rechtmäßige Trennung von einem heiligen Gott. Solange diese Folge der Sünde nicht klar erkannt wird, kann sie in ihrem wirklichen Ausmaß, ihrem niederträchtigen Unrecht, ihrem nackten Schrecken nur vage verstanden werden. Viele Jahre vergingen, nachdem ich erkannt hatte, dass meine Sünden vergeben waren, bevor ich eine einzige Träne über diese Sünden vergoss. Die Folge der Sünde in meinem eigenen Leben war beunruhigend, die Folge meiner Sünde im Leben derer, die ich liebte, war Kummer, aber erst als ich zu begreifen begann, was meine Sünde dem Vater und dem Sohn angetan hatte, zerfloss mein Herz in tiefer Reue.

> Gott starb! Wenn uns das nicht erschüttert, was dann? Die Gemeinde muss sich das Staunen darüber bewahren ... Die Tatsache, dass der Mensch nicht mehr über die Nachricht staunt, dass »der Sohn Gottes am Kreuz starb« ist sehr traurig. ... Ein weiteres Wunder beeindruckte mich, als ich Hebräer 2,10 las: *»Denn es **geziemte** ihm, um dessentwillen alle Dinge und durch den alle Dinge sind, indem er viele Söhne zur Herrlichkeit führte, den Urheber ihrer Rettung durch Leiden vollkommen zu machen«* (Hebr 2,10). Das Wort »geziemte« (*eprepen*) traf mich wie ein Donnerschlag, als ob er das ganze Universum erschüttern würde. ... Bei Gott würde Sünde niemals vergeben werden. »Sünde bedeutet, dass Gott sterben musste. Entweder musste die Sünde sterben oder Gott.« Und dennoch vergibt dieser Gott Sünde![12]
>
> Sünde würde nicht nur Gott entthronen, sie würde ihn sogar seiner Göttlichkeit berauben. Könnte der Sünder sich selbst helfen, wäre Gott nicht länger Gott. ... »O Mensch«, sagt Augustinus, »erkenne doch, wie groß deine Sünde ist, an dem hohen Preis, der für die Sünde bezahlt wurde!«[13]

Sünde zerstört den Sünder, schädigt andere und brachte den Sohn Gottes in Todesangst und Schande und dunklen Schatten, als Gott ihn verließ. So schrecklich sind die Folgen der Sünde.

Ursünde?

Viele Theologen sind der Meinung, es gäbe eine Ursünde, aus der alle anderen Sünden hervorkommen, oder eine alles umfassende Sünde, die alle anderen Sünden einschließt als verschiedene Aspekte dieser *einen* Sünde. Was diese grundlegende Sünde jedoch sein könnte, ist Gegenstand heftiger Auseinandersetzungen. Da Liebe das größte Gebot ist, haben manche gemeint, müsse die Ursünde das Brechen dieses Gebotes oder das Gegenteil von Liebe sein. Aber was ist das Gegenteil von Liebe? Ist es aktiver Hass oder ist es einfach Gleichgültigkeit? Fehlgeleitete Liebe ist eine zusammenfassende Feststellung, die auf die Ursünde zutreffen mag, aber das ist so allgemein, dass es kaum etwas Genaues aussagt. Strong meinte, dass das Gegenteil von Liebe Selbstsucht ist und dass sie die Quelle ist, aus der alles Böse hervorströmt.

> Mit Selbstsucht meinen wir nicht einfach übertriebene Selbstliebe als Gegensatz zu Güte, sondern den Entschluss, sich selbst als höchstes Ziel zu setzen. Liebe zu Gott ist das Wesen aller Tugend. Der Gegensatz dazu, der Entschluss, sich selbst als höchstes Ziel zu setzen, muss daher das Wesen der Sünde sein.[14]

Charles Hodge hat sich scharf gegen diese Auffassung ausgesprochen.

> Natürlich wird von niemandem bestritten, dass Selbstsucht in einigen Formen einen riesigen Bereich von Sünden einschließt, derer die Menschen schuldig sind. Was ich ablehne, ist, dass Selbstsucht zum Wesen der Sünde gemacht oder versucht wird, jegliche Äußerungen von moralisch Bösem auf dieses eine Prinzip zurückzuführen. Das kann man nicht machen. Es gibt uneigennützige Sünde so gut wie uneigennützige Wohltätigkeit. Ein Mensch kann sich aufrichtig aus freien Stücken selbst opfern, sowohl im Sündigen als auch im Gutestun. Viele Eltern haben das Gesetz Gottes übertreten, nicht zu ihrem eigenen Wohl, sondern zum Wohl ihrer Kinder. ... In der Bosheit liegt keine Selbstsucht, auch nicht in der Feindschaft gegen Gott. Dies sind weit höhere Formen des Bösen als bloße Selbstsucht. Das wahre Wesen der Sünde ist die Entfremdung von Gott und der Widerstand gegen sein Wesen und seinen Willen. Es ist das Gegenteil von Heiligkeit.[15]

Weil Stolz der Götzendienst ist, durch den man sich selbst auf Gottes Thron setzt, haben viele wie z. B. Augustinus oder Thomas von Aquin Stolz für die Wurzel der Sünde gehalten. War es nicht diese Sünde, die Luzifer zu Fall brachte?

Auf der anderen Seite wundert es nicht, dass die Reformatoren Luther und Calvin den Unglauben als die Wurzel aller anderen Sünden betrachteten, denn die rechte Beziehung zu Gott wird in dem großen biblischen Begriff »Glaube« zusammengefasst.

Möglicherweise könnte auch Götzendienst als die Ursünde betrachtet werden, denn er lässt Gott nicht im Bereich des eigenen Lebens sein. Der Unglaube beispielsweise weigert sich, Gott als Gott anzuerkennen und ihm als solchem zu vertrauen. Selbstsucht setzt an die Stelle von Gott das eigene Ich und beim Stolz ist es genauso. Und noch einmal: Mangelnde Liebe heißt zuallererst Versagen im rechten Verhältnis zu Gott.

Oder vielleicht sollten wir zu dem Schluss kommen, dass Sünde so unsagbar böse und von so grotesker Komplexität ist, dass es uns niemals gelingen wird, all ihre versteckten Windungen und Verzweigungen zu entwirren. Vielleicht tragen unsere vielen Unstimmigkeiten dazu bei, das furchtbare und unbegreifliche Wesen der Sünde zu unterstreichen.

Sünde ist eine so abscheuliche und zerstörerische Macht in unserem Leben und in unserer Gesellschaft, dass sie unseren ganzen Hass verdient. Aber das Traurige ist, dass niemand von uns von Natur aus die Sünde hasst. Wir hassen sie vielleicht in ihren schlimmsten Formen. Wir hassen vielleicht ihre Folgen, wenn sie schmerzhaft und unangenehm sind. Wir hassen sie sicherlich bei anderen. Aber von Natur aus hassen wir die Sünde in ihrem verlockenden Anfangsstadium nicht. Und doch werden wir uns niemals um Heilung bemühen, wenn wir die Sünde nicht vom Standpunkt Gottes, des großen Arztes, betrachten und sie verabscheuen.

Formen der Sünde

Sündenkataloge

Die Kirche im Mittelalter kannte sieben Todsünden: Stolz, Begehrlichkeit, Lust, Wut, Völlerei, Neid und Faulheit. Ihnen gegenüber bestimmte die Kirche sieben Haupt-Tugenden. Zu den vier Tugenden Platons – Weisheit, Mut, Mäßigung und Gerechtigkeit – wurden die biblischen Werte Glaube, Liebe und Hoffnung hinzugefügt. Nirgendwo gibt uns die Schrift eine vollständige Aufzählung und nirgendwo wird uns erlaubt, diese Tugend- und Lasterkataloge als vollständig oder umfassend anzusehen, als ob sie alle Sünden oder Tugenden enthielten. Aber dass sie wirklich in der Lehre der Bibel sind, steht außer Zweifel.

Carl F. H. Henry sieht die unterschiedlichen Sünden aus einem anderen Blickwinkel:

> Der Apostel Paulus bietet acht Lasterkataloge (Röm 1,29ff.; 1Kor 5,11; 6,9; 2Kor 12,20; Gal 5,19ff; Eph 4,31; 5,3 und Kol 3,5ff.). Lindsay Dewar bemerkte, dass die Sünde der Hurerei in fünf dieser Listen einen herausragenden Platz einnimmt und bei zahlreichen Gelegenheit an erster Stelle genannt wird. ... Sünde auf sexuellem Gebiet schließt folgende ein: Hurerei,

> Ehebruch, Unreinheit, Lüsternheit und Verweichlichung. An zweiter Stelle steht die Sünde des Begehrens oder der Habsucht. »Götzendienst« im Kolosserbrief bezieht sich wahrscheinlich auf diese Sünde. Erpressung kann man wohl als eine Ausweitung davon ansehen. Auf die besonders schlimmen Auswirkungen dieser Sünde weist die Tatsache hin, dass sie in fünf der Auflistungen erscheint. ... Ebenso auffällig ist die Sünde eines ungezügelten Temperaments, manchmal als Wut bezeichnet. Dass sie in vier Auflistungen genannt wird, zeigt die zerstörerische Wirkung unkontrollierter Gewaltausbrüche auf die Seele. Zu diesem Übel gehören: Zorn, Leidenschaft, Bitterkeit, Parteiungen, Lästerung, Bosheit und Mord. Paulus nennt in seinen Listen auch die Sünden der Zunge, z. B. Verunglimpfung, das Reden hinter vorgehaltener Hand, Verleumdung, freches Reden, Prahlerei, schamloses Geschwätz, schmutziges Reden, Witzelei, Aufruhr und Betrug. Es gibt die Sünde der Streitsucht, z. B. Hader, Eifersucht, Zwietracht, Trennungen, Irrlehren, Sich-Aufblähen und Tumulte. ... Es ist bemerkenswert, dass von den Sünden, die Paulus aufzählt, Jesus auch folgende verurteilte: Hurerei, Lust, Begehrlichkeit, Parteiungen, Aufruhr und Betrug.[16]

Es gibt noch eine weitere Möglichkeit, miteinander »verwandte« Sünden in Gruppen zusammenzufassen. Die Schrift nennt offenbar bestimmte Grundsünden, aus denen weitere Sünden hervorgehen.

Grundsünden

Jede dieser Sünden ist die Entstellung eines guten Begehrens, das Gott in uns hineingelegt hat. Wir sind geschaffen mit dem Wunsch, uns an etwas zu erfreuen, etwas zu besitzen und etwas zu vollbringen. Wenn wir dies in einer Gott wohlgefälligen Weise tun, geschieht das zu unserer und zu Gottes Zufriedenheit. Wenn wir dies jedoch in einer falschen Weise tun, wird daraus Sünde; Sünde, die Gott einstuft als Lust (die Lust des Fleisches), Begehrlichkeit (die Lust der Augen) und Stolz (der Hochmut des Lebens) (1Jo 2,16).

Wann werden diese Bestrebungen zur Sünde? Halten wir fest, dass Versuchung keine Sünde ist. Die Versuchung, etwas Falsches zu tun, ist unvermeidlich in der moralisch verunreinigten Umgebung, in der wir leben. Christus selbst wurde versucht und zwar in jeder Weise, wie wir versucht werden können (Hebr 4,15). Wir brauchen uns nicht schuldig zu fühlen, weil wir versucht werden, uns der Lust hinzugeben, zu begehren oder stolz zu sein. Doch den Gedanken nachzugeben ist Sünde. Gedanken der Lust zu pflegen bedeutet z. B. Vorsorge für das Fleisch zu treiben, und das ist falsch (vgl. Röm 13,14).

Noch einmal: Gottes Gebote zu übertreten, um legitime Wünsche zu erfüllen, ist falsch. Wenn wir z. B. lügen, um Erfolg zu haben, oder betrügen, um etwas zu besitzen, dann ist das Sünde.

Und noch einmal: Legitime Wünsche in einer falschen Weise zu erfüllen und dabei über Gottes Vorstellungen hinauszugehen, ist Sünde. Übergewicht – es sei denn aus Krankheitsgründen – zeigt, dass jemand mehr gegessen hat, als Gott es wollte. Dieser Mensch hat sich der Sünde der Lust hingegeben und ist unersättlich geworden. Sich an gutem Essen erfreuen ist keine Sünde, aber dabei über Gottes Absicht hinausgehen bedeutet sündigen.

Und auch wenn das Begehren uns beherrscht wie bei einer Sucht, dann wurde dieses Begehren in gewissem Sinn zu unserem Gott. Dies ist natürlich Sünde.

Manche suchen der Versuchung zu entfliehen, indem sie die von Gott gegebenen Wünsche unterdrücken. Der Wunsch, sich an etwas zu erfreuen, wird verneint durch Askese und Zölibat. Der Wunsch, etwas zu besitzen, wird durch Armutsgelübde unter Kontrolle gehalten. Der Wunsch, etwas zu erreichen oder zu sein, wird niedergehalten, indem man ins Kloster eintritt. Doch so kann man nach der Bibel nicht mit unseren von Gott gegebenen Wünschen umgehen. Die Römisch-Katholische Kirche, der Buddhismus und der griechische Dualismus vertreten den Standpunkt, dass Askese der höchste und beste Weg ist. Unser menschliches Begehren ist böse und muss eingeschränkt oder ganz beseitigt werden. Aber die großartige gute Nachricht des christlichen Glaubens ist, dass Jesus gekommen ist, aß und trank und eine lebensbejahende Lehre vermittelte. Diese grundlegenden menschlichen Wünsche sind gottgegeben und gut. Sie müssen nicht unterdrückt oder geleugnet werden, sondern man kann sich an ihnen erfreuen.

Dieser Feststellung müssen wir jedoch die biblische Wahrheit hinzufügen, dass wir diese Wünsche manchmal verleugnen müssen, um unsere Liebe zu Gott und zu anderen Menschen zu zeigen. Aus diesem Grund wird die Lehre von der Selbstverleugnung in der Schrift so klar und stark vertreten. Nicht Askese um ihrer selbst willen, sondern Selbstverleugnung, wenn es nötig ist, um aus Liebe zu Gott oder zum Nächsten zu handeln, ist der biblische Weg. Selbstverleugnung ist in unserer modernen Zeit wenig beliebt, eigentlich zu keiner Zeit. Aber der Weg des Kreuzes ist immer noch der Weg der Liebe. Doch normalerweise sind diese Grundwünsche, die Gott geschaffen hat, da, um erfüllt zu werden. Sie werden dann zur Sünde, wenn sie missbraucht oder zweckentfremdet werden. Und wenn diese Sünde wiederholt wird, kann sie zur Gewohnheit werden.

Wenn jemand gewohnheitsmäßig der Versuchung zur Lust nachgibt, fällt er in ein von Sinnlichkeit beherrschtes Leben. Wenn Begehrlichkeit zum Lebensstil wird, entwickelt man sich zum Materialisten. Wenn ungehindert der Stolz regiert, dann bekommt man einen egoistischen Charakter.

Weil diese Grundsünden so wichtig sind, um das volle Ausmaß der Sünde zu verstehen und sie erfolgreich zu überwinden, werden wir jede für sich im nächsten Kapitel im Detail betrachten. Bevor wir uns jedoch dem zuwenden, wollen wir uns einem irritierenden Problem stellen: Sind alle Sünden gleich sündig?

Rangfolge der Sünde

Manche sind der Auffassung, vor Gott gebe es keinen Unterschied zwischen den einzelnen Sünden. Alle Sünden seien gleich niederträchtig und es gebe keine legitime Abstufung der Schuld bei den Sünden. Diese eigenartige Auffassung hat wahrscheinlich ihren Ursprung in einem falschen Verständnis von dem, was Christus in der Bergpredigt meinte. Er lehrte, dass nicht nur Mord falsch ist, sondern auch Zorn, ob er nun zum Mord führt oder nicht; er gehört zu derselben Kategorie des Bösen, zu derselben Familie von Sünden. Christus wollte niemals lehren, dass der Beginn eines sündigen Gedankens und seine volle Ausführung in der Tat in gleichem Maße abscheulich sei. Eine solche Auffassung ist erschreckend. Zwar soll sie dem Zweck dienen, den sündhaften Charakter einer Sünde herauszustellen, aber in Wirklichkeit bewirkt sie das Gegenteil. Wenn es genauso schlimm ist, eine Frau zu begehren wie sie sich mit Gewalt zu nehmen, warum sollte man dann nicht einfach seinen Impulsen folgen? Die Schuld wird ja dadurch nicht größer. Die übrige Menschheit würde wohl mit diesem einverstanden sein: Wenn du begehrst, was ich besitze, dann lass es bei dem Begehren und nimm es nicht; wenn du mich hasst oder wenn es dir nicht gelingt, mich zu lieben, wie Christus es tut, dann lass es dabei, nur greif mich nicht an und töte mich nicht.

Es gibt nach der Bibel eine Rangfolge der Tugenden und der Sünden. Die Liebe zu Gott hat Vorrang gegenüber der Liebe zum Nächsten. Solche, die unbewusst sündigen, werden am Tag des Gerichts weniger streng bestraft als solche, die willentlich sündigen (Lk 12,47-48). Im Alten Testament, wo bestimmte Strafen von Gott vorgeschrieben wurden, gab es eine Abstufung von der Todesstrafe bis hin zu einer geringfügigen Geldstrafe. Es gibt *»geringste Gebote«* (Mt 5,19) und *»die wichtigeren Dinge des Gesetzes«* (Mt 23,23). Einige Beleidigungen zum Beispiel sind schwerwiegender als andere, und ein verbaler Wutausbruch ist schlimmer als nur Wut empfinden (Mt 5,22).

Die Meinung, dass alle Sünden aus Gottes Sicht gleich schwer wiegen, findet weder im Alten noch im Neuen Testament eine Bestätigung. Es trifft zwar zu, dass jemand, der gegen das geringste Gebot verstößt, des ganzen Gesetzes schuldig ist in dem Sinn, dass er ein Gesetzesbrecher geworden ist (Jak 2,10). Er ist nicht mehr unschuldig. Es ist auch wahr, dass die geringste Sünde von einem heiligen Gott trennt. In diesem Sinn könnte man sagen, dass alle Sünden gleich sind. Es kann aber mit biblischer Begründung niemals gesagt werden, alle Sünden seien in gleichem Maß sündig.

Nicht alle Sünder werden die gleiche Strafe empfangen. Zum Beispiel werden ganz gewiss solche, die ihr ganzes Leben lang absichtlich wider besseres Wissen gesündigt haben, ein weit schwereres Urteil empfangen als die, welche der Lichtstrahl des Evangeliums nie erfasst hat und die schon als Kinder gestorben sind. Karl Marx und Adolf Hitler werden Rechenschaft dafür ablegen müssen, dass sie die Wahrheit der Bibel ablehnten, von der sie in ihrer Jugendzeit doch so viel erfahren hatten.

Die Auffassung, dass alle Sünden gleich sündig seien, neigt nicht dazu, den Sünden des Geistes, wie z. B. der Selbstsucht, mehr Schuld zuzuweisen, gleichzeitig neigt sie dazu das Maß der Schuld für abscheuliche Gewalttaten zu verringern. Das Strafgesetz und auch die Gemeindezucht müssen sich auf die biblische Sichtweise gründen, dass es einen großen Unterschied zwischen den einzelnen Sünden gibt und dass sie entsprechend bestraft werden sollten.

Wenn wir sagen, dass es beim Gewicht verschiedener Sünden große Unterschiede gibt, bedeutet das nicht, dass wir diese Unterschiede präzise festlegen können. Von vornherein können wir sagen, dass es in der Natur der Sache – der Sünde – liegt, dass die Beurteilung durch gefallene Menschen fehlerhaft sein wird. Was wäre zum Beispiel, aus Gottes Sicht, die schwerere Sünde: ein Straßenkind, das Brot stiehlt, um seiner verkrüppelten Mutter etwas zu Essen zu geben, oder ein Universitätsprofessor, der Gefallen daran findet, den Glauben Hunderter Studenten im ersten Semester zu zerstören? Doch wer von beiden würde wohl von den Gerichten unseres Landes verurteilt werden, wenn er dieser Taten für schuldig befunden würde? Sünden gegen Gott werden selbst von Christen gering bewertet. Aber aus Gottes Sicht sind sie äußerst verdammungswürdig. So darf also nur Gott allein das Maß der Schuld bemessen. Aber jeder gerechte Richter würde niemals einer Anne Frank und einem Adolf Hitler das gleiche Strafmaß zuweisen.

Nachdem wir dies alles vorgestellt haben, wollen wir uns jedoch daran erinnern, dass der Mensch, wenn er nur im geringsten die Herrlichkeit Gottes verfehlt, von Gott getrennt wird und das bringt Leid, Tod und die ewige Verdammnis. Erinnern wir uns daran, dass schon die geringste meiner Sünden Jesus ans Kreuz gebracht hätte – das war der Preis der Liebe für meine Freiheit. Was ist denn so schlimm daran, ein Stück von einer Frucht zu essen, im Gegensatz zu Mord? Und doch war dies ausreichend, um den Himmel seiner Herrlichkeit zu berauben und das ganze Menschengeschlecht zu verdammen.

Nachdem wir nun untersucht haben, was die Schrift über die Natur und die Folgen der Sünde zu sagen hat, wo sie ihren Ursprung nahm und wo sie hinführt, fühlen wir uns vielleicht so, als hätten wir die Tiefen einer riesigen und unermesslichen Grube ausgelotet oder die Ecken einer schrecklichen, unbezwingbaren Dunkelheit untersucht. Und warum ist das heilige Wort Gottes so voll von diesem ekelhaften Thema? Um Gott zu erkennen und wie er zu werden, reicht es nicht aus, Gerechtigkeit zu lieben. Wir müssen die Sünde hassen. Um diesen Hass zu bewirken, reißt Gott allen Spielarten der Sünde die Maske herunter und deckt ihre heimtückische Wirklichkeit auf. Aber es gibt einen vorrangigen Grund, warum er sie so unerbittlich entlarvt – auf diesem dunklen Hintergrund offenbart sich der Glanz seiner wunderbaren Gnade. Nur wenn der ganze schreckliche Schmutz unserer verdorbenen Natur aufgedeckt wird, werden wir nach Reinigung suchen. Und nur wenn wir mit dieser Realität konfrontiert werden, sind wir bereit anzuerkennen, dass wir völlig ohne Hoffnung und ohne Hilfe sind, und nur dann werden wir bei dem starken Retter Zuflucht suchen.

Anmerkungen

1. Charles Hodge, *Systematic Theology*, Band 2 (New York: Scribner's, 1871), S. 130.
2. Calvin Linton, »Sin«, in: *Baker's Dictionary of Christian Ethics,* Hrsg. Carl F. H. Henry (Grand Rapids: Baker, 1973), S. 622.
3. A. A. Hodge, *Outlines of Theology* (New York: Hodder and Stoughton, 1878), S. 320.
4. Ebda., S.321.
5. A. H. Strong, *Systematic Theology,* Band 3 (Philadelphia: Judson, 1907), S. 553.
6. Carl F. H. Henry, *Christian Personal Ethics* (Grand Rapids: Eerdmans, 1957), S. 184.
7. Strong, *Systematic Theology*, Band 3, S. 554.
8. »Amatano«, in: TDNT, Band 1, S. 277.
9. Strong, *Systematic Theology*, Band 3, S. 556.
10. Hodge, *Systematic Theology*, Band 2, S. 192.
11. Ebda., S. 233.
12. Kazoh Kitamori, *Theology of the Pain of God* (Louisville: John Knox, 1958), S. 26, 119-120.
13. Thomas Watson, *A Body of Divinity* (London: Banner of Truth, 1965), S. 134.
14. Strong, *Systematic Theology*, Band 3, S. 567.
15. Strong, *Systematic Theology*, Band 2, S. 149.
16. Henry, *Personal Ethics*, S. 183.

Kapitel 4

Wurzelsünden und -tugenden

Die Schrift nennt Hunderte von Sünden, und durch die Anwendung biblischer Prinzipien könnte die Liste leicht auf Tausende erweitert werden. Es wäre allein eine gewaltige Aufgabe, sie genau zu katalogisieren, geschweige denn, sie im Gedächtnis zu behalten, um für den geistlichen Kampf gegen die Sünde gerüstet zu sein. Im Kampf gegen die Versuchung zur Sünde wäre uns sehr damit geholfen, wenn es einige Sünden gäbe, die wir leicht erkennen können. Sie würden uns dann zu den weiteren Sünden führen.

Wenn außerdem tief in unserem Inneren – sogar in unserem Unterbewusstsein – bestimmte Sünden verwurzelt sind, dann ist es wichtig, die Beziehung zwischen der Wurzel und ihren Früchten (ihre Auswirkung in einer sündigen Handlungsweise) genau zu bestimmen! Es kann beispielsweise jemandem zu Bewusstsein kommen, dass er sich einer anderen Person gegenüber feindselig verhält oder ihr sogar Schaden zufügen will. Er kann Gott um Befreiung von dieser sündigen Einstellung und Handlungsweise bitten, und das sollte er auch tun. Aber wäre es nicht für eine endgültige Überwindung dieser Sünde hilfreich, wenn er verstehen würde, *warum* er diese Person hasst? Es liegt vielleicht daran, dass sie ihn angegriffen hat und sein Stolz verletzt ist. Aber es könnte auch sein, dass diese Person etwas besitzt, was er sich wünscht. Die Ursache muss behandelt werden, oder die Frucht wird sicherlich erneut hervorkommen. Also wäre es sehr nützlich – wenn nicht sogar von strategischer Bedeutung – zu wissen, ob es in der Tat Wurzeln oder einen Nährboden der Sünde in uns gibt, und wenn ja, worin genau diese bestehen.

Lust, Begehrlichkeit und Stolz waren die drei Versuchungen, die Satan einsetzte, als er Eva mit Erfolg zur Sünde verleitete. Und genau diese Versuchungen setzte er auch ein, als es ihm *nicht* gelang, Jesus Christus zur Sünde zu verleiten.

Die Frucht im Garten Eden schien gut zu sein als Nahrung (Lust), sie war ein erfreulicher Anblick für die Augen (Begehrlichkeit) und sie weckte den Wunsch, weise zu werden wie Gott (Stolz). Also beschloss Eva, sich von Gottes Weg abzuwenden (1Mo 3,5-6). Satan führte den Herrn Jesus in die Versuchung, aus Steinen Brot zu machen, als er hungrig war (Lust), seine Macht zu seiner eigenen Ehre zu demonstrieren (Stolz) und die Welt zu gewinnen, indem er einen Kompromiss einging (Begehrlichkeit). Aber der Herr Jesus widerstand diesen Versuchungen (Mt 4; Mk 1; Lk 4). Er schnitt die mögliche sündige Handlungsweise an der Wurzel ab, während sein menschlicher Urahne – Adam – dem Feind erlaubt hatte, den Samen der Versuchung zu säen, Wurzeln zu treiben und Früchte tragen zu lassen. Indem Adam sich für eine sündige Handlung entschied, zerstörte er sein Leben und infizierte die gesamte Menschheit.

Aber gibt es nicht noch weitere Sünden, die aus einer anderen Wurzel hervorkommen? Was ist mit Unglaube? Auf Eva trifft es sicherlich zu, dass sie sündigte, weil sie an Gott zweifelte – daran, dass er wusste, was das Beste für sie und was zu ihrem Wohl war – und an seinem Wort, dass Gott sie bestrafen würde, so wie er es gesagt hatte. Auf der anderen Seite widerstand der Herr Jesus den Schmeicheleien Satans, weil er Gott und seinem Wort Glauben schenkte. War es der Unglaube, der Eva zu Lust, Begehrlichkeit und Stolz führte, oder resultierte der Unglaube umgekehrt aus diesen Wurzeln? Auch wenn diese Wurzeln in Evas Fall miteinander verflochten waren, scheint es doch möglich zu sein, allein aus Furcht oder Unglauben zu sündigen, ohne dass dabei Lust, Begehrlichkeit und Stolz mitwirken. Der Selbsterhaltungstrieb (eine gottgegebene Eigenschaft) kann zu Zweifel und Unglaube verzerrt werden. Wir wollen nun folgende vier Wurzeln der Sünde betrachten sowie die Tugenden, die ihnen gegenüber stehen: Lust, Begehrlichkeit, Stolz und Furcht.

Lust und Selbstkontrolle

Im hebräischen Alten Testament und im griechischen Neuen Testament werden verschiedene Wörter benutzt, um ein starkes Verlangen auszudrücken. Diese Wörter werden benutzt, egal ob es sich um das Verlangen nach etwas Gutem oder um das nach bösen Dingen handelt. Im Neuen Testament finden die Hauptbegriffe allerdings vorrangig in Bezug auf falsches Verlangen Verwendung. Der wesentliche Punkt bei *epithumia* (dem Hauptbegriff im Neuen Testament für »Lust«) ist, dass es ein Verlangen bezeichnet, das von einem Anstoß oder einer Bewegung des Willens ausgeht, also willensentscheidend ist. Dies ist in der Tat Lust, denn es bereitet Vergnügen, und das Fehlen der Befriedigung bedeutet Qual.[1]

Es gibt eine Überschneidung im Gebrauch von Wörtern, die den Wunsch nach Stillung eines körperlichen Verlangens ausdrücken, und Wörtern, die das Verlangen nach Besitz kennzeichnen. Dennoch werden jeweils bestimmte Wörter verwendet, um einerseits den Wunsch nach Vergnügen deutlich zu machen, das zur Lust werden kann, und andererseits das Verlangen nach Besitz zu kennzeichnen, das zur Begehrlichkeit werden kann. Wir betrachten beide Wortgruppen für sich, weil der Grundgedanke jeweils unterschiedlich ist und die Schreiber der Bibel sie unterschiedlich behandeln, sogar wenn sie diese Wörter gelegentlich synonym verwenden.

Lust ist im Neuen Testament oft verknüpft mit dem Wort *Fleisch*. In der Schrift ist natürliches körperliches Verlangen, das eine Versuchung zum Missbrauch werden könnte, auf den Wunsch nach Sex, Essen und Trinken sowie Erholung ausgerichtet. Werden diese Dinge auf die falsche Weise angestrebt oder befriedigt, entstehen daraus die Sünden der Unreinheit, Völlerei, Trunkenheit und Faulheit.

Unreinheit

Obwohl sämtliche »Sünden des Fleisches« in der Schrift verboten sind, wird sehr viel Nachdruck auf die sexuellen Sünden gelegt. Im Alten Testament werden Ehebruch und damit verwandte Sünden an zweiter Stelle genannt und nur von Götzendienst übertroffen. Im Neuen Testament bekam der Begriff *Lust* in den Briefen fast ausschließlich die Bedeutung von verbotenem sexuellem Verlangen und selbst Begehrlichkeit wurde gewöhnlich mit Sexualität verbunden. Die Betonung ist so stark und die Belehrung so durchdringend, dass wir dieses besondere Verlangen der Lust in Kapitel 7 (Sex, Ehe und Familie) detailliert betrachten werden.

Völlerei

Übermäßige Fresssucht wird im Alten wie im Neuen Testament (5Mo 21,20; Spr 23,21 und Lk 21,34) als Sünde eingestuft. Über diese Angelegenheit gibt es jedoch kaum Belehrungen, so dass man sich wundert, warum sie in der Kirche des Mittelalters zu den sieben Todsünden gezählt wurde. Die Gründe dafür sind ausreichend, aber nicht gerade überwältigend. Völlerei und Trunkenheit sind in der Bibel und auch oftmals im Leben eng miteinander verbunden, so dass die Kirche im Mittelalter die Trunkenheit der Sünde der Völlerei zuordnete. Die Bibel hat allerdings eine Menge über Trunkenheit zu sagen. Beides sind Sünden des übermäßigen Gebrauchs von Speise und Trank. Die Gründe dafür mögen tiefer liegen. Auch wenn man im Altertum noch nicht die heutigen Erkenntnisse der Wissenschaft über die negativen Auswirkungen von Übergewicht hatte, so war man sich doch im Klaren darüber, dass der Leib der Tempel des Heiligen Geistes und nicht Eigentum des Christen ist. Sein Missbrauch ist daher Sünde gegen seinen rechtmäßigen Besitzer und Bewohner.

Paulus spricht von solchen, deren Gott ihr Bauch ist (Phil 3,19), eine passende Beschreibung für eine große Anzahl von Christen in unserer Wohlstandsgesellschaft. Ein zusätzlicher Grund für mehr Disziplin am Esstisch ist die Tatsache, dass es in der Welt Hunderte Millionen von Menschen gibt, die nicht genug zu essen haben, um satt zu werden; ja, die in der Tat verhungern, während sich Millionen von Christen vollstopfen. Natürlich mag es einige geben, die aufgrund einer Drüsenkrankheit unter Übergewicht zu leiden haben und nicht, weil sie sich überfressen haben. Manche andere dagegen machen sich vielleicht der Völlerei schuldig, ohne dass man es ihnen äußerlich ansieht, aber übermäßiges Essen bedeutet, gegen den offenbarten Willen Gottes zu verstoßen.

Trunkenheit

Trunkenheit wird durch die ganze Schrift hindurch verurteilt (5Mo 21,20; 29,19; 1Sam 1,14; Spr 23,20.29-35; Jes 5,11-12.22; 28,1-8; 56,12; Hos 4,11; 7,5; Joel 1,5; Am 6,6; Hab 2,15-16; Lk 21,34; Röm 13,13; Gal 5,20; Eph 5,18; 1Thes 5,7-8); das Urteil über Trunkenheit ist äußerst streng. Die strengste Maßnahme der Gemeindezucht – der Ausschluss – wird dem Trinker zuteil (1Kor 5,11), und Gott weist ihm sogar ein noch schwereres Urteil zu: Der Trinker wird nicht in das Reich Gottes hineinkommen (1Kor 6,9).

Heute sprechen wir von Alkoholismus als einer Krankheit, die ihre Opfer unglücklich macht. Aber dies ist nicht die Art, wie die Bibel darüber redet. Es ist wahr, dass Alkoholismus viele Krankheiten mit sich bringt und eine Gewohnheit ist, die einen wie im Schraubstock festhält. Ob die Abhängigkeit rein psychischer oder zum Teil physischer Natur ist – z. B. durch eine genetisch bedingte Neigung zur Sucht – darüber mögen die Spezialisten debattieren; aber dass die Bibel die Abhängigkeit von Alkohol Sünde nennt, steht außer Frage. Die Einführung dieser so genannten Krankheit war sicherlich eine Entscheidung, die in voller Absicht geschah, und die beste Heilung besteht in einer geistlichen Erneuerung. Buße ist keine angemessene Antwort auf Krankheit, aber ohne sie wird der Trinker niemals frei werden. In der Tat wird die Anerkennung des eigenen Zustandes und der ausdrückliche Wunsch nach Hilfe und Befreiung (»Buße«) von weltlichen Spezialisten als der unabdingbare erste Schritt zur Wiederherstellung angesehen. Was in der Schrift über den Missbrauch von Alkohol gesagt wird, kann mit dem gleichen Nachdruck in Bezug auf den Missbrauch von Drogen, einem ähnlich gelagerten Suchtproblem unserer Tage, gesagt werden.

Die Bibel verurteilt nicht nur die Trunksucht mit aller Entschiedenheit, sie spricht sich auch gegen den Gebrauch von Alkohol als Getränk aus: *»Ein Spötter ist der Wein, ein Lärmer der Rauschtrank; und jeder, der davon taumelt, ist unweise«* (Spr 20,1). *»Nicht für Könige ›ziemt es sich‹, Lemuel, nicht für Könige, Wein zu trinken, noch für Fürsten ›zu fragen‹: Wo ist Rauschtrank? Sonst trinkt einer und vergisst, was vorgeschrieben ist, und verändert den Rechtsanspruch aller Elenden«* (Spr 31,4).

Trotz solcher Aussagen, ist jedoch klar, dass die Schrift nicht die völlige Enthaltung als Forderung Gottes an sein ganzes Volk lehrt. Abstinenz wurde von Priestern gefordert (3Mo 10,8-10), von Nasiräern (4Mo 6,3-4) und von Johannes dem Täufer (Lk 1,15). Doch Christus hat Wein getrunken (Mt 11,19; Lk 7,34), und nirgendwo verbietet die Bibel ausdrücklich den Genuss von Alkohol.

Warum also stellen sich so viele Christen auf den Standpunkt völliger Abstinenz? Wird solch eine Position biblisch gestützt? Ich glaube, dass völlige Abstinenz die am meisten vertretene biblische Position des 20. Jahrhunderts in Amerika ist. Der Grundsatz ist der, auf das eigene Recht zugunsten des Wohles anderer zu verzichten (Röm 14; 1Kor 8,10). Allerdings in einer Situation, die sich in krasser Weise von der unterscheidet, die in biblischen Zeiten vorherrschte. In der damaligen Kultur, in der Wasser rar und oftmals verunreinigt war, war Wein die einfachste Methode, um Trinkwasser zu reinigen, und deshalb wurde er das für Mahlzeiten gewöhnlich verwendete Getränk. Wein wurde mit Wasser vermischt und zwar ungefähr nach dem Verhältnis 100 Teile Wasser auf ein Teil Wein. Tatsächlich wurde es als barbarisch angesehen, Wein zu trinken, der zu gleichen Teilen mit Wasser vermischt war.[2] Weil heute der Konsum hochprozentiger alkoholischer Getränke allgemein verbreitet ist, haben wir Probleme, die sich die Menschen aus biblischer Zeit gar nicht vorstellen konnten. In den Vereinigten Staaten trinkt die Hälfte der Bevölkerung Alkohol, und etwa 10 Prozent sind Alkoholiker.

Und das Ergebnis? Mehr als 22.000 Menschen verunglückten in den USA 1989 tödlich in Verkehrsunfällen, bei denen Einwirkung durch Alkohol eine Rolle spielte.[3] Weil eine unverhältnismäßig große Zahl von ihnen junge Menschen waren, betrug die Anzahl verlorengegangen Lebensjahre ca. 900.000.

Landesweit spielt Alkohol in 57,6 Prozent aller Fälle von ehelicher Gewalt eine Rolle, bei 41,3 Prozent des Missbrauchs von Kindern, bei 59,6 Prozent aller Morde, bei 53,9 Prozent der Vergewaltigungen und bei 45,9 Prozent der Fälle von Diebstahl.[4] Eine Studie fand heraus, dass 46 Prozent der Teenager, die Selbstmord begingen, Alkohol tranken, bevor sie sich umbrachten.[5] Das US-amerikanische Arbeitsministerium gibt an, dass 47 Prozent der Arbeitsunfälle in der Industrie mit Alkohol in Verbindung gebracht werden können. Die Veröffentlichung einer weiteren Behörde (Gesundheit und Soziales) legte dar, dass die wirtschaftlichen Gesamtkosten des Missbrauchs von Alkohol und des Alkoholismus etwa 85 Billionen Dollar betragen. Das ist ein durchschnittlicher Betrag von 340 Dollar pro Jahr auf einen US-Bürger. Wie hoch aber menschlich gesehen der Verlust für die Familie und den Trinker selbst ist – wer kann das ermessen?

Der einzig sichere Weg, im Denken, Reden und Handeln nicht unter den Einfluss von Alkohol zu geraten, und der Sucht aus dem Weg zu gehen, ist der, auf den ersten Schluck oder die erste Dosis einer Droge zu verzichten. Obwohl andere vielleicht nicht dieselben Schlüsse aus diesen Zahlen ziehen, schließe ich daraus, dass die Herstellung, der Verkauf und der Konsum alkoholischer Getränke und süchtigmachender und bewusstseinsverändernder, vom Arzt nicht verordneter Drogen mit biblischen Grundsätzen unvereinbar sind.

Faulheit

Gott hat uns nicht nur die Freude an Sexualität, gutem Essen und Trinken gegeben, um unsere leiblichen Bedürfnisse zu befriedigen, er hat uns auch so geschaffen, dass unser Körper Erholung braucht. Aber sogar der Segen von Schlaf und Erholung kann missbraucht werden. Die »protestantische Arbeitsethik« hat ihren Ursprung nicht bei den Protestanten. Salomo war sicherlich der größte Gegner der Faulheit und der Anwalt des Fleißes, aber Paulus bekräftigte Salomos Belehrung in insgesamt sechs seiner Briefe. Sehen wir uns folgende Zusammenstellung an:

> *»Geh hin zur Ameise, du Fauler, sieh ihre Wege an und werde weise! Sie, die keinen Anführer, Aufseher und Gebieter hat, sie bereitet im Sommer ihr Brot, sammelt in der Ernte ihre Nahrung. Bis wann, du Fauler, willst du noch liegen? Wann willst du aufstehen von deinem Schlaf? Noch ein wenig Schlaf, noch ein wenig Schlummer, noch ein wenig Händefalten, um auszuruhen – und schon kommt wie ein Landstreicher deine Armut und dein Mangel wie ein unverschämter Mann«* (Spr 6,6-11).

»Liebe nicht den Schlaf, damit du nicht verarmst; halte deine Augen offen, dann kannst du dich an Brot satt essen! ... Schnell erworbener Besitz wird ›schnell‹ weniger; wer aber händeweise sammelt, vermehrt ›ihn‹. ... Alles, was deine Hand zu tun findet, das tue in deiner Kraft! Denn es gibt weder Tun noch Berechnung, noch Kenntnis, noch Weisheit im Scheol, in den du gehst« (Spr 20,13; 13,11; Pred 9,10).

»Was ihr auch tut, arbeitet von Herzen als dem Herrn und nicht den Menschen, da ihr wisst, dass ihr vom Herrn als Vergeltung das Erbe empfangen werdet; ihr dient dem Herrn Christus« (Kol 3,23-24).

»Denn auch als wir bei euch waren, geboten wir euch dies: wenn jemand nicht arbeiten will, soll er auch nicht essen. Denn wir hören, dass einige unter euch unordentlich wandeln, indem sie nicht arbeiten, sondern unnütze Dinge treiben. Solchen aber gebieten wir und ermahnen sie im Herrn Jesus Christus, dass sie in Stille arbeiten und ihr eigenes Brot essen« (2Thes 3,10-12).

Die Schrift sagt klar, dass Faulheit wirklich Sünde ist und dass Gott hartes Arbeiten gefällt. Beachten wir, dass Arbeit Gewinn bringt, während Faulheit nach Salomo nichts einbringt; Paulus fügt jedoch noch einige andere Dimensionen hinzu: Arbeit ist Dienst für Gott (Röm 12,11; Eph 6,6ff.; Kol 3,22ff), macht genügsam (1Thes 4,12; 2Thes 3,12), befähigt dazu, die eigene Familie zu versorgen (1Tim 5,8), ist ein gutes Zeugnis gegenüber anderen (1Thes 4,12) und ermöglicht, dass man großzügig geben kann (Eph 4,28). Über Paulus' Belehrungen zur Arbeit schwebt ein Geist der Begeisterung und Freude. Arbeit ist kein Fluch, dem man aus dem Weg gehen muss, sondern Teil des ursprünglichen Plans Gottes für das Wohl des Menschen (1Mo 1,28ff). Sie gehört zur Gottesebenbildlichkeit des Menschen. Gott selbst ist das Vorbild für Arbeit.

Selbstkontrolle

Der Begriff Selbstkontrolle wird im griechischen Neuen Testament nur vier Mal benutzt und in allen vier Fällen in Tugendlisten, die nicht sehr viel Licht auf seine Bedeutung werfen (Apg 24,25; Gal 5,23; Tit 1,8; 2Petr 1,6). Die wörtliche Bedeutung ist, seinen Appetit zu zügeln. Das Wort selbst ist vielleicht nicht gebräuchlich, aber die Lehre, die dahinter steht. Hiob gelang es, seine Augen vom Anblick einer Jungfrau abzuwenden (Hiob 31,1), während David auf schmerzliche Weise sündigte und kläglich versagte, als es darum ging, den Leib unter strengster Disziplin zu halten (1Kor 9,27). Daniel nahm sich in seinem Herzen vor, sich nicht an der Tafelkost des Königs zu verunreinigen (Dan

1,8). Wer seinen Geist beherrscht, ist besser als der, der eine Stadt erobert (Spr 16,32). Wir sollen keine Vorsorge für das Fleisch treffen (Röm 13,14) und lieber eines unserer Glieder abtrennen, wenn es uns zur Sünde verleitet (Mt 5,30). Selbstverleugnung ist keine Lebensweise, die nur wünschenswert wäre, es ist die *einzige* Art zu leben, die zählt (Mt 16,24-26).

Die Axt an der Wurzel der Lust ist Selbstkontrolle. Körperliche Bedürfnisse müssen auf eine Weise erfüllt werden, die Gott ehrt. Und der Weg dahin wird in der Bibel beschrieben. Sex außerhalb der Ehe, übermäßiges Essen, Trunkenheit, Faulheit oder das unkontrollierte Verschwenden der freien Zeit, die man für sich selbst hat, all das muss man durch die freiwillige Disziplinierung der eigenen Wünsche vermeiden. Nur Gott kann es gelingen, diese starken inneren Triebe unter Kontrolle zu halten. Aber durch das Vertrauen auf ihn kann selbst ein schwacher Mensch Selbstdisziplin üben. Und ein solch disziplinierter Lebensstil hat nichts mit kaltem, freudlosem Gleichmut zu tun. Vielmehr ist es ein Fließen echter Lebenskraft hin zur höchstmöglichen Erfüllung.

Begehrlichkeit und Zufriedenheit

Begehrlichkeit ist ein seltsamer Zug des menschlichen Wesens. Gott sieht es als ein schreckliches Übel an; der Mensch dagegen betrachtet es als den Weg, um in jeder Hinsicht zu persönlicher Erfüllung zu gelangen. Gott nahm es in die Zehn Gebote auf und führt es im Neuen Testament in einer Liste mit Götzendienst, Ehebruch, Homosexualität und Diebstahl auf; der Mensch stellt es in der Reihe menschlicher Schwächen ganz hinten an. Warum sieht Gott Begehrlichkeit als etwas so Ernstes an?

Definition von Begehrlichkeit

Zu begehren heißt, zu verlangen nach etwas – nach jemandem, nach einer Stellung, nach Anerkennung oder nach Vergnügen-, was nicht dem Willen Gottes entspricht. Beachten wir, dass ich das Wort *verlangen* gebrauche und nicht das Wort *wünschen*. Zu begehren ist nicht nur der Wunsch nach mehr, sondern es bedeutet auch dem nachzugehen, begierig danach zu sein und daran zu arbeiten, es zu bekommen. Obwohl die Begriffe, die in der Heiligen Schrift für eine Haltung der Begehrlichkeit gebraucht werden, von einem starken Wunsch nach all den erwähnten Dingen sprechen, bezieht sich der hauptsächliche Gebrauch des Begriffes – besonders in den Briefen des Paulus – darauf, sich nach materiellen Dingen auszustrecken und hinter ihnen her zu laufen. Der leiseste Wunsch nach etwas, was von Gott nicht vorgesehen ist, wird richtigerweise als

Sünde bezeichnet, und das ursprüngliche Wort dafür in der Bibel ist sehr stark: gierig, habgierig, unersättlich.

In der Schrift ist Begehrlichkeit eine so schlimme Sünde, dass sie zur Trennung von Gott führt (Röm 1,29.32). Sie zerstört die Gemeinschaft (Jak 4,1-4), zerbricht die geschwisterliche Verbundenheit innerhalb der Gemeinde (2Petr 2,14ff), ist Gegenstand der Gemeindezucht (1Kor 5,10-11), beschwört den Zorn Gottes auf die Menschen dieses Zeitalters herauf (Kol 3,5-6) und bringt schließlich den Zorn Gottes in der Ewigkeit auf denjenigen herab, der sich der Begehrlichkeit schuldig gemacht hat (1Kor 6,9-10). Sie ist eine besondere Versuchung für alle, die in der Gemeinde Verantwortung tragen, und die Sünde der Begehrlichkeit führt zurecht zu deren Ausschluss vom Dienst (2Kor 7,2; 1Thes 2,5; 1Tim 3,3). Sie ist eine Form von Götzendienst, indem sie Dinge an die Stelle des lebendigen Gottes setzt (Eph 5,5; Kol 3,5).

Der Wunsch, bestimmte Dinge zu haben, ist nicht böse an sich. Es ist die Pervertierung dieses gottgegebenen Wunsches: auf etwas abzuzielen, was nicht der Wille Gottes für die betreffende Person ist. Das ist die Sünde, die so schlimm und zerstörerisch ist. Nach der Schrift tritt eine von Begehrlichkeit beherrschte Gesinnung bei solchen Menschen zu Tage, die stehlen, andere verleumden, sich der sexuellen Lust hingeben, mit einem Bruder in Christus um Rückerstattung erlittener Verluste streiten. Diese Gesinnung zeigt sich bei denen, die Pläne schmieden, um ungerechten Gewinn zu machen, die nach Anerkennung heischen, die unzufrieden sind und nur sparsam und widerwillig geben.

Kein Wunder, dass die Bibel Begehrlichkeit so unbarmherzig anprangert. Und wir Christen in der westlichen Welt pflegen diese Sünde wie ein Schoßhündchen. So weit wie uns die überlieferten Worte Jesu zeigen – hat er mehr über persönlichen Besitz als über Himmel oder Hölle gesagt. Warum ist diese Angelegenheit so wichtig? Dafür gibt es vier Gründe:

1. Begehrlichkeit ist ein Grundübel (1Tim 6,10), das zu Diebstahl, Ehebruch und Mord führt – und zu beinahe jeder weiteren Sünde.
2. Die Sünde der Begehrlichkeit ist eine besonders schlimme Form von Götzendienst. Paulus spricht von dem abscheulichen Charakter der Sünde, die etwas Geschaffenes an die Stelle dessen setzt, der alles geschaffen hat (Röm 1,23).
3. Wenn das erste und größte Gebot Liebe beinhaltet, dann steht die Begehrlichkeit im direkten Gegensatz zu diesem Gebot. Begehrlichkeit ist darauf aus, etwas zu bekommen; Liebe will geben.
4. Begehrlichkeit ist eine Sünde, die sich gegen den richtet, der begehrt. Diese Sünde verdeutlicht das grundlegende Prinzip, dass Gottes Gebote für uns zum Guten sind. Jemand, der begehrt, baut eine innere Spannung

auf. Tatsächlich führt Begehrlichkeit oft zu emotionalen Störungen. Materialismus ist eine sehr frustrierende Lebensweise, weil man dabei nie wirklich zufrieden werden kann. Je mehr man bekommt, desto mehr will man haben. John D. Rockefeller wurde gefragt, wie viel Geld ein Mensch benötigt, um zufrieden zu sein. Die Antwort von einem der reichsten Männer der Welt lautete: »Immer noch ein bisschen mehr!« Von allen törichten und enttäuschenden Bestrebungen rangiert das Verlangen, die geistliche Leere mit materiellen Dingen zu füllen, ziemlich an erster Stelle.

Der Christ und materielle Dinge

Es ist sogar möglich, nicht nur das zu begehren, was anderen Menschen gehört, sondern auch das haben zu wollen, was Gott gehört. Das ist insbesondere in Bezug auf den Besitz möglich, den er mir anvertraut hat. Tatsächlich scheint die Schrift zu sagen, dass meine Beziehung zu materiellem Besitz ein Schlüssel zum Verständnis meiner Beziehung zu Gott ist. Im Gegensatz zur Begehrlichkeit gibt es zwei vom Geist gegebene Fähigkeiten, eine passiv, die andere aktiv: Zufriedenheit und Großzügigkeit. Betrachten wir zunächst die aktive Fähigkeit, ein biblischer Ausdrück für das Geben. Ich schlage vor, von sechs Stufen des Gebens auszugehen: frühe Kindheit, Kindheit, Jugend, Erwachsensein, Alter und noch eine besondere Fähigkeit, die uns von Gott gegeben wird.

Frühe Kindheit: Kein Geben. Der Grad des Gebens ist bei Kindern gleich null. Oder haben Sie jemals ein großzügiges Kleinkind gesehen? Es ist damit beschäftigt zu empfangen. Wie so viele Gemeindeglieder muss es gefüttert, unterhalten und sauber gemacht werden. Es schreit, wenn es nicht das bekommt, was es will. Tatsächlich benehmen sich solche Kinder-Christen wie ein ganz gewöhnlicher Weltmensch (1Kor 3,3).

Diesen Zustand geistlichen Stillstands kann man ebenso daran erkennen, dass das Wohlstandsevangelium so populär ist – »Ich bin ein Königskind, also gehöre ich in die erste Klasse.« – »Glaube an Jesus und du wirst materiellen Erfolg haben.« Nichts kann von der Lehre des Neuen Testaments über den Christen und sein Geld weiter entfernt sein. Aber in einer Wohlstandsgesellschaft erfährt diese Lehre eine große Nachfrage. Ein weiterer Beleg dafür sind Menschen, die darauf bestehen, dass man durch das Evangelium zu Wohlstand gelangen kann. Im amerikanischen Evangelikalismus gibt es das Star-Prinzip, das durch die Medien noch verstärkt wird. Dieses Prinzip bedeutet, dass berühmte Musiker, populäre Prediger und Bestseller-Autoren hohe Gagen verlangen und wie die Fürsten leben können und dies auch tun. Für die allgemeine Öffentlichkeit ist es schwierig, irgendeine Ähnlichkeit mit dem einen festzustellen, der kein Zuhause hatte, um sein Haupt dort niederzulegen. Sie sind eher einem Simon Magnus verwandt, der allem Anschein nach lehrte, das Evangelium sei ein Mittel, um Geld zu machen (Apg 8,18ff.). Gott kündigt diesen Menschen ein schweres Gericht an, die den Glauben als ein Mittel betrachten, um zu Geld zu kommen (1Tim 6,5ff.).

Kindheit: Impulsives Geben. Manche bewegen sich von einer frühkindlichen, egozentrischen Lebensweise hin zu einem Zustand, in dem sie auf Impulse zu Großzügigkeit reagieren. Solche Christen geben möglicherweise verschwenderisch, aber nur dann, wenn sie einen starken emotionalen Anstoß bekommen. Insbesondere eine professionelle Darstellung menschlicher Not könnte ein solches Geben hervorrufen. Die Aussicht, den eigenen Namen irgendwo gedruckt oder in einem Gebäude eingemeißelt zu sehen, ist kein hohes Motiv, aber es ruft oftmals die Bereitschaft zur Großzügigkeit hervor. Wenn das Engagement oder die Erwartung innerhalb einer Gruppe steigt und andere großzügig geben, dann kann es sein, dass eine solche Person sich ebenfalls daran beteiligt. Impulsives Geben ist nicht notwendigerweise etwas Schlechtes. Aber derjenige, der nur auf diese Weise gibt, muss noch hin zu einer Stufe jenseits des kindlich-impulsiven Gebens wachsen. Wer nur unregelmäßig und gelegentlich gibt, muss noch lernen, Geben zu seinem Lebensstil zu machen.

Jugend: gesetzliches Geben. Wenn jemand in der Kenntnis des Wortes und dem Gehorsam ihm gegenüber wächst, wird er entdecken, dass das im Alten Testament angewandte Prinzip, den Zehnten vom eigenen Einkommen zu geben, im Neuen Testament von Jesus Christus bestätigt wird. Manche sind der Auffassung, dies sei gesetzliches Geben. Und vielleicht ist es das. Aber es ist besser gesetzlich zu geben als überhaupt nicht (Mt 23,23; Lk 11,42). Tatsächlich entdeckt der reifende Christ, dass ihn Gott als Dieb ansieht, sollte er diese zehn Prozent für sich selbst verwenden (Mal 3,8ff). Viele sind deshalb aus Angst vor den Konsequenzen diese Verpflichtung eingegangen, nur um zu entdecken, dass Gott zu seinem Wort steht und für das Wohl und die Entschädigung seiner Kinder für alle Zeit und Ewigkeit Sorge trägt.

Erwachsensein: verwaltendes Geben. Wenn der Christ anfängt, Gott ernsthaft zu gehorchen, entdeckt er, dass der Zehnte nur ein Hinweis auf die Tatsache ist, dass ein Kind Gottes gar keine Besitzansprüche hat, sondern einfach ein Verwalter dessen ist, was jemand anderem gehört. Dies wird schon deutlich im Alten Testament gelehrt, aber noch klarer im Neuen Testament. Lukas 16 ist eine Schlüsselstelle zu dieser grundlegenden biblischen Lehre über Verwalterschaft. Die Jünger Christi sind dumm, weil sie für die Zukunft nicht planen, indem sie ihr Geld dafür einsetzen, um sich Schätze im Himmel zu sammeln (V. 8). Sie sind dumm, weil sie Geldangelegenheiten vom Standpunkt der Welt aus betrachten.

Beachten wir fünf Gegensätze in Bezug auf die Einstellung zum Geld, wie sie in dem Gleichnis vom »ungerechten Verwalter« gelehrt werden.

1. *Wenig ... viel (V. 10).* Egal wie wohlhabend jemand in Bezug auf irdische Güter ist, es ist äußerst wenig im Vergleich zu den himmlischen Schätzen. So würde nur ein Narr für das »Wenige« hier auf Erden sein Leben verschwenden. Weiterhin braucht jemand nicht viel haben, um Reichtümer in den himmlischen Wohnungen anzuhäufen. Alles, was er braucht, ist treu zu sein mit dem Wenigen, was er hat. In gleicher Hinsicht kann man aber auch mit nur Wenigem betrügen, indem man das, was man hat, zum eigenen Nutzen verwendet und nicht für den Nutzen des Besitzers.

2. *Täuschung ... Realität (V. 11).* Die Welt betrachtet irdischen Besitz als den wahren Wert, aber Christen sind dumm, wenn sie genauso denken. Geld ist buchstäblich »trügerisch«, »Fälschung«. Nur ein Narr würde sein Leben vergeuden, um Fälschungen zu sammeln und mit dem Geld dieser Welt zu spielen, wenn er in die wahren Reichtümer am Ende seiner Reise investieren kann.

3. *Verwalter ... Eigentümer (V. 12).* Hier stoßen wir auf den Kern der Belehrung: Wir sind keineswegs Eigentümer. Gott ist der Eigentümer und wir sind als Verwalter und Treuhänder mit dem Auftrag eingesetzt, einen bestimmten Teil von Gottes Besitz zu verwenden, um seinen Plan in dieser Welt voranzutreiben. Wie viele von den »Verwaltern« sind schon der Unterschlagung überführt worden, indem sie Gottes Besitz für sich selbst verwendet haben!

4. *Geld ... Gott (V. 13).* Da gibt es auch Menschen, die versuchen, die materiellen Dinge zu verwalten und dabei beiden, dem Besitzer und sich selbst wohl zu tun. Das bedeutet, Reich Gottes zu bauen und gleichzeitig auch auf der eigenen Baustelle zu arbeiten. Aber Jesus sagte: *»Kein Haussklave kann zwei Herren dienen; denn entweder wird er den einen hassen und den anderen lieben, oder er wird dem einen anhängen und den anderen verachten. Ihr könnt nicht Gott dienen und dem Mammon«* (Lk 16,13).

Diese Lehren erschienen den Pharisäern albern und dumm, denn sie glaubten, ihr Reichtum wäre ein direkter Beweis, dass Gott Gefallen an ihnen hatte (V. 14). Sie waren Dauermitglieder im »Wohlstands-Club«. Sie reagierten mit Spott und Hohn auf Jesu Lehre über das Geld. Sie glaubten, Geld sei etwas Reales, sehr Wichtiges und ihr Eigentum. Deshalb sprach Christus davon, dass dies ihren Herzenszustand offenbarte und dass sie diese Haltung sehr viel kosten würde, sollten sie jemals in sein Reich eintreten wollen (V. 15-16). Wenn allerdings letzteres für sie nicht in Frage käme, dann würden die Kosten noch unendlich viel höher sein.

5. *Himmel ... Hölle (V. 19-31).* Normalerweise verwenden wir die Geschichte vom reichen Mann und Lazarus für evangelistische Zwecke. Aber ursprünglich war die Geschichte weniger dazu gedacht, über die Hölle zu lehren, sondern eher darüber, wie man sich durch richtigen Umgang mit Geld auf den Himmel vorbereiten kann. Sie war dazu gedacht, die Jünger über die richtige Beziehung zu materiellen Dingen zu belehren. Wir hören von einem armen Mann, der Gott liebte, und von einem reichen Mann, der für materielle Dinge lebte. Und wir sehen, was in Bezug auf diese Entscheidungen am Ende herauskam: Himmel und Hölle.

Dass ein Christ nicht mehr als ein Verwalter ist, wird im ganzen Neuen Testament gelehrt und nicht nur in Lukas 16 (Mt 6,19-34; 19,16-29; Mk 12,41-44; Lk 12,13; 17,7-10; 19,21-26; Apg 2,44-45; 4,32-37; 20,35; Röm 14,8; 1Kor 6,19-20; 2Kor 8 und 9; Gal 6,6-10; 1Tim 6,5-10.17-19; Hebr 10,34; 13,5).

Verwalterschaft ist die Ebene, auf der sich der Lebensstil eines Christen zu verändern beginnt. Verwalter führen in dieser Welt ein bescheideneres Leben als Eigentümer. Es ist schon sehr schwer, noch bescheidener zu leben als Jesus Christus, dem doch alles gehört! Ist etwa der Jünger größer als sein Meister und Herr?

Verwalterschaft ist die Ebene, auf der verantwortliche Entscheidungen getroffen werden müssen. Bis dahin hat einer, der den Zehnten bezahlt, sich einfach dazu entschlossen, dem Herrn zu gehorchen und mit Hilfe einer kleinen Rechenübung ehrlich seiner Zahlungsverpflichtung nach zu kommen. Jetzt muss er auf all das Werk Gottes in dieser Welt schauen und schwierige Entscheidungen darüber treffen, wo er möglichst weise investieren sollte, um zur Erfüllung der Absichten Gottes beizutragen, und wie viel er in seine eigenen »Reisekosten« auf dem Weg zu seinem Zuhause in der Ewigkeit wirklich investieren darf. Aber es gibt noch eine höhere Stufe des Gebens.

Alter: aufopferndes Geben. Die geistliche Reife schließlich wird Stück für Stück erreicht durch die höchste Motivation: Liebe. David weigerte sich, ein Angebot zu machen, das ihn nichts kostete (2Sam 24,24). Später war es David, der etwas gab, was zweifellos das größte Opfer in der Geschichte des Menschen war, die Frucht von 20 Jahren Planung und lebenslanger heldenhafter Anstrengung. Die verarmte Witwe gab *»aus ihrem Mangel heraus, den ganzen Lebensunterhalt, den sie hatte«* (Lk 21,1-4). Fragt irgendjemand nach dem Motiv von David oder der Witwe? Sie treten deutlich in scharfem Gegensatz hervor zu einer Welt gieriger Nehmer und widerwilliger Geber.

Haben wir das Gefühl, wir hätten die Wahl in Bezug auf völlige Hingabe? Ist diese Stufe des Gebens nur für eine Auswahl vorgesehen? Christus lehrte, dass der erste Schritt zur Jüngerschaft darin besteht, seine Lebensweise radikal zu erneuern: *»Verkauft eure Habe und gebt Almosen; macht euch Beutel, die* *nicht veralten, einen unvergänglichen Schatz in den Himmeln, wo kein Dieb sich naht und keine Motte zerstört! Denn wo euer Schatz ist, da wird auch euer Herz sein«* (Lk 12,33-34). Dieses Prinzip funktioniert auch auf folgende Weise: Woran du dein Herz hängst, dafür wirst du dich auch aufopfern. Lebt irgendjemand wirklich auf diese Art und Weise? Die Christen im verarmten Mazedonien taten dies, die im wohlhabenden Korinth jedoch nicht.

> *»Wir tun euch aber, Brüder, die Gnade Gottes kund, die in den Gemeinden Mazedoniens gegeben worden ist, dass bei großer Bewährung in Bedrängnis sich der Überschwang ihrer Freude und ihre tiefe Armut als überreich erwiesen haben in dem Reichtum ihrer Freigebigkeit. Denn nach Vermögen, ich bezeuge es, und über Vermögen waren sie aus eigenem Antrieb willig und baten uns mit vielem Zureden um die Gnade und die Beteiligung am Dienst für die Heiligen«* (2Kor 8,1-4).

In 2. Korinther 8 und 9 gibt Paulus die wohl umfassendste Belehrung in der ganzen Schrift über das Geben. In ihrem Mittelpunkt steht eine Gruppe von Gläubigen, die aus tiefer und hingebungsvoller Liebe zu Gott und zu ihren Glaubensgeschwistern heraus gaben (8,7-8.24). Ich habe in der Bibel nichts davon gelesen, dass Gott einen erfolgreichen oder einen vorsichtigen Geber liebt. Ich habe gelesen, dass er einen fröhlichen Geber liebt (9,7).

Als ein Beispiel dieser aufopfernden Liebe haben wir unseren Herrn Jesus Christus, der sich freiwillig seines Reichtums beraubte und sich entschied, arm zu werden, damit wir durch seine Armut in geistlicher Hinsicht und in Bezug auf die Ewigkeit reich werden (8,9).

Besondere Gnade: Glaube. Halten wir fest, dass die verschiedenen Stufen des Gebens sich gegenseitig nicht unbedingt ausschließen. Jemand, der arm ist, muss glaubend und aufopfernd handeln, wenn er zehn Prozent seines Einkommens gibt. Aber im Allgemeinen kann man den Grad des Fortschritts hin zur geistlichen Reife daran erkennen, wie jemand gibt. Die letzte Stufe – Glaube – sollte alles Geben kennzeichnen. Eigentlich ist das meiste Geben ein Geben des »Sehens« –, indem wir uns danach richten, was gerade anliegt, und danach planen, was man geben sollte, egal ob wir nun ehrlich den Zehnten geben, weise Verwalter sind oder aufopfernd aus Liebe geben. Glaube geht darüber hinaus, indem man Gott vertraut, dass er für das sorgt, was man nicht geben kann, selbst wenn man sich aufopfert. Dieser Glaube ist eine Tugend, der man bei allem nachjagen sollte.

Doch die Bibel spricht von der *Gnadengabe* des Glaubens (1Kor 12,9), und das zeigt uns, dass bestimmten Leuten eine besondere Fähigkeit verliehen ist, auf Gott zu vertrauen, eine Fähigkeit, die andere nicht in diesem Maße besitzen. Solche, welche die Gnadengabe des Glaubens im Bereich der Finanzen besitzen, sind zu mehr als zu weiser Verwalterschaft und aufopferndem Geben befähigt. Sie glauben Gott in Bezug auf das, was sie nicht haben und nicht bekommen können, um irgendeine Aufgabe für ihn zu erfüllen.

Welches Ergebnis hat ein Leben, das durch großzügiges Geben geprägt ist? Wenn wir richtig mit Geld und anderen Dingen umgehen und dies alles als ein Pfand betrachten, das wir vom eigentlichen Besitzer bekommen haben, und diese Besitztümer in Dankbarkeit und Liebe so weise wie möglich für sein Werk aufopferungsvoll einsetzen, gehören uns zwei wunderbare Verheißungen. Erstens hat derjenige, der ein guter Verwalter ist, die Garantie, dass für all seine Bedürfnisse vollständig gesorgt sein wird (Mt 6,19-34; 2Kor 9,8; Phil 4,19). Das ist sicherlich eine ungeheure Bürgschaft, die alles im Leben einfacher macht.

Zweitens verspricht Gott, diesen Verwalter zu belohnen (Lk 9,12-13.16-26; 18,18-30; 2Kor 9,6; Gal 6,6–10). Er behandelt uns, als wären diese Besitztümer unser Eigentum und als würden wir etwas Lobenswertes tun, indem wir in seine Absichten mit dieser Welt investieren.

Wir haben in einigen Einzelheiten das Gegenteil von Begehrlichkeit betrachtet – großzügig zu sein in Bezug auf das, was man besitzt. Doch es ist möglich, nichtmaterielle Dinge zu begehren, in anderen Bereichen des Lebens unzufrieden zu sein und aus diesem Grunde das zehnte Gebot, *»Du sollst nicht begehren«*, zu übertreten.

Nichtmaterielle Dinge begehren

Wenn wir uns Dinge wünschen, die uns gemäß dem Willen Gottes nicht gehören, dann begehren wir. Es ist zum Beispiel möglich, die Fähigkeiten oder die Stellung eines anderen zu begehren. Es ist möglich, die Zuneigung eines anderen zu begehren. Wir nennen diese Sünden »Neid«, eine besonders bösartige und zerstörerische Form des Begehrens.

Wir haben gesehen, dass es eine Form des Begehrens ist, nach persönlichem Besitz für sich selbst zu streben, wo doch in Wirklichkeit dies alles nicht uns, sondern Gott gehört. Ein anderes, sogar noch wertvolleres Besitztum ist die Zeit, die wir zur Verfügung haben. Aber sie gehört ebenfalls Gott. Es ist durchaus möglich, Zeit zu begehren, die Gott uns nicht gewährt hat, oder die uns anvertraute Zeit für uns selbst so zu verwenden, wie Gott es gerade nicht möchte.

Für viele Christen ist das Begehren nach Zeit die größte Versuchung – unzufrieden zu sein mit dem, was einem als Zeit zugeteilt ist. Es ist eine zerstörerische und entmutigende Sünde.

Begehren nach Zeit. Betrachten wir zwei Voraussetzungen als Grundlage für einen erfolgreichen Umgang mit dem Problem der Verwendung unserer Zeit. Die erste Voraussetzung ist die Überzeugung, dass Gott für jeden Gläubigen einen Lebensplan hat (siehe Kapitel 10) und dass wir Zeit benötigten, um alles zu erfüllen, was Gott seinem Plan entsprechend von uns zu tun erwartet.

Die zweite Voraussetzung besteht darin, dass ich entweder den Willen Gottes für mein Leben verfehlt habe (Ich tue etwas, was er nie beabsichtigt hat), wenn die 168 Stunden einer Woche nicht auszureichen scheinen, oder dass ich es uneffizient getan habe. Es gibt einen sehr schönen Abschnitt, der sich auf diese grundlegende Voraussetzung bezieht: *»Meine Urform sahen deine Augen. Und in dein Buch waren sie alle eingeschrieben, die Tage, die gebildet wurden, als noch keiner von ihnen ›da war‹«* (Ps 139,16).

Die Evangelien sprechen oft von »der Zeit«, die noch nicht gekommen war. *»Meine Stunde ist noch nicht gekommen.«* Wir würden im heutigen Sprachgebrauch sagen: »Es ist noch nicht an der Zeit« oder: »Es ist noch nicht so weit«.

Der Verfasser des Buches Prediger nimmt Bezug auf diesen Grundsatz: *»Für alles gibt es eine ›bestimmte‹ Stunde. Und für jedes Vorhaben unter dem Himmel ›gibt es‹ eine Zeit: Zeit fürs Gebären und Zeit fürs Sterben, Zeit fürs Pflanzen und Zeit fürs Ausreißen des Gepflanzten«* (Pred 3,1-2). Und seine Poesie beschließt er mit den wunderbaren Worten: *»Alles hat er schön gemacht zu seiner Zeit, auch hat er die Ewigkeit in ihr Herz gelegt, nur dass der Mensch das Werk nicht ergründet, das Gott getan hat, vom Anfang bis zum Ende«* (Pred 3,11). Alles ist schön, wenn es im Plan ist. Gott hat es geplant, und wenn es entsprechend Gottes Plan zustandekommt, dann ist das in der Tat etwas sehr Schönes.

Aber im gleichen Vers gibt es auch ein Problem: *»Auch hat er die Ewigkeit in ihr Herz gelegt.«* Dies ist der Kern des Problems. Es ist eine schöne Sache, Tag für Tag und in jedem Augenblick Gottes Absichten zu erfüllen. Aber er hat die Ewigkeit in unsere Herzen gelegt. Wir stecken voller Tatendrang – wir wollen eine Unmenge von Dingen tun. Doch uns wird gesagt, dass wir uns nicht sorgen sollen um das, was morgen ist. Weiterhin sagt uns Christus, dass es dumm ist, besorgt zu sein, denn *»wer ... unter euch kann mit Sorgen seiner Lebenslänge [eine] Elle zusetzen?«* (Mt 6,27). Wer unter euch kann durch verzweifeltes Bemühen, durch Sorge und Not den 168 Stunden, die sich auf diese Woche verteilen, nur eine einzige hinzufügen?

Was ist die Lösung? Es gibt praktische Erwägungen, die helfen, aber zuallererst müssen wir verstehen, dass wir dieses Problem niemals lösen können, bevor wir nicht zum Glauben gekommen sind. *»Wer glaubt, wird nicht ängstlich eilen«* (Jes 28,16). Es ist also eine Glaubenssache. Wir müssen unserem Gott vertrauen, dass er einen Plan hat und dabei ist, ihn zu erfüllen. Und dazu hat er uns alles gegeben, was nötig ist, um ihn zu erfüllen. Darin ist das dazu angemessene Maß an Zeit inbegriffen.

Oftmals ist es aber so, dass es nicht genug Zeit zu geben scheint. Das liegt daran, dass wir etwas tun, was wir gar nicht tun sollen, oder daran, dass wir es auf die falsche Art und Weise tun. Ich möchte drei praktische Schritte vorschlagen, die uns helfen herauszufinden, was auf der Tagesordnung Gottes steht und wie wir es erledigen können: 1. Setze Prioritäten. 2. Prüfe, wo du ineffektiv handelst. 3. Beginne am Anfang und schließe es ab.

Wenn wir unsere Prioritäten setzen, müssen wir bestimmte Verantwortlichkeiten berücksichtigen, welche die Schrift von uns fordert. Z. B. folgende: Gemeinschaft mit Gott (persönlich und gemeinsam), die Versorgung unseres Leibes, die Fürsorge für die Anverwandten, der Dienst in der Gemeinde und unsere Verantwortung im Beruf. Obwohl wir vielleicht mehr Zeit als nötig für die Erfüllung irgendeiner dieser Pflichten verwenden, benötigen wir die grundlegenden Fähigkeiten, so dass wir damit rechnen können, dass Gott uns befähigt, unsere Aufgaben innerhalb eines 24-Stunden-Tages zu tun. Wenn wir auflisten, was wir alles tun *müssen*, was wir tun *wollen* und was *andere* von uns fordern, müssen wir all das in die richtige Reihenfolge der Priorität hintereinanderbringen, wie die Schrift es uns sagt.

Der nächste Schritt ist die Prüfung der Effektivität. Könnte ich zum Beispiel verschiedene Verantwortlichkeiten in einer einzigen Handlung miteinander verbinden? Der Ehemann, der die meiste Zeit für sich zum Ausruhen benutzt und dann zusätzliche Zeit sucht, um sie mit seiner Frau zu verbringen, könnte in Betracht ziehen, beides miteinander zu verbinden. Ebenso könnte er auch sportliche Betätigung und Zeit für seine Kinder kombinieren oder sein Hobby mit dem Dienst in der Gemeinde. Natürlich muss er möglicherweise auf andere Weise Entspannung suchen, zu einer anderen Sportart wechseln oder ein anderes Hobby wählen, aber das sollte kein Problem sein, wenn er ernsthaft darum bestrebt ist, seine wenigen Zeitreserven für die wichtigsten Verantwortlichkeiten aufzuwenden. Jede Aktivität sollte daraufhin geprüft werden, ob man sie nicht in noch kürzerer Zeit erledigen kann und dabei trotzdem noch seine Sache gut macht. Meine Frau spottet über den Spruch: »Wenn die Sache es wert ist, getan zu werden, dann ist sie es wert, gut getan zu werden.« »Nur sehr wenige Dinge sind es wert, gut getan zu werden«, wendet sie dagegen ein und sie vollbringt wichtige Dinge in ihrem Leben, von denen vielleicht zwei oder drei gewöhnliche Sterbliche hoffen mögen, dass sie sie jemals zustande bringen.

Wenn man es geschafft hat, Arbeit und Vergnügen so effizient wie möglich zu erledigen, und dabei trotzdem noch zu kurz kommt, sollte man noch einmal ganz unten auf seiner Prioritätenliste anfangen und sie kürzen. Zuallererst sollte man prüfen, ob man bei jeder erforderlichen Aktivität sicher ist, dass man ihr nicht mehr Zeit widmet, als Gott es von uns erwartet: Freizeit, Beruf, Gemeinde. Sind die vielen Überstunden auf der Arbeit wirklich notwendig, um erfolgreich meiner Verantwortung nachzukommen und für die grundlegenden Bedürfnisse zu sorgen, oder arbeite ich länger als ich sollte, um einen höheren Lebensstandard zu erreichen oder meinen Ehrgeiz zu befriedigen, was niemals in Gottes Absicht lag?

Nachdem ich mich auf das beschränkt habe, was ich nach Gottes Willen tun *soll*, kann ich nur noch eins tun: meine Prioritätenliste so lange durchgehen und Dinge heraus streichen, bis ich nicht länger Zeit beanspruche, die Gott mir nie gegeben hat.

Wir haben unseren Blick in Bezug auf das Problem falscher Anwendung der Zeit auf einige Einzelheiten gerichtet, weil dies ein Grund für ein ungewöhnliches Maß an Stress im Leben vieler Gläubiger zu sein scheint. Trotz der Tatsache, dass wir in unserer Gesellschaft mehr Freizeit zur Verfügung haben als jemals zuvor in der Geschichte, werden wir dazu verleitet, unzufrieden zu sein; ein klarer Verstoß gegen das zehnte Gebot. Wir wenden uns nun der Betrachtung dessen zu, was uns von unserer Begehrlichkeit heilen kann: Zufriedenheit/Genügsamkeit.

Zufriedenheit/Genügsamkeit

> *»Nicht, dass ich es des Mangels wegen sage, denn ich habe gelernt, mich ›darin‹ zu begnügen, worin ich bin. Sowohl erniedrigt zu sein, weiß ich, als auch Überfluss zu haben, weiß ich; in jedes und in alles bin ich eingeweiht, sowohl satt zu sein als auch zu hungern, sowohl Überfluss zu haben als auch Mangel zu leiden. Alles vermag ich in dem, der mich kräftigt«* (Phil 4,11-13).

> *»Die Gottseligkeit mit Genügsamkeit aber ist ein großer Gewinn; denn wir haben nichts in die Welt hereingebracht, so dass wir auch nichts hinausbringen können. Wenn wir aber Nahrung und Kleidung haben, so wollen wir uns daran genügen lassen. Die aber reich werden wollen, fallen in Versuchung und Fallstrick und in viele unvernünftige und schädliche Begierden, welche die Menschen in Verderben und Untergang versenken. Denn eine Wurzel alles Bösen ist die Geldliebe, nach der einige getrachtet haben und von dem Glauben abgeirrt sind und sich selbst mit vielen Schmerzen durchbohrt haben«* (1Tim 6,6-10).

> *»Der Wandel sei ohne Geldliebe; begnügt euch mit dem, was vorhanden ist! Denn [er] hat gesagt: Ich will dich [nicht] aufgeben und dich [nicht] verlassen«* (Hebr 13,5).

»Deshalb sage ich euch: Seid nicht besorgt für euer Leben, was ihr essen und was ihr trinken sollt, noch für euren Leib, was ihr anziehen sollt! ... Denn nach diesem allen trachten die Nationen; denn euer himmlischer Vater weiß, dass ihr dies alles benötigt. Trachtet aber zuerst nach dem Reich Gottes und nach seiner Gerechtigkeit! Und dies alles wird euch hinzugefügt werden. So seid nun nicht besorgt um den morgigen Tag! Denn der morgige Tag wird für sich selbst sorgen. Jeder Tag hat an seinem Übel genug« (Mt 6,25-34).

Es ist wichtig, den Unterschied zwischen Unzufriedenheit und Zufriedenheit zu erkennen. Wer unzufrieden ist, demonstriert Unglauben und Undankbarkeit, diejenige Sünde von allen, die am meisten kaputt macht (Röm 1,21). Genügsamkeit ist die schönste und gesundeste Verfassung, in der sich ein Mensch befinden kann. Auf der anderen Seite ist der Gläubige jedoch in einem bestimmten Sinn niemals zufrieden mit seinem augenblicklichen Zustand. So lange wir nicht die ganze Fülle Gottes erfasst haben, jagen wir dem Ziel nach. Sogar in materiellen Dingen kann der Christ ganz legitim hart arbeiten, um seine Lage zu verbessern, und trotzdem stets zufrieden sein.

Begehrlichkeit ist ein Krebs, der denjenigen zerstört, der begehrt. Gewinnt man keine Kontrolle darüber, so wird er genauso auch andere zerstören. Die Heilung geschieht durch Dankbarkeit und Vertrauen. In einem Herzen, das vor Dankbarkeit überfließt gegenüber all dem, was Gott uns gegeben hat, und das völlig darauf vertraut, dass Gott hält, was er verspricht, ist wenig Raum für Begehrlichkeit. Jemand, der so vertraut, ist nicht von Angst erfüllt, dass die Lebensgrundlagen sich als unzureichend erweisen werden, sondern von der Zuversicht, dass Gott nicht lügt und dass er seine Versprechen erfüllen wird, um all unsere Bedürfnisse zu stillen.

Stolz und Demut

Stolz gehört in eine Kategorie, die selbst als Wurzel-Sünde gelten kann. Ob der Prophet Jesaja nur von dem gottlosen König von Babylon sprach oder ob er ebenso an den Feind dachte, der diesen König beherrschte – Satan –, es gibt keine vergleichbare Beschreibung der Wirkung und der Konsequenzen des Stolzes in der gesamten Weltliteratur wie folgender Abschnitt aus dem 14. Kapitel des Jesajabuches (14,12-15):

»Wie bist du vom Himmel gefallen, du Glanzstern, Sohn der Morgenröte! ›Wie bist du‹ zu Boden geschmettert, Überwältiger der Nationen! Und du, du sagtest in deinem Herzen: »Zum Himmel will ich hinaufsteigen,

hoch über den Sternen Gottes meinen Thron aufrichten und mich niedersetzen auf den Versammlungsberg im äußersten Norden. Ich will hinaufsteigen auf Wolkenhöhen, dem Höchsten mich gleich machen.« – Doch in den Scheol wirst du hinabgestürzt, in die tiefste Grube.«

Beachten wir, dass das Wesen des Stolzes ein falsches Bild von uns selbst ist. Es verleitet uns zu falschem Selbstvertrauen, was uns als abhängige Wesen wiederum den katastrophalen Versuch unternehmen lässt, vollkommen unabhängig zu sein.

Was ist Stolz?

Ist es Sünde, auf sein Land oder auf seine Familie stolz zu sein? Ist es Sünde auf seinen Gott stolz zu sein? Was ist mit Selbstachtung, die eine Antwort auf die Scham möglich macht, wenn man nicht dem Maßstab genügt, den man sich selbst gesetzt hat?

Von den zehn verschiedenen hebräischen Grundbegriffen für Stolz beinhalten fast alle den Gedanken von hoch, erhaben, erhöht, großartig, während viele der zwölf Grundbegriffe für Bescheidenheit und der zwanzig Grundbegriffe für Demut den hauptsächlichen Gedanken von sinken, niederbeugen, niederdrücken, niederlegen, unterwerfen stützen. Ein anderer Grundgedanke einiger Begriffe für Stolz ist aufblasen, aufblähen, anschwellen; noch ein weiterer meint schwerpunktmäßig erweitern, ausweiten. Das Alte Testament bemüht nicht nur diesen erstaunlich reichhaltigen Wortschatz, es enthält buchstäblich Hunderte von Bezugnahmen auf Stolz und Demut, so dass beide Begriffe kristallklar sind.

Im Neuen Testament erwachsen die Begriffe von Stolz und Demut aus dem, was das Alte Testament dazu vorgibt, und nicht vom zeitgenössischen griechischen Denken her, das den selbstzufriedenen, aus guter Familie stammenden Aristokraten mehr Wert zuweist und den Demütigen verachtet. Wenn nun die neutestamentlichen Schreiber die griechische Sprache verwendeten, fügten sie umschreibende Worte hinzu, um die Bedeutung klar zu machen. Sie sprachen nicht einfach von Hochmut, sondern von eitler und leerer Ruhmsucht; höher gestellt zu erscheinen als andere; vergeblich oder ohne Grund von sich selbst gut zu denken; aufgebläht zu sein.

Der grundlegende Gedanke ist klar: Die Sünde des Stolzes wirkt wie Alkohol oder Drogen – wer sich damit füllt, bekommt eine verzerrte Sicht der Realität. Er versucht, andere mit dieser aufgeblasenen Sicht zu beeindrucken, und – was noch zerstörerischer ist – er beginnt, es selbst zu glauben (Gal 6,3). Das geschieht, wenn das Selbstvertrauen wächst und jemand die Überzeugung gewinnt, er könne über sich selbst bestimmen und unabhängig sein. Er fängt an, so zu handeln, als könne er souverän den Lauf seines Lebens selbst bestimmen

(1Jo 2,15-17) oder über seine eigene Zukunft entscheiden (Jak 4,15-16). Die Schrift lehrt, dass das Vertrauen auf sich selbst der fatale Fehler der Gottlosigkeit ist (Ps 52,1; 74,4; 94,3). Kein Wunder, dass Hochmut vor dem Fall kommt und Stolz zum Verderben führt (Spr 16,18). Kein Wunder, dass die Bibel Stolz oftmals verurteilt, Demut und Abhängigkeit von Gott aber lobt.

Zusammengefasst weist der Stolz der eigenen Person einen größeren Wert zu, als sie verdient. Der Geschäftsmann, der sich auf die uneinnehmbare Festung seines Wohlstands verlässt, der Universitätsprofessor, der auf seine autonome Vernunft vertraut, der Wissenschaftler, der auf arrogante Weise auf jegliche Realität jenseits der Natur verzichtet, die Schönheitskönigin, die auf ihren unbesiegbaren Charme blickt, der Athlet, der sich selbst gratuliert im Blick auf seine Körperkraft und sein Können – alle verlassen sich auf tödliche Illusionen. Und genauso verhält sich der Prediger, der den Komplimenten glaubt, mit denen ihn seine Bewunderer überhäufen, oder die Gläubigen, die von sich denken, dass sie völlig heilig sind.

Wenn die Sünde des Stolzes hauptsächlich in der Lüge bzw. in der Entstellung der Wahrheit besteht, dann wird es kaum sündhafter Stolz sein, wenn man ein gutes Gefühl über einige wirkliche Vorzüge hat. Stolz auf Gott zu sein ist sicherlich einfach ein weiterer Weg, auf geistliche Weise Dankbarkeit und Lob zum Ausdruck zu bringen. Jemand mag auch ganz legitim auf seine Kinder oder seine Eltern stolz sein, die er als Segnungen Gottes erkennt (Sprüche 16,31; 17,6). Paulus spricht oftmals vom Sich-Rühmen vieler Dinge, aber immer im Zusammenhang mit der Gnade Gottes (1Kor 3,5ff.; 4,7; 15,10; Gal 6,13).

Bereiche des Stolzes

Stolz kann Vertrauen auf sich selbst in jeder Hinsicht sein – man findet an allen Seiten der eigenen Person Gefallen. Aber viel öfter konzentriert sich der Gegenstand des Stolzes in einigen besonderen Bereichen.

Stolz auf eine Stellung. Die Pharisäer liebten *»den ersten Platz bei den Gastmählern und die ersten Sitze in den Synagogen«* (Mt 23,6ff.). Das Gerangel um Ansehen, Macht, ja sogar das erbärmliche Haschen nach Titeln beschränkt sich kaum auf diese damaligen religiösen »Schauspieler«, und die Versuchung, sich in dieser Weise über die Herde Gottes als Herrscher aufzuspielen, ist Stolz auf eine Stellung. Dies muss ein Führer in der Gemeinde stets aus seinem Denken entfernen (1Petr 5,3).

Stolz auf Fähigkeit und Leistung. Paulus spricht von dem Streit über die Fähigkeit zu geschliffenem Reden in der Öffentlichkeit, die einige besaßen

(1Kor 2,1-3), eine Fähigkeit, die ihm persönlich fehlte. Wie sehr stehen wir in der Versuchung, den Verdienst einer Fähigkeit uns zuzuschreiben, selbst die Fähigkeit zum wortgewandten Beten! Doch was besitzen wir, was wir nicht empfangen haben (1Kor 4,7)?

Stolz auf Besitz. Dieser Stolz ist dumm, weil das Erlangen von Besitztümern zu den menschlichen Leistungen gehört, die am wenigsten dazu in der Lage sind, das menschliche Herz zu füllen, ganz abgesehen davon wie vergänglich und unzuverlässig sie sind, um darauf stolz zu sein (Jer 48,7). Und doch verraten sie uns, dass es eher der Stolz als der Geiz ist, der die Menschen in unserem Land zu einem unaufhörlichen Streben nach materiellen Gütern antreibt. *»Den Reichen in dem gegenwärtigen Zeitlauf gebiete, nicht hochmütig zu sein«* (1Tim 6,17).

Stolz auf Erkenntnis. Genau dies führte zum Fall unserer Urahnen. Vielleicht, mehr als alles andere bläht Erkenntnis auf (1Kor 8,1). *»Niemand betrüge sich selbst! Wenn jemand unter euch meint, weise zu sein in dieser Welt, so werde er töricht, damit er weise werde«* (1Kor 3,18). Dies war das erste große Problem der Gemeinde in Korinth und Paulus widmete diesem Thema die ersten drei Kapitel seines ersten Briefes an sie.

Charles Malik, einer der großen Denker des 20. Jahrhunderts, legte in seiner zerstörenden Kritik des modernen Temperaments seinen Finger auf dieses grundlegende Problem:

> Viel ernster jedoch ist, was mit dem Wissenschaftler selbst geschieht. … Das Erste nenne ich Stolz der Erkenntnis und Macht. Dies ist seine größte Schwäche. Weil er den Gegenstand seiner Forschung kontrolliert, bekommt der Wissenschaftler allmählich das Gefühle, eine Art Gott zu sein. Man spricht oft von der Demut des Wissenschaftlers; in Wahrheit finde ich sehr wenig Demut unter den Wissenschaftlern. Sie wissen – das ist wohl wahr – das, was sie nicht wissen, ist nicht nur größer, sondern auch weit wichtiger als das, was sie wissen. Wissenschaftler sind nicht dafür bekannt, dass sie einander lieben oder sich gegenseitig Opfer bringen. … Sie sind mehr für ihre Rivalitäten und Neidereien berühmt sowie für ihr Bestreben, sicher zu stellen, dass ihre Ideen und Entdeckungen nicht von anderen geklaut, sondern ausschließlich ihnen zugeschrieben werden. … Wollten wir das Wesen der Zunft der Wissenschaftler charakterisieren, müssten wir in letzter Konsequenz sagen, dass ihr Wesen in Leidenschaft für das Wissen mit einem Blick zur Macht besteht.[8]

Die Antwort Gottes auf eine solche Geisteshaltung lautet:

»Deine Weisheit und dein Wissen, das hat dich irregeführt. Und du sagtest in deinem Herzen: Ich, und sonst gar nichts!« (Jes 47,10).

»So spricht der HERR: Der Weise rühme sich nicht seiner Weisheit, und der Starke rühme sich nicht seiner Stärke, der Reiche rühme sich nicht seines Reichtums; sondern wer sich rühmt, rühme sich dessen: Einsicht zu haben und mich zu erkennen, dass ich der HERR bin, der Gnade, Recht und Gerechtigkeit übt auf der Erde; denn daran habe ich Gefallen, spricht der HERR« (Jer 9,22).

Stolz auf geistliche Begabung. Weil es so böse ist, zu denken, man sei in Bezug auf die eigene Gottähnlichkeit zu loben, werden solche Meinungen nur unterschwellig geäußert. So ist das Empfinden, das wir etwas erreicht haben – besonders wenn wir uns mit anderen vergleichen –, gewöhnlich gut getarnt – sogar vor uns selbst. Aber es entschlüpft uns in raffinierten Äußerungen, die anderen zeigen sollen, wie heilig – ja, sogar wie demütig wir doch sind. Selbst unser Gebet kann mehr an die Adresse unseres Mitbeters zu seinem Wohl gerichtet sein als an Gott, an den wir uns wenden. Die harte Verurteilung und die geistlich verbrämte Kritik an anderen kann der Ausdruck einer stolzen Selbsteinschätzung sein: »Lass uns die Sache zum Gegenstand des Gebets machen – du und ich, die wir über einem solchen Versagen stehen – damit unsere Schwester den Irrtum ihrer Wege erkennt.«

Die Bereiche, wo wir versucht sind, stolz zu sein, scheinen endlos zu sein: Stolz auf unser Aussehen, auf unsere Stellung oder Rasse, Stolz auf unsere familiäre Abstammung. Aber was auch immer der Gegenstand unseres Stolzes ist, Gott antwortet uns darauf: »Ein stolzes Herz ist Sünde.«

Formen des Stolzes

Einige Formen des Stolzes sind offensichtlich, andere sind so feiner Natur, dass sie allesamt unentdeckt bleiben. Betrachten wir die unterschiedlichen Grade, in denen Stolz sichtbar wird.

Prahlerei. Der offensichtlichste Beweis von Stolz ist offene Prahlerei. Der Aufschneider wird in der Schrift so rundweg verurteilt, dass sich ernsthafte Christen kaum der Prahlerei schuldig machen.

Nach Lob heischen. Wir alle neigen von Natur aus dazu, an unserem »Bild in der Öffentlichkeit« zu arbeiten. Das mehr kindliche »Schaut her, hier bin ich!« gewinnt daher auf zivilisiertere und ausgeklügeltere Weise Ausdruck, damit wir uns auf der Bühne präsentieren können. Vielleicht lehnen wir es ab, dass im Zusammenhang mit unseren Gaben auch unser Name veröffentlicht wird, aber es ist nicht leicht, ganz und gar anonym zu geben wie Christus es uns lehrte.

Eine andere Weise, Anerkennung für meine eigene Vorzüglichkeiten zu suchen, besteht darin, mich selbst oder mein eigenes Verhalten mit anderen zu vergleichen, verbunden mit dem Gedanken, selbst in einem besseren Licht zu erscheinen. Dabei schneide ich schließlich viel besser ab, als wenn ich mich mit Jesus Christus vergleichen würde! Aber Gott sagt, dass dies töricht ist:

> *Denn wir wagen nicht, uns gewissen Leuten von denen, die sich selbst empfehlen, beizuzählen oder gleichzustellen; aber da sie sich an sich selbst messen und sich mit sich selbst vergleichen, sind sie unverständig. ... Denn nicht, wer sich selbst empfiehlt, der ist bewährt, sondern der, den der Herr empfiehlt.* (2Kor 10,12.18)

Sich Ehre erweisen lassen. Mit einem verdienten Lob zufrieden gestellt zu werden, muss nicht zwangsläufig ein Beweis für Stolz sein. Aber anderen zu erlauben, die eigenen Vorzüge herauszustellen, kann ein Ausdruck von Stolz werden. In einer Zeit der Schlagzeilen und des Starkults durch die Medien ist es schwierig, gefällige Ehrerbietung von anderen anzunehmen, ohne die Selbstdarstellung voranzutreiben, die sich wie ein Schatten über das Lob legt, das unserem Retter Jesus Christus zusteht. Die Abweisung von Verehrung, die uns andere anbieten, muss in einer Weise geschehen, die nicht die Person selbst zurückweist. Ein Kompliment können wir uns ruhig gefallen lassen, aber wir sollten, wenn wir einen Einfluss darauf hat, den Leuten niemals erlauben, konsequent unsere Wichtigkeit und Bedeutung voranzutreiben.

Selbstsicherheit. Ein weniger offensichtlicher Beweis für Stolz ist Selbstsicherheit und der daraus resultierende Geist der Unabhängigkeit. Warum ist es so schwierig, sich zu entschuldigen oder um Vergebung zu bitten? Warum sind wir so hartnäckig und bestehen darauf, unseren eigenen Weg zu gehen? Warum so dogmatisch? Warum verteidigen wir uns? Warum sollte jemand seinen eigenen Weg wählen statt den Weg Gottes? Alle diese Äußerungen verraten Beweise für ein stolzes Herz, hart und spröde, immer noch auf seine eigenen Fähigkeiten vertrauend, nicht willens, den eigenen Bankrott zu erklären und konsequent Gottes Urteil zu akzeptieren und für immer auf Gottes Kraft zu vertrauen.

Versteckter Stolz. Verschiedene Formen des Stolzes sehen vielleicht gar nicht aus wie Stolz. Andere niederzumachen ist oft ein Weg zu versuchen, sich selbst durch Vergleichen zu erhöhen. Eine streitsüchtige Haltung oder die Neigung zu

Dünnhäutigkeit und innerer Verletztheit, wurzelt oft im Stolz. »Warum wurde ich nicht eingeladen (oder ausgewählt oder anerkannt)? Ich bin doch genauso gut wie *dieser* (der eingeladen, ausgewählt, anerkannt *wurde*).«

Stolz, maskiert als Demut. Sicherlich ist doch die furchtsame Seele, jemand mit einem geringen Selbstbild, der sich selbst schlecht macht, der Inbegriff einer »demütigen Person«. Gewöhnlich nicht. Die Angst, etwas auszuprobieren, kann im Stolz geboren sein – wenn ich nicht will, dass andere meine Schwächen erkennen, oder wenn ich befürchte, dass man mein Versagen sieht. Sich selbst herabzusetzen kann der Versuch sein, jemand anderen zu zwingen etwas zu tun. Auf diese Weise kann man den Druck lindern oder sogar vom anderen Unterstützung erzwingen. Selbstmitleid ist oftmals blanker Stolz; man ist darüber betrübt, dass andere einen nicht für das ansehen, was man wirklich ist.

Samuel Shoemaker drückte es so aus: »Du kannst niemals in Wahrheit demütig sein, wenn du mit dir selbst beschäftigt bist, und ein Minderwertigkeitskomplex ist der egozentrischste Gemütszustand auf der ganzen Welt.«[9] In welcher Beziehung steht dann die Frage nach der Selbsteinschätzung zu Stolz und Demut?

Selbsteinschätzung

Zwei Leitlinien werden von führenden Vertretern gezeichnet, um im Leben als Christ erfolgreich zu sein – zwei Wege, die scheinbar in entgegengesetzter Richtung verlaufen. Die beherrschenden Stimmen der zweiten Hälfte des zwanzigsten Jahrhunderts sagen uns: »Eine gesunde Selbsteinschätzung ist unabdingbar für ein erfolgreiches Leben als Christ; eine geringe Selbsteinschätzung ist der häufigste Grund für Versagen unter Christen.« Ein anderer Gedankengang herrschte in früheren Jahren vor, kann aber heute nur wenig Land gewinnen oder die vorderen Plätze auf den Bestsellerlisten erobern: »Ich bin mit Christus gekreuzigt … nicht mehr lebe ich … ich bin nichts … wenn jemand nicht sich selbst hasst, kann er nicht Christi Jünger sein.« Wie können wir die gegenwärtige Betonung der Gefühle des Selbstwerts und der Wichtigkeit der eigenen Person mit biblischen Belehrung über Demut in Einklang bringen?

Ich saß im Warteraum des Krankenhauses und wartete darauf, dass meine Frau aus der Notaufnahme der Chirurgischen Abteilung zurückkam. Es war Sonntagmorgen und um wieder Mut zu bekommen, schaute ich hinüber zum Fernsehen, wo gerade ein Gottesdienst übertragen wurde. »Die Lösung besteht nicht darin, sich auf das Problem zu konzentrieren«, sagte der bekannte Redner, »sondern im Schauen auf …« Er machte eine Pause und hob seine Hände und seine Augen zum Himmel empor und beendete den Satz: »… die Möglichkeiten!« Ich dachte an die Möglichkeit, dass der Anästhesist sich möglicherweise geirrt hatte. Der Prediger fuhr fort, mich zu ermutigen: »Wozu ich Ihnen gerne helfen möchte, ist, dass sie ... an *sich selbst* glauben!« Ich fand wirklich keinen Trost bei dem Gedanken, dass sich die auf 1 1/2 Stunden angesetzte Operation nur schon drei Stunden lang hinzog. Ich muss jedoch bekennen, welch mächtige Sogwirkung und welch eine starke Faszination davon ausging, was ich über das »Denken in Möglichkeiten« lernte. Es suchen mehr Leute verzweifelt nach Arbeit als je zuvor nach der großen Depression zu Anfang des Jahrhunderts. So war für mich das Sprichwort »Harte Zeiten sind nicht von Dauer, aber harte Leute sind es« der sich ständig wiederholende Refrain an diesem Morgen. »Glaube es und du erreichst es!« In der Tat: »Nichts ist unmöglich außer ...« Ich wartete auf ein Zitat aus der Bibel, aber stattdessen beendete er den Satz so: »... außer du hast negative Gedanken.« Es gab noch mehr glatte Sprüche, um ein gutes Selbstbild aufzubauen: »So wie ich mich sehe, werde ich mal sein!« »Veränderung braucht Mut!«

Ich bin sicher, dass dies unter anderen Umständen eine großartige Therapie gewesen wäre, aber nicht im Warteraum eines Krankenhauses, wo die Angst in einem hochkriecht.

Würde ich von der älteren Tradition mehr Hilfe bekommen?

> Dies ist die höchste und nützlichste Bildung, die genaue Kenntnis und das Verabscheuen des menschlichen Selbst. Denn von sich selbst nichts zu halten sondern immer nur gut und hoch von anderen zu denken, das ist erhabene Weisheit und Vollkommenheit bei einem Menschen.[11]

> Wahre Demut kommt zustande, wenn wir im Licht Gottes erkannt haben, dass wir selbst gar nichts sind, und zugestimmt haben nicht festzuhalten und das Selbst wegzuwerfen und Gott alles sein lassen. Die Seele, die das getan hat und sagen kann: »Indem ich dich fand, habe ich mich selbst verloren«, vergleicht sich nicht länger mit anderen. Sie hat für immer jeden Gedanken an sich selbst vor Gott aufgegeben; sie begegnet ihrem Mitmenschen als jemandem, der nichts ist, und sie sucht nichts für sich selbst; wer ganz Gott dient, ist zu seinem eigenen Nutzen ein Diener aller.[12]

Die Sünde des Stolzes besteht darin, von sich höher zu denken als zu denken sich gebührt (Röm 12,3). Paulus sagt uns, wie wir von uns selbst denken sollen: nüchtern, objektiv und ehrlich. »Vermeide überzogenes Denken von dir selbst oder von deiner Wichtigkeit, strebe lieber nach einer gesunden Einschätzung deiner Fähigkeiten« (Phillips). Daher ist ein »gutes Selbstbild« ein *wahres* Selbstbild, ein Bild, das der Wirklichkeit entspricht. Eine angemessene Einschätzung ist das, was wahre Demut benötigt. *»Ein jeder aber prüfe sein eigenes Werk, und dann wird er nur im Blick auf sich selbst Ruhm haben und nicht im Blick auf den anderen«* (Gal 6,4).

Wenn ich der qualifizierteste Klavierspieler in der Zusammenkunft bin, ist es kein Akt frommer Demut, wenn ich mich so verhielte, als wäre ich es nicht. Die Tatsache, dass Demut erforderlich ist, rechtfertigt keinen Täuschungsversuch, weder mir selbst noch anderen gegenüber. Auf der anderen Seite ist es aber auch gefährlich, wenn ich darauf bestehe zu bekommen, was ich verdiene, zu empfangen, »was ich wert bin«.

Viel tiefer als der Grad einer angemessenen Selbsteinschätzung der eigenen Qualifikation geht das grundlegende Selbstwertgefühl, das eigentliche »Ich«. Wer bin ich? Was bin ich wert? Die Bibel nennt uns zwei grundlegende Tatsachen, die in einem ausgewogenen Verhältnis zueinander gehalten werden müssen. Wenn wir das eine mehr betonen als das andere, bekommen wir eine verzerrte Sicht unserer selbst und einige von den Neuen sind genau diesem Irrtum verfallen – sie haben sich so sehr auf die eine Wahrheit konzentriert, dass sie ihr Gegenstück vernachlässigt haben, und dadurch haben sie uns in die Irre geführt.

Beide Extreme sind eine Verzerrung der Wirklichkeit und deshalb schädlich. Ein Psychologe oder eine großangelegte Medienkampagne mögen mich vielleicht überzeugen, dass ich von Bedeutung bin und Fähigkeiten besitze, genauso gut wie jeder andere. Aber sobald ich das Büro, den Klassenraum oder das Sendestudio verlasse und mit der Wirklichkeit meines Umfeldes und mit den Meinungen anderer konfrontiert werde, was geschieht dann, wenn sie sich nicht auf mein glänzendes neues Bild von mir selbst einlassen? Auf der anderen Seite, wenn ich mit diesem Buch hier Schluss mache oder die Gemeinde verlasse mit der Überzeugung, in Wirklichkeit eine große Null zu sein und je eher ich das zugebe und mich dem entsprechend verhalte, was hat Gott dann eigentlich davon, wenn er an mir arbeitet? Was uns dagegen die Bibel sagt, gibt uns Kraft, die Kraft eines gesunden Selbstbildes.

Hat der Psalmist die richtige Sicht von sich selbst, wenn er sich als Wurm bezeichnet (Ps 22,7)? Wie gut passt das zur konsequenten Lehre Christi, dass wir uns selbst verneinen, ja sogar hassen sollen, wenn wir seine Jünger sein wollen? Wir werden in der Schrift als hilflose Sünder ohne Hoffnung betrachtet, unfähig, die Anerkennung eines heiligen Gottes zu gewinnen. Wir sind so begrenzt in Raum und Zeit, wir besitzen ein so bedeutungsloses Bisschen an Wissen, dass die ganze Menschheit zusammengenommen nicht einmal genug Weisheit und Kraft aufbringt, um wenigstens einen Funken Aufmerksamkeit des unbegrenzten Gottes zu verdienen. So ist es wohl ganz angemessen, wenn sich Paulus selbst als der Letzte der Apostel betrachtet (1Kor 15,9), als der Geringste aller Gläubigen (Eph 3,8), als der größte Sünder (1Tim 1,15). Dies ist ein Aspekt der Wirklichkeit, dass jemand klar sehen muss, oder sein Selbstbild wird erheblich verzerrt.

Auf der anderen Seite war Paulus ziemlich selbstbewusst. Er rühmte sich oft (allerdings hauptsächlich seiner Schwachheit: Röm 5,3; 2Kor 4,7-11; 10,8ff.; 11,23-30; 12). Aber ob im Blick auf unglaubliche Leistungen oder Schwachheit und Versagen, Paulus gab Gott die Ehre:

> *»So ist weder der da pflanzt etwas, noch der da begießt, sondern Gott, der das Wachstum gibt. Der aber pflanzt und der begießt, sind eins; jeder aber wird seinen eigenen Lohn empfangen nach seiner eigenen Arbeit«* (1Kor 3,7-8).

> *»Aber durch Gottes Gnade bin ich, was ich bin; und seine Gnade mir gegenüber ist nicht vergeblich gewesen, sondern ich habe viel mehr gearbeitet als sie alle; nicht aber ich, sondern die Gnade Gottes, ‹die› mit mir ‹ist›«* (1Kor 15,10).

Was ist diese Gnade von Gott? Erstens sind wir im Bilde Gottes geschaffen, nicht nach dem Vorbild von Tieren oder Engeln. Sicherlich ist das Grund genug für starke Zuversicht und tiefe Dankbarkeit. Egal wie andere meinen Wert einschätzen mögen, Gott erwählte mich vor Grundlegung der Welt (Eph 1,4) und er fixierte seine Liebe so sehr auf mich, dass er seinen eigenen Sohn an meiner Stelle hingab, obwohl ich ein Sünder war, der gegen ihn aufbegehrte. Wenn der Wert bestimmt wird durch den Preis, der gezahlt wurde, wie hätte für mich ein größerer Wert investiert werden können? Er, der allen Wert und alle Würde hat, macht ein so unbegreiflich gnädiges Geschenk an jemanden, der es ganz und gar nicht verdient hat. Aber der Preis *wurde* bezahlt. Das habe ich Gott gekostet, und mein unermesslicher Wert beruht auf dem, was in mich investiert wurde.

Da ist noch weiterer Wert. Gott ist gekommen, um in mir zu leben. Er bringt wunderbare Geschenke der Gnade mit: eine göttliche Lebensqualität und die Fähigkeit, seine Absichten in dieser Welt zu verwirklichen. Diese Ausstattung durch Gott zu verneinen ist nicht Demut, sondern Unglaube. Eine wirkliche Fähigkeit des Lebens oder des Dienstes zu leugnen ist grundsätzlich ein Zögern, sie *in mein persönlichen Potential* aufzunehmen. Sie in der richtigen Weise anzuerkennen, bedeutet, Gott die Ehre zu geben.

Mit diesen beiden sich ausgleichenden Wahrheiten über mein Selbst in einem dynamischen Spannungsverhältnis wird ein Selbstbild entstehen, das der Realität entspricht, worin ich selbst den Kürzeren ziehe, jedoch durch Gottes Gnade all das sein kann, was Gott mir an Bedeutung zumisst. Luther berichtet über die Zeit vor seiner Bekehrung, dass er es sich immer selbst zuschrieb, wenn er richtig handelte, aber die Verantwortung dafür ablehnte, wenn er falsch handelte. Nachher weigerte er sich, es sich selbst zuzuschreiben, wenn er richtig handelte, und übernahm die Verantwortung für das, was er falsch machte. Bruder Lawrence spricht davon, wie man dieses Geheimnis entdecken kann:

> Wenn ich bezüglich meiner Pflicht versage, erkenne ich es bereitwillig an, indem ich mir sage, wie ich es gewohnt bin zu tun: Ich werde niemals anders handeln, solange ich mir selbst überlassen bin. Versage ich nicht, dann danke ich Gott und erkenne an, dass die Kraft von ihm kommt.[13]

Jakob sagte: *»Ich bin zu gering für alle Gnadenerweise und all die Treue, die du deinem Knecht erwiesen hast«* (1Mo 32,11). Mose antwortete Gott bei seiner Berufung auf die gleiche Weise: *»Wer bin ich, dass ich zum Pharao gehen und die Söhne Israel aus Ägypten herausführen sollte?«* (2Mo 3,11). David gebraucht ebenfalls diese Worte: *»Wer bin ich?«* (2Sam 7,18; 1Chr 29,14). Salomo tat es seinem bedeutendem Vater gleich: *»Wer bin ich?«* (2Chr 2,6). Hiob rief aus: *»Siehe, zu gering bin ich! ... Darum verwerfe ich ›mein Geschwätz‹ und bereue in Staub und Asche«* (Hi 40,4; 42,6). Jesaja antwortete so bei einer Vision von Gott (Jes 6,5) und Jeremia protestierte: *»Ach, Herr, HERR! Siehe, ich verstehe nicht zu reden, denn ich bin ›zu‹ jung«* (Jer 1,6). Paulus berührt des öfteren ein ähnliches Thema: *»... nicht dass wir von uns aus tüchtig wären, etwas zu erdenken als aus uns selbst, sondern unsere Tüchtigkeit ist von Gott«* (2Kor 3,5).

Die größten »Leistungsträger« des Alten und des Neuen Testaments haben eines gemeinsam: Sie denken gering von sich selbst. Aber anstatt darunter zu leiden, treibt sie diese realistische Sicht von sich selbst zu Höchstleistungen an. Sie wissen, dass Gott sie zu einem ganz bestimmten Zweck geschaffen hat (Ps 139); dass Gott sie erlöst hat zum Erreichen eines Ziels (Phil 3,12); und dass für alle notwendigen Kraftquellen gesorgt wurde, um jede seiner Absichten zu erfüllen (2Petr 1). Anstatt ich-bezogen zu denken – Selbstachtung und Eigenwert aufzubauen durch Selbstbestätigung, um schließlich Erfüllung in sich selbst zu finden – war für diese Menschen Gott der Mittelpunkt. Sie bestätigten seinen Wert und seine Fähigkeit, sie suchten *seine* Erfüllung durch ihr Leben.

Selbstschutz

Das Ich ist sehr sensibel, deshalb richtet es Barrieren auf, um sich selbst vor Schaden zu bewahren. Es weiß kaum etwas davon, dass einen die Wahrheit über sich selbst befreien kann, wenn man es zulässt, mit der Realität konfrontiert zu werden. Ein stolzer Mensch fühlt sich leicht gedemütigt (verletzt, verwundet), aber er hat es schwer, demütig zu sein. Um dem vorzubeugen, entwickelt er ausgeklügelte Methoden des Selbstschutzes.

Rationalisierung. Wenn ich versagt habe, ist es schmerzlich, mir dies selbst einzugestehen. Also suche ich nach einer Erklärung, die dieses Versagen unvermeidlich erscheinen lässt, wenn nicht sogar gut: Ich bin wieder der Versuchung zur Lust erlegen, aber in einer mit Sex übersäten Gesellschaft, die mich umgibt, kann man wohl kaum etwas anderes von mir erwarten. Wird nicht sogar den bedeutendsten Predigern dasselbe Versagen nachgesagt? Ich habe ein aufbrausendes Temperament, aber mein Vater auch. Du wirst es nicht glauben, unter welchem Druck ich von meinen Eltern her zu leiden habe! Mein Chef scheint mit meiner Arbeit nicht zufrieden gewesen zu sein, aber es liegt eben daran, dass er so ist, wie er ist. Tatsächlich ist es so eine Art Kompliment, wenn man seine Missbilligung hervorruft.

Und so überspielen wir unser Versagen und unser Selbstbild bleibt intakt, aber gleichzeitig bringen wir uns um den Erfolg, der damit verbunden sein könnte, wenn wir die Wahrheit akzeptieren würden und gezwungen wären, auf den Einen zu vertrauen, der fähig *ist*, uns zu vollenden.

Die Worte, die wir gebrauchen, sind der deutlichste Beweis für das Rationalisieren. Wir »haben es vermasselt«, wir »haben einen Fehler gemacht«, sind »verletzt« oder »krank« – irgendetwas, aber nur nicht »Sünde«.

John Gilmore schrieb:

> Einmal bot die finnische Fernsehgesellschaft derjenigen Person Preise an, welche die größte Anzahl von Synonymen irgendeines Wortes nennen könnte. Ein Arbeiter im Norden Finnlands gewann den ersten Preis mit einer Liste von 747 Synonymen für das Wort Trunkenheit. Ein Mann, der im Gefängnis von Turku einsaß, wurde Zweiter mit 678 Synonymen. Derselbe Mann kam auf 170 Synonyme für das Wort Stehlen. Eine andere Person kannte 203 Synonyme für Lügen. Viele von diesen Synonymen vermittelten die Bedeutung solcher Worte, jedoch ohne ihren sündhaften Charakter zu betonen.«

Gilmore erläutert in dem gleichen Artikel, dass jemand sogar bestimmte Übertretungen zugeben kann, »aber sich selbst grundsätzlich als gut betrachtet, weil er sich im Großen und Ganzen ans Gesetz hält oder glaubt, sich daran zu halten«!

Projektion. Ist unsere Entschuldigung zu schwach, um uns angemessen zu verteidigen, finden wir möglicherweise Entlastung, indem wir unser eigenes unwürdiges Verhalten oder Denken jemand anderem zuschreiben. Irgendwie vermindert es die Schuld selbstsüchtigen Verhaltens, wenn wir dieses Motiv in den Handlungen anderer erkennen, insbesondere von Leuten, die als gut und bedeutend angesehen werden. Es wird behauptet – was zu einem gewissen Grad bewiesen ist –, dass wir dazu neigen, in anderen unsere eigenen Schwächen zu sehen. Solche, die am lautesten gegen korrupte Politiker wettern, haben sich manchmal als die Korruptesten erwiesen. Der Lügner traut niemandem, ein unmoralischer Mensch redet sich ein, dass »jeder so ist«.

Verdrängung. Wenn diese beiden eher direkten Abwehrstrategien versagen, hilft es, alles zu vergessen und sich zu weigern, das Versagen einzugestehen. Es ist leicht möglich, wird uns gesagt, aus dem Bewusstsein schmerzvolle oder unangenehme Gedanken, Erinnerungen, Gefühle oder Impulse zu verdrängen. Es wird gesagt, dies sei psychologisch gesehen schädlich. Aber es ist auch geistlich gesehen zu unserem Schaden, denn es kann kaum jemand Vergebung oder Stärkung von anderen erlangen, um eine Schwäche zu überwinden, wenn er leugnet, dass sie bei ihm vorhanden ist.

Deshalb sind wir in unserer Verderbtheit durch eine verzerrte Sicht der Realität nicht nur einem schweren Fall ausgesetzt, wir wenden auch gewaltige Energie auf, um gegenüber uns selbst und anderen die Täuschung aufrecht zu erhalten. Was sind die Folgen?

Das Ergebnis von Stolz und von Demut

Stolz führt zu Spannungen mit anderen (Spr 13,10) und macht sich Gott selbst zum Gegner (Jak 4,6). Stolz bringt viele zu Fall (1Kor 10,12) und führt schließlich zur Vernichtung (Spr 16,8). Dies sind natürliche Konsequenzen, denn ein Bruch mit der Realität führt immer zum Zerbruch in jedem anderen Bereich. Demut jedoch – das ehrliche Anerkennen der eigenen Unzulänglichkeiten und Gottes voller Genügsamkeit – hat unendlichen Segen zur Folge.

Stolz bringt zu Fall, doch Demut wirkt genau entgegengesetzt, sie richtet auf (Ps 147,6; Mt 23,12) – jeweils umgekehrt, als man möglicherweise erwartet hat! Demut verschafft uns Zustimmung und Ehre bei Gott (Ps 138,6; Spr 15,33; 18,12; 29,23), sogar seine Nähe (Jes 57,15; 66,2). Gottes Heil (Mt 5,3-6) und seine Barmherzigkeit (Lk 18,13-14) sind dem Demütigen vorbehalten. Gleichzeitig schenkt Gott mit sich selbst und seinem Heil dem Demütigen noch viele andere Segnungen (Spr 3,34): Frieden (Ps 131,1-2) und Ruhe (Mt 11,29), Leitung (Ps 27,11), Weisheit (Spr 11,2) und Freude (Jes 29,19).

Gegenmittel für Stolz

In Bezug auf alle weiteren Tugenden, alle Rechtschaffenheit und Heiligkeit ist Gott selbst unser vollkommenes Vorbild. Aber kann Gott demütig sein? Weigert er sich nicht, seine Ehre anderen zu geben? Ist es angemessen, von Gottes Demut zu sprechen? So fremd das auch klingen mag, es muss angemessen sein, denn wir werden klar und deutlich aufgefordert, unser eigenes Denken an der Art und Weise auszurichten, wie Christus gedacht hat, als er sich freiwillig erniedrigte (Phil 2,1-8). »Im Falle des Herrn Jesus war es möglich, dass Demut mit dem höchsten Anspruch auf Verherrlichung harmonierte, und zwar aus dem Grund, weil seine Ansprüche keineswegs überzogen und auch nicht Ausdruck einer nach Höherem strebenden ehrgeizigen Gesinnung waren.«[15] Die Essenz des Stolzes ist eine selbstverherrlichende, überzogene Meinung von sich selbst – mit anderen Worten: Lüge. Also kann die Wahrheit über einen selbst, ob sie nun gut oder schlecht ist, kein sündiger Stolz sein. Gott selbst ist im Bilde seines Sohnes das Vorbild für wahre Demut. Wie können wir seinem Vorbild nacheifern?

Die Wahrheit erkennen und öffentlich zugeben. Wie wir gesehen haben, besteht unsere Pflicht darin, ein realistisches Bild von uns selbst zu haben. Dazu gehört die Realität meiner Sünde und Unzulänglichkeit genauso gut wie das Wunder der überwältigenden Gnade Gottes, die er in seinem Sohn auf so vortreffliche Weise enthüllt hat. Aber wie kann jemand, der von Natur aus in die entgegengesetzte Richtung neigt, der Lüge des Stolzes widerstehen?

Loben und Danken als die wirksamsten Mittel gegen Stolz. Es ist sehr schwierig, sich selbst den Verdienst zuzurechnen, wenn man gleichzeitig Gott den Verdienst für großen Erfolg im Leben zuschreibt – falls man ihm gegenüber dies wirklich aufrichtig tut und nicht heuchlerische fromme Worthülsen vor sich herplappert. Die alttestamentliche Vorstellung vom Sich- Demütigen war oftmals mit Fasten verbunden – die sich freiwillig auferlegte »Qual« des Verzichts auf Nahrung zugunsten einer Zeit der Anbetung, Bewunderung und des Lobes der Größe Gottes. Paulus sprach vom Loben als einem Gegenmittel im positiven wie im negativen Sinne. *»Mir aber sei es fern, mich zu rühmen als nur des Kreuzes unseres Herrn Jesus Christus, durch das mir die Welt gekreuzigt ist und ich der Welt«* (Gal 6,14). Im negativen Sinn machte Paulus deutlich, dass die große Verderben bringende Sünde der Menschheit in dem Versagen bestand, Gott die Ehre zu geben. Als Folge dieser Undankbarkeit hat Gott die Menschen in ihrer Schande dahingegeben, die sie unvermeidlich von Selbstüberhebung abhielt (Röm 1,21ff.).

Zum Glauben gehört das Lob Gottes. Es ist in gewissem Sinne eher der Gegensatz zum Stolz als die Demut. Anstelle von Selbstvertrauen steht Gottvertrauen. Auf Gott zu vertrauen ist nur dem möglich, der nicht auf sich selbst vertraut. Glaube, der durch eine anhaltende Gesinnung des Lobens und Dankens gepflegt wird, ist ein wirksames Mittel gegen den Stolz. Im Zentrum der Lehre des Christus stand die Feststellung, dass kein Weg zu Gott führt, *»wenn* *ihr nicht werdet wie die Kindlein«*, d. h. in allem nicht auf sich selbst, sondern auf ihn zu vertrauen (Mt 18,2-4; Mk 9,33-37; Lk 9,46-48).

Annahme der Rolle eines Dieners. Wir sind aufgerufen, mit dem Streben nach großen Dingen für uns selbst aufzuhören, damit wir nicht etwa unfähig werden Gott zu glauben, weil wir damit beschäftigt sind, um die Ehre von Menschen zu buhlen (Joh 5,44). Wir müssen uns aktiv selbst demütigen (1Petr 5,6), ja, uns mit Demut bekleiden (Kol 3,12). Aber in der neutestamentlichen Lehre über Demut ist der Blick mehr auf die Tat gerichtet als auf einen Frontalangriff gegen stolzes Verhalten (Mt 20,26-27; Mk 10,43-44; Lk 22,26). Nimm die Rolle eines Dieners an und die Demut wird als ein Nebenprodukt damit einhergehen. Die Apostel waren – genauso wie wir – eifrig mit dem Versuch beschäftigt zu bestimmen, wer unter ihnen der Größte und Wichtigste sei; sie kämpften um Positionen, während Christus ihnen durch ein eindrucksvolles Beispiel zeigte, was es bedeutet, die Rolle eines Dieners zu übernehmen. Die vor dem Beginn des Mahles notwendige Aufgabe war unerledigt geblieben. Jeder der Anwesenden hatte sich davor gedrückt, ohne Zweifel aus dem Grund, weil jeder sich selbst für wichtig hielt und sich zu hoch einschätzte. Schließlich nahm Jesus selbst das Leinentuch und das Gefäß zum Waschen der Füße. Freiwillig gab er allen wahren Jüngern ein Beispiel des Dienens (Lk 22,24ff.; Joh 13,1-17).

In noch deutlicherer und kräftigerer Sprache – falls das möglich ist – stellt Paulus den Diener als unser Vorbild heraus. Wir sollen so gesinnt sein wie Jesus, als er auf all seine rechtmäßigen göttlichen Vorrechte verzichtete, um einer von uns zu werden. Er erniedrigte sich selbst, übernahm jedoch nicht die Rolle eines Königs – obwohl auch dies schon herablassend genug gewesen wäre –, sondern die eines Dieners. Und dann als ein Diener unter den Menschen, die ihm praktisch alles verdankten – ließ er sich dazu herab und akzeptierte es, wie ein Verbrecher zu sterben (Phil 2,1-8).

Aber wer kann das, sich freiwillig entscheiden, anderen zu dienen, andere höher zu achten als sich selbst, auch wenn sie es in Wahrheit nicht sind (Röm 12,10; Eph 5,21; Phil 2)? Wer kann sich freiwillig und dauerhaft zu niedrigen Diensten entschließen, denen alle anderen aus dem Weg gehen, dem überheblichen Übeltäter vergeben, hinter dem gleichgültigen Zerstörer her aufräumen, dem Undankbaren geben? Wer – und darum geht es – würde sich freiwillig entschließen, immer so zu reagieren, wie man es von einem Diener erwartet? Nur jemand mit einer tiefen, innigen Liebe.

Liebe als ein wirksames Mittel gegen Stolz.

> *»Die Liebe ist langmütig, ist gütig; die Liebe neidet nicht; die Liebe tut nicht groß, sie bläht sich nicht auf, sie gebärdet sich nicht unanständig, sie sucht nicht das Ihrige, sie lässt sich nicht erbittern, sie rechnet Böses nicht zu, sie freut sich nicht über die Ungerechtigkeit, sondern sie freut sich mit der Wahrheit, sie erträgt alles, sie glaubt alles, sie hofft alles, sie erduldet alles«* (1Kor 13,4-7).

Das ist eine vollkommene Beschreibung all dessen, was Stolz nicht ist. Liebe, ein Gefühl, das stark genug ist, um einen zum Diener zu machen, kann nicht von uns selbst hervorgebracht werden. Aber man kann sich dazu entschließen, die Rolle des Dieners zu übernehmen, ob man sich nun als solcher fühlt oder nicht; und die Liebe des Christus drängt uns dazu. Wenn wir dazu nicht gedrängt werden, wird Gott in seiner Liebe vielleicht etwas in unser Leben hineinbringen, was uns auf die Knie zwingt und uns hilft, demütig zu werden, auch wenn wir uns weigern, uns selbst zu erniedrigen.

Leiden als Gabe Gottes, um eine milde Gesinnung hervorzubringen. Paulus rühmte sich oftmals seiner Schwachheiten (2Kor 11,30; 12,5.7). Warum wurzeln so viele der Begriffe für *demütig* in der hebräischen Sprache in den Gedanken von zerdrückt, verletzt, zerbrochen, gezüchtigt, gepeinigt, unterjocht? Für starrköpfige, arrogante Menschensöhne ist dies oftmals der einzige Weg zu einem demütigen und reuevollen Herzen. Einem der biblischen Begriffe für *Milde* liegt die Vorstellung vom Zähmen eines wilden Tieres zugrunde. Sanftmut in der Schrift bedeutet nicht Schwachheit, sondern kontrollierte Stärke. Ist nicht ein zerschlagener Geist oftmals der einzige Weg hin zu christlicher Demut? Selbst Jesus lernte den Gehorsam in der Schule des Leidens (Hebr 5,8).

> Ohne einen sanften Geist ist das intensivste rechtschaffene, religiöse Leben wie ein Bild von Gott ohne seine Schönheit und Attraktivität. Es ist möglich, sehr, sehr fromm und zuverlässig und ausdauernd zu sein in Bezug auf alle christlichen Pflichten. Ja es ist sogar möglich, ein mutiger Verteidiger und Prediger der Heiligung zu sein, eifrig in guten Werken; und doch kann es einem völlig an einem sanften Geist mangeln ... Wir begegnen oftmals Christen, die strahlend und klug sind, stark und rechtschaffen; tatsächlich manchmal ein bisschen zu strahlend und ein wenig zu klug ... und da ist offenbar zu viel von ihnen selbst in ihrer Stärke, und ihre Rechtschaffenheit ist streng und kritisch. Sie besitzen alles, dass man sie als heilig einschätzen kann, abgesehen von einer unsagbaren überwältigenden Kreuzeslast, die sie

> zermahlen würde hin zu einer übernatürlichen Sanftheit und grenzenlosen Nächstenliebe anderen gegenüber. Aber wenn sie wirklich zu den Auserwählten gehören, dann hat Gott eine Weinkelter für sie vorbereitet, durch die sie eines Tages hindurch müssen. Dann wird die eiserne Härte ihrer Natur verwandelt in sanfte Liebe, die Christus immer voran bringt am Ende des Festes.[16]

Die Wege zu der großen Gnade der Demut, die Mittel, um über dämonischen Stolz Herr zu werden, sind das Akzeptieren der Realität, die Konzentration auf Gott mit Dank und Lob, aktives Vertrauen auf ihn in Bezug auf die Hilfen zum Leben, die Annahme der Rolle eines Dieners, eine tiefe Liebe und das Akzeptieren von Gottes liebevoller Zucht. Lassen Sie uns abschließend die Worte des berühmten frommen englischen Geistlichen, Jeremy Taylor (1613-1667) betrachten:

> Die Gnade der Demut kann man unter Beachtung folgender Regeln einüben:
>
> Denke nicht besser von dir selbst in Bezug auf etwas, was dir von außen widerfährt.
>
> Wenn du dich schon selbst einen Dummkopf nennst, dann sei nicht auch zornig, wenn jemand anderes dich so nennt. Der ist ein Heuchler, wer sich selbst vor anderen anklagt und damit nicht mehr erreicht, als dass man ihm keinen Glauben schenkt.
>
> Liebe es, im Verborgenen zu bleiben und kaum beachtet zu werden.
>
> Schäme dich niemals deiner Geburt, deiner Eltern oder deiner gegenwärtigen Tätigkeit noch der Armut eines von diesen.
>
> Rede niemals etwas, was geeignet ist, dich selbst zu ehren und zu rühmen.
>
> Wenn du etwas gesagt oder getan hast, für das du gelobt wirst, dann reagiere mit Gleichmut und schreibe es Gott zu, indem du dich zum Werkzeug seiner Ehre machst.
>
> Benutze keine Kniffe und Strategien, um Lob einzuheimsen.
>
> Lass dir daran gelegen sein, dass andere in deiner Gegenwart gelobt werden, und denke nicht, das Vorwärtskommen deines Bruder würde deinen eigenen Wert schmälern.
>
> Vergleiche dich nie mit anderen. …
>
> Sei nicht immer gleich bereit, jedes Versehen, jede Taktlosigkeit oder Dummheit bei dir zu entschuldigen, sondern bekenne es einfach, wenn du schuldig geworden bist.
>
> Danke Gott für alle Schwachheit, Missbildung und Unvollkommenheit und akzeptiere sie als eine Gunst und Gnade Gottes und als ein Mittel, um dem Stolz zu widerstehen.

Mache niemandem seine Schwäche zum Vorwurf, um ihm Unbehagen zu bereiten. Sorge dafür, dass du dich niemals selbst lobst oder jemand anderen tadelst, bis Gottes Ehre oder ein ehrenvoller Ausgang es tun.

Furcht und Mut

Obwohl manche die Auffassung vertreten, dass alle Sünden von den drei Wurzelsünden der Lust, der Begehrlichkeit und des Stolzes abstammen, scheint es offensichtlich zu sein, dass einige Sünden nicht daraus entspringen. So wie Lust, Begehrlichkeit und Stolz Verzerrungen von Grundantrieben sind, die Gott uns zu unserem Guten gab, so wird wohl dem grundlegendsten aller Triebe, dem Selbsterhaltungstrieb, ebenso in verschiedener Hinsicht auf sündige Weise nachgegangen. Unser Geist ist mit dem Instinkt ausgerüstet, uns vor Schaden oder Tod zu bewahren, so wie unser Körper mit einem Abwehrsystem von Schmerzsensoren »ausgestattet« ist, ohne die wir ganz und gar verwundbar wären. Die Angst vor Gefahr ist ein gutes Geschenk, das Überleben möglich macht. Tatsächlich wird im Alten Testament die Furcht des Herrn sogar als Grundlage allen Lebens und des Guten angesehen.

Wenn jedoch der starke Antrieb zum Überleben zwanghaft wird oder sich über andere höhere Pflichten hinwegsetzt, dann wird er zur Sünde. Es gibt kein moralisches Gesetz, das die Erhaltung meines Wohlbefindens oder meines Lebens um jeden Preis fordert. Im Gegenteil, eine höhere Verpflichtung gegenüber Gott und sogar der Liebe zu anderen wird es möglicherweise erforderlich machen, dass ich mich selbst opfere, statt mich selbst zu schützen. Als Antwort auf die Sünde der Furcht aus Unglauben steht die starke Tugend des Mutes.

Obwohl alle Spielarten der Sünde auf die eine oder andere Weise in Beziehung zur Hauptwurzel des Unglaubens stehen, scheinen Furcht oder Angst mit dem Mangel an Glauben aufs Engste verbunden zu sein. Und gewiss ist ihr Gegensatz – Mut – aus dem Glauben geboren. Natürlich wird das Fehlen von Furcht nicht zwangsläufig auf Glauben beruhen. Eine furchtlose Person kann einfach die drohende Gefahr ignorieren. Gutgläubigkeit verdrängt Furcht fast genauso wirkungsvoll wie Glaube. Gutgläubigkeit ist eine falsche Zuversicht, die sich auf etwas oder jemanden verlässt, das oder der nicht verlässlich ist. Deshalb kann sich jemand bei einem gottlosen Psychiater Rat holen, sich darauf verlassen – und kopfüber ins Verderben stürzen. Wir können furchtlos einem großen Führer oder einem lieben Freund vertrauen und doch schlimm verletzt werden. Aber Vertrauen in Gott wird niemals enttäuscht werden. Ein solches Vertrauen bringt furchtlosen Mut hervor. Fehlt das Vertrauen, führt dies zu Furcht und Angst.

Normalerweise betonen wir die angenehmeren Tugenden der Güte, Demut, Sanftmut und Geduld, aber die Schrift betont genauso gut die starken Tugenden: Mut, Loyalität, Disziplin, Ausdauer. Die Helden des Alten Testaments waren Männer und Frauen von unglaublicher Tapferkeit. Schauen wir uns doch an, wie allein schon ihre Namen eine Ahnung von Mut hervorrufen: Noah hatte Mut gegenüber der Welt; Abraham, indem er seine Heimat verlässt; Jakob im Kampf mit dem Engel; Joseph in der Versuchung; Mose gegen den Pharao; der blinde Simson; Gideon und die 300 Männer; Deborah und die Generäle mit den zitternden Knien; David gegen Goliath, Elia und die Baalspropheten; Daniel in der Löwengrube; Ester und der König. Vergessen wir Daniels Freunde im Feuerofen nicht: *»Ob unser Gott, dem wir dienen, uns erretten kann – sowohl aus dem brennenden Feuerofen als auch aus deiner Hand, o König, wird er ›uns‹ erretten – oder ob nicht: es sei dir ›jedenfalls‹ kund, o König, dass wir deinen Göttern nicht dienen und uns vor dem goldenen Bild, das du aufgestellt hast, nicht niederwerfen werden«* (Dan 3,17-18). Und betrachten wir auch noch die Worte aus dem Brief an die Hebräer:

> *»Und was soll ich noch sagen? Denn die Zeit würde mir fehlen, wenn ich erzählen wollte von Gideon, Barak, Simson, Jeftah, David und Samuel und den Propheten, die durch Glauben Königreiche bezwangen, Gerechtigkeit wirkten, Verheißungen erlangten, der Löwen Rachen verstopften, des Feuers Kraft auslöschten, des Schwertes Schärfe entgingen, aus der Schwachheit Kraft gewannen, im Kampf stark wurden, der Fremden Heere zurücktrieben. Frauen erhielten ihre Toten durch Auferstehung wieder; andere aber wurden gefoltert, da sie die Befreiung nicht annahmen, um eine bessere Auferstehung zu erlangen. Andere aber wurden durch Verhöhnung und Geißelung versucht, dazu durch Fesseln und Gefängnis. Sie wurden gesteinigt, zersägt, starben den Tod durch das Schwert, gingen umher in Schafpelzen, in Ziegenfellen, Mangel leidend, bedrängt, geplagt. Sie, deren die Welt nicht wert war, irrten umher in Wüsten und Gebirgen und Höhlen und den Klüften der Erde. Und diese alle, die durch den Glauben ein Zeugnis erhielten, haben die Verheißung nicht erlangt, da Gott für uns etwas Besseres vorgesehen hat, damit sie nicht ohne uns vollendet werden sollten«* (Hebr 11,32-40).

Glaubenshelden – aber war irgendjemand furchtloser als Paulus?

> *»Sie sind Diener Christi? – Ich rede unsinnig – ich über die Maßen. In Mühen um so mehr, in Gefängnissen um so mehr, in Schlägen übermäßig, in Todesgefahren oft. Von den Juden habe ich fünfmal vierzig ›Schläge‹ weniger einen bekommen. Dreimal bin ich mit Ruten geschlagen, einmal gestei-*

nigt worden; dreimal habe ich Schiffbruch erlitten; einen Tag und eine Nacht habe ich in Seenot zugebracht; oft auf Reisen, in Gefahren von Flüssen, in Gefahren von Räubern, in Gefahren von ›meinem‹ Volk, in Gefahren von den Nationen, in Gefahren in der Stadt, in Gefahren in der Wüste, in Gefahren auf dem Meer, in Gefahren unter falschen Brüdern; in Mühe und Beschwerde, in Wachen oft, in Hunger und Durst, in Fasten oft, in Kälte und Blöße« (2Kor 11,23-27).

Aber wer kann mit dem Sohn Gottes verglichen werden, der die ganze Schuld der Menschheit auf sich nahm, seinen Vater verließ und die Bösartigkeit derer trug, für die er kam, um sie zu retten?

Wir haben nicht nur Beispiele von Mutigen, wir werden oft ermuntert, mutig zu sein:

»Habe ich dir nicht geboten: Sei stark und mutig? Erschrick nicht und fürchte dich nicht! Denn mit dir ist der HERR, dein Gott, wo immer du gehst« (Jos 1,9).

»Und David sagte zu seinem Sohn Salomo: Sei stark und mutig, und handle; fürchte dich nicht und sei nicht niedergeschlagen! Denn Gott, der HERR, mein Gott, wird mit dir sein. Er wird dich nicht aufgeben und dich nicht verlassen, bis alle Arbeit für den Dienst des Hauses des HERRN vollendet ist« (1Chr 28,20).

»Wachet, steht fest im Glauben; seid mannhaft, seid stark!« (1Kor 16,13).

»Wandelt nur würdig des Evangeliums des Christus, damit ich, sei es, dass ich komme und euch sehe oder abwesend bin, von euch höre, dass ihr fest steht in [einem] Geist und mit [einer] Seele zusammen für den Glauben des Evangeliums kämpft und euch in nichts von den Widersachern erschrecken lasst, was für sie ein Beweis des Verderbens ist, aber eures Heils, und das von Gott her!« (Phil 1,27-28).

»Denn Gott hat uns nicht einen Geist der Furchtsamkeit gegeben, sondern der Kraft und der Liebe und der Zucht« (2Tim 1,7).

Gottes Zorn brennt gegen Sünde, aber wir sind scheinbar so sehr vom Zeitgeist erfasst, dass Toleranz unsere vorrangige Lebensregel ist. Doch Gott ist intolerant gegenüber jeglichem Bösen; wenn wir so wie er sein wollen, dann müssen wir ebenso voller Zorn sein, jedoch ohne dabei zu sündigen. Furchtsame Feigheit und Ängstlichkeit müssen wir hinter uns lassen, während wir hinter dem Eroberer her marschieren und ihm in Bezug auf den Sieg über Sünde, Tod und Hölle unser Vertrauen schenken! Der Gerechte wird aus Glauben leben, das ist eine Lebenshaltung, Glaube, der alles riskiert, Glaube, der über den gegenwärtigen Zustand hinausreicht, sogar jenseits der Höchstleistung, um das Unmögliche zu tun!

Der Christ ist gerufen, entschlossen für Recht, Wahrheit und Gerechtigkeit zu kämpfen. Samuel Shoemaker drückt es so aus: »Derjenige, der still dabei sitzt, während Gott, der Glaube und die Gemeinde von großmäuligen Schwätzern Prügel einstecken, ist nicht demütig; er ist ein niederträchtiger Feigling!«[17]

Tapferkeit ist die aktive, herausfordernde Seite des Mutes, doch gibt es genauso gut eine passive Seite: innere Stärke und Ausdauer. Das Neue Testament spricht häufig davon, aber wir erkennen es nicht, weil es oftmals mit »Geduld« übersetzt wurde. Geduld ist in der Schrift nicht die schweigende Zustimmung eines schüchternen Menschen, sondern unerbittliche Ausdauer.

Wer ausharrt bis ans Ende, wird gerettet werden (Mt 10,22; 24,13; Mk 13,13). Wer überwindet, wer bis zum Ende standhaft bleibt, gehört zu denen, die in der Ewigkeit »willkommen geheißen« und all die Ehrenbezeugungen der Siegreichen empfangen werden (Offb 2,7.10-11.17.26; 3,5.12-21; 21,7). Die Feiglinge und Ungläubigen dagegen werden zusammen mit den Mördern und Götzendienern ihren Teil in dem See haben, der mit Feuer und Schwefel brennt (Offb 21,8). Deshalb werden wir aufgefordert, mit Ausdauer zu laufen, fest zu stehen, im Kampf nicht nachzulassen, die ganze Waffenrüstung anzulegen, uns mit aller Kraft anzustrengen, zu ringen und zu kämpfen. Tatsächlich sind wir mehr als Überwinder durch ihn – gegenüber jedem Feind und jedem Hindernis.

Zusammenfassung

Wir haben die Tiefen der biblischen Lehre über die Finsternis der Sünde untersucht, um die Gerechtigkeit in ihrem facettenreich strahlenden Glanz klarer zu sehen. Die Wurzeln der Sünde, tief im Herzen des Menschen vergraben, sind Lust, Begehrlichkeit, Stolz und Unglaube. Sie sind nicht auszugraben durch Zölibat, Armutsgelübde, Askese, Einsiedlerei und Selbstverneinung. Diese haben den Anschein von Frömmigkeit, aber sie sind Anbetung des Willens und nicht Anbetung Gottes. Und wie Paulus herausstellt, sind sie ohne jeden Wert (Kol 2,23). Nein, die Antwort auf Lust ist Selbstbeherrschung; die Antwort auf Begehrlichkeit ist Genügsamkeit; die Antwort auf Stolz ist Demut, geboren aus Loben und Glaube; und die Antwort auf Furcht und Unglaube ist Glaube und Mut. Die Versorgung dieser Wurzeln der Gerechtigkeit ist Liebe, der Untergrund (Eph 3,17). Getränkt durch das Wort Gottes und ernährt durch den Heiligen Geist wachsen sie zur Fülle der Ähnlichkeit mit Christus zur ewigwährenden Ehre Gottes.

Beachten wir, wie jede dieser wunderbaren Gnaden die anderen verstärkt.

Demut beispielsweise führt zu Glaube, Glaube zu Genügsamkeit und Mut, die wiederum Selbstbeherrschung verstärken. Und alle sind motiviert durch die Liebe. Beginne mit irgendeiner Gnade und wie eine riesige himmelwärts sich windende Spirale, ist jede ein Schritt zur anderen.

Diese Gnaden machen etwas anderes. Jede für sich bringt aus sich selbst eine Ernte von hervor. Das bedeutet, dass die Entscheidung, sich zu beherrschen, sofort zu mehr Selbstbeherrschung führt. Genügsamkeit erzeugt noch mehr Genügsamkeit, jede Handlung des Dienstes gebiert größere Demut und eine Haltung, die noch bereiter macht, sich wie ein Diener zu verhalten. Mut bringt Mut hervor, Glaube noch mehr Glaube, Liebe noch mehr Liebe.

Wir haben diese als Wurzeln bezeichnet, welche die Frucht des richtigen Denkens hervorbringen, richtige Worte, richtige Taten. Und sie sind es. Aber sie haben genauso gute Nebenprodukte: Sie bringen die herrlichen Früchte der Freude und des Friedens hervor. Warum sollte jemand die Sünde wählen und ihre Frucht ernten wollen?

Anmerkungen

1. »Epithumia«, TDNT, Band 3, S. 171
2. Robert H. Stein, »Wine Drinking in New Testament Times«, *Christianity Today*, 20. Juni 1975, S. 9.
3. U.S. Department of Health and Human Services, Public Health Service, *Prevention Resource Guide: Impaired Driving* (Washington, D.C., Oktober 1991), S. 1.
4. Informationsbroschüre herausgegeben vom südkalifornischen Komitee für Alkohol- und Drogenmissbrauch.
5. Darauf wird im Prospekt *Jugend und Alkohol: eine tödliche Mixtur,* Christopher News Notes (1990), Bezug genommen.
6. U.S. Department of Labor, *Workers at Risk: Drugs and Alcohol on the Job* (1990).
7. U.S. Department of Health and Human Services, Nationales Institut für Alkohol und Alkoholmissbrauch, *Alkohol Research: Promise for the Decade,* von Enoch Gordis (Washington, D.C., August 1991), S. 3.
8. Charles Malik, *A Christian Critique of the University* (Downers Grove, Ill.: InterVarsity Press, 1982), S. 42 u. 50.
9. Samuel Shoemaker, »The Nature of Humility«, *Christianity Today,* 6. Dezember 1963, S. 14.
10. Robert Shuller, *Hour of Power broadcast,* 17. Oktober 1982.
11. Thomas à Kempis, *The Imitation of Christ* (New York: Dutton, 1910), S. 4.
12. Andrew Murray, *Humility* (London: Nisbet, o. J.), S. 47.
13. Brother Lawrence, *Practicing the Presence of God* (New York: Revell, 1895), S. 21.
14. John Lewis Gilmore, »The Other Side of the Soul«, *The Presbyterian Journal,* 22. Juli 1964, S. 10.
15. Everett F. Harrison, »Humility«, in: *Baker's Dictionary of Christian Ethics,* hrsg. von Carl F. H. Henry (Grand Rapids: Baker, 1973), S. 306.
16. »October Mellowness«, *World Conquest,* September/Oktober 1951.
17. Shoemaker, »The Nature of Humility«, S. 14.

Kapitel 5 Situationsethik

Soll man in einer Studie über *biblische* persönliche Ethik die Verfahrensweise einer Moral betrachten, die offenkundig nicht biblisch ist? Drei Gründe sprechen dafür: Erstens haben Menschen seit Eva Situationsethik praktiziert. Dies schließt Christen aller Schattierungen ein. Das Neue daran ist, dass diese Verfahrensweise zum ersten Mal von einigen innerhalb der Kirche *befürwortet* wird, und zwar als ein *Prinzip* des Handelns, und nicht etwa nur als Ausnahmen von bestehenden Regeln und Normen. Es wird befürwortet als die *einzige* rechtmäßige Grundlage für moralisches Handeln.

Zweitens zeigt die Bibel selbst, wie wir sehen werden, eine Form von Situationsbezogenheit, bei der üblicherweise als falsch eingestuftes Verhalten unter bestimmten Umständen richtiges Verhalten sein kann. Es ist wichtig, die so genannte Neue Moral zu verstehen, um klar unterscheiden zu können, wie die Schrift einige der schmerzvollen moralischen Dilemmas unserer menschlichen Situation behandelt.

Drittens ist es von lebhaftem Interesse, die philosophische Untermauerung einer Bewegung zu verstehen, die das Denken von einflussreichen akademischen Persönlichkeiten im Bereich Literatur, Kunst und Medien gefangen genommen hat. In nur wenigen Jahrzehnten hat diese Art des Denkens den Lauf unserer Zivilisation umgelenkt. Es durchdringt nicht nur Magazine, Romane und das Fernsehen, es ist auch Grundlage für die öffentliche Moral.[1]

Situationsbezogenheit hat nicht nur die säkulare Erziehung und weite Teile der Gesellschaft durchdrungen, sie wird ebenfalls in der Kirche stark vertreten und ist in die Reihen evangelikaler Theologen eingebrochen. Schauen wir uns einen Artikel von Margaret F. Kuhn an, einer hochgestellten Funktionsträgerin innerhalb einer bedeutenden amerikanischen Kirche. Er ist überschrieben mit den Worten »Weiblich und ledig – was nun?« und wurde veröffentlicht in der März/April-Ausgabe 1970 von *Church and Society*, ein Magazin, das zu der Zeit von der Vereinigten Presbyterianischen Kirche und der Presbyterianischen Kirche in den USA herausgebracht wurde (zwei Denominationen, die sich mittlerweile zusammengeschlossen haben):

> Könnte die Kirche denn nicht alleinstehende Personen dazu ermutigen, zusammenzuleben oder das auszuleben, was auch für jede andere Beziehung an liebevollem Miteinander und sexuellem Genuss vorgesehen ist? Die Kirche sollte »mitfühlend und weise ihren Weg zu einem Weg des Lebens ausrichten«, der es Frauen, die allein stehend sind, ermöglicht, ihre Sexualität auszudrücken und tiefe, tragfähige Beziehungen mit Männern aufzubauen, die verheiratet sind oder auch nicht. ... Solche Beziehungen zwischen alleinstehenden Frauen und verheirateten Männern könnten den Beischlaf beinhalten oder auch nicht.

Die *United Church of Christ* (Vereinigte Kirche Christi) erlaubt die Ordination von Homosexuellen auf der Grundlage der Situtationsethik. Evangelikale Psychologen benutzen bei ihren Therapien Pornographie, evangelikale Anthropologen befürworten für Gemeindeälteste die Polygamie in einer polygamen Gesellschaft und evangelikale Theologen befürworten Scheidung für Ehen, die zu einer bitteren Angelegenheit geworden sind.

Es ist wichtig, dass wir hier zwischen säkularer und religiöser Situationsethik unterscheiden.[2] Beide entspringen der philosophischen Strömung des Existentialismus, daher ist ihre Vorgehensweise ähnlich. Für beide gibt es keine vorgeschriebenen ethischen Maßstäbe. Die Entscheidung, was richtig oder falsch ist, gut oder schlecht, ist abhängig von der jeweiligen Situation. In dieser Hinsicht stimmen säkulare und religöse Situationsethik überein. Ihre Wege trennen sich jedoch, wenn es um das entscheidende Kriterium geht, was gut oder schlecht ist, oder besser, was vorzuziehen ist. Für den nichtchristlichen Menschen ist das entscheidende Kriterium die Selbstliebe. Für den religiösen Menschen ist es die Nächstenliebe. In der Praxis sieht es aber nicht selten auch so aus, dass Nichtchristen versuchen, nach dem Prinzip der Nächstenliebe zu handeln, und religöse Menschen in eine Befürwortung der Selbstliebe abgleiten. Die Grenzen sind oftmals verschwommen und überschneiden sich, aber die Unterscheidung ist real und sehr wichtig.

Daniel Yankelovich dokumentiert in seinem Buch die massive Verschiebung in Bezug auf soziale Werte in Amerika während der Siebziger-Jahre.[3] Er stellt fest, dass für die Mehrheit der Amerikaner der höchste Wert die Selbstverwirklichung ist. Dies sei die ethische Norm, die »Neue Regel«. Wenn nicht das Eigeninteresse den Vorrang gegenüber allen anderen Werten hat, dann ist man unaufrichtig und unmoralisch. Dies ist die Ethik des säkularen situationsbezogen denkenden Menschen. Jede Entscheidung, jede Wahl soll zuallererst auf der Grundlage dessen getroffen werden, inwieweit es die eigenen vorrangigen Interessen berührt. So entscheidet man, was gut ist und was schlecht – gut für mich und schlecht für mich.

Säkulare Situationsethik ist so offensichtlich antibiblisch, dass wir uns ihrer eigentlich nicht sehr intensiv widmen müssen, wenn wir eine biblische Ethik entfalten wollen. Sie ist jedoch so durchdringend, dass wir sie kaum ignorieren können. Wir müssen ihr Eindringen in christliches Denken erkennen, offenlegen und versuchen, ihre Kraft zu zerstören.

Joseph Fletcher, der verstorbene einflussreiche Vertreter christlicher Situationsethik, macht klar die Nächstenliebe zum Prüfstein, zum entscheidenden Kriterium für das Urteilen über gut und schlecht in jeder gegebenen Situation.

Einige haben die Neue Moral als die Alte Moral bezeichnet, aber dies führt nur dazu, die Position der Theologen, die hinter dieser Bewegung stehen, misszudeuten. Sie ist sicherlich neu und sie ist ein ernstzunehmender Versuch, eine bestimmte Moral festzulegen. Diese Moral kann mit einem Wort zusammengefasst werden: Liebe. Dies ist die einzige moralische Bedingung, aber diese Bedingung ist absolut.

Definition und geschichtliche Wurzeln

> Christliche Ethik oder Moraltheologie ist kein Lebensentwurf nach einem festgelegten Kodex, sondern ein dauerndes Bemühen, einer Welt von Unverbindlichkeiten Liebe zu bringen, indem man bei jeder nur denkbaren Möglichkeit Liebe praktiziert; ihre beständige Aufgabe ist es, um Christi Willen die Strategie und Taktik der Liebe in die Tat umzusetzen.[4]

Wieso ist das neu? Wo kommt das her? Kurz gesagt, die alten Maßstäbe standen unter Beschuss – nicht gerade die Sittenmoral des Christentums, aber die Bibel selbst, die Zehn Gebote. Weg mit all diesem alten Kram! Es ist nichts als Gesetzlichkeit, Puritanismus und pharisäische Heuchelei.

Was sollen aufrichtige Menschen angesichts einer solche Attacke tun? Liberale Theologen konnten sehen, dass sowohl jegliche Moral als auch die Gesellschaft selbst in Gefahr war. Aber sie konnten nicht sagen: »Haltet ein! So spricht der Herr!« Sie hatten nicht die Gewissheit, dass das, was in der Bibel geschrieben steht, wirklich das ist, was der Herr gesagt hat, oder dass es eine solche Person überhaupt gibt. Und sogar wenn es einen Gott gibt und er wirklich all das sagt, was die Bibel ihm zuschreibt, was hat dies mit uns als Menschen des 21. Jahrhunderts zu tun – Menschen, die erwachsen und herangereift sind? Mit anderen Worten, die zerstörerische Kritik an der Bibel und ihrer Autorität raubte diesen aufrichtigen Männern die Grundlage, um eine Verteidigung gegen die neue Attacke aufzubauen.

Was wäre denn zu tun? Sollen wir alles verwerfen und jegliche Moral vergessen? Nein. Das alte Schiff mag untergehen, aber wir können sicherlich noch das eine oder andere retten. Sie tauchten hinab, kreisten um das moralische Wrack einer rasend schnell auseinanderbrechenden Gesellschaft herum und kamen wieder herauf mit einer Flagge, auf der geschrieben stand: »Liebe«. Wenn das alte Schiff der Christenheit untergeht, wenn die seeuntüchtige Bibel in den Stürmen des 21. Jahrhunderts zu sinken beginnt, wenn selbst Gott verloren ist, dann haben wir immer noch die Liebe.

Fletcher kommt von der Geschichte her zu folgendem Ergebnis:

> Situationsethik ... ist der Kristall, der sich in der christlichen Ethik durch den Pragmatismus und Relativismus unserer Zeit niederschlägt. Historisch betrachtet waren die meisten Menschen in Wirklichkeit Situationsethiker, mehr oder weniger, aber der Unterschied heute besteht darin, dass wir Situationsethik als Gegenstand einer rationalen und professionellen Methode betreiben. Verschwunden ist der alte gesetzliche Sinn für Schuld und trügerischen Idealismus, wenn wir unser sittliches Gewand maßschneidern, damit es zu jeder Gelegenheit passt. Wir schließen mit voller Absicht die Lücke zwischen unseren offenen Behauptungen und unserem geheimen Tun. Es ist ein Zeitalter der Ehrlichkeit, dieses Zeitalter der Angst.[5]
>
> Die moderne Geschichte der Kunst und Wissenschaft und der Technologie, die sie unterstützt, macht klar, dass diese Disziplinen sich nicht länger ... autoritären Grundsätzen beugen. Ihre Daseinsberechtigung erhalten sie nicht mehr länger im Voraus und sie fällt auch nicht vom Himmel herab. Die Menschen haben sich induktiven und experimentellen Forschungsmethoden zugewendet, sie arbeiten nach dem Prinzip »trial and error« (Versuch und Irrtum), sie appellieren an die Erfahrung, um ihre vorläufigen und ungenauen Verallgemeinerungen für gültig zu erklären. Als eine Strategie oder Methode der Forschung und Entwicklung hat es mit beispiellosem Erfolg funktioniert. Die Psychologie zum Beispiel begann mit der Methode und hat sich in diese Richtung weiterentwickelt. Das Gleiche trifft in vielen

anderen Bereichen der sich immer mehr ausweitenden menschlichen Forschung zu. Jetzt endlich machen es auch die Ethik und die sittliche Forschung.[6]

Liebe ist das Ein und Alles. Aber was ist Liebe? Was tut die Liebe? Wie verhält sie sich? Der moderne Theologe kann nicht länger in der Bibel nach Antworten auf solche Probleme suchen, weil er eine naturalistische Grundhaltung eingenommen hat. Naturalismus schließt Offenbarung aus und verweist uns auf Erkenntnisgewinn durch Erfahrung, auf Relativismus und Pragmatismus. So können wir nur noch auf den Menschen selbst blicken, und der Mensch der Moderne hat sich selbst die Antwort auf seine missliche Lage mit der Philosophie des Existentialismus gegeben. Wir müssen auf die Situation reagieren, in der wir uns selbst wiederfinden. Immerzu reagieren wir auf Menschen und Dinge und Ereignisse um uns herum. Wir reagieren vielleicht mit Zorn oder Hass, aber wir *sollten* mit Liebe reagieren. Deshalb haben wir die Situationsethik. Die Ethik? Liebe. Die Situation? Sie ist bei jedem unter immer wieder neuen Umständen verschieden.

Nehmen wir zum Beispiel folgende Situation: Ihre Mutter stirbt einen langsamen Tod durch Krebs. Was sollten Sie tun? Sagen Sie jetzt nicht: »Du sollst nicht töten.« Das wäre gesetzlich. Was würde die Liebe in dieser Situation tun? Vielleicht wäre es Liebe, ihr Leben zu beenden. Eine andere Situation: Eine ledige Frau ist niedergeschlagen und emotional völlig am Boden, weil es ihr an Liebe und sexueller Erfüllung fehlt. Sie sind zwar verheiratet, aber Sie können sie mit dem versorgen, was ihr fehlt. Sagen Sie jetzt nicht: »Die Bibel sagt, du sollst nicht ehebrechen.« Das wäre gesetzlich. Was würde die Liebe tun?

Es gibt also keine festen Regeln. Sie müssen selbst entscheiden und sich dabei stets fragen: Was würde die Liebe tun?

Positive Aspekte

Was kann zugunsten der Neuen Moral von einem bibeltreuen Standpunkt aus gesagt werden? Sicherlich können wir dankbar sein für die Motivation von Männern, die in einer Zeit, die dazu neigt, alle Maßstäbe zu zerstören, überhaupt für irgendeine Moral einstehen. Des Weiteren können wir dankbar sein, dass diese Männer für die Nächstenliebe als Grundlage der Moral plädieren, statt für Selbstliebe oder gar Macht. Liebe ist wichtig, ganz gewiss. Christus lehrt uns, dass Liebe die Summe der gesamten biblischen Lehre über den Willen Gottes für den Menschen ist (Mt 22,34-40). Paulus bekräftigt, dass Liebe die Erfüllung des Gesetzes ist (Röm 13,10). Weiterhin scheint Paulus uns in

1. Korinther 13 etwas mitzuteilen, was dem sehr nahekommt, was uns die Situationsethiker sagen, nämlich dass nichts wichtiger ist als die Liebe.

Noch einmal, es gibt eine Reaktionsweise in der Bibel, die in gewisser Hinsicht als Situationsethik bezeichnet werden könnte. Zum Beispiel vertritt die Bibel den klaren lehrmäßigen Standpunkt, dass Christen der als Autorität eingesetzten Obrigkeit gehorchen sollen (Röm 13). Die Apostel selbst sagten jedoch *in genau dieser Situation: »Man muss Gott mehr gehorchen als den Menschen«* (Apg 5,29). Und das sagten sie dem Hohen Rat!

Worin also besteht das Problem mit der Situationsethik? Warum sind diejenigen, die sich bibeltreu verhalten, der Bewegung und ihrer Lehre gegenüber so konträr eingestellt?

Der Irrtum der Situationsethik

Es gibt fünf Gründe, warum Situationsethik für eine biblische Theologie unannehmbar ist.

Philosophische Voraussetzungen

Da ist zunächst die unzulängliche Grundlage für die fundamentalen Ansichten der Vertreter der Situationsethik. Diese Ethik weist in ihrer Erkenntnistheorie Schwächen auf und ihr fehlt die Autorität für ihre Annahmen.

Worin besteht die Autorität zu sagen, dass Liebe die Grundlage unseres moralischen Handelns sein muss, dass alle Dinge relativ sind mit Ausnahme dieses einen Absoluten? Wie kann man behaupten, dass Nächstenliebe absolut sei? Vielleicht erweist sich die Selbstliebe als weitaus effektiver in Bezug auf die persönliche Selbstverwirklichung. Vielleicht wäre Vergnügen ein besserer Maßstab. An dieser Stelle beruft sich der Situationsethiker oftmals auf Christus, auf dessen Beispiel und auf die Bibel. Aber wenn man die Bibel mit der linken Hand fortgeworfen hat, kann man sie unmöglich in einigen Teilen mit der rechten Hand wieder zurückholen. Wenn wir uns aus der Bibel herausnehmen, was uns passt, unterlaufen wir ihre unabhängige Autorität. Die einzige Autorität, die uns dann bleibt, ist die Autorität dessen, der auswählt sowie seine Grundlage für diese Auswahl.

Eine der Voraussetzungen der Situationsethik ist religiöser Positivismus.[7] Eine Wahrheit wird »postuliert« oder festgestellt ohne jeden überzeugenden externen verifizierbaren Beweis.[8] Das bedeutet, dass man seinen Maßstab auf der Basis des Glaubens wählt. Aber das ist ein schwammiger Glaube ohne äußere Autorität. Letztlich ist dieser Glaube irrational, weil es keine Grundlage für seine Voraussetzungen gibt. Es ist nicht mehr als eine Einladung, etwas ohne Beweis in gutem Glauben zu akzeptieren.

Des Weiteren wird keine Grundlage geboten, um alle anderen ethischen Normen zu relativieren. Um zu beweisen, dass allein die Liebe der absolute Maßstab in einer Welt der Beliebigkeit ist, müsste man nicht nur beweisen, dass die Liebe absolut ist, sondern auch, dass es keinen anderen absoluten Maßstab oder keine vergleichbare universelle Norm gibt. Der Situationsethiker versucht dies nicht. Und selbst wenn er es täte, wäre es ebenfalls nur eine Übung in Nutzlosigkeit. Wenn man Liebe zum absoluten Maßstab erhebt, ohne dafür einen angemessenen, stützenden Beweis zu liefern, wer könnte dann leugnen, dass auch viele andere Maßstäbe diesem Qualitätsstandard einer absoluten und bindenden Autorität genügen? Doch es ist mehr gefordert – Beweise! Und zwar nicht dahingehend, dass sich einige Maßstäbe als universelle Norm ungeeignet erweisen, sondern dass *keine* anderen dazu qualifiziert sind. Dieser Beweis kann natürlich nicht erbracht werden, ausgenommen auf einer positivistischen Grundlage.

Auf dieser Grundlage werden wir eingeladen, eine ganze Kette von Feststellungen auf der Basis von Glauben ohne jeden stützenden Beweis zu akzeptieren.

Ein weiteres philosophisches Problem ist der innere Widerspruch, der gleichzeitig eine absolute Wahrheit lehrt (Liebe als absolute Norm) und die Verhandelbarkeit der Wahrheit befürwortet (man muss nicht unbedingt die Wahrheit sagen, wenn dadurch ein positives Ergebnis gefährdet wäre). Der Rechtsanwalt und Theologe John Warwick Montgomery deutet dies an:

> Die unüberwindbare Schwierigkeit ist einfach diese: Es gibt keinen Fortschritt in der Erkenntnis, wenn der Situationsethiker sich einerseits bemüht, glaubhafte Fakten und überzeugende Ansichten zu veröffentlichen, andererseits aber wie gedruckt lügt. Warum tut er das? Weil bei der Neuen Moral Irreführung im Prinzip erlaubt ist, solange das höhere Ziel Liebe ist. Sehen Sie: Wenn Professor Fletcher beständig nach seinen Vorgaben handelt und wenn er es als einen Akt echter Liebe gegenüber mir oder der Öffentlichkeit betrachtet ... uns von der Überlegenheit der Situationsethik zu überzeugen, dann kann er am Ende jedes Maß an sachlicher Fehlinformation, rhetorischer Raffinesse oder direkter Ausflüchte in die Auseinandersetzung einbringen.
>
> Doch warten Sie! Sollte er uns versichern – und dabei beim Grab seiner eigenen Mutter schwören usw. –, dass er uns auf jeden Fall die Wahrheit sagen wird, können wir dann in unserer Wachsamkeit nachlassen? Letztendlich kann genau diese Beteuerung eine durch die Situation gerechtfertigte Ausflucht mit dem Ziel sein, uns »in Liebe etwas Gutes zu tun«, während wir vom Segen der Situationsethik überzeugt werden sollen. ... Wenn ein Situationsethiker, der an dem Grundsatz festhält, dass der Zweck die Mittel »heiligt«, Ihnen in Liebe verkündet, dass er nicht lügt, können Sie ihm dann glauben?

> Und wenn seit jeher gegenseitiges Vertrauen die Grundlage nicht nur des Rechtswesens, sondern auch der Wirtschaft (Geld ist kaum mehr als ein Symbol gegenseitigen Vertrauens, wie jede Inflation und Depression deutlich machen), gemeinschaftlicher Beziehungen und aller anderen sozialen Erscheinungen ist, ... dann könnte nicht ein einziger Teilbereich der menschlichen Gesellschaft – von der regelmäßigen Müllabfuhr und der städtischen Leihbibliothek über Freundschaft und Ehe bis hin zum Schutz der Gleichheit aller vor dem Gesetz und der Suche nach Wahrheit an einer Universität – den Generalangriff der Situationsethik überleben.[9]

Das fundamentale Problem mit der Situationsethik ist also das völlige Fehlen eines Beweises für ihre Grundannahme, sei er empirischer oder philosophischer Art, dass Liebe ein absoluter Maßstab ist und dass es keine weiteren unveränderlichen und universellen Verhaltensnormen gibt.

Liebe in der Situationsethik

Das grundlegende Problem in der Vorstellung des Situationsethikers von Liebe liegt darin, dass sie ohne Inhalt ist. Die Aussage, dass die wichtigste Lebensnorm Liebe ist, ist in ihrer Bedeutung so weit und allgemein gefasst, dass sie in der Praxis überhaupt keine Norm ist. »Liebe immer« wäre genauso, als würde ich sagen »Handle immer richtig«. Die Inquisition wurde von Männern durchgeführt, die glaubten, dass sie das Richtige tun. Was ist richtig? Und ebenso: Was tut die Liebe? Wie verhält sie sich?

Der Situationsethiker hat Recht, wenn er betont, dass der Wille der bestimmende Faktor der Liebe ist anstatt die Gefühle. Des Weiteren hat der Situationsethiker Recht, wenn er darauf besteht, dass der Beweggrund für Liebe nicht von der Liebenswürdigkeit des Objekts abhängig sein sollte, sondern vom Charakter dessen, der liebt. Deshalb ist es möglich, aus Liebe für das Wohl des eigenen Feindes zu handeln. Außerdem liegt der Situationsethiker im Großen und Ganzen richtig, wenn er hartnäckig daran festhält, dass die Äußerung von Selbstliebe durch die Verpflichtung begrenzt sein sollte, andere zu lieben.

Indem er jedoch Liebe vom Gesetz trennt, entleert er sie ihres konkreten Gehalts. Jeder ist verpflichtet, nur das zu tun, was seiner Meinung nach das Beste für seinen Nächsten ist. Aber die Bibel ist nicht gewillt uns zu erlauben, Liebe und Gesetz auseinander zu bringen.

> *»Hieran erkennen wir, dass wir die Kinder Gottes lieben, wenn wir Gott lieben und seine Gebote befolgen. Denn dies ist die Liebe Gottes, dass wir seine Gebote halten, und seine Gebote sind nicht schwer. Denn alles, was aus*

Gott geboren ist, überwindet die Welt; und dies ist der Sieg, der die Welt überwunden hat: unser Glaube« (1Jo 5,2-4).

»Liebe ist die Erfüllung des Gesetzes« (Röm 13,10). Jesus Christus bindet die beiden ebenfalls klar aneinander: *»Wenn ihr mich liebt, so werdet ihr meine Gebote halten«* (Joh 14,15). Wiederum sagt er: *»Wenn ihr meine Gebote haltet, so werdet ihr in meiner Liebe bleiben, wie ich die Gebote meines Vaters gehalten habe und in seiner Liebe bleibe«* (Joh 15,10). Auch im Alten Testament bedeutet Gott zu lieben, seine Gebote zu halten (2Mo 20,6).

Die biblischen Gebote, Liebe zu üben, sind nicht die einzigen Gebote. Sie sind zwar die wichtigsten, das ist sicher, aber sie sind weder gegensätzlich zu den anderen Geboten Gottes noch ihnen gegenüber vorrangig. Wir haben nicht die Möglichkeit, unter Gottes Geboten eine Auswahl zu treffen. Liebe ist nicht nur das wichtigste Gebot, sie ist möglicherweise auch das umfassendste Gebot. Liebe ist fruchtbar, führt zu vielen anderen Geboten, umfasst diese und fasst sie zusammen. Aber ihre Eigenschaft als »Schirmherrin« ist zu allgemein, um jemanden in seinen konkreten Entscheidungen zu leiten. Diese Wesensart der Liebe ist ohne Zweifel *ein* Grund, dass sie den Relativisten mit ihren autonomen Grundlagen so zusagt. Aber Gott hat uns nicht ein einziges allgemeines Prinzip hinterlassen; er bringt das, was das Gebot der Liebe beinhaltet, in seinen anderen Geboten zum Ausdruck. Er überlässt es nicht uns, auf der Basis unseres persönlichen Empfindens aus dem Stehgreif heraus zu entscheiden, was sich als die segensreichste Tat für die meisten Leuten herausstellen könnte; er verwendet alle Sorgfalt darauf, eine genaue Definition von Liebe zu geben, sie mit Inhalt zu füllen und liebendes Verhalten durch detaillierte Gebote zu beschreiben.

Indem die Situationsethik für ihre Zwecke den Begriff *Liebe* aus der Schrift entlehnt, entleert sie ihn in Wirklichkeit seines biblischen Inhalts.[10]

Situationsethik und das Gesetz

Der Situationsethiker führt einen unaufhörlichen Krieg gegen das Gesetz, indem er aggressiv das Gesetz Gottes als Maßstab fürs Leben schlecht macht. Der Prophet der Neuen Moral sagt: »Werde dir darüber klar, dass ich gekommen bin, um das Gesetz zu zerstören.«

Für den Situationsethiker gibt es keine Gebote, nur Grundsätze. Biblische Gebote sind Prinzipien oder Empfehlungen, etwa so wie im Fußball das Prinzip »Angriff ist die beste Verteidigung«. Das aber ist wohl kaum angebracht, wenn man mit 0:3 hinten liegt. In ähnlicher Weise ist die Bibel voll von Grundsätzen, denen wir Rechnung tragen sollen. Wir müssen spontan mit ihnen umgehen und sie in jedem speziellen Fall nach dem Grundsatz der Liebe anwenden. Wenn wir das nicht tun, werden wir lieblos handeln, obwohl wir dem Gebot gehorchen, das uns gesagt wird.

Der Situationsethiker besteht darauf, dass das Gesetz negativ ist. Es ist tote Gesetzlichkeit, die einem ohne angemessene Begründung Forderungen auferlegt. Es nimmt uns die Freiheit; es beraubt uns der Freiheit, wahrhaft menschlich zu werden. Gesetz ist etwas Negatives, an dieser Überzeugung hält der Situationsethiker hartnäckig fest.

Es ist wahr, dass menschliches Gesetz und menschliche Interpretation des göttlichen Gesetzes zur einer sterilen Gesetzlichkeit werden können, aber Gott hat diese Art von Gesetz nicht gemacht. Keines der göttlichen Gebote wurde gegeben, um uns unserer Freiheit zu berauben, uns armselig oder unser Glück zunichte zu machen. Vielmehr hat Gott uns seine Gebote gegeben, damit wir frei werden.

Gottes Gebote sind wie Schienen, auf denen ein Zug mit hoher Geschwindigkeit fahren und so seiner Bestimmung entsprechen kann. Es stimmt, dass er eingeschränkt ist, aber diese Einschränkung befähigt ihn zu der Freiheit, seiner Bestimmung entgegenzufahren. So ist es mit dem Gesetz Gottes. Es wurde nicht zur Einschränkung gegeben, sondern zur Freiheit; nicht um das Böse hervorzubringen, sondern das Gute; nicht um armselig, sondern glücklich zu machen; nicht um zu unterdrücken, sondern zu erfüllen.

> Wenn keine denkbare menschliche Handlung an sich unmoralisch und sündig ist, wenn es keine vorgegebenen ethischen Grundsätze gibt, wenn niemand als nur der Betreffende selbst in seinen persönlichen Umständen entscheiden kann, ob irgendeine Tat richtig oder falsch ist, dann gibt es keine moralische Grundlage, irgendeinen Menschen strafrechtlich nach dem Gesetz zu verfolgen, was auch immer er tun mag. Wenn *agape*, die Art wie jemand seinen Nächsten behandelt, nicht definiert und formuliert werden kann zu einem gültigen und bindenden Gesetz, dann entstammt die Liebe nicht nur einer unnötigen Gesetzlichkeit, sondern hat auch alle verbindende Kraft und allen Sinn für Verpflichtung verloren.[11]

Gott ist ein Gott der Liebe. Nichts was er tut, widerspricht seinem Wesen. Deshalb will er, dass wir so sind wie er, damit wir uns uneingeschränkt seiner Liebe erfreuen und daran teilhaben können, ihn und einander zu lieben. Sein Gesetz ist einfach der detaillierte Ausdruck dessen, was wir sein werden, wenn wir wie er sind; wie unser Denken sein wird, wenn wir wie er denken, und was wir tun werden, wenn wir uns so verhalten wie er. So gibt das Gesetz der Liebe erst ihren Inhalt.[12] Der Situationsethiker irrt, indem er den Zweck und das

Wesen der biblischen Gebote missversteht und darin versagt, sie angemessen mit Liebe zu verbinden.

Situationsethik und menschliche Natur

Situationsethik missversteht nicht nur Liebe, auf die sie sich spezialisiert, und Gesetz, dem sie sich entgegenstellt. Situationsethik missversteht auch die menschliche Natur. Die Neue Moral legt den Menschen eine Last auf, die zu schwer zu tragen ist.

Wenn Menschen nicht begrenzt und sündig wären, könnten sie sich vielleicht in jeder Situation ein umfassendes Urteil bilden. Aber Menschen sind begrenzt und sündig. Jemand kann nicht die richtigen Entscheidungen treffen, weil er nicht genug Information besitzt, und er würde selbst dann nicht die richtigen Entscheidungen treffen, weil seine Beweggründe niemals rein wären. Das ist der Grund warum Gott dem Menschen niemals die schwere, frustrierende und unmöglich zu tragende Last auflegt, wie es der Vertreter der Neuen Moral tun würde. Sehen wir weiter, was Fletcher dazu sagt:

> Es ist eine Sache der Intelligenz, nicht der Sentimentalität. Nichts ist so komplex und schwierig wie Ethik, sogar die christliche Ethik der Liebe, wenn wir uns einmal losgelöst haben von den allzu sehr vereinfachenden, vorgefertigten Regeln des Gesetzes und situationsorient werden.[13]
>
> Mit der Entwicklung von Computern eröffnen sich alle Arten von ethischen Analysemöglichkeiten.[14]
>
> Es gibt vier Fragen von grundlegender und unabdingbarer Wichtigkeit, um jedem einzelnen Fall gewachsen zu sein, vier Faktoren, die in jeder Situation auf dem Spiel stehen, von denen jeder in der Waagschale der Liebe genauestens abgewogen werden muss. Es gibt keine vorweggenommenen Schlüsse.[15]
>
> So wie es der christliche Situationsethiker sieht, beantwortet ihm sein Glaube drei von den sieben Fragen, die man sich immer stellen muss. Diese drei sind die »Universal-Fragen«. Er kennt das *Was*; es ist Liebe. Er kennt das *Warum*; wegen Gottes Willen. Er weiß um das *Wer*; es sind seine Nächsten, Menschen. Aber nur in und aus der Situation heraus kann er die anderen vier Fragen beantworten: Wann? Wo? Welches? Wie? ... Ist Ehebruch falsch? Man kann nur antworten: »Ich weiß es nicht. Vielleicht. Schildere einen konkreten Fall. Beschreibe mir eine reale Situation.«[16]
>
> Beachte, dass in diesem komplexen Vorgang des Entscheidens, wie man in jedem einzelnen Fall handeln sollte, die Fragen nicht einfach zu beantworten sind. Zusätzlich zu Fragen über den Beweggrund (Liebe hoffentlich) gibt es die unabdingbare Frage: »Was sind die vorhersehbaren *Konsequen-*

> *zen?*« Erscheint im Zusammenhang mit dem Problem irgendeine Richtung zum Handeln gegeben, welches sind dann die direkten oder indirekten Auswirkungen, die es verursacht? Was sind die sofortigen und was die späteren Folgen? Diese letzte Frage bedeutet: Wir müssen beachten, dass unser Handeln mehr Folgen nach sich zieht, als man als Ergebnis gewollt hat. Sie alle müssen genau abgewogen werden.[17]

Wir haben hier eine zu schwere, kaum angemessen zu tragende Last für den begrenzten Menschen. Also nimmt man den Computer zu Hilfe. Aber ganz sicher gibt es niemanden mit diesem gottähnlichen Grad an Intelligenz. Und selbst wenn jemand diesen besäße, hätten wir in der konkreten Situation kaum genügend Zeit, die Dinge zu begreifen, um die richtige Entscheidung zu treffen. Jemandem wird in Gegenwart von anderen ein Frage gestellt, die ihn in Verlegenheit bringt. In dem Sekundenbruchteil vor seiner Antwort, muss er sieben oder mehr Fragen über die Situation auswerten – die Frage nach den sofortigen oder langfristigen Folgen inbegriffen – für den Fall, dass er die Wahrheit sagt, lügt oder irgendeinen anderen Ausweg findet. Selbst wenn ein Computer zur Hand wäre, steht nur ein Bruchteil der notwendigen Daten zur Verfügung, um den Computer zu programmieren. Und selbst wenn sie verfügbar wären, würde der Fragesteller wohl so lange warten?

Bald nachdem Fletchers erstes Buch zum Thema die Bestsellerlisten eroberte, kommentierte die *Time*:

> Zu der von der Situation abhängigen Neuen Moral sagt Fletcher: »Man wirft sich in jeden einzelnen Aspekt der Entscheidung mit all der Weisheit der Kultur hinein, aber vorbereitet, um in persönlicher Freiheit jede Regel außer Kraft zu setzen und zu brechen, außer der, dass man so verantwortbar wie möglich das Wohl seines Nächsten sucht.«
>
> Ein ziemlich langer Gedanke für einen 18-Jährigen in leidenschaftlicher Umarmung auf dem Rücksitz eines Autos.[18]

Wo ist die Weisheit, von der hier gesprochen wird? Wo ist die Zeit für das alles?

Die Bibel nimmt die Begrenzung des Menschen ernst und bietet mehr als einen komplizierten Rat für eine Menge von gegensätzlichen Prinzipien; sie gibt Anweisungen.

Die Menschen sind nicht nur begrenzt, sie sind auch sehr kompliziert. Der Herausgeber von *Christianity Today* hat dies besonders betont.

> Fletchers Buch vergisst insbesondere, dass das Leben ein Netzwerk von Gewohnheiten, Einstellungen und Wünschen ist, zum Teil vererbt und zum

> Teil erworben, die wir nicht wie einen abgetragenen Anzug ablegen können. Und das Buch übersieht die Tatsache, dass Handlungen, die uns unschuldig erscheinen, andere verletzen können, sogar über Jahre hinweg.[19]

Als begrenzte Menschen ist es für uns nicht nur unmöglich, genau zu beurteilen, was für unseren Nächsten das Beste ist, es wird sogar noch schwieriger sein zu entscheiden, für *welchen* Nächsten etwas gut ist! Der liebende »Ersatz-Ehemann« mag sich dazu entschließen, für die sexuellen Bedürfnisse eines unverheirateten und einsamen Gemeindegliedes zu sorgen, aber welche Auswirkung wird dies auf andere »Nächste« haben – seine Ehefrau, seine Kinder, die Gemeinde und Gott selbst?

Das Leben ist komplex. Wie kann jemand beurteilen, was bei einer einzelnen Handlung gegenüber einer einzelnen Person herauskommt, geschweige denn, was aus einer Reihe von Handlungen, die viele Menschen betrifft, in der Zukunft werden mag? Als Abraham sich Hagar nahm, konnte er sich kaum vorstellen, was dies viertausend Jahre später bedeuten würde, als die Araber als Nachkommen Ismaels aufs Heftigste ihr Schicksal verfolgen.

Ich bin möglicherweise der Meinung, es sei für einen bestimmten Politiker wichtig, die Wahl zu gewinnen, und dass daher ein bisschen Ausspionieren für eine Menge Leute ein Akt größter Liebe wäre. Falls mein Gegner gewinnen sollte, würde eine ganze Nation darunter leiden, wenn durch seine Schwäche der Kommunismus erstarken würde. Ja, die ganze Welt würde darunter leiden. Sicherlich wäre es für die meisten Leute ein Akt der Liebe, sicherzustellen, dass die Wahl dem Richtigen zur Mehrheit verhilft. Bei dem historischen Ereignis, wo diese Entscheidung getroffen wurde, brachte die Wahl das »richtige« Ergebnis. Aber wer hätte die komplizierten und gänzlich unerwünschten Konsequenzen der einfachen, kleinen, gut gemeinten Aktion der Watergate-Verschwörer voraussagen können? Die unvernünftigste – obwohl bestens vorhersehbare – Antwort kam vom liberalen Establishment, das diese Tat so lautstark beklagte, obwohl Watergate eigentlich nichts weiter war als ein klassischer Fall von Situationsethik. Die Beteiligten taten genau das, was sie von demselben liberalen Establishment gelehrt worden waren. Das Problem war nur, dass sie die Stirn besaßen, das Verfahren aus einem unannehmbaren Grund anzuwenden! Das Leben ist in der Tat viel zu komplex für den sterblichen, sündhaften Menschen, um auf der Basis der eigenen Autorität herumzuprobieren und moralische Maßstäbe zugunsten der Interessen eines höheren »Gesetzes der Liebe« beiseite zu setzen.

Situationsethiker unterschätzen nicht nur die Bedeutung menschlicher Begrenzung. Sie scheinen auch bewusst ein noch größeres Handicap herunterzuspielen, mit dem die Menschen fertig werden müssen, um erfolgreich Situationsethik zu betreiben: Sünde. Selbst wenn jemand konsequent erfassen könnte, was das Beste für jeden Menschen in seinem Leben wäre, würde er sich entscheiden entsprechend dieser Erkenntnis zu handeln, wenn der Preis für ihn selbst ziemlich hoch wäre? Weder Erfahrung, Geschichte noch Offenbarung lassen uns viel Hoffnung, dass er konsequent diese Wahl treffen wird. Der Mensch ist ein Sünder und entscheidet sich konsequent dafür, das Wohl seines Nächsten zugunsten seiner selbst zu opfern.[20] Deshalb ist das Ideal des Situationsethikers – in einer bestimmten Situation immer zum Besten aller Beteiligten zu handeln – nur allein Gott selbst möglich. Menschen sind zu begrenzt, selbst um nur gerade mal an der Oberfläche einer solch großen und komplizierten Situation zu kratzen, und sie sind zu tief gefallen, um konsequent zu wählen, was sie als das Beste erkannt haben.

Gott und die Situationsethik

Das ist das Kern des Problems. Situationsethik ist nicht theistisch. Man muss zwar festhalten, dass manche Situationsethiker an einen persönlichen, unveränderlichen Gott glauben, aber viele, wie z. B. Fletcher, tun dies nicht. Aber selbst für solche, die an Gott glauben, ist er nicht der Urheber ihres ethischen Systems.

> Richtig gebraucht, ist das Wort (Situationsethik) anwendbar auf *jede* situationsbewusste Entscheidung, egal ob ihre Ideologie nun theologischer oder nichttheologischer Natur ist – z. B. christlich oder marxistisch.[21]
>
> Meine Einschätzung ist, dass die von dem Situationsethiker angebotene grundlegende Herausforderung in keiner Weise etwas mit theologischen oder nichttheologischen Glaubensverpflichtungen zu tun hat.[22]
>
> Liebe ist oft das Motiv für ganzen Einsatz bei der Arbeit, das hinter der Entscheidung von Nichtchristen und Nichttheologen – sogar von Atheisten – steht. Christen haben kein Monopol auf die Liebe, d. h. auf den Heiligen Geist, d. h. auf die Kraft der göttlichen Liebe, d. h. auf Gott selbst.[23]

Die offenbaren Grundlagen dieser Bewegung sind Relativismus, Pragmatismus und Personalismus (in der Philosophie die scharfe Trennung von Person und Sein, Anm. d. Übers.). Relativismus: Es gibt nichts Absolutes als nur die Liebe. *Nur* der Zweck heiligt die Mittel. Pragmatismus: Wird sich diese Handlung als im bestmöglichen Interesse aller Beteiligten herausstellen? Personalismus: Menschliche Wesen stehen im Zentrum und sind das Kriterium. Die »höchsten Interessen« sind definiert durch Begriffe, die den Wert des Menschen definieren, seine höchsten Interessen unter der Bedingung ihrer naturgegebenen Voraussetzungen.

Aber die wichtigste und grundlegendste Wahrheit über Ethik in der Schrift ist ihr theistischer oder auf Gott gegründeter Charakter. Sie ist eben nicht personalistisch oder auf den Menschen gegründet. Gott definiert durch sein eigenes Wesen, was gut ist und was der Liebe dient. Er hat sich an ein mühevolles Werk begeben, um dies zu enthüllen. Eine Ethik auf Liebe aufzubauen, getrennt von dem unveränderlichen Wesen Gottes und den klaren und absoluten Bedingungen, die durch diesen Gott geoffenbart wurden, würde bedeuten, das Konzept der Liebe und des Gesetzes von Grund auf zu verzerren. Diese Gottlosigkeit ist der größte Makel der Situationsethik.

Widersprüchliche Bedingungen in der Ethik

Obwohl der Situationsethiker eine nichtbiblische Antwort gegeben hat, hat er sicherlich eine sehr wichtige Frage aufgebracht. Praktisch gesprochen, wie begegnet ein Christ, der der absoluten Natur des ganzen Gesetzes Gottes verpflichtet ist, einer Situation, zu der diese Gesetze im Widerspruch zu stehen scheinen? Wenn Christus uns aufträgt, das Evangelium zu verkündigen, und die Obrigkeit uns gebietet zu schweigen, was sollen wir dann tun? Wenn Spione, die zu Gottes Volk gehören, in meinem Haus sind und die Polizei kommt, um sie zu verhaften, soll ich sie verraten oder die staatliche Autorität täuschen? Wenn derselbe Gott, der gebietet: »Du sollst nicht töten«, ebenso befiehlt, ein ganzes Volk auszulöschen, was sollen die Soldaten tun?

Christus selbst gibt ein klassisches Beispiel »biblischer Situationsethik«, wenn er uns sagt, dass David *richtig* handelte – nicht etwa falsch oder eine Tat beging, die zu vergeben wäre –, als er das Gesetz brach, indem er in Not die Schaubrote aß (Mt 12,3ff.). Als die Priester den Sabbat entweihen, sagt er nicht, dass ihnen vergeben werde, sondern dass sie *ohne Schuld* seien. Wenn die Pharisäer nur dies verstehen würden, hätten sie nicht die verurteilt, die doch *schuldlos* waren, als sie am Sabbat etwas *Rechtmäßiges* taten, was sonst unrechtmäßig gewesen wäre.

Wie entscheidet man sich, wann man das Gesetz halten und wann man es brechen soll?

Definiere das Gesetz sorgfältig

Der erste Schritt zur Lösung dieses Dilemmas besteht in der präzisen Definition der einzelnen Handlungen. Ist es wirklich eine Sünde im *biblischen* Sinne? Zum Beispiel empfinden viele, dass alles Täuschen eine Form von sündiger Lüge ist; alles Töten ist eine Form sündigen Mordens; aller ziviler Ungehorsam ist eine Form von sündiger Gesetzlosigkeit; alle Arbeit am Sonntag bricht das

Sabbatgebot. Solche Definitionen sind jedoch nicht nur naiv, sie sind auch nicht biblisch. Wenn ein Soldat tötet, ist er nicht notwendigerweise ein Mörder. Wenn die Regierung Steuern erhebt und mir entsprechend ihrer Macht einiges von dem nimmt, was ich besitze, ist das kein Stehlen. Wir werden diese speziellen Probleme später genauer studieren. Aber an dieser Stelle ist es wichtig festzuhalten, dass die Bibel selbst definiert, welche Art von Täuschung – falls es diesen Fall gibt – rechtmäßig ist; welche Art des Tötens rechtmäßig ist; welche Art gewaltsamer Aneignung rechtmäßig ist; und welche Art von zivilem Ungehorsam rechtens ist. Wir sind nicht frei in unseren Entscheidungen; allein der Bibel selbst, die das Gebot aufstellt, müssen wir erlauben, die Grenzen dieses Gebotes zu definieren.

Der Glaube als Ausweg

Normalerweise gibt es eine dritte Alternative, wenn wir uns einem moralischen Dilemma gegenüber sehen. Die Schrift verheißt, dass Gott für einen Ausweg sorgen wird (1Kor 10,13). Oftmals ist dies der Ausweg des Glaubens.

Fletcher gebraucht das Beispiel von der Mutter in einem deutschen Konzentrationslager, deren Familie sie dringend braucht. Der einzige Weg, um zur Freiheit zu gelangen, bestand darin, schwanger zu werden. Sollte Sie mit einem dazu willigen Wachmann Verkehr haben und ihre Freiheit gewinnen (was sie in dem Beispiel auch tat), oder sollte sie ihre Reinheit bewahren und ihre Familie dem Leid ausliefern? Der Situationsethiker scheint niemals die Alternative des Gottvertrauens im Blick zu haben. Sie könnte Gott in Bezug auf ihre Familie vertrauen. In letzter Konsequenz ist ihr in keiner Weise die moralische Verpflichtung auferlegt, Leiden abzuwenden. Vielmehr hat sie eine moralische Verpflichtung, die ihr auferlegt ist, nämlich rein zu bleiben.

Wir müssen uns entscheiden das Rechte zu tun und in Bezug auf die Konsequenzen Gott vertrauen. Wie Bruder Lawrence sagte: »Ich hoffe, dass er mit mir tut, wie es ihm gefällt, wenn ich getan habe, was ich konnte.«[24] So ist das völlige Gottvertrauen und das kindliche Vertrauen eines gehorsamen Kindes. Gott, der Liebe ist und unbegrenzt in seiner Weisheit und Macht, diesem Gott kann man vertrauen, dass er die Folgen unseres Gehorsams im Griff hat.

Wenn wir die ethische Entscheidung mit biblischen Begriffen definieren und nach der dritten Alternative suchen, dem Weg des Glaubens, sind die meisten Dilemmas gelöst. Ich persönlich habe niemals ein moralisches Dilemma erlebt, das nicht durch biblische Definition und die Entscheidung, in Bezug auf die Folgen auf Gott zu vertrauen, gelöst wurde. Wenn ich diesen Boden verlasse, kann ich nie sicher sein, auf Grundlage der biblischen Autorität zu handeln. Als Ergebnis würde ich in einer Beratung einer betroffenen Person nicht empfehlen, mehr als das zu tun. Einige sind jedoch in einer Position gewesen, in der eine Wahl zwischen zwei Handlungen getroffen werden musste, die sie beide als falsch betrachtet haben. Welche Entscheidung soll man treffen?

Bekenne Sünde!

Wenn jemand den Eindruck gewinnt, er *muss* eine Entscheidung treffen und gleichzeitig das tun, was die Bibel als Gesetzesübertretung beschreibt, dann sollte er die Wahl in Übereinstimmung mit der Bibel treffen und die Sünde als Sünde bekennen.

1. *Die Wahl entsprechend der biblischen Vorgabe treffen.* Es gibt in der Bibel eine Hierarchie sowohl der Tugenden als auch der Sünden.[25] Wenn zum Beispiel jemand zu dem Schluss kommt, dass er eine Wahl zwischen zwei offensichtlich sündigen Alternativen treffen muss, sollte er sicherlich das geringere Übel von beiden wählen und nicht das größere.

2. *Nachdem man eine solche Wahl getroffen hat, sollte man es jedoch als Sünde bekennen.* Bitten Sie Gott um Vergebung! Dies bedeutet nicht notwendigerweise, dass Gott ihr Handeln als Sünde verurteilt. Die ersten Jünger waren dem Gesetz ungehorsam, als sie vor dem Hohen Rat bekannten: *»Wir müssen Gott mehr gehorchen als Menschen«* (Apg 5,29). Offensichtlich betrachtete Gott diesen zivilen Ungehorsam nicht als Sünde. Es war nicht »das kleinere Übel«, sondern das »bessere von zwei guten Dingen«. Selbstmord ist falsch, aber ist der Soldat, der sich in einem Bunker auf die gezündete Granate wirft, um seine Kameraden zu retten, der Sünde schuldig? *»Größer Liebe hat niemand als die, dass er sein Leben hingibt für seine Freunde«* (Joh 15,13).

Gott mag eine gegebene Tat unterschiedlich bewerten, und am Ende wird diese »tragische moralische Wahl«, zu der man sich gezwungen fühlt, von Gott als gerechte Handlung anstatt als das kleinere Übel beurteilt werden. Da es uns jedoch an der göttlichen Perspektive mangelt, ist es für den Moment wichtig, dass wir das, was wir für Sünde halten, auch als Sünde bekennen. Alles, was nicht aus Glauben geschieht, ist Sünde. Auf diese Weise hält man das Gesetz aufrecht und verweigert sich der Strategie der Situationsethik, dieses Verfahren als Norm für ethisches Verhalten zu verallgemeinern.

Mache die Ausnahme nicht zur Regel!

Gewöhnlich stoßen wir nicht auf die extremen Beispiele, die permanent von den Situationsethikern vorgeschoben werden. Mehr als die Hälfte der Illustrationen, die Fletcher benutzt, sind extremer Natur, kompliziert und kommen selten vor. Viele von ihnen entstammen einer nichtchristlichen Fiktion. Sie werden benutzt, um eine Ethik für das Verhalten im Alltag aufzubauen. Natürlich kann man Christus verleugnen, wenn man dadurch sein Leben rettet und einen weiteren Tag am Leben bleibt, um anderen zu dienen. Natürlich kann man verbotene Beziehungen unterhalten, wenn das Ergebnis daraus etwas Gutes zu sein scheint. Natürlich kann man für jeden guten Zweck lügen. Seltene und ungewöhnliche Fälle sind in eine Norm für moralisches Urteilen umgewandelt worden.

Wenn jemand im Bewusstsein vor Gott empfindet, dass eine unglückliche moralische Wahl getroffen werden muss, sollte er er dies nur dann tun, wenn er der festen Überzeugung ist, dass dies eine Ausnahme ist, die sich nicht wiederholt und auch sicher nicht zur Grundlage täglicher ethischer Entscheidungen gemacht werden kann. Mit anderen Worten, die Ausnahmesituation kann nicht als Norm angewandt werden, um eine Ethik zu begründen, was die Bezeichnung Situationsethik bereits allerdings impliziert.

Ich will es noch einmal betonen: Meine persönliche, positive Überzeugung in Bezug auf die bestätigende biblische Lehre angesichts moralischer Dilemmas geht nicht über eine präzise Bestimmung des Problems und das Suchen des Fluchtweges des Glaubens hinaus. Ich biete die zusätzliche Richtlinie des Sündenbekenntnisses und der Einschränkung für solche, die den Gedanken der Wahl des kleineren Übels akzeptieren.

Wir räumen zwar ein, dass es Probleme gibt, die gelöst werden müssen, aber wir müssen ebenso die Gründe betonen, warum die Verfahrensweise der Neuen Moral, die unhaltbar, unbiblisch und nicht anwendbar ist, verworfen werden muss.

Die Situationsethik, die für ein nachchristliches Zeitalter entworfen wurde und überwiegend auf den Philosophien des 20. Jahrhunderts aufgebaut wurde, ist eine sorgfältig bis ins Detail auf Sand gebaute Burg. Sie wird einstürzen und jene zerschmettern, die darin leben, weil sie nicht auf dem Felsen der göttlichen Offenbarung errichtet wurde. Unsere Aufgabe ist es, die Irreführung zu entlarven und die Irregeleiteten zu retten.

Anmerkungen

1. Situationsethik untermauert die Ansichten des außerordentlich populären Kolummnenschreibers »Lieber Abby«, der in einer seiner typischen Antworten Folgendes sagt: »Ich würde eine 36 Jahre alte Jungfrau nicht als ›Hure‹ bezeichnen dafür, dass sie sich entschließt ein bisschen das Leben zu genießen, bevor sie stirbt. Es ist nur dann falsch, wenn man sich selbst oder jemand anderen verletzt, oder wenn man aus irgendeinem Grund das Gefühl hat, dass es falsch ist.« *The State* (Columbia, S.C.), 14. November 1977.
2. Säkulare Situationsethik wird oft als »Folgeethik« bezeichnet.
3. Daniel Yankelovich, *The New Rules* (New York: Random House, 1981).
4. Joseph Fletcher, *Situation Ethics: The New Morality* (Philadelphia: Westminster, 1966), S. 158.
5. Ebd., S. 147.
6. Ebd., S. 158.
7. Ebd., S. 46-47.
8. Es ist zu beachten, dass der religiöse Positivismus das Gegenteil des philosophischen Positivismus von Comte und anderen ist.
9. John Warwick Montgomery im Gespräch mit Joseph Fletcher am San Diego State College, 11. Februar 1971, nach einem Bericht in: *The Christian News*, 22. März 1971, S. 6-7.
10. Siehe das Kapitel über »Liebe« für eine Untersuchung des biblischen Konzepts von Liebe.
11. Editorial von *Christianity Today*, 8. Oktober 1965, S. 33.
12. Siehe das Kapitel über »Gesetz« für eine Untersuchung des biblischen Konzepts von Gesetz.
13. Fletcher, *Situation Ethics,* S. 114.
14. Ebd., S. 117.
15. Ebd., S. 127.
16. Ebd., S. 142.
17. Ebd., S. 128.
18. *Time*, 5. März 1965.
19. Editorial von *Christianity Today*, 22. Dezember 1967, S. 25.
20. Siehe Kapitel 3, »Sünde«, für eine Untersuchung des biblischen Konzepts von Sünde.
21. Fletcher, *Situation Ethics,* S. 14.
22. Ebd., S. 15.
23. Ebd., S. 155.
24. Bruder Lawrence, *The Practice oft the Presence of God* (New York: Revell, 1895), S. 36.
25. Siehe Kapitel 3, »Sünde«.

Teil 2

Die Bibel auf unser Leben anwenden

Kapitel 6 Gott zuerst

Du sollst keine anderen Götter haben neben mir.
Du sollst dir kein Götterbild machen.
Du sollst den Namen des HERRN, deines Gottes, nicht zu Nichtigem aussprechen.
Denke an den Sabbattag, um ihn heilig zu halten.

Für die meisten Leute in der westlichen Welt hat die Horizontale völlig die Vertikale verdunkelt. Die zwischenmenschlichen Beziehungen sind wichtiger als alles andere geworden; die Beziehung zu Gott ist zweitrangig oder von gar keiner Bedeutung. Selbst in der Gemeinde ist die Versöhnung von Mensch zu Mensch für viele zur höchsten Priorität geworden statt der Versöhnung zwischen Mensch und Gott. Es fällt Christen schwer zu empfinden, dass ein Verstoß gegen die erste Gesetzestafel genauso ernst ist wie ein Verstoß gegen die zweite Gesetzestafel. Wir haben kein Verständnis mehr für die alttestamentliche Anordnung kapitaler Bestrafung, wenn jemand am Sabbat Arbeit verrichtete, Gott lästerte oder eine andere Gottheit anbetete.

Warum ist das Gebot, Gott mit seinem ganzen Wesen zu lieben, das erste und größte? Warum sind die vier ersten der Zehn Gebote Verbote von Sünden gegen Gott? Warum werden sie nicht hinten angestellt und den so wichtigen Geboten gegen Mord oder Ehebruch nachgeordnet? Offensichtlich ist die Schrift der Auffassung, dass Sünde gegen Gott eine ernstere Angelegenheit ist als Sünde gegen Menschen.

Gott ist die letzte Autorität, die grundlegende Tatsache, der Integrationsfaktor des Universums. Deshalb ist die

Ausrichtung auf Gott die wichtigste Beziehung im Leben eines Menschen. Wirklich und wahrhaftig auf ihn ausgerichtet zu sein, das ist Leben; *nicht* auf Gott ausgerichtet zu sein, bedeutet Zerstörung und Tod. Wer im Leben seine Rechnung ohne Gott macht oder seine Rolle auf ein Minimum reduziert, verhält sich wie jemand, der einen Wolkenkratzer ohne statische Berechnung baut oder einen Kuchen ohne Mehl backt.

Gott weiß darum – also bekräftigen seine Gebote einfach die Fakten. Er behandelt die Beziehung zu ihm als die wichtigste, weil sie die wichtigste *ist*.

Doch ist dies nicht einfach eine Angelegenheit von Tatsache und Wahrheit. Gott *trägt Sorge* für diese Beziehung. Gott wird wiederholt ein eifersüchtiger Gott genannt. Das heißt, es macht einen Unterschied, ob wir in der richtigen Beziehung zu ihm stehen oder nicht. Das Wort für (Gottes) Eifersucht im Alten Testament ist dasselbe Wort, das gebraucht wird, wenn ein Ehemann in Bezug auf die Zuneigung seiner Frau eifersüchtig ist. Dies ist kein minderwertiges Gefühl von Neid in einer Rivalität. Es ist eine tiefgründige Sorge und ein völliger Unwille, jemand anderem zu erlauben, sich an die Stelle dieser ersten und höchsten Liebesbeziehung zu setzen.

Das erste Gebot hat mit unserer Herzenshaltung, unseren Gedanken und unserer persönlichen Beziehung zu Gott zu tun. Aber Gott ist auch interessiert an unseren Taten, daran, wie wir entsprechend unserem Fühlen handeln. Weiterhin ist er um unsere Worte besorgt, wie wir seinen Namen gebrauchen, was wir über ihn sagen. Einige neigen dazu, die Beziehung zu Gott zu vergeistlichen und gehen sorglos mit den äußeren Demonstrationen dieser erklärten Herzensbeziehung um. Doch dass Gott genauso an Taten und Worten interessiert ist wie an Gedanken, wird in den ersten drei Geboten klar enthüllt.

Andere Götter haben

> *»Ich bin der HERR, dein Gott, der ich dich aus dem Land Ägypten, aus dem Sklavenhaus herausgeführt habe. Du sollst keine andern Götter haben neben mir«* (2Mo 20,2-3).

Götzendienst ist die Sünde, die im Alten Testament am heftigsten verurteilt wird. Im Neuen Testament wird sie ebenso klar verurteilt (siehe 1Jo 5,21), jedoch bei weitem nicht so häufig. Der Grund ist offensichtlich. Durch die Jahrhunderte schrecklichen Leidens hatte Israel seine Lektion wohl gelernt. Was auch immer sonst das Versagen des Volkes Gottes zu der Zeit war, als Christus kam, die Anbetung von Götzen gehörte nicht dazu. In den meisten heutigen nichtwestlichen Kulturen ist dies jedoch eine Angelegenheit von großer Bedeutung. Weil es in der westlichen Gesellschaft größtenteils kein Thema ist, denken wir wenig daran – wenn überhaupt. Aber wir dürfen trotzdem nicht leichtfertig über die Sünde hinwegsehen, die Gott als die abscheulichste von allen betrachtet.

Als ich mich in Japan aufhielt, machte es mich tieftraurig, Menschen zu sehen, die sich ernsthaft auf Götter beriefen, die keine Götter sind. Aber es dauerte nicht lange, da gehörte ich zu denen, die Gefallen am Fotografieren »altertümlicher fernöstlicher Bräuche« fanden. Bei einer Gelegenheit machte ein ernsthafter japanischer Christ mit uns eine Führung in einem berühmten Tempel.

»Wie gehen Sie mit solchen Orten wie diesen um?«, fragte ich ihn.

»Genauso wie alle Japaner auch. Ich schaue sie mir einfach nur an.«

»Aber«, gab ich zur Antwort, »einige dieser Leute hier beten diese Götzen wirklich an. Wie denken Sie darüber?«

»Oh, ich finde es komisch, es ist ein interessanter Brauch.«

Wir sollten nicht vergessen, dass Gott die Anbetung falscher Götter nicht einfach als interessanten Brauch ansieht.

> *»Wenn dein Bruder, der Sohn deiner Mutter, oder dein Sohn oder deine Tochter oder die Frau an deinem Busen oder dein Freund, der dir wie dein Leben ist, dich heimlich verführt, indem er sagt: Lass uns gehen und anderen Göttern dienen! – die du nicht gekannt hast, ‹weder› du noch deine Väter, von den Göttern der Völker, die rings um euch her sind, nahe bei dir oder fern von dir, von einem Ende der Erde bis zum anderen Ende der Erde –, dann darfst du ihm nicht zu Willen sein, und du sollst seinetwegen nicht betrübt sein, nicht auf ihn hören und nicht schonen noch Mitleid ‹mit ihm› haben, noch ihn decken; sondern du sollst ihn unbedingt umbringen. Deine Hand soll zuerst gegen ihn sein, ihn zu töten, und danach die Hand des ganzen Volkes«* (5Mo 13,7-10).

Der offensichtlichste Verstoß gegen dieses Gebot ist das Anbeten von etwas oder von jemand anderem als Gott, doch es ist sehr wohl möglich, dieses Gebot zu verletzen, ohne jemals zu einer anderen Gottheit zu beten.

Einen Götzen zu »haben« bedeutet, einer Person oder Sache Eigenschaften zuzuschreiben, die allein Gott zugewiesen sind, oder eine Person oder Sache als das Höchste anzusehen – etwas mehr als alles andere zu suchen, darauf mehr als auf alles zu vertrauen, es mehr als alles zu lieben, ihm oder ihr mehr als allem zu dienen und zu gehorchen. All das bedeutet, es als einen Götzen zu behandeln. Eine Person oder Sache zum Mittelpunkt, zum Dreh- und Angelpunkt seines Lebens zu machen, ihm die höchste Referenz zu erweisen, das bedeutet »einen Götzen zu haben«. Einer Person oder Sache die absolute Treue zu halten, es als das höchste Glück oder das Wünschenswerteste überhaupt zu betrachten, ihm sogar mehr als allem Ehrfurcht entgegenzubringen, das bedeutet »einen Götzen zu haben«.

Beachten wir, dass das erste Gebot nicht sagt, wir sollten keine anderen Götter haben. Tatsächlich lehrt die ganze übrige Schrift, dass es in Wirklichkeit keine anderen Götter gibt; es gibt nur einen Gott. Und doch verbietet dieses Gebot andere Götter *vor* dem wahren Gott zu haben. Es ist durchaus gerechtfertigt, etwas anderes zu haben, was man liebt, dem man treu ist und dem man nacheifert. Aber nichts davon darf Gott vorgeordnet werden, sonst haben wir die höchste Beziehung zerbrochen und gegen das höchste Gebot verstoßen. Nicht der ist des Herrn Jesus unwürdig, der seinen Vater, seine Mutter, seinen Sohn oder seine Tochter liebt, sondern der, der jemanden mehr liebt als ihn (Mt 10,37).

In diesem Licht betrachtet kann jemandes Vertrauen und Gehorsam, seine Treue und Liebe durchaus gerechtfertigt sein und niemals einer besonderen und bewussten Prüfung unterzogen werden, bis dass diese Liebe oder Treue und der Gehorsam gegenüber Gott miteinander in Konflikt geraten. Dann steht der Götze, den man hat, enthüllt da. Der Moment der Entscheidung, welche Liebe oder Treue wir der anderen vorziehen, wird bestimmen, wer oder was unser wahrer Gott ist.

> Was besitzt für mich den höchsten Wert? Was halte ich für unersetzlich? Ohne was wäre ich verloren? Worauf verwende ich die meisten Gedanken? Was spornt mich zu leben an? Was gibt meiner Arbeit Sinn und Bedeutung? Dies bete ich an.[1]

Man kann mehr Verlangen nach Geld und Materiellem haben als nach allem anderen. Ein Freund, ein Kamerad, ein Kind oder ein Elternteil kann man mehr lieben als nach allem anderen. Man kann das Vergnügen suchen oder nach Ruhm streben mehr als alles andere. Die Liebe zur Heimat, zu einem Helden oder Führer, einer Philosophie oder Ideologie, all das kann zum Götzen werden. Selbst so etwas Abstraktes wie Kunst, Erziehung oder der Dienst in der Gemeinde kann den Platz einnehmen, der Gott gebührt. Der am weitesten verbreitete Götze von allen ist das eigene Ich.

Das Okkulte – Zauberei, Astrologie und Wahrsagerei inbegriffen – hat in der westlichen Welt ein außerordentliches Come-Back geschafft. Satansanbetung ist eindeutig die abscheulichste Form von Götzendienst. In gewissem Sinn ist jede Form von Götzendienst die Anbetung von Dämonen (1Kor 10,20). Aber was ist mit Handlesen, Kristallkugeln anschauen, Astrologie und Quija-Brettern?

> *»Wenn du in das Land kommst, das der HERR, dein Gott, dir gibt, dann sollst du nicht lernen, es den Gräueln dieser Nationen gleichzutun Es soll*

> *unter dir niemand gefunden werden, der seinen Sohn oder seine Tochter durchs Feuer gehen lässt, keiner, der Wahrsagerei treibt, kein Zauberer oder Beschwörer oder Magier oder Bannsprecher oder Totenbeschwörer oder Wahrsager oder der die Toten befragt. Denn ein Gräuel für den HERRN ist jeder, der diese Dinge tut. Und um dieser Gräuel willen treibt der HERR, dein Gott, sie vor dir aus. Du sollst dich ungeteilt an den HERRN, deinen Gott, halten«* (5Mo 18,9-13).

Gott hat wiederholt alle Spielarten des Okkulten verboten (3Mo 19,26.28.31; 20,6). Er hasst diese Art von Tätigkeit so sehr, dass er sie unter Todesstrafe stellte (3Mo 20,27) und Israel zu Deportation und Gefangenschaft verurteilte, als es diese Praktiken zuließ (2Kön 17,17-18; 2Chr 33,6). Dass alle diese Formen des Okkulten gottlos sind und von Gott gehasst werden, ist deutlich genug, aber sind sie deshalb ein Verstoß gegen das erste Gebot, das die Anbetung anderer Götter untersagt?

Jesaja scheint das Böse auf den Punkt zu bringen, das darin besteht, Wahrsager zu befragen oder aus anderen Quellen nach dem zu suchen, was nur von Gott erfragt werden sollte (Jes 8,19). Mit anderen Worten, die Zukunft zu enthüllen oder sie auf übernatürliche Weise zu beeinflussen ist das Vorrecht Gottes. Wenn falsche Propheten, Dämonen, Wahrsager, Astrologen, Medien oder sonst jemand Gott um dieses Vorrecht berauben, dann unternimmt eine solche Person den Versuch, in Bezug auf diese unveränderlichen Eigenschaften Gott gleich zu sein. Diejenigen, die solche Leute befragen, haben Menschen oder Satan das Vertrauen und den Gehorsam entgegengebracht, der allein Gott zusteht.

König Saul hat dies ausprobiert. Zuerst merzte er alle okkulten Praktiken im Land aus, aber als sich Gott weigerte, zu ihm zu reden oder ihn zu leiten, wandte er sich an ein Medium (1Sam 28). Obwohl er damit Erfolg hatte, brachte es ihm Verdammung, Tod und den Verlust der Krone für seine Nachkommenschaft. Dieses schreckliche Gericht kam zweifellos wegen seiner vielen Vergehen über ihn, aber das Befragen eines Mediums war die Krönung seiner Beleidigungen gegen Gott.

Ist der wachsende Einfluss okkulter Praktiken ein Anzeichen für ein gewisses Maß an Erfolg bei der Vorhersage oder Beeinflussung zukünftiger Ereignisse? Wie kann so etwas erfolgreich sein? Im Falle Saul muss es Gott selbst gewesen sein, der durch die geheimnisvolle Erscheinung des verstorbenen Propheten Samuel eingegriffen hat – zum Gericht, das ist sicher! Oftmals ist es eindeutig das übernatürliche Einwirken von unreinen Geistern (Apg 16,16), und manchmal geschieht dies durch Täuschung und Betrug (Apg 13,10). Okkulte Handlungen waren nicht nur in Israel eine Plage, sondern auch in der

Frühzeit der Gemeinde durch die Feinde des Evangeliums, mit denen Paulus konfrontiert wurde, egal wohin er sich auch wandte. Auch heute ist diese Plage überall verbreitet und ruft das Gericht des Gottes herab, der keine anderen Götter neben sich duldet.

Anfertigung und Anbetung von Bildnissen

> *»Du sollst dir kein Götterbild machen, auch keinerlei Abbild dessen, was oben im Himmel oder was unten auf der Erde oder was in den Wassern unter der Erde ist. Du sollst dich vor ihnen nicht niederwerfen und ihnen nicht dienen. Denn [ich,] der HERR, dein Gott, bin ein eifersüchtiger Gott, der die Schuld der Väter heimsucht an den Kindern, an der dritten und vierten ‹Generation› von denen, die mich hassen«* (2Mo 20,4-5).

Das Verbot von geschnitzten Bildern verbietet nicht das Herstellen von Kunstwerken, wie manche meinen. Wir wissen das deshalb, weil in demselben Gesetz vom Sinai Anweisungen für das »Schnitzen« der Cherubim und der Granatäpfel für das Gewand des Hohenpriesters enthalten sind. Später wurde Mose befohlen, die eherne Schlange aufzurichten. Das Gebot ist gegen die Herstellung jeglichen Gegenstandes gerichtet, der zur *religiösen Verehrung* bestimmt ist.

Die Schrift wird nicht müde, die Götzen, die nicht sehen, hören oder retten können, dem Schöpfergott in seiner Weisheit, Macht und rettenden Gnade gegenüberzustellen. Der Prophet Jeremia zeichnet einen scharfen Kontrast, indem er die völlige Torheit der Anbetung solcher Götzen herausstellt (10,1-16), und sowohl Jesaja (44; 45,20-22; 46,1-7) als auch Habakuk (2,18- 20) machen denselben vernichtenden Vergleich. Johannes greift in der Offenbarung (9,20) auf dasselbe Thema zurück.

Auch der Psalmist deckt in Psalm 115 auf beredsame Weise die Torheit des Götzendienstes auf:

> *»Warum sollen die Völker sagen: Wo ist denn ihr Gott?*
> *Unser Gott ist in den Himmeln; alles, was ihm wohlgefällt, tut er.*
> *Ihre Götzen sind Silber und Gold, ein Werk von Menschenhänden.*
> *Einen Mund haben sie, reden aber nicht. Augen haben sie, sehen aber nicht.*
> *Ohren haben sie, hören aber nicht. Eine Nase haben sie, riechen aber nicht.*
> *Sie haben Hände, tasten aber nicht; Füße, gehen aber nicht. Keinen Laut geben sie mit ihrer Kehle.*
> *Ihnen gleich sollen die werden, die sie machten, ein jeder, der auf sie vertraut«* (Ps 115,2-8).

Die Torheit des Götzendienstes ist genauso ein Thema in der ganzen Schrift wie die Ungeheuerlichkeit der Untreue gegenüber dem lebendigen Gott. Auch das dem Götzendienst innewohnende Böse wird herausgestellt: Der Mensch macht Götzen in seinem eigenen Bilde, aber diese ihrerseits verwandeln den Anbetenden in das Bild des Götzen (Ps 115,8; 135,18)!

Die Römisch-katholische und die Orthodoxe Kirche haben den Standpunkt eingenommen, dass Bildnisse von Gott oder von den Heiligen als Hilfsmittel bei der Anbetung durchaus legitim sind, solange sie nicht selbst zum Gegenstand der Anbetung werden. Aber dies wurde im zweiten Gebot ausdrücklich untersagt, denn es verbietet, Dinge herzustellen, vor denen sich die Leute »niederbeugen«. Bei den Protestanten sind Bildnisse von Christus oder sogar Darstellungen von Gott dem Vater allgemein verbreitet, jedoch gebraucht man sie nicht im Zusammenhang mit Anbetung. Daher können sie kaum als Verstoß gegen das zweite Gebot betrachtet werden. Ich persönlich ziehe es vor, auf künstlerische Darstellungen meines Herrn zu verzichten, aber ich finde in der Schrift nichts, was diese verbietet.

Solche, die es nicht gewohnt sind, Hilfsmittel zur Anbetung zu benutzen, sollten besonders vorsichtig sein, wenn sie unter denen sind, die dies tun, oder unter Götzendienern. Wenn zum Beispiel jemand in den Vereinigten Staaten in einer protestantischen Gemeinschaft lebt, wird er niemanden zu einem Fehltritt verleiten oder Anstoß erregen, wenn er ein Bild besitzt, welches das Antlitz von Christus abbildet, während so ein Bild andere in einem Dorf in Südamerika oder Südostasien in die Irre führen könnte. Als frischgebackener Missionar fragte ich einen älteren japanischen Pastor, ob ein Problem darin bestünde, wenn ich eine Fotografie meines verstorbenen Vater aufstellen würde. Er riet mir sanft davon ab. In einem Land, in dem solche Fotografien Gegenstände der Verehrung bei der Ahnenanbetung sind, wird eine völlig harmlose Gewohnheit zu einem Stolperstein. Es ist weit besser, sich aus Vorsicht zu irren, als zu riskieren, den Verstoß gegen das zweite Gebot voranzutreiben.

Wenn jemand ein Bildnis nicht wirklich anbetet, sondern es einfach als Hilfe zur Andacht benutzt, warum sollte es verboten werden? Die Geschichte lehrt uns jedoch, dass so ein Gegenstand zwangsläufig zum Objekt der Anbetung geworden ist. Dies war der Fall, als die eherne Schlange zerstört wurde, weil sie selbst zum Gegenstand der Anbetung geworden war (2Kö 18,4). Es ist der Fall in römisch-katholischen Ländern, in denen zwar die kirchliche Theologie nicht sagt, dass das Bildnis angebetet werden soll, wo aber die einfachen Leute faktisch doch zu diesem Bildnis beten und es verehren. Selbst wenn jemand das Bildnis für sich selbst einzig als Hilfe für das Beten zu dem unsichtbaren Gott benutzt, wird er vielleicht andere zu einer tatsächlichen Anbetung desselben verleiten. Er wird sicherlich vielen den Anschein von etwas Bösem geben. In jedem Fall wird das Anfertigen von geschnitzten Bildern dieser Art im zweiten Gebot verboten.

Was ist mit Menschen, die nur äußerlich einen Götzen oder ein Bildnis anbeten, aber in ihrem Herzen zu dem wahren Gott beten? Ist es in Zeiten der Verfolgung nicht besser, formell an der Götzenanbetung teilzunehmen, um am Leben zu bleiben und dem wahren Gott zu dienen? Wenn Gott uns nicht annimmt, weil unsere Anbetung zur Form erstarrt und nicht aufrichtig ist, warum sollte er uns verurteilen, wenn wir zwar die Prozedur der Anbetung anderer Götter über uns ergehen lassen, aber in Wahrheit nicht daran teilnehmen?

Die Bibel spricht in diesem Punkt eine sehr deutliche Sprache. Uns wird nicht nur verboten, Gegenstände zur Anbetung herzustellen, uns wird auch befohlen, nicht vor ihnen niederzuknien. Es ist unannehmbar für Gott, ihn anzubeten – oder den Anspruch zu stellen, ihn anzubeten – in Verbindung mit Bildnissen anderer Götter (2Mo 32,4-10) oder am falschen Ort oder in der falschen Weise (2Chr 33,17). Einige Missionare haben Fetische und Götzen für kurios oder lehrreich gehalten. Aber Gott sagt, dass ein Götze zerstört werden muss (5Mo 7,5- 11.25-26). Warum ist Gott in Bezug auf Götzen so unerbittlich?

Erstens bedeutet es, an einem Brauch teilzunehmen, der nicht wahr ist, zu lügen. Aber dies ist keine gewöhnliche Lüge. Es ist eine teilweise verderbliche Lüge, weil sie auf Verrat beruht. *»Wer aber mich vor den Menschen verleugnen wird, den werde auch ich verleugnen vor meinem Vater, der in den Himmeln ist«* (Mt 10,33). Petrus mag den Herrn mit guten Absichten verleugnet haben. Er hat vielleicht versucht, sich selbst zu retten, damit er wiederum seinen Meister vor der drohenden Hinrichtung retten konnte. Was auch immer sein Motiv war, es war seine Treulosigkeit, die ihm das Herz brach.

Ein japanisches Ehepaar stand kurz vor der Scheidung, als Gott die beiden und ihr Haus durch seine Gnade in Christus rettete. Ohne dass ich oder seine Frau davon wusste, vernichtete der Ehemann die Fotos der anderen Frau nicht, sondern legte sie im Büro unten in die Schublade seines Schreibtisches. Viele Monate später entdeckte seine Frau diese Fotografien und zerriss sie voller Zorn in Stücke. Dies wiederum machte ihren Ehemann so wütend, dass ihr Zuhause erneut am Rande des Zerbruchs stand. Er argumentierte, dass die Beziehung zu der anderen Frau längst abgebrochen war und dass es keinen weiteren Kontakt irgendeiner Art mit ihr gäbe und dass die Fotos deswegen ohne Bedeutung wären. Es ist für einen Außenstehenden, geschweige denn für eine Frau, sehr schwer zu glauben, dass ihm die Bilder nichts bedeuteten, als er die Schere nahm und aus Rache die Kleider seiner Frau zerschnitt. Irgendwie ist es Untreue, obgleich in einer mehr äußerlichen Form. Gott ist ein eifersüchtiger Gott und er wird keine Konkurrenz dulden in Bezug auf den ersten Platz in unserem Leben, auch wenn es nur den Anschein hat. Nicht allein das Herstellen von Götzen ist verboten; die Handlung, sich »vor ihnen niederzubeugen« ist ebenso strengstens untersagt.

In vielen Ländern ist die gesamte Kultur mit religiösen Praktiken durchsetzt. Selbst kulturelle Bräuche besitzen eine unterschwellige Religiosität. In welchem Fall ist es für einen Christen gerechtfertigt, an solchen Aktivitäten teilzunehmen? Es reicht nicht aus zu sagen, dass ein Christ frei sei, daran teilzunehmen, solange er selbst kein religiöses Empfinden mit dieser Angelegenheit verbindet. In der Fortentwicklung einer Kultur neigen religiöse Bräuche und zum Teil auch Feste wie zum Beispiel Weihnachten dazu zu verweltlichen. Im Licht des zweiten Gebotes darf ein Christ nicht einfach schon deshalb daran teilnehmen, weil die Tätigkeit für ihn keine religiöse Bedeutung hat. Er kann nur dann teilnehmen, wenn auch andere seine Teilnahme nicht als ein Sich-Einlassen auf das religiöse Element ansehen können. Ein Beispiel: Obwohl Weihnachten für den Christen eine streng religiöse Bedeutung hat, ist dieses Fest so sehr säkularisiert, dass niemand denken würde, ein jüdischer Kaufmann kompromittiere seinen Glauben, wenn er im Dezember in seinem Geschäft Weihnachtslieder abspielt. Wenn aber andererseits aufgrund seines nachgiebigen Verhaltens in dieser Sache seine Kinder zum christlichen Glauben übertreten würden, würde er sich darüber wohl Gedanken machen. So muss ein Christ in einer fremden Kultur sorgfältig darum bemüht sein, seine Botschaft in den Augen anderer nicht herabzusetzen, insbesondere nicht in denen des gerade gläubig gewordenen, der zu Fall kommen könnte, indem er seinem Beispiel folgt. *»Kinder, hütet euch vor den Götzen«* (1Jo 5,21).

Gottes Namen zu Nichtigem aussprechen

> *»Du sollst den Namen des HERRN, deines Gottes, nicht zu Nichtigem aussprechen, denn der HERR wird den nicht ungestraft lassen, der seinen Namen zu Nichtigem ausspricht«* (2Mo 20,7).

Das vorrangige Verbot in diesem Gebot ist die Untersagung des Vertragsbruchs. Es ist falsch, den Namen Gottes anzurufen, um die Wahrheit der eigenen Behauptung zu erklären, wenn diese in Wirklichkeit falsch ist. Es ist falsch, sich bei einem Vertrag auf Gott als Zeugen zu berufen oder vor ihm ein Versprechen zu geben und dann den Vertrag oder das Versprechen zu brechen. In dieser Weise wird das dritte Gebot in der Schrift angewandt (3Mo 19,12; Mt 5,33-34.37; 23,16ff; 26,63). Jakobus 5,12 untersagt das Schwören überhaupt. Es scheint, dass der Christ bei dem Namen, den er trägt, genug Glaubwürdigkeit für jede Stellungnahme besitzt, die er abgibt. Seine Worte sollten verbindlich sein. Sein

Ja oder Nein sind in sich selbst vollständig. Einen Vertrag zu brechen oder eine Lüge auszusprechen, bedeutet für den Christen, gegen das dritte Gebot zu verstoßen, denn er entweiht dadurch den Namen Gottes, den er trägt, ob er sich nun auf diesen Namen beruft oder nicht. Obwohl das dritte Gebot in erster Linie auf das Brechen eines Vertrages zielt, der im Namen Gottes geschlossen wurde, beinhaltet es noch weitere Aspekte.

Haben Jesus Christus und Jakobus sämtliches Schwören untersagt? Manche haben es so gehalten, es sei falsch, vor Gericht zu schwören oder dem eigenen Land die Treue zu geloben. Mit dieser Sichtweise haben wir zunächst einmal das Problem, dass den Israeliten befohlen wurde, bei dem Namen ihres Gottes zu schwören (5Mo 6,13; 10,20), und dies wurde sogar als eine Ehre betrachtet (Ps 63,11). In gleicher Linie sagt Paulus oftmals: *»Denn Gott ist mein Zeuge«* und leistet schließlich selbst einmal einen Schwur (Röm 1,9; 1Thes 2,5.10). Gott selbst leistet Schwüre und schwört bei seinem eigenen Namen (z. B. Hebr 6,16ff.). Christus stand bei seiner Anklage unter Eid (Mt 26,63). Wie ist dieser offensichtliche Konflikt zu lösen? Die meisten Zweige der Kirche haben sich auf den Standpunkt gestellt, dass Christus und Jakobus die Lehre stärkten, die ursprünglich das Brechen und nicht das Leisten eines Schwurs verbietet.

Natürlich war die Reichweite des Verbots weiter gedacht, als nur das Brechen eines formellen Eides. Zuallererst waren Angehörige des Bundesvolkes (2Mo 19,5-6; 1Petr 2,5.9) Träger des Namens Gottes, und dementsprechend musste jedes Wort, das sie aussprachen, vertrauenswürdig sein, jede Handlung musste in Übereinstimmung mit dem Bund oder Treueschwur sein, den sie gegenüber Gott geleistet hatten. Ein Angestellter, der nicht sein Bestes in Bezug auf zuverlässige Arbeit gibt, und ein Arbeitgeber, der kein gerechtes Entgelt dafür leistet, entheiligen beide den Namen Gottes, denn Diebstahl entheiligt seinen Namen (Spr 30,8-9). Tatsächlich ist jede Sünde eine Gelegenheit, dass der Name Gottes unter den Ungläubigen verlästert wird (Röm 2,24-25). Wer hat das feierliche Ehegelöbnis gebrochen, indem er die Scheidung einreichte? Der Herr wird den nicht für schuldlos halten, der seinen Namen zu Nichtigem ausspricht. Wer hat sein feierliches Taufversprechen gebrochen? Der Herr wird den nicht für schuldlos halten, der seinen Namen zu Nichtigem ausspricht.

Manchmal scheint es unmöglich zu sein, gemäß den Versprechen zu leben, die man gegeben hat, denn jedes Versprechen, selbst jedes Ja und Nein eines Christen, wird in Gottes Gegenwart gegeben. Er ist Zeuge. Es ist gewiss schwer, aber Gott liebt die Art von Menschen, die zu ihrem Wort steht, koste es, was es wolle (Ps 15,4). Gott liebt den bankrotten Geschäftsmann, der sein Leben darauf verwendet zu versuchen, seinen Gläubigern die Schulden zurückzuzahlen. Unerschütterliche Integrität ist der Schlüsselgedanke des dritten Gebots und dessen Untermauerung durch Jesus Christus und Jakobus.

In zweiter Hinsicht hat die Angewohnheit, Gottes Namen anzurufen, um die eigenen Worte vertrauenswürdiger zu machen, eine solche Verbreitung gefunden, dass sie praktisch bedeutungslos geworden ist. Man nennt den Namen Gottes buchstäblich »vergeblich«. In heutiger Zeit benutzen Leute den Namen Gottes, ohne ihn wirklich zu meinen – ein gedankenloses Entheiligen des Namens Gottes, oftmals einfach eine Gewohnheit, welche die Verarmung des Vokabulars offenlegt. Selbst Prediger benutzen den Namen Gottes leichtfertig auf flüchtige Weise oder indem sie eine weltliche Person zitieren. Gegen beides haben Jesus Christus und sein leiblicher Bruder Jakobus ernste Worte der Warnung ausgesprochen.

Ist dies das einzige Verbot des dritten Gebots? »Zu Nichtigem aussprechen« bedeutet wörtlich, Gottes Namen zu benutzen, ohne sich seines Inhalts bewusst zu sein. Benutzt man den Namen Gottes auf diese Weise, entheiligt man ihn. In gewissem Sinne gebraucht man Gottes Namen auch dann zu Nichtigem, wenn man einfach so daher betet oder singt. Für solche, die vollzeitig im Werk des Herrn tätig sind, besteht eine große Versuchung darin, geistliche Aktivitäten berufsmäßig zu erledigen und einen Gottesdienst routinemäßig durchzuführen. Dies ist eine weitere Art, den Namen Gottes zu entheiligen.

Sicherlich verstößt jede Art von Respektlosigkeit gegen das dritte Gebot. Über heilige Dinge Witze zu machen oder in einer Weise über sie zu reden, die sie herabwürdigt, ist lästerlich. Heilige Dinge oder Worte sinnentleert zu benutzen, ist falsch. Aus diesem Grunde geziemt es sich nicht für den Christen, der dem Namen Gottes und göttlichen Dingen Hochachtung entgegen bringt, Witze über die Bibel oder geheiligte biblische Wahrheiten wie z. B. die Taufe zu machen.

Manche scheinen den Namen Gottes zu Nichtigem zu gebrauchen, indem sie ihn gedankenlos im Gebet ständig wiederholen. Andere nennen den Namen Gottes in Verbindung mit fast jeder Entscheidung oder jedem Plan, den sie machen: »Gott hat gesagt ...«, »Gott hat mir klar gemacht ...«. Der Name Gottes wird genannt, um beinahe jeder Tätigkeit Gewicht zu verleihen. Man mag ursprünglich weit davon entfernt und im Herzen wirklich betroffen sein, Gottes Namen gedankenlos auszusprechen, aber die Gefahr besteht, dass das Anrufen des Namens Gottes zur Lästerung wird, wenn nicht völlig sicher ist, das Gott selbst hinter der einzelnen Entscheidung oder Handlung steht.

Was ist mit Worten, die oftmals ohne gebührenden Respekt ausgesprochen werden, so wie *Hölle*, *verdammt,* oder Begriffen aus dem Fäkal-Bereich oder der Sexualität? Streng genommen sind dies keine Verstöße gegen das dritte Gebot. Das dritte Gebot verbietet es, den Namen *Gottes* zu Nichtigem auszusprechen. Das bedeutet natürlich nicht, dass ein Christ diese Ausdrucksweise nach Belieben benutzen kann. Das verbieten uns andere biblische Anweisungen, die sich darauf beziehen, was wir denken sollen. Sicherlich ist das meiste aus diesem Wortschatz für einen Christen zum Gebrauch nicht angemessen.

Was ist mit dem christlichen Romanautor oder Dramatiker, der seinen Handlungspersonen gottlose Worte in den Mund legt? Das findet zunehmend Verbreitung. Ich halte dies für eine der größten – und vielleicht fatalsten – Einschränkungen für den christlichen Autor. Ich sehe es für ihn als genauso wenig gerechtfertig an, Lästerungen für seine Figuren zu verwenden, wie für den Mitarbeiter in der Gemeinde, der eine ähnliche Sprache benutzt, um seine Predigten zu illustrieren. Es ist schwer für mich, wenn ich sehe, wie ein christlicher Erzähler sagen kann – und viele tun das: »Das bin nicht *ich*. Das ist meine Romanfigur, die so spricht.« Er ist insofern nicht frei von Verantwortung, als er die vollständige Kontrolle über seine Erzählfigur besitzt und über die Sprache und Gedanken, die diese in meine Gedankenwelt hineinträgt. Ungewöhnliche Sünden, wie z. B. Mord, kann jemand beschreiben, ohne dass er sie ausgeführt hat; gottlose Worte zu gebrauchen bedeutet aber, diese Sünde zu begehen – Gottes Name wird nicht weniger zu Nichtigem ausgesprochen, wenn man dies anderen als Zitat in den Mund legt.

Was ist mit Fluchen? Verstößt dies gegen das dritte Gebot? Der empfindsame Christ muss besonders vorsichtig sein, andere in dieser Sache nicht zu hart zu richten. Trotzdem wäre es für den Christen eine gute Regel, sich vom Gebrauch eines jeglichen Begriffes zu enthalten, den ein normales Wörterbuch als Ausdruck für etwas wirklich Gottloses ausweist. Sicherlich ist es der Wunsch eines Christen, niemals den Anschein von etwas Bösem zu geben.

Was ist mit humorvoller Rede? Jesus Christus hat gesagt, dass wir über jedes unnütze Wort, das wir reden, Rechenschaft ablegen müssen (Mt 12,36). Epheser 5,34 scheint jede Art leichtfertigen Redens zu verbieten. Ich verstehe diesen Abschnitt so, dass Paulus in Wirklichkeit davon spricht, was wir als schmutzige Witze oder unsauberes Reden bezeichnen (Eph 4,29). Es kann kaum für eine Sünde gehalten werden, etwas mit einem humorvollen Unterton zu sagen, wenn Christus selbst dies bei mehr als nur einer Gelegenheit getan hat. Als er Johannes und Jakobus den Beinamen »Donnersöhne« gab, konnte man dies wohl kaum als todernst gemeinten Ausdruck verstehen. Ein Balken im Auge oder ein Kamel, dass sich durchs Nadelöhr zwängt, sind keine sehr respektvollen Illustrationen. Humor kann wirklich alles andere als nutzlos sein. Er kann durchaus etwas sehr Gutes hervorbringen.

Doch es gibt noch andere Maßstäbe, die man aufrecht erhalten muss. So sollte zum Beispiel Humor eine andere Person nicht verletzen. Humor jedoch, um Anspannung zu entlasten, um einer gewissen Verklemmtheit entgegenzuwirken, bringt sicherlich etwas Gutes hervor. Manchmal vermittelt eine humorvolle Bemerkung eine Botschaft, während ein direktes Ansprechen kein Gehör finden würde. Humor ist nicht unbedingt Sünde. Bringt er etwas Gutes hervor oder ist er wertlose, unnütze Torheit? Verstößt er gegen das Gebot der Ehrerbietung oder der Liebe oder entspringt er der Liebe in einem Geist der Ehrfurcht gegenüber Gott?

Für die Menschen Gottes haben Worte einen heiligen Charakter. Jesus ist das lebendige Wort von Gott. Die Schriften sind das geschriebene Wort Gottes. Unser Auftrag ist es, das Wort Gottes zu reden und in der Welt zu leben, und zwar ehrerbietig und konsequent. Das dritte Gebot befiehlt den Glaubenden, die sich zu Gott bekennen (Jak 2,7), niemals den Namen Gottes zu entheiligen durch Reden oder Tun.

Den Ruhetag einhalten

> *»Gedenke des Sabbattags, dass Du ihn heiligest. … Denn in sechs Tagen hat der HERR Himmel und Erde gemacht und das Meer und alles, was darinnen ist, und ruhte am siebenten Tage. Darum segnete der HERR den Sabbattag und heiligte ihn«* (2Mo 20,8.11).

Der Tag der Ruhe im Alten Testament

Das hebräische Wort *Sabbat* bedeutet »Ruhe« oder »Ruhetag«. Wann beginnt ein besonderer Ruhetag? Wofür ist er überhaupt da? Was ist sein Zweck?

> *»Und Gott vollendete am siebten Tag sein Werk, das er gemacht hatte; und er ruhte am siebten Tag von all seinem Werk, das er gemacht hatte. Und Gott segnete den siebten Tag und heiligte ihn; denn an ihm ruhte er von all seinem Werk, das Gott geschaffen hatte, indem er es machte«* (1Mo 2,2-3).

Den Ruhetag gab es bereits bei der Schöpfung. Der dort erklärte Zweck ist offensichtlich: Er ist zum Ausruhen da und in bestimmter Hinsicht ist er heilig oder abgesondert. Halten wir fest, dass der Ruhetag oder Sabbat seine Wurzeln in dem hat, was Gott selbst am Anfang tat, lange bevor irgendein Bund der Erlösung mit einem auserwählten Volk geschlossen wurde. Er wurde für die gesamte Menschheit gegeben, noch bevor der Mensch in Sünde gefallen war und bevor eine Erlösung überhaupt notwendig wurde.

Der Bibeltext scheint festzustellen, dass Gott aufgrund eines eigenen Wunsches oder Bedürfnisses ruhte und weniger um ein Verhaltensmuster für die Menschheit vorzugeben. Gab es etwas in Gottes Wesen, was nach einer Zeit für sich selbst verlangte und nach einer Abkehr von nach außen gerichteter Tätigkeit hin zu einer stillen Gemeinschaft unter den drei Personen der göttlichen Trinität? Der Unterton scheint hier zu sein, dass ein Ruhezustand von Zeit zu Zeit im Wesen Gottes liegt. Und das ist der Grund dafür, warum er für dasselbe Muster bei denen sorgt, die in seinem Bilde geschaffen sind.

Aber angenommen er ruhte mehr in symbolischer Weise, nur um als Beispiel für Menschen zu dienen? Dann ist der Maßstab des Verhaltens bekräftigt. Die Notwendigkeit, dass Menschen regelmäßig einen Tag des Ausruhens brauchen, gehört so sehr zu ihrem Wesen, dass Gott es für nötig hielt, gleich zu Beginn willentlich selbst dieses Verhaltensmuster zu demonstrieren.

Aber warum sollte Gott absichtlich ein Siebtel der Zeit eines Menschen nehmen und sie mit einer gesetzlichen Verpflichtung zu einem religiösen Zweck verbinden? Weil Gott uns liebt und weil er sich deshalb danach sehnt, Gemeinschaft mit uns zu haben – eine der unglaublichsten Offenbarungen der Schrift. Sicher, er bezweckt damit, uns als Partner bei seinem befreienden und schöpferischen Werk zu haben. Aber genauso wie zwei Liebende sich nach einer Zeit der Ruhe sehnen, wenn sie ihre normale Arbeit unterbrechen und ohne Hetze Zeit miteinander verbringen können, so entwarf Gott als Geschenk eine besondere Zeit mit denen, die er liebt, eine Zeit, die »heilig« ist, reserviert für den Zweck der Gemeinschaft. Was ist unsere Antwort darauf? Wir können dieses Geschenk zurückweisen und diese Zeit selbstsüchtig für unsere eigenen Zwecke nutzen oder wir können ihm ein Siebtel unserer Zeit zurückgeben, um damit deutlich zu machen, dass alle unsere Zeit ihm gehört.

Welch ein wunderbarer Austausch von Geschenken, sein Geschenkt eines gnädigen Gebots und unser Geschenk des Gehorsams – Zeit mit jemandem zu verbringen, der zu Recht geliebt wird! Das Geschenk ist eines, das wir für die Erholung unseres Geistes und unseres Körpers brauchen. Aber mehr noch, es ist ein Geschenk, das er sich wünscht, und wir haben es ums so mehr nötig eine Beziehung zu ihm und seiner Familie aufzubauen.

> *»Wenn du deinen Fuß vom Sabbat zurückhältst, deine Geschäfte an meinem heiligen Tag zu treiben, und nennst den Sabbat eine Wonne und den heiligen ‹Tag› des HERRN ehrwürdig, und ‹wenn du› ihn ehrst, so dass du nicht deine Gänge machst, deinem Geschäft nachgehst und ‹eitle› Worte redest, dann wirst du deine Lust am HERRN haben«* (Jes 58,13-14).

Der Ruhetag wurde deklariert als Zeichen für Israel, das von der großen Befreiung aus Ägypten durch Gott zeugte (5Mo 5,15), aber er entsprang diesem genauso wenig wie das Tieropfer, das auch als ein Zeichen für die Befreiung aus Ägypten durch Gott festgelegt wurde und seinen Ursprung im Passah hatte. Das Opferwesen bestand für die Menschheit vor Abraham, und zwar für die gesamte Menschheit. Der Ruhetag wurde als ein Zeichen des Bundes zwischen Gott und Israel festgelegt (2Mo 31,13), aber das bedeutet nicht, dass der Ruhetag wie die Beschneidung ursprünglich für Abraham bzw. Israel eingerichtet wurde. Sie bestand seit langen Zeiten für die Menschheit, wurde aber als Zeichen des Bundes zwischen Gott und Abraham ausgewählt.

Als Gott die Zehn Gebote schrieb, brachte er klar zum Ausdruck, wo der Ursprung dieses einzelnen Gebotes lag.

> *»Gedenke des Sabbattags, dass Du ihn heiligest. … Denn in sechs Tagen hat der HERR Himmel und Erde gemacht und das Meer und alles, was darinnen ist, und ruhte am siebenten Tage. Darum segnete der HERR den Sabbattag und heiligte ihn«* (2Mo 20,8.11).

Einige haben behauptet, es läge in der Tatsache Bedeutung, dass die Einrichtung des Ruhetages in 1. Mose 2 nie mehr erwähnt wird bis 2. Mose 16,26-30 in Verbindung mit der Gabe des Mannas (übrigens vor Sinai). In dieser Unterlassung kann jedoch nicht mehr Bedeutung liegen als in der Auslassung der anderen neun Gebote in demselben Zeitraum. Das vierte Gebot hat schließlich genau diesen Vorzug, dass es von Beginn an erklärt wurde.

Die Sichtweise des Ruhetages durch Christus

Jesus Christus sagte sowohl Ja als auch Nein zu den Sabbatvorschriften. Er bejahte den Sabbat, verneinte jedoch klar und deutlich die zusätzlichen Vorschriften der Rabbiner. Er stand fortwährend in Auseinandersetzung mit den Schriftgelehrten über ihre Interpretation des Gesetzes und den Komplex von Beschränkungen, die sie um das Gebot herum aufgerichtet hatten, um es zu schützen.

John Wesson schrieb sein Buch *Christian Graduate* (Das christliche Examen), um die Evangelikalen von der puritanischen Sabbattradition zu befreien. Trotzdem muss er zugestehen:

> Jesu eigene Haltung gegenüber den Zehn Geboten ist hier wichtig. Wir können seine Worte und Taten nicht als Aufhebung des 4. Gebots interpretieren – sie sind weitaus mehr gegen seinen Missbrauch und seine Fehlinterpretation gerichtet. Er selbst hielt den siebten Tag ein, jedoch ohne übertriebene Beschränkungen (Lk 4,16; Mt 12,12).[2]

Der Ruhetag war für den Menschen gemacht, sodass der Sohn des Menschen Herr ist über den Sabbat. Einige interpretieren dies so, als bedeute es, dass alle

Menschen (die ganze Menschheit) Herren über den Sabbat seien und daher an diesem Tag tun können, was ihnen gefällt. Aber es ist unmöglich, diese Aussage auf eine solche Art und Weise zu interpretieren, weil der *»Sohn des Menschen«* eine Bezeichnung ist, die Christus in Bezug auf sich selbst als Messias gebrauchte. Im Parallelvers von Matthäus 12, unmittelbar bevor er sagt, *»der Sohn des Menschen ist Herr des Sabbats«*, beschreibt Christus den Sohn des Menschen als *»größer als der Tempel«*, ein deutlicher Bezug auf ihn selbst.

Christus spricht von sich selbst als dem Herrn des Sabbats. Was heißt das? Zuerst wissen wir, dass Christus nicht gekommen ist, um das Gesetz aufzuheben, sondern es zu erfüllen (Mt 5,17-19).

»Das Gesetz erfüllen« hat mehrere Bedeutungen, wie wir im Kapitel über die Gebote gesehen haben. Es bedeutet, dass er *dem Gesetz gehorchte*. Aus diesem Grund war er am Sabbat in der Synagoge und aus diesem Grund war er dem übrigen alttestamentlichen Gesetz gegenüber gehorsam, obwohl er gegen die rabbinischen Interpretationen Widerstand leistete.

Der Ruhetag als ein besonderer Tag ist zum Teil vergleichbar mit der Nachtruhe. Ein Mensch muss jede Nacht einige Stunden ruhen. Die meisten normalen und gesunden Menschen sind froh darüber, wenn sie abends zu Bett gehen und ausruhen können. Sie empfinden es keineswegs so, als ob ihnen damit etwas Schweres auferlegt worden sei. Eher dann, wenn einige Dinge nachts erledigt werden müssen und jemand im Notfall auf die Nachtruhe verzichtet. In ähnlicher Weise zeigt Christus einige Ausnahmen vom Sabbatgebot und einige Notfälle. Er sagte z. B., es sei in Ordnung, Korn zu mahlen und so für die nötige Nahrung zum Essen zu sorgen (Mk 2,23-27). Er sagte auch, es wäre richtig, am Sabbat das Vieh zu tränken (Lk 13,15). Er befahl sogar einem Mann, sein Bett aufzunehmen und nach Hause zu tragen (Joh 5,8). So gibt es »notwendige Tätigkeiten«, die am Sabbat fortgesetzt werden müssen, und Christus war gegen eine harte Gesetzlichkeit, die den Menschen Wunden zufügte, statt ihnen zu helfen. Dann heilte Christus am Sabbat (Mk 3,1-5) und war zornig über die religiösen Führer, schon weil sie nur dachten, dass er den Mann nicht heilen sollte. Entsprechend ihrer rabbinischen Lehre war es falsch, am Sabbat der Juden zu heilen. Er zürnte ihnen, weil am Tag des Sabbats »Werke der Gnade« nicht nur erlaubt, sondern sogar notwendig waren: Kranke heilen, das Vieh aus dem Brunnen holen (Mt 12,11; Lk 14,5). Dies sind also Ausnahmen am Ruhetag: Werke für den Bedarf und Werke der Barmherzigkeit.

Arbeit ist also in den Dienst für Gott inbegriffen (Mt 12,5). Für geistliche Leiter ist der Ruhetag der Tag, an dem sie am meisten beschäftigt sind. Aber es ist ein besonderer Dienst für den Herrn des Ruhetages und für sein Volk, indem man es ihm ermöglicht anzubeten und zu dienen.

Schließlich ist der Sohn des Menschen, der *Messias*, Herr des Sabbats. Er erfüllt das Gesetz, indem er die Erfüllung des Zeremonialgesetzes im Alten Testament ist. Das ganze System der Opfer fand in Christus seine Erfüllung; es war der Schatten, er war die Realität. Dasselbe trifft auf die heiligen Stätten zu. Christus lehrte, dass der Tag kommen würde, an dem die Leute nicht mehr nach Jerusalem gehen würden, um anzubeten (Joh 4,21-24). Es geht nicht um den Ort, sondern um die Beziehung. Ebenso kam Christus, um in der Erfüllung der Prophetie und der Typologie des Zeremonialgesetzes durch sein Leben und seinen Tod das Gesetz zu erfüllen. Er beendete den vergänglichen zeremoniellen Teil des Gesetzes, indem er durch sein eigenes Vorbild und seine Lehre die moralischen Aspekte der alttestamentlichen Offenbarung bekräftigte. In welche Kategorie gehört nun der wöchentliche Ruhetag – ist er zeremoniell erfüllt in Christus oder eine bleibende moralische Verpflichtung? Das Leben und die Lehre Christi scheint einer fortbestehenden moralischen Verpflichtung zum Gehorsam gegenüber dem 4. Gebot den Vorzug zu geben, jedoch befreit von zusätzlichen Satzungen.

Der Ruhetag in der Sichtweise des Paulus

Paulus lehrte die Gemeinden aus den Nationen, dass die Schriften Autorität für sie waren und die Lehren Christi höchste Autorität für sie hätten.

Die einzige Bibel, die diese Christen besaßen, war das Alte Testament, obwohl die Worte Jesu und die frühesten Erzählungen über das Leben Christi ohne Zweifel damals bereits in Umlauf kamen. Die Schriften des Paulus wurden von Petrus als heilige Schriften eingeordnet und haben deshalb gleiche Autorität mit den übrigen Heiligen Schriften – also dem Alten Testament (2Petr 3,16). In der Tat glauben wir, dass Gottes Offenbarung in der Person, dem Werk und den Lehren von Jesus Christus fortschritt und dass sie weiter fortschritt in der Deutung der Person, des Werkes und der Lehren Jesu, wie wir sie in den Briefen der Apostel finden. Trotzdem, wenn die Autorität der Schrift aufrecht erhalten werden soll, muss man jede Anstrengung unternehmen, um die Lehren der Schrift zu harmonisieren. Wir können keine scheinbaren Widersprüche im Raum stehen lassen, ohne zu versuchen, sie miteinander in Einklang zu bringen. Spätere Offenbarung legitimiert die Deutung früherer Offenbarung. Die frühere Offenbarung behält jedoch Gültigkeit, ausgenommen wenn spätere Offenbarung (durch Jesus Christus oder die Apostel) eindeutig frühere Offenbarung beiseite setzt oder ungültig macht.

Die Frage ist also diese: Setzt Paulus im Römer- und Kolosserbrief unzweifelhaft die Lehre von 2. Mose 2,20 und die von Jesus Christus beiseite?

Wenn Paulus – während er fortwährend die Zehn Gebote bestätigt – das vierte Gebot bejaht, was meint er dann, wenn er sagt: *»So richte euch nun nie-*

mand wegen Speise oder Trank oder betreffs eines Festes oder Neumondes oder Sabbats« (Kol 2,16) und *»Der eine hält einen Tag vor dem anderen, der andere aber hält jeden Tag ‹gleich›. Jeder aber sei in seinem eigenen Sinn völlig überzeugt!«* (Röm 14,5)?

Der wöchentliche Sabbattag geht auf die Anfänge im Garten Eden zurück, der zeremonielle nicht wöchentliche Sabbat jedoch auf die Gesetzgebung am Sinai. Die Beziehung zwischen dem »moralisch-sittlichen« und dem zeremoniellen Sabbat steht in Analogie zu der Beziehung zwischen dem moralisch-sittlichen Gesetz und dem Zeremonialgesetz bzw. »Gesetz der Ordnungen«. »Wie Thomas Boston über den wöchentlichen Sabbattag schreibt: ›Er war von Gott für Adam bestimmt und wurde ihm im Zustand der Unschuld gegeben, bevor es überhaupt irgendetwas Zeremonielles gab, das durch das Kommen Christi wieder weggenommen werden sollte‹ (2Mo 2,3).«[3]

Paul Jewett schreibt ähnlich darüber:

> Es wird allgemein behauptet, dass Paulus hier sagt, Christen seien frei von jeglicher Beobachtung bestimmter Tage. Aber dies kann kaum so sein, wenn die Wocheneinteilung in sämtlichen christlichen Gruppen, unter denen Paulus arbeitete, anerkannt war. Die Tatsache, dass er mit diesen Christen am ersten Tag, der wie ein Sabbat hervorgehoben war, zusammenkam, um Brot zu brechen (Apg 20,7), und ebenso die Tatsache, dass er den gleichen Tag benannte, um Geld als Opfer für die armen Gläubigen in Jerusalem beiseite zu legen (1Kor 16,2-3), zeigt, dass er nicht nur wusste, dass Christen diesen Tag von anderen unterschieden, indem sie ihn zur Anbetung nutzten, sondern auch diese Unterscheidung billigte, indem er sie selbst machte.
>
> Wenn er wirklich buchstäblich bestätigt hätte, dass jeder Tag gleich wäre, warum hätte er dann einen besonderen Tag festsetzen sollen, an welchem ein Gottesdienst stattfinden sollte (2Kor 9,12), und diesen als einen Tag, der sich jede Woche wiederholte (1Kor 16,2)? Indem er dies tat, betrachtete Paulus den ersten Tag der Woche als über den anderen stehend. Es ist daher nicht überzeugend, Paulus' Aussage in Römer 14,5 so zu pressen, als würde er unter keinen Umständen erlauben, irgendeine Unterscheidung der Wochentage vorzunehmen. So als ob er Johannes als judaisierend angesehen hätte, weil er einen bestimmten Tag der Woche den Tag des Herrn genannt hatte (Offb 1,10) und ihm so eine Vorrangstellung einräumte.
>
> Worauf bezog er sich aber, als er von einigen sprach, die einen Tag vor den anderen hielten, und von anderen, die jeden Tag gleich hielten? Wir können nicht völlig sicher sein. Weil der Textzusammenhang mit Einschränkungen zu tun hat, was den Genuss von Speisen angeht, haben manche

gedacht, er spräche davon, einige Tage für das Fasten vorzusehen. Wenn wir uns daran erinnern, dass die römische Kirche einen großen Teil an jüdischen Bräuchen pflegt, ist es zumindest plausibel, dass er den Sabbat der Juden und weitere heilige Festtage im Sinn hatte, denen gegenüber die Judenchristen frei waren, sie zu halten, und die Heidenchristen ebenso frei, sie zu ignorieren, je nach Herkunft und persönlicher Vorliebe des Einzelnen. Es wäre ihm offenbar niemals eingefallen, dass irgendjemand seine Kritik am gesetzlichen Beobachten der Festtage, Neumonde und Sabbate (Kol 2,16) oder sein Gefallen an der Freiheit, welche Tage man wertschätzt (Röm 14,5), so auffassen würde, als bedeute dies, dass er gegen eine Zeiteinteilung im Wochenrhythmus oder gleichgültig gegenüber der Bezeichnung des ersten Tages der Woche als dem Tag geistlicher Anbetung wäre.[4]

Was sehr deutlich ist in den Lehren des Paulus, ist die Tatsache, dass das alte zeremonielle Opfersystem und die heiligen Feste in Christus erfüllt und nicht länger bindend für den Gläubigen waren. Hat er mehr als das gemeint? Ist die Lehre Christi in Bezug auf seine eigene Autorität über den Ruhetag ein Hinweis darauf, dass Christus beabsichtigte, eines der Zehn Gebote aufzuheben und das ursprüngliche Gebot bei der Schöpfung beiseite zu setzen? Einige würden diese Ansicht stützen. Für sie folgt Paulus einfach dem, worauf Christus hinwies, und treibt die Aufhebung dieses einzelnen Gebotes voran.

Aber eine solche Interpretation ist weit davon entfernt, klar zu sein. Es scheint eher gegen die übrige Lehre des Paulus gerichtet zu sein. Entgegen seiner Lehre über das Gesetz und die Verpflichtung des Christen, dem moralisch-sittlichen Gesetz zu gehorchen, während er von der Verpflichtung gegenüber den Forderungen des Zeremonialgesetzes völlig frei ist. Sicherlich richtet es sich gegen die Lehre Christi über die Einhaltung des Ruhetages und eine solche Lehre unterläuft ganz klar die Autorität des Dekalogs und die Tatsache des Ursprungs des Ruhetage im Handeln Gottes, wenn nicht gar im Wesen Gottes. Viel vernünftiger ist es, Paulus' Absicht so zu verstehen, dass er den gesamten Dekalog als Gottes ewig gültiges moralisch-sittliches Gesetz bestätigt, das vierte Gebot eingeschlossen, während er das ganze System der heiligen Tage, Feste und Fastentage des vergangene Zeitalters als nicht länger bindend für die Nachfolger Christi beiseite setzt.

Der Brief an die Hebräer und der Ruhetag

Die Lehre des Hebräerbriefes (Kap. 3,7 – 4,11) wurde von den Reformatoren als Hinweis aufgefasst, dass Christus das Sabbatgebot erfüllte, sodass wir alle in die Ruhe von der Sünde eingetreten sind und deshalb alle Tage auf die gleiche Weise behandelt werden müssen. Obwohl der Abschnitt die gegenwärtige Ruhe in Christus, die wir besitzen, deutlich anzeigt, ist die viel offensichtlichere Lehre in diesem Abschnitt die Tatsache, dass noch eine Ruhe für das Volk Gottes aussteht. Der Himmel ist der Blickpunkt dieses Abschnitts. Dies ist ein Fall von Typologie und prophetischer Lehre in der Schrift, wo eine doppelte Anwendung oder Erfüllung gegeben ist. Es gibt eine gegenwärtige Ruhe und eine endgültige Ruhe. Sehen wir uns an, was Jewett dazu sagt:

> In dieser Hinsicht ist es wichtig, sich daran zu erinnern, dass die Erfüllung des Alten Testaments in Jesus Christus eine prinzipielle Erfüllung ist, jedoch noch keine endgültige. In Christus besitzen wir beides und hoffen auf die Errettung, die dem alten Volk Israel versprochen ist. Das ganze Neue Testament spiegelt diese grundlegende Spannung zwischen den Anzeichen für gegenwärtige Erfüllung und dem unbedingten Muss einer zukünftigen Vollendung wider. Von dieser Regel bildet das Sabbatgebot keine Ausnahme. Die Erfüllung der Sabbatruhe, die wir in Christus besitzen, ist nicht nur gegenwärtig eine Realität, sondern auch eine Hoffnung für die Zukunft. Solche, die in Christus sind, haben in der Tat Ruhe für ihre Seelen gefunden, doch gleichzeitig müssen sie allen Fleiß aufwenden, um in Gottes Ruhe einzugehen. Der Grundsatz des Sabbats ist also gleichermaßen eine zeremonielle Einrichtung des Alten Testaments, die in Christus ihre Erfüllung gefunden hat und weggetan wurde, und gleichzeitig eine andauernde erklärende Kategorie der Heilsgeschichte mit einem eindeutig eschatologischen Hinweis. Christen sind deshalb nicht an den Sabbat gebunden und können sich am ersten Tag der Woche versammeln, sie stehen aber doch unter dem Zeichen des Sabbats, indem sie sich an jedem ersten Tag der Woche versammeln.[5]

Als Johannes seinen Lesern mitteilte, er sei am Tag des Herrn im Geiste gewesen, wollte er wohl kaum damit sagen, dass *jeder* Tag der Tag des Herrn sei. Seine Absicht war es, den Tag herauszustellen, an dem er seine Vision hatte. Er unterscheidet die einzelnen Tage voneinander; ein Tag ist als dem Herrn gehörender Tag den anderen übergeordnet. (Einen besonderen Tag als den Tag des Herrn zu bezeichnen, bedeutet nicht, dass nicht auch die anderen ihm gehören. Genauso trifft es zu, dass wir bei jeder Mahlzeit in Gemeinschaft mit dem Herrn sind und ihm für seine Segnungen danken, während wir daran teilnehmen, obwohl wir doch ein Mahl besonders als das Mahl des Herrn bezeichnen.) Und dieser besondere Tag, wenn Christen zusammenkommen, um Gemeinschaft mit dem auferstanden Herrn zu pflegen, so wie es die Jünger am Tag der Auferstehung taten, ist kein monatliches oder jährliches Ereignis, sondern ein wöchentliches, gemäß der Zeiteinteilung, die Gott durch Mose angeordnet hat.[6]

Man könnte sich auch gedrängt fühlen, es nicht länger als notwendig zu erachten, einen Teil unseres Besitzes zu opfern, einfach weil unser ganzer Besitz Gott schon gehört. Zu behaupten, unsere Errettung sei die Ruhe in Christus, und deswegen sei das alte Gebot der buchstäblichen Ruhe als aufgehoben anzusehen, wäre so, als wollte man die Ehegesetze aufheben, weil unsere ewige und wahre eheliche Verbindung mit Christus ist, die jetzt schon beginnt und endgültig ihre Bestätigung und Erfüllung beim Hochzeitsmahl des Lammes erfahren wird. Patrick Fairbain vertritt diese Ansicht:

> Denn von welcher Natur, fragen wir, ist die Einrichtung der Ehe? [...] Fühlt er sich berechtigt, den Standpunkt zu vertreten, dass die buchstäbliche Anordnung der Ehe verändert oder beeinträchtigt wurde, weil nach dem Erscheinen Christi die eheliche Verbindung als ein Bild der Vereinigung des Christus und seiner Gemeinde benutzt wurde? Sicher nicht. Und warum sollte mit dem Sabbat anders verfahren werden? Auch dieser ist in seinem Ursprung eine positive Einrichtung und war vielleicht sogar von Anfang an dafür vorgesehen, ein Abbild geistlicher Dinge zu sein – ein Vorbild auf die gesegnete Ruhe, zu welcher der Mensch berufen war, um seine Freude an Gott zu haben. Aber in beider Hinsicht stand er in nächster Nähe und gleicher Linie mit der Anordnung der Ehe; beide verdanken gleichermaßen ihre Einrichtung der ursprünglichen Tat und Bestimmung durch Gott; auch nehmen beide ihren Anfang am Beginn der Zeit – in einer noch nicht gefallenen Welt, als es noch keine Notwendigkeit für bildliche Hinweise auf die Erlösung gab, und daher zeremonielle Vorbilder oder Schatten richtigerweise keinen Platz haben konnten. Und beide sind bestimmt zu bleiben, bis die Lieder der Erlösten in der Herrlichkeit einer erneuerten Welt eingeführt sein werden.[7]

Zusammenfassung der biblischen Belege

Wir halten also fest, dass das Gebot eines Ruhetages durch Gott bei der Schöpfung begründet wurde sowohl durch sein eigenes Beispiel als auch durch Anordnung. Als die Zeit für ihn kam, um in bleibender Form die Summe seiner moralisch-sittlichen Forderungen an den Menschen zu offenbaren, war dieses Gebot des Ruhetages darin enthalten. Es wurde durch das gesamte zeremonielle System als ein besonderes Zeichen der Erlösung und der Bundesgemeinschaft verkörpert. In den folgenden Jahren schufen Gesetzeslehrer, die nicht dazu legitimiert waren niederzuschreiben oder weiterzugeben, was der Wille Gottes war, einen umfangreichen Kodex von Verpflichtungen für die Einhaltung des Sabbats. Als Jesus kam, sprach er mit Autorität und verwarf all diese Hinzufügungen der Schriftgelehrten. Er beobachtete das Gebot getreu der ursprünglichen Anweisung Gottes. Er demonstrierte die Art von Arbeit, die im Geiste dieses Tages getan werden durfte. Arbeiten für den täglichen Bedarf oder der Barmherzigkeit laufen nicht der Absicht zuwider, mit der dieses Gebot gegeben wurde, sondern sind Teil dieser Absicht. Das ist ganz klar.

Aber was ist mit Paulus und der frühen Christenheit? Über seinen Gehorsam gegenüber dem Gebot Christi, *»sie zu lehren, alles was ich euch geboten habe«*, besteht kein Zweifel. Ebenso wenig gegenüber seiner Bestätigung der Autorität der Schrift im Allgemeinen und gegenüber dem moralisch-sittlichen Gesetz im Besonderen. Weiterhin sein unaufhörlicher Kampf gegen den Gebrauch des Gesetzes als Weg zum Heil und gegen den bindenden Charakter des zeremoniellen Systems des Alten Bundes. Wir müssen die Abschnitte im Römer- und Kolosserbrief im Licht der Klarheit dieser großen Erklärungen des Paulus verstehen. Sonst öffnen wir uns einer Hermeneutik, die letztlich nicht nur die Autorität des Dekalogs unterminiert, sondern tatsächlich auch die des Alten Testaments und des irdischen Lebens Christi und seine Lehren. Es würde sie unterminieren, weil es eine Hermeneutik für gültig erklärt, die einen dunklen Abschnitt benutzt, um die Lehre weit klarerer Stellen beiseite zu setzen. Sie würde dies mit einem Abschnitt tun, der zuletzt doch nicht so dunkel sein mag. Wenn man Römer 14 und Kolosser mit einbezieht, ist die naheliegendste Erklärung, dass Paulus sich nicht gegen den Ruhetag ausspricht, sondern eher gegen das ganze System des zeremoniellen Sabbats.

Der Sonntag in der Geschichte der Kirche

Am Tag des jüdischen Sabbats lag Jesus Christus im Grab. Er ist an dem Tag auferstanden von den Toten, der dann der erste Tag der Woche genannt wurde. All seine Erscheinungen nach der Auferstehung, von denen wir den Zeitpunkt kennen, geschahen ebenso an diesem ersten Tag so wie auch das Herabkommen des Heiligen Geistes an Pfingsten. Auf diese Weise setzte der Herr sein Siegel auf den ersten Tag der Woche als den Tag *des Herrn*. So kam es, dass die frühe Kirche sofort begann, sich am ersten Tag der Woche zu Gemeinschaft und Gebet zu treffen.

Die Judenchristen fuhren damit fort, den siebten Tag als Ruhetag zu beobachten. Es ist sehr wenig in historischer Hinsicht darüber bekannt, wie der Übergang vom siebten auf den ersten Tag vonstatten ging. Was wir sicher wissen, ist, dass die ersten Christen dem ersten Tag Ehre erwiesen und dass die Heidenchristen zunehmend das Empfinden verloren, dass die jüdische Sabbatruhe für sie bindend sei.

Die starke Vermutung ist, dass ein großer Teil der ersten Christen als Sklaven in Wirklichkeit gar keinen Ruhetag hatten, wie wir ihn vom Begriff her heute verstehen. Sie trafen sich zunächst abends zur Anbetung, und nachdem dies verboten wurde, trafen sie sich an des Herrn Tag vor der Morgendämmerung. Aus den Schriften der Kirchenväter wird deutlich, dass die Christen am Sonntag arbeiteten, bis das Edikt von Konstantin diesen Tag zu einem offiziellen Ruhetag machte. Bis zu diesem Zeitpunkt ermutigten die Kirchenväter die Christen zur Arbeit und wiesen sie an, am ersten Tag der Woche nicht müßig zu sein. Warum betonten sie dies so sehr? Und warum sollte Konstantin den Sonntag als Ruhetag wählen, wenn es dazu keine Vorgabe unter den Christen gab, mit der er sich hätte identifizieren können?

Nach dem Edikt Konstantins (321 n. Chr.) begannen die Kirchenväter damit, das Sabbatgebot auf den ersten Tag der Woche anzuwenden. Diese Auslegung wurde allgemein gültig im Laufe der Geschichte des Christentums bis zur Zeit der Reformatoren. Die Reformatoren verwarfen dann diese Auslegung und vertraten die Ansicht, dass das Sabbatgebot nicht länger bindend für die Christen sei. Trotzdem verteidigte jeder Reformator auf seine Weise die Beobachtung dieses Tages in der Praxis. Ihre theologische Position war jedoch mit der römisch-katholischen Gleichgültigkeit gegenüber diesem Thema verbunden, und brachte letztendlich das hervor, was dann der »kontinentale Sabbat« genannt wurde – ein Ferientag, im Gegensatz zu dem englischen und amerikanischen Konzept eines heiligen Ruhetages.

In den ersten drei Jahrhunderten waren also die Kirchenväter durch eine Gesellschaft gebunden, in der weder sie noch ihre Schüler ruhen konnten. So betrieben sie »Schriftauslegung im Dienste des Cäsars« – sie lehrten, die Bibel würde Arbeit am Sonntag vorschreiben. Aber sobald die Freiheit zur Ruhe zugestanden wurde, kehrten die Theologen zur göttlichen Grundlage zurück. Man könnte sagen, dass hier eine Parallele zur Praxis der Polygamie und der Sklaverei besteht, Angelegenheiten, die noch weniger klar in der Schrift sind als das Gebot über den Ruhetag. In der Tat durchdringt der Ruhetag sowohl das Alte Testament als auch die Evangelien, während die Verneinung der Polygamie und Sklaverei im Alten oder Neuen Testament nicht zu finden oder nur unterschwellig vorhanden ist. Trotzdem war die Saat der Veränderung da. In beidem, Polygamie und Sklaverei, strebte die christliche Ethik nach Veränderung, obwohl es in Sachen Polygamie Jahrhunderte und bei der Sklaverei Jahrtausende dauerte, zu Gottes ursprünglicher Anordnung zurückzukehren. In jeder dieser Angelegenheiten hemmte oftmals die Kultur das Verwirklichen von Gottes Absicht, aber zuletzt gewann Gottes ursprünglicher Entwurf in der westlichen Gesellschaft die Oberhand.

Woher kommt die englische und amerikanische Art und Weise der Beobachtung des Herrentages, eine Beobachtung, die von diesen zwei missionarischen Nationen an viele der jüngeren Kirchen in der ganzen Welt weitergegeben wurde? Warum war die Überzeugung so stark und einheitlich und kontrollierte über Jahrhunderte das bürgerliche Recht? Die hohe Wertschätzung eines Tages, der in besonderer Weise als der Tag des Herrn abgesetzt ist, ein Tag, der theologisch vom biblischen Gebot über den Ruhetag her abgeleitet ist, dieser Tag ist ein direktes Geschenk von den Puritanern. Die puritanischen Vorfahren proklamierten die Theologie des Ruhetages und wendeten sie öffentlich wie auch im Privatleben an. In einer der bemerkenswertesten sozialen Revolutionen in der Geschichte lehrten und erreichten die englischen Puritaner völlige gesellschaftliche Einheit innerhalb einer einzigen Generation. Presbyterianer, Kongregationalisten, Methodisten und Baptisten übernahmen das Erbe dieser Lehre und Praxis.

Diese Lehre war so stark, dass nur die moderne säkularisierte Gesellschaft in der Lage war, in diesen Gesellschaften den Ruhetag abzuschaffen. Selbst nachdem der Säkularismus dazu überging, auf breiter Basis für die Gesellschaft Veränderungen in Bezug auf die sonntäglichen Verordnungen vorzunehmen, fuhr die Kirche fort, an einer Wertschätzung des Ruhetages bis über das 20. Jahrhundert hinaus festzuhalten.

Anwendung für heute

Wir ziehen den Schluss, dass ein Ruhetag eine gute Sache ist, eines von Gottes guten Geschenken für das Wohlergehen des Menschen. Es ist eher ein Gebot als eine Empfehlung, weil eine Empfehlung nicht unbedingt in jedem Fall ein Segen ist. Es ist der bindende Aspekt des Ruhetages, der zur Ruhe und Anbetung befreit. Wenn der Ruhetag mehr eine Empfehlung wäre, wären wir nicht frei, um von den Zwängen des Lebens auszuruhen und uns ohne Hindernis der frohen Gemeinschaft mit Gott und seinem Volk zuzuwenden. Wir müssten weiter dem Druck und der Frustration weltlicher Verpflichtungen ins Angesicht schauen. Aber ein geforderter Ruhetag gibt uns den nötigen Freiraum.

Wenn die Lehre des Paulus den Christen nicht verbindlich auf die Einhaltung eines besonderen Ruhetages festlegt, umso weniger annulliert sie sicherlich die starke Lehre von der Ausgeglichenheit der Schrift, wenn sie einen besonderen Tag festlegt für die Ruhe und Anbetung. Deshalb wählen wir ganz bewusst das, was dem Herrn ganz sicher gefällt. Wenn wir uns von unserer täglichen Beschäftigung abwenden, um einen Tag mit ihm in Gemeinschaft zu verbringen und ihm zu dienen, dann wird ihm dies sicherlich mehr gefallen, als wenn wir ihm einen Teil unseres Besitzes opfern als Zeichen dafür, dass alle Dinge ihm gehören. Die einzige Weise, wie das sorgfältige Beobachten des Ruhetages unserem Herrn missfallen könnte, wäre die, wenn jemand gehorsam ist, um sich einen Verdienst zu erarbeiten oder dieses Gebot als Weg zum Heil ansieht.

Die Handlung Gottes, nach der Arbeit zu ruhen, die Reservierung eines Ruhetages, der ihm selbst geweiht ist, die nachfolgenden Gebote der Schrift den Ruhetag betreffend, das Beispiel und die Lehre Jesu Christi, die den alttestamentlichen Standard bestätigten und interpretierten, und die Beobachtung des ersten Tages der Woche als eines besonderen Tages des Gottesdienstes durch die Gemeinde des Neuen Testaments, zwingen uns dazu, den Sonntag als einen besonderen Tag der Ruhe, der Anbetung und des Dienstes für den Herrn zu erkennen.

In einem durch und durch humanistischen Zeitalter, in dem der Mensch im Mittelpunkt steht, donnert ein »Gott zuerst!« vom Sinai herab. Die erste Tafel des Dekalogs proklamiert diese ultimative Botschaft: »Vor allem anderen, o Mensch, gibt Acht auf deine Beziehung zu Gott. Wenn diese Beziehung in Ordnung ist, wirst du leben. Wenn diese Beziehung nicht in Ordnung ist, wirst du sterben.«

Achten wir darauf, wenn wir kurz zurückblicken, dass jedes Thema, das wir studiert haben, sein Zentrum letztendlich in Gott hat. Wenn wir mit unseren Studien fortfahren, werden wir sehen, dass dies bei jedem Maßstab des Lebens genauso ist. Beachten wir ebenso das Ergebnis, wie schnell jeder Maßstab zu bedeutungsloser, kraftloser, ja sogar zerstörerischer Halbwahrheit herabsinkt, wenn Gott nicht der erste Platz in allem eingeräumt wird.

Wahre *Liebe* beginnt und endet bei Gott. Er definiert sie durch sein eigenes Wesen und alle weitere Liebe erreicht ihr Potential nur, wenn sie die Liebe zu Gott als das Höchste hervorbringt. Das *Gesetz* gründet sich auf das Wesen Gottes – auf seinen ausdrücklichen Willen, dass wir sein sollen wie er. Daher bedeutet ein Verstoß gegen sein Gesetz ein Verstoß gegen ihn selbst. Sogar menschliche Autorität leitet sich von Gott ab und muss vor ihm Rechenschaft darüber abgeben, wie diese Verantwortung wahrgenommen wurde. Menschen, die unter der Autorität von anderen Menschen stehen, schulden höchste Treue nur Gott. Alle *Sünde* ist letzendlich gegen Gott gerichtet. Das erkennen wir an der Tatsache, dass Sünde gegenüber Gottes herrlicher Gerechtigkeit zu kurz kommt, dass Sünden der Gedanken und des Herzens entscheidend sind und dass es über all dem hinaus Sünde ist, die ersten vier Gebote zu übertreten. *Begierde* ist ein ins Übermäßige verzerrter von Gott gegebener Reiz und *Begehrlichkeit* ist, von der Wurzel her, Götzendienst. *Stolz* ist der Hauptaspekt der Sünde gegen Gott, weil der Mensch dadurch Gott die Ehre raubt, die er ihm schuldet, und seine Autonomie begründet. Von all den Irrtümern der Situationsethik ist die fatalste die, dass sie Gott in einer nur horizontalen Personalität belässt.

»Gott zuerst« ist deshalb ein mehr als theoretischer, angemessen liebenswerter Anfangspunkt für ein ethisches Konzept. Er ist außerordentlich praktisch und in der Tat der einzige Weg, um all die anderen horizontalen Beziehungen miteinzubeziehen. Gott in Person ist der Anfang und der Endpunkt einer jeden wahrhaft biblischen Ethik.

Anmerkungen

1. Gladys und Gordon Depree, *A Blade of Grass,* (Grand Rapids: Zondervan, 1967), S. 9.
2. John Wesson, »Sunday, Puzzling Sunday«, *Christian Graduate*, September 1973, S. 69.
3. Francis Nigel Lee, *The Covenantel Sabbath,* (London: The Lord's Day Observance Society, 1969), S. 28.
4. Paul K. Jewett, *The Lord's Day,* (Grand Rapids: Eerdmans, 1971), S. 77-79.
5. Ibid., S. 82.
6. Ibid., S. 81.
7. Patrick Fairbairn, *The Typology of Scripture: The Divine Dispensations,* Bd. 2, 4. Aufl., (Edingburgh: T. & T. Clark, 1864), S. 128-29.

Kapitel 7

Sex, Ehe und Familie

Ehre deinen Vater und deine Mutter.
Du sollst nicht ehebrechen.

Die Maßstäbe, die Gott für die menschliche Sexualität gesetzt hat, nehmen in der Heiligen Schrift breiten Raum ein. Sie sind die wichtigsten aller Regeln für die Beziehungen zwischen Menschen. Im Alten Testament nimmt die Warnung vor der Hurerei den zweiten Rang ein, nur noch übertroffen von der Warnung vor dem Götzendienst. Im Neuen Testament heben sowohl Christus selbst als auch die Apostel die eheliche Treue hervor. Paulus schließt die sexuellen Sünden in jede seiner vielen Auflistungen von Sünden ein, und in den meisten Fällen führen sie die Liste an und tragen die stärkste Betonung. Warum sieht die Bibel die Beziehung zwischen den Geschlechtern als so wichtig an?

Sexuelle Treue demonstriert deutlicher als die meisten Tugenden den Zweck des Gesetzes: Das Wohlergehen des Menschen. Die Sexualität ist eine der herrlichsten Gaben Gottes. Aber sowohl die Geschichte als auch leidvolle persönliche Erfahrung führen immer wieder auf eine Grundtatsache zurück. Die tiefe Freude an diesem Geschenk Gottes ist jenen vorbehalten, die den wesentlichen damit verbundenen Grundsatz nicht außer Acht lassen: »Folgen Sie den Anweisungen des Herstellers.«

Diese Erkenntnis kann nicht überraschen. Die menschliche

Natur wurde geschaffen, die göttliche zu reflektieren. Das Gesetz Gottes ist einfach sein ausdrücklicher Wille, dass die Menschen in Übereinstimmung mit seinem moralischen Wesen sein sollen.

Die Betrachtung des göttlichen Wesens öffnet den Blick auf sehr viele Fassetten. »Sein Bild« schließt die moralische Natur Gottes ein und damit auch Treue und Reinheit. Es beinhaltet aber auch die Fähigkeit, vernünftig zu denken, zu erschaffen, zu lieben und geliebt zu werden und sich miteinander zu verständigen. Unter diesen Merkmalen der Gott-Ähnlichkeit hat vielleicht auch die menschliche Sexualität ihren Platz: *»Und Gott schuf den Menschen nach seinem Bild, nach dem Bild Gottes schuf er ihn; als Mann und Frau schuf er sie«* (1Mo 1,27). Die grammatische Struktur dieses Satzes setzt eine direkte Verbindung zwischen den beiden Gedanken nicht zwingend voraus. Gewiss ist nur, dass Gott die Menschen in gewisser Weise sich selbst ähnlich geschaffen hat, und dass er sie in zwei sich unterscheidenden Modellen geschaffen hat: Mann und Frau.

Auf der irreführenden Vorstellung, dieser Vers definiere »Sein Bild« als das eines Wesens mit männlichen und weiblichen Eigenschaften, hat man ganze Lehrgebäude errichtet. Obwohl die Heilige Schrift diesen Aspekt nicht als das einzige oder gar höchste Element der Ähnlichkeit des Menschen mit Gott vorstellt, scheinen einige zeitgenössische Ausleger an der Ansicht festzuhalten, dies sei die Grundbedeutung des hier angesprochenen Bildes. Unter ihnen sind Paul Jewett, Letha Scanzoni und Nancy Hardesty.[1] In der Tat sagt Jewett, Karl Barth – der einflussreiche deutsche Theologe und Vater der Neoorthodoxie – »war der erste wichtige Theologe, der eine derartige Position einnahm.«[2] Aus diesem Blickwinkel betrachtet, bedeutet »Sein Bild«, dass der Mensch ein Gemeinschaftswesen ist wie die göttliche Trinität, und dass die Gemeinschaft von Mann und Frau die höchste und beste Variante von Gemeinschaft sei. Wenn dieser Vers auch keinen Beweis für eine derartige These darstellt, denke ich doch, wir können sicher sein: Wir finden hier und an anderen Stellen der Heiligen Schrift die Vorstellung, dass Männlichkeit und Weiblichkeit und ihre Beziehung zueinander auf irgendeine geheimnisvolle Weise Gottes eigenes Wesen widerspiegeln.

Die Wahrheit ist, dass die Bibel an keiner Stelle »Sein Bild« definiert oder das Konzept erläutert. Aber gewiss können wir – insoweit die Trinität drei Personen in einer ist und diese drei in der einen in Liebe untrennbar miteinander verbunden sind – in der Gottheit das ideale Vorbild für die biblische Ehe sehen. Das ganze Alte Testament ist durchzogen von der Darstellung, Gott sei ein Ehemann und Israel seine Ehefrau. Das Neue Testament zeigt uns Christus als den Bräutigam und die Gemeinde als seine Braut. Beides sind mehr als nur treffende Analogien. Sie sind eine Bemühung Gottes, mit Hilfe einer Illustration in menschlichen Begriffen zu erklären, was und wie die ewigen geistlichen Beziehungen gemäß seinem Schöpfungsplan sein sollen. Die menschliche Ehe scheint mit Vorbedacht entworfen worden zu sein, um die ewige Wirklichkeit der besten aller Beziehungen widerzuspiegeln – die des Vaters, des Sohnes und des Heiligen Geistes und die Beziehung zwischen Gott und uns.

Wenn aber die Ehegesetze ein Spiegel des Wesens Gottes sind und ausdrücklich zum Besten des Menschen aufgestellt wurden, warum werden dann gerade sie am häufigsten übertreten? Zeigt irgendetwas sonst deutlicher die Unabhängigkeit, die Arroganz, die Albernheit, die Verkehrtheit, die Blindheit und die Dämonisierung des Menschen?

Ehe wir die Maßstäbe Gottes für die Ehe und für die Familie näher untersuchen können, müssen wir das wichtige Thema der menschlichen Sexualität näher unter die Lupe nehmen.

Grundsätzliche Überlegungen über die menschliche Sexualität

Angeborene Unterschiede

Der offensichtlichste Unterschied zwischen Mann und Frau ist biologischer Art. Manche sagen, dies sei der einzige wirkliche Unterschied; alle anderen Unterscheidungen seien nur von der Gesellschaft aufgeprägt.

Sicher hat auch die Gesellschaft Unterscheidungen hervorgerufen. Einige von ihnen sind biblisch richtig, andere nicht. Ganz bestimmt ist es legitim, dass in einer American-Football-Mannschaft nur Männer spielen. Natürlich ist es ungerecht, für die gleiche Arbeit einer Frau weniger Lohn zu zahlen als einem Mann. Aber – gibt es denn angeborene psychologische Merkmale, die für das jeweilige Geschlecht einzigartig sind?

Traditionell halten die meisten Gesellschaften daran fest, dass es sie gibt. Ist es nicht nur vernünftig anzunehmen, dass die körperlichen Merkmale, die eine Frau befähigen Kinder zu gebären und zu ernähren, im Plan des Schöpfers mit einer inneren Bereitschaft einhergehen, diese Rolle auch zu bekräftigen? Auch, dass ein Mann größer und stärker ist als eine Frau, könnte auf die Rolle hinweisen, die der Planer für ihn vorsah. Aber diese Annahmen sind überaus heftig angegriffen worden. Die neue Volksweisheit folgt den Verhaltensforschern. Man glaubt, alle psychologischen Unterscheidungen der Geschlechter seien ausschließlich gesellschaftlicher Art – erworbene, nicht eingewurzelte Merkmale. Die Annahme: Wenn die frühe Umgebung alle Mädchen in einer Gesellschaft dazu erziehen würde, dominant und aggressiv zu sein und Führungsrollen zu beanspruchen, dann würde genau dies die Art der Frauen sein. Wenn die Bibel auch vereinzelt stellenweise die traditionelle Sicht zu stützen scheint, gibt sie doch nirgendwo eine eindeutige Antwort auf diese Frage. So können wir sie sicher als nicht ethischer Natur einstufen. Aber wo liegt ihre eigentliche Bedeutung?

Die Ansicht von der »Eingeschlechtlichkeit« der menschlichen Natur erkennt keine angeborenen Unterscheidungen an, mit Ausnahme der grundlegenden körperlichen Unterschiede, die jedermann eingestehen muss, und sei es auch widerwillig. Die meisten derer, die der Eingeschlechtlichkeit das Wort reden, setzen sich auch energisch dafür ein, alle Rollenunterschiede auszumerzen. Akzeptiert werden jene Rollen, die unmittelbar auf den biologischen Funktionen des Körpers fußen und für Vaterschaft und Mutterschaft unerlässlich sind (vielleicht sollte man aus diesem Blickwinkel treffender sagen für »das Befruchten« und für »das Gebären«). Aber alle anderen Rollenunterschiede stehen zur Disposition und könnten sich aus dieser Sicht in der Tat als schädlich erweisen. Die Bibel schweigt zu der Frage angeborener Merkmale. Schweigt sie gleichermaßen zu der Frage der Rollenunterschiede?

Rollenunterschiede

Es besteht kein Unterschied zwischen Mann und Frau als Träger seines Bildes: Beide sind gleichermaßen nach dem göttlichen Muster geschaffen (1Mo 1,27). Beide sind gleichermaßen Sünder, gleichermaßen unter dem Gericht, gleichermaßen erlösungsbedürftig und gleichermaßen potentielle Empfänger der Gnade Gottes. Außerdem: *»... da ist nicht Mann und Frau, denn ihr alle seid einer in Christus Jesus«* (Gal 3,28). Dieser Vers ist der Eckpfeiler der christlich-feministischen Bewegung, und folglich wird über seine Bedeutung ausgiebig diskutiert. Vielleicht bedeutet der Ausdruck »in Christus Jesus« ja einfach »als Christ« oder »vor Gott«, oder er ist eine Entsprechung für »Miterben« (1Petr 3,7). Wenn es so ist, dann bedeutet es einfach, dass Gott bei der Ausgießung seiner Gnade kein Geschlecht benachteiligt. Das ist die Interpretation der meisten Schriftgelehrten. Einige meinen jedoch, daß Paulus hier alle Rollenunterschiede für Christen aufhebt. Diese Auslegung ist jedenfalls allzu weit greifend angesichts eines Verses, in dem es auch heißt: *»Da ist nicht Jude noch Grieche, da ist nicht Sklave noch Freier, ... denn ihr alle seid einer in Christus Jesus.«* Paulus hätte hinzufügen können: nicht Erwachsener oder Kind, nicht Lehrer oder Schüler, nicht alt oder jung. Aber das hält ihn nicht davon ab, an anderen Stellen auf den Rollenunterschieden zu bestehen und auf der damit verbundenen Verantwortung, die ein jeder in seiner Position tragen muss. In der Tat besteht er fortwährend energisch auf den jeweils einzigartigen Verpflichtungen von Diener und Herr, Eltern und Kind, Ehemann und Ehefrau.

Welchen Rollenunterschied macht denn nun die Heilige Schrift zwischen den Geschlechtern? Später werden wir die grundlegende Frage der Rollenverhältnisse in der Ehe erörtern, aber das ist ein ethisches Thema. Die heiß umstrittene Frage der Rollenverteilung in der Gemeindeleitung fällt nicht in den Rahmen dieses Buches. Aber welche Rollenverteilung auch immer die Heilige Schrift für die Familie und für die Gemeinde vorsieht – es ist nicht erlaubt, sie auf der Grundlage biblischer Autorität auf die Gesellschaft als Ganzes auszudehnen. Man kann in dem biblischen Modell für die Ehe ein Musterbeispiel für die Beziehungen von Mann und Frau sehen und sie auf öffentliche oder geschäftliche Beziehungen anwenden, jedoch nicht durch Behauptung der biblischen Autorität, denn die Bibel schweigt über das Thema schriftgemäßer Leiterschaft in Geschäft, Industrie oder Verwaltung. Wie viel weiter entfernt von biblischer Lehre ist auf der anderen Seite die lächerliche und ganz und gar schädliche Ansicht, jede Frau müsse einem Mann untergeordnet sein, mit dem sie verwandtschaftlich verbunden ist.

Gott hat gewisse Frauen als Richter, Propheten und Lehrer autorisiert. Daher ist an sich nichts Sündhaftes daran, wenn in manchem Fall solche Rollen von Frauen ausgefüllt werden: Miriam (2Mo 15,20), Debora (Ri 4,4), Hulda (2Kö 22,14ff; 2Chr 34,22ff), Noadja (Neh 6,14), Jesajas Ehefrau (Jes 8,3), Anna (Lk 2,36-38), die vier Töchter des Philippus (Apg 21,9), Priscilla (Apg 18,24ff) und viele weitere Frauen (1Kor 11,5; Apg 2,17). Das Thema, das wir hier ansprechen müssen, ist die ethische Frage: Ist es Sünde für eine Frau, jemals in einer Führungsrolle Männer anzuleiten? Diese Frage kann – zumindest für den Bereich außerhalb des häuslichen Rahmens und des Rahmens der Gemeinde – auf moralischer Grundlage nicht von der Heiligen Schrift her beantwortet werden. Wer dieses Thema anspricht, muss von pragmatischen oder anderen Grundlagen her argumentieren. Der einzig mögliche Weg, die Bibel in dieses Thema einzuführen, besteht darin, Analogien zu dem aufzuzeigen, was die Bibel über die Beziehungen zwischen Ehepartnern lehrt. Solche Analogien dürfen aber nicht so zurechtgebogen werden, als hätten sie biblische Autorität.

Dennoch gibt es ethische Diskussionspunkte in der zeitgenössischen feministischen Bewegung.

Gleichheit der Geschlechter

Frauen als minderwertige Geschöpfe zu behandeln, wie es durch die ganze Geschichte hindurch die meisten Gesellschaften getan haben, ist ganz klar sündhaft. Von der ursprünglichen Schöpfungsaussage an (1Mo 1,27) über das Beispiel Christi in seinem Worten und Handlungen gegenüber Frauen bis hin zur klassischen Bestätigung des Paulus (Gal 3,28) stehen Männer und Frauen auf der gleichen Ebene vor dem Herrn. Das bedeutet nicht, dass Männer Frauen auf allen Gebieten gleich wären, aber ebensowenig, dass Frauen für jede Rolle gleich kompetent wären wie Männer. Gewiss sind Frauen überlegener als Frauen und Männer überlegener als Männer. Aber im Kern betrachtet Gott, wie wir gesehen haben, Männer und Frauen als Gleichgestellte. Und wir müssen das auch tun, wenn wir Gott ähnlich sein wollen.

Andererseits scheint es mir kaum ein Anzeichen vom Segen stillen Geistes zu sein oder dem Weg zu folgen, der zum Kreuz führt, wenn man Selbstverleugnung mit Unterwürfigkeit und Selbstzerstörung gleichsetzt[3] und streitsüchtig seine Rechte einfordert. Natürlich gebietet uns die Bibel, im Interesse der Niedergetretenen und Unterdrückten um Gerechtigkeit zu kämpfen. Deshalb ist die traurige Dokumentation der Tatenlosigkeit christlicher Männer schandbar, die die Unterdrückung von Frauen zugelassen und sich vielleicht sogar selbst an der Unterdrückung beteiligt haben. Aber das scharfe, ausdrückliche Beharren im eigenen Interesse einiger christlicher Frauen auf ihrer Stellung klingt nicht nach dem, der uns lehrte, die andere Wange hinzuhalten, unsere eigenen Rechte in besonnener Selbstverleugnung zurückzustellen und täglich unser Kreuz auf uns zu nehmen. Dies ist der Weg zur Fülle des Lebens.

Wie es bei heiß diskutierten Themen üblich ist, finden wir auch hier, wenn es um die Rechte der Frauen geht, Sünde auf beiden Seiten. Schuldig sind jene, die Frauen nicht so behandeln, wie es Jesus tat, und die nicht energisch danach trachten, gesunde Familien zu gründen, Gemeinde zu bauen und Gesellschaften zu formen, in denen dieses Ideal wachsen kann. Schuldig sind aber gleichermaßen jene, die auf unbiblische Weise für die Wahrheit kämpfen.

Als Gott den Mann erschuf, formulierte er eine Unzulänglichkeit, eine Unvollständigkeit: Es ist nicht gut, dass der Mensch allein sei. Deshalb erschuf er einen Partner zur Ergänzung (1Mo 2,18). Obwohl wir es vom Wortlaut der Heiligen Schrift her nicht beweisen können, scheint diese Passage doch die Annahme zu stützen, dass diese Ergänzung in erster Linie psychologisch und weniger physiologisch zu sehen ist. Das Alleinsein und die Erschaffung *»einer Hilfe, die ihm entspricht«* verweisen nicht primär auf körperliche Bedürfnisse. Mit anderen Worten: Das anatomische Zusammenspiel von Mann und Frau ist einfach der äußere Ausdruck des ganzen herrlichen Systems von Männlichkeit und Weiblichkeit. Eines Systems, das all das zur aufregenden Vollendung bringt, was Gott beabsichtigte, als er ein Wesen erschuf, das er nach seiner eigenen Natur modellierte. Wenn es wahr ist, dass der Leib eine innere Veranlagung oder eine innere Struktur zum Zusammenspiel hat, dann entwarf Gott das vollständige System »Männlichkeit« mit Sicherheit für besondere Aufgaben oder Rollen, die weit über die simple, zur Erhaltung der Rasse erforderliche Befruchtung hinausgehen. Und das System Weiblichkeit wurde dementsprechend für Rollen geschaffen, die nicht notwendigerweise für die rein körperliche –

und nicht so einfache – Aktivität erforderlich sind, Kinder zu gebären. Nein, die ursprüngliche Idee schloss das ganze Leben ein, äußerlich und innerlich, mit der Fähigkeit zum Zusammenspiel: Als Mann und Frau schuf er sie. Heißt das, die Ehe ist die einzige Möglichkeit für ein menschliches Wesen, vollständig zu sein? Gibt es keine Hoffnung für Singles?

Ehelosigkeit

Es gibt zwei Irrtümer über Ehelosigkeit. Der erste: Ehelosigkeit ist ein Erzübel. Der zweite: Ehelosigkeit ist ein heiligerer Zustand als die Ehe.

Die Bibel lehrt klar die Möglichkeit, dass Menschen die im Willen Gottes ehelos bleiben, zu einer höheren Erfüllung seiner oder ihrer Beziehung mit Gott gelangen können (1Kor 7). Auch Christus lehrte, dass einige Menschen die Fähigkeit haben, um des Reiches Gottes willen ehelos zu bleiben (Mt 19,10-12). Hat jemand diese Gabe nicht, gibt Paulus ganz klare Anweisungen: Er sollte heiraten (1Kor 7,2). Wenn die Umstände jemandem Ehelosigkeit auferlegen, dann sollte er im Glauben um die Fähigkeit bitten, glücklich und leistungsfähig in diesem Gott geweihten Stand zu leben. Folgt man Paulus, dann ist der Gewinn jener, die diese Gabe haben, ein zweifacher: eine ausschließlichere und im Herzen ungeteilte Beziehung mit dem Herrn und das Potential zu mehr unbelastetem Dienst für den Herrn.

Wie kann jemand sagen, ob er »die Gabe hat«? Paulus zeigt uns einen Beweis für den Mangel dieser Fähigkeit: brennen vor Verlangen (1Kor 7,8-9). Wenn der Wunsch nach sexueller Erfüllung so stark ist, dass er einen Menschen zur Sünde veranlasst, dann hat er die Gabe nicht, zumindest nicht bis zu diesem Zeitpunkt. Mehr allgemein sagt Paulus weiter: *»Wer aber im Herzen feststeht und keine Not, sondern Macht hat über seinen eigenen Willen ...«* (1Kor 7,37). Der unverheiratete Mensch, der fähig ist, freiwillig ohne einen Gedanken an Ehe und ohne die verwirrende Beschäftigung mit Angehörigen des jeweils anderen Geschlechts zu leben, sollte über die Möglichkeit nachdenken, dass Gott ihm oder ihr diese besondere Gabe verliehen hat. Wenn jemand um der höheren Ziele willen, die Paulus zum Ausdruck bringt, ein eheloses Leben erwählt hat, dann sollte er Gott um diese Freiheit des Geistes bitten und um die Freiheit von überwältigenden sexuellen Wünschen.

Hat jemand nicht die Gabe, »freiwillig« ehelos zu leben, aber die Umstände des Leben erlegen ihm oder ihr die Ehelosigkeit auf, dann sollte die »Gabe« in gleicher Weise erbeten werden.

Andererseits ist es dennoch *»nicht gut, dass der Mensch alleine sei«*, und so könnte sicher auch ein Gefährte oder ein enger Freund des eigenen Geschlechts ein Teil des Planes Gottes sein (Pred 4,7-12). Statistische Erhebungen scheinen die Hinweise der Heiligen Schrift zu bestätigen, dass die Gabe des Zölibats öfter bei Frauen als bei Männern gefunden wird. So ist zum Beispiel die Selbstmordrate bei unverheirateten Männern mehr als doppelt so hoch wie bei den verheirateten, wohingegen die Rate bei den alleinstehenden Frauen nur wenig mehr als halb so hoch ist wie bei den verheirateten. Die Gabe ist ganz gewiss bei Männern leichter erkennbar, da bei ihnen der sexuelle Drang von Natur aus stärker zu sein scheint und seine Kontrolle folglich schwieriger ist.

Im Gegenzug dazu scheint es, dass der gefühlsmäßige Drang nach einer sicheren intimen Beziehung in der Ehe bei Frauen oft stärker ausgeprägt ist. Folglich ist Kontrolle über die gottgegebenen körperlich-sexuellen Wünsche oder über die gottgegebenen gefühlsmäßigen Wünsche nach Zugehörigkeit erforderlich – jemand könnte eine andere, außergewöhnliche Gabe haben: die Fähigkeit, ohne die übliche Versorgung durch einen Ehepartner zufrieden zu leben.

Aufgrund dessen, was Christus und Paulus über den Stand der Ehelosigkeit gesagt haben und vielleicht auch aufgrund des Beispiels, das sie beide gaben, hat sich die Lehre herausgebildet, die Ehe sei irgendwie nur das Zweitbeste, und Ehelosigkeit sei der bessere oder heiligere Weg. In Wirklichkeit könnte diese Lehre in der Kirchengeschichte insoweit dem Griechischen Dualismus entsprungen sein (in dem die materielle Welt als minderwertig und der Leib als die Quelle des Übels gilt) als er Christus und Paulus missverstand. Wo auch immer die Wurzeln liegen mögen, die Idee ist im christlichen Denken fest verwurzelt, wie man leicht am Zölibatsgesetz für die Priester der römisch-katholischen Kirche sieht. Aber die Bibel lehrt eindeutig die Ehe als den Weg Gottes (1Mo 2,18; Spr 18,22; 1Tim 3,2; 4,1-3; 5,14; Hebr 13,4), als seinen Plan für seine Kinder. Und die Annahme, an sexuellen Handlungen in einer ehelichen Verbindung sei irgendetwas Unreines oder Verunreinigendes, ist grundsätzlich falsch und wird ein Merkmal falscher Lehre in den letzten Zeiten sein. Doch nun wollen wir uns der Betrachtung des großen biblischen Themas der Ehe zuwenden.

Der Zweck der Ehe

Die Bibel beginnt mit einer Hochzeit und sie endet mit einer Hochzeit. In der Mitte finden wir das großartigste Liebeslied der menschlichen Literatur, und das erste Wunder, das Christus wirkte, heiligte eine Hochzeit.[4] Und doch sagt J. Allan Petersen, eine führende Autorität in Sachen Ehe: »Mindestens 75 Prozent aller Ehen sind Misserfolge.«[5] Einige Pastoren bezeugen, sie hätten noch nie eine wirklich glückliche Ehe gesehen. Wir werden überschwemmt mit Eheseminaren und Büchern über die Ehe. Doch auch die Invasion einschlägiger Ratgeber kann den Bedürfnissen der Menschen nicht begegnen, die händeringend nach Heilung für kränkelnde eheliche Beziehungen suchen. Die Schwierigkeiten scheinen zu wachsen, nicht abzunehmen.

Viele Menschen haben durch psychologischen Rat wirkliche Hilfe gefunden und einige Ratgeber tun auch mehr, als Geschwüre unter Pflastern zu verbergen. Aber nach meinem Urteil sind 90 Prozent aller ehelichen Probleme eine unmittelbare Folge von Sünde. Gehorsam gegenüber der einfachen Lehre der Heiligen Schrift allein würde in den meisten Fällen zu der Art von Ehe führen, die Gott im Sinne hat. Erörtern wir einmal die Zwecke der Ehe.

Ganzheit

Der Mensch ist in sich selbst unvollständig. Er braucht einen Gehilfen (1Mo 2,18-25; Mt 19,3-6). Daher ist dies der erste Zweck der Ehe: Kameradschaft, Einheit, Ganzheit – Liebe. Werfen wir einen Blick auf die Worte des populären Predigers Robert Schuller:

> Abby ist eine Kolumnistin, deren Kolumne in mehr als 900 Zeitungen erscheint. Sie sagte zu mir: »Dr. Schuller, Einsamkeit und das damit verbundene Bedürfnis nach Liebe ist das Problem Nummer Eins, dem sich die Leute ausgesetzt sehen.« Sie erzählte mir, dass sie in einer Woche mehr als 10.000 Briefe erhält, und uns selbst erreicht etwa die gleiche Zahl. Wir stimmten darin überein, dass der menschliche Hunger nach Annahme und Verständnis das tiefste all seiner Bedürfnisse ist. Ein Grund dafür, dass unsere Gesellschaft so sehr von Einsamkeit infiziert ist liegt darin, dass sich der Geist selbstsüchtigen Freiheitsdenkens so weithin ausgebreitet hat. Wir wollen nicht den Verlust unserer persönlichen Freiheit riskieren, indem wir uns binden lassen. Wir wollen nicht unsere Freiheit verlieren, indem wir das Risiko langfristiger Verpflichtungen auf uns nehmen. Wir haben heute so eine Menge einsamer Menschen, weil die Abneigung, dauerhafte Verpflichtungen einzugehen, ihren Preis hat. Er besteht darin, das Leben auf einer Ebene zu führen, auf der alle Beziehungen nur vorübergehend sind. ... Wenn wir nicht bereit sind, etwas von unserer Freiheit aufzugeben, indem wir dauerhafte Bindungen eingehen, dann müssen wir bereit sein, den Preis der Einsamkeit zu zahlen. Liebe macht Schluss mit der Einsamkeit, aber auf der Liebe klebt ein Preisschild. Der Preis der Liebe ist die Verpflichtung zur Beständigkeit.[6]

Zeugung von Kindern

Der erste Mann und die erste Frau wurden angewiesen, fruchtbar zu sein und sich zu vermehren (1Mo 1,28). Natürlich tun Tiere das auch, aber mit einem wesentlichen Unterschied. Die Heilige Schrift stellt uns ein Modell der Familie vor, in dem die Eltern die volle Verantwortung tragen, für ihre Kinder zu sorgen. Nach Gottes Muster ist die Zeugung in den Zusammenhang der Familie eingebettet. Der menschliche Zeugungsakt ist also von Gott als ein Teil des Familienpakets entworfen worden und nicht als bloße tierische Fortpflanzung.

Trotz Gottes Ziel für Ehepaare, Kinder zu haben, entscheiden sich viele gegen die Elternschaft.

> »Wenn Sie alles noch einmal machen könnten, würden Sie dann Kinder bekommen?« Als Ratgeberkolumnistin Ann Landers ihren Lesern diese Frage stellte, antworteten 10.000 von ihnen, und 70 Prozent sagten: »Nein.« ... Die Briefe fielen grob in drei Kategorien: Briefe von älteren Leuten, deren Kinder sich nicht um sie kümmern; Briefe von jüngeren Leuten, die betroffen sind von der Überbevölkerung, und Briefe von Leuten mit kleinen Kindern, die meinen, dass die Elternschaft ihren Lebensstil einschränkt.[7]

Noch einmal – es ist die menschliche Selbstsucht, die hier Gottes Plan aus den Gleisen wirft. Ich behaupte nicht, dass das (Adam und Eva gegebene und gegenüber Noah wiederholte) Gebot »füllt die Erde« für jedes Ehepaar bindend ist, das Gott gehorchen will. Außerdem könnte die Ausführung dieses Auftrags in einer Welt offenbarer Überbevölkerung Veränderungen unterliegen. Das ist ein Gebot Gottes, dem die Menschheit schlechthin gehorsam gewesen ist! Und weiter: So wie einige berufen sind, um des Reiches Gottes willen auf eine Ehe zu verzichten, so könnten einige Ehepaare berufen sein, um des Reiches Gottes willen auf die Elternschaft zu verzichten oder sie zu verschieben. Aber die Motive, aufgrund derer Ehepaare freiwillig kinderlos bleiben, müssen untersucht werden. Denn es ist ein Ziel in Gottes Plan für die normale Ehe, Kinder zu haben (Ps 127,3-5).

Die Schönheit von Gottes Plan wird sichtbar in der überströmenden Freude, die ein kleines Kind in die Familie hineinbringt, in den starken jungen Erwachsenen und ihren Eltern, die gegenseitig füreinander sorgen und in der Kameradschaft und Sicherheit, mit der Kinder ihre alt gewordenen Eltern versorgen – ganz zu schweigen von der Ehre, die Gott durch jede neue Generation derer erwiesen wird, die ihn lieben und ihm dienen. Gottes Plan ist gut.

Die Darstellung von Liebe

Die eheliche Verbindung wird in der ganzen Heiligen Schrift dazu verwendet, uns über die Beziehung zu belehren, die Gott zu den Menschen haben möchte (z. B. Eph 5,22-23). Dies ist das dritte Ziel der Ehe. Gott ist Liebe, und aus dem

Überfluss dieser Liebe zwischen Vater, Sohn und Heiligem Geist entsprang die Erschaffung eines Wesens nach dem gleichen Muster. Eines Wesens, entworfen, um zu lieben und geliebt zu werden, wie in dem göttlichen Modell. Was ist tatsächliche Wirklichkeit, was Widerspiegelung? Bei einer guten Widerspiegelung ist das manchmal schwer zu erkennen. In einer Hinsicht jedenfalls sind die Gott-Mensch-Beziehung und die Ehemann-Ehefrau-Beziehung sehr real und stehen in einer Wechselbeziehung. Die männlich-weibliche ist vergänglich und unvollkommen, denn menschliche Wesen sind endlich und von der Sünde beschädigt. Die göttlich-menschliche ist hingegen ewig. Aber je mehr wir über eine der beiden Beziehungen lernen, desto besser verstehen wir die andere.

Wir wollen nun den ersten Zweck der Ehe, die Einheit von Ehemann und Ehefrau, im Detail betrachten.

Exkurs: Drei Elemente des Ganzheitsprinzips

Gottes erster Zweck der Ehe ist liebende Gemeinschaft und Ganzheit, aber die grundlegende Zutat zur Erreichung dieser positiven Ganzheit ist eine negative: Trennung. Ein Mann muss seinen Vater und seine Mutter verlassen, bevor er seiner Ehefrau in angemessener Selbstverständlichkeit anhangen kann (1Mo 2,24). Die Bibel enthält reichliche Beweise dafür, dass diese Trennung im Wesentlichen nicht physisch oder geographisch gemeint ist. Die psychische Trennung in dem Sinn, dass in der primären Zusammengehörigkeit ein Stellenwechsel vorgenommen wird, legt den Grund für eine erfolgreiche Ganzheit in der Ehe.

Diese Trennung schließt auch alle anderen ausschließlichen oder sexuellen Beziehungen ein. Alle sich daran orientierenden Gesetze über die Ehe betonen die eine Absicht Gottes: Zwei, die miteinander ehelich verbunden sind, dürfen keinerlei sexuelle Beziehungen seelischer oder körperlicher Art mit Dritten haben. Diese negative Trennung schafft die unentbehrliche Grundlage für die drei positiven Elemente dieser Einheit, die Gott im Sinn hatte. Es sind die Einheit von Herz und Gemüt, die Einheit des Leibes und die Einheit in der Beziehung zu Gott.

Einheit in Herz und Gemüt

Das erste positive Element der Einheit ist nicht die körperliche Vereinigung (deren allgemeine Verherrlichung als »Sex« Sitte geworden ist), sondern die gegenseitige Vervollständigung in einer Liebesbeziehung, die das ganze Leben umfasst.

Auch die körperliche Einheit kann nicht in höchst befriedigender Weise erfüllend sein, wenn es nicht bis zu einem gewissen Grad auch Einheit im Geist gibt, weil Sex in der Wurzel ein psychisches Phänomen ist. Die Einheit der Herzen bietet die Plattform für die Freisetzung der höchsten körperlichen Ekstase, und das führt weit über die augenblickliche körperliche Höchsterregung hinaus zu einer gegenseitigen Befriedigung und Erfüllung in allen Lebensbereichen.

Der biblische Standard für Einheit und Ganzheit ist Liebe, die einschließt, dass man Interessen, Aktivitäten, Wünsche und Ziele miteinander teilt. Natürlich können Partner Interessen und Aktivitäten unabhängig voneinander haben, aber ihre Einheit in der Beziehung und ihr liebendes Selbstverständnis setzen offene Aussprache in allen Lebensbereichen voraus. Die gegenseitige Verständigung ist der Schlüssel zum Einssein miteinander. Ohne das wird wahre Einheit eine Illusion bleiben.

Aber Einheit ist mehr als hingebende Liebe und offener Austausch miteinander, die oftmals auch andere menschliche Beziehungen charakterisieren können und oft auch sollten. Sie allein werden eine Ehe nicht lange zusammenhalten. Der romantische Überschwang der Jungvermählten verbraucht sich schnell unter dem Einfluss der rauhen Lebenswirklichkeit, in der zwei unabhängige Wesen aneinander gekettet sind. Besonders dann, wenn die Wünsche des einen beginnen, mit den Wünschen oder Rechten des anderen zu kollidieren. Das Reden miteinander kann eine Waffe zur Zerstörung der Einheit sein; ebenso gut aber auch der Weg zu liebendem Einssein. Was ist hier die wesentliche Zutat, wenn es nicht Liebe ist?

Der Schlüssel zu einer erfolgreichen Ehe und der Zement, der zwei Menschen auf Lebenszeit zusammenhält, ist gegenseitiges, verpflichtendes Engagement – eine ausschließliche Vertragsbeziehung, die nicht veräußerbar ist. Das ist die einzige Basis für wahre Einheit in der Ehe. Ohne diese Verpflichtung zu Treue und Loyalität ist jede Beziehung zu zerbrechlich, um bestehen zu können – ungeachtet dessen, wie groß die Liebe am Anfang war. Darüber hinaus ist ohne diese Verpflichtung eine ständige Unsicherheit da, die die Beziehung untergräbt und das Bekenntnis der Liebe Lügen straft. Einer, der Erfahrungen mit einer solchen nicht verpflichtenden Beziehung gesammelt hat, bezeugt:

> Du kannst nicht zu jemand sagen: »Ich liebe dich. Lass uns zusammenleben und sehen, was passieren wird.« Bei solchen Beziehungen kann jeder der beiden von einem Augenblick zum anderen alles zerbrechen und gehen. Die Folge: Du kannst niemals wirklich du selbst sein und du kannst dich niemals frei fühlen, Wünschen des Partners nicht zuzustimmen. Du musst immer fürchten, den anderen zu verlieren. Du hast niemals die Freiheit, deine tiefsten Empfindungen mitzuteilen. Du musst dich immer zurückhalten. Die Beziehung hat keine Chance zu wachsen, denn sie fußt auf einer an Bedingun-

> gen geknüpften Akzeptanz – das ist das Band, das die Selbstgenügsamkeit von zwei Menschen zusammenhält, die sich in etwas selbst beschränken, das sie höflich eine bedeutungsvolle Beziehung nennen. Andererseits sagt wirkliches gegenseitiges Engagement: »Ich bin bereit, mein Leben mit dir zu verbringen, um dich wachsen zu sehen.« ... Andere meinen: »Solange wir beide uns lieben werden ...« Liebe kann kalte Stellen haben, und sie allein wird niemals genügen, zwei Menschen zusammenzuhalten. Es ist das Engagement, die Verpflichtung, die sie schwierige Zeiten überstehen lässt. Es ist die Verpflichtung, die Gott zwischen einem Mann und einer Frau als Bindeglied sehen will. Deshalb hat er die Ehe gestiftet – um einer lebenslangen Verpflichtung Ausdruck zu verleihen.[8]

Natürlich kann es in einer Ehe die gleiche Unsicherheit geben – und das gleiche Resultat. Der Verlust der Integrität, wenn Eheschwüre nicht länger als Schwüre gesehen werden und wenn Liebe nicht länger als lebenslange Verpflichtung definiert wird, ist einer der größten Verluste der Evangelikalen unserer Zeit.

Die Ehe ist Zeichen und Darstellung von Gottes Charakter als dem großen Vertragspartner des Menschen, der Verträge schließt und hält. Die entscheidenden Elemente eines Vertrages sind Treue und Integrität, nicht Gefühle. Es sind nicht romantische Gefühle, nicht Anpassung, nicht sexuelle Vereinbarkeit, die den Erfolg einer Ehe möglich machen, sondern jemandes Treue gegenüber seinem Vertragsgelöbnis. Der Vertrag ist das entscheidende Lebenszentrum.

So ist die Verpflichtung der sicherste Beweis für wahre, ehelich geeignete Liebe, und Liebe ihrerseits ist die stärkste Untermauerung der Verpflichtung. Aber Einheit des Geistes ist nicht das einzige Element biblischer Einheit in der Ehe.

Körperliche Einheit

Als Gott Eva erschuf und sie Adam zuführte, sagen die Worte klar: Sie werden ein Fleisch werden. Das ist eines der großen, freudevollen, zwanglosen Themen des Liedes der Lieder. Darüber hinaus lehrt die Bibel in jedem Zeitalter ganz offen, dass dies der gute Wille Gottes ist (2Mo 21,10; Spr 5,15-19; 1Kor 7,3-5; Hebr 13,4). Das biblische Ziel der körperlichen Vereinigung ist eindeutig gegenseitige Befriedigung. Wir werden in der Heiligen Schrift nicht einen Grund für die Annahme finden, irgendetwas an dieser intimen gegenseitigen körperlichen Hingabe müsse als pervers oder falsch betrachtet werden, so lange es gegenseitiges Entzücken daran gibt. Ist aber die Befriedigung nicht gegenseitig, besteht ein Partner selbstsüchtig auf seinem oder ihrem Vergnügen auf Kosten des anderen, dann ist das Gesetz der Liebe verletzt worden.

Die körperliche Vereinigung bedarf zur intimsten und ekstatischsten Gemeinschaft der Einheit der Herzen, und sie stärkt sie im Gegenzug wiederum. In der Tat ist jede Einheit grundlegend für die Erfüllung der anderen. Auch wenn sich zwei Menschen im Ehegelöbnis einander verpflichtet haben, sind sie nicht einsgeworden, ehe nicht die körperliche Vereinigung vollzogen ist. Und wenn sich zwei Menschen ohne Eheverpflichtung – oder in Ehebanden aber ohne das Band der Liebe – körperlich vereinigen, bleiben sie unvollständig.

Einheit in Gott

Nach Gottes Absicht wird die Beziehung zwischen Ehemann und Ehefrau in ihrer Einheit mit Gott vollendet. Die Beziehung zwischen Adam und Eva begann sich zu verschlechtern als sie sich entschieden, sich von Gott zu entfremden. Vielleicht war ihre Erfindung der Kleidung die unmittelbare Reaktion und der erste Beweis für die Gegenseitigkeit der beiden Beziehungen, horizontal zwischen Ehemann und Ehefrau und vertikal zwischem jedem der beiden und ihrem Herrn. Einheit in Christus verleiht der menschlichen Beziehung Tiefe und bleibende Kraft.

So stärken sich in Gottes wunderbarem Schema der Ehe die drei Einheiten – die Einheit des Herzens und Gemütes, die Einheit des Leibes und die Einheit in Gott – gegenseitig in einer herrlichen, aufwärts führenden Spirale, hin zur Erfüllung der Ziele Gottes mit der Ehe.

Da Gott die Ehe als etwas so Gutes geplant hat, ist es nicht weiter verwunderlich, dass er aus Liebe für die Seinen auch Schutzvorrichtungen geschaffen hat, damit sie gut bleibt. Sie sind notwendig, weil Gottes Plan viele Feinde hat und weil es viele Möglichkeiten gibt, die menschliche Sexualität zu missbrauchen und so zu zerrütten und zu zerstören, was Gott mit der Ehe im Sinne hatte. In der Tat ist alles der Feind von Gott und Menschen, was einen aus der Einheit der beiden herausbricht, die Gott miteinander verbunden hat, alles, was das Gezeugte beseitigt und alles, was die Spiegelung des Wesens Gottes in der menschlichen Ehe verzerrt.

Verzerrungen der Ziele Gottes mit der Ehe

Die Ehe mit einem Ungläubigen

Der erste Zweck der Ehe ist liebende Gemeinschaft – die Einheit von zwei Menschen in einer Beziehung, die das Wesen Gottes selbst widerspiegelt (siehe Eph 5,22-23). Eine Möglichkeit, diese Einheit von Beginn an zu verletzen besteht darin, einen ungläubigen Partner zu heiraten. Einen Ungläubigen zu heiraten offenbart eine sehr geringe Erkenntnis über die Ehe, über jemandes Beziehung zu Gott oder über beides. Um das Einssein zu vervollständigen, ist die Einheit im Geist die erste Voraussetzung. Wenn die wichtigste Beziehung im Leben eines Menschen die mit Gott ist, wie kann dann ein Paar Gemeinschaft von wirklicher Tiefe haben, wenn einer der beiden mit Gott geht und der andere nicht?

Aber die Ehe mit einem ungläubigen Partner vermindert nicht nur das Potential für die Erfüllung des ersten Zwecks der Ehe, es gefährdet auch in hohem Maße die Erfüllung des zweiten – die Erziehung von Kindern in einer gottesfürchtigen Umgebung. Und schließlich wird der dritte Zweck der Ehe völlig ausgeschlossen – die Darstellung der Beziehung, die Gott mit den Seinen wünscht. Wenn der gläubige Partner seine Beziehung mit dem Herrn aufgibt, kann auf gottloser Basis ein gewisses Maß an Einheit erzielt werden, so, als wären beide ungläubig. Aber wenn der Ungläubige nicht zu Christus kommt, kann keine christliche Ehe geführt werden und es kommt nicht zur Erfahrung der Einheit auf höchster Ebene.

Auf jeden Fall verbietet die Bibel ausdrücklich eine derartige Verbindung (5Mo 7,3-4; Neh 13,23-27; 1Kor 7,39; 2Kor 6,14-18). Natürlich soll jemand, der mit einem Ungläubigen verheiratet ist, verheiratet bleiben (1Kor 7,12-13). Obwohl die Vereinigung eingeschränkt sein wird, ist das nach Paulus besser als Scheidung.

Wie soll man sich – außer biblischem Rat und Gebet gegen die Ausführung des Plans – gegenüber einem Christen verhalten, der vorhat, einen ungläubigen Partner zu heiraten? Jeder Diener am Evangelium, der an der Eheschließung zwischen einem gläubigen und einem ungläubigen Partner mitwirkt, hat Teil an der Sünde. Wenn wir das hier so sagen, muss allerdings betont werden, dass Christen, auch Pastoren, sich so gegenüber einem Christen verhalten müssen, der unter das Joch einer unbiblischen Ehe gebeugt ist, dass eine vertrauensvolle Beziehung aufrecht erhalten wird – auch dann, wenn er den biblischen Rat zurückweist. Weil die Fortführung der einmal vollzogenen Ehe im Willen Gottes liegt, ist es für Christen wichtig, dem gläubigen Partner zur Buße über seinen Ungehorsam gegen Gott zu helfen. Ebenso wichtig ist es, ihn beim Aufbau einer ehrlichen ehelichen Einheit zu unterstützen, soweit das in der Mischehe überhaupt möglich ist. Nur in der Erkenntnis und im Bekenntnis der Sünde wird der christliche Partner in der Lage sein, die Kinder »zu segnen« (1Kor 7,14), dem ungläubigen Partner ein christusähnliches Bild zu bieten und – hoffentlich – diesen Partner für den Herrn zu gewinnen.

Konflikte und ihre Hauptursache

Stress und Ehekonflikte, sagt man, verursachen ernste Schäden in 60 bis 90 Prozent der christlichen Ehen. Zahllose Seminare, Bücher und Ratgeber widmen sich der Eindämmung dieses epidemisch zunehmenden Übels. Dennoch scheint sich die Infektion auszubreiten und zu vertiefen. Die überwiegende Mehrheit dieser »Schlachtfelder« benötigen nicht wirklich sexuelle oder psychologische Korrektur. Mit den angewandten Therapien wird der Krebs oft einfach verpflastert und die wirkliche Krankheit tiefer ins Fleisch hineingetrieben. Das Wurzelproblem ist in den meisten Fällen altmodische, sündige Selbstsucht. »Am Grund von 90 Prozent aller Eheprobleme finden wir mangelnde Reife«, sagt der weithin gelesene Ratgeber Norman Vincent Peale.[9] Einheit ist nicht möglich ohne Selbsthingabe als Lebensstil, und zwar auf beiden Seiten. Sobald einer oder beide auf persönlichen Rechten oder Selbstverwirklichung bestehen, anstatt sich in Liebe für den anderen persönlich aufzuopfern, wird wahre, beständige Einheit unmöglich.

Ehebruch

Die ärgste Verletzung der Ehe ist Ehebruch, der im Alten Testament vernichtender Kritik direkt nach dem Götzendienst unterzogen wird und im Neuen Testament die erste Stelle der Sündenliste einnimmt. Untreue, in den meisten Gesellschaften ein Kavaliersdelikt und Gemeinplatz, hatte in der westlichen Gesellschaft bis vor kurzer Zeit nur wenige Fürsprecher. Nun aber wird Ehebruch von den populären Medien und von vielen Verhaltensforschern unterstützt.

> Vielen Experten sind Zweifel an unserem Kulturglauben gekommen, dass die Mehrheit der Männer und Frauen in Monogamie und ehelicher Treue am glücklichsten sind. Es könnte ja sein, dass viele von denen, die in Treue gegenüber einem einzelnen Partner verharren, ihr ganzes Leben lang teuer dafür bezahlen – mit Frustration, Verstimmung ihrer Partner und dem Absterben ihrer Gefühle.
>
> Das abgelehnte Modell scheint besser zu den emotionalen Kapazitäten und Bedürfnissen vieler Menschen, insbesondere Männern, zu passen. Es bietet Erneuerung, Erregung und die Beständigkeit persönlicher Wiederentdeckung früherer Erfahrungen. Es ist die Antwort auf die Langeweile lebenslanger Monogamie. Wir sind polygam von Natur.[10]

Hunt unterstreicht diese Philosophie, indem er an die Autorität führender Psychiater und Psychologen appelliert. Doch die Gesetze der Reinheit, die Gottes wunderbares Geschenk der Sexualität umgeben, sind wie all seine Gesetze zu unserem Besten geschaffen (5Mo 10,12-13). Ihre Verletzung bedeutet Verlust, nicht nur, weil Gott Strafe androht, obwohl das Grund genug für vorsichtigen Gehorsam wäre. Aber Gott hat diese Maßstäbe aufgestellt, um uns vor dem Verlust zu schützen, der mit einer gewissen Verhaltensweise verbunden ist und uns auf die Belohnungen hinzuweisen, die das natürliche Resultat einer anderen sind. Die Verletzung von Gottes Gesetz der Reinheit bringt Zerstörung, ebenso wie die Verletzung von Gottes Gesetz der Schwerkraft. Wer Gottes Gesetze hält, sorgt für sein eigenes Wohlergehen. Eheliche Treue ist gut, weil sie die Beziehungskraft zwischen den Ehepartnern maximiert. Sie verstärkt selbst den Sex; sie schützt die verwundbarere Ehefrau; sie sorgt für die Atmosphäre, die die Kinder benötigen, um als heile Menschen aufzuwachsen, und sie schützt die Beziehung eines Menschen mit Gott.

Die Ehe ist zu gut, um eine Verminderung ihres Potentials zu riskieren. Die Menschen wurden für eine liebevolle, beständige, ausschließliche, sichere, intime Beziehung geschaffen. Sex ist ein beglückender Teil davon. Er bringt die andauernde Einheit des Geistes von Zeit zu Zeit zu einem auserlesenen Höhepunkt und steigert sie. Wenn jedoch die körperliche Intimität aus den verschiedenen Elementen der ehelichen Beziehung herausgelöst und separat benutzt wird, beschmutzt das die ganze Beziehung. Das Vertrauen wird niemals wieder ganz dasselbe sein, und oft dringt im Denken eines oder beider Partner eine dritte Partei in die eheliche Vertrautheit ein. Die Einheit ist zerbrochen. Der entstehende Riss ist in der Tat so ernst, dass Christus selbst darauf hinweist, er könnte legitim als vollständig und dauernd bestätigt werden (Mt 5,32), obwohl dies keine empfohlene oder erforderliche Reaktion auf Untreue ist.

Eheliche Treue maximiert selbst den Sex. Die Selbstzucht, seine sexuellen Fantasien allein auf den Ehepartner auszurichten hat den großen Vorteil verstärkter sexueller Erfüllung. Darüber hinaus bleibt die Reinheit des Herzens geschützt vor den Täuschungen einer unwirklichen Welt, geschaffen von geschickten Fotografen und Maskenbildnern. Die in unserer Gesellschaft beständig aufrechterhaltene Illusion füllt die Welt mit jungen, schönen, verfügbaren, eifrigen, vollkommenen Körpern, die nur auf die Eroberung smarter Playboys oder Playgirls warten. Man wird leicht zu dem Gedanken verführt, man verpasse etwas, und indem man seine Vorstellung auf dieser Schiene nährt, legt man den Grund für das Versagen in einer Ehe, die mit dem Zauberbild nicht konkurrieren kann. Wenn jemand niemals in eine derartige Traumwelt hinabgestiegen ist, wird er schneller und völliger entdeckt haben, dass die sexuelle Erfüllung am tiefsten, am dauerhaftesten und fortwährend ansteigend nur in der Bindung von zwei Menschen ist, die ausschließlich und beständig ein Fleisch geworden sind. Die Unsicherheit einer vorläufigen Beziehung oder einer beschmutzten Ehe nimmt der sexuellen Aktivität das Herz. Wenn man nicht sicher ist, dass er oder sie eine unbedingte, dauerhafte Liebesbeziehung wert ist; wenn man nicht sicher ist, dass er oder sie nicht einfach nur ein begehrenswertes oder verfügbares Sexobjekt ist, dann hat der Sex-Spaß einen hohlen Klang, einen bitteren Nachgeschmack und ist gekennzeichnet von nachlassender Befriedigung.

Es ist behauptet worden, Abwechslung vertiefe das sexuelle Vergnügen. Vielleicht ist das so. Deshalb bemüht der liebende Partner im Sexspiel seine Vorstellungskraft, Spannung, Überraschung. Abwechslung in der Partnerwahl jedoch führt zum Verlust aller anderen Bestandteile, die die sexuelle Erfahrung zu dem ekstatischen Höhepunkt machen, als der er entworfen wurde.

Eheliche Treue ist ein besonderer Schutz für den verwundbarsten Partner, die Ehefrau. Verwundbarer ist sie aus mindestens drei Gründen. Zunächst einmal greift ihr stärkster Trieb nicht so sehr nach körperlichem Sex wie nach Zugehörigkeit. Wenn sie ihren Körper in den sicheren Bindungen einer beständigen Zugehörigkeit mit ihrem Mann teilt, ist sie zufrieden. Wenn aber die Zugehörigkeit eine Illusion, oder zeitlich begrenzt oder ungewiss ist, dann leidet sie im höchsten Grad Verlust. Ein Verlust, den die meisten Männer noch nicht einmal verstehen, geschweige denn erfahren.

Wenn zum zweiten die körperliche Beziehung die höchste Wertigkeit hat, kann sie nur für wenige Jahre konkurrieren. In unserer Gesellschaft erleidet der Mann nicht das gleiche Schicksal wie die Frau. Werbung, Medien und kulturelle Sitten scheinen zu diktieren, dass die körperliche Attraktivität einer Frau in direktem Verhältnis zu ihrer Jugend steht. Doch eine wirkliche Ehe richtet ihr Augenmerk auf die Einheit des Herzens, und im Bereich des Geistes haben beide Partner das Potential, im Laufe der Jahre mehr und mehr an Schönheit zuzunehmen. Wenn dies die Basis ist, dann wächst die Frau mit den Jahren in ihrer sexuellen Anziehungskraft, weil sich diese Anziehungskraft aus dem völligen Einssein mit dem Partner nährt, liebend Leben gibt; zeitlebens in der Fülle miteinander geteilter Erfahrungen.

Der dritte Bereich größerer Verwundbarkeit: In unserer Gesellschaft gehört die aggressive Partnersuche nicht zur Rolle der Frau. Obwohl sich das inzwischen etwas gewandelt hat, liegt die Rate der Männer, die wieder heiraten, weit oberhalb der von Frauen. Aus diesem Grund bedeutet eine zerbrochene Ehe für die Ex-Ehefrau sehr oft dauernde Einsamkeit, die der Ex-Ehemann oft nicht erfahren wird. Und schließlich wird die Frau, die nach einer zerbrochenen Ehe mit Kindern zurückgelassen wird, auf die unterste Sprosse der finanziellen Leiter hinabgestoßen.

Treue ist auch eine Voraussetzung für jene Art häuslicher Atmosphäre, in der Kinder in Ganzheit zur Reife heranwachsen können. Die Liebe, die Zuverlässigkeit, die Integrität, die Loyalität – sie alle sind grundlegende Elemente. Untreue sagt einem Kind: »Deine Mutter ist nicht viel Wert, und dein Vater ist ein Lügner und Betrüger. Überdies ist Würde nicht annähernd so wichtig wie Vergnügen. In Wirklichkeit, mein Sohn, ist meine eigene Befriedigung wichtiger als du.« Eine solch häusliche Umgebung ist so ziemlich die übelste Atmosphäre, in der ein Kind aufwachsen kann. Das größte Geschenk, das Eltern ihren Kindern geben können, ist die Demonstration zuverlässiger, liebender Bindung aneinander.

Schließlich ist eheliche Treue unabdingbar, wenn ein Mensch von Gott angenommen sein will. Sünde trennt von Gott, und geistige und körperliche Unreinheit ist ein Weg, die Gemeinschaft mit Gott abzubrechen. Noch wichtiger: Es ist ein Weg, ihn schmerzlich zu kränken. Der betrügerische Partner schädigt nicht nur sich selbst, seinen Ehepartner und seine Kinder, er *»kreuzigt den Sohn Gottes«* (Hebr 6,6). Gegenseitig zugefügte Verletzungen sind unbedingt Verletzungen Gottes selbst, wie Joseph bestätigt (Gen 39,9). Das musste auch David erfahren (Ps 51,4), und der Prophet verkündigte es (Am 2,7).

Künstliche Befruchtung

Verletzt künstliche Befruchtung den Bund der Ehe? Die künstliche Befruchtung einer Frau mit dem Sperma ihres Ehemanns verstößt sicherlich nicht gegen das Gesetz über Ehebruch. Wie ist es aber mit dem Sperma eines anderen Spenders? Oder mit dem Einsatz einer Ersatzmutter? Oder mit der Implantation der befruchteten Eizelle einer anderen Frau in die Gebärmutter einer unfruchtbaren Ehefrau? Die Bibel spricht nicht direkt über diese Dinge.

Finden wir ein Beispiel in der alttestamentlichen Praxis der nicht (in dieser Weise) künstlichen Befruchtung durch den Bruder eines verstorbenen Ehemannes (5Mo 25,5-10)? Ist es bezeichnend, dass dieser Ausnahmefall so genau definiert ist? Diesen Dienst konnte nicht irgendjemand ausführen.

Obwohl wir an keiner Stelle der Heiligen Schrift ein direktes Verbot künstlicher Befruchtung finden mögen, scheint es dennoch, dass dieses Thema bei vielen Menschen tiefgreifende psychologische Reaktionen aufrührt. Vielleicht gibt es dafür gute Gründe.

Medizinische Prozeduren zur Befruchtung vereinigen die beiden Teilhabenden gewiss nicht zu »einem Fleisch«, und die tiefere Einheit des Geistes ist völlig abwesend. Normalerweise ist der Samenspender der Empfängerin nicht einmal bekannt, so dass diese Gründsätze der Ehe nicht verletzt werden. Dennoch bezeugen die meisten Menschen, in dieser Sache unschlüssig zu sein. Weist dieses Unbehagen hinsichtlich der Prozedur auf eine höhere Ebene der Einheit hin – das große Geheimnis der Teilhaberschaft bei der Erschaffung des Lebens?

Natürlich – unvernünftige Schuldgefühle des Partners, der in diesem Schöpfungsprozess »versagt« hat, sind Teil eines Traumas, das viele erlitten haben. Und sicherlich wird der Argwohn eines Mannes, ein Kind der Ehefrau könnte nicht von ihm sein, zu einer Quelle fortwährenden Unbehagens. Aber ich kann nicht guten Gewissens behaupten, solche Prozeduren seien in den Augen Gottes unzweifelhaft sündig.

Man könnte die Methode sogar als ethisch neutral bezeichnen; sie ist indes nicht eben weise. Wenn Gott der Eine ist, der den Mutterleib öffnet und verschließt (1Mo 29-30; 1Sam 1,5; Ps 127,3; Jes 66,9), wenn Kinder sein Erbe sind, dann sollten wir vielleicht zurückstehen und ihm gestatten, mit dieser Rolle fortzufahren. Und wir sollten ihm zutrauen, dass er höhere Ziele verfolgt, wenn er Kinder vorenthält. Außerdem gibt es Alternativen wie die Adoption und die wunderbare Überraschung später Schwangerschaften. Auch haben nach der Vorsehung Gottes kinderlose Ehepaare mit den ihnen dank der Kinderlosigkeit verfügbaren Mitteln oft ganz einzigartige Beiträge geleistet.[11]

Mischehen zwischen unterschiedlichen Rassen

Man hat behauptet, die Heilige Schrift verbiete gemischtrassige Ehen. Aber sorgfältige Betrachtung der biblischen Texte lässt deutlich werden, dass es sich bei dem Verbot nicht um Mischehen verschiedener Rassen handelt, sondern um Mischehen zwischen Juden und Heiden. Viele der die Juden umgebenden Völker waren von gleicher »Rasse«, aber Gott verbot Ehen zwischen Gläubigen und Ungläubigen. Es war nicht die Fremdartigkeit der Frauen Salomos, die den König in die Irre führte, sondern ihre fremden Religionen.

Es wurde behauptet, das Pauluswort vom »Wohngrenzen« setzenden Gott (Apg 17,26) sei ein Hinweis darauf, dass Gott die Absicht gehabt habe, die menschlichen Rassen geographisch getrennt zu halten und so ihre Reinheit zu erhalten. Deshalb sei Gott folgerichtig gegen Mischehen. Das kann schwerlich als verantwortungsvolle Auslegung angesehen werden, aber es ist die neutestamentliche Schlüsselpassage für die Lehre, dass rassenübergreifende Ehen falsch sind. Zunächst einmal verfolgte Paulus genau die gegenteilige Absicht. Er sprach zu den Führern eines Volkes (»Nation«), die sich selbst als anderen Ursprungs und als allen anderen Völkern, die sie als »Barbaren« klassifizierten, ungeheuer überlegen erachteten. Diesen Griechen sagt Paulus, dass Gott sie erschaffen hat (nein, sie sind nicht ursprünglich aus dem griechischen Erdboden hervorgesprossen) und dass Gott alle Menschen aus einem erschaffen hat. Einige Texte lauten »eines Blutes«, andere lassen Blut aus, indem sie einen menschlichen Stammvater voraussetzen. Welche Form auch gewählt wird, der Punkt ist: Alle sind eins. Dieser Linie folgend sprach Paulus vermutlich nicht von »jedem Volk«, sondern eher von »der ganzen menschlichen Rasse«. Der ganze Text weist exakt in die entgegengesetzte Richtung der eingangs angeführten, zurechtgebogenen Interpretation.

Einige meinen jedoch, Paulus verweise hier auf das Lied Moses, in dem dieser eine ähnliche Terminologie verwendet (5Mo 32,8). Das ist jedenfalls keine große Hilfe für die verteidigte Position, denn Moses preist hier einfach Gott dafür, dass er den umgebenden Völkern Grenzen gesetzt hat, um Platz für Israel bereitzustellen.

Wenn rassische Reinheit, abgesehen von Israel als einer Glaubensgemeinschaft (nicht einer »Rasse«), Teil von Gottes Plan ist, dann macht die Heilige Schrift das nirgendwo deutlich. Das Erlernen einer Fremdsprache ist schwerlich eine sündige Tätigkeit, und die gleiche Beobachtung könnte man beim Thema Aus- bzw. Einwanderung machen – der einzigen Überlegung, die vielleicht direkt aus Paulus' Aussage herzuleiten wäre. Wenn die Festsetzung »der Grenzen der Völker« in der Absicht geschehen wäre, durchblicken zu lassen, rassische Mischehen seien unrecht, dann nur unter der Voraussetzung, dass es unrecht sei, die Grenzen zu überschreiten (aus- bzw. einzuwandern); und dann werden Mischehen unmöglich. Mit anderen Worten: Wenn man die Voraussetzungen für ein Verbot von Mischehen schaffen wollte, würde es notwendig sein, die Auswanderung aus oder Überschreitung von jemandes eigenen »Grenzen« zu verbieten. Wäre eine derartige Interpretation richtig, müssten alle nicht eingeborenen Amerikaner aus den USA deportiert werden. Der vielleicht stärkste Beweis gegen solch eine Auslegung besteht darin, dass die wichtigste Auswanderung aller Zeiten von Gott selbst angeordnet wurde – und das nicht nur einmal, sondern gleich zweimal – aus Ur und später aus Ägypten. Auf jeden Fall hat die Behauptung, gemischtrassige Ehen seien sündig, keine biblische Grundlage.

Seelsorgerlich betrachtet sollte vielleicht als Fußnote angemerkt werden, dass gemischtkulturelle Ehen (im Unterschied zu gemischtrassigen Ehen) aufgrund des Wesens der Ehe offenkundig gefährlich sind. Denen, die solch eine Verbindung anstreben, sollten die damit verbundenen vermehrten nachträglichen Probleme deutlich gemacht werden, denn Einheit zwischen verschiedenen Kulturen ist ungleich schwieriger zu erzielen. Ein weiteres Grundproblem ist die Verbindung zwischen den Familien, die jeder der Partner mit in die Ehe bringt. In manchen Gesellschaften leiden die Kinder aus Mischehen. So ergibt es sich, dass gemischtkulturelle Ehen nicht ratsam sind. Aber es kann natürlich nicht behauptet werden, sie seien aus biblischen Gründen unethisch.

Polygamie (Vielehe)

Die Einehe oder Monogamie ist beinahe gewiss die ideale eheliche Form für die Menschheit. Wir müssen sagen »beinahe gewiss«, weil die Texte der Heiligen Schrift uns zu dieser Schlussfolgerung führen. Gleichzeitig müssen wir jedoch eingestehen, dass die Bibel nirgendwo direkt die Vielehe verurteilt und dass sie nirgendwo direkt die Einehe als einzig legitime Form bestätigt. Darüber hinaus wird die Vielehe in der Bibel nirgendwo als sexuelle Verunreinigung betrachtet. Die Ehe mit einem zweiten Partner war ebenso unauflöslich wie die mit dem ersten. Untreue bestand im Bruch dieser Beziehungen beziehungsweise darin, dass eine der Ehefrauen übervorteilt wurde oder der Mann sich ihr entzog – nicht darin, dass man diese Mehrfachbeziehung hatte und zuverlässig die Ehegelöbnisse erfüllte.

Die Bibel gibt uns zwei Schlussfolgerungen, der Einehe den Vorzug zu geben. Um die Ziele der Ehe zu erfüllen, erschuf Gott Adam und Eva als ein monogames Paar. Und in diesem Paar war Gottes Bild lückenlos. Wir schließen daraus, dass dies das Ideal Gottes war. Andererseits verletzt die Vielehe anders als ehebrecherische oder homosexuelle Beziehungen oder sonstige unmoralische Verhältnisse nicht schon an sich eine oder mehrere der drei Grundmaßgaben der Ehe. Sicher ist das zweite Ziel, Kinder zu haben und ein Heim zu formen, in einer polygamen Familie erreichbar. Außerdem kann das Ziel, Gottes Wesen widerzuspiegeln, schwerlich verletzt werden, da Gott mit vielen gleichzeitig in liebender Beziehung steht. Dennoch führt uns diese Untersuchung natürlich zu dem möglichen Ergebnis, dass offenbar die Einehe Gottes Wille für die Menschen zu sein scheint. Wir sind nicht grenzenlos, und wir sind gefallen. Auch wenn das erste Ziel einer Ehe, die Einheit in Leib und Geist, in einer Vielehe theoretisch erfüllt werden könnte, ist das in der Praxis doch nie geschehen. Da er selbst nicht göttlich ist, hat der Ehemann nicht die unbegrenzte Kraft, all seine Frauen völlig und gleichermaßen zu lieben (1Mo 29,23.28.30), und die Ehefrauen haben nicht das Leistungsvermögen, eine Rivalin um die Zuneigung und Aufmerksamkeit des Ehemanns liebevoll anzunehmen (siehe 1Sam 1,6). So wird in der Praxis das erste Ziel der Ehe in polygamen Haushalten fortwährend verletzt.

Obwohl man dem Manne nachsagt, er habe – zumindest in seinem gefallenen Zustand – aufgrund seines kraftvollen und nicht nachlassenden Sexualtriebs innewohnende polygame Tendenzen, ist eine sorgende, vertraute, sichere Beziehung das Bedürfnis der Frau. Möglicherweise haben diese innewohnenden gegensätzlichen Triebe mehr mit der Strukturierung des Ehekodex einer Gesellschaft zu tun als mit angeborenen moralischen Überzeugungen. Soziale Faktoren wirken ebenfalls mit. In Gesellschaften, in denen die Zahl der Frauen die der Männer weit übersteigt (aufgrund von Krieg, Jagd oder anderen gefährlichen männlichen Aktivitäten) und die Frau der wirtschaftliche Nutznießer ist, war die Vielehe weit verbreitet. Wenn aber die Zahl der Männer und Frauen sich die Waage hält und er Unterhalt einer Frau aufwendig ist, herrscht die Einehe vor. In der Zeit Christi, der Pax Romana (Römischer Friede) zum Beispiel, war die Einehe bei Griechen, Römern und Hebräern üblich.

Da wir nun ohne direkte Belehrung geblieben sind, versuchen wir die Bekräftigung unserer Schlussfolgerung philosophisch und soziologisch zu begründen, die Einehe sei nach dem ursprünglichen Schöpfungsakt die richtige

Form. Gott schuf Adam und Eva, nicht Adam und Eva und Maria und Johanna und Susanna.

Die zweite Hauptgrundlage für unsere Schlussfolgerung ist die Lehre des Paulus, dass ein polygam lebender Mann für das Amt eines Diakons oder Ältesten in der Gemeinde nicht akzeptabel sei. Wenn der höhere Standard für geistliche Leiterschaft die Vielehe ausschloss, dann konnte sie wohl schwerlich als ein Ideal betrachtet werden. Ich will nicht behaupten, die Natur dieser Bedingung könnte nichtgeistlich gewesen sein, da im Kontext der Bedingungen für Amtsinhaber – die sowohl geistliche (zum Beispiel: »untadelig«) als auch nichtgeistliche (zum Beispiel: »kein Jungbekehrter«) enthalten – die geistlichen Qualifikationen vorherrschend sind und dieses Verbot unter den Erfordernissen des Lebensstils einzuschließen scheinen.

Es gibt fünf grundlegende Interpretationen der paulinischen Passagen (1Tim 3,2.12; Tit 1,6).

1. *Ein paar wenige meinen, ein Ältester müsse verheiratet sein.* Darin liegt ein Problem, da in diesem Fall weder Paulus noch Christus selbst für geistliche Leiterschaft in der Gemeinde akzeptabel wären. Es gibt ein weiteres Problem in dieser Textstelle. Wenn es zwingend ist, dass eine Amtsperson verheiratet ist, dann muss sie scheinbar auch Kinder haben (1Tim 3,4), da außerdem einige wenige meinen, dass auch ein verheirateter Mann, wenn er keine Kinder hat, vom Amt ausgeschlossen bleiben sollte. Für beide Bedingungen scheint es keine klaren Grundlagen zu geben.

2. *Einige meinen, es sei bloß eine gesetzliche Auflage zur Keuschheit.* Er muss von der Sorte »Mann-von-einer-Frau« sein. Diese Auslegung bietet sich nicht an, nicht nur wegen der grammatischen Konstruktion und dem Mangel an Beispielen, die den Begriff in dieser Weise gebrauchen, sondern auch deshalb, weil die Textstelle offenbar mehr zu beinhalten scheint als das.

3. *Die römisch-katholische Sicht will den Aufseher zum Ehegatten der einen Kirche machen.* Diese verdrehte Auslegung kommt offensichtlich aus dem Überbau einer aus dieser einzelnen Textstelle konstruierten Lehre.

4. *Einige zeitgenössische Ausleger interpretieren die Textstelle dahingehend, dass eine geschiedene und wieder verheiratete Person nicht mehr akzeptabel für geistliche Leiterschaft sei.* Konsequenterweise gehen einige noch weiter und sagen, auch ein Mann, der nach dem Tod seiner Ehefrau wieder geheiratet hat, sei inakzeptabel. Jede zweite Ehe sei ein Ausschlussgrund. Dies sei die bevorzugte Auslegung der frühen Kirche gewesen. Keine Zweitehen seien erlaubt gewesen. Da die Wiederverheiratung nach dem Tod eines Partners von Paulus als zulässig (Röm 7,2-3; 1Kor 7,39) oder sogar als gut (1Tim 5,14) betrachtet wird, scheint die von diesen Auslegern gestellte Bedingung zumindest sonderbar zu sein.

5. *Die vorherrschende Auslegung geht dahin, dass Polygamisten nicht für Ämter zur geistlichen Leiterschaft in der Gemeinde zugelassen werden.* Auch die meisten Ausleger, die andere Zugangsvoraussetzungen betonen, stimmen darin zu, dass dieses Verbot inbegriffen ist. Die frühen Kommentatoren der Heiligen Schrift waren sich in diesem Punkt einig.

Diese Lehre macht deutlich: Die Einehe ist Gottes Ideal für geistliche Leiter in der Gemeinde und – in der Konsequenz – ein Indikator für geistliche Haltung.

Aus anderen Textstellen hat man herauslesen wollen, die Einehe sei der einzige für Gott akzeptable moralische Standard, doch bei näherer Betrachtung scheint diese Forderung durch nichts bestätigt zu werden. Natürlich handelte Salomo eindeutig falsch, indem er gegen das Gebot verstieß, »viele« Frauen zu haben (5Mo 17,17). Hinzufügen und Vervielfachen mag nicht dasselbe sein, aber dreihundert Frauen und siebenhundert Konkubinen erfüllen gewiss die Bedingungen des Begriffs »viele«. Doch die Verurteilung Salomos (1Kö 11,1.3) traf ihn mit Sicherheit, weil er ausländische, götzendienerische Frauen heiratete und sicher nicht wegen ihrer Anzahl.

Christus hat gelehrt, dass es von Anbeginn Gottes Absicht war, dass die zwei, Mann und Frau, ein Fleisch würden. Man hat diese Lehre herangezogen, die Vielehe zu verbieten. Doch das ist weit davon entfernt, schlüssig zu sein. Wenn wir von einer polygamen Gesellschaft ausgehen, wäre die Lehre Christi in dieser Hinsicht ebenso passend. Es ist der Bruch, den er verurteilt, nicht die Verbindung. Nach meiner Überzeugung lehrte er hier nicht über den alttestamentlichen polygamen Hintergrund, sondern über seine eigene, zeitgenössische, monogame Gesellschaft. Und er bejahte in der Tat die Beständigkeit einer monogamen Ehe. Hätte er die Vielehe als eine gute Möglichkeit erachtet und sie zumindest als eine Lösung für das Problem zerrütteter Eheverhältnisse empfohlen, hätte er damit sicher viele erfreut. Die Lehre Christi über Scheidung berührt jedenfalls einfach nicht das Thema Polygamie.

Das Gesetz des Alten Testamentes verurteilte die Vielehe zwar nicht, überwachte aber polygame Beziehungen zum Schutz der Ehefrauen. *»Falls er sich noch eine weitere (Ehefrau) nimmt, soll er ihre Nahrung, ihre Kleidung und den ehelichen Verkehr mit ihr nicht verkürzen«* (2Mo 21,10). Und das Scheidungsgesetz wird gleichermaßen auf die Vielehe angewandt. Mit anderen Worten: Die grundlegende moralische Überlegung richtete sich auf Treue, Integrität und Vertragstreue – gleich ob gegenüber einer Frau oder mehr als einer. Aber beide Zeugnisse – die Schöpfungsordnung und die Gemeindeordnung – sind so stark, dass die Gemeinde völlig korrekt in der Einehe Gottes Ideal erkennt.

Was hat diese Lehre mit unserer gegenwärtigen monogamen Gesellschaft zu tun? Zwei Dinge. Erstens sind nicht alle gegenwärtigen Gesellschaften monogam. Es ist zutreffend: Viele der polygamen Gesellschaften Afrikas beispielsweise werden monogam, weil sich die Geschlechter bei etwa gleicher Zahl einpendeln, und weil durch den Wandel der Arbeitswelt zusätzliche Frauen zu einer zusätzlichen finanziellen Belastung geworden sind. Wenn aber christliche Missionare von einem mehrfach verheirateten Sucher-nach-der-Wahrheit fordern, sich von allen seinen Frauen mit Ausnahme der ersten scheiden zu lassen, um ein Glied der Kirche werden zu können, ist das eindeutig ein Verstoß gegen die Lehre der Heiligen Schrift. Sicherlich ist er, wie wir weiter oben herausgefunden haben, von der geistlichen Leiterschaft ausgeschlossen, und es ist auch legitim, die Einehe als Ehestandard für die noch Unverheirateten zu fordern bzw. für jene, die zum Zeitpunkt ihrer Bekehrung mit nur einer Frau verheiratet sind. Aber von einem Neugläubigen zu fordern, er solle eine oder mehrere Frauen verstoßen, verletzt nicht nur die eindeutige Lehre der Bibel über die Scheidung, es verursacht auch große Brüche in der Gesellschaft und birgt die Gefahr in sich, dass das Evangelium in den Ruf gerät, bösartig zu sein.

Zweitens ist es wichtig, die biblische Lehre über Polygamie zu überdenken, weil sie substantieller Bestandteil des weit mehr drückenden Themas von Scheidung und Wiederheirat ist, dem wir uns nun zuwenden wollen.

Scheidung

Die schlimmen Auswirkungen einer Scheidung auf die betroffenen Eheleute, auf die Kinder und auch auf die Gesellschaft können kaum überschätzt werden, denn das Gefüge ihrer grundlegenden Einrichtung bricht auseinander. Es ist kein Wunder, dass Gott die Scheidung hasst (Mal 2,14-16).

Die derzeitige Scheidungsrate in Amerika ist nicht so schrecklich hoch wie allgemein erwartet. Die öffentliche Meinung, dass eine von zwei Ehen in einer Scheidung endet, ist statistisch nicht haltbar.[12] Anhand der Wahllistendaten kam Louis Harris zu dem Schluss, dass beinahe 90 Prozent aller Ehen aufrechterhalten werden.[13] Die Daten der Volkszählung von 1990 und eine Untersuchung der Massachusetts Lebensversicherungsgesellschaft auf Gegenseitigkeit von 1991 platzieren die Zahl der Scheidungen bei 20 Prozent aller Ehepaare.[14] Die ursprünglich angeführte Statistik (»eine von zwei Ehen wird geschieden«) kann leicht dazu missbraucht werden, die Scheidungspraxis in der Gesellschaft zu normalisieren oder zu legitimieren.

Die Scheidungsstatistiken bieten uns nur geringen Trost. Zwar ist die Zahl der Scheidungen niedriger als einige fürchten, aber sie ist heute etwa viermal so hoch wie in den 60ern.[15] Außerdem leben heute mehr Menschen ohne Eheschließung zusammen und trennen sich auch wieder ohne offizielle Scheidung. Die Zahl der Scheidungen unter Christen ist mit der unter der Gesamtbevölkerung gestiegen. Gleichwohl bleibt es wahr, dass unter den Ehepaaren, die miteinander beten, miteinander reden und einen romantischen Lebensstil aufrechterhalten, eine deutlich geringere Scheidungsrate festzustellen ist.[16]

Die Auseinandersetzung über die Wertmaßstäbe von Scheidung und außerehelichem Sex wird nirgendwo mit größerer Intensität geführt als in den Evangelischen Kirchen. Eine Reihe von verschiedenen Faktoren trägt zu dieser Auseinandersetzung bei, wie etwa die allgemein sich verändernde Haltung zur Autorität der Bibel. Aber das Hauptproblem bleibt das auf sich selbst bezogene Denken. Die immer stärker werdende Ethik der Selbstverwirklichung dürfte den gravierendsten Einzelbeitrag zum Zusammenbruch der Familie leisten. C. S. Lewis beschreibt das Problem auf seine unnachahmliche Weise:

> Als ich ein Junge war, sagten all die fortschrittlichen Leute: »Wozu all diese Prüderie? Lasst uns mit dem Sex umgehen wie mit all unseren anderen Trieben.« Ich war naiv genug anzunehmen, dass sie meinten, was sie sagten. Dann entdeckte ich, dass sie genau das Gegenteil meinten. Sie vertraten die Ansicht, man müsse Sex so handhaben, wie kein anderer Trieb in unserer Natur jemals von zivilisierten Menschen gehandhabt worden sei. Alle anderen müssen, wir gestehen es ein, gezügelt werden. Absoluten Gehorsam gegenüber dem Selbsterhaltungstrieb nennen wir Feigheit; den Erwerbstrieb heißen wir Geiz. Sogar der Schlaftrieb muss zurückstehen, wenn man ein Nachtwächter ist. Aber jede Lieblosigkeit und jeder Treubruch scheint verzeihlich, vorausgesetzt, das angestrebte Ziel heißt »vier nackte Beine in einem Bett«.
>
> Unsere sexuellen Triebe sind so in eine Position grotesker Privilegien verrückt worden. Das sexuelle Motiv wird herangezogen, um jede Art von Verhalten zu entschuldigen, die mit einem anderen Ziel im Blick als erbarmungslos, heimtückisch und ungerecht verurteilt würde.
>
> Obwohl ich nun keinen guten Grund dafür sehe, dem Sex dieses Privileg einzuräumen, so sehe ich wohl doch eine mächtige Ursache dafür. Ein Teil des Wesens einer starken erotischen Leidenschaft liegt darin ... dass sie gewaltigere Versprechungen macht als jede andere Gefühlsregung. ... Zu lieben, schließt in sich die nahezu unwiderstehliche Überzeugung, dass man in dieser Liebe bleiben wird, bis einer stirbt, und der Besitz des oder der Geliebten verspricht nicht nur wiederholte Verzückungen, sondern beständiges, fruchtbares, tiefgewurzeltes, lebenslanges Glück. Folglich scheint alles auf dem Spiel zu stehen: Wenn wir diese Chance verpassen, haben wir vergeblich gelebt. Schon beim Gedanken an ein solches Schicksal versinken wir in den unergründlichen Tiefen des Selbstmitleids.
>
> Leider erweisen sich diese Versprechungen oft als ganz und gar unwahr.

> Jeder erfahrene Erwachsene weiß, dass es sich hinsichtlich aller erotischen Leidenschaften so verhält (natürlich mit Ausnahme der einen, die er gerade in diesem Moment empfindet). ... Wenn zwei Menschen anhaltendes Glück miteinander erfahren, dann nicht nur deshalb, weil sie vielleicht großartige Liebhaber wären, sondern weil sie auch – ich muss es mal so plump sagen – gute Menschen sind: sich unter Kontrolle habende, treue, anständig gesinnte, gegenseitig anpassungsfähige Menschen. Wenn wir ein »Recht auf (sexuelles) Glück« etablieren, das alle einfachen Verhaltensregeln außer Kraft setzt, dann tun wir das nicht wegen dem, als was sich unsere Leidenschaft in der Erfahrung zeigt, sondern wegen dem, was sie verspricht zu sein, während sie uns in den Krallen hat. Da nun das schlechte Verhalten eine Tatsache ist und Kummer und Demütigung bewirkt, erweist sich die Beglückung, die ja Ziel des schlechten Verhaltens war, wieder und wieder als Illusion. Jedermann (ausgenommen Herr A und Frau B [zwei nicht miteinander verheiratete Menschen, die sich scheiden lassen, um einander heiraten zu können]) weiß, dass Herr A in einem Jahr oder so seine neue Frau aus dem gleichen Grund verlassen könnte, aus dem er seine frühere verlassen hat. Er wird sich selbst wieder als den großen Liebhaber sehen, und das Mitleid, das er mit sich selbst hat, wird alles Mitleid, das er für seine Frau haben könnte, ausschließen.[17]

Was sagt die Bibel über Scheidung? Christus hat klar gelehrt, dass Gottes ursprüngliche Absicht Beständigkeit in der Ehe war (Mk 10,1-12; Lk 16,18). Das Beispiel gibt Gott selbst (siehe das Buch Hosea), der – schmerzlicher betrogen als jemals irgendein menschlicher Ehepartner – vergab und treu zu seinem Bund stand. Sogar im Alten Testament war Scheidung in einigen Fällen ausdrücklich verboten (5Mo 22,13-21.28-30).

Gleichzeitig wird von Mose, von Jesus und von Paulus anerkannt, dass das erwünschte Ideal nicht immer erreicht wurde. Daher trafen sie Sicherheitsvorkehrungen und gaben Einschränkungen, um das Versagen zu korrigieren oder, wo es nicht mehr korrigierbar war, den Schaden zu begrenzen.

Im diesbezüglichen Schlüsseltext des Alten Testaments (5Mo 21,1-4) befürwortete Mose die Scheidung weder, noch verbot er sie. Er gab einfach einige Richtlinien, um die Ehefrau zu schützen, wenn der Mann sich von ihr trennte. Christus lehrte, dies sei ein Zugeständnis an »ihre Herzenshärtigkeit« (Mt 19,3-9) gewesen, das meint, an ihre Sündhaftigkeit. Der Ehemann konnte sie nicht einfach wegschicken. Er hatte die Trennung durch seine unterschriebene schriftliche Anweisung offiziell zu machen, so dass sie in die Lage versetzt wurde, jemand anderen zu heiraten, und nicht als ein Paria der Gesellschaft zurückblieb. Sollte sie außerdem auf irgendeine Weise wieder frei werden, konnte der erste Ehemann sie nicht wieder heiraten, denn für ihn war sie »verunreinigt«. Da der Grund hierfür nicht angegeben wird und da Gottes ausdrückliche Anweisungen an Hosea das Gegenteil zu sagen scheinen – nämlich die Hure wieder und wieder zurückzunehmen –, versuchen die meisten Protestanten nicht, diesen Aspekt des Gesetzes auf das heutige Gemeindeleben anzuwenden.

Machten denn aber Paulus oder Christus selbst irgendwelche Zugeständnisse an menschliches Versagen? Das ist die Crux dieser Diskussion. In beiden Matthäuspassagen über diesen Gegenstand (Mt 5,31-32; 19,3-9) verbietet Christus Scheidung »außer aufgrund von Hurerei«. Für Gläubige gibt es niemals einen Grund zur Scheidung, der von Gott anerkannt würde; es werden verschiedene Lösungswege angezeigt.

Von einigen wird die erklärte Ausnahme nicht anerkannt. Sie sagen, Matthäus habe sie als einen Kommentar dessen hinzugefügt, was seinem Empfinden nach Christus eigentlich habe sagen wollen, oder die Kirche oder irgendein späterer Schreiber habe die Ausnahme hinzugefügt, um die Lehre zu mildern. Für jemanden, der von der unabhängigen Autorität der Heiligen Schrift ausgeht, sind solche Betrachtungsweisen nicht annehmbar. Es gibt keinen Textbeweis zur Stützung ernsthafter Zweifel, diese Textpassage sein kein Teil des ursprünglichen Textes. Daher betrachten wir sie als authentische Worte Christi.

Die zweite Angriffslinie gegen das traditionelle Verständnis besteht in der Aufforderung, dem Wort *Unzucht* oder *Hurerei* eine eingeschränkte Bedeutung zugrunde zu legen. Dieses Argument fußt darauf, dass hier in der Tat von einer Ausnahme gesprochen wird. Eine Ausnahme jedoch, die den seltenen Fall eines jüdischen Mannes betrifft, der in der Verlobungszeit feststellt, dass seine Erwählte keine Jungfrau mehr ist. Die sehr ernste Verpflichtung der jüdischen Verlobung konnte dann aufgehoben und der Vertrag gebrochen werden, so wie Joseph es mit Maria tun wollte (Mt 1,19).

Andere argumentieren, »Hurerei« beziehe sich nur auf die besondere Sünde gewisser Ehen, die in 3. Mose 18 verboten werden. Warum so begrenzt? Weil in der problematischen Lehre von Apostelgeschichte 15 über das, was den nichtjüdischen Gläubigen verboten bleiben sollte, 3. Mose 17 und 18 als einzige alttestamentliche Passage angegeben werden, die über alle vier verbotenen Elemente spricht: Verzehr von erstickten Tieren, (Verzehr von) Blut, Verzehr von Götzen geopferter Nahrung und Unzucht. Die »Unzucht« von 3. Mose 18 steht im Zusammenhang verschiedener Zeremonialgesetze, die nur für die Juden galten. Matthäus gab diese von Christus formulierte Ausnahme wieder, da er speziell für ein jüdisches Publikum schrieb, das die Formulierung verstehen und sich von ihr verpflichtet wissen würde. Wenn die Scheidung also aufgrund einer Verletzung einer der verbotenen inzestuösen Handlungen in 3. Mose 18 ausgesprochen wurde, war sie legitim. An Scheidung aufgrund irgendeiner anderen Art von Unzucht wurde nicht gedacht, aber in diesen besonderen jüdischen Fällen wurde sie gefordert. So lautete das Argument. Aber diese Ehe wäre in sich selbst illegal. Außerdem setzt diese Argumentation voraus, dass die frühe Kirche auch den Heidenchristen diese zeremoniellen Einschränkungen auferlegte und dass 3. Mose 18 die Referenzstelle dafür ist (Interpretationen, die von wenigen akzeptiert werden). Wenn diese Argumentation allzu kompliziert zu sein scheint und die Auslegung allzu verschlungen, dann deshalb, weil sie es wirklich sind!

Das Problem mit diesen Argumenten ist, dass man mit der menschlichen Sprache nicht in dieser Weise umgehen kann. Das griechische Wort, das hier mit »Unzucht« übersetzt wird, ist der umfassendere Begriff, der sich auf alle Arten sexueller Sünde bezieht. Er schließt Inzest ein, das ist sicher, und er beinhaltet ebenso Ehebruch, vorehelichen Geschlechtsverkehr und homosexuelle Beziehungen. Wenn jemand wirklich nach einem Wort zur Beschreibung jeglicher Art sexueller Sünde suchte, er würde dieses griechische Wort wählen. Wenn Jesus gesagt hätte: »*... außer aufgrund von Ehebruch*«, dann hätten seine Zuhörer sicherlich geschlossen, die Verletzung eines Verlobungsvertrages und die Heirat einer angeheiratet verwandten Person (Inzest in 3Mo 18) beispielsweise seien hier ausgeschlossen und die erklärte Ausnahme beziehe sich nur auf die sexuelle Beziehung eines verheirateten Mannes mit eines anderen Mannes Ehefrau oder auf die Beziehung einer verheirateten Frau mit einem Mann, der nicht ihr Ehemann ist. Wie es steht, beinhaltet das Wort jedoch die Verlobungszeit im alten Israel sowie inzestuöse Beziehungen und in der Tat auch andere Sünden, wie sie (mit großem Ernst!) in der gleichen Passage in 3. Mose angeführt werden: Ehebruch, Sodomie und homosexuelle Beziehungen. Worte mit breiterer Bedeutung können nicht willkürlich auf eine enger gefasste Aussage beschränkt werden, ohne dass der Textzusammenhang das fordert. Der Kontext der Matthäuspassage schweigt über irgendeine mögliche Einschränkung. Solche Einschränkungen müssen von außen eingeführt werden, und das ist keine zulässige Auslegung.

Eine dritte Angriffslinie zielt auf die Grammatik ab. Man sagt, dass der Aufbau des Satzes die Scheidung gestatte, nicht aber die Wiederverheiratung nach einer Scheidung. Diese Interpretation wird nur von ein paar wenigen Grammatik-Experten vorgenommen, wohingegen die meisten Schriftgelehrten sagen, die hier angewandte Grammatik müsse so gelesen werden, dass sie beides einschließt – dass die Ausnahme für Scheidung *und* Wiederverheiratung gilt.

Zusätzlich zur Hinterfragung eines derart unüblichen Verständnisses der grammatischen Struktur gibt es zwei weitere Einwendungen gegen diese Argumentationskette. »Scheidung« im Alten wie im Neuen Testament und in der griechischen und römischen Gesellschaft geschah zum Zweck der Wiederverheiratung. Das ist es, was der Begriff bedeutet – die Auflösung der Ehe, nicht einfach Trennung. Das war das Entscheidende in der Lehre Moses: Ein Mann konnte nicht einfach seine Ehefrau wegschicken oder sie verlassen. Er musste es öffentlich machen und ihr ein Scheidungs-Dokument geben, das sie in die Lage versetzte, zu heiraten (5Mo 24,1-4).

Das zweite Problem mit der Sichtweise »Scheidung ja, aber Wiederheirat nein« besteht darin, dass eine Ausnahme ohne Wiederverheiratung überhaupt keine Ausnahme ist. Der Ehepartner mag sich falsch verhalten, aber er begeht keinen Ehebruch; egal, was der Grund für die Scheidung sein mag, wenn er keine sexuelle Vereinigung mit irgendjemand sonst hat. Diese Auslegung legt Jesus Unsinn in den Mund. Wenn Christus nur insofern eine Ausnahme von der Regel macht, dass sie die Scheidung erlaubt, nicht aber die Wiederheirat, in welcher Weise begeht dann die geschiedene, aber nicht wieder verheiratete Person Ehebruch? Nur die Wiederverheiratung macht Ehebruch zu einem Thema, und Wiederverheiratung ist genau das, was Scheidung in der griechischen wie in der hebräischen Gesellschaft ermöglichte.

Ein weiterer Widerspruch hat mit der Natur des »Tests« zu tun, den die Pharisäer beabsichtigten, als sie Jesus fragten, ob es einem Mann erlaubt sei, aus jeder beliebigen Ursache seine Frau zu entlassen (Mt 19,3). Einige Ausleger sagen, alle Anwesenden seien sich sehr gut darüber im klaren gewesen, dass dieser Test zeigen sollte, welcher rabbinischen Schule Jesus wohl folgte und ihn dadurch in eine Falle gehen zu lassen, dass er die auf der einen oder die auf der anderen Seite vor den Kopf stieß. Shammai folgte der strengeren Auslegung von 5. Mose 4 und vertrat die Ansicht, dass Scheidung (und Wiederverheiratung) nur dann erlaubt sein konnte, wenn es eine sexuelle Verunreinigung gab, wahrscheinlich abgesehen von Ehebruch, da der Ehebrecher angeblich die Todesstrafe erleiden sollte (aber selten erlitt). Hillel seinerseits vertrat die Ansicht, dass irgendein Grund überhaupt schon Grund genug für eine Scheidung sei. Auf welche Seite würde Jesus treten? Wenn er einfach Shammai zitierte und möglicherweise seine Ausnahme ein wenig verengte, warum sollten dann seine Jünger – so das Argument – über seine Lehre so überrascht gewesen sein und daraus geschlossen haben, es sei besser, überhaupt nicht zu heiraten? Daher, so wird argumentiert, machte Jesus überhaupt keine Ausnahmen (wie bei Markus und Lukas) und verwarf beide Auslegungsschulen. Nur dieses Szenario, so wird behauptet, erklärt angemessen die Betroffenheit der Jünger.

Darauf können wir erwidern, dass hier das Schwergewicht auf Spekulation gelegt wird – verworfen wird die übliche Bedeutung des Schlüsselwortes, verworfen wird die übliche grammatische Strukturanalyse, verworfen werden die theologischen Konsequenzen, nur um einem befürchteten Widerspruch zwischen Markus und Lukas einerseits und Matthäus andererseits aus dem Weg zu gehen.

Wie wir sehen werden, brauchen die betreffenden Passagen einander nicht zu widersprechen, aber das mutmaßliche Argument selbst bedürfte einer Antwort.

Zur Erwiderung möchte ich ein paar andere Mutmaßungen anstellen. Die von Jesus angesprochene Ausnahme war nicht annähernd so weit gefasst wie die Shammais. Er beschränkte die Ausnahme auf sexuelle Unsittlichkeit. Folgerichtig hätte er geantwortet: »Nein, ich verwerfe beide Auslegungen«, und dann noch engere Einschränkungen genannt. Dies hätte leicht Betroffenheit bei einer Zuhörerschaft hervorrufen können, die inständig hoffte, er werde sich für Hillel aussprechen. Andererseits war ihre Betroffenheit vielleicht die übliche Alltagsreaktion auf jemand, der die populäre Ansicht Hillels zugunsten Shammais verwarf. Vielleicht, wir spekulieren, war dies überhaupt nicht der Hintergrund ihres Denkens. Möglicherweise bestand die »Testfalle« darin, dass man ihn – da er sich jetzt auf dem Territorium des Herodes aufhielt – entweder in Übereinstimmung mit dem toten Täufer Johannes brachte, den König zu verurteilen, oder in Übereinstimmung mit Herodes gegen den Propheten, der getötet worden war, weil er sich gegen die ehelichen Beziehungen des Königs ausgesprochen hatte.

In der abschließenden Analyse müssen wir zu einem Urteil kommen, nicht auf der Grundlage von Mutmaßungen, sondern anhand des Textes selbst. Sonst bleiben die Möglichkeiten der Verzerrung dessen, was der Autor bei der Abfassung des Textes im Sinn hatte, nahezu grenzenlos.

Zugunsten der Auslegung »es gibt keine Ausnahme« bzw. nur solche Ausnahmen, die für niemanden als nur für orthodoxe Juden von Bedeutung sind, wird ein weiteres Argument eingeführt. Man behauptet, alle frühen Kirchenväter hätten den Gedanken verworfen, es sei irgendeine Ausnahme gegen die absolute Regel »keine Scheidung« beabsichtigt gewesen. Es überrascht mich zu entdecken, dass sich evangelikale Autoren bei einem Thema wie diesem auf die frühen Kirchenväter berufen. Wir sprechen hier nicht von apostolischen Vätern, sondern von späteren Autoren aus der Zeit, in der nach und nach das Zölibat zum Standard für ein wahrhaft heiliges Leben wurde. Der ganze Kontext der Väter bestand in zunehmender Unterwerfung unter den griechischen Dualismus und die konsequente Haltung gegenüber der Ehe, die Paulus als Teil des Abfalls vorausgesagt hatte: Verbieten zu heiraten (1Tim 4,3). Wir müssen mit den Reformatoren zur Schrift zurückkehren und finden unsere alleinige Autorität dort. Aber die protestantische Standardauslegung von Matthäus 5 und 19 anzunehmen heißt, Matthäus im Widerspruch zu Markus und Lukas zu lassen.

Ich wehre mich dagegen, irgendeinen Widerspruch zwischen einer Textstelle zu sehen, die ein Gesetz oder Prinzip aufzeigt, und einer anderen, die das bestätigt und eine Ausnahme hinzufügt. Genau genommen sagt Christus in Matthäus 19 exakt dasselbe wie bei Markus und Lukas: Keine Scheidung.

Dann berichtet Matthäus, dass die Pharisäer es nicht dabei bewenden ließen, sondern ihn bedrängten: Wenn du recht hast, dann muss Moses einen Fehler gemacht haben, denn er gab die Erlaubnis zur Scheidung. Dann erst wiederholte Jesus das Prinzip und fügte die Ausnahme hinzu. Widerspricht seine zweite Antwort der ersten?

An einer Stelle der Heiligen Schrift eine Norm zu setzen und dann an einer anderen Ausnahmen von dieser Norm zu benennen, ist gebräuchlich und ganz legitim. Wir dürfen nicht improvisieren und andere Ausnahmen hinzufügen. Aber wenn Jesus Christus, der Sohn Gottes, oder geistgeleitete Autoren zu einem späteren Zeitpunkt deutlich machen, was an früherer Stelle gesagt wurde, dann haben sie jedes Recht dazu. In den Zehn Geboten finden wir zum Beispiel das unbedingte Gebot »Du sollst nicht töten«. Tatsächlich erfahren wir an anderer Stelle, es ist meistens falsch zu töten, aber Tiere zu töten, Verbrecher hinzurichten und im erklärten Krieg zu töten sind Ausnahmen von der generellen Regel. Wir dürfen dem nichts hinzufügen und dem Beispiel der Heiligen Schrift folgend sagen, es gebe weitere Ausnahmen, wie Leute, die mich schmerzlich vor den Kopf stoßen oder Leute, mit denen ich nicht länger in Frieden leben kann. Wenn es Ausnahmen gibt, darf die Heilige Schrift allein sie machen. Daraus folgt: Die Generalregel lautet »keine Scheidung«. Christus selbst gab diese Regel. Dann machte er eine einzige Ausnahme: Wenn eine Partei in der Ehe sexuell betrügt, begeht der andere Partner nicht die Sünde des Ehebruchs, wenn er nach einer Scheidung wieder heiratet.

Gibt es andere Ausnahmen, die von späteren, inspirierten Autoren formuliert wurden? Möglicherweise. Paulus bekräftigt in 1. Korinther 7 noch einmal das generelle Prinzip: Keine Scheidung. Er beruft sich dabei auf die Worte Christi (V. 10). Wenn nun im Weiteren ein Partner die Ehe verlässt (wobei Paulus den Grund nicht näher ausführt), dann hat er nur zwei Möglichkeiten: Er bleibt unverheiratet oder er versöhnt sich mit seinem Ehepartner. (Natürlich kommt, wenn dieser Ehepartner sich wieder verheiratet oder auf irgendeine andere Weise Ehebruch begeht, die Lehre Christi ins Spiel.) Dann spricht Paulus über das Problem eines unbekehrten Ehepartner, der die Ehe verlassen will. Nötige ihn nicht, sagt der Apostel, lass ihn frei gehen. Ich vermute einmal, das bezieht sich auf jeden Partner, der sich wie ein Unbekehrter verhält, ob er nun Gemeindemitglied ist oder nicht. In protestantischen Kreisen vertritt die Mehrheit die Ansicht, dass dies eine zweite Ausnahme sei, eine Handhabe für legitime Scheidung und Wiederheirat: dauerhaftes Verlassen. Obwohl die Anerkennung der Ausnahme für Ehebruch nahezu universell ist, gibt es viele, die dies nicht als zweite Ausnahme sehen.

Der Ausdruck *»ist nicht gebunden«* (V. 15) wird von vielen Gelehrten als terminus technikus betrachtet, der oftmals im Zusammenhang mit Scheidung verwendet werde. Daher sei derjenige, der dauerhaft von seinem Partner verlassen wurde, berechtigt, sich wieder zu verheiraten. Andere meinen, dass die hier angesprochene Freiheit einfach nur bedeute, unverheiratet zu bleiben und sich nicht schuldig zu fühlen, weil man nicht bei dem Weggehenden ausgeharrt hat. Die meisten meinen, dass solche »Freiheit« schwerlich wirkliche Freiheit sei; man brauche keine apostolische Erlaubnis, verlassen zu werden. Aber die Interpretation kann vielleicht nicht so scharf umrissen werden wie die Ausnahme Christi.

Angenommen, jemand ist aus anderen Gründen als Ehebruch oder dauerhaftes Verlassen geschieden und wieder verheiratet. Der Heiligen Schrift folgend begeht diese Person Ehebruch. In der gegenwärtigen westlichen Gesellschaft werden die meisten, die wider Willen geschieden wurden, früher oder später eine biblische Handhabe für eine neue Heirat haben. Der Gatte, der ungläubig ist oder sich wie ein Ungläubiger verhält, wird beinah sicher wieder heiraten und so in Ehebruch fallen; auch wenn er oder sie während der Ehe mit dem ersten Gatten oder nach der Scheidung von ihm oder ihr kein unerlaubtes Verhältnis hatte.

Was ist aber mit jemandem, der durch die Eheschließung nach einer Scheidung ehebrüchig wird, die biblischer Gründe entbehrt? Ist diese Sünde vergebbar? Und wenn ja, aufgrund welcher Handhabe? Manche vertreten die Ansicht, wenn jemand durch Wiederheirat Ehebruch begeht, bedeute dies, dass er sich in ein ehebrecherisches Verhältnis begeben habe, das nun andauere, so lange diese Ehe besteht. Dieser Auslegung folgend wäre das einzige Zeichen wirklicher Reue, diese ehebrecherische Beziehung aufzulösen. Wenige folgen dieser Sicht, vielleicht, weil die Heilige Schrift das Thema nirgendwo direkt anspricht. Einige berufen sich auf die grammatischen Zeiten der Verben, die im Griechischen gebraucht werden. Aber das muss ohne Ergebnis bleiben, da hier Verben sowohl in der Form fortwährender Handlung als auch solche abgeschlossener Handlung stehen und die Bedeutungsunterschiede der Formen nicht wirklich dem Thema eine Richtung geben könnten.

Die einzige wirkliche Hilfe kommt von dem verwandten Problem der Vielehe. Polygamie war ebensowenig Gottes Ideal wie Scheidung. Aber wenn die Bindung an eine zweite Ehefrau einmal vollzogen war, dann forderte Gott Treue zu dieser Bindung. Ein Mann konnte sich nicht von seiner zweiten Frau öfter scheiden als von seiner ersten.[18] Im Vergleich dazu ist die Wiederverheiratung nach einer Scheidung ohne biblische Gründe sündhaft, aber sich wieder scheiden zu lassen wäre einfach eine neue Sünde, die die erste nicht korrigieren kann. Der Wiederverheiratete sollte mit seinem zweiten Partner verheiratet bleiben. Eine andere Analogie ist jemand, der einen Ungläubigen heiratet. Er sündigt, wenn er das tut, aber wenn die Verbindung einmal geschlossen ist, dann ist diese Ehe der Wille Gottes, und sie zu brechen wird Sünde.

Fassen wir also zusammen: Gottes Wille ist die Einehe, und Scheidung ist falsch. Wenn wegen eines Partners »Herzenshärtigkeit« (Sünde) eine Scheidung stattfindet, sollte der zurückbleibende Gläubige unverheiratet bleiben. Wenn Ehebruch oder dauerhaftes Verlassen vor oder nach der Scheidung vorkommen, dann begeht der daran unschuldige geschiedene Ehepartner nicht notwendigerweise eine Sünde, wenn er wieder heiratet (s. Anm. d. dt. Hrsg., S. 304). Begeht er die Sünde des Ehebruchs (beispielsweise in einer nichtbiblischen Wiederheirat) oder irgendeine andere Sünde (beispielsweise selbstsüchtiges Verhalten, das den Gatten in die Scheidung trieb) und bereut wahrhaftig, dann wird Gott ihm vergeben, wie auch Gottes Kinder tun sollten.

Einige machen eine Unterscheidung zwischen einer Scheidung vor der Bekehrung und einer danach, aber das Argument ist nicht überzeugend. Wie auch bei anderen ethischen Fragen gelten biblische Prinzipien für Christen und Nichtchristen gleichermaßen. Buße über Sünde ist für Sünder und für Heilige erforderlich, und die Berichtigung irgendwelcher falschen Beziehungen ebenso. Das Gleiche gilt für Fehler, die nicht berichtigt werden können – nach der Buße kann der Gläubige nicht mehr verantwortlich gemacht werden, gleich ob sein Fehlverhalten vor oder nach seiner Bekehrung liegt.

Ich habe das Thema Scheidung nicht aus seelsorgerlicher Besorgnis angesprochen, sondern streng im Rahmen der damit verbundenen ethischen Themen. Gleichwohl erheben sich gewisse zusätzliche, schwierige ethische Fragen, wenn jene grundlegende biblische Lehre angewandt wird. Ich gebe dieses Urteil nicht mit derselben Zuversicht weiter wie die vorangegangene Analyse der biblischen Dokumente, versuche aber, es auf die Grundlage biblischer Prinzipien zu stellen und nicht den damit verbundenen problematischen Fragen aus dem Weg zu gehen.

Was rät ein Christ und Diener Gottes Eheleuten, die Probleme haben? Ins Licht der vorangegangenen Erörterung gestellt, sollte er Gottes Maßstab deutlich machen, dass Scheidung keine Möglichkeit ist.

Derselbe Rat gilt für getrennt Lebende oder aus irgendwelchen Gründen Geschiedene. Bleibe unverheiratet! Wer weiß, ob nicht der Ehepartner des Ex-Gatten sterben wird und sich die Möglichkeit eröffnet, die ursprüngliche Ehe wiederherzustellen? Nutze den Stand der Ehelosigkeit für das Reich Gottes. Wenn es aber der betroffenen Person nicht möglich ist, unverheiratet zu bleiben und es biblische Gründe für Scheidung und Wiederheirat gibt, würde ich ihm oder ihr raten, dass die Schließung einer neuen Ehe eine legitime Möglichkeit darstellt.

Wie entscheidet ein Pastor, wenn es darum geht, eine Hochzeitszeremonie für jemanden zu halten, der vorher schon verheiratet gewesen ist? Er kann an der Zeremonie nur teilnehmen und die neue Ehe »vor Gott und Menschen« im Namen der Trinität nur bei solchen bestätigen, die auf biblischer Grundlage geschieden wurden oder deren Ex-Gatte vor der Scheidung biblische Gründe geliefert hat (durch Ehebruch, Wiederverheiratung oder vielleicht dauerhaftes

Verlassen). Im anderen Fall würde er selbst sündigen, indem er die Zeremonie durchführt und damit die Sünde des Ehebruchs öffentlich sanktioniert.

Wer sollte als Vollmitglied in der Gemeinde angenommen werden? Jeder, der das Zeugnis echter Buße ablegt. Wenn jemand fortdauernd vorsätzlich Gottes Vorgaben verletzt (zum Beispiel dadurch, dass er auf widerbiblischen Scheidungsverfahren beharrt), legt er kein Zeugnis der Umkehr ab und sollte nicht angenommen werden, ehe dies nicht geschehen ist. Welch groteske Scheinheiligkeit für eine Gemeinde, einen bußfertigen Schürzenjäger bereitwillig anzunehmen, aber einen gläubigen Christen zurückzuweisen oder schlecht zu behandeln, der ganz legitim sein Leben zuerst mit einem Ehepartner geführt hat und später mit einem anderen!

Welche Rolle kann jemand in der Gemeinde spielen, der geschieden und wieder verheiratet ist? Ich bin zutiefst überzeugt, dass Paulus Polygamisten von der geistlichen Leiterschaft ausgeschlossen hat. Ich bin nicht sicher, ob er auch die einschließt, die geschieden sind, deren gegenwärtige Ehe jedoch im Willen Gottes liegt. Da ich in dieser Frage unsicher bin, schärfe ich Verheirateten, die in ihrer Vergangenheit geschieden worden sind ein, in der Gemeinde besser dienend als führend tätig zu werden. Auch wenn Paulus eine im technischen Sinn monogame Person mit jedoch mehr als einem lebenden Ehepartner nicht ausdrücklich ausgeschlossen hat, ist doch die Parallele zur Polygamie zu deutlich, um außer Acht gelassen zu werden.

Je erfolgreicher jemand in seinem öffentlichen Dienst und in seiner neuen Ehe ist, desto mehr Versuchung bereitet er jedem, der selbst Eheprobleme hat. Für diese ist er eine ständige Mahnung, dass Scheidung und Wiederheirat ein Ausweg sein können. Das wiederverheiratete Paar kann niemals das unaufkündbare Ideal der Einehe abbilden. Es ist im angenommenen Fall weit besser, in der Gemeinde Dienste von geringer Bedeutung zu tun und als demütige Warnung dafür zu dienen, dass ein Preis bezahlt werden muss, dabei aber gleichzeitig die herrliche Gnade Gottes zu demonstrieren, dass einem vergeben werden und er im Reich Gottes brauchbar sein kann. Ich hätte Bedenken, dies zu einem Gemeindegesetz zu machen, aber so würde ich raten.

Nichteheliche Verletzungen der Grundsätze Gottes für die Sexualität

Sexuelles Begehren

Sexuelle Beziehungen beginnen nicht allein im Denken, ohne dass das primäre Geschlechtsorgan das Denken bestimmt. Es ist beispielsweise sehr schwierig, befriedigende körperliche Beziehungen mit jemandem zu haben, der hässlich ist; das heißt mit jemandem, an dem das Bewusstsein keinen Gefallen findet. Christus bekräftigte diese grundlegende seelische und geistige Tasache, dass Sex in der Wurzel seelisch ist, als er sagte:

> *»Ihr habt gehört, dass gesagt ist: ›Du sollst nicht ehebrechen.‹ Ich aber sage euch, dass jeder, der eine Frau ansieht, sie zu begehren, schon Ehebruch mit ihr begangen hat in seinem Herzen«* (Mt 5,27-28).

Bei der Auslegung dieser Worte Jesu gibt es zwei gebräuchliche Irrtümer. Manche meinen, mit Begehren anzuschauen sei dasselbe, wie den Akt zu vollziehen. Andere glauben, es sei keine Sünde, eine andere Frau als die eigene mit sexuellem Begehren anzusehen. Zur Sünde werde es nur, wenn ein Mann sich vorstellt, er habe sexuelle Beziehungen mit dieser Frau.[19]

Zu behaupten, Gedanke und Tat seien in den Augen Gottes dasselbe, heißt, die Heilige Schrift zu ignorieren und die Sünde zu banalisieren. Christus sagt nicht, dass beide Sünden von gleicher Schwere sind, sondern, dass das Begehren in sich selbst sündig und von der gleichen Art Sünde ist wie Ehebruch; ebenso, wie der Hass in sich selbst sündig und von der gleichen Art Sünde ist wie Mord. Das Begehren ist nicht deshalb schlecht, weil es zur Sünde führen könnte; es ist schlecht, weil es selbst Sünde ist, die Sünde des Ehebruchs im Anfangsstadium.

Definition der Wollust. Worin besteht nun genau die Sünde der Wollust? Offenbar begeht jemand, der sich sexuelle Beziehungen mit jemand anderem vorstellt, in seinen Gedanken Ehebruch. Aber ist das alles? Die griechische Satzstruktur stellt die Frage nicht. Daher ist es notwendig, die Bedeutung des Wortes selbst zu untersuchen. Das mit »Wollust« übersetzte Wort könnte ebenso gut mit »Verlangen« oder »Begehren« übersetzt werden. Eine sorgfältige Betrachtung der Lehre des Neuen Testamentes über sexuelle Lust führt zu dem unausweichlichen Schluss: Sexuelles Begehren ist das Verlangen nach jeder Art sexuellen Vergnügens oder sexueller Befriedigung mit jemandem, der dieses Vergnügen nicht auf legitime Weise bieten kann.[20] Zu begehren heißt, heftiges Verlangen nach etwas zu haben, was man nach dem Willen Gottes nicht bekommen kann. Ist der in der Vorstellung vollzogene Akt nicht akzeptabel, dann ist es ebensowenig richtig, diese Vorstellung aufrecht zu erhalten.

Die Zeitungskolumnistin Abigail Van Buren berät Fragesteller regelmäßig dahingehend, dass sexuelle Phantasien normal und harmlos seien – sie seien sogar nützlich, so lange die vorgestellte unerlaubte Beziehung nicht vollzogen werde. Sie sagt, die Lehre Christi über die Lust sei eine der schädlichsten religiösen Lehren, die der Menschheit jemals angetan worden seien. Wieso behaupten wir eigentlich, dass eine als so harmlos erachtete und vergnügliche, in Gedanken vollzogene Handlung in Wirklichkeit sündig ist?

Wäre Fortpflanzung das einzige Ziel menschlicher Sexualität, wären Menschen nicht mehr als Tiere, dann wären sexuelle Tagträume vielleicht harmlos. Aber Gott hatte andere Zwecke im Sinn; Zwecke, deren Verletzung in Gedanken beinah ebenso schlimm ist wie durch die vollzogene Handlung selbst. Er erschuf nicht einfach Mann und Frau; er schuf sie füreinander in einer intimen, beständigen Bindung der Ehe – eine Einheit, geschaffen nach seinem eigenen Wesen. Damit dieses hohe Ziel erreicht werden kann, muss die Intimität ausschließlich und die Bindung dauerhaft sein, sonst gibt es keine Einheit. Treue ist am wichtigsten für den Geist. Ausschließliche Intimität, beständige Bindung und gegenseitiges Vertrauen werden zuerst im Geist verletzt.

Geistige Untreue, die die Geschlossenheit der Ehe zerfrisst, zerstört gleichzeitig die Ehe als Demonstration der Geschlossenheit von Gott dem Vater, dem Sohn und dem Heiligen Geist. Sich Intimitäten mit jemand anderem als dem Ehepartner vorzustellen, zerbricht die Einheit und zerstört das Bild Gottes. Wie Joseph und David bekundeten, ist sexuelle Sünde in erster Linie und hauptsächlich Sünde gegen Gott (1Mo 39,9; Ps 51,4).

Sexuelles Verlangen ist nicht dasselbe für Verheiratete und Ledige. Es gibt einen Unterschied zwischen dem Verlangen nach dem Haus des Nachbarn und dem Kauf eines Hauses, das zum Verkauf angeboten wird. Ebenso sind Gedanken an den Vollzug der Ehe bei Heiratsfähigen nicht dasselbe wie vergleichbare Gedanken an jemand anderen als den Ehepartner bei Verheirateten. Ungeachtet dessen verurteilt die Heilige Schrift Unzucht bei Ledigen mit den gleichen Begriffen wie Ehebruch bei Verheirateten. Daher richtet sich die Lehre über die Wollust sowohl an die Ledigen als auch an die Verheirateten.

Wie können wir einen Unterschied machen, wenn die Bibel ihn nicht ausdrücklich ausspricht? Vielleicht liegt der Schlüssel in der biblischen Verknüpfung von Gedanke und Tat. Jeder Gedanke, dessen Ausführung unmoralisch wäre, ist sündige Wollust. Wenn sich Verlobte einen Kuss mit ihrer Braut oder ihrem Bräutigam vorstellen, dürfte das harmlos sein. Derselbe Gedanke ist für Verheiratete falsch, wenn sie in Gedanken jemand anderen küssen als ihren Ehepartner. Geradeso, wie der Geschlechtsverkehr (Hurerei) für Unverheiratete falsch ist, so ist es auch sündige Wollust, darüber zu phantasieren. Man beachte, dass Jesus nicht sagte: »Wer Verlangen danach hat, eine Frau anzusehen, hat Ehebruch begangen.« Sich an der Schönheit einer Frau zu erfreuen, ist nicht in sich selbst wollüstiges Verlangen. Ein Mann macht sich nicht der Wollust schuldig, wenn er sich an der Schönheit einer Frau erfreut, sondern wenn er in Gedanken mit einer Frau sexuellen Umgang hat, die nicht rechtmäßig zu ihm gehört. Sooft er sich eine Umarmung vorstellt und eine physiologische Veränderung zur Vorbereitung auf den Beischlaf in ihm vorgeht, sieht er sie an »sie zu begehren«.

Durch ein sexuell attraktives Objekt versucht zu werden und der Versuchung zu sexuellen Phantasien nachzugeben, darf nicht miteinander verwechselt werden. Versuchung ist keine Sünde. Sexuelles Verlangen nach jemandem, der nicht rechtmäßig zu dir gehört, ist es. Kann ein Mann und Christ eine attraktive Frau ansehen, sich an ihrer Schönheit erfreuen, ohne wollüstiges Verlangen nach ihr zu haben? Sicherlich, aber kein normaler Mann kann sich ständig der Betrachtung anderer weiblicher Körper als dem seiner eigenen Frau hingeben, ohne dabei von irgendeinem Zeitpunkt an unerlaubte sexuelle Wünsche zu entwickeln.

Sexuelles Verlangen hat etwas mit Appetit zu tun. Wenn jemand vollständig mit Essen, Trinken oder Sex gesättigt ist, vergeht das Verlangen, aber nur für eine gewisse Zeit. Dann beginnt es von neuem, und ehe es nicht völlig gesättigt ist, kann eine Nascherei oder eine momentane sexuelle Phantasie nicht befriedigen. Dafür ist dieses Verlangen nicht gemacht. Es stimuliert den Wunsch nach mehr. Deshalb sollte ein ernster Christ, der sich von wollüstigem Verlangen versucht sieht, Gott um Rettung anflehen (1Kor 10,13). Darüber hinaus sollte er den Appetit aushungern – gebt nicht Raum dem Fleisch (Röm 13,14) – vermeide Dinge, Personen, Orte und Handlungen, die das Bühnenbild für sexuelle Versuchungen darstellen. Und wenn es wirklich notwendig ist, fliehe – entziehe dich der Situation, die die Versuchung an dich heranträgt (1Mo 39,12; Spr 5,8; 2Tim 2,22).

Die Widerstandsfähigkeit für die Anerkennung weiblicher Schönheit ohne sündiges Verlangen ist ebenso wenig gleichbleibend wie die Widerstandsfähigkeit für die Würdigung einer begehrenswerten Sache ohne Verlangen. Wenn die sexuelle Stimulation typischer weltlicher Magazine und Zeitschriften für jemand zu stark ist, um kontrolliert werden zu können, dann sollte er sie nicht lesen, auch wenn sie für jemand anderen harmlos sein mögen. Wenn er sich nicht an der Figur einer normal gekleideten Frau erfreuen kann, ohne sie zu begehren, wie es für einen weltlichen Mann typisch ist, dann lernt er besser, seine Augen abzuwenden. Unsere Welt ist so sex-gesättigt, dass Werbung, Kleidungsstil, Unterhaltung – praktisch jeder Lebensbereich – dem Ziel sexueller Verlockung unterworfen zu sein scheint. Jeder muss seine Toleranzgrenze bestimmen und sich selbst freiwillig unüberschreitbare Grenzen setzen, die er nicht überschreiten will (1Thes 4,3-7). Grenzen mit ausreichend großem Sicherheitsbereich, so dass wir niemals über das hinaus versucht werden können, dem zu widerstehen wir fähig sind (1Kor 10,13). In der westlichen Gesellschaft treffen die gleichen Versuchungen und Prinzipien zunehmend auch Frauen, obwohl Jesus nur den Mann angesprochen hat.

Nur weil ein Gemälde, eine Fotografie, ein Film oder eine Frau nicht unmittelbar sexuell stimuliert, bedeutet das nicht notwendigerweise, dass jemand sich innerhalb seiner Toleranzgrenzen bewegt. Es gibt einen Verstärkungseffekt. Moralische Verschmutzung ist der Luftverschmutzung sehr ähnlich – man wird sich der zunehmenden Verschmutzung nicht bewusst, ehe man nicht bereits Schaden davongetragen hat. Sich sexuell attraktiven Objekten auszusetzen, mag ganz unschuldig sein, aber der Verstärkungseffekt macht anfällig und verwundbar. Es ist durchaus möglich, beständig frei von sexuellen Wunschvorstellungen, Phantasien und geistigen Szenarien zu leben. Darin zu versagen, ist ein plötzliches Warnsignal, dass man sich allzu sehr der Versuchung ausgesetzt hat und dass man die Möglichkeiten dafür unverzüglich, vielleicht sogar schmerzhaft, verringern muss. Das ist es, was Jesus sagte: *»Wenn aber dein rechtes Auge dir Anlass zur Sünde gibt, so reiß es aus und wirf es von dir; denn es ist dir besser, dass eins deiner Glieder umkommt und nicht dein ganzer Leib in die Hölle geworfen wird«* (Mt 5,29).

So sind wir angewiesen, schonungslos mit Versuchungen umzugehen. Das bedeutet nicht nur, Versuchungen aus dem Weg zu gehen. Es bedeutet gleichermaßen zu vermeiden, selbst für andere zu einer Versuchung zu werden. Deshalb lehrt die Bibel Sittsamkeit in der Kleidung.

Sittsamkeit. Die Lehre Christi über sexuelles Verlangen, die wir soeben erörtert haben, ist die stärkste Lehre über Sittsamkeit. Wollust ist Sünde; gleichermaßen ist es falsch, andere zur Sünde zu veranlassen (Mt 18,6-7; siehe auch Röm 14,13.15.21; 1Kor 8,9-13). Christen werden sich daher freiwillig niemals so kleiden, dass sie andere zu sexuellem Verlangen verleiten.

Die Bibel sagt nicht sehr viel über Nacktheit, aber es gibt einige klare Hinweise auf den diesbezüglichen Willen Gottes (1Mo 2,25; 3,7-11; 9,22-23; 2Mo 20,26; 28,42-43). Gottes Begegnung mit Adam und Eva nach dem Sündenfall zeigt, dass Gott sein gutes Geschenk der Ehe eingehüllt hat, um es für denjenigen seiner Wahl zu bewahren. Der menschliche Körper ist nicht beschämend, sondern schön; als Gott Mann und Frau schuf, sagte er: »Es ist gut.« Und es wird uns gesagt, sie waren nackt und schämten sich nicht. Aber der menschliche Körper ist exklusiv, heilig und nicht öffentlich; er gehört der einzigen anderen Person, die Gott in der Ehe gegeben hat (1Kor 7,3-5). Gewisse Partien des menschlichen Körpers zu entkleiden bedeutet, normale Vertreter des anderen Geschlechts sexuell anzuregen. Wenn daher jemandes Kleidung Wollust bei jemand anderm hervorruft, ist sie sündig.

Aber das, was Versuchung bewirkt, ist von Gesellschaft zu Gesellschaft und von Zeit zu Zeit unterschiedlich. In Indien beispielsweise werden die Waden der Frauenbeine verhüllt, die Magenpartie nicht unbedingt. Im alten Japan reizte das Genick, und eine ungenierte Geisha würde den Kragen ihres Kimonos so arrangieren, dass ein wenig mehr von ihrem Nacken entblößt würde. Bei gewissen Stämmen Afrikas trägt die lockere Frau einen Büstenhalter, während sittsame Mädchen »oben ohne« gehen, wohingegen es bei einem südamerikanischen Stamm genau umgekehrt ist: Sittsame Frauen tragen Oberteile mit Ärmeln, verhüllen aber nicht den Unterleib. Am beschämendsten ist es dort, die Achselhöhlen zu entblößen. Sittsamkeit hat also etwas mit der Kultur zu tun, wie die Kleidung eben von den jeweiligen Leuten betrachtet wird. Biblische Sittsamkeit wird natürlich nicht von der jeweiligen Kultur bestimmt, aber sie ist gewiss von ihr beeinflusst.

Um die Angelegenheit weiter zu komplizieren, sind die Stile einem andauernden Wandel unterworfen, zumindest in der westlichen Welt des zwanzigsten Jahrhunderts. Und der Wandel ist nicht immer neutral. Eine gefallene Gesellschaft gebraucht die Kleidung, nicht etwa um die Persönlichkeit oder die innere Schönheit des Geistes zu betonen, sondern um die menschliche Schwäche auszubeuten, für finanziellen Profit. James Laver, die führende Autorität in der Geschichte der Bekleidung, bemerkt dazu:

> Aber nach kurzer Zeit ... zieht die exzessive Konzentration auf einen bestimmten Körperbereich ihre eigene Strafe mit sich. Die in Frage kommende Körperpartie wird allzu vertraut. Sie wird langweilig, oder, wie die Psychologen sagen, sie »erschöpft ihr erotisches Kapital«. Nun wandelt sich die Hervorhebung, die Betonung verlagert sich. Die neue Zone der Betonung scheint zu Beginn immer ein wenig anstößig, aber dieser psychologische Anstoß ist der wirkliche Grund für die Veränderung.
>
> Haben sie nicht der Lust der Augen Vorschub geleistet? Natürlich taten sie das. Das war ja ihr Ziel. So begannen Mode und Prüderie das Gefecht gegeneinander, das bis heute anhält.[21]

Die Welt versucht unablässig, den Christen in ihre eigene, sündige Natur zu pressen, und der sittsame Christ ist sich dessen bewusst. Er will nicht irgendeinen neuen Bekleidungsstil annehmen, der zur Schau stellt, die Aufmerksamkeit auf sich selbst zieht oder die sexuelle Anziehung steigert, bis dieser Stil nicht länger auffällig oder stimulierend ist. Anstatt sich den Vorreitern des Wandels anzuschließen wird die sittsame Frau warten, bis der neue Stil eine ausreichend lange Geschichte hat, so dass geistlich denkende, erwachsene christliche Männer bekunden, der Stil berge nicht länger eine Versuchung zu wollüstigem Verlangen.

Wie ist es mit Nacktheit oder teilweiser Nacktheit in der Kunst? Sehr viel von zeitgenössischen Druckwerken und Fotografien, von Film und Fernsehen wurde entworfen, um sexuell zu stimulieren. Ein Christ, der sich an der Herstellung solcher Kunst beteiligt, verletzt Gottes Maßstäbe der Sittsamkeit. Er liefert den Grund dafür, dass andere straucheln. Der unbekleidete Körper in der bildenden Kunst wirkt auf viele wohl nicht stimulierend, obwohl es Ausnahmen gibt – ein Teil der bildenden Kunst ist vorsätzlich erotisch, und manche Leute werden leichter versucht. Aber wie auch immer jemandes Urteil über diesen Gegenstand lauten wird, ein Punkt steht außer jeder Diskussion: Modellstehen für solche Kunst kann nicht die Rolle eines Christen sein. Die Geschichte des moralischen Versagens von Künstlern und ihren Modellen bestätigt die Unvereinbarkeit von Keuschheit und nacktem Modellstehen.

Sittsame Kleidung ist, beginnend im Garten Eden, Gottes Verpackung für das wunderbare Geschenk der Ehe. Es ist sein Zaun um den keuschen Geist des aufrichtigen Christen. Er bewahrt ihn zur ungehemmten Erfüllung der erotischen Liebe in der ausschließlichen Vertrautheit und beständigen Bindung der Ehe.

Pornographie. Pornographie ist per Definition die Darstellung sexuell orientierten Materials in geschriebener oder bildlicher Form und absichtlich konzipiert, um sexuell zu stimulieren. Außerhalb der Ehe bedeutet das nach biblischen Maßstäben Anregung zur Wollust und damit bewusste Verlockung, bewusste Versuchung. Diese Tatsache des zeitgenössischen Lebens bringt das Problem mit der Pornographie auf den Punkt: Kann gezeigt werden, dass sie für den individuellen Betrachter, für die Gesellschaft als Ganzes und für die Menschen, die sie produzieren, dafür Modell stehen oder sie mimisch aufführen gleichermaßen schädlich ist?

Die umstrittene, 1967 ernannte Präsidentenkommission zur Pornographie kam zu dem Schluss, es könnten weder bei Jugendlichen noch bei Erwachsenen Veränderungen der Persönlichkeit oder ungünstige Auswirkungen durch das Betrachten von Pronographie festgestellt werden. Daher wurde empfohlen, alle gesetzlichen Beschränkungen für Pornographie aufzuheben. Aber die Behauptung, Bücher und Bilder hätten keinen Einfluss auf den Leser oder Betrachter, ist offenkundig falsch, wie jeder Werbefachmann bezeugen kann.

Ganz gewiss darf man erwarten, dass das Anschauen von Pornographie oder von irgendetwas sonst das Denken des Betrachters beeinflusst. Aber ist das notwendigerweise ein schlechter Einfluss? Letha Scanzoni meint nein:

> Was sollen wir einer christlichen Frau sagen, die gemeinsam mit ihrem Mann zum erstenmal einen Sexfilm angesehen hatte und dazu meinte, sie wünschte, sie hätte ihn fünfzehn Jahre zuvor gesehen? Sie sagte, es würde ihnen in ihrer sexuellen Beziehung so sehr geholfen haben. Sex sei während ihrer ganzen Ehe ein Problem gewesen, weil sie so gehemmt gewesen sei und sich vor gewissen Techniken gefürchtet habe.[22]

Einige Mitglieder eines Gelehrten-Ausschusses, hauptsächlich vom Calvin-College und Calvin-Seminar, schienen in der März-Ausgabe 1974 des *Reformed Journal* eine noch stärkere pro-pornographische Position einzunehmen:

> *Feikens:* Ich mag diesen Teil der Diskussion nicht verlassen, indem wir sagen, ein christlicher Künstler dürfe keinen Text schreiben und keinen Film drehen, der in wollüstiger Weise oder auf lüsterne, verlangende Art oder sonst unzüchtig mit Sex umgeht. Um sein künstlerisches Ziel zu erreichen, muss er es vielleicht auf diese Weise darstellen.
>
> *Wolterstorff:* Der christliche Künstler kann zwei Dinge tun. Das eine: Er kann entarteten Sex zeigen. ... Und zweitens: Es ist nicht schon an sich falsch, wenn er sexuelles Verlangen erweckt. Er kann in wollüstiger Absicht schreiben.

Ein anderer Diskussionsteilnehmer betonte, dass wahre Kunst nicht bloß Gefühle und Handlungen beschreibe oder darstelle; sie veranlasse den Leser oder Betrachter, sie stellvertretend zu erfahren. Durch ernsthafte Kunst solle der Leser oder Betrachter Erregung und Nervenkitzel von heterosexuellem Sex oder den Ekel bei entartetem Sex erfahren. Was aber sagt die Heilige Schrift dazu?

> *»Wer eine Frau ansieht, sie zu begehren, hat in seinem Herzen schon Ehebruch mit ihr begangen«* (Mt 5,28).
>
> *»Alles was wahr, alles was ehrbar, alles was gerecht, alles was rein, alles was liebenswert, alles was wohllautend ist, wenn es irgendeine Tugend und wenn es irgendein Lob gibt, das erwägt«* (Phil 4,8).
>
> *»Was heimlich von ihnen geschieht, ist selbst zu sagen schändlich«* (Eph 5,12).
>
> *»Unzucht aber und alle Unreinheit oder Habsucht sollen nicht einmal unter euch genannt werden, wie es Heiligen geziemt; auch Unanständigkeit und albernes Geschwätz und Witzelei, die sich nicht geziemen«* (Eph 5,3).
>
> *»Obwohl sie Gottes Rechtsforderung erkennen, dass, die solches tun, des Todes würdig sind, üben sie es nicht allein aus, sondern haben auch Wohlgefallen an denen, die es tun«* (Röm 1,32).
>
> *»Fliehe die jugendlichen Lüste«* (2Tim 2,22).
>
> *»Treibt nicht Vorsorge für das Fleisch«* (Röm 13,14).

Der Durchschnittsmensch wird ganz sicher hin zu sexueller Wollust beeinflusst, wenn er Pornographie liest oder anschaut. Das ist schließlich die dahinter stehende Absicht. Gibt es auch einen Einfluss auf die Gesellschaft? Aus biblischer Perspektive ist keine Sünde streng privat; sie hat immer einen schlechten Einfluss auf jene, die mit dem Sünder verkehren. Das gilt besonders für Wollust. Die Beziehung zwischen den Ehepartnern oder mit einem künftigen Partner wird durch jeden Gedanken beschädigt, der die Einheit der beiden zerstört. In Wirklichkeit führt der Gedanke oft zur Tat, und keine jemals ausgeführte unmoralische Handlung hatte ihren Ursprung an anderer Stelle als in den Gedanken in jemandes Geist. Es gibt aber nicht nur einen schädlichen Einfluss auf den Ehepartner, der durch einen geschwächten Bund und den Eingriff in die ausschließliche eheliche Intimität verursacht wird. Schädlicher Einfluss trifft auch die Kinder, die unter der Führung eines unreinen, betrügerischen Elternteils leben müssen. Im Falle des Christen wird buchstäblich jeder, den er berührt, von dem Verlust seiner Integrität als einer wahren Widerspiegelung Christi und von dem daraus folgenden Verlust seiner persönlichen geistlichen Kraft beeinflusst.

Über diese persönlichen Beziehungen hinaus sind indes viele von der Wirkung der Pornographie auf die Gesellschaft als Ganzes betroffen. Nicht alle sind mit Joseph Daniel Unwins großartiger Studie einig, aber seine Schlussfolgerungen sind durch eine überzeugende Anzahl historischer Daten urkundlich belegt.[23] Unwin war angetreten um die Annahme zu widerlegen, es gebe ursächliche Zusammenhänge zwischen der Sexualmoral und dem gesellschaftlichen Fortschritt. Er sah sich schließlich gezwungen, zum gegenteiligen Schluss zu kommen und die Annahme zu bestätigen. In keiner menschlichen Kultur fand er auch nur eine einzige Ausnahme zu der von ihm aufgestellten Folgerung: »Es gibt eine unausweichliche Wechselbeziehung zwischen dem Ausmaß der die Sexualität betreffenden Vorschriften, die zu einer strikten Monogamie führen, und dem Ausmaß der jeweiligen kulturellen Errungenschaften.«[24]

Ein höchstes Expertenkomitee in der Pornographie-Kommission des General-Bundesanwalts von 1986 widerrief praktisch jeden Beschluss der früheren![25] Die Verbindung zwischen Hardcore-Pornographie und jeder Art von Verbrechen und anderen gesellschaftlichen Übeln wurde festgestellt und mit einer detaillierten Dokumentation untermauert.

Ohne jede Bemühung des ersten Zusatzartikels zur amerikanischen Verfassung ist das Gesetz zweifellos verletzt, wenn Kinderpornographie oder Gewalt im Zusammenhang mit Sex dargestellt wird. Die Kommission dokumentierte in scheußlichen Einzelheiten die allgemein verbreitete Produktion und den Verkauf dieser Art von Pornographie.

Im privaten Bereich berief die Religiöse Allianz gegen Pornographie (RAP) im November 1986 die wohl umfassendste Repräsentation von religiösen Führern in der amerikanischen Geschichte ein, um die Schlussfolgerungen des Berichts zu beraten und eine Strategie für den Kampf gegen illegale Pornographie zu entwerfen. RAP führte zu erfolgreichen Säuberungsaktionen in Städten wie Cincinnati und Atlanta. Einige Leiter der Washingtoner Strategiekonferenz stellten öffentlich fest, dass der wirkliche Krebs in der amerikanischen Gesellschaft nicht die illegale Pornographie sei, sondern die zugelassene Variante, die ungeprüft in allen Teilen der Bevölkerung Verbreitung finde und unser Denken, unsere Werte und unser Verhalten in Beziehung zur Sexualität, zu Frauen und zur Familie verändere. Die RAP-Führungsriege befürchtete jedoch, dass ein so breites Spektrum beteiligter religiöser Vertreter nur zusammen zu halten war, wenn man sich zunächst auf die illegale Pornographie konzentrierte. Durch dieses Zweckdenken wurde das größere und tiefer greifende Problem auf den Tag verschoben, an dem die leichtere Schlacht gewonnen sein würde.

Die Befürchtungen der RAP über die Verbreitung der Pornographie führt uns zu einer anderen Überlegung. Es gibt noch ein weiteres Pornographie-Opfer, das nur selten berücksichtigt wird: Die auf der Fotografie beziehungsweise im Film gezeigte Person und der pornographische Autor. Neuerdings geht ein Aufschrei gegen den Missbrauch von Kindern in pornographischen Erzeugnissen durch die Lande, und in Dänemark erheben die Tierschützer lautstark ihre Stimme gegen den zunehmenden Missbrauch von Tieren bei der Darstellung sodomistischer Perversionen, aber Erwachsene betrachtet man als selbständige, freie Menschen und keineswegs als Opfer. Es ist wahr, Feministen verdammen vehement die Rolle der Frau in der Pornographie, aber sie meinen nicht so sehr die verrohende Wirkung auf die Darsteller als vielmehr die Erniedrigung der Frauen an sich. Die Unterdrückung von Frauen ist in der Tat nach landläufiger Ansicht der Preis, den die Pornographie fordert. Über die erniedrigende Wirkung auf die Darsteller selbst spricht man nicht. Und doch sündigen die Modelle, die Darsteller, die Autoren und alle, die an der Herstellung und Verbreitung von Pornographie Anteil haben und veranlassen andere zu sündigen.

Um den Einfluss des pornographischen Gewerbes auf die Gesellschaft zu bewerten, muss ein weiterer Begriff eingeführt werden. Es gibt eine nachweisbare Beziehung zwischen Pornographie und Gewalttätigkeit. Rushdoony dokumentiert umfassend den philosophischen Neosadismus, der in den letzten Jahren in der westlichen Gesellschaft ausgebrochen ist.[26] Der Marquis de Sade (1740-1814) lieferte seinen Namen zu unserem Vokabular: Sadismus – einem anderen zum eigenen Vergnügen Schmerz zufügen. Seine Ansicht, dass jede Frau rechtmäßiges Objekt jeder Handlung sei, die irgendein Mann zu vollziehen wünscht, seine homosexuellen Vorlieben und seine Verteidigung der Sodomie und jeder Form von Erniedrigung liefern die philosophische Basis und sogar das detaillierte Drehbuch für einen Großteil der zeitgenössischen Pornographie. Lassen wir den Marquis selbst sprechen.

> Wir haben von der Natur unbestreitbar das Recht mitbekommen, wahllos unsere Wünsche nach allen Frauen zum Ausdruck zu bringen. ... Es kann nicht geleugnet werden, dass wir das Recht haben Gesetze zu erlassen, die Frauen zwingen sich den Leidenschaften desjenigen zu ergeben, der sie haben will; selbst Gewaltanwendung ist ein erlaubtes Mittel dieses Rechts, wir können sie rechtmäßig anwenden. Wahrlich! Hat die Natur nicht bewiesen, dass wir dieses Recht haben, indem sie uns die Kraft verliehen hat die nötig ist, um Frauen unter unseren Willen zu beugen? ... Das Thema ihres Wohlbefindens ist – ich wiederhole – unwichtig.[27]

Ob nun die von Rushdoony umrissene philosophische Untermauerung schlüssig bewiesen werden kann oder nicht, die Parallelen zu der – seit den Urteilen des Höchsten Gerichtshofes der 60er und 70er Jahre – ungezügelten pornographischen Flut passen bemerkenswert zu der Planskizze, die de Sade zwei Jahrhunderte zuvor entworfen hat. Wen wundert es da, dass »das organisierte Verbrechen«, wie ein Washingtoner Regierungssprecher sagt, »die kommerzielle pornographische Industrie dominiert, die Massagesalons, die Oben-Ohne-Bars und die Striplokale.«[28] Pornographie zerstört geistig alle, die sich ihr durch Herstellung oder Gebrauch aussetzen, und ihr verderblicher Einfluss ergießt sich in alle Lebensbereiche der Gesellschaft, die sie toleriert.

Vorsorge für das Fleisch

Christus verwies auf zwei Quellen der Versuchung zur Wollust – Sehen und Berühren (Mt 5,28-30). Wir haben zuvor die durch das Sehen hervorgerufenen Versuchungen betrachtet und müssen jetzt auch die Versuchungen genauer betrachten, die durch Berührung entstehen können. Körperliche Berührung ruft in der Regel den Wunsch nach weitergehendem Intimkontakt hervor und ist biologisch konstruiert, um die Vorbereitungen für den Sexualkontakt zu treffen. Deshalb muss man beim Abschätzen des eigenen Versuchungspotentials und dessen des Gegenübers bei zufälligem körperlichem Kontakt mit sexuell attraktiven Menschen vorsichtig sein. *»Trefft nicht Vorsorge für das Fleisch«* (Röm 13,14).

Gesellschaftstanz ist ein Bereich, der ethische Fragen aufwerfen kann. Sicher haben viele Menschen, die gern tanzen, dabei keine erotischen Absichten. Aber für die meisten normalen Männer ist der Gesellschaftstanz, der Berührung einschließt, erotisch, und es ist nicht glaubhaft, dass ein Mann daran teilnehmen kann, ohne dadurch zu sündigem sexuellem Verlangen stimuliert zu werden (es sei denn, er tanzt mit seiner eigenen Ehefrau). Offen gesagt, der führende Bestseller der 70er in der neuen Kategorie hemmungsloser Sex-Handbücher bekräftigt dieses Urteil des gesunden Menschenverstandes:«Alle Tanzsaal-Aktivität, bei der paarweise getanzt wird, zielt auf Geschlechtsverkehr ab. In dieser Hinsicht hatten die Puritaner todsicher recht.«[29]

Linksorientierte Protestanten, die Pornographie als Therapie und freizügige sexuelle Darstellungen als wirkliche Kunst verteidigen, stimmen zweifellos zu, dass Tanzen sexuell anregend sein kann, halten es aber dennoch für harmlos. Aber für jemand, der die Lehre des Neuen Testaments über die Reinheit des Geistes ernst nimmt, bedeutet der Tanz mit jemand anderem als mit dem eigenen Partner, mutwillig »Vorsorge für das Fleisch zu treffen« – entweder für sich selbst oder für den Tanzpartner.

Junge Erwachsene erzählen mir oft von Problemen mit sexueller Versuchung. Gleichzeitig bezeugen sie immer wieder, »Vorsorge für das Fleisch zu treffen«, oftmals ohne eigenes Verschulden. Ein frommer und gutaussehender junger Leiter erzählte mir, dass ein Gutenachtkuss mit einem Mädchen nach einer Verabredung seinerseits nicht sexuell und keine Versuchung gewesen sei. Ich stimmte ihm zu, dass es schwerlich eine Sünde für ihn gewesen sein konnte, wenn seine innere Reaktion darauf wirklich so gewesen sei. Aber es könnte natürlich eine Versuchung für das Mädchen gewesen sein. Dann fragte ich ihn, ob ihn überhaupt kein Mädchen durch einen Gutenachtkuss erregen könne. Er lachte. Oh natürlich, mit einigen Mädchen war es sexuell prickelnd. Ich konnte ihm darlegen, dass diese Erfahrung der Haken an der Sache war, aber ich konnte ihn nicht überzeugen. Normalerweise erregen nur sexuell attraktive Menschen. Er dachte einige Tage über unser Gespräch nach und suchte mich später wieder auf. »Ich denke, ich muss Ihnen sagen, dass Sie recht haben. Ich bin nicht anders als andere Männer. Ich habe mich selbst an der Nase herumgeführt. Küsse mit einigen Mädchen genieße ich besonders wegen der sexuellen Erregung.« Ich hatte diese Art von Gesprächen zu oft, um glauben zu können, das sei die Ausnahme. *»Trefft nicht Vorsorge für das Fleisch.«*

Sexualerziehung in der Schule

Die Sexualerziehung von Kindern in den öffentlichen Schulen ist mit Sicherheit nicht dazu gedacht, sexuell zu erregen; zumindest nicht bei den meisten verantwortlichen Sexualkunde-Lehrern. Vielmehr ist es das Ziel der Prüfstelle für Sexualkunde-Lehrmaterial des US-Rates für sexuelle Aufklärung und Erziehung (SIECUS), Kindern zu helfen, die überhandnehmenden sexuellen Übel unserer Gesellschaft zu vermeiden und verantwortungsbewusste, erfüllende sexuelle Lebensstile zu entwickeln. Einige, wie ein geplanter Elternschaftsbund, rücken freiwillig von einem Gesellschaftswandel ab und wollen sich der jüdisch-christlichen Ethik entledigen. Aber die meisten Verteidiger des Sexualkunde-Unterrichts haben im Sinn, die Folgen von sexuellen Aktivitäten zu verringern, die in einer pluralistischen Gesellschaft jeder als Übel erkennen kann: Ungewollte Schwangerschaft, Geschlechtskrankheiten, AIDS, sexuelle Gewalt und individuell unbefriedigenden Empfindungen, Verhaltensweisen und Handlungen.

Vielleicht wird die Erörterung niemals wissenschaftlich untersucht werden, ob der Unterricht über die menschliche Sexualität biologisch nachweisbar sexuelle Aktivität oder unerwünschtes Verhalten fördert oder verhindert. Manche meinen, dass die öffentliche Zurschaustellung und Diskussion aller sexuellen Handlungsweisen die sexuelle Aktivität fördert. Andere sind sich sicher, dass die sozialen Übel der Gesellschaft verringert werden. Diese Debatte muss nicht bloß deshalb ergebnislos bleiben, weil ihre Schlussfolgerungen sehr stark vom Vorverständnis des untersuchenden Wissenschaftlers abhängig sind. Sie verfehlt auch insofern ihr Ziel, als hier auch biblische Christen betroffen sind.

Für den Christen lautet die eigentliche Frage: Ist es möglich, eine annehmbare Sichtweise der menschlichen Sexualität vor einem wertfreien und nicht wertenden Hintergrund zu unterrichten? Eine wahrheitsgemäße Betrachtung der menschlichen Sexualität kann nicht wie eine wahrheitsgemäße Beobachtung von Mathematik, Physik oder englischer Grammatik unabhängig von der biblischen Sicht der Sexualität stattfinden. Sex ohne Liebe, ohne die beständige Bindung in einer monogamen Ehe ist nicht dasselbe wie Sex unter Einschluss dieser wesentlichen Grundbedingungen. Über Sex ohne die Elemente des vorrangigen Zieles der Einheit zu unterrichten ist nicht nur eine unangemessene Behandlung des ganzen Gegenstandes. Es ist in Wirklichkeit schon in sich selbst zersetzend für die eigentliche Sache.

Aber die öffentlichen Schulen in den Vereinigten Staaten dürfen nicht über Sex (oder irgendeinen anderen Gegenstand) vor biblischem Hintergrund unterrichten. Homosexualität hingegen darf als ein »alternativer« (beispielsweise als rechtsgültiger, für Heterosexuelle gleichermaßen tragbarer) Lebensstil gelehrt werden. »Projekt 10«[30], ein Beratungsprogramm für homosexuelle Schüler, das von der lesbischen Oberschullehrerin Virginia Uribe von der Fairfax-Highschool in Los Angeles entwickelt worden war, versucht unter anderem dazu zu ermuntern, in homosexuellen Beziehungen nur durch Kondome geschützten Sex zu praktizieren.[31]

Eines der schädlichsten Märchen des zwanzigsten Jahrhunderts ist die Vorstellung von einer wertfreien Erziehung. Über Sex zu unterrichten, als wäre das etwas rein körperliches, oder alle sexuellen Verhaltensweisen darzustellen, als gäbe es keinen Unterschied, ist in der Tat ein sehr mächtiger Wert. Er repräsentiert das Einverständnis mit einer relativistischen Ethik, und nichts könnte sich auf ein wahrheitsgemäßes Verständnis von Sex zerstörerischer auswirken. Wenn der Sexualunterricht in der öffentlichen Schule gesetzmäßig erteilt wird, dann muss er eine Sicht der Sexualität darstellen, die die damit verbundenen Verpflichtungen reduziert. Sex als technisches Wissen vermindert zwangsläufig den allerwichtigsten Bestandteil der Erfüllung im Sex und in der Ehe: die Bindung.

Natürlich ist das Ideal, neben der biblischen Kenntnis darüber, was Sex überhaupt ist, das technische Wissen und die Bindung zu haben. Es ist eine traurige Tatsache, dass nicht mehr als zehn Prozent der christlichen Eltern jemals versucht haben, diese Art von Erziehung zu leisten. Wie kann das geändert werden? Welche Rolle sollte hier die Gemeinde spielen? Die christliche Schule? Im Interesse der Rettung des sich immer rascher zersetzenden Familienverständnisses müssen diese Fragen jetzt unverzüglich beantwortet werden, und zwar unter energischer Einbeziehung nicht nur der Medien, sondern ebenso der Gesetzgebung und der Erziehung.

Selbstbefriedigung

Man sagt, 90 Prozent aller Männer über fünfzehn Jahre haben schon mindestens einmal Erfahrungen der Art gemacht, dass sie bei sich selbst einen Orgasmus herbeigeführt haben. Viele masturbieren regelmäßig. Bei Frauen liegen die Schätzungen zwischen 40 und 60 Prozent für jene, die bereits mindestens einmal durch Selbst-Stimulation eine erotische Erfahrung gemacht haben. Es gibt weiblicherseits keinen bewiesenen biologischen Trieb zur Entspannung, während der Mann ein Aufstauen des Spermas erlebt, bis – bei den meisten Männern – eine wie auch immer herbeigeführte Ejakulation biologisch notwendig wird. Diese Entspannung kann bewusst durch sexuelle Beziehungen mit einer anderen Person herbeigeführt werden oder durch Selbstbefriedigung, oder sie kommt unbewusst durch einen Erguss im Schlaf zustande, oft begleitet von einem Traum. Eine sexuell tolerante, Sex begünstigende Gesellschaft mag das Vorkommen von Selbstbefriedigung verringern, aber es ist in allen Gesellschaften üblich. Was sagt die Bibel dazu? Nichts – zumindest nicht durch direkte Empfehlung oder Verurteilung. Was sagen denn dann Christen zu der Frage, die sich so beharrlich erhebt?

Historisch haben sich die meisten Kirchen gegen Masturbation ausgesprochen. Über schädliche körperliche Folgen der Selbstbefriedigung wurden zahlreiche Mythen verbreitet, die aber in den letzten Jahren alle auf der Grundlage wissenschaftlicher Untersuchungen widerlegt wurden. Dessen ungeachtet scheint die übliche Reaktion des Masturbierenden heute immer noch ein Schuld- oder Schamgefühl zu sein; entweder, weil es falsch ist und das Gewissen, dies berücksichtigend, einen anklagt oder weil die Kirchen oder die Gesellschaft sich dagegen ausgesprochen haben und Selbstbefriedigung als Fehlverhalten werten. In den vergangenen Jahren hat sich jedoch eine große Zahl christlicher Eheberater der Führung weltlicher Psychologen anvertraut und sie entschuldigen oder verteidigen die Masturbation.

Unter Christen scheint es vier Blickwinkel zu diesem Thema zu geben:

1. Die Masturbation ist ein Geschenk Gottes.
2. Masturbation ist vermutlich in Ordnung, wenn sie nicht mit wollüstigen Phantasien verbunden und nicht zwanghaft ist, nicht in einer Gruppe stattfindet und keine Schuldgefühle hervorruft.
3. Masturbation ist vermutlich falsch, weil sie der Natur widerspricht und eine Verletzung des biblischen Gesetzes der Reinheit darstellen könnte.
4. Masturbation ist mit Sicherheit falsch.

Bis auf die letzte Hälfte des zwanzigsten Jahrhunderts hat die Kirche daran festgehalten, dass Selbstbefriedigung mit Sicherheit falsch ist. Und obwohl es keine Statistiken gibt, die dieses Urteil bestätigen könnten, ist es wahrscheinlich, dass die meisten Evangelikalen dieser Position anhängen oder zumindest der Ansicht, Masturbation sei möglicherweise falsch. Da sich beide Positionen auf die gleichen Argumente stützen, möchte ich sie in der Betrachtung zusammenfassen.

Zwar spricht die Bibel nicht direkt über diesen Gegenstand, aber sie spricht auch nicht über viele andere Themen, denen wir moralische Fragestellungen unterlegen: Vielehe, Sklaverei, Pornographie, Drogenmissbrauch, Abtreibung oder Sex zwischen Unverheirateten. Möglicherweise spricht die Bibel nicht über dieses spezielle Thema, weil junge Menschen viel früher heirateten und die Geschlechtsreife viel später erreichten als heute. In biblischen Zeiten wurden Ehen üblicherweise vom zwölften Geburtstag an geschlossen und die erste Menstruation der jungen Frau ereignete sich im Alter von achtzehn Jahren, wohingegen im heutigen Amerika das durchschnittliche Heiratsalter in den frühen Zwanzigern liegt, während ein Mädchen mit dreizehn Jahren die erste Periode erlebt.[32]

So war in der antiken jüdischen Gesellschaft die Versuchung zur Masturbation außerordentlich gering. Es ist unsere frühe sexuelle Reife in Verbindung mit einem späten Heiratsalter, das den Druck hervorruft, alternative sexuelle Auswege zu finden. Daher ist es nicht weiter überraschend, dass die Heilige Schrift diesen Gegenstand nicht anspricht. Auf jeden Fall ist das Argument des Schweigens offenkundig falsch. Wir sollten uns lieber fragen: Führt uns die Bibel zu irgendwelchen Prinzipien, die autoerotische Handlungen ausschließen?

Jesus hat gezeigt, wo sexuelle Sünde beginnt (beim sexuellen Verlangen) und Mose zeigte, wo sie endet (im Geschlechtsverkehr mit einer anderen Person als dem eigenen Ehepartner). So scheint jede Form sexueller Aktivität zwischen diesen beiden Polen inbegriffen zu sein. Da die meisten Handlungen zur Selbstbefriedigung mit sexuellen Phantasien oder Vorstellungen verbunden sind, ist mindestens diese Form falsch. Aber auch wenn es nicht so sein sollte, vermittelt uns 1. Korinther 7,4 eindeutig das Prinzip, dass jemandes Körper nicht ihm selbst gehört, sondern seinem Partner, soweit es die sexuelle Aktivität betrifft.

Darüber hinaus verletzt die Selbststimulation – wenigstens dann, wenn sie nicht dem ehelichen Sexualspiel dient – zwei, möglicherweise alle drei Ziele, die Gott mit der Ehe verfolgt. Das erste Ziel der Ehe ist Einheit. Die Sexualität wurde geschaffen, um diese Einheit unauflöslich zu machen und zu fördern. Masturbation geht in die entgegengesetzte Richtung. Sie ist Sex entledigt der Liebe, entledigt der Bindung, entledigt aller Zwecke, für die er geschaffen wurde. Anstatt sich mit einem Gegenüber zur wechselseitigen Erfüllung zu vereinigen, ist sie typischerweise reine Egozentrik. Das zweite Ziel der Ehe ist Fortpflanzung und es muss nicht betont werden, dass Masturbation dieses Ziel nicht unterstützt. Einige verteidigen sie in der Tat als eine ausgezeichnete Form der Geburtenkontrolle. Auch das dritte Ziel der Ehe, die Widerspiegelung des Bildes Gottes, könnte verletzt sein, denn der an sich selbst vollzogene Sexualakt findet per Definition isoliert von jemandes rechtmäßigem Partner statt und ist ausschließlich auf den Handelnden selbst hin orientiert.

Wenn es unmöglich ist, aus der Heiligen Schrift ein absolutes ausdrückliches Verbot dieser Praxis herauszulesen, dann – denke ich – ist es ebenso unmöglich, eine klare Begründung zu finden, sie zu entschuldigen. Eines ist klar: »Was nicht aus Glauben geschieht, ist Sünde«; und wenn jemand keine auf die Bibel gegründete, solide Gewissheit über Gottes Billigung hat, dann ist sein Verhalten mindestens für ihn selbst falsch. Das wichtigste Mittel neben dem Gebet in der Versuchung besteht darin, den Appetit auszuhungern – so viel sexuelle Stimulation zu verhindern wie möglich. Gottes Rezept für Erfüllung heißt Selbstdisziplin. Ganz sicher wird das Füttern des sexuellen Appetits dem Problem nicht abhelfen.

Zweitens ist der unfreiwillige nächtliche Erguss das natürliche (wenn nicht Gottes) Druckventil und liefert keinerlei Grund für irgendwelche Schuldgefühle. Wenn erotische Träume den Erguss begleiten, dann werden sie *möglicherweise* von einer Übersättigung der sexuellen Stimulation während bewusster Stunden hervorgerufen.

Was ist nun mit der weiblichen Entspannung? Es muss betont werden, dass die Frau unter keinem nachgewiesenen biologischen Druck steht. Wenn es daher in ihrem Fall irgendeinen anderen Druck gibt als das Verlangen, sich selbst zu befriedigen, dann ist er psychisch begründet. Aus diesem Grunde sagt Herbert J. Miles: »Frei heraus gesagt, ich sehe keine Möglichkeit, wie wir die weibliche Masturbation rechtfertigen könnten.«[33] Worauf Letha Scanzoni im gleichen Artikel erwiderte: »Mit einer doppelbödigen Moral kann ich mich nicht einverstanden erklären.« Mit anderen Worten, die einzige Rechtfertigung für Charlie Shedds Position (»Ich meine, es könnte eine entzückende Entspannung für die Frau sein.«) ist ein Aufruf zur sexuellen Gleichberechtigung. Aber die im Mann physiologisch begründete Zwangsläufigkeit (und damit die Rechtmäßigkeit) einer Ejakulation kann vernünftigerweise auch nur auf den Mann angewandt werden.

Dann gibt es noch einen weiteren Weg der Entspannung sowohl für den Mann als auch für die Frau: Veredlung, Vergeistigung. Während man freiwillig von Menschen, Dingen, Orten und Gelegenheiten Abstand nimmt, die zur Masturbation führen, widmet man seine Energien »dem Ableiten oder Abfackeln des sexuellen Verlangens, indem man sich körperlichen und geistigen Übungen, Aktivitäten und Projekten widmet.«[34]

Vorehelicher Geschlechtsverkehr

Zwar beginnt die Verletzung der wunderbaren Ziele Gottes mit der Sexualität im Geist, aber sie endet üblicherweise nicht dort. Sex war nie dazu vorgesehen, bloß imagninär zu sein; er wurde geschaffen, um ausgeführt zu werden. Die biblische Lehre über sexuelle Unreinheit legt die größte Betonung auf das Verhalten. Darüber hinaus wird bald klar, dass die Ziele Gottes für die Ehe schon vor der Ehe verletzt werden können. Was ist denn Gottes Verhaltensmaßstab in sexuellen Beziehungen für den Unverheirateten?

Voreheliche Beziehungen. Sexuelle Beziehungen außerhalb der Ehe, was vorehelichen Sex einschließt, werden in der Bibel ausdrücklich verboten. Im Alten Testament zeigt sich das auf zwei Weisen.

Zunächst einmal verpflichtete das Gesetz über sexuelle Beziehungen mit einer unverheirateten Frau den Mann dadurch, dass er sie durch den Besitz ihrer Sexualität zu seiner Ehefrau genommen hatte (2Mo 22,16). »Es gibt keinen Geschlechtsverkehr, wo nicht Ehe beabsichtigt ist, und wenn der sexuelle Akt erst vollzogen wurde, hat die Ehe bereits begonnen: die beiden sind ein Fleisch geworden.«[35]

Zweitens wird »Hurerei« im ganzen Alten Testament heftig angegriffen, und der Begriff bezieht sich auf Beziehungen auf Seiten der Unverheirateten. Mit anderen Worten: entweder gab es keinen vorehelichen Sex (da Sex die Ehe stiftete), oder er war eine Form der Prostitution. Auch das Neue Testament ist ganz eindeutig in der Verurteilung der Unzucht (Apg 15,20; 1Kor 6,9.13.18; Gal 5,19; Eph 5,3; Kol 3,5; 1Thes 4,3). Warum diese Verurteilung? Weil sexuelle Beziehungen *vor* der Ehe die Erfüllung der Ziele Gottes *in* der Ehe beschädigen.

Das primäre Ziel der Ehe ist Einheit – gegenseitige Erfüllung, ausschließliche Loyalität und intime Identifikation für das ganze Leben (1Mo 2,18.24; Eph 5,21-32). Nichts von alledem kann außerhalb der Ehe vor sich gehen. So sind jene, die sich nur im Körperlichen bewegen, um das wahre Wesen der Vereinigung betrogen und vermindern so bereits das Potential, ehe die wirkliche, totale Vereinigung überhaupt begonnen hat. Das zweite Ziel, die Fortpflanzung im Rahmen einer liebenden Familie, ist per Definition verletzt. Seine Erfüllung ist üblicherweise nicht eben beabsichtigt, und wenn zufällig doch eine Schwangerschaft eintritt, wird sie als Übel betrachtet. Und schließlich verzerrt die vormalige Untreue gegenüber jemandes Partner in spe ganz gewiss die Widerspiegelung eines treuen Gottes im menschlichen Modell. Gott schuf die Sexualität als ausschließliche, monogame Beziehung zum Wohl des Menschen. Das bedeutet, dass die erlesenste aller körperlichen Freuden nur in der vollkommenen Bindung der Ehe in Fülle erlebt werden kann.

Walter Trobisch untermauert diese biblischen Wahrheiten in seinem Bestseller »Ich liebte ein Mädchen«:

> Wenn ich als Pastor hinzugezogen werde, um in einer Ehekrise zu beraten, kann ich beinah immer den Ursprung der Probleme in der Lebensweise finden, die Ehemann und Ehefrau vor ihrer Verheiratung führten. Der junge Mann, der vor der Ehe keine Selbstkontrolle gelernt hat, wird sie auch in der Ehe nicht haben. ... In einem gewissen Sinn beraubst du deine künftige Frau um etwas, auch wenn du sie noch gar nicht kennst, und du gefährdest euer gemeinsames Glück.[36]

Was Trobisch aus seiner Erfahrung wiedergibt, wird durch Statistiken fortwährend bestätigt. Untreue in der Ehe und Scheidung kommt weitaus häufiger unter denen vor, die voreheliche sexuelle Erfahrungen hatten, als unter jenen, bei denen das nicht der Fall war.

Aus biblischer Perspektive kann ein Unverheirateter mit allen Personen, mit denen er ja nicht verheiratet ist, auf der Ebene Bruder/Schwester, Mutter/Sohn, Vater/Tochter verkehren (1Tim 5,1-2), oder er soll heiraten. Was ist es aber mit dem Übergang von der Bruder/Schwester-Ebene zur Ehe? Unglücklicherweise hat unsere gegenwärtige westliche Gesellschaft diesen Übergang sehr schwierig gemacht.

In einer Gesellschaft, in der die Ehepartner bald nach der Pubertät heiraten, ist die Notwendigkeit für Selbstkontrolle minimal. Aber in unserer Gesellschaft gibt es eine Periode von sechs bis zehn Jahren, in denen junge Menschen die Blüte körperlichen sexuellen Verlangens erleben, aber nicht als heiratsfähig angesehen werden. Hinzu kommt das moralische Klima, in dem vorehelicher Sex zunehmend als normal betrachtet wird, und über Enthaltsamkeit denkt man ähnlich wie über ein entweder lächerliches oder unerreichbares Ideal.

Eine der führenden Schiedsrichter (oder der Spiegel) amerikanischer Sitten, Abigail Van Buren, fasst die sich abzeichnende Ethik zusammen: »Die beste Regel für Einschränkungen lautet: Alles, was zwischen zwei einvernehmlichen Erwachsenen vor sich geht, ist in Ordnung, so lange sich beide Parteien damit einverstanden erklären können und keinem der beiden Unrecht geschieht.«[37] »Keinem geschehe Unrecht« ist der Schlüssel – aber wer außer Gott weiß das? Dr. Robert J. Collins zeigte im Journal der amerikanischen medizinischen Gesellschaft auf, dass an einer Schule im Mittelwesten 80 Prozent der Mädchen, die vorehelichen Geschlechtsverkehr hatten, ihren Geschlechtspartner zu heiraten hofften. Nur zwölf Prozent der Jungen hegten die gleiche Erwartung.[38] Einvernehmliche Erwachsene? Ja. Beide Parteien können sich einverstanden erklären? Ja. Keinem der beiden geschieht Unrecht? Das ist eine andere Frage.

Was für eine Frucht trägt der Baum der sexuellen Freiheit? Geschieht niemand Unrecht? Ist es wirkliche Freiheit?

> Arnold Toynbee (der Vorsitzende der britischen Historiker) schreibt: »Von 21 bemerkenswerten Zivilisationen sind 19 untergegangen, und zwar nicht durch Eroberung von außen, sondern durch Niedergang im Inneren.« Ein anderer Historiker, J. D. Unwin von der Universität Cambridge, fertigte eine Studie über 80 Zivilisationen über einen Zeitraum von 4000 Jahren an und kam zu dem Schluss: »Jede menschliche Gesellschaft hat die Freiheit zu entscheiden, ob sie lieber große Leistungen hervorbringen oder sexuelle Freiheit genießen will. Es ist bewiesen, dass man nicht länger als eine Generation beides gleichzeitig haben kann.«[39]

Werfen wir, als ein Beispiel aus dem zwanzigsten Jahrhundert, einen Blick auf die Sowjetunion. Pitirim Sorokin, ausgezeichneter Soziologe und Professor an der Harvard-Universität, veröffentlichte 1956 den einflussreichen Band »Die amerikanische Sex-Revolution«. Ehe er nach Amerika kam, war er Professor der Soziologie an der Universität von St. Petersburg in Russland. Er schrieb:

> Während der ersten Phase der Revolution versuchten ihre Führer mutwillig, Ehe und Familie zu zerstören. Die freie Liebe wurde durch die offizielle »Wasserglas-Theorie« verherrlicht. Ist jemand durstig – so die Parteilinie –

> spielt es keine Rolle, welches Glas er benutzt, um seinen Durst zu stillen. Gleichermaßen unerheblich ist es, wie er sein sexuelles Verlangen befriedigt.
>
> Die gesetzliche Unterscheidung zwischen der Ehe und zufällig zustande kommendem Geschlechtsverkehr wurde aufgehoben. Das kommunistische Gesetz sprach nur von Vereinbarungen zwischen Männern und Frauen zur Befriedigung ihres Verlangens für eine bestimmte oder unbestimmte Zeitspanne – ein Jahr, einen Monat, eine Woche oder eben für eine einzige Nacht. Man konnte so oft heiraten und sich scheiden lassen, wie man wollte. Ehemann oder Ehefrau konnten eine Scheidung erwirken, ohne dass der andere überhaupt benachrichtigt wurde. Es war nicht einmal notwendig, die Ehe zu registrieren. Unter den neuen Bestimmungen waren Bigamie und sogar Polygamie erlaubt. ... Voreheliche Beziehungen wurden belobigt und außereheliche Beziehungen wurden als normal betrachtet.
>
> Innerhalb weniger Jahre wurden Horden wilder, heimatloser Kinder zu einer Bedrohung für die Sowjetunion. Millionen von Leben, besonders junger Mädchen, wurden zerstört; die Zahl der Scheidungen wurde in die Höhe getrieben, ebenso die der Abtreibungen. Hass und Konflikte unter polygamen und polyandrischen, also Vielmännerei treibenden Ehepartnern wuchsen rasch an und natürlich auch die Psychoneurosen.
>
> Die Entwicklung war so beängstigend, dass sich die Regierung gezwungen sah, ihre Politik zurückzunehmen. Die Propaganda für die »Wasserglas-Theorie« wurde für konterrevolutionär erklärt, und ihr Platz wurde von der offiziellen Verherrlichung vorehelicher Enthaltsamkeit und der Heiligkeit der Ehe eingenommen. ...
>
> Wenn man bedenkt, dass sich dieser ganze Zyklus unter einem einzigen Regime ereignete, dann wird das Experiment höchst interessant. Es zeigt deutlich die zerstörerischen Folgen uneingeschränkter sexueller Freiheit.[40]

Vielleicht hat in Amerika ein ähnlicher Rückschwung zurück zu mehr traditionellen Werten bereits eingesetzt. Wenn sich die sexuelle Revolution verlangsamt hat, dann weitgehend aus Furcht, und nicht durch eine erneuerte Akzeptanz biblischer Werte. »AIDS könnte eine Stimme aus der Herrlichkeit sein, die die Menschen zurückruft zur Verantwortlichkeit und zu familiären Werten.«[41] Man beachte, dass dies kein Zitat von Jerry Falwell (ein konservativer Prediger) ist, sondern von Joseph Lowery, dem obersten Direktor der NAACP (National Association for the Advancement of colored People)! Niemand weiß, wann ein Mittel zur Heilung oder wenigstens zur Vorbeugung von AIDS entdeckt wird. Aber bis dahin wird die Freiheit und weit verbreitete Promiskuität der sexuellen Revolution drastisch zurückgegangen sein. Als Sol Gordon, eine führende

Autorität in Sachen Sex, 1982 der Preis der Amerikanischen Gesellschaft der Sexual-Erzieher, -Ratgeber und -Therapeuten verliehen wurde, sagte er: »Es muss ein Nachteil damit verbunden sein, dass man jung ist. Kein Sex ist einer. Ich kann mir keinen guten Grund vorstellen, warum Teenager Sex haben sollten. Was vorgeht, ist eine nationale gesellschaftliche Katastrophe!«[42]

George Leonard förderte als Altherausgeber des Magazins *Look* die sexuelle Revolution. Zehn Jahre später schrieb er das Buch »Das Ende des Sex« in dem er sagt, die Revolution sei vergällt worden.[43] Die erwarteten Freuden stellten sich nicht ein, Sex wurde banalisiert und entpersönlicht, und die Liebe ist verloren gegangen.

Die Heilige Schrift und die Geschichte bezeugen, dass sexuelle Selbstkontrolle der Weg der Erfüllung für die Unverheirateten ist. Aber in einer Gesellschaft, in der die übliche Beziehung zwischen männlichen und weiblichen Teenagern eine gesellschaftlich aufgezwungene, ausschließliche, persönliche Beziehung ist – wie wird sich da jemand nach dem grundlegenden Ziel strecken, das Gott im Sinn hatte?

Tête-a-têtes zur Partnerwahl. In unterschiedlichen Gesellschaften werden Ehepartner auf unterschiedliche Weise ausgewählt, und die Bibel bevorzugt nicht die eine Art vor irgendeiner anderen. Jede Weise muss danach bewertet werden, wie zweckmäßig sie im Sinne der Ziele Gottes mit der Ehe ist.

In der westlichen Welt ist romantische Liebe die Basis für die Ehe; von jungen Leuten erwartet man, dass sie ihren Ehepartner durch Rendezvous finden. Demgegenüber ist in vielen Kulturen das Finden eines Ehepartners eine familiäre Angelegenheit mit Nachforschungen, Verhandlungen und Verträgen. Es gibt zweifellos Vor- und Nachteile bei beiden Systemen – der romantischen, partnerschaftlichen Ehe der westlichen Gesellschaft und der vernunft- und zweckbestimmten, vertragsmäßigen Ehe in anderen Kulturen. Junge Leute in Amerika handeln nicht verstandesmäßig. Oft wird mehr Sorgfalt auf die befristete Einstellung eines ungelernten Mitarbeiters verwandt als auf die Suche nach dem einen Menschen, mit dem man lebenslänglich sein Leben bis in die intimsten Bereiche teilen soll.

Andererseits ignorieren viele der familiär arrangierten, vertragsmäßigen Ehen die Liebe völlig. Wo die Kultur wenig oder keinen Nachdruck auf die Entwicklung einer liebenden Beziehung legt, da ist Liebe kein als üblich erachteter Teil der Ehe, und so werden zwei der drei Ziele der Ehe beschädigt oder zerstört.

Von keinem der Muster kann man sagen, es sei eigentlich »richtig« oder »falsch«. In 1. Mose 24 wurden Isaak und Rebekka durch familiäres Arrangement zusammengebracht. In 1. Mose 29 trafen Jakob und Rahel eine romantisch begründete persönliche Entscheidung (obwohl die Erlaubnis von Rahels

Familie erforderlich war). Welche Methode oder Kombination von Methoden auch immer angewandt wird, man muss große Sorgfalt walten lassen, um sicher sein zu können, dass alle drei Ziele der Ehe angemessen vorbereitet sind.

Das System der Partnersuche durch Verabredungen hat sowohl Vor- als auch Nachteile für die Verwirklichung der drei grundlegenden Ziele der Ehe. Als Vorteile des Systems könnte man die Auslese potentieller Ehepartner vor Eintritt in ein ernsthaftes Verlöbnis und das mit dem »bewährten« System verbundene Gefühl der Geborgenheit, der »Zugehörigkeit« bezeichnen. Es gibt aber auch einige Nachteile. Wird eine regelmäßige Rendezvous-Praxis zu früh begonnen und zu lange ausgedehnt, dann gibt es eine Tendenz zur Verkümmerung der sozialen Entwicklung; eine Tendenz, ohne Bloßstellung vor der Zeit mit vielen Vertretern des anderen Geschlechts zusammenzukommen. Die größte Gefahr liegt jedoch darin, dass Intimitäten ohne Verpflichtung zu einer fortwährenden Versuchung werden. Wenn darüber hinaus das Schließen und Lösen exklusiver Beziehungen in der Jugend zu einem Verhaltensmuster wird, kann das zu einer emotional unzulänglichen Ehevorbereitung führen. Und schließlich überlässt das System alle Entscheidungen dem jungen Menschen, der emotionell betroffen ist und bedrängt ihn durch stete Beobachtung bei wenig hilfreichen Hinweisen seitens der Eltern oder der Gemeinde. Man kann allerdings nicht sagen, diese Methode sei moralisch verwerflich, solange sich darin nicht moralisch falsche Verhaltensweisen oder Handlungen entwickeln.

Das Rendezvous-System ist deshalb keine ideale Vorbereitung auf die Ehe, weil es romantische Empfindungen und sexuelle Impulse als den Kontext in die künftige Beziehung einführt, in dem die eine Person die andere zu »entdecken« sucht. Freundschaft wäre ein sehr viel besserer Kontext zur Selbsterforschung und zur Erforschung des Gegenübers, aber Freundschaft und Tête-a-têtes sind nicht sehr gut miteinander vereinbar. Rendezvous sind Arrangements, die auf Heirat abzielen. Von romantischen Obertönen unbelastete Freundschaft – in der Gruppe, in der Gemeinde, in der Familie ist ein besserer Kontext für die persönliche Entwicklung einer Person, besonders im sozialen und im spirituellen Bereich. Aber die Rendezvous werden uns bleiben. Wie machen wir das beste daraus?

Da das primäre Ziel der Ehe die Einheit von zweien ist, bietet die Möglichkeit, dass zwei Menschen miteinander bekannt werden, ehe sie sich lebenslang in einer Beziehung binden, das Potential für Endgültigkeit. Man kann im Voraus feststellen, ob die eigene Persönlichkeit mit der des anderen vereinbar ist. Diese Möglichkeit steht in Kulturen nicht zur Verfügung, in denen die Eltern die Entscheidung treffen und die Ehepartner sich bei der Hochzeit zum erstenmal sehen.

Bei den Rendezvous kann sich allerdings auch die Illusion einer gegenseitigen Vereinbarkeit einstellen, obwohl die beiden sich in Wirklichkeit gar nicht richtig kennen. Das kommt daher, dass es zwei Arten von Störungen in der Verabredungssituation gibt, die echte, vorbehaltlose Kommunikation hemmen. Die erste verwirrende Ablenkung ist die falsche Vorstellung, man sei verliebt. In Wirklichkeit »ver«-liebt man sich nicht – man wächst in der Liebe. Jemand kann jäh vom Verlangen überrascht werden oder von einem romantischen Gefühl erregender Anziehung, das er »Liebe« nennt, aber solch starke Gefühlswallungen sind nicht in sich selbst das einzig Wahre. Wirkliche Liebe ist auf den anderen hin orientiert, während das, was oftmals als romantische Liebe bezeichnet wird, auf einen selbst hin orientiert ist. Sie gehen in gegensätzliche Richtungen. Der eine ist interessiert daran zu geben, der andere daran zu bekommen; der eine ist mit dem Wohlergehen des anderen beschäftigt, der andere ist hauptsächlich interessiert an persönlicher Erfüllung. Romantische Zuneigung kann Teil einer guten, aufrichtigen, biblischen Beziehung sein. In der Tat empfehle ich niemandem die Eheschließung, der diesen Reiz nicht verspürt. Aber romantische Gefühle sind in sich selbst nicht das Eigentliche, nicht sehr tief und nicht sehr stark. Nicht tief genug, um den menschlichgen Geist sehr lange zufriedenzustellen, und nicht stark genug, zwei Menschen zusammenzuhalten, wenn die Zeit vergeht. Sie vermitteln jedoch die Illusion, dass alle für eine glückliche Ehe notwendigen Zutaten vorhanden sind. Außerdem macht das »Verliebtsein« es sehr schwer, die ganze Person des anderen einzuschätzen.

Die zweite Ablenkung ist die Folge körperlicher Anziehung. Jeder einigermaßen attraktive Vertreter des anderen Geschlechts kann unter den passenden Umständen aufreizen, besonders eine Frau einen Mann. Daher sollte sexuelle Anziehung in sich selbst niemals als Anzeichen dafür betrachtet werden, dass speziell dieser Mensch ein passenderer Ehepartner wäre als irgendeiner von den übrigen Millionen, die mit den gleichen körperlichen Charakteristika ausgestattet sind. Aber es ist sehr schwer, der Illusion zu widerstehen.

Als Folge dieser zwei trügerischen Empfindungen – Gefühlswallungen und sinnliches Verlangen – heiraten viele junge Amerikaner aus den falschen Gründen. Sie haben sich »verliebt«, obwohl sie sich in Wirklichkeit in romantischen Gefühlen und sinnlichem Verlangen verstrickt haben. Unter diesen Umständen wird eine echte Kommunikation oder die angemessene Erkundung des inneren Wesens des Gesprächspartners schier unmöglich.

Ein weiterer Nachteil der zeitgenössischen Rendezvous-Praxis ist etwas, was die Bibel als Sünde klassifiziert; der körperliche Sexualkontakt zwischen nicht miteinander Verheirateten ist ein beabsichtigter beziehungsweise akzeptierter Bestandteil der Rendezvous. Uneheliche sexuelle Begehrlichkeit und uneheliche sexuelle Aktivitäten sind falsch, weil sie die grundlegende Einheit der Ehe beschädigen, bevor diese Ehe überhaupt begonnen hat. Erinnerungen an Intimitäten mit irgendjemand sonst werden immer einen Störfaktor darstellen.

Ist jemand sich dieser Gefahren bewusst und trifft im Voraus die Entscheidung, konsequent der Versuchung zu widerstehen und keine Trugbilder zuzulassen, dann kann das Rendevous-System eine gute Hilfe sein. Man kann eine ganze Reihe von Menschen tief schürfend näher kennenlernen und eine Vergleichsgrundlage gewinnen, um durch die Treffen den oder die Richtige für eine lebenslange Verbindung herauszufinden. Aber unser Verabredungssystem kann sehr anstrengend werden, sowohl für das Mädchen (das traditionell immer warten muss, bis es eingeladen wird), als auch für den Jungen (der immer eine Zurückweisung riskiert).

In der amerikanischen Gesellschaft durchläuft eine wachsende Beziehung vom ersten Kennenlernen bis zur Eheschließung im Normalfall folgende Stufen: Man verbringt Zeit miteinander (Verabredungen), das führt zu einer emotionalen Verbindung; diese gefühlsmäßige Verbindung führt zur Empfindung der Ausschließlichkeit und zum Besitzwunsch (»miteinander gehen«); dieses gegenseitige Bewusstsein, ausschließlich mit einem bestimmten Menschen zusammenzugehören führt normalerweise zu intimen Gesprächen und auch Handlungen. Aber der aufrichtige Christ stellt diese Intimitäten zurück, bis die Eheschließung vollzogen ist. Ein untrügliches Anzeichen von Reife ist die Fähigkeit, auf augenblicklich greifbare Vorteile zugunsten künftigen Gewinns zu verzichten.

Dieses Wachstum der Beziehung geht normalerweise einher mit wachsendem sexuellem Verlangen nach dem anderen.

> Biologisch bietet ein derartiges Werbungsmuster einen Impuls zu sexueller Erregung, und in einer Reihe von Impulsen zunehmender Intensität führt es natürlich zur körperlichen Vereinigung. ... Die biologische Funktion »tastender Berührungen« (Petting) ist nicht geeignet, unsere Gefühle und Triebkräfte zu befriedigen, sondern eher, sie anzuregen und aufzureizen, und die Wünsche werden größer und größer. Wir sind so gemacht. Händchenhalten scheint uns zunächst ein gewaltiges Privileg zu sein und stellt uns für eine Weile zufrieden. Dann ruft es den Wunsch nach Küssen hervor, da scheint Händchenhalten ein wenig fade zu werden. Und schon scheinen auch lange Küsse uns fade, und das führt dann wiederum zum Wunsch nach liebkosender Berührung, und so weiter.[44]

Jede Pose oder Handlung die geeignet ist, Begierde vom ersten Gedanken daran bis zur vollendeten körperlichen Vereinigung von Mann und Frau hervorzurufen, ist unsittlich, wenn sie über das miteinander vereinbarte Maß hinausgeht (Mt 5,27-30). Gibt es keine ausdrückliche, gegenseitig akzeptierte Vereinbarung, dann ist jeder Gedanke an sexuelle Vertraulichkeit eine Form der Untreue, ein geistiger Betrug. Bevor ein Mensch also seinen erotischen Vorstellungen nachgibt, muss nach Gottes Plan notwendig die Ehe geschlossen sein (Verpflichtung). Nur eine solche feste Bindung kann eine Beziehung rechtsgültig machen, die sonst als nur wollüstig außerhalb der Schranken der Regeln Gottes stünde. Ein Verlöbnis mündet normalerweise in ein Ehegelöbnis, das in der sexuellen Vereinigung ihren Höhepunkt finden.

Einige behaupten, das körperliche Zusammenpassen der Partner für eine sexuelle Beziehung müsse getestet werden, bevor man sicher sein könne, dass der künftige Partner der richtige ist. Das Problem damit ist, dass ehelicher Sex nicht außerhalb der Ehe ausprobiert werden kann. Die grundlegenden Voraussetzungen sind nicht gegeben, und was da »ausprobiert« wird, ist irgendetwas sonst, nur kein ehelicher Sex. Beispielsweise fehlt die Sicherheit lebenslangen Vertrauens. Es ist beinahe so, als nähme man irgendwelche Zutaten für einen Kuchen – Öl und Eier zum Beispiel – und wollte nun deren Verwendbarkeit für die Herstellung eines Kuchens »ausprobieren«, indem man sie miteinander vereinigt. Wer weiß danach, welch gänzlich andere, aufregende Dinge geschehen wären, wenn man Mehl, Zucker, Milch und Backpulver hinzugemengt und mit verbacken hätte? Noch einmal: Sex außerhalb der Ehe ist so, als laufe man auf dem Fußboden des Wohnzimmers Schlittschuh – nicht besonders gut für den Fußboden, obwohl man auf diese Weise wohl lernen kann, auf den Füßen zu bleiben. Aber hat man tatsächlich die Beglückung der wirklichen Sache erfahren? Für die Frau, für die die Sicherheit der Zusammengehörigkeit so entscheidend ist, könnte sich der bloß körperlich empfundene Höhepunkt sogar als trügerisch erweisen. Vielleicht gibt es einen gewissen Grad an Erregung und Vergnügen, aber sie haben nicht wahrhaftigen ehelichen Sex erfahren. In Wirklichkeit könnte ihre »Erfahrung« das Kennenlernen der wirklich gewinnbringenden Vereinigung sogar noch erschweren.

In einer Studie aus dem Jahr 1981 über schwedische Frauen wird berichtet, dass die Scheidungsrate bei Ehepartnern, die schon vor der Eheschließung zusammenlebten um 80 Prozent höher lag als bei den anderen, bei denen das nicht der Fall gewesen war.[45] Amerikanische Forscher benutzen diese Studie über mehr als viertausend Frauen, weil die Schweden dazu tendieren, den amerikanischen Gesellschaftstrends um zehn bis fünfzehn Jahre vorauszueilen. Im Voraus »ausprobieren« verbessert nicht die Erfolgsaussichten einer Ehe.

Nach Gottes Vorstellung soll jeder Menschen seinen Geist und seinen Leib für den Partner aufbewahren, den er oder sie heiraten wird. Die Grundfrage ist nicht: »Wie empfinde ich?«, und auch nicht: »Wie empfindet sie (oder er)?« Die Grundfrage ist vielmehr: »Auf welcher Ebene gegenseitiger Verpflichtung bewegen wir uns?« Gespräche oder Handlungen zu beginnen, die einen der beiden Partner vor der gegenseitigen Vereinbarung lebenslanger Verantwortlichkeit in der Ehe sexuell erregen, ist geistige Unzucht. Es ist sexuelles Begehren, das dem oder der Betreffenden nicht zusteht. Ein Mensch ist nicht nur für sich selbst verantwortlich, sondern auch für die Person, mit der er sich befasst. Er muss sich von der Liebe leiten lassen, nicht vom Begehren. Ein liebender Mensch reinen Herzens wird sorgfältig vermeiden, in seinem Gegenüber Begehrlichkeiten hervorzurufen, auf deren Erfüllung er mangels Ehevereinbarung nicht vorbereitet ist.

Nur in einer unauflöslichen Beziehung kann man die höchste körperliche Erregung erfahren, die tiefste Befriedigung, die wachsende Erfüllung. Ist die Beziehung nicht vollständig – sondern in der Hauptsache körperlich – dann untergräbt das nicht nur die emotionale und spirituelle Ganzheit, es schmälert selbst die körperliche Befriedigung. Die von Gott entworfene Beziehung ist total innige Gemeinsamkeit in allen Lebensbereichen.

Daher ist das Wichtigste, was bei den Verabredungen zu beachten ist, die körperliche Zurückhaltung, bis die ganzheitliche Beziehung zur lebenslangen gegenseitigen Verpflichtung in der Ehe gereift ist. Das Wichtigste bei der Vorbereitung auf die Ehe ist nicht, den richtigen Partner zu finden, sondern der richtige Partner zu werden. Je mehr Erfahrung jemand darin gewinnt, unter allen Umständen hingebungsvolle Liebe zu üben und in Selbstaufopferung anderen zu helfen, ganz zu werden und Erfüllung zu finden, desto fester wird die Grundlage für eine erfolgreiche Ehe gelegt. Je mehr der Charakter durch Treue gestärkt wird, durch Integrität und Loyalität, desto sicherer wird eine gute Ehe.

Zurüstungstage können die Reinheit des Geistes und des Leibes in jemandes Gedankenwelt herausbilden. Wenn dann die Zeit kommt, wird er sich rein in einer wunderbaren, ausschließlichen, intimen Beziehung hingeben.

Verlobung. Im amerikanischen Verabredungssystem kommt für das künftige Paar die Zeit, sich für eine spätere Ehe festzulegen. Für Christen ist das eine ernste Bindung in eine lebenslange Beziehung. Es ist die erste Stufe des Eheversprechens. Der ursprüngliche Zweck dabei war, eine rechtmäßige Möglichkeit zum gegenseitigen Kennenlernen eines künftigen Ehepaares zu schaffen, da die Gesellschaft privaten und vertrauten Umgang eines Mannes und einer Frau, die nicht miteinander verheiratet waren, verbot.

Die sexuellen Sitten der zeitgenössischen Gesellschaft haben sich gewandelt. Heute scheinen die Verabredungen die Rolle einzunehmen, die einst dem Verlöbnis vorbehalten war. Das Verlöbnis seinerseits scheint heute die Grundlage für eine »Probe-Ehe« zu bieten. Andererseits scheint die Ehe heute nichts Ernsteres mehr zu sein, als man früher in der Verlobung gesehen hat. Für Christen jedoch ist eine Verlobung auch heute eine ernste Bindung, die nur aus schwerwiegendsten Gründen aufgelöst werden kann. Natürlich ist es besser, eine Verlobung zu lösen, als eine Ehe zu schließen, die besser nicht geschlossen werden sollte. Noch besser ist es jedoch, sich nicht zu verloben, ohne sich Gottes Weisung ganz sicher zu sein. Wird eine Verlobung gelöst, dann steht das Trauma für einen oder beide Teile üblicherweise im Verhältnis zu der Ernsthaftigkeit, mit der die Verlobungsverabredung getroffen wurde.

Wenn die Verlobung tatsächlich ein ernsthaftes Versprechen darstellt, kann sexuelles Begehren nicht mehr als unsittlich betrachtet werden. Es bedeutet nicht mehr, etwas in Anspruch zu nehmen, was einem rechtmäßig nicht zusteht. Solange beide verantwortlich sind und feinfühlig den Grad der Verantwortung des anderen beobachten, gibt es keinen Grund für Schuldgefühle.

Indessen übt jeder körperliche Ausdruck der Anziehung einen zunehmenden Druck aus. Der Wunsch nach mehr wächst, bis der Wunsch nach körperlicher Vereinigung für manche Paare unerträglich wird: Die Vereinigung findet statt, bevor die Ehe geschlossen wird. Einige sagen, die Eheschließung sei an diesem Punkt vollzogen, und diese körperliche Vereinigung könne technisch nicht als Unzucht bezeichnet werden. Aber nur wenige aufrichtige christliche Paare können diese Sichtweise annehmen. Das Versagen der Selbstkontrolle markiert den Beginn einer aus Schuldgefühlen herrührenden Belastung und untergräbt das gegenseitige Vertrauen, bevor die Ehe überhaupt begonnen hat. Darüber hinaus entsteht häufig ein Gefühl der Scham und der Heuchelei aufgrund der Geheimhaltung seines Verhaltens vor anderen: Man tut unerlaubt, was für die Ehe geschaffen wurde, und was nach einem reinen, Freude spendenden, geheiligten öffentlichen Versprechen erfolgen sollte. Deshalb ist es klug für Brautpaare, sich darauf zu konzentrieren, sich gegenseitig gesellschaftlich, intellektuell und geistlich kennen zu lernen und die Einheit auf diesen grundlegenden Ebenen zu errichten. Disziplin ist vonnöten. Körperlicher Ausdruck der Anziehung sollte gelegentlich und arglos gezeigt werden, zufällig, und nicht oft und anhaltend. Andererseits kann eine Verlobung, besonders eine länger andauernde Verlobung, zu Versuchung, Frustration und Spannungen führen. Die Befriedigung aufzuschieben garantiert schließliche wunderbare Erfüllung und den Beginn einer Ehe auf festem Fundament ohne Reue.

Wiederherstellung nach Versagen. In unserer sexgesättigten Gesellschaft nimmt der Grad des Versagens sogar unter Christen weiter zu. Gibt es keine Hoffnung für die Gefallenen? Ist das herrliche Geschenk, das Gott für Menschen reinen Herzens vorbereitet hat, für immer unerreichbar?

Obgleich der Lohn der Sünde der Tod ist, und die Zerstörung der Dinge, an denen man sich vergriff, bereits eingesetzt hat, ist es auch wahr, dass das Geschenk Gottes Leben ist. Vergebung und Gnade heißen die großen Gegenmittel, und für den wahrhaft reuigen Sünder beginnt die Heilung unmittelbar.

Doch Erfahrung kann nicht ungeschehen gemacht werden. Man kann niemals die erste Erfahrung erneuern. Und wenn die erste Erfahrung sittlich verformt ist, kann die ursprüngliche Herrlichkeit, die Gott für diesen ersten Genuss vorgesehen hat, niemals mehr erfahren werden. War die erste Erfahrung sündig *und* erfreulich, könnte dies das Problem sogar noch vergrößern, denn die Erinnerung daran ist noch schwerer auszulöschen, und ihr Schatten erstreckt sich weit hinein in die Zukunft. »Der Vogel mit dem gebrochenen Flügel mag wieder fliegen, aber er wird nie wieder so hoch fliegen.«

Etliche Menschen ärgern sich über dieses Konzept, aber es ist eine grundlegende biblische Wahrheit. Die Ewigkeitsfolgen der Sünde sind durch die Buße völlig abgetan, aber einige der Folgen verbleiben uns in diesem Leben. Der Trunkenbold, der in seiner Trunkenheit ein Bein verliert, wird den Rest seines Lebens mit einem Stumpf leben. Die selbstsüchtigen Eltern, die ihre Kinder entfremden, ehe sie zu Christus kommen, werden ein einsames Alter verleben. Und so ist es auch mit der körperlichen Sünde: Die mögliche Erfüllung ist zweifellos verringert worden.

Aber Vergebung ist Wirklichkeit, und Reinigung ist es auch. Das muss der gefallene Mensch dankbar annehmen und dann mit dem Wiederaufbau eines reinen Gemüts und eines zuverlässigen Willens beginnen. Wenn es Zeit zum Wachstum gibt, kann Gott in seiner Güte viele Erinnerungen löschen und eine erfüllte Beziehung in der Ehe schaffen.

Muss wegen der Vergangenheit etwas unternommen werden? Hat der Gefallene irgendeine diesbezügliche Verpflichtung gegenüber dem künftigen Partner? Offenheit ist eine der wichtigsten Voraussetzungen für eine gesunde Ehe, und aus Heimlichkeiten erwachsen Verdachtsmomente, die schlimmer aussehen können als die Wirklichkeit. Ich rate dazu, die Frage der Vergangenheit vor der Eheschließung anzugehen. Wer voreheliche sexuelle Erfahrungen gemacht hat, muss sich notwendigerweise zwei Fragen stellen: Würde mich mein Freund, meine Freundin heiraten wollen, wenn er oder sie von meiner Vergangenheit wüsste? Könnte ich mich ehrlich, sicher und in Einheit mit meinem Partner fühlen, wenn er nichts davon wüsste? Um sich der Antwort darauf sicher sein zu können, weiß ich zunächst nichts anderes, als frei heraus zu fragen: »Willst du etwas über meine Vergangenheit wissen? Würde dieses Wissen einen Unterschied machen?« Allerdings wird ein in Liebe entflammter Mensch nicht unbedingt ehrlich mit sich selbst sein, wie viel weniger noch mit dem Gegenüber, den oder die er heiraten will. Die sofortige Antwort auf diese Fragen muss also nicht unbedingt ein wahrheitsgemäßer Ausdruck seiner wirklichen Gefühle sein.

Wenn der künftige Partner informiert werden will (worauf er unter allen Umständen rechtmäßig Anspruch erheben kann), empfehle ich, ihm nur die allgemeinen Fakten mitzuteilen: »Ehe ich dich kannte, sündigte ich durch sexuelle Beziehungen zu einer anderen. Es tut mir sehr leid und ich hoffe, du wirst mir vergeben.« Nähere Einzelheiten zu berichten, ist vermutlich nicht weise. Wenn es aber gefordert wird, sollte man nur so weit gehen, wie nötig ist, um den geliebten Menschen zufriedenzustellen. Er soll die Sicherheit gewinnen, dass all dies Vergangenheit ist, dass nichts aus dieser früheren Beziehung fortbesteht und dass Gott so frei davon gemacht hat, dass es nie wieder eine Untreue geben wird. Wenn der künftige Partner ausdrücklich nichts wissen will, würde ich nicht mehr über die Sache reden. Wer dennoch eine Notwendigkeit empfindet, sich darüber mitzuteilen, bringe es vor den Herrn. Sexuelle Sünden kleiner als Unzucht sollten unenthüllt bleiben, wenn nicht ausdrücklich danach gefragt wird.

Obwohl die Heilige Schrift dieses Thema nicht direkt anspricht, spricht sie doch von Wiederherstellung und Versöhnung. Es liegt in der Natur der Sache, dass es für einen sexuellen Verstoß in der Vergangenheit keine völlige Wiederherstellung im Hinblick auf einen künftigen Ehepartner geben kann. Aber völliges Verständnis und gegenseitiges Vertrauen können auf dem oben umrissenen Lösungsweg entstehen. Wenn man den Gegenstand vor der Eheschließung ignoriert, besteht die Gefahr, dass er sich zu einem Thema entwickelt. Sünde hat immer zerstörerische Wirkung. Aber das Ehepaar wird schließlich besser in der Lage sein, mit Bekanntem umzugehen, als mit Unbekanntem, und es kann dann keinen Betrugsvorwurf geben. Ist keine völlige Vergebung möglich, liegt eine weit schwerere Krankheit vor als ein sexueller Verstoß. Sie muss behandelt werden.

Homosexualität

Sexuelles Begehren des eigenen Geschlechts und Ausdruck dieses Begehrens in genitalen sexuellen Handlungen ist in den meisten Gesellschaften der ganzen überlieferten Weltgeschichte bekannt. In der westlichen Welt war während der christlichen Epoche homosexuelle Aktivität vom Gesetz verboten. Dies begann sich zu wandeln, als das britische Parlament 1967 gleichgeschlechtliche sexuelle Beziehungen entkriminalisierte. In der Folge wurde die Schwulenbewegung bekannter und löste eine Wende des öffentlichen Standpunktes zum homosexuellen Verhalten aus. Geschichtlich wurde Homosexualität als Sünde und als verbrecherisch betrachtet, später (Freuds Führung folgend) als psychische Krankheit, dann als normale Alternative (wie Linkshändigkeit) und schließlich von einigen als die bevorzugte Lebensweise, um eine Höchstform von Liebesbeziehungen zu genießen (Lesbierinnen) und die bestmögliche Bevölkerungskontrolle zu praktizieren (homosexuelle Männer).

Man nimmt an, dass ungefähr zwei Prozent – eher weniger – der amerikanischen Bevölkerung ausschließlich homosexuell orientiert sind. Dabei gibt es etwa doppelt so viel homosexuelle Männer wie lesbische Frauen.[46] Die meisten Experten bezweifeln, dass sich dieses Verhältnis merklich verändert hat, trotz des Wandels der öffentlichen und der gesetzlichen Standpunkte. Alfred Kinseys »Sexualverhalten des Mannes« (1948) war eine Wendepunktstudie für die Homophilenbewegung. Kinsey behauptete, ein großer Teil der Männer (25 Prozent) sei zwar nicht ausschließlich homosexuell, habe aber dennoch gleichgeschlechtliche sexuelle Sehnsüchte (sei also bisexuell), obwohl sie nicht notwendigerweise in diesen Begierden aktiv wurden.[47]

Eine 1994 veröffentlichte Studie macht die Mythen zunichte, die ihren Ursprung in dem fehlerhaften Kinsey-Report hatten und die von homosexuellen Aktivisten und von den Medien unaufkündbar gemacht wurden. Die diesbezüglich endgültige Studie über sexuelle Standpunkte und Praktiken in Amerika kommt zu dem Schluss, dass 2,8 Prozent der Männer und 1,4 Prozent der Frauen homosexuell oder bisexuell sind (*The Sozial Organisation of Sexuality* [Gesellschaftsverband für Sexuelforschung], University of Chicago Press, 1994).

Dahinter steht der Gedanke, dass zwar weniger als zwei Prozent der Bevölkerung ausschließlich homosexuell sind, dass aber doch ein größerer Teil sexuelle Begierden sowohl für Männer als auch für Frauen hat und tatsächlich irgendwann in seinem Leben sexuelle Erfahrungen mit beiden machte. Diese »bisexuelle« Eigenschaft wird oft als normale, natürliche menschliche Reaktion auf die Sexualität befürwortet. Wie die antike griechische Gesellschaft, den Lehren Sokrates, Platos und Aristoteles folgend, idealisiert die Homosexuellengemeinde in der zweiten Hälfte des zwanzigsten Jahrhunderts die gleichgeschlechtliche Liebe und drängt auf eine Rückkehr zu griechischer »Aufgeklärtheit« in sexuellen Angelegenheiten.

Über das Thema Bisexualität sagt der führende Psychiater Ernest Van den Haag:

> Ich bezweifle auch die Existenz von »Bisexuellen«. Wenn dieses Wort auf mehr Bezug nimmt als auf die menschliche Beschaffenheit, dass wir alle zu sexuellen Handlungen mit einem von zwei Geschlechtern fähig und in gewissen Fällen auch dazu bereit sind – das heißt, wenn »bisexuell« eine gleiche Neigung zu beiden Geschlechtern bedeutet, dann habe ich so etwas einfach niemals gesehen. Menschen entwickeln eine Vorliebe für das eine oder für das andere ... Es ist belanglos und unsachgemäß zu sagen, sexuelle Aktivität mit beiden Geschlechtern sei jedem möglich.[48]

Warum ziehen es nun einige Menschen vor, homosexuell zu sein? In der ganzen Kirchengeschichte unterstellte man, Homosexualität sei die Folge einer willentlich sündigen, pervertierten Wahl. Aber mit dem Aufstieg der Psychologie im letzten Jahrhundert wurde homosexuelle Orientierung zunehmend als moralisch neutral angesehen – ungeachtet dessen allerdings als krankhafter Zustand, den man für die Folge einer ererbten Fehleinstellung hielt (Freud). Dann gäbe es nur geringe Chancen, die sexuelle Orientierung zu verändern.

Aber die vorherrschende Sicht der medizinischen und psychologischen Spezialisten in den 70ern und 80ern kam zu dem Ergebnis, dass der Zustand milieubedingter Ausprägung zuzuschreiben ist. Die am weitesten verbreitete Ansicht ist, dass eine dominante oder überfürsorgliche Mutter und ein feindseliger oder abweisender Vater im frühen Kindesalter die Wahrnehmung der sexuellen Rollen durch das Kind verbogen haben. Schlechte familiäre Bedingungen haben negative Ansichten über das andere Geschlecht hervorgerufen und das Verständnis der eigenen Sexualität verwirrt. Neuerdings ist es jedenfalls politisch korrekter, Homosexualität als eine biologische »Lebenswahrheit« anzusehen. Sexuelle Orientierung zu entdecken, zu bekunden und zum Ausdruck zu bringen, ist Sache jedes Einzelnen. Die vorherrschende Ansicht ist klar – der Versuch, homosexuelle Orientierung zu verändern, ist vergeblich; scheint er erfolgreich, dann ist er in Wirklichkeit schädlich. Nicht alle stimmen dem zu.

George Rekers, Professor für Neuropsychiatrie und Verhaltensforschung an der medizinischen Fakultät der Universität von Nord-Carolina, führt statistische Beweise für seine Zuversicht an, Homosexuellen helfen zu können. Er erklärt:

> Es gibt verschiedene Wege, Ergebnisse der Behandlung von Homosexuellen zu beurteilen. Wenn wir jede merkliche Veränderung hin zur heterosexuellen Prägung als Erfolg werten, dann zeigen Studien über die Behandlung Homosexueller, dass im Durchschnitt 50 bis 75 Prozent der Behandelten zu einer Besserung kamen (die berichteten Steigerungsraten variierten zwischen 30 und 100 Prozent). Wenn man strengere Kriterien anlegt, die fordern, dass der Behandelte nach der Therapie zu ausschließlich heterosexueller Orientierung und ebensolchem Verhalten gefunden hat, dann zeigen die Ergebnisse der Studien Erfolge zwischen 6 und 40 Prozent.[49]

Joseph Nicolosi, Direktor der psycholigischen Thomas-von-Aquin-Klinik in Encino (Kalifornien), erhebt den Anspruch, Homosexuellen, die sich ändern wollen, erfolgreich helfen zu können. Er berichtet über den Rückblick eines einstmals homosexuellen Mannes: »Vor vielen Jahren dachte ich, ich sei schwul. Schließlich wurde mir klar, dass ich gar kein Homosexueller war, sondern in Wirklichkeit ein heterosexueller Mann mit einem homosexuellen Problem.«[50]

Der Psychologe Lars Granberg hebt hervor, dass der Erfolg einer Therapie davon abhängt, ob der Behandelte sich wirklich zu ändern wünscht.[51] Es sollte hinzugefügt werden, dass jede Art grundlegender Veränderung nur stattfinden kann, wenn die betreffende Person wirklich glaubt, dass sie sich ändern kann.

Voraussetzungen haben sehr viel mit Ergebnissen zu tun. Wer glaubt, Homosexualität sei ein normaler, gesunder Zustand, sucht nicht nach »Heilung«. Wer glaubt, Homosexualität sei keine Sünde, sondern vielmehr ein Geschenk Gottes, der braucht keine Bekehrung. Wer glaubt, dass eine Veränderung unmöglich ist, wird schwerlich die Veränderung suchen, und wenn er es doch tut, könnte er nicht erwarten, diese Veränderung zu erreichen. Aus diesen Gründen verweigert die homosexuelle Gemeinde unnachgiebig das Eingeständnis, dass ein wirklicher Homosexueller sich verändern kann.

Was ist die Folge homosexueller Aktivität? Die meisten praktizierenden männlichen Homosexuellen sind promiskuös und haben folglich häufig wechselnde Partner (von den vereinzelten kurzlebigen »Schwulen-Ehen« über die typische Erfahrung sexueller Kontakte mit zahlreichen verschiedenen Sexualpartnern pro Jahr bis hin zu den wenigen, die für sich in Anspruch nehmen, mehr als tausend Sexualkontakte jährlich zu haben). Geschlechtskrankheiten treten sehr viel häufiger auf als unter der heterosexuellen Bevölkerung. Dann gibt es die Krankheiten, die besonders typisch für die männliche homosexuelle Bevölkerung sind: AIDS und Hepatitis A und B. Darüber hinaus treten Krankheiten durch Verletzungen des Enddarms auf und Infektionen durch Krankheitserreger im Sperma, im Kot oder im Blut, die durch kleinste Hautverletzungen aufgenommen oder absorbiert werden. Der seelische Schaden ist vermutlich größer als der körperliche.

Sind Homosexuelle schwul? Oder ist »schwul« ein Versuch, eine grundlegende Verbiegung des Geistes zu maskieren? 1973 beugte sich die amerikanische Psychiater-Vereinigung dem politischen Druck der Schwulen und Lesbierinnen und strich die Homosexualität von ihrer Liste seelischer Störungen. Unter Psychiatern wird sie aber weithin immer noch als Entwicklungsstörung betrachtet. »Achtzehn Prozent der weißen homosexuellen Männer berichteten von wenigstens einem Selbstmordversuch. Der entsprechende Wert für weiße heterosexuelle Männer betrug 3 Prozent.«[52]

Der Wandel des Standpunktes gegenüber homosexuellem Verhalten muss vor dem Hintergrund einer Gesellschaft gesehen werden, die alle moralischen Werte, besonders alle sexuellen Standards, zusehends relativiert. Es sollte niemand überraschen zu entdecken, dass homosexuelle Literatur zunehmend die Kernfamilie verunglimpft, hingegen jedoch Inzest, Sodomie und jede Form nicht traditioneller sexueller Betätigung als eine Angelegenheit persönlicher Vorlieben verteidigt, die in keinerlei Beziehung zu den Wertungen richtig oder falsch stehe. Früher verlangte man die Freiheit einverstandener Erwachsener, solange niemandem Schaden zugefügt wurde. Jetzt wird zunehmend das Recht gefordert, das Alter für erlaubte sexuelle Kontakte herabzusetzen. Wenn das Kind »verführbar« ist, dann beweist das seine homosexuelle Orientierung, und der Verführer erweist sich als lobenswerter Erzieher und Befreier.

Was sagt die Kirche zu diesem Hintergrund einer sich wandelnden Gesellschaft? Bis in die Mitte des zwanzigsten Jahrhunderts war die Position der Kirche zur Homosexualität einig mit der der frühesten Kirchenväter, mit Theologen wie Thomas von Aquin, Martin Luther, Johannes Calvin und sogar mit modernen Theologen wie Karl Barth – sie wertete homosexuelles Verhalten als eine Verletzung der Gesetze Gottes.

Im Jahr 1954 brachte in England eine informelle Gruppe von Ärzten und anglikanischen Klerikern einen Bericht heraus, der einen Wendepunkt markierte und wahrscheinlich zum »Wolfenden-Report« und zur Veränderung des jahrhundertealten englischen Rechts führte. Ein Mitglied dieser Gruppe, Dr. Sherwin Bailey, veröffentlichte das Buch, das zur grundlegenden Studie für alle späteren theologischen Lösungsversuche geworden ist: *Homosexuality and the Western Christian Tradition.*[53] Seitdem haben Studien von Kirchenmännern, die Reports kirchlicher Kommissionen und Kirchenratsaktionen mit ihren weltlichen Gegenstücken zumeist immer Schritt gehalten und sind ihnen sogar manchmal in der »Schwulen-Befreiungs-Bewegung« vorausgegangen. Obwohl in Amerika offizielle Studien der Vereinigten Presbyterianischen Kirche, der Vereinigten Methodistischen Kirche und der Römisch Katholischen Kirche den Zugang und die Ordination praktizierender Homosexueller begünstigen, verwarfen die jeweiligen Kirchenräte diese Empfehlungen. Die »Vereinigte Kirche Christi« hat keine derartigen Hemmungen und war die erste größere Denomination, die einen praktizierenden Homosexuellen ordinierte.

Diese Werteveränderung war nicht auf die hauptsächlichen Denominationen beschränkt. Troy Perry, ein ordinierter Pastor mit pfingstkirchlichem Hintergrund und erklärter Evangelikaler, verließ 1968 seine Familie, um die *Metropolitan Community Church*, die »Großgemeindliche Kirche« in Los Angeles zu gründen, in der Homosexuelle zu ihrer spezifischen Lebensweise ermutigt werden. Seither hat diese Kirche Impulse zur Gründung zahlreicher Tochtergemeinden gegeben.

Eine Gruppe, die sich selbst »Die anderen Schafe« nennt, hat ein Pamphlet veröffentlicht das den Titel trägt: Hast du schon vom fünften geistlichen »Gesetz« für schwule Männer und Lesbierinnen gehört?[54] Dieses »Gesetz« sagt: »Deine sexuelle Orientierung ist ein Geschenk Gottes.« Man missdeutet Paulus' Feststellung »jedermann hat seine eigene Gabe von Gott, der eine in dieser Art, der andere in jener«, und wendet sie falsch an. Man behauptet, diese Passage beziehe sich zumindest teilweise auf Homosexuelle. Der Zusammenhang der Textstelle macht jedoch eindeutig klar, dass hier das Leben in der Ehe und das Leben als Single angesprochen wird.

Der vielleicht wortgewandteste Sprecher der Bewegung ist Ralph Blair, treibende Kraft und Präsident von *Evangelicals Concerned* (EC) [»Betroffene Evangelikale«]. In einer Schrift mit dem Titel: Was ist EC? wird die Antwort auf die Frage gegeben: Was glaubt EC?

> Wir glauben, dass christliche Homosexuelle ein Teil des Reiches Gottes sind und guten Glaubens Jünger Christi ... Lehrmäßig sind wir evangelisch im historischen Sinn; wir glauben an die Grundlagen des Christentums, wie sie im Wort Gottes geoffenbart sind. Einige Evangelikale und Charismatiker sagen, es sei unchristlich, und Homosexuelle sollten »befreit werden«. Und wenn das nicht funktioniere, sollten sie einfach sitzen und ruhig sein und romantische Liebe und Sex für den Rest ihres Lebens vergessen. Und die Leute nehmen diesen Quatsch für bare Münze.[55]

Ehe wir die Schriftstellen betrachten die das Thema direkt ansprechen, sollten wir uns erinnern, mit welcher Zielsetzungen uns Gott als sexuelle Wesen geschaffen hat – auf gewisse geheimnisvolle Weise eine Widerspiegelung seines eigenen Wesens. Gott setzte die ausschließliche, unauflösliche, monogame Ehe als den einzigen Weg ein, die völlige Einheit zweier menschlicher Wesen zu erreichen, Kinder zu haben und Familie zu bilden und so Gottes eigene Beziehung zu den Menschen zu reflektieren. Einige Aktivisten der homosexuellen Szene sind dreist genug zu behaupten, das erste und das dritte der genannten Ziele Gottes seien auch auf eine monogame homosexuelle Beziehung anwendbar. Aber der Gesamtzusammenhang der Heiligen Schrift verweist auf die Vereinigung eines Mannes mit einer Frau als einzigem Weg Gottes zur Erfüllung dieser Ziele. Als er sah, dass es für den Mann nicht gut war, allein zu sein, schuf er nicht einfach einen zweiten Mann. Adam und Eva waren das Arrangement Gottes. Während nur wenige Passagen direkt auf homosexuelles Verhalten eingehen, verurteilt die durchgängige Lehre der Bibel alle sexuellen Beziehungen außerhalb des heterosexuellen Ehebundes.

Einige Gelehrte folgen der Führung Dr. Sherwin Baileys und stellen die Behauptung auf, die Bibel schweige über das Thema Homosexualität. Alle Passagen von denen man meint, sie bezögen sich auf gleichgeschlechtliche Beziehungen, würden so missverstanden. Dies ist die Position, die von selbsternannten Homosexuellen und Yale-Professor John Boswell in seiner umfassenden Untersuchung des Themas aus einem theologisch liberalen Blickwinkel eingenommen wird.[56] Baileys Argumentationskette wird ganz oder teilweise von einigen benutzt, die sich selbst Evangelikale nennen. Virginia R. Mollenkott und Letha Scanzoni beispielsweise verneinen bei Verwendung vieler der gleichen Argumente die Bedeutung jener Bibeltexte, die traditionell als eine Verurteilung der Homosexualität verstanden werden.[57] Welches sind diese Bibelstellen?

»Bei einem Mann sollst du nicht liegen, wie man bei einer Frau liegt, ein Greuel ist es« (3Mo 18,22).

»Wenn ein Mann bei einem Mann liegt, wie man bei einer Frau liegt, dann haben beide ein Greuel verübt. Sie müssen getötet werden, ihr Blut ist auf ihnen« (3Mo 20,13).

Diese Textstellen scheinen eindeutig genug zu sein, und doch ist ihre Auslegung von einigen dahingehend vergewaltigt worden, dass sie ein Verbot der Teilnahme an der Tempelprostitution mit männlichen Tempelprostituierten herauslesen.[58] Das wirkliche Problem mit diesen Geboten ist der Zusammenhang, in dem sie stehen. Sind sie über ihre unmittelbare Zuhörerschaft – Juden unter dem mosaischen Gesetz – hinaus anwendbar? Die Antwort auf diese Frage hängt ab von dem, was die übrige Heilige Schrift sagt oder nicht sagt, da es in denselben Kapiteln einige Gebote gibt, die wir heute nicht mehr als moralisch bindend betrachten (Verbote, gewisse Nahrungsmittel zu essen, das Verbot von Bekleidungsstoffen aus einer Mischung von Fasern oder das Verbot sexuellen Umgangs während der Menstruation). Wir betrachten die Mehrheit der Gebote im unmittelbaren Zusammenhang als universell gültige moralische Verordnungen (Verbote von Inzest, Ehebruch, Sodomie und Kinderopfer). Aber wie entscheiden wir? Auf der Grundlage der übrigen biblischen Lehre, insbesondere des Neuen Testamentes. Wenn diese Gebote also noch an anderer Stelle als bindend genannt werden, dann werden sie sehr deutliche und starke Bekundungen des Willens Gottes für die ganze Menschheit für alle Zeiten. Und die von Mose prophezeiten Folgen ihrer Verletzung sind wirklich schrecklich, sowohl für den Einzelmenschen als auch für die Gesellschaft, die derartige Sünden toleriert.

Eine andere Passage des Alten Testamentes hat uns ein Synonym für Homosexualität gegeben, den traditionellen Namen, der viele Jahrhunderte lang in Gebrauch war: Sodomie.[59] Es bleibt mir immer noch ein Geheimnis, warum Befürworter wie Gegner der Homosexuelität so viel Energie auf den Versuch verwenden herauszufinden, was die Sünde der Männer Sodoms war oder nicht war (1Mo 19; siehe auch Ri 19, 22-26). Zu sagen, dass die Männer einfach herausfinden wollten, wer Lots Gäste waren (»erkennen«), wie Bailey und seine Nachfolger zu beweisen versuchen, scheint mir ans Lächerliche zu grenzen. Aber eine derartige Interpretation macht die Bibelstelle nicht mehr oder weniger relevant für die Beantwortung der Frage, ob irgendeine Form homosexueller Aktivität legitim sei. Selbst, wenn die Männer von Sodom homosexuelle Vergewaltigung im Sinn hatten (das scheint offensichtlich der Fall zu sein), und selbst wenn dies der unüberbietbare Bruch der Gastfreundschaft wäre (in biblischer Zeit ein schrecklicher Verstoß), sagt uns das nichts eindeutiges darüber, wie Gott freiwillige homosexuelle Beziehungen sieht. Alles, was wir aus dieser Passage herauslesen können ist, dass Vergewaltigung Gott ein Greuel ist.

Die angeführten Schriftstellen sind also das ganze Ausmaß alttestamentlicher Texte über die Frage freiwilligen homosexuellen Verhaltens. Im Neuen Testament gibt es drei grundlegende Passagen, die heiß umstritten sind, und keine davon steht in den Evangelien. Da Jesus das Thema nicht direkt angesprochen hat, behaupten einige Verteidiger der Homosexualität, er habe sich in dieser Frage neutral oder bejahend verhalten. Aber ein Argument des Schweigens beweist gar nichts. Es gibt viele Dinge, über die Jesus nicht ausdrücklich gelehrt hat: Bestialität, Prostitution, Inzest, Vergewaltigung, Götzendienst, Rassismus, um ein paar wenige zu nennen. Beweist das, dass er nicht dagegen war? All dies war in der römischen Welt gang und gäbe. Nein, wir betrachten die Prinzipien, die er lehrte, und sehen, dass er wiederholt in den deutlichsten und kräftigsten Worten versichert hat, dass die unauflösliche heterosexuelle monogame Ehe der ursprüngliche und weiterbestehende Wille Gottes als einziger legitimer Zusammenhang für sexuelle Beziehungen ist.

So finden wir schließlich bei Paulus maßgebliche Aussagen über das Thema. Gegenüber den Korinthern (1Kor 6,9-10) bezeichnet er neben anderen die Sünden der *malakoi* (Wollüstlinge) und der *arsenokoitai* (Knabenschänder) als Gott verhasst, und gegenüber Timotheus identifiziert er *arsenokoitai* in gleicher Weise (1Tim 1,8-10). In jüngsten Anstrengungen haben pro-homosexuelle Gelehrte versucht, den verwendeten Begriffen andere Bedeutungen zu unterlegen. Aber die große Menge gelehrter Meinungen steht fest in der Ansicht, dass sich die hier gebrauchten Worte auf homosexuelle Männer beziehen, möglicherweise indem sie die aktive und die passive Rolle männlicher Paarung bezeichnen.

Die Passage, die von allen als der entscheidende Text angesehen wird, ist Paulus Verurteilung jeder Art homosexuellen Verhaltens gegenüber den Christen von Rom (Röm 1,26-27). Ich werde nicht versuchen, alle die neueren Argumente zu analysieren, die dazu dienen sollen, Paulus' offensichtliche Verurteilung homosexueller Praktiken niederzuschlagen oder einzuschränken. Stattdessen will ich ansprechen, was das entscheidende Argument zu sein scheint: dass Paulus beabsichtigt habe, nur promiskuöse homosexuelle Beziehungen als sündig zu identifizieren, oder homosexuelle Handlungen bisexueller Männer, die einer Frau anhangen sollten, weil sie dazu in der Lage sind – nicht aber die liebende, treue, »monogame« Beziehung zwischen zwei wirklich homosexuellen Personen.

Für jene, die mit der völligen Inspiration und Autorität der Bibel übereinstimmen, gibt es hier keine Wahlmöglichkeit: Paulus lässt sich nicht wegen angeblicher Fehler aufgrund von Unwissenheit beiseite schieben. Sprach er wirklich nur über Heterosexuelle, die nach dem eigenen Geschlecht gelüstet?

Es konnte schwerlich Unwissenheit über beide Variationen bei ihm vorliegen. Er lebte in einer Gesellschaft, die durchsättigt war von homosexuellen Praktiken jeglicher Art. Er war bekannt mit der griechischen Literatur, in der für das Ideal der homosexuellen Liebe geworben wurde (besonders für die Liebe eines Mannes zu einem Knaben). Die Kunst und Wandmalerei dieser Zeit machte die Aktivitäten öffentlich, die im privaten praktiziert wurden. Er lebte in einer Zeit, in der die ununterbrochene Erbfolge der römischen Kaiser notorisch homosexuell war und eine Gesellschaft in unaussprechliche Orgien führte, in der Sklaven grob misshandelt und Knaben prostituiert wurden. Paulus wusste sicherlich gut über das homosexuelle griechische Ideal der Liebestreue (»Heirat« war üblich) Bescheid und über die römische Promiskuität ständig wechselnder andersgeschlechtlicher Sexualpartner, und er traf keine Unterscheidung; alles dies war ein Greuel für Gott und das ultimativ entartete Ende der Verwerfung alles Wissens von Gott und von seinen Wegen.

Es wurde behauptet, Paulus spreche von dem, was »gegen die Natur« sei und schließe so jene aus, die gemäß ihrer eigenen (homosexuellen) Natur handelten. In Wirklichkeit spricht Paulus hier nicht so sehr über den Verfall eines Individuums von einem Grad der Finsternis zu einem anderen als vielmehr vom Verfall einer Gesellschaft, obwohl ein Individuum natürlich demselben Kurs folgen könnte. Wie er es auch bei anderen Themen tat, zeigt Paulus hier die natürliche Ordnung der Dinge auf und sagt, dass sie durch homosexuelle Sünde verletzt wird. Er spricht nicht von der Verletzung, die zur privaten Natur irgendeines Individuums werden könnte. Einige partnerschaftlich jagende Seemöwen als gleichgeschlechtlich zu identifizieren oder zwei Prozent einer Bevölkerung zu dokumentieren, die völlig homosexuell verbogen sind, beweist nicht, dass dies die natürliche Ordnung der Dinge sei. Es könnte eher ein Beweis für das Gegenteil sein. Eine Abirrung gilt nicht bereits aufgrund ihrer einfachen Existenz als »natürlich«. Paulus bezeichnet hier sexuelle Perversion als einen der hervorstechendsten Beweise menschlicher Verderbtheit, einhergehend mit vielen anderen Sünden, die sich direkt gegen die »Natur« wenden, wie Gott sie im Sinn hatte. Jemand könnte einwenden, Paulus habe sich geirrt, aber es ist wirklich schwierig, einen unabhängigen Beobachter davon zu überzeugen, dass er anders dachte. Er lehrte eindeutig, dass homosexuelles Verhalten eine Folge der Unterdrückung der Wahrheit ist (Röm 1,18), die in die Lüge verwandelt wird (Röm 1,25).

Was wäre nun aber, wenn sich homosexuelle »Orientierung« als genetisch bedingt oder Beeinflusst erweisen würde? Die Beweismittel sind noch nicht klar.[60] Einige Fürsprecher des homosexuellen Lebensstils argumentieren, bei nachweisbar genetischem Ursprung verletze die Verleugnung oder Unterdrückung die Identität eines Menschen. Bedauerlicherweise widerstehen einige evangelikale Christen der Vorstellung, die Biologie eines Menschen könnte zu seiner homosexuellen Neigung beitragen, und nehmen dabei still die Voraussetzung hin, dass die Orientierung dem Gesetz folgt. Aber der Ansatz vieler prohomosexueller Gruppen ist fehlerhaft. Eine biologisch bedingte Neigung zum Alkoholismus legitimiert nicht das Verhalten des Alkoholikers. Ein überhöhtes Potential männlicher Sexualhormone rechtfertigt keine Vergewaltigung. Einer der vier Faktoren, die das Leben eines Menschen beeinflussen, ist Vererbung. Durch den Sündenfall hat jeder Mensch ohnehin ein beschädigtes genetisches Muster ererbt. »Das Fleisch« (der sündhafte Hang in allem, von dem Paulus spricht) arbeitet in jedem Menschen. Obwohl nicht jeder in gleicher Weise »falsch gepolt« ist, haben wir alle eine Neigung zur Sünde. Einige von uns könnten besonders zur homosexuellen Sünde hin versucht sein. Die Biologie könnte eine Rolle spielen. Trotz alledem ist der Mensch selbst dafür verantwortlich, Gottes Regeln zu verstehen, seinen Geboten zu gehorchen und den Einflüssen biologischer Determination und persönlichem Selbstverständnis zu widerstehen. Jedes menschliche Wesen hat die freie Wahl hinsichtlich seiner sexuellen Anschauungen und hinsichtlich seiner Verhaltensmuster im Hinblick darauf, wer er oder sie ist.

Die Verteidigung einer monogamen homosexuellen Beziehung durch Blair und andere von Evangelicals Concerned ist eine Randerscheinung der Homosexuellenbewegung innerhalb wie außerhalb der Kirche.[61] Vielmehr argumentieren die meisten Aktivisten der Bewegung dahingehend, dass niemand seine sexuelle Ausdrucksform verleugnen sollte, ganz gleich, ob er oder sie homosexuell, bisexuell, heterosexuell, verheiratet oder unverheiratet ist. Mit anderen Worten: Gott hat uns sexuell geschaffen, und er würde nicht von uns erwarten, dass wir ein Zölibat leben. Und – es wurde schon früher gesagt – sehr wenige Menschen können ein solches Leben führen und tun es auch. Betrachten wir die Worte von Professor Walter Wink:

> Der Kern des Problems scheint mir einfach der zu sein, dass die Bibel keine Ethik der Sexualität hat. Es gibt keine biblische Sexualethik. Die Bibel kennt nur eine Liebesethik, die fortwährend dazu herangezogen wird zu tragen, was an sexuellen Sitten in irgendeinem Land, in irgendeiner Kultur, zu irgendeiner Zeit dominiert.
>
> Die Bibel betrachtet Homosexualität eindeutig als Sünde, und ob sie das dreimal oder dreitausendmal feststellt, ist Nebensache. So wie einige von uns aufwuchsen und »wussten«, dass Homosexualität die unaussprechliche Sünde ist, obwohl niemand jemals darüber sprach, so »weiß« auch die ganze Bibel, dass Homosexualität falsch ist.
>
> Ich sage es frei heraus: Die eigentliche Frage ist, ob die Bibel recht hat.[62]

Dieser Professor für biblische Interpretation am Auburn-Seminar für Theologie in New York hat die Sache auf den Punkt gebracht: Es geht um die biblische Autorität. Soweit es die Bibel betrifft, sind alle Variationen homosexuellen Verhaltens eine besonders abscheuliche Form von Unsittlichkeit. Das Neue Testament geißelt Unzucht (*porneia*) jedesmal ohne besondere Erwähnung einer bestimmten Form unsittlichen Verhaltens; es verurteilt alle Arten homosexueller und heterosexueller Beziehungen außerhalb der Ehe von Mann und Frau.

Welche Haltung sollte denn nun die Kirche gegenüber den Homosexuellen einnehmen? Zu allererst müssen wir den Unterschied zwischen homosexueller Voreinstellung einerseits und homosexuellen Gelüsten und Verhalten andererseits anerkennen. Die Bibel verbietet ausdrücklich homosexuelles Gelüsten und Tun, aber sie schweigt über die Frage einer wie auch immer gearteten sexuellen Vorliebe.

Den Heterosexuellen sagt die Bibel: Begehre nicht sexuell irgendein Mitglied des anderen Geschlechts, mit dem du nicht verheiratet bist. Den Bisexuellen sagt die Bibel: Begehre nicht sexuell irgendjemand anderen als den Menschen des anderen Geschlechts, mit dem du verheiratet bist. Den Homosexuellen sagt die Bibel das Gleiche: Begehre nicht sexuell irgendjemand anders als die Person anderen Geschlechts, mit der du verheiratet bist. Mit anderen Worten: Praktisch alle menschlichen Wesen haben starke Sexualtriebe, die nach Aussage der Bibel nur in einer heterosexuellen Ehe richtig befriedigt werden können. Homosexuellen, die deshalb frustriert sind, geht es nicht schlechter als unverheirateten Heterosexuellen. Beiden spricht Gott die Zusicherung eines erfüllten Lebens zu – entweder durch Heirat oder durch die Gnade, auch ohne Ehe unschuldig bleiben zu können.

Was ist mit denen, die fallen? Gott bietet Vergebung und Annahme an, und das muss auch sein Volk tun. Die Gemeinde muss den homosexuellen Sünder in vollem Umfang annehmen, der sein sündiges Verhalten nicht rechtfertigt, sondern bekennt und Gottes Rettung sucht. Darüber hinaus muss die Gemeinde mitfühlend mit so jemandem umgehen, damit ihm ermöglicht wird, so zu werden, wie Gott ihn ursprünglich haben wollte, nämlich heterosexuell, oder seine Sexualtriebe in andere kreative Kanäle zu lenken.

Ist es denn allen gefallenen Menschen möglich, ihre sexuellen Vorlieben zu ändern oder ihre sexuellen Gelüste zu bezähmen? Ist die Gemeinde nicht grausam und unrealistisch wenn sie fordert, dass man wählen soll, wählen zwischen der Treue in einer unauflöslichen Ehe mit einem Partner des anderen Geschlechts, und dem Zölibat? Wenn das Heil, das wir anbieten, nicht die Befreiung von dieser Art Sünden beinhaltet, wie können wir dann erwarten, Befreiung von den vielen anderen Neigungen und Trieben unseres natürlichen, gefallenen Zustands zu haben? Nach dem Evangelium vergibt Gott nicht nur, sondern er schenkt tatsächlich Befreiung von der Sünde.

Offenbar kannte Paulus Menschen, die verändert worden waren, denn er sagte: *»Das sind manche von euch gewesen; aber ihr seid abgewaschen, aber ihr seid geheilgt, aber ihr seid gerechtfertigt worden durch den Namen des Herrn Jesus und durch den Geist unseres Gottes«* (1Kor 6,11). Stanton Jones, Präsident der Abteilung für Psychologie am Wheaton College behauptet, dass jede Studie über Wandlung (von homosexuell nach heterosexuell) einige Erfolge im Bereich von 33 bis 60 Prozent berichte.[63]

Der Prozess der Psychotherapie bringt eine sehr umfangreiche Phase mit sich, in der man dem Leidenden hilft zu begreifen, dass er nicht ein Opfer von irgendetwas außerhalb von sich selbst ist. Das, was er oder sie gewesen ist, kann überdacht werden und man kann neue Entscheidungen fällen.[64] Es ist möglich, jemandes Begierden drastisch zu verändern. Tim Staffords Beobachtung im Gespräch mit acht ehemaligen Homosexuellen, die sich in der Folge ihres Lebens mit Christus veränderten, ist vielleicht eher typisch für den Heilungsprozess.

> Sie beschrieben gewiss keine schnelle 180-Grad-Kehrtwende ihrer sexuellen Begierden. Vielmehr schilderten sie einen stufenweisen Umschwung in ihrem geistlichen Verständnis von sich selbst als Männer und Frauen in Beziehung zu Gott. Sie sagten, dieses neue Verständnis habe ihnen geholfen, verzerrte Denk- und Vergleichsmuster bei sich zu erkennen und umzulernen. Sie präsentierten sich mir als Menschen im Wandel und waren sich völlig im klaren darüber, dass dieser Prozess mitten im Gange war.[65]

Jetzt könnten einige kommen und sagen, dass die meisten der berichteten Heilungen, wenn sie denn überhaupt wahr seien, bisexuelle Menschen beträfen und keine harten, ausschließlichen, »grundsätzlichen« Homosexuellen. Aus dem Blickwinkel der Seelsorge sind mehrheitlich jene, die im Netz homosexuellen Verhaltens gefangen sind, natürlich sogenannte Bisexuelle; insbesondere die Mehrheit derer, die Heilung suchen. Man muss sie aufsuchen, willkommen heißen und heilen. Aber wie wir schon früher gesehen haben, konnte oftmals auch der wirkliche Homosexuelle seine sexuelle Orientierung verändern, wenn er sich wirklich zu ändern wünschte. Und dieser eigene Wunsch ist der Kern des Problems von Buße und Befreiung von jeder Sünde.

Die Bibel verbietet die Einsetzung Homosexueller, denn sie verbietet die Ordination von solchen, die in Sünde leben, und sie wertet homosexuelles Verhalten als grobe Sünde. Reuige, bekehrte Homosexuelle mögen freimütig ihre Gaben in der Gemeinde ausüben und ihrem geistlichen Ruf folgen. Aber Leitungsaufgaben in der Gemeinde sind ihnen verschlossen, und sie sind bei unbereuten Sünden der Gemeindezucht unterworfen.

Eine Frage bleibt: Sollen Christen nach rechtlichen Zwangsmaßnahmen trachten, um die Freiheit von Homosexuellen auf jeden Fall einzuschränken? Wenn sexuelle Vorliebe nur eine persönliche Angelegenheit ist, dann sollte Homosexuellen als legitimer Minderheit völlige Freiheit gewährt werden. Ist ihr Verhalten jedoch unsittlich, dann hat es Wirkungen in die Gesellschaft hinein; andere leiden unter den Auswirkungen von irgend jemandes Sünde. Und diese gesellschaftlichen Auswirkungen homosexueller Handlungsweise sind nicht begrenzt auf den Tod von Blutern, die sich bei Bluttransfusionen durch homosexuelle AIDS-Träger infizieren oder an Hepatitis Erkrankte, die in einem Restaurant aßen, wo sie von einem homosexuellen Koch bedient wurden. Nein, die ganze Struktur der Gesellschaft verändert sich, wenn solche sittlichen Verirrungen offiziell als moralisch wertfrei dargestellt werden.

Mein Standpunkt ist, dass meistens das bürgerliche Recht versucht, moralisches Verhalten gesetzlich zu fassen und dass sich Christen ohne Entschuldigung für Gesetze stark machen sollten, die das biblische Ideal geltend machen. Indes fügt in einer demokratischen Gesellschaft eine Gesetzgebung, die von der Mehrheit der Bürger oder auch von einer größeren Minderheit nicht akzeptiert werden kann, der Sittlichkeit insgesamt Schaden zu, indem sie Anstoß gibt zur Gesetzlosigkeit. Daher komme ich zu dem Schluss, Christen sollten sich für die Durchsetzung von Einschränkungen für das Ausleben homosexueller Neigungen bis zu dem Grad einsetzen, dass die Gemeinschaft überzeugt werden kann, dass solche Einschränkungen im besten Interesse der Gesellschaft sind. So konnte beispielsweise die Gesellschaft bisher immer noch überzeugt werden, bisher geltende Einschränkungen aufrecht zu erhalten, obwohl einige Homosexuellen-Organisationen unermüdlich an der Abschaffung von Gesetzen arbeiten, die Kinder vor der sexuellen Verführung durch Erwachsene schützen sollen. Wenn die Gemeinschaft bereit ist, praktizierende Homosexuelle vom Lehrberuf oder vom Militär auszuschließen, dann sollten Christen dafür kämpfen, dass solche Einschränkungen eingeführt beziehungsweise aufrechterhalten werden. Andererseits dürfte es schwierig werden, irgendein Gesetz durchzusetzen, das homosexuelle Aktivitäten wieder unter schwere Strafe stellen würde. Ein solcher Gesetzentwurf könnte eher pauschale Ablehnung hervorrufen und so einen Geist der Gesetzlosigkeit fördern. Deshalb sollten Christen weise und in dem Streben nach solcher Gesetzgebung in der westlichen Welt des späten zwanzigsten Jahrhunderts zurückhaltend sein.

Andere Aspekte

Inzest. Da die Ehe den richtigen Hintergrund für romantische sexuelle Aktivitäten darstellt, hat Gott Sex zwischen Familienmitgliedern verboten, die nicht Mann und Frau sind. Ehen zwischen Blutsverwandten waren im mosaischen Gesetz ausdrücklich verboten (3Mo 18,6f). Inzest, der einen Vater und seine Kinder einbezieht, ist besonders schlimm, denn er verletzt Gottes Hauptaufgabe für Väter (Eph 6,4) und verzerrt des Kindes Wahrnehmung seines himmlischen Vaters. Das Ausmaß sexuellen Missbrauchs in den Familien ist alarmierend. Im Jahr 1992 wurden annähernd 130.000 Fälle des Missbrauchs von Kindern berichtet. Die meisten davon spielten sich innerhalb der Familien ab. Eine Studie von 1985 weist darauf hin, dass 27 Prozent der Frauen und 16 Prozent der Männer in ihrer persönlichen Geschichte auf irgendeine Form sexuellen Missbrauchs hinweisen konnten.[66] Einige Fälle von Inzest sind die Folge der Ansicht, Sex sei wertfrei und folglich erlaubt, solange er allen Beteiligten angenehm ist. Die meisten Fälle allerdings sind verbunden mit Nötigung und Gewalt. Es ist eine scheußliche Sünde und eine Anklage gegen die Kirche, wenn sie von Christen begangen wird. Denn heute, in neutestamentlicher Zeit, wird diese Praxis auch von Ungläubigen verabscheut (1Kor 5,1-8).

Sodomie. Wenn Inzest als natürliches Ergebnis der urteilslosen Sichtweise folgt, nach der aller Sex moralisch neutral ist, wird Sodomie zunehmend unter den gleichen Sanktionen praktiziert und verteidigt, philosophisch untermauert durch die Sichtweise, die Sex als vorrangig körperlich betrachtet. Wenn die dreidimensionale Sexualität auf eine Dimension, die körperliche, reduziert wird, so dass der Orgasmus das sexuelle Hauptziel wird, warum sollte man dann nicht mir einem Tier »Spaß haben« können? Wenn die körperliche Vereinigung von der seelischen und geistigen Einheit losgelöst wird, kann Sex nicht mehr die Verheißung erfüllen, nicht endende, wachsende Erfüllung und Beglückung zu bieten. Deshalb muss er durch den Kitzel ständig neuer körperlicher Erfahrungen stimuliert werden. Sodomie ist bloß eine Stufe auf der abwärts führenden Spirale zu immer mehr abnehmender Erfüllung und zunehmender Verwüstung. Die Heilige Schrift verurteilt die Sodomie kategorisch (2Mo 22,18; 3Mo 18,23; 20,15-16; 5Mo 27,21).

Vergewaltigung. Hinsichtlich der Vergewaltigung von Frauen müssen zwei Punkte angesprochen werden: Die Rolle der Frau und die Natur des Verbrechens.

Frauen haben nach einer Vergewaltigung oft Schuldgefühle, und sowohl das Verhalten von Polizeibeamten als auch der Umgang im Gerichtssaal verstärken oft das Gefühl der Verunreinigung und der Schuld. Aber die Opfer eines erzwungenen Geschlechtsverkehrs sind nicht schuldig. Wenn sich die Frau schuldig gemacht hat, indem sie sich sorglos selbst der Gefahr aussetzte und sich so selbst verletzbar machte, hat sie doch keine andere Schuld als nur mangelnde Urteilskraft. Wenn sie durch provokative Kleidung vorsätzlich aufreizt oder mit Männern flirtet und dann die Annäherungsversuche eines Mannes zurückweist, dem sie zuvor die falschen Signale gab, dann ist sie schuldig, einen anderen vorsätzlich zur Sünde versucht zu haben, aber sie ist nicht schuldig der Unzucht oder des Ehebruchs. Die gleiche Unschuld betrifft auch die Opfer homosexueller Vergewaltigung und die Kinder, die von Familienmitgliedern sexuell missbraucht wurden.

Es ist eine Verantwortung der Kirche, den Opfern sexueller Übergriffe durch diese schreckliche Erfahrung und den langsamen und schmerzhaften Heilungsprozess hindurch zu helfen. Oft wird das Opfer behandelt wie der Täter, nicht nur von Polizei und Anwalt, sondern von den Gliedern der Gemeinde. Es ist fast, als würde sie wieder und wieder vergewaltigt. Diesen Sünden gegen Vergewaltigungsopfer muss Einhalt geboten werden.

In wissenschaftlichen Gutachten über Vergewaltigung und in der öffentlichen Wahrnehmung findet derzeit eine große Veränderung statt. Die traditionelle Ansicht, eine Vergewaltigung sei in erster Linie die heftige Reaktion eines sexuell ausgehungerten Mannes, hat sich gewandelt. Ein Markstein wurde durch ein Buch von Nicholas Groth über das Thema gesetzt, das großen Einfluss auf das Denken derer ausgeübt hat, die dieses Gebiet untersuchen, auf das Denken derer, die berufsmäßig mit dem Problem umgehen sowie auf das Denken in der feministischen Bewegung.

> All diese Ansichten teilen eine allgemeine Fehleinschätzung: Sie alle unterstellen, dass das Verhalten des Angreifers in erster Linie durch sexuelles Begehren motiviert und dass Vergewaltigung nur auf Befriedigung seines sexuellen Mangels gerichtet ist. Ganz im Gegenteil. Sorgfältige klinische Untersuchungen von Vergewaltigern offenbaren, dass Vergewaltigung in Wirklichkeit hauptsächlich nicht sexuellen Bedürfnissen dient. Es ist der sexuelle Ausdruck von Macht und Wut.
>
> Vergewaltigung ist niemals einfach die Folge sexueller Erregung, die keine andere Möglichkeit zur Befriedigung hat. In Wirklichkeit war ein Drittel der Vergewaltiger, die wir untersucht haben, verheiratet, und in dem Zeitabschnitt ihrer Übergriffe auch sexuell aktiv mit ihren Ehefrauen. ... Was die Vergewaltiger angeht, die nicht verheiratet waren (das heißt Singles, getrennt Lebende oder Geschiedene), war die Mehrheit von ihnen zur Zeit ihrer Übergriffe aktiv in die eine oder andere Art sexueller Beziehungen mit anderen Personen verwickelt, bei gegenseitiger Zustimmung der Partner.[67]

Das Studium der Vergewaltigung und die wissenschaftlichen Ausführungen über das Thema waren sehr begrenzt. Tatsächlich beklagt Groth, dass Psychologen und Psychiater Vergewaltigung nicht als die pathologische Krankheit erkennen, als die er sie sieht. Worin besteht denn die Erkrankung? Was für eine Art kranker Männer begehen sexuelle Übergriffe auf Frauen, Kinder und andere Männer?

> Manche Männer, die normalerweise niemals einen sexuellen Übergriff begehen würden, vergewaltigen unter ganz außerordentlichen Umständen, etwa in Kriegszeiten. Aber die Wahrscheinlichkeit, dass so jemand zum Wiederholungstäter wird, ist sehr gering. Es gibt jedoch andere Männer, für die es sehr schwierig ist, den gewöhnlichen oder gebräuchlichen Erfordernissen des Lebens zu begegnen, und die alltäglichen Belastungen, die wir alle ertragen lernen, scheinen diesen Personen unerträglich und überwältigend. Das Ausmaß, in dem sie die meisten Lebensanforderungen frustrierend empfinden, verbunden mit ihrer Unfähigkeit, Frustration zu tolerieren und ihre Fixierung auf Sex als Weg zur Stress-Überwindung macht sie als potentielle Wiederholungsvergewaltiger sehr wahrscheinlich.[68]

Die Grundlagen für Groths These beruht ausschließlich auf Untersuchungen von Wiederholungsvergewaltigern. Es wäre sehr schwierig, die eindrucksvollen Untersuchungsergebnisse zu widerlegen, die Groth zusammengetragen hat, um zu beweisen, dass unter den erkannten und verurteilten Wiederholungstätern der Sexualtrieb mit Sicherheit nicht die einzige, und wenn überhaupt, ganz vereinzelt vorangige Triebkraft ist. Obwohl viele leidenschaftliche Feministen darauf bestehen, dass das Verbrechen ausschließlich auf Gewalt und nicht auf Sex beruht, sagt Groth das nicht. Er stellt vielmehr fest, dass Sex niemals das vorrangige Motiv sei. Er hat uns allen einen großen Gefallen getan, indem er unser Verständnis dieses Komplexes und die vielfältige darin verwobene Sünde entmythologisiert hat. Aber die öffentliche Meinung scheint weit über Groth hinaus zu greifen und das Verbrechen entsexualisieren zu wollen. Was folgt daraus?

Wer sexuelle Übergriffe zur ausschließlichen Folge von Krankheit oder geistiger Verirrung erklärt, leistet für Vergewaltigung das, was dieselbe Theorie für andere Verbrechen und für Sünden wie Trunkenheit geleistet hat. Ein Kranker ist moralisch weniger verantwortlich. In Wirklichkeit ist die Gesellschaft der hauptsächliche Angreifer. Außerdem kann sich die Öffentlichkeit entspannt zurücklehnen, versichert, dass nur ein paar Geistesgestörte unter uns zu solch krankem Verhalten fähig sind. Und da alle sexuellen Handlungen als moralisch wertfrei betrachtet werden, sollte der sexuelle Aspekt solcher Übergriffe nicht so sehr unsere Sorge sein als vielmehr die Gewalt und der Machtmissbrauch über die autonome Selbstbestimmung der Frau. Manche würden uns gern glauben machen, dass Pornographie in keinster Weise sexuellen Übergriffen Vorschub leiste und dass kein normaler Mann jemals zu befürchten brauche, dass die in seinem tiefen Inneren lauernden Fantasien jemals ausbrechen könnten, wobei eventueller Antrieb durch die Umstände keine Rolle spiele. Er kann sie füttern, aber nicht bändigen.

Der neue Lösungsweg tendiert dahin, die Ansicht zu bekräftigen, dass Gewalt (beinahe) immer falsch, Sex (beinahe) immer richtig ist. Wegen der sich abzeichnenden Einigkeit über Vergewaltigung sind wir zu der Ansicht gekommen, sexuelle Verbrechen seien weniger abscheulich. Vielleicht als Folge davon ist die Verhaftung und Verurteilung von Vergewaltigern schwieriger geworden, und die verhängten Strafen werden zunehmend leichter. Es ist kaum zu glauben, dass in Amerika noch in den 50ern Männer für Vergewaltigung ein Todesurteil erhielten und exekutiert wurden.

Wir müssen an dieser Stelle darauf eingehen, dass Pornographie auch eine Form sexueller Gewalt ist. Jedes normalgeschlechtliche menschliche Wesen ist dabei fähig, sich sexuelles Vergnügen auch ohne die Zustimmung des Objekts seiner Begierde zu verschaffen, wenn die richtigen Umstände dafür zusammentreffen. Deshalb bedarf es der Beugung unter die biblischen Normen der Keuschheit und des Vertrauens auf Gott zur Befreiung. Wir müssen den Abscheu vor diesem schrecklichen Verbrechen der Gewalt und der Sexualität wieder aufnehmen. Mit anderen Worten: Das Grundproblem ist nicht soziologisch, nicht medizinisch und beruht auch nicht auf Erziehung. Es ist geistlich.

Der biblische Standpunkt zu Gewalt, Vergewaltigung und an anderen begangenen sexuellen Sünden ist hinreichend deutlich. Aber es gibt auch klinische Beweise, die auf stärkere sexuelle Motivation schließen lassen als Groth, andere Vergewaltigungsforscher und die Feministen zulassen würden. Am John-Hopkins-Institut wurden weniger als fünf Prozent sexueller Gewalttäter unter der Behandlung mit Depro-Provera zu Wiederholungstätern (ein Medikament, das die männliche Libido herabsetzt). Landesweit werden etwa 85 Prozent sexueller Gewalttäter ohne medizinische Behandlung zu Wiederholungstätern, wie Fred Berlin ausführt, der Mitbegründer der John-Hopkins-Klinik für biosexuelle und psychohormonelle Krankheiten.[69]

Offenbar muss es eine starke Verbindung zwischen dem Sexualtrieb mancher Männer und ihrer Begierde geben, eine Frau (oder einen Mann oder ein Kind) zu vergewaltigen, wenn die Kontrolle der sexuellen Begierde die typischen 85 Prozent der Wiederholungstäter auf fünf Prozent reduzieren kann.

Aber es gibt noch einen stärkeren, vielleicht schlagenden Beweis. Alle Spezialisten sind sich einig, dass die Mehrheit aller Vergewaltigungen unberichtet bleibt und dass es sich bei den meisten dieser Fälle um »Vergewaltigung nach einem Rendezvous« oder um eine von einem Begleiter erzwungene sexuelle Beziehung handelt. Obwohl einige dieser Übergriffe durch Feindschaft oder Herrschsucht motiviert sein mögen, werden doch die meisten von ihnen aus leidenschaftlichem Trieb begangen. Die Untersuchung verurteilter Verbrecher kann nicht unberechtigterweise als einzige oder sogar vorrangige Grundlage für Theorien über die Ursachen und die Heilung dieses Verbrechens der Leidenschaft und der Gewalt herangezogen werden. The Chronicle of Higher Education (Die Chronik der höheren Schulbildung) vom 13. Januar 1988 berichtet von zwei Studien Mitte der Achtziger:

> Frau Koralweski sagt, Untersuchungen eingekerkerter Vergewaltiger hätten darauf hingewiesen, dass solche Männer ernste Schwächen in ihrer gesellschaftlichen Wahrnehmung und ihrem Sozialverhalten aufweisen und anmaßend sind. Bei den sexuell aggressiven Universitätsstudenten wurden keine derartigen Schwächen entdeckt. Eine andere zeitgenössische Studie über Vergewaltigungen nach Rendezvous fand heraus, dass sich mit höchster Wahrscheinlichkeit sexuelle Übergriffe ereignen, wenn der Mann für seine Rendezvous-Partnerin bezahlt und sie fährt, wenn das Opfer oder der Vergewaltiger extrem berauscht ist und wenn das Paar miteinander Zeit an einem abgelegenen Ort verbringt, besonders in einem geparkten Wagen ... nicht beim ersten Treffen mit der Person, die sie vergewaltigte, sondern beim vierten oder fünften.

Mit anderen Worten: In der Mehrheit der Fälle erzwungenen Geschlechtsverkehrs (Vergewaltigung durch einen Begleiter) scheint der Übergriff vorrangig ein Verbrechen aus sexueller Leidenschaft zu sein. Die vorherrschende Meinung, Vergewaltigung sei nahezu ausschließlich ein Gewaltverbrechen (eine schlechte Sache) und habe nur wenig mit sexueller Leidenschaft zu tun (eine gute Sache), hat einige negative Folgen. Männer brauchen sich nicht vor möglichen schlechten Reaktionen der Öffentlichkeit auf so etwas wie sexuelle Begierde vorzusehen. Sie sind offenbar keine gewalttätigen Menschen und also sicher vor dieser Versuchung. Wenn dann die sexuelle Versuchungssituation gegeben ist, ist der Mann nicht auf der Hut vor der eigenen Leidenschaft, und dies führt oft dahin, dass er seinen Willen gegenüber einer schwächeren Person durchsetzt. Eine weitere negative Folge der Nur-Gewalt-Ansicht besteht darin, dass die Gesellschaft im Allgemeinen und Frauen im Besonderen nicht verpflichtet sind, Männer vor der Versuchung zu schützen. Es spielt keine Rolle, wie aufreizend die Kleidung oder wie kokett die Haltung ist, die Schuld liegt immer bei dem, der Gewalt anwendet, um zu Ende zu bringen, was jemand anderes begonnen oder zugelassen hat. Dieser Faktor befreit den Mann natürlich nicht von der Hauptschuld. Aber um die Gesellschaft und alle Frauen von jeder Beschuldigung freizusprechen, müssen wir uns wieder mit der zunehmenden sexuellen Gewalt beschäftigen.

Wie schrecklich haben wir Menschen das gute Geschenk Gottes verderbt! Es war notwendig, alle Weisen zu betrachten, in denen Gottes Plan für die Äußerung der menschlichen Sexualität verletzt wird. Aber es war unser Ziel in diesem Überblick, vor diesem düsteren Hintergrund deutlicher die Schönheit des Ideals aufleuchten zu lassen und deutlich die Schutzeinrichtungen zu nennen, die Gott selbst um die Ehe errichtet hat, diese erstgeborene und grundlegendste menschliche Institution. Die Ehe ist einfach zu gut, um sie auch nur im geringsten Maß von den von Gott gedachten Zielen herunterzuziehen. Aber wir haben so viel mehr getan, als sie nur herabzusetzen. Ihre Entwertung ist sicherlich einer der offenbarsten Beweise für den schrecklichen Sündenfall des Menschen und für die Störung seines von der Sünde verfinsterten Verstandes. Wir wollen uns nun den gegenseitigen Verpflichtungen der Mitglieder eines christlichen Haushalts zuwenden.

Die Verantwortung in einem christlichen Haus

Die Rollen in der Ehe

Wir haben weiter oben schon die grundlegenden Unterschiede zwischen Mann und Frau aus biblischer Sicht betrachtet. Dieser Gesichtspunkt hat, wenn er angenommen wurde, in den meisten Gesellschaften eine Befreiung der Frau herbeigeführt, aber in den letzten Jahren ist er als Frauen erniedrigend unter Beschuss geraten. Die feministische Bewegung in Amerika peilte zuerst bürgerliche Rechte an (z.B. das Wahlrecht), dann wirtschaftliche Rechte (gleicher Lohn für gleiche Arbeit), dann Beschäftigungsrechte (gleicher Zugang zu jeder Position), dann Familienrechte (gleichberechtigte Ehepartner) und schließlich Kirchenrechte (Ordination).

Heute würden sich nur wenige gegen bürgerliche und wirtschaftliche Rechte für Frauen aussprechen, obwohl manche immer noch meinen, dass Führungsrollen in der Verwaltung und am Arbeitsplatz Männern vorbehalten bleiben sollten. Weil jeder Mensch die Dinge durch die Brille seiner eigenen Kultur betrachtet, wäre es wohl heuchlerisch, unsere Vorfahren für ihre Blindheit gegenüber der biblischen Wahrheit zu verurteilen. (In welcher Hinsicht sind wir blind?) Doch von unserer heutigen Warte aus gesehen ist es schwierig zu begreifen, wie die Unterdrückung und Unterjochung der Frauen eine so lange

Zeit so umfassend bleiben konnte, oftmals gerechtfertigt auf der Grundlage der (missverstandenen) Heiligen Schrift. Aufgrund unseres Wissens über die Verbiegung der Heiligen Schrift zur kulturellen Passform müssen wir heute die biblische Wahrheit im Hinblick auf zeitgenössische Themen umso mutiger verfechten.

Hinsichtlich der Unterscheidung männlicher und weiblicher Rollen in Ehe und Gemeinde wütet ein Meinungsstreit. George Gilder führt aus, dass jeder Ehepartner tun *kann*, was der andere tut. Durch die ganze Geschichte hindurch *hat* jeder die Arbeit des anderen *getan*, wenn es notwendig war. Neuartig ist heute der Gedanke, dass die Vertreter beider Geschlechter die Arbeit des jeweils anderen tun *sollten*, bzw. dass es für die Gesellschaft keinen Unterschied mache, wer was tut. Gilder arrangiert eindrucksvolle Belege aus den Bereichen der Biologie, der Anthropologie, der Geschichte und der Psychologie, um den biblischen Standpunkt zu bekräftigen.[70] Was man auch über empirische Beweisführung denken oder sagen mag, es gibt kaum Abweichung von dem Standpunkt, dass die Bibel unmittelbar zu dem Thema spricht und dass sie ganz und gar nicht die Position zeitgenössischer feministischer Standpunkte einnimmt.

Historisch ist die Bibel von ihren Auslegern als patriarchalisch betrachtet worden. Zumindest in der Familie wurde der Ehemann als der verantwortliche Leiter angesehen. Viele Feministen inner- und außerhalb der Kirche nehmen dieses Verständnis der biblischen Texte an und weisen folgerichtig die Autorität der Heiligen Schrift zurück. Dieser Gesichtspunkt wird von Schwester Ann Patrick Ware energisch vorgebracht, beigeordnete Direktorin des Nationalkonvents der Kirchenkommissionen für Glaube und Ordnung:

> Die Heiligen Schriften sind unheilbar sexistisch. ... Zu sagen, diese Darstellung reflektiere den Zustand der Kultur des Zeitalters, in dem die Berichte verfasst wurden, löst das Problem in keinster Weise. Aus meiner Sicht ignoriert diese Erklärung die Behauptung, die sowohl die Synagoge wie auch die Kirche aufgestellt hat: Dass diese Schriften für sich in Anspruch nehmen, Gottes Wort zu enthalten. Wenn das Wort Gottes von den Sitten der Kultur, in der es empfangen wurde, so sehr korrumpiert werden kann, dann bedarf es notwendig der Korrektur.[71]

Das Verständnis der Bibel, sie mache den Ehemann zum Herrn des Hauses, ist aus drei Gründen von Menschen angezweifelt worden, die sich selbst als Evangelikale sehen: 1. Traditionelle Auslegungen sind falsch; 2. die Anwendung auf die heutige Situation ist fehlerhaft; und 3. manche Autoren der Heiligen Schriften sind keine zuverlässigen Wegweiser, wenn kulturelle Fragen angesprochen werden.

Auslegung. Die Magna Charta des mit der Bibel begründeten feministischen Zweiges ist Galater 3,28: *»Da ist nicht Jude noch Grieche, da ist nicht Sklave noch Freier, da ist nicht Mann und Frau; denn ihr alle seid einer in Christus Jesus.«*

Diese Deklaration ist aus ihrem theologischen Zusammenhang herausgelöst und wird von Feministen auf das gesellschaftliche Dasein angewandt, im Gegensatz zu seinem Wesen, das von Paulus in einem absolutistischen Sinne angeführt wird. Es ist keine Unterscheidung erlaubt, wenn es um Rasse, Geschlecht oder den Besitz einer Person durch eine andere geht. Um den Text in dieser Weise sehen zu können, ist es notwendig, andere Themen der Heiligen Schrift neu auszulegen.

1. *Schöpfungsordnung.* Es wird behauptet, Mann und Frau seien völlig gleichrangig geschaffen worden, und die untergeordnete Rolle der Ehefrau sei eine Folge des Sündenfalls. Der erhobene Fluch sagt aus: *»Nach deinem Mann wird dein Verlangen sein, er aber wird über dich herrschen!«* (1Mo 3,16). Wie es für Menschen legitim sei, gegen die anderen Folgen des Sündenfalls zu arbeiten (Geburtsschmerz, harter Boden und Dornen), sollen die, die unter der Gnade leben, auch dieses Schema durchbrechen und zum ursprünglichen Entwurf der gleichberechtigten Ehe zurückkehren.[72] Darauf antwortet George Knight:

> Wir sollten sorgfältig sein und erkennen, dass die Bibel den Sachverhalt der Rollenbeziehung von Männern und Frauen in der Ehe bzw. im Haus niemals auf den Folgen der Sünde aufrichtet, die in 1. Mose 3,16 bekundet werden. Der Apostel Paulus bezeichnet die Schöpfungsordnung vor dem Fall als maßgeblich – so in Epheser 5,1; 1. Korinther 11 und 14; 1. Timotheus 2. (Am nächsten kommt er den Gegnern dieser Position in 1. Timotheus 2, und da nicht als Grundlage für die Beziehung, sondern um die schrecklichen Konsequenzen zu zeigen die sich einstellen, wenn die Beziehung auf den Kopf gestellt wird.) Es ist Gottes Schöpfungsordnung für das Verhältnis von Mann und Frau, wie in 1. Mose 2 (und auch Kapitel 1) gezeigt, die im Neuen Testament maßgeblich ist, und nicht die Folgen der Sünde, die in 1. Mose 3 dargestellt werden.[73]

2. *Altes Testament.* Die Sicht des Alten Testaments von der Ehe wird wegen ihrer klaren Darstellung und starken Betonung patriarchalischer Verhältnisse von Feministen aller Sparten als »hoffnungslos sexistisch« bezeichnet.

3. *Führerschaft.* Paulus spricht von der Leiterschaft des Ehemanns. Einige wenige Feministen haben behauptet, dass er dabei bloß von der historischen Tatsache gesprochen habe, dass der Mann zuerst geschaffen und dementsprechend der Ursprung (»das Haupt«) der Frau wurde. Jeder Partner werde dann

wieder Ursprung des Lebens für den anderen.[74] Diese Auslegung ist schon an den Haaren herbeigezogen, aber es gibt einen noch stärkeren Einwand: Was auch immer *Haupt* bedeuten mag, es beschreibt die Beziehung zwischen Christus und der Gemeinde (1Kor 11,3; Eph 5,23). Und dies ist das Allersehnlichste, was Traditionalisten sich als Modell für die Beziehungen in einem christlichen Haus wünschen. Diese Auslegung von *Haupt* haben nicht viele verfochten.

4. *Unterordnung.* Hier geht es um das entscheidende Schlachtfeld zwischen Feministen und Traditionalisten: die umfassende Passage über die Beziehungen von Ehemann und Ehefrau in Epheser 5. Was bedeutet *unterordnen*? Herbert und Fern Miles erklären dazu:

> Der Ausdruck »sich unterordnen« (Eph 5,24) ist eine Übersetzung des griechischen Wortes *hypotasso. Hypo* bedeutet »unter«, *tasso* bedeutet »ordnen«, »arrangieren«. Ursprünglich war das ein Ausdruck des militärischen Sprachgebrauchs. Er bezog sich auf das Verhältnis zwischen einem Soldaten und seinem kommandierenden Offizier. Paulus gebraucht diesen Ausdruck hier (Eph 5), um die Beziehungen zwischen Christen zu erklären. Er wird am besten mit Umschreibungen übersetzt wie etwa *verhalte dich gegenüber einem anderen* oder *reagiere gegenüber einem anderen* oder *passe dich einem anderen an*, aus Ehrfurcht vor Christus. ... Es gibt nichts in diesem fünften Kapitel des Epheserbriefes, was auch nur vage darauf hindeuten würde [dass sich Ehefrauen ihren Ehemännern unterwerfen müssten].[75]

Noch einmal: Der Traditionalist sieht sich nicht durch Argumentationen genötigt, was auch immer *Unterordnung* bedeuten mag, Paulus sagt, es ist einfach die in der Ehe angemessene Reaktion von Menschen, die an Christus glauben. Oder, um in der Sprache der beiden Miles-Brüder zu reden, das Verhältnis zwischen einem Soldaten und seinem direkten Vorgesetzten.

Eindrücklicher ist die Hervorhebung, der einundzwanzigste Vers des Kapitels enthalte den Schlüsselgedanken der Passage: *»Ordnet euch einander unter.«* Die Feministen ziehen diesen Vers heran, um ihn auf Ehemann und Ehefrau gleichermaßen anzuwenden, ohne die Rollen zu unterscheiden. Das Problem mit einer derartigen Auslegung ist, dass die folgende Passage über die Beziehung zwischen Eltern und ihren Kindern in gleicher Weise ausgelegt werden muss. Und das ist selbst für den überzeugtesten Feministen problematisch. Auf diesen Gedanken, der Vers 21 entwerte die scheinbare Bedeutung der folgenden Verse, erwidert Paul Jewett, selbst engagierter Fürsprecher eines biblisch begründeten Feminismus:

> Wenn er [Paulus] seine Bekehrten auffordert, sich einander unterzuordnen (Eph 5,21), dann meint er damit nicht bloß, dass in Christus ein jeder wech-

> selseitig seinem Nächsten willfährig sein solle, sozusagen als ein Ausdruck der Demut. Es gibt im christlichen Haushalt eine gewisse Ordnung, und unsere Unterordnung unter einen anderen in Christus ist von dieser Ordnung bestimmt: Frauen sollen sich ihren Ehemännern unterordnen, wie die Gemeinde Christus untergeordnet ist (5,22-23). Kinder sollen ihren Eltern gehorchen, wie es das fünfte Gebot vorschreibt (6,1-3). Und Sklaven sollen sich in Aufrichtigkeit des Herzens mit Furcht und Zittern ihren Herren unterordnen als dem Christus (6,5ff).[76]

Paulus' durchgängige Lehre, dass der Ehemann der verantwortliche Leiter des Hauses sein sollte, ist so klar und eindeutig, dass die meisten Feministen dem beipflichten. Aber Feministen gehen auch anders mit Paulus um.

Anwendung. Paulus' Absicht scheint eindeutig zu sein, aber hat Gott diese Ehestruktur für die heutige Zeit vorgesehen, oder war es die kulturelle Anwendung einer ewigen Wahrheit auf die vorübergehende Kultur seiner Tage?

> Einzelne biblische Texte legen nahe, dass die Männer über die Frauen herrschen sollen. Aber es gibt auch andere Texte, die darauf verweisen, dass erbliche Monarchen über Bürger und dass Herren über Sklaven herrschen sollen. ... All diese Texte befestigen die bestehende soziale Ordnung der römischen Welt des Paulus im ersten Jahrhundert. ... Es könnte Paulus auch klug geschienen haben, entscheidende Herausforderungen des Status Quo weitgehend zu vermeiden.[77]

Biblisch begründete Feministen behaupten, dass die Lehre des Paulus in der von ihm gegebenen Form nicht mehr gültig sei. Schließlich habe Paulus in demselben Zusammenhang auch über Sklaverei gelehrt, und alle sind sich darüber einig, dass die Institution der Sklaverei nicht universell und dauerhaft existiert.

So wird die Parallele zur Sklaverei zum Haken an der ganzen Argumentation. Die Heilige Schrift offenbart, dass Sklaverei kein Idealzustand ist. In den Gesetzen des Alten Testaments wird die Versklavung israelitischer Volksangehöriger verboten, und zwar durch das Gesetz des Hall- oder Jubeljahres, und sie gibt auch noch andere diesbezügliche Hinweise. Der vielleicht deutlichste Hinweis dieser Art ist das, was Paulus selbst über Onesimus in seinem Brief an Philemon sagt. Die meisten sind sich darüber einig, dass die Institution der Sklaverei nicht von Gott eingesetzt war, dass sie niemals von Gott angeordnet wurde, dass sie niemals von Gott gebilligt wurde und dass Gott diese Sache nur Regeln unterwarf, um den gefallenen Zustand des Menschen zu heben. Deshalb ist die Abschaffung der Sklaverei bei Anlegen biblischer Maßstäbe nicht nur erlaubt, sondern sogar durch biblische Prinzipien gefordert.

Aber die Parallelisierung der Beziehungen von Ehemann und Ehefrau mit denen von Herr und Sklave funktioniert nicht. Es wäre dann nämlich notwendig, die Abschaffung beider Institutionen zu verteidigen; nicht aber die Abschaffung der einen und nur die Abschaffung der Unterordnung in der anderen. Genaugenommen ist die Belehrung über die Beziehungen in beiden Institutionen maßgebend. In einer Gesellschaft, in der es Sklaverei gibt, sind die paulinischen Anweisungen für den Sklaven und seinen Herrn heute genauso bindend wie an dem Tag, an dem er sie aussprach. Aber die Institutionen sind nicht parallel. Die Ehe war, ganz anders als die Sklaverei, Gottes eigene Idee, die grundlegende menschliche Beziehung nach seiner Denkart. Die Institution der Ehe ist maßgebend für alle Menschen zu allen Zeiten, und daher sind die Anweisungen, wie die Ehe zu sein hat, ebenso maßgebend wie die Institution selbst. Die von Feministen künstlich aufgesetzte Parallele zwischen dem *System* der Sklaverei und der *Führung* der Ehe ist folglich irrig. Die Institutionen sind nicht parallel: Die eine ist von Gott eingesetzt, die andere von Menschen erdacht; die eine ist beständig, die andere ruft nach ihrer Abschaffung.

Sogar, wenn die Parallele gültig wäre, was wäre dann mit dem Verhältnis, über das Paulus in Epheser 6 spricht: dem Verhältnis zwischen Eltern und ihren Kindern? Einige weltliche Menschenrechtsaktivisten verlangen auch nach der Abschaffung der elterlichen Autorität. Biblisch begründete Feministen haben nicht empfohlen, die Unterordnung der Kinder unter die Eltern zu verkürzen, aber wenn die eine Parallele zwingend ist, wieso dann nicht auch die andere?

Irrtum. Da die Argumente der Auslegung (Bedeutung) und der Anwendung (Tragweite) nicht zwingend sind, folgen Feministen, welche die Bibel in den meisten Fragen als maßgebend ansehen, zunehmend der Führung Jewetts und seiner erschütternden Behauptung, dass sich Paulus schlicht geirrt habe.[78] Eine Heilige Schrift, die fehlerhaft ist, ruft ein weiteres grundlegendes Problem hervor, das weit über den Bereich der Betrachtung des Verhältnisses von Ehemann und Ehefrau hinausgeht. Aber für jene, welche die Bibel für vollkommen zuverlässig halten, ist dieser Lösungsweg von Anfang an ausgeschlossen.

Woher rührt die Intensität der Angriffe auf die biblische Lehre von den Rollenbeziehungen in der Ehe? Alle sind sich darüber einige, dass der Anstoß nicht von einer sachlichen Neubetrachtung der biblischen Texte kam, sondern dass radikaler Feminismus die treibende Kraft war und dass die Bewegung durch und durch auf dem Konzept persönlicher Unabhängigkeit basiert. Die Führung der feministischen Bewegung im zwanzigsten Jahrhundert hat üblicherweise die Abschaffung der Ehe befürwortet und durchweg die Religion, insbesondere das Christentum, als größte Hürde der Frauenbefreiung angesehen. Das soll nicht heißen, dass eine derartige Bewegung keine Daseinsberechtigung hätte, noch dass sie zurückgewiesen werden sollte, ohne sie angehört zu haben. Aber die Bewegung als ganzes ist der Bibel und auch den biblischen Werten nicht freundlich gesonnen. Deshalb müssen wir äußerste Vorsicht walten lassen, während wir ihr aufmerksam zuhören. Evangelikale Feministen sind Irrtümern erlegen, als sie berechtigte Fragen anhörten und danach unbiblische Antworten akzeptierten. Feministen wie Scanzoni und Hardesty beispielsweise befürworten nicht nur die gleichberechtigte Ehe, sondern auch Scheidung, Abtreibung und homosexuelle Beziehungen. Die zeitgenössische feministische Bewegung ist fest verwurzelt im Engagement für völlige persönliche Unabhängigkeit und entwickelt sich weiter in dieser Richtung, wohin auch immer sie führen mag.

Als Paulus vom Ehemann als Haupt der Familie sprach und von der Ehefrau als in ihrer Beziehung untergeordnet, da spricht er von dem, was wir heute verantwortliche Leiterschaft nennen könnten. Gottes Anweisungen über die Familie, die Gemeinde, die Regierung und die Arbeitswelt bringen zum Ausdruck, dass Gott seine eigene Autorität an menschliche Autoritäten delegiert. Diese menschlichen Autoritäten sind nicht eingesetzt, um ohne jede Beurteilung bedingungslos akzeptiert zu werden oder um ein demokratisches Votum zu vertreten, und auch nicht, um bloß gute Ratschläge zu erteilen. Sie sind beauftragt mit der Verantwortung zur Gesetzgebung, zur Verwaltung und Geschäftsführung, zur beurteilenden Entscheidung. Offenbar weiß Gott, dass zwei völlig voneinander unabhängige Häupter institutionelle Schizophrenie produzieren werden. Daher spiegelt die Gliederung der menschlichen Wesen die Gliederung des Göttlichen wider: Eine Trinität von Personen, jede mit ihrer eigenen Rolle, aber mit einem Vater, dem der Sohn gehorsam ist (Joh 5,18-23; 30; 14,28; 1Kor 15,24-38).

Die unbegründete Annahme feministischen Denkens besteht darin, dass Unterordnung mit Minderwertigkeit gleichzusetzen sei[79], dass Selbstverleugnung Unterwürfigkeit bedeute und dass die Folge Selbstzerstörung sei.[80] Aber wie kann dieses Denken auf die Beziehungen in der Gottheit angewandt werden? Ist Christus minderwertig oder selbstzerstörerisch, weil er sich freiwillig entscheidet, die Autorität des Vaters anzuerkennen? Ist der Christ, wenn er der Herrschaft Jesu Christi willfährig ist, gefährdet, sich selbst zu vernichten? Oder, wenn wir rein menschliche Verhältnisse betrachten, wer ist der Vorgesetzte – ein unbekannter Universitätspräsident oder der weltberühmte Professor, der unter ihm arbeitet? Die Ehe braucht eine Rollenunterscheidung, aber nicht für eine Beziehung der Minderwertigkeit gegenüber der Erhabenheit. Der Ehemann ist in seiner Rolle übergeordnet, und nur in seiner Rolle, wie die Frau in ihrer Rolle, und nur in ihrer Rolle, ihm nachgeordnet ist. Austauschbarkeit der Rollen bringt nicht Freiheit hervor, sondern Durcheinander und scheiternde Ehen.

Was ist wichtiger, um ein Auto zusammenzuhalten – die Muttern oder die Schrauben? Was wäre, wenn alle Muttern streiken, weil sie sich diskriminiert fühlen und den Dienst versagen, wenn sie nicht die Aufgabe der Schrauben übernehmen dürfen? Sie würden ihre Aufgabe nicht wahrnehmen und die Schrauben wären nutzlos. Aber als Schlimmstes von allem würde das ganze System aus dem Leim gehen und sein Ziel nicht erreicht werden. Unterschiedliche Rollen bedeuten nicht Minderwertigkeit oder Unterlegenheit, solange nicht eine Rolle wirklich bedeutungslos ist. Aber Jesus und Paulus haben immer wieder deutlich gemacht, dass jeder Mensch von unschätzbarem Wert ist, welche Rolle auch immer Gott für ihn vorgesehen hat. Freiheit und Erfüllung resultieren aus der richtigen Ausübung der jemandem übertragenen Rolle, nicht aus der Forderung nach der Rolle eines anderen.

Die Bibel weist dem Ehemann die Rolle eines liebenden Leiters und der Ehefrau die seiner loyalen Ergänzung zu. Das Grundproblem in der Ehe ist der Widerwille auf beiden Seiten, die Rolle zu akzeptieren, für die er oder sie geschaffen wurde. Die Kolumnistin Abigail Van Buren bestätigt, dass die Beschwerde Nummer eins der Ehefrauen lautet:«Mein Ehemann würdigt mich nicht«, die der Ehemänner: »Sie nörgelt nur an mir herum.« Beide haben in seinem bzw. ihrem *eigenen, spezifischen* Verantwortungsbereich versagt.

Die Rollen sind im Prinzip klar, aber sicherlich werden sie in unterschiedlichen Kulturen in verschiedener Weise zum Ausdruck gebracht. Was eine Japanerin als loyale Unterstützung ihres Mannes betrachtet, mag für eine Schwedin aussehen wie erniedrigende Unterwürfigkeit. Führung in einer italienischen Familie könnte aussehen wie lieblose Arroganz in einer amerikanischen. Aber eine erfolgreiche Ehe ist das großartige Geschenk Gottes für jene, die – in welcher Kultur auch immer – die Rolle akzeptieren, die Gott für sie vorgesehen hat.

Jede gefallene menschliche Kultur wird von Gott danach beurteilt, wie sie die von Gott eingesetzten ehelichen Rollen verzerrt hat. Es ist die Aufgabe der Gemeinde, sorgfältig auf die Hilferufe der Unterdrückten zu achten und tieferen Einblick zu gewinnen um zu sehen, was Gott sagen würde.

Was ist die Folge der Jagd nach persönlicher Unabhängigkeit durch die Abschaffung der unterschiedlichen Geschlechterrollen in der Ehe? Ein herausragender Psychologe der New Yorker Universität, Daniel Yankelovich, hat den hauptsächlichen Wertewandel in den Siebzigern hin zu einer Ethik der Selbstverwirklichung dokumentiert. Er kommt zu dem Schluss:

> Wenn man sich Tag und Nacht auf seine Gefühle, Kräfte, Bedürfnisse, Wünsche und Begierden konzentriert und dabei lernt, freimütiger auf ihnen zu

> bestehen, wird man nicht zu einer freieren, spontaneren, kreativeren Persönlichkeit – man wird zu einer eingeengteren, egozentrischeren, isolierteren. Man wächst nicht, sondern man schrumpft.[81]

Die Erfahrung gebrochener Ehen bei vielen Leitern der feministischen Bewegung – auch im evangelikalen Lager – scheint Yankelovichs Prognose auf tragische Weise zu erfüllen.

Es gibt eine legitime Alternative zur Annahme der biblischen Rollen in der Ehe: Unverheiratet bleiben! Es gibt viele Dinge, die schlimmer sind als Ehelosigkeit, und eins davon ist eine durch Rollenverwirrung spannungsgeladene Ehe. Unverheiratete sind nicht mit der Verantwortlichkeit und der Rolle von Ehemann oder Ehefrau belastet. *Wenn man sich aber entschließt, im Herrn zu heiraten, dann entscheidet man sich für eine bestimmte Rolle.* Was sind denn die Rollen eines jeden, wie sie in der Bibel gelehrt werden?

Die Verantwortung des Ehemannes

Lieben. Zuallererst und in der Hauptsache soll der Ehemann seine Frau lieben, und der Maßstab für diese Beziehung ist die Weise, in welcher der Christus die Gemeinde geliebt hat (Eph 5,22-23). Er liebte die Gemeinde durch sein vollständiges Opfer. Obwohl kein bloßes Sterben dieses Ziel völlig erreichen kann, ist es der Maßstab, an dem die Fähigkeit eines Mannes, Ehemann zu sein, gemessen wird.

Wie hat der Christus die Gemeinde geliebt? Es gibt viele Möglichkeiten, das herauszufinden. Man bedenke aber dabei besonders, worauf Paulus hinweist; die finsteren Stunden am Kreuz, als er sein Leben dahingab. Fünf der sieben Aussprüche Jesu wurden um anderer willen gesagt.

»Vater, vergib ihnen.« Vergebung ist der Maßstab – und er vergab sogar, wenn sie nicht darum baten. Langmut, Nachsicht. Sogar, wenn sie sich meiner Rolle bemächtigen? Ja, sogar wenn sie dich kreuzigen – das ist Liebe in der Art Gottes.

»Heute wirst du mit mir im Paradiese sein.« Er nahm den Sünder an, wie er war, als völligen Versager, an einem Kreuz hängend. So auch mit jemandes Ehefrau: anspruchsvoll oder nachlässig, unordentlich oder akkurat wie ein Uhrwerk, jung und schön oder betagt und übergewichtig – nimm sie an. Führe sie durch Güte ins Paradies.

»Frau, siehe dein Sohn! ... Siehe deine Mutter!« Unglaubliche Selbstlosigkeit, wohlwollend und freundlich. Er trifft Vorsorge für all ihre Bedürfnisse, all ihre Schwächen. Sogar, während er selbst mit dem Tode ringt.

»Warum hast du mich verlassen?« Das ultimative Opfer – sein kostbarstes

Recht, die Einheit mit dem Vater. Aber was ist mit meinem Recht auf Zeit für mein eigenes Vergnügen oder für meinen wichtigen Dienst? Es ist Gottes Art der Liebe, alle Rechte aufzugeben, wenn es notwendig ist, um sie überströmend zu lieben und in ihrem besten Interesse zu handeln. Ein Lebensstil.

»Es ist vollbracht.« Treu bis zum Ende. Zum Ende der Auseinandersetzung, zum Ende des Tages, zum Ende des Lebens.

Führen. Der Ehemann ist verantwortlich für seine Frau, und das bedeutet Führerschaft. Aber Führerschaft ist nicht arroganter Männlichkeitswahn – er darf niemals einen tyrannischen oder herrischen Geist haben (1Petr 3,7). Vielmehr muss er sanft führen, liebevoll den Standard setzen. In einer christlichen Ehe, geprägt von offener Verständigung und liebevoller Dahingabe persönlicher Vorlieben, ist Einigkeit die normale Art, Entscheidungen zu treffen, und Rangstreitigkeiten sind selten, wenn sie überhaupt vorkommen. Jedenfalls ist der Ehemann der Leiter und Gott für die Richtung verantwortlich, in welche die Ehe geht.

Versorgen. Die erste und wichtigste Vorsorge betrifft das geistliche Wohl der Ehefrau, das mit Hilfe von gemeinsamem täglichem Bibelstudium und Gebet ermutigt wird. Eng damit verbunden ist die Vorsorge für die vollständige Entwicklung ihres intellektuellen Potentials. Von der Aufopferung seiner jungen Frau zu leben, während er studiert, und sie dann ohne Möglichkeit zum Wachstum zu Hause einzusperren, ist ein Versagen des Ehemanns in Sachen liebender Versorgung. Ihre emotionale Gesundheit ist ebenso in seiner Verantwortung. Versorgung im körperlichen Bereich bedeutet Schutz, aber zunehmend ist das größte Bedürfnis Schutz vor dem Ehemann selbst. Körperliche Misshandlung sollte undenkbar sein, und die Ehefrau sollte überhaupt niemals im Zorn angerührt werden.

Sicher gibt es andere, schrecklichere Arten zu verletzen – Beschimpfungen, seelische Verletzungen – sie vor all dem zu schützen ist seine Verantwortung. Ist eine Familie in unchristliches Verhalten verwickelt, sollte Hilfe von außen durch die Ehefrau gesucht werden, wenn der Ehemann nicht Mann und nicht Christ genug ist, sie zu suchen.

Eine weitere körperliche Versorgung betrifft ihre sexuelle Erfüllung (1Kor 7,3-5). Ein Ehemann, der stets sexuelle Befriedigung erlangt, sich aber nicht die Zeit nimmt, für die Erfüllung seiner Frau zu sorgen, vernachlässigt sie schändlich.

Materielle Versorgung ist die Verantwortung des Ehemanns (1Tim 5,8). Das bedeutet nicht, dass die Ehefrau kein eigenes Einkommen haben soll, auch nicht, dass es falsch wäre, wenn sie mehr verdient als er oder wenn sie aus ihrem Vermögen höhere Aufwendungen für die Familie tätigt. Aber solche Segnungen befreien ihn nicht von seiner unbedingten Verantwortung. Schließlich beinhaltet Versorgung auch gesellschaftliche Beziehungen. Die Wünsche eines Ehemannes betreffs der gesellschaftlichen Beziehungen dürfen nicht allein das Ausmaß gesellschaftlichen Engagements bestimmen.

Grenzen der Verantwortung. Obwohl die Treue zur Ehefrau Vorrang hat vor der Treue zu Eltern, zu Kindern oder zu irgendjemand sonst, hat die Treue zu Gott höchste Priorität. Wann und wie soll jemand *»seine Ehefrau hassen«* (Lk 14,26) oder sich verhalten, als wäre er unverheiratet (1Kor 7,29)?

Im evangelikalen Denken hat sich ein neuer Götzendienst eingeschlichen: die Vergötterung der Familie. Alle verfügbare Zeit und alles verfügbare Geld bleiben der Familie vorbehalten – die Familie steht über der Gemeinde, über dem Dienst für Gott, über der Arbeit. Zu diesem neuen Denken kam es in Reaktion auf frühere Haltungen, die Ehefrau und Kinder hintanstellten. Eine Korrektur war ungeheuer notwendig. Aber es gibt Zeiten, in denen das Interesse des Reiches Gottes fordert, dass ein Ehemann seine Frau und seine Kinder »hasst« – das heißt, dass er sich entscheiden muss, Zeit und Energie für sie zu opfern, um Gottes Ziele in der Welt zu erfüllen. So kann sich der Ehemann (und/oder seine Frau) entscheiden, sich für eine gewisse Zeit so zu verhalten, »als wären sie nicht verheiratet.« Die Anordnung der Bibel ist klar: Selbstaufopferung soweit notwendig für das Wohl von Frau und Kindern; familiäre Opfer soweit notwendig für das Wohl des Reiches Gottes.

Die Verantwortung der Ehefrau

Lieben. Die erste Verantwortung der Ehefrau ist wie beim Ehemann die, in Liebe zu leben (Tit 2,4-5). In biblischen Begriffen bedeutet dies, konsequent für das Wohl der anderen zu arbeiten – unter welchen persönlichen Opfern auch immer. Wenn beide Partner mit diesem Lebensstil einverstanden sind, ist der größte Teil aller Eheprobleme gelöst.

Haushaltsführung. Obwohl es weitgreifend dem zeitgenössischen Denken der westlichen Welt entgegensteht: Paulus stellt eindeutig fest, dass die Ehefrau für die Führung des Haushalts verantwortlich ist (1Tim 5,14; Tit 2,4-5; siehe auch Spr 31, wo man es nicht als Gebot nachlesen kann, sondern als Beschreibung einer idealen Ehefrau). Dieses Prinzip besagt nicht, dass sich ein liebender Ehemann sträuben darf, sich an der Erledigung der Haushaltspflichten zu beteiligen, sondern dass die hauptsächliche Verantwortung seine Ehefrau trägt.

In Treue ergänzen. Es gehört zu ihrer Rolle, ihrem Mann eine ergänzende Gehilfin zu sein. Sie ist die vorsorgende Begleiterin für eine erfolgreiche Teamgestaltung, indem sie ihren Mann stärkt. Unterordnung beinhaltet Ehrerbietung und Gehorsamkeit (Eph 5,22-33; Tit 2,5; 1Petr 3,1-7).

In einer modernen, liberalen Gesellschaft ist das oftmals ein Kreuz, das eine Ehefrau nicht tragen mag. Wenn sie es verweigert, wird sie allerdings nicht Freiheit und Erfüllung finden, sondern stark verminderte Erfüllung wenn nicht Zerfall in dem, was ihr kostbarster Besitz hätte sein können. Die vom Ehemann geforderte selbstaufopfernde Liebe ist genau das, was »ein geborener Führer« nicht will, und die von der Ehefrau geforderte Unterordnung ist genau das, was eine stolze, unabhängige Person nicht will. Genau genommen ist der Maßstab, der – wenn überhaupt – an den Ehemann angelegt wird, höher. Christi Art zu lieben fordert weit größere Opfer als Sarahs Art, sich unterzuordnen.

Es gibt Ausnahmen zum Gesetz der Unterordnung. Keine christliche Frau darf einem Ehemann gehorchen, der sie veranlasst zu sündigen. Jede Führerschaft in dieser Richtung muss zurückgewiesen werden. Andererseits scheint es, dass Gott den Ehemann verantwortlich macht wenn er seine Frau zwingt, falsch zu handeln, und nicht sie (4Mo 30,15). Wenn überdies Bedingungen erfüllt werden, die eine Scheidung aus biblischen Gründen legitimieren würden, ist die Frau nicht gebunden. Schließlich meine ich auf der Grundlage biblischer Erlaubnis der Selbstverteidigung, dass eine Frau, die in körperlicher Gefahr ist oder deren Kinder in körperlicher Gefahr sind, sich und ihre Kinder dieser Gefahr entziehen darf. In diesem Fall empfehle ich die räumliche Trennung (hoffentlich vorübergehend), nicht die Scheidung, da dies in der Bibel nicht ausdrücklich als Grund für eine Scheidung bezeichnet wird.

Sex. Die Ehefrau hat – wie der Ehemann für sie – für die völlige Befriedigung seiner sexuellen Bedürfnisse zu sorgen. Wenn es ihr aus irgendeinem Grund unmöglich ist, ernsthaft beteiligt zu sein, kann es nötig sein, dass sie professionellen Rat einholt, da Halbherzigkeit oder passives Beteiligtsein einem Ehemann die sexuelle Erfüllung entzieht. Kreative Partner werden immer Wege finden, sich gegenseitig aneinander zu erfreuen. Paulus wollte nicht, dass Christen außerhalb der Familie in Versuchung geraten, weil innerhalb der Familie Mangel an sexueller Erfüllung herrscht.

Die Verantwortung der Eltern

Fortpflanzen. Der ursprüngliche Befehl zur Vermehrung (1Mo 1,28; 9,1.7) scheint die Zustimmung des Psalmisten zu finden (127,3.5; 128,3) und auch die des Apostels Paulus (1Tim 2,15; 5,14). Das ist ganz sicher Gottes ursprünglicher Plan. Aber ist es sündig, Schwangerschaft zu vermeiden?

Geburtenkontrolle. Vielleicht gibt es eine Parallele zwischen dem ersten und dem letzten großen Auftrag Gottes. Der umfassende Befehl, die ganze Erde zu evangelisieren (Gottes Familie zu vergrößern) wurde dem ganzen Leib Christi gegeben, gleichwohl ohne die Absicht, aus jedem Gläubigen einen Pioniermissionar zu machen. Ebenso kann der erste umfassende Befehl, die ganze Erde zu bevölkern, eher der Menschheit als Ganzes als jedem einzelnen verheirateten Paar gegeben sein. Einige sagen, die Erde könne die wachsende Bevölkerung nicht tragen. Andere behaupten, der Gedanke an Überbevölkerung sei ein Angstgespenst ohne ausreichende wissenschaftliche Grundlage. Auf jeden Fall kann ich in der Heiligen Schrift weder als direkten Befehl, noch als umrissenes Prinzip irgendetwas finden, was den Gebrauch von Verhütungsmitteln verbieten würde. 1. Mose 38,8-10 wird von einigen als Hinweis auf Gottes Missvergnügen an Geburtenkontrolle angesehen, aber die schlichte Bedeutung der Passage ist, dass Onans Sünde in Selbstsucht und Unglaube bestand. Er war dem Gesetz (5Mo 25,5-6) ungehorsam, indem er sich weigerte, seinem Bruder »Nachkommen zu schaffen«.

Die römisch-katholische Kirche bleibt bei ihrer sehr starren Haltung gegen jede Form der Geburtenkontrolle mit künstlichen Mitteln (im Unterschied zur Abstinenz und zur »Rhythmus-Methode«). Im Jahr 1930 erklärte die berühmte päpstliche Enzyklika *Casti Conubii*, künstliche Verhütung sei ein unaussprechliches Verbrechen, schandbar und überaus unmoralisch. Dieser Widerstand gegen künstliche Geburtenkontrolle wurde von den Päpsten Pius XI, Pius XII, Paul VI und Johannes Paul II bekräftigt.

Vor dem Zweiten Weltkrieg vertraten viele Protestanten ähnliche Standpunkte. Worin besteht das Grundprinzip?

> Die Ehe hat ihren Wert nicht in sich selbst, sondern als ein Mittel zum Zweck. Zu welchem Zweck? Wie der *Corpus Iuris Canonici* deutlich macht (1013, Teil 1) und wie der Heilige Stuhl 1944 erneut behauptete (Denzinger, 2295), ist das vorrangige Ziel der Ehe die Zeugung und das Großziehen von Kindern; andere Aspekte der ehelichen Beziehung müssen als dem Ziel der Zeugung nachgeordnet betrachtet werden.[82]

Dieser Widerstand gegen den Gebrauch von Verhütungsmitteln hat seine Grundlage in Naturgesetzlichkeit, jedenfalls aber nicht in der Bibel. Die Heilige Schrift unterstützt diesen Standpunkt nicht, obwohl es falsch sein könnte, kein Kind bekommen zu wollen. Es könnte die Sünde des Unglaubens sein, die Sünde des Ungehorsams gegenüber dem Willen Gottes oder die Sünde der Selbstsucht aus Gier nach einem wohlhabenderen Lebensstil. Manche modernen Christen fürchten sich, Kinder zu haben, weil sie meinen, keine guten Eltern zu sein und weil »die Kinder nicht richtig ausschlagen könnten«. Das könnte seinen Ursprung im Glauben an milieubedingte Vorbestimmung haben, einer zeitgenössischen Haupt-Irrlehre, die wir in Kürze betrachten werden. Andere fragen sich, ob sie es finanziell schaffen, da astronomische Summen erforderlich sein sollen, auch nur ein Kind zur Reife zu führen. Alle diese Überlegungen kommen aus dem Unglauben.

Aber wenn ein Paar die Familie nach biblischen Werten und christus-zentriertem Grundprinzip plant, finde ich nichts in der Heiligen Schrift, was den Gebrauch von Verhütungsmitteln, die einer Befruchtung vorbeugen, verbieten würde. Methoden, die eine Abtreibung herbeiführen, sind eine andere Sache, die wir uns später im Detail ansehen sollten.

Was ist mit dauerhafter Geburtenkontrolle – Sterilisation? Sterilisation ist von derselben ethischen Art wie Empfängnisverhütung, und man sollte dabei ähnlichen Richtlinien folgen. Es liegt in der Natur der Sache: Da keiner von uns in Bezug auf das Erkennen des Willens Gottes unfehlbar ist und ebensowenig im Vorauserkennen der eigenen künftigen Lebensumstände oder Sinnesart, sollte die Entscheidung für eine Sterilisation mit großer Vorsicht getroffen werden.

Vielleicht gibt es eine Parallele zu dem, was Paulus über den Wunsch lehrt, wegen dem »augenblicklichen Stress« unverheiratet zu bleiben. Vielleicht wollte Gott einige besondere Menschen für kürzere oder längere Zeit zur Kinderlosigkeit berufen, um sie zu einigen besonderen Aufträgen für ihn zu befähigen. Ich weiß von keiner Bibelstelle, die diese Möglichkeit ausschließen würde.

Adoption. Adoption ist eine wunderbare Möglichkeit für Eheleute, die sich von Gott in diesen Dienst gerufen sehen, ob sie nun durch Geburt eigene Kinder haben oder nicht. So, wie es keinen biblischen Grund gibt, in dieser Frage unschlüssig zu sein, gibt es auch keinen Auftrag zu adoptieren. Wohl gibt es einen Auftrag für die Frommen, für die Vaterlosen zu sorgen; er wird überall im Alten und im Neuen Testament gelehrt.

Geschlechtswahl. Vielleicht spricht die Bibel das Thema nicht an, weil die Möglichkeit der Geschlechtswahl bis zur gegenwärtigen wissenschaftlichen Entwicklung unbekannt war. Die Abtreibung eines Kindes unerwünschten Geschlechts ist wie die Abtreibung jedes anderen Kindes verkehrt. Wie verhält es sich aber mit der Vorauswahl, welches Geschlecht empfangen werden soll – eine Möglichkeit, die bald verfügbar sein wird? Das Endresultat beider Methoden – Geschlechtsbestimmung des Ungeborenen und Abtreibung des Ungewollten – kann mehr erschreckend sein als die Verderbtheit von Menschen, die offenbar die Vernichtung der Rasse durch Dezimierung der weiblichen Bevölkerung in Kauf nehmen würden. Ich vermute, dass aufgeklärte Regierungen über kurz oder lang mit Beschränkungen und Anreizen eingreifen werden; dennoch finde ich den Gedanken an eine geschlechtliche Auslese beunruhigend. Vielleicht wäre Geschlechtsauswahl vor der Befruchtung – hohe Motive vorausgesetzt – in einzelnen Fällen ethisch zu rechtfertigen. Ich habe kein Problem mit vielen wissenschaftlichen Entwicklungen, die Kritiker unter dem Begriff »Gott spielen« verurteilen. Ich glaube, wir wurden geschaffen, um »Gott zu spielen«, um an seinem Schöpfungshandeln teilzuhaben. Aber irgendwie scheint mir die Vorauswahl des Geschlechts eines Kindes ein wenig wie ein missbräuchlicher Griff nach Gottes Privilegien; zumindest wenn es zur generellen Praxis wird oder aus trivialen Gründen geschieht.

Lieben. Eltern sollen die Kinder lieben, die sie gezeugt haben (Eph 6,4; Kol 3,21; Tit 2,4). Das Vorbild, das uns unser himmlischer Vater in Liebe für uns gibt, ist der Maßstab völliger Selbsthingabe.

Kindern muss Liebe gesagt und gezeigt werden. Wird sie erzeigt, aber nicht ausgesprochen, könnte dem Kind das Entscheidende daran entgehen, und es schmachtet in der Furcht, dass es die Liebe nicht wirklich gibt. Noch schlimmer aber ist es, wenn man darüber spricht ohne konsequent danach zu handeln.

Die unüberbietbare Lieblosigkeit ist Scheidung. Eine Scheidung – egal aus welchem Grund – ist deshalb eine so schreckerregende und zerstörerische Gewalttat im Leben eines Kindes, weil es weiß: Zumindest einer – und möglicherweise beide – liebt mich nicht genug, um die Familie am Leben zu erhalten.

Vielleicht ist es das beste Geschenk, das Eltern ihren Kindern geben können, wenn sie einander sehr lieben. Wenn das sichtbar und nachdrücklich empfunden wird, entsteht eine Atmosphäre der Sicherheit, und die Eltern werden Rollenmodelle für alle Lebensbeziehungen.

Abbilden. Von jedem Christen wird erwartet, dass er im Prozess der Wiederherstellung aus dem gefallenen Zustand als eine Art Modell das Bild Gottes widerspiegelt, damit die Leute es sehen und Gott Ehre geben (Mt 5,16). Eltern sind in besonderer Weise dafür verantwortlich, vor ihren Kindern als authentische Christen zu leben (Spr 23,26). Sie haben den stärksten menschlichen Einfluss im Leben eines Kindes.

Versorgen. Eltern haben die Verpflichtung, materiell, körperlich, gesellschaftlich, geistlich und geistig für ihre abhängigen Kinder zu sorgen. Auf diese Weise nehmen die Kinder zu an Weisheit und Alter und an Gunst bei Gott und Menschen (Lk 2,52).

Die Versorgung der Familie kostet in unserer Gesellschaft Geld, und Geld verdienen kostet nahezu immer Zeit außerhalb des familiären Heims. Christliche Eltern sehen sich hier einem der kritischsten Faktoren der allgemeinen Krise familiären Zusammenhalts gegenüber. Auf einer niedrigeren Ebene erfordert die Sorge für die Kinder, dass man Zeit mit ihnen verbringt. Wie kann diese Doppelanforderung an die elterliche Zeit erfüllt werden? Obwohl der feministische Drang nach gleicher Bezahlung verständlich ist, könnte das Ergebnis leicht eher zu einem Abstieg als zu dem erhofften Aufstieg führen, und beide Elternteile werden zunehmend arbeiten müssen, um eine Kostendeckung des Lebensaufwands zu ermöglichen. In den meisten früheren Gesellschaften arbeiteten Mütter außerhalb des Hauses, wie die ideale Mutter von Sprüche 31. Aber bis zur industriellen Revolution (einer für Mütter und Kinder schrecklichen Zeit) wurde diese Arbeit in Feld und Wald geleistet, und die ganze Familie nahm daran teil, so dass Arbeit, Fürsorge und Ernährung eine Einheit bildeten. Wie lösen wir dieses Dilemma?

Die Haltung der Eltern zueinander und zu den Kindern und die Qualität der Zeit, die man miteinander verbringt, haben mehr mit der Schaffung einer gesunden Atmosphäre zu tun als mit dem Betrag an gemeinsamer Zeit. Dennoch ist die Zeitdauer ein Teil des Ausgleichs.

Um es vorweg zu sagen: Kinder brauchen beide Eltern als einen wesentlichen Teil des Lebens. Wahrhaftig scheint der Mutter von der Natur und von der Bibel die vorrangige Rolle bei der Erziehung zugeteilt worden zu sein, zumindest der kleineren Kinder. Aber beide Elternteile sind wesentlich. Die Lösung könnte mit folgenden Fragen verbunden sein: Warum arbeitet der Vater so viele Stunden? Warum sucht die Mutter eine Beschäftigung außerhalb des Hauses?

Möglicherweise arbeitet der Vater so viele Stunden für unbiblische Werte oder aufgrund eines Missverständnisses: Wie kommt Liebe am besten zum Ausdruck? Manch aufrichtiger Vater ist ehrlich überrascht, wenn ihm seine Kinder entfremdet sind, nachdem er in vielen Jahren unermüdlicher Arbeit so uneingeschränkt »seine Liebe bewiesen« hat. Nie hätte er sich träumen lassen, dass sein Sohn oder seine Tochter die ganze Zeit über wirklich *ihn* wollte, und nicht seine großzügigen Geschenke. Andere denken einfach materialistisch und stellen den Erwerb von Dingen über die Weiterentwicklung der Qualität ihrer Beziehungen. Wieder andere sind stolz und fühlen sich getrieben ihr Ansehen dadurch zu steigern, dass sie andere an Leistung oder Reichtum überflügeln. Wieder andere sind egoistisch und genießen Arbeit oder Hobby, Entspannung oder Spaß mit »den Kumpels« mehr als Zeit mit der Familie. Alle diese Motive sind völlig unangemessen, und ihnen zu folgen kann leicht zu ernster Schwächung oder zur Zerstörung der Familie oder einzelner Familienmitglieder führen.

Manchmal vernachlässigen christliche Arbeiter ihre familiären Pflichten aus höheren Motiven – um das Reich Gottes voranzubringen. Es gibt Zeiten, da ist dieses Motiv legitim. Die Motive müssen jedenfalls deutlich werden. Mancher Reisebruder reist, weil er das genießt. Es könnte sogar so sein, dass er fürchtet, zu Hause mit der Realität seines Versagens konfrontiert zu werden, dem er auf diese Weise zu entkommen sucht. Wenn ein Mann wirklich zu einem Reisedienst berufen ist, dann könnte er leicht auch zu einem zölibatären Leben berufen sein, wie Paulus. Ist er bereits verheiratet, dann hat er einen Teil seiner Dienstberufung bereits begonnen – seine Familie – und er darf diese Verpflichtung nicht vernachlässigen, indem er alles aufs Spiel setzt. Denn der Dienst in der Gemeinde ist denen vorbehalten, die in der Erfüllung der familiären Pflichten erfolgreich sind (1Tim 3,2-5; Tit 1,6-9).

Und warum sucht die Mutter eine Beschäftigung außerhalb des Hauses während der Stunden, in denen das Kind zu Hause ist – oder sein sollte? Wenn das wirtschaftliche Überleben die Frage ist, dann ist die Wahl wohl richtig, aber »wirtschaftliches Überleben« und besserer Lebensstandard sind keine Synonyme. Einige Mütter haben den unwiderstehlichen Drang, außer Haus zu arbeiten, denn nur in solcher Arbeit finden sie ihr Selbstwertgefühl; sonst wären sie »nur Hausfrau«. Anstatt in der sicherlich höchsten aller Berufungen – der Führung eines Haushalts – zu triumphieren, sind sie in dem Irrglauben gefangen, Erfolg am Markt sei der einzige Weg, ihren Wert zu beweisen. Andere arbeiten, um der mühseligen Plackerei mit Windeln und Geschirr zu entkommen, nur um in der Plackerei einer neun-bis-fünf-Routine zu landen. Und zumindest in unserer Gesellschaft kommen 95 Prozent nach Hause, um dann noch krampfhaft den Anschluss zu finden und irgendwie trotz allem noch die Hausarbeit zu erledigen. Wenn materielle Ziele, oder das Selbstbild, oder das Gleichziehen mit Männern wichtiger sind als die Versorgung der Kinder, dann ist es vielleicht vernünftiger, keine Kinder zu bekommen – eine Entscheidung, die von einer zunehmenden Zahl »befreiter« Frauen getroffen wird. Aber diese gleichwohl aufrichtige Entscheidung rettet kein verbogenes Wertesystem.

Belehren. Die Heilige Schrift setzt eine Belohnung aus für jene, die ihre Kinder recht belehren.

> *»Und ihr sollt diese meine Worte auf euer Herz und auf eure Seele legen ... Und ihr sollt sie eure Kinder lehren, indem ihr davon redet, wenn du in deinem Haus sitzt und wenn du auf dem Weg gehst, wenn du dich niederlegst und wenn du aufstehst. Und du sollst sie auf die Pfosten deines Hauses und an deine Tore schreiben, damit eure Tage und die Tage eurer Kinder zahlreich werden in dem Land, von dem der HERR euren Vätern geschworen hat, [es] ihnen zu geben«* (5Mo 11,18-21).

> *»Erziehe den Knaben seinem Weg gemäß; er wird nicht davon weichen, auch wenn er älter wird«* (Spr 22,6).

Die Unterweisung in den Wegen Gottes ist die Pflicht beider Elternteile, aber der Vater ist verantwortlich dafür, dass es wirklich geschieht. Das bedingt die volle Teilnahme am Gemeindeleben einer bibeltreuen Gemeinde, bedarf aber auch einer täglichen Grundlegung als Teil des Familienlebens. Eine tägliche gemeinsame Zeit, zu der sich die Familie versammelt um einen Bibelabschnitt zu hören und zu besprechen, um miteinander zu beten und zu singen, sollte der Eckstein des Familienlebens sein.

Züchtigen. Salomo, der mehr Söhne hatte als der moderne Durchschnittsvater, hatte einen ganz unkomplizierten Blick auf die Art, wie sie aufgezogen werden sollten:

> *»Wer seine Rute schont, hasst seinen Sohn; aber wer ihn liebhat, züchtigt ihn beizeiten«* (Spr 13,24).

> *»Züchtige deinen Sohn, solange [noch] Hoffnung da ist; aber lass dich nicht dazu hinreißen, ihn zu töten«* (Spr 19,18)!

> *»Haftet Narrheit am Herzen des Knaben, die Rute der Zucht entfernt sie davon«* (Spr 22,15).

> *»Entziehe dem Knaben die Züchtigung nicht! Wenn du ihn mit der Rute schlägst, wird er nicht sterben. Du schlägst ihn mit der Rute, aber errettest sein Leben vom Scheol«* (Spr 23,13-14).

> *»Rute und Ermahnung geben Weisheit; aber ein sich selbst überlassener Junge macht seiner Mutter Schande«* (Spr 29,15).

> *»Züchtige deinen Sohn, so wird er dich erquicken und dir Freude machen«* (Spr 29,17).

Soll das heißen, dass körperliche Züchtigung das einzig richtige Mittel zur Erziehung sind? Zumindest die hier wiedergegebenen Passagen bedeuten, dass körperliche Züchtigung nicht als falsch angesehen werden kann. Ich nehme an, Paulus beabsichtigte das Grundprinzip zum Ausdruck zu bringen, als er die Eltern und besonders die Väter lehrte, ihre Kinder in der Zucht und Ermahnung des Herrn aufzuziehen (Eph 6,4). Hier ist die Zucht ein Teil der ganzen Erziehung und schließt die Belehrung ein, über die wir bereits gesprochen haben. Möglicherweise wird die Form der Disziplinierung von Kultur zu Kultur variieren, aber ihre generelle Notwendigkeit ist klar.

Aber Paulus warnt uns auch: *»Ihr Väter, reizt eure Kinder nicht, damit sie nicht mutlos werden«* (Kol 3,21). Was ist biblische Ausgewogenheit zwischen

Liebe, Belehrung und Zucht? Kindesmisshandlung greift um sich. Sie ist nicht beschränkt auf Drogensüchtige und Alkoholiker, obwohl sie in diesem Milieu weiter verbreitet ist. Aber sie ist nicht einmal auf nichtchristliche Familien beschränkt. Ein Pastor zeigte mir einmal stolz sein Strafinstrument – einen zur Hälfte aufgespaltenen Baseballschläger. Er nannte das seine »Rute«, aber in Wirklichkeit war es eine Keule. Hatte er sie benutzt? Wie er sagte, nur ein einziges Mal. Als er es tat, rief er all seine sechs Kinder zusammen und zeigte ihnen den Gebrauch seiner »Rute« an seinem ältesten Sohn. »Was hatte er getan?« fragte ich. »Nichts. Ich wollte einfach, dass sie alle sehen, was den erwartet, der ungehorsam ist.«

In Reaktion auf zunehmende Kindesmisshandlung vertreten viele die Rechte der Kinder. Natürlich hat jedes Kind das Recht, von körperlicher, verbaler oder seelischer Misshandlung verschont zu bleiben. Aber die Kinderbefreiungsbewegung hat nicht nur solche Ziele im Sinn. Im Jahr 1979 passierte ein Gesetz mit 259 gegen 6 Stimmen das schwedische Parlament, das den Eltern verbietet, ihre Kinder zu schlagen oder sie in irgendeiner anderen erniedrigenden Weise zu behandeln. Als »erniedrigende Behandlung« legte man unter anderem folgendes aus: Ein Kind ohne Abendessen ins Bett schicken; Beschneidung von Fernsehrechten; Stubenarrest – einige der üblichen Arten, auf die ein Kind bestraft werden könnte. Kinder haben ihre Eltern für solches Vorgehen verklagt und sogar ihre »Scheidung« von Eltern eingeklagt, mit denen sie nicht auskamen.

Wie sieht der biblische Mittelweg zwischen Kindesmisshandlung und häuslicher Anarchie aus? Die erste Maßregel heißt *Konsequenz*. Wenn Strafen plötzlich und unvorhersehbar verhängt werden – ganz gleich, ob nur von einem Elternteil so gestraft wird, oder ob sich ein Elternteil ganz auf die »Liebe« konzentriert, der andere auf das »Rechtswesen« – wird das Kind entmutigt werden.

Die zweite Maßregel heißt *Ausgewogenheit*. Die Folgen zuchtloser Toleranz einerseits und liebloser Züchtigung andererseits sind gleichermaßen schädlich.

Eine letzte Maßregel heißt, *nur dann zu strafen, wenn ein moralisches Problem auf dem Spiel steht* – wiederholtes, vorsätzliches Lügen zum Beispiel. Natürlich kann jedes Thema zu einem »moralischen« werden, wenn ein Elternteil direkte Kommandos erteilt. Manche Eltern suchen solche Konfrontationen. Da heißt es ständig: »Heb' die Socken auf!«, niemals: »Würde es dir etwas ausmachen, deine Socken aufzuheben?« Ständige Auseinandersetzungen über nicht moralische Fragen werden ein Kind sicher in die Entmutigung oder in die Rebellion treiben. Regeln sollten angemessen sein, eindeutig, und es sollte davon so wenige wie möglich geben.

Manche ernste junge christliche Eltern versuchen es allzu intensiv. Sie sind fest entschlossen, dass ihr Erstgeborener Gott Ehre bringen wird – und seinen

Eltern Ansehen. Deshalb tendieren sie dazu, das Kind zur Perfektion zu treiben, weit über sein Alter und sein Vermögen hinaus. Auf jeden Fall ist es menschlich gesehen leichter, ins eine oder ins andere Extrem zu fallen – tolerant oder streng zu sein – als im Zentrum des biblischen Spannungsbogens zu stehen und eine liebevolle, bejahende Atmosphäre mit Anleitung und Führung in den Wegen Gottes aufrecht zu erhalten. Wie im Handeln Gottes mit seinen Kindern sind auch hier Belohnungen effektiver als Strafen.

»Erinnerst du dich, Paps?«, zirpte er in seiner quietschenden kleinen Stimme. Kent, fünf Jahre alt, rannte hinter mir her in den Regen zum Schulbus, umklammerte mit einem Arm drei Schirme für seine Brüder und Schwestern und versuchte gleichzeitig, seinen eigenen neuen Schirm über dem Kopf zu halten. »Lange Beine und kurze Beine.«

»Lange Beine und kurze Beine?«

»Ja, du weißt doch. Lange Beine geh'n schneller als kurze Beine ... wie große Räder und kleine Räder.«

Jetzt erinnerte ich mich. Ein paar Tage zuvor hatte er zu kämpfen, auf seinem billigen kleinen Klapperkisten-Kinderrad Schritt zu halten, und er fragte mich, warum mein Rad im Leerlauf schneller bergab lief als seins.

Und das ist ein Gleichnis unseres Lebens mit kleinen Leuten. Keine Eltern sind gut genug oder gescheit genug, eine perfekte Umgebung zu schaffen. Warum Konfrontation dadurch suchen, dass man ständig Gehorsam als ein elterliches Recht einfordert? Warum nicht Teilhabe, Beratung und Anleitung gewähren und im Regen um kurzer Beine willen in einen langsameren Gang schalten? Strafen könnten in einer Partner-Beziehung faktisch überflüssig werden, die für jede kleine Person maßgeschneidert ist.

Grenzen der Verantwortung. Milieubedingte Vorbestimmung hat sich in unserem Denken soweit durchgesetzt, dass manche jungen Paare sich davor fürchten, Kinder zu haben und sind dann gereizt, wenn sich eines ankündigt. Eltern höheren Alters sind schuldbeladen und junge Leute finden sich in einer Schachtel eingesperrt, die keine Ausgänge hat. Wenn es nämlich möglich ist, den Erfolg eines Menschenlebens durch die Umgebung, in welcher der Mensch aufwächst, vorherzubestimmen, welche Eltern können dann solch eine Ladung an Schuld tragen oder solche Belastungen mit sich schleppen, wenn die Dinge nicht so ausgehen, wie sie es erhofft hatten? Und wenn frühe Umgebung bestimmt, was jemand für immer sein wird, welche Hoffnung gibt es da, etwas anderes zu werden, die Folgen elterlichen Versagens hinter sich zu lassen?

Und doch machen sich viele evangelikale Ratgeber und Prediger die zeitgenössische Ansicht zu eigen, dass die frühe Umgebung bestimmt, was ein Mensch sein wird. Ich hörte einen wegen seines Widerstandes gegen den weltlichen Humanismus landesweit bekannten Prediger und Erzieher eine Reihe von Vorträgen über die Familie halten. Er erwies sich als völlig gefangen von einem der grundlegenden Dogmen des weltlichen Humanismus. Seine Darlegungen fußten völlig auf milieubedingter Vorherbestimmung. Wenn du die folgenden Dinge tust, werden deine Kinder fromme, erfolgreiche Leute sein; sind sie es nicht, dann deshalb, weil du in folgender Weise versagt hast. Aber die Bibel lehrt, dass mehrere Faktoren für den Lebenserfolg eines Menschen verantwortlich sind, nicht nur einer.

Vererbung. Die Bibel nimmt Vererbung sehr viel ernster, als man uns beigebracht hat zu tun. Familiäre Verbundenheit von Generation zu Generation wird in der Bibel vorausgesetzt, ist aber für uns schwer zu verstehen, so wie wir auf persönliche Selbständigkeit festgelegt sind. Und dennoch werden die Sünden der Väter an den Kindern sichtbar bis in die dritte und vierte Generation (2Mo 20,5). Wir alle sind im wichtigsten und schrecklichsten aller erworbenen Wesenszüge an unseren ersten Vater gebunden: die Sünde. Generation auf Generation ist vom Virus der Sünde infiziert, und dieser Wesenszug ist bestimmender als irgendein anderer, ausgenommen die Gnade Gottes. Es mag andere Wesenszüge in jemandes genetischer Zusammensetzung geben. Intelligenz beispielsweise wird von Vererbung beeinflusst.[83] Manche scheinen von Geburt an unabhängige Rebellen zu sein, andere scheinen immer herzig und fügsam.

Milieu. Die Bibel nimmt das Milieu sehr ernst: *»Erziehe den Knaben seinem Weg gemäß; er wird nicht davon weichen, auch wenn er älter wird«* (Spr 22,6). Man beachte, dass dies ein Sprichwort ist, keine Verheißung. Es hebt die Wichtigkeit des Milieus hervor, aber es garantiert nicht den Erfolg elterlicher Bemühungen. Die zuvor umrissenen elterlichen Pflichten sind von äußerster Wichtigkeit für den Lebenserfolg unserer Kinder. Einfluss des Milieus, ja. Milieubedingte Bestimmung, nein. Milieu ist nicht der einzige Faktor, nicht einmal der Hauptfaktor. Wäre er es, dann wäre Gott selbst der größte Versager, denn die von ihm selbst geschaffene perfekte Umgebung (mit seiner persönlichen Anwesenheit als Hauptelement dieses Milieus) hinderte seine nur zwei Kinder – Adam und Eva – nicht an Rebellion und Verderben.

Entscheidungen. Adam und Eva hatten den perfekten Vater, perfekte »Gene«, eine perfekte Umgebung, aber ihr Lebenserfolg hing von ihren Entscheidungen ab. Die Diskussion darüber, ob menschliche Entscheidungen im absoluten Sinne frei sind oder nicht, überlasse ich den Theologen. Aber dass wir vor Gott vollkommen verantwortlich für unsere Entscheidungen sind, ist eines der Hauptthemen der Bibel.

Die Heilige Schrift verwirft kurzerhand die milieubedingte Vorbestimmung:

> *»Und das Wort des HERRN geschah zu mir so: Was habt ihr, dass ihr dieses Sprichwort im Land Israel gebraucht und sprecht: Die Väter essen unreife*

Trauben, und die Zähne der Söhne werden stumpf? So wahr ich lebe, spricht der Herr, HERR, wenn ihr diesen Spruch in Israel noch gebraucht! Siehe, alle Seelen gehören mir; wie die Seele des Vaters, so auch die Seele des Sohnes. Sie gehören mir. Die Seele, die sündigt, sie [allein] soll sterben. Und wenn jemand gerecht ist und Recht und Gerechtigkeit übt ... zeugt aber einen gewalttätigen Sohn ... sollte dieser leben? Er soll nicht leben! ... Und siehe, der zeugt einen Sohn, und dieser sieht alle Sünden seines Vaters, die der tut; er sieht [sie] und tut nicht desgleichen ... der wird nicht wegen der Schuld seines Vaters sterben. Leben soll er!« (Hes 18,1-17).

Diese sehr verkürzte Version von Gottes eigener detaillierter Darstellung persönlicher Verantwortung für menschliche Entscheidungen und seine Bekräftigung, dass sie für den Lebenserfolg entscheidend sind, erscheint im besonderen Zusammenhang des elterlichen Einflusses.

Vorsehung. Gottes Eingreifen durch Vergebung, Reinigung, Kraft zur Umkehr und Hoffnung ist der wichtigste Faktor für die Erzielung eines Lebenserfolges. Es liegt bei ihm, allem eine neue Richtung zu geben, was mein Erbgut, mein Kindheitsmilieu und meine falschen Entscheidungen in eine falsche Richtung gelenkt haben. Hier ist Entlastung von der Furcht, ich könnte ein mangelhafter Elternteil sein. Sicher werde ich das sein, aber nicht Gott. Er wird seinen souveränen Plan ausführen, ungeachtet all meiner Fehler oder der Fehler anderer. Hier ist meine Entlastung von Schuld, wenn meine Kinder versagen. Sie sind unabweisbar verantwortlich, und derselbe Gott, der mich verändert, ist auch ihnen zugänglich. Hier ist Entlastung von Hoffnungslosigkeit. Es spielt keine Rolle, wie andere mich zur Sünde veranlasst haben oder ob ich selbst gesündigt habe, Gott kann mich frei machen! Und hier ist das Korrektiv für sündigen Hochmut – die persönliche Anmaßung aller Ehre für Kinder, die gut ausschlagen.

Die Verantwortung des Kindes

»Du sollst Vater und Mutter ehren« (2Mo 20,12) ist die umfassende Beschreibung der kindlichen Pflichten. Solche Ehre steht ihnen nicht auf der Grundlage zu, dass ein Elternteil sie verdient hätte oder ihrer wert sei, sondern auf der Basis einer ewigen Beziehung. Niemand wird jemals irgendwelche anderen Eltern haben, denen er sein Leben verdankt. Die Ehre ist geziemend aufgrund dieser unauflöslichen Beziehung. Sie findet auf verschiedene Weise Ausdruck.

Lieben. *»Gibt mir, mein Sohn, dein Herz«* (Spr 23,26) ist der Ruf eines jeden Elternteils, das diesen Namen verdient. Aber es gibt Eltern, die ihre Kinder schändlich misshandeln. Diese Kinder können ihre Eltern schwerlich respektieren oder ihnen folgen. Aber sie können sich für sich selbst entscheiden, liebevoll zu handeln. Sie mögen unfähig sein, ihre Gefühle zu kontrollieren, ob sie Wärme oder Nähe empfinden. Aber sie können sich entscheiden, für die ewigen Interessen dieser Eltern zu handeln.

Gehorchen. Kinder sollen ihren Eltern gehorchen (Eph 6,1; Kol 3,20). Gibt es Umstände, unter denen dieses Gesetz nicht gilt? Das Gebot lautet, dass das Kind seinen Eltern im Herrn gehorchen soll. Das scheint irgendeine Bedingung in der Beziehung vorauszusetzen, aber was genau wird nicht gesagt.

Wenn ein Kind fühlt, dass der Befehl der Eltern etwas moralisch Falsches von ihm fordert, dann ist die Verweigerung des Gehorsams gerechtfertigt. Wenn es dennoch gehorcht, dann weist ein biblisches Prinzip darauf hin, dass es schuldlos und dass die Schuld auf den Eltern ist, die es zur Sünde gezwungen haben. In 4. Mose 30,15 wird das an der Beziehung zwischen den Eheleuten aufgezeigt. Wenn der Ehemann die Gelübde seiner Frau widerruft, nachdem er sie erfahren hat, dann trägt er die Schuld, nicht sie. Das scheint ein Prinzip der Entschuldung dessen anzuzeigen, der keine andere Möglichkeit sieht, als der von Gott über ihn gesetzten Autorität zu gehorchen. In solchem Fall ist er von Gott gerechtfertigt, augenscheinlich als bloßes Instrument der sündhaft handelnden Person.

Andererseits gibt es ein grundlegendes Prinzip, das in Hesekiel 18 wiederholt zum Ausdruck gebracht wird. Danach gibt es eine persönliche Verantwortung jeder Person. Zumindest ein Erwachsener kann seinen Eltern nicht irgendwelche Verantwortlichkeit zuweisen. Die persönliche Verantwortung eines jeden für seine Entscheidungen und sein Verhalten wird in der ganzen Passage eindeutig klargestellt.

Ein anderes Prinzip (1Mo 2,24) hat mit der Frage zu tun, wann ein Mann Vater und Mutter verlassen soll. Wie wir gesehen haben, ist hier nicht einfach oder hauptsächlich die körperliche Entfernung gemeint, sondern ein innerliches, gefühlsmäßiges Verlassen. Die Ehrung der Eltern ist eine lebenslange Verpflichtung, aber diese vorrangige Beziehung darf nicht den Vorrang behalten, wenn der Erwachsene verheiratet ist. Viel Kummer und scheiternde Ehen resultieren aus der sündhaften Einmischung der angeheirateten Familie und aus der ebenso sündhaften Akzeptanz dieser Einmischung auf Seiten des verheirateten Sohnes oder der verheirateten Tochter.

Auf irgendeine Weise sollte das Kind also gehorchen, bis es das Alter der unabhängigen Verantwortlichkeit vor Gott erreicht hat. Welches ist das Alter der direkten Verantwortlichkeit gegenüber dem Herrn für unverheiratete Söhne oder Töchter? Die Bibel spricht diese Frage nicht direkt an. Aber analog zum

Gesetz über die Ehe scheint mir, dass jemand seinen Eltern so lange gehorchen sollte, wie er um seines Lebensunterhalts willen von ihnen abhängig ist. Das bedeutet nicht, dass er nicht versuchen dürfte, sie zu überzeugen, solange er noch abhängig ist und ebensowenig, dass er ihren Rat verwerfen wird, wenn er unabhängig ist. Aber er wird persönliche Verantwortung für seine Wahl des Ehepartners, seines Berufes, seiner Lebensplanung übernehmen. Er kann seine Verantwortlichkeit nicht an andere delegieren. Um in diesem Lebensabschnitt seine Eltern zu ehren, wird er ihren Rat respektieren, sorgfältig ihr Urteil erwägen und ihrer Empfehlung nach Möglichkeit folgen. Und er ist geduldig, betet für sie und arbeitet wohlweislich auf Übereinstimmung mit ihnen hin. Letzendlich aber muss er seine eigenen Entscheidungen treffen, besonders in lebensbestimmenden Angelegenheiten.

Viele aufrichtige erwachsene Christen haben Gottes Wege missen müssen, weil gottlose oder selbstsüchtige Eltern im Wege standen. Aber das ist völlig unbiblisch.

> *»Meint nicht, dass ich gekommen sei, Frieden auf die Erde zu bringen; ich bin nicht gekommen, Frieden zu bringen, sondern das Schwert. Denn ich bin gekommen, den Menschen zu entzweien mit seinem Vater und die Tochter mit ihrer Mutter und die Schwiegertochter mit ihrer Schwiegermutter; und des Menschen Feinde [werden] seine eigenen Hausgenossen [sein]. Wer Vater oder Mutter mehr liebt als mich, ist meiner nicht würdig; und wer Sohn oder Tochter mehr liebt als mich, ist meiner nicht würdig«* (Mt 10,34-37; siehe auch Lk 12,51-53).

> *»Wenn jemand zu mir kommt und hasst nicht seinen Vater und seine Mutter und seine Frau und seine Kinder und seine Brüder und Schwestern, dazu aber auch sein eigenes Leben, so kann er nicht mein Jünger sein; und wer nicht sein Kreuz trägt und mir nachkommt, kann nicht mein Jünger sein«* (Lk 14,26-27).

Diese Aussagen sind schwer zu verstehen und noch schwerer anzuwenden, aber Christus hat hier klar das Erkennen einer vorrangigen Beziehung im Sinn. Um Gottes Willen zu erfüllen, könnte es nötig sein, den Willen desjenigen zurückzuweisen, dem wir am meisten zu gefallen wünschen. Es gibt Zeiten, da muss man Standpunkte einnehmen, die von Eltern als abscheuliche Undankbarkeit verstanden werden könnten. In Wirklichkeit werden jedoch nur die Wünsche eines menschlichen Wesens zurückgewiesen zugunsten der höheren Pflicht, Gott zu gefallen. Aber der Sohn und die Tochter, die wahrhaft ihre Eltern ehren, werden eine derartige Wahl niemals leichtfertig treffen, noch werden sie das jemals als Entschuldigung für bockigen Eigensinn anführen (Mk 7,11).

Außerdem setzt sich die Ehrung der Eltern durch das ganze Leben hindurch fort. Sogar, wenn ein Elternteil unehrenhaft ist, grausam, ein Alkoholiker oder einer, der sein eigenes Kind sexuell missbraucht hat, ist der christliche Sohn oder die christliche Tochter verpflichtet, seinen oder ihren Teil zu erfüllen. Das bedeutet nicht, dass man das Verhalten dieses Elternteils billigt oder auch nur hinnimmt. Ich lebte jahrelang mit einem Mann zusammen, der seinen Vater ehrte, ohne viel über ihn zu sprechen. Was er sagte, war positiv. Erst nach dem Tod des Sohnes erfuhr ich, dass sein Vater Alkoholiker war und infolgedessen die ganze Verantwortung für eine große Familie auf den Teenager-Schultern des Sohnes gelegen hatte. Er verwarf seines Vaters Wege, aber er ehrte ihn stets.

Für die Eltern im Alter sorgen. Der Herr hat eine schöne Generationengemeinschaft aufgestellt: Die Eltern haben das Vorrecht, während der ersten Dekaden des Lebens für ihre Kinder zu sorgen, und die Kinder dürfen das Privileg für sich in Anspruch nehmen, für die letzten Dekaden ihrer Eltern Sorge zu tragen. Manchmal ist ein Kind lebenslang abhängig, und manchmal wird ein Elternteil abhängig für eine Dauer, die wie eine Lebenszeit erscheint. Aber die durchschnittliche Zeit der Versorgung eines Elternteils durch sein erwachsenes Kind beträgt im gegenwärtigen Amerika weniger als eine Dekade. Kein Kind sollte irgendwelche Schuldgefühle haben, wenn es einen Elternteil in einem Altenpflegeheim unterbringen muss, weil das vielleicht wirklich der einzige Ort ist, an dem der alte Mensch angemessen versorgt werden kann. Aber die Massen von Kindern, die ihre Eltern aus selbstsüchtigen Motiven in Altersheime stecken – und oftmals sogar versäumen, Kontakt zu halten – verletzen das fünfte Gebot in abscheulicher Weise. *»Wenn aber jemand für die Seinen und besonders für die Hausgenossen nicht sorgt, so hat er den Glauben verleugnet und ist schlechter als ein Ungläubiger«* (1Tim 5,8).

Sollten die Eltern nicht selbst für ihr eigenes Alter und für mögliche Gebrechlichkeit vollkommen vorsorgen? Lehrt nicht Paulus tatsächlich, dass die Eltern Schätze für ihre Kinder sammeln sollen (2Kor 12,14)? In der Tat, Paulus zitiert ein Wort aus den Sprüchen, um einen Vergleich zu dem aufzuzeigen, was er für seine geistlichen Kinder zu tun vorsieht, um ihnen nicht zur Last zu fallen. Aber der Elternteil, der nicht für sein Alter vorsorgen kann, oder der Elternteil, der es eben nicht getan hat, bietet seinen Kindern eine wunderbare Möglichkeit, ihre Liebe und Treue und Dankbarkeit zu demonstrieren – für das eigene Leben selbst und für all die Opfer, die ihre Eltern in sie investiert haben.

Es besteht eine Spannung zwischen dem allein stehenden Wort aus den Sprüchen, das Paulus zitiert (um auf einen ganz anderen Punkt hinzuweisen), und der überwältigenden Lehre des Neuen Testamentes, zuerst nach dem Reich Gottes zu suchen als vorrangiger Investition in die eigene Zukunft. Ich löse diese Spannung auf zweierlei Weise. Eltern sollten für ihre Kinder vorsorgen, soweit sie dazu in der Lage sind, bis sie unabhängig werden. Darüber hinaus weiter und mehr für sie zu tun, hat den der Absicht entgegengesetzten Effekt: Fortgesetzte Abhängigkeit von den Bemühungen anderer, Mangel an Initiative, Undankbarkeit, Geschwisterkonflikte aus Habgier und eine Horde anderer Übel, entsprungen aus angeborener Geldliebe (1Tim 6,10). Vielmehr haben Eltern, die ihre Kinder gut auf das Leben vorbereitet und ihnen den neutestamentlichen Auftrag vermittelt haben, vor allem in das Reich Gottes zu investieren, das Beste für ihre Kinder getan.

Auf der anderen Seite sollten Eltern nicht zögern, klug für ihr eigenes Alter vorzusorgen. Der Durchschnittsmensch kann nicht für jede mögliche Eventualität vorsorgen, und er sollte es als treuer Verwalter der ihm von dem Herrn anvertrauten Güter vielleicht auch nicht zu tun versuchen. Ganz gewiss sind solche Bemühungen falsch, wenn sie auf furchtsamen Unglauben gegründet sind oder als Entschuldigung für einen materialistischen Lebensstil dienen sollen.

Eine biblisch zuverlässige Lösung wäre also die völlige Versorgung der Kinder bis zur Erreichung der Unabhängigkeit, kluge Vorsorge für den eigenen Lebensabend, wenn man dazu in der Lage ist und die Gewissensfreiheit dazu hat, und frohes Vertrauen auf den Herrn und auf seine Kinder für alle weitere Versorgung, die notwendig werden könnte.[84]

Das sind die Pflichten der Kinder gegenüber ihren Eltern: sie zu ehren, zu lieben, ihnen zu gehorchen und sie zu versorgen.

Aus verschiedenen Gründen haben wir dem Thema Sex, Ehe und Familie größere Aufmerksamkeit geschenkt. Zunächst einmal haben wir die Betrachtung von zwei der zehn Gebote (des fünften und des siebten) miteinander verknüpft. Darüber hinaus wird es mehr als jedes andere ethische Thema in der Heiligen Schrift hervorgehoben. Schließlich ist dies der Lebensbereich, der am stärksten unter den Angriffen durch die Mächte des Bösen zu stehen scheint. Wir scheinen an dieser Stelle am verwundbarsten zu sein, und wir müssen alles tun, was in unserer Macht steht, um die Kräfte unseres Bibelverständnisses zu mobilisieren, die unseres einigen Zusammenstehens als Christen und die der vereinigten Aktion rechtdenkender Menschen, um diesen grundlegenden Schutzraum persönlichen und sozialen Wohlseins zu verteidigen.

Gottes Schöpfung der menschlichen Sexualität ist wunderbar. Es ist sein herrliches Geschenk der Liebe an seine Kinder zu ihrer Freude und zu ihrem Wohl. Es ist wert, gegen jede Entwertung und Verzerrung verteidigt zu werden, und das haben wir mit Hilfe des mächtigen Wortes des lebendigen Gottes versucht.

Anmerkungen

1. Paul Jewett, *Man as Male and Female* (Grand Rapids 1975, Eerdmans); Letha Scanzoni und Nancy Hardesty, *All We're Meant to Be* (Waco/Texas 1974, Word).
2. Jewett, Man as Male and Female, S. 35.
3. Scanzoni und Hardesty, *All We're Meant to Be,* S. 208.
4. Dennis Kinlaw in der Einleitung zu einer Predigt (Columbia Bible College and Seminary).
5. J. Allan Petersen in, *Decision,* August 1971, S. 6.
6. Robert H. Schuller, »Love or Loneliness?« in: *The Presbyterian Journal,*17. Oktober 1979, S. 7.
7. Associated Press, *The State* (Columbia S.C.), 27. Februar 1976, 20A.
8. Michael Zadig in: HIS, März 1977, S. 7.
9. Norman Vincent Peale, »Man, Morals, and Maturity«, in: *Reader's Digest,* November 1965, S. 184.
10. Morton Hunt, *The Affair* (New York 1969, World), S. 22-23, 41.
11. Für eine detaillierte Diskussion der Ethik künstlicher Befruchtung siehe Helmut Thielicke, Theologische Ethik Bd. 3, Sex [*Theological Ethics,* engl. Übersetzung von John Doberstein; Grand Rapids 1979 Eerdmans, S. 248-268].
12. Zu diesem irrtümlichen Ergebnis kommt man dadurch, dass man die Zahl der Eheschließungen durch die Zahl der Scheidungen teilt. Aber 90 Prozent der Leute wurden in einem einzelnen Jahr weder verheiratet, noch geschieden. Und einige heirateten mehrere Male, oder wurden mehrere Male geschieden.
13. Louis Harris, *Inside America* (New York 1987, Vintage Books), S. 87-90.
14. Michael Medved, *Hollywood vs. America: Popular Culture and the War on Traditional Values* (New York 1992, Harper Collins), S. 134.
15. Rodney Clapp, *Families at the Crossroads: Beyond Traditional and Modern Options* (Downers Grove Ill. 1993, InterVarsity Press), S. 114.
16. Andrew M. Greeley, *Faithful Attraction: Discovering Intimacy, Love and Fidelity in American Marriage* (New York 1991, Tom Doherty Associates), siehe besonders die Seiten 46-69 und 143-145.
17. »Have We No Right to Happiness?«, abgedruckt in *The Saturday Evening Post*, April 1982, S. 42-44.
18. Es scheint aus dem Zeugnis der Bibel deutlich zu werden, dass Treue in einer Vielehe gottgefälliger ist als die Wiederverheiratung nach einer zerbrochenen Einehe. Eine Familie auf der Grundlage einer stabilen Vielehe ist besser in der Lage, Gottes drei Ziele mit der Ehe zu verwirklichen, als auf der Grundlage einer unstabilen Einehe. In der Tat könnte Gott Scheidung und Wiederheirat als nacheinander stattfindende Vielehe betrachten, wobei die größere Sünde der Bruch der Vereinbarungen ist.
19. Letha Scanzoni, »See No Evil?« in: *The Other Side,* Februar 1978, S. 22.
20. Siehe die Wortstudie über den Begriff »Begehren« bei Robertson McQuilkin, *Understanding and Applying the Bible* (Chicago 1983, Moody Press), S. 99-106. Siehe auch J. A. Motyer, »Idolatry« in: *New Bible Dictionary,* hrsg. von J. D. Douglas und anderen, 2. Auflage (Wheaton, Ill. 1982, Tyndale House), S. 505.
21. James Laver, »What Will Fashion Uncover Next?«, in: *Reader's Digest,* September 1965, S. 149-150.
22. Scanzoni, »See No Evil?«, S. 23.
23. Joseph Daniel Unwin, *Sex and Culture* (Oxford 1934, Oxford University Press).
24. Rousas J. Rushdoony, *The Politics of Pornography* (New Rochelle, N.Y. 1974, Arlington House), S. 146.

25. *Final Report of the Attorney General's Commission on Pornography* (Nashville 1986, Rutledge Hill Press).
26. Rushdoony, *Politics of Pornography,* S. 50ff.
27. Richard Seaver und Austryn Wainhouse, Hrsg., *The Marquis de Sade: The Complete Justine, Philosophy in the Bedroom and Other Writings* (New York 1965, Grove Press), S. 318-320.
28. Time, 5. April 1976, S. 61.
29. Alex Comfort, *The Joy of Sex* (New York 1972, Simon & Schuster), S. 162.
30. Die Zahl 10 wurde der fehlerhaften Kinsey-Studie von 1948 entnommen, in der festgestellt wurde, dass Homosexuelle zehn Prozent der Bevölkerung stellen. Eine eingehende kritische Würdigung findet sich bei Judith A. Reisman und Edward Eichel, Kinsey, Sex and Fraud: *The Indoctrination of a People* (Lafayette, La. 1990, Lochinvar-Huntington).
31. In einem Rechenschaftsbericht des US-Gesundheitsministeriums und ziviler Einrichtungen wie der AIDS-Hilfe vom August 1989 heißt es: »Öffentliche und private Schulen müssen die Verantwortung dafür übernehmen, dass alle Schüler der Mittel- und der Oberstufenklassen mit positiven Informationen über Homosexualität versorgt werden. ... Formen familiären Lebensstils sollten Homosexualität als natürliche und gesunde Form sexueller Ausdrucksfähigkeit darstellen.«
32. Ronald L. Kotesky, »Growing Up Too Late, Too Soon« in: *Christianity Today,* 13. März 1981, S. 25.
33. Herbert J. Miles, »But What about Right Now?«, in: *Campus Life,* März 1972, S. 42.
34. Ibid.
35. Richard F. Lovelace, *Homosexuality and the Church* (Old Tappens, N.J. 1978, Revell), S. 109.
36. Walter Trobisch, *I Loved a Girl* (New York 1975, Harper & Row), S. 8.
37. »Dear Abby« in: *The State* (Columbia, S.C.), 8. Dezember 1983.
38. Jim Conway, »Cheap Sex and Precious Love« in HIS, Mai 1976, S. 34.
39. Peale, »Man, Morals, and Maturity«, S. 178.
40. Piritim Sorokin, *The American Sex Revolution* (Boston 1956, Porter Sargent), S. 113-115.
41. World, 14. September 1987.
42. *The State* (Columbia, S.C.), 24. März 1982.
43. George Leonard, *The End of Sex* (Los Angeles 1983, J. P. Tarcher).
44. Oliver R. Barclay, *A Time to Embrace* (London 1964, InterVarsity Fellowship), S. 19.
45. *Associated Press,* 7. Dezember 1987.
46. Der Familienforschungsrat (Informationsblatt Nr. 30, 5/92) zitiert eine Studie vom Juni 1991 des Amerikanischen Meinungsforschungszentrums (National Opinion Research Center) in der Amerikanischen Wissenschaftsstiftung (National Science Foundation). Danach waren im Jahr der Erhebung 1989 »zwei Prozent« der sexuell aktiven Erwachsenen ausschließlich homosexuell oder bisexuell orientiert. Auch das Zentrum für Gesundheitsstatistik (National Center for Health Statistics) des Zentrums für Krankheitskontrolle (Center for Disease Control) setzt die Zahl der Homosexuellen in Amerika bei 1,5 Prozent an und schließt dabei »jeden Mann« ein, »der seit 1977 irgendwann einmal Sex mit einem anderen Mann hatte, sogar auch nur einmal« (in »Advance Data« [»Entwicklungs-Daten«] S. 193, 195, 198; Seite 11 in allen drei Dokumenten).
47. Kinseys Ergebnisse wurden rundum kritisiert und verworfen. Spätere Untersuchungen konnten seine Folgerungen nicht bestätigen. Darüber hinaus war seine Methode fehlerhaft. Fünfundzwanzig Prozent seiner Beispielfälle waren verurteilte Verbrecher, viele von ihnen Sexualstraftäter. Ein großer Teil seiner Beispiele waren männliche Prostituierte. Eine umfassende Kritik des Kinsey-Reports und eine Beschreibung der Weise, wie er Amerikas Wahrnehmung der Homosexuellen und seine Politik ihnen gegenüber beeinflusst hat, findet sich bei Judith A. Reisman und Edward W. Eichel, Kinsey, *Sex and Fraud: The Indoctrination of a People* (Lafayette, La. 1990, Lochinvar-Huntington).
48. Ernest Van den Haag, *The Humanist,* July/August 1973, S. 16.
49. George A. Rekers, *Growing Up Straight: What Every Family Should Know about Homose-*

xuality (Chicago 1982, Moody Press), 121. Siehe auch *Handbook of Childhood and Adolescent Sexual Problems,* hrsg. von George A. Rekers (Boston 1994, Lexington/Macmillan).

50. Joseph Nicolosi, *Reparative Therapy of Male Homosexuality* (Northvale, N.J. 1991, Jason Aronson), S. 25.
51. HIS (Oktober 1963), S. 25.
52. *Homosexualities, A Study of Diversity among Men and Women,* zitiert bei Samuel McCracken, Are Homosexuals Gay? in: *Commentary,* Januar 1979.
53. Dr. Sherwin Bailey, *Homosexuality and the Western Christian Tradition* (New York 1955, Longmans, Green).
54. Other Sheep, St. Louis, Mo., beschreibt seine Mission als »Multikulturelle Dienste unter sexuellen Minderheiten«. Die genannte Schrift wurde 1993 herausgegeben.
55. Aus einer Schrift, herausgegeben von der Westlichen Regionalgemeinschaft der EC: Sometimes a Bunch of Baloney Can Be Very Tempting, o. J.
56. John Boswell, *Christianity, Social Tolerance, and Homosexuality* (Chicago 1980, University of Chicago Press), S. 91-118.
57. Virginia R. Mollenkott und Letha Scanzoni, *Is the Homosexual My Neighbour?* (New York 1978, Harper and Row).
58. Siehe Boswell, *Christianity, Social Tolerance, and Homosexuality,* und Fred L. Pattison, *But Leviticus says!* (Phoenix o.J., Christo Press).
59. »Homosexuell« ist genau genommen eine neuerdings erdachte und sehr plumpe Mischform aus Griechisch (homo in der Bedeutung von »gleich«) und Latein (sexuell in der Bedeutung von »geschlechtlich«).
60. Simon LeVay, ein Neurologe am Salk-Institut in San Diego behauptet, herausgefunden zu haben, dass homosexuelle Männer einen merklich kleineren Hypothalamus aufweisen als heterosexuelle Männer – in der Größe eines Stecknadelkopfes in einer bestimmten Region dieser Drüse. Die untersuchte Gruppe war klein (19 homosexuelle Männer, die an den Folgen der Immunschwäche AIDS starben). Die Beweisführung ist eher suggestiv als schlüssig zu werten.
61. Siehe aber auch *The Other Side,* Juni 1978.
62. Walter Wink, »Biblical Perspectives on Homosexuality« in: *The Christian Century* 7 von November 1979, S. 1083, 1085.
63. Stanton L. Jones, »Homosexuelity According to Science«, in: *Christianity Today* [Christenheit heute], 18. August 1989, S. 29.
64. Ruth Tiffany Barnhouse, »Homosexuality«, in: *Anglican Theological Review,* Juni 1976.
65. Tim Stafford, »Coming out«, in: *Christianity Today*, 18. August 1989, S. 21. Siehe auch die Geschichte von Colin Cook, einem ehemaligen Homosexuellen, der seine Heilung durch die Gnade Gottes beschreibt: »I Found Freedom«, in: *Christianity Today*, 18. August 1989, S. 22-24.
66. Aus einem statistischen Rückblick vom Juni 1994. Entnommen durch das *National Resource Center on Child Sexual Abuse,* Huntsville, Ala.
67. Nicholas Groth, *Rape: The Psychology of the Offender* (New York 1979, Plenum Press), S. 5.
68. Ibid., S. 7.
69. *The State* (Columbia, S.C.), 2. Juli 1964, 5-A.
70. George Gilder, *Men and Marriange,* (Gretna, La. 1992, Pelican).
71. *Evangelical Newsletter,* 4. April 1980.
72. Scanzoni und Hardesty, *All We're Meant to Be,* 34-35, 69; Jewett, *Man As Male and Female,* 114.
73. George Knight, »Male and Female Related He Them«, in: Christianity Today, 9. April 1976. Siehe auch Knights Buch, *The New Testament Teaching on the Role Relationship of Men and Women* (Grand Rapids 1977, Baker). Dieses Buch wurde von Moody Press 1985 unter dem Titel »The Role Relationship of Men and Women« neu aufgelegt und enthält einen ausführlichen Anhang von Wayne Grudenson über die Bedeutung des mit »Haupt« übersetzten griechischen Wortes. Es ist die gründlichste zur Zeit verfügbare Studie über dieses Thema.

74. Scanzoni und Hardesty, All We're Meant to Be, S. 30-31, 100.
75. Herbert und Fern Miles, *Husband-Wife Equality* (Old Tappan, N.J. 1978, Revell), S. 31.
76. Jewett, *Man as Male and Female,* S. 137.
77. John Scanzoni, »Pornography, A Syposium«, in: *The Reformed Journal,* November 1974, S. 21.
78. Jewett, *Man As Male and Female,* S. 112ff, 138.
79. Ibid. S. 8,14.
80. Hardesty und Scanzoni, *All We're Meant to Be,* S. 208.
81. Daniel Yankelovich, *New Rules: Searching for Self-Fulfillment in a World Turned Upside Down* (New York 1981, Random House), S. 242.
82. John W. Montgomery, »How to Decide the Birth-Control Question«, in: *Christianity Today,* 4. März 1966, S. 8.
83. Cheryl Fields, »Heredity and Environment, But Not Race, Found to Influence Intelligence«, in: *The Chronicle of Higher Education,* 12. September 1977, S. 5.
84. Diese Prinzipien werden umfassend in dem Kapitel über »Integrität« betrachtet.

Anmerkung des deutschen Herausgebers zur Frage der Ehescheidung (s. auch S. 228):

Zum weiteren Studium empfehlen wir das Buch von W. J. Ouweneel und H. P. Medema, **Trennung, Scheidung, Wiederheirat** – Rat und Hilfe in notvollen Situationen, CV Dillenburg 2002, 2. Auflage. Die Autoren erläutern das Problem der Wiederheirat ausgewogen, vertreten aber aufgrund ihrer biblischen Analyse noch entschiedener den Standpunkt einer Nichtwiederheirat, dem sich der Verlag anschließt. Nachfolgend werden die wesentlichen Aussagen kurz skizziert.

Nach Auffassung der Autoren hat die Ehe »keinen Notausgang«. »Bevor das Schlimmste geschehen ist, lautet die Botschaft immer: *niemals* Scheidung« (S. 34). »Wer ein Ehepaar besucht, das im Begriff steht, sich scheiden zu lassen, hat nicht zuerst die Frage zu beantworten: Dürfen diese Menschen sich scheiden lassen? ... Es geht nicht darum, *ob* beide *auseinander gehen dürfen*, sondern *wie* beide *beieinander bleiben können*« (S. 35, 36). »Dazu ist Takt erforderlich, doch auch die demütige Gesinnung des Herrn Jesus, damit der andere versteht, dass wir neben ihm oder ihr stehen, nicht über ihm oder ihr, um Bannstrahlen aus einem elfenbeinernen Turm herniederzuschleudern. Doch zugleich ist Deutlichkeit nötig und geistlicher Mut, um das, was verkehrt ist, auch tatsächlich verkehrt zu nennen ...« (S. 36).

Für die Auffassung, dass Wiederheirat möglich ist, sehen die Autoren »lediglich eine äußerst geringe Möglichkeit« (S. 102); wenn eine Wiederheirat doch erfolgt, dann höchsten unter folgenden Voraussetzungen: »(1) Der Grund für die Ehescheidung ist Ehebruch seitens des anderen Partners gewesen. (2) Der schuldige Teil hat im Blick auf diesen Ehebruch keine Reue gezeigt, sondern hat vielmehr auf seinem bösen Weg verharrt. (3) Der Betreffende hat selbst nicht die Initiative zur Ehescheidung ergriffen, sondern der andere Teil. (4) Der Betreffende hat sich der Scheidung widersetzt, so lange er konnte, doch sich schließlich notgedrungen in die Scheidung fügen müssen. (5) Der andere Partner ist inzwischen mit jemand anders verheiratet, so dass der Weg zur Versöhnung dadurch abgeschnitten ist« (S. 103, 104). Die Autoren ziehen unter diesen Voraussetzungen ihr Fazit wie folgt: »Wir würden jemandem stark davon abraten, nach einer Ehescheidung wieder zu heiraten; doch wir würden es letztendlich dem Gewissen dieser Person überlassen, was sie selbst vor dem Herrn meint, verantworten zu können« (S. 113).

In Bezug auf Wiederherstellung und Wiederaufnahme in die Gemeinschaft nach dem Grundsatz der Gnade, die für jede Sünde Vergebung ermöglicht, gilt für die Autoren: »Wer seine Sünde nicht bekennen will, kann nicht wiederhergestellt werden, weder in Gemeinschaft mit dem Herrn noch in Gemeinschaft mit den Mitgläubigen. Doch andererseits gilt: Wer seine Sünden aufrichtig bekennt, kann immer wieder zugelassen werden zum Abendmahl, auch wenn die traurigen Folgen dieser Sünden nicht mehr ungeschehen gemacht werden können« (S. 115).

Kapitel 8 Leben

Du sollst nicht töten.

Im Allgemeinen wird Mord, mehr als jedes andere Verbrechen, als das schlimmste überhaupt angesehen, und zugleich geschieht er am häufigsten. Am häufigsten deswegen, weil Christus es nicht darauf beruhen ließ, das Gesetz auf diejenigen zu beschränken, die Hälse durchschneiden und Köpfe wegschießen. Jesus sagte: *»Ihr habt gehört, dass zu den Alten gesagt ist: ›... wer aber töten wird, der wird dem Gericht verfallen sein.‹ Ich aber sage euch, dass jeder, der seinem Bruder zürnt, dem Gericht verfallen sein wird«* (Mt 5,21-22). Sogar Zorn verletzt das sechste Gebot.

Arten des Tötens

Indem er Zorn und verbale Beschimpfungen zu der Kategorie Mord rechnete, sagte oder meinte Jesus nicht, dass diese genauso schlimm sind wie Mord. Aber sie gehören zu der gleichen Spielart der Sünde und können nicht lediglich als menschliche Schwäche entschuldigt werden. In Wirklichkeit ist jede Sünde, auch Mord, eher wie eine Zwiebel. Hinter der letzten Tat verbergen sich kleinere Taten, und hinter allen Taten befindet sich ein verdorbenes Herz. Mord ist offensichtlich die ausgereifte Sünde, aber wenn die äußere Schicht abgeschält worden ist, werden verschiedene Ebenen der Gewalt als ein Teil der gleichen »Zwiebel« sichtbar, und hinter der physischen und verbalen Gewalt steht ein Herz des Zorns, des Hasses oder der Unfähigkeit zu Lieben. Der Same der unzulänglichen Liebe ist gesät worden und ihm wurde Raum zum Wachsen gegeben, die abscheuliche Tat wird folgen. Und all das fällt unter das Gericht Gottes.

Mord

Einige Vegetarier haben gedacht, dass Gott verbot, jegliches Leben aus irgendeinem Grund zu beenden, als er auf Sinai *»Du sollst nicht töten«* (2Mo 20,13) in den Stein schrieb. Einige Pazifisten nahmen an, dass er verbot, jegliches menschliche Leben aus irgendeinem Grund zu beenden. Aber das Gebot kann nicht auf diese Weise ausgelegt werden, denn Mose, der das Gesetz entgegennahm, gebot, das Leben von Tieren zum Opfer und zur Nahrung zu nehmen und Menschen im Krieg und bei Todesstrafe zu töten. *»Du sollst nicht töten«* bedeutet im Zusammenhang mit dem Gesetz des Alten Testaments das willkürliche, von der Bibel nicht autorisierte Töten eines menschlichen Lebens. Die Fragen nach Krieg und Todesstrafe sind so komplex, dass wir sie später im Detail untersuchen werden. Aber es gibt noch eine andere biblische Ausnahme zu dem Gesetz gegen das Töten: die Selbstverteidigung.

Selbstverteidigung

Physischer Widerstand aus Selbstverteidigung scheint in der Schrift gebilligt (2Mo 21,13; 22,2; 4Mo 35,22ff.), aber nicht geboten zu werden. Es gibt einen besseren Weg – das Gesetz der Liebe. Christus widerstand dem Bösen nicht, sondern übergab sich bösen Menschen, um ihre Rettung zu bewirken.

Nicht alle Taten, die man Selbstverteidigung nennt, sind gerechtfertigt, und es gibt eine Hierarchie unter den Taten, die es sind. Die Verteidigung von anderen oder sogar von sich selbst hat gewiss eine höhere Priorität als die Verteidigung von materiellem Besitz. Aber wenn die Gefahr des physischen Schadens besteht, ist die Schlüsselfrage, ob Gefahr für das Leben besteht oder nicht. Das ist die eindeutigste Erlaubnis zur Selbstverteidigung.

Eine weitere Grundfrage für einen Christen ist, ob der drohende Schaden durch ein Verbrechen geschieht, oder ob es eine Verfolgung um Christi willen ist. Man kann sich dazu entscheiden, keinen Widerstand zu leisten, wenn es darum geht, für Christus zu leiden; man kann sich aber für den Widerstand bei einem kriminellen Angriff entscheiden, um andere oder sogar den Angreifer selbst zu schützen. Wenn ein Christ sich dazu entschieden hat, der physischen Gewalt zu widerstehen, sollte er sich fragen, ob physischer Widerstand die einzig mögliche Handlung ist, oder ob es nicht andere Möglichkeiten gibt, wie ein Gespräch oder Täuschung. Wenn es keine andere Möglichkeit zu geben scheint, als durch körperliche Gewalt Widerstand zu leisten, muss ein Christ unterscheiden, ob Töten die einzige Alternative ist, oder ob eine kleinere Gewaltanwendung ebenso Zurückhaltung bewirken würde.

Obwohl es Ausnahmen gibt, bei denen Gott das Beenden des menschlichen

Lebens erlaubt, ist die Sünde des Tötens die äußerste Sünde gegen einen Menschen (3Mo 24,17; 4Mo 35,16-21). Das Leben mag nicht der höchste Wert sein, aber es ist auf jeden Fall ausschlaggebend für ein beständiges Nachfolgen von anderen Werten! Und der Wert des Lebens ist vermutlich das entscheidende Thema für jede Gesellschaft.

Gewalt

In einer im Verfall begriffenen Gesellschaft kann es sein, dass Mord noch verabscheut wird, aber Gewalt, die schon fast Mord ist, wird häufig akzeptiert. Untersuchungen haben wiederholt gezeigt, dass Gewalt in den Unterhaltungsmedien eine solche Akzeptanz verstärkt. Aber das hässliche Endergebnis ist eine kranke Gesellschaft, in der Gewalt gegen Ehefrauen und Kinder einen von vier Menschen betrifft.

Gewalt zu Hause ist ein Verbrechen, über das wenig berichtet wird, und das zum größten Teil von einer Gesellschaft ignoriert wird, die sich hauptsächlich um Äußerlichkeiten kümmert. Der Mord an O. J. Simpsons Frau hat viele zum ersten Mal auf das beunruhigende Ausmaß an Gewalt gegen Frauen in Amerika aufmerksam gemacht. Das Büro des Staatsanwalts von Los Angeles meldete, dass häusliche Gewalt in seiner Stadt im Durchschnitt einen Mord in neun Tagen verursacht.

Christi Kommentar zum sechsten Gebot betont *verbale* Gewalt. Jakobus (1,26; 3,1-12) und Salomo (Spr 13,3; 15,1.4.23; 17,28; 18,8.13; 21,23; 29,20) hatten über die Sünden der Zunge eine Menge zu sagen, aber auch die übrige Schrift vertritt eine nachdrückliche Meinung zu diesem Thema. Jakobus sagt, dass die Zunge wie ein Waldbrand und wie ein tödliches Gift ist. Sie vergiftet nicht nur Beziehungen und verbrennt andere Menschen; sondern sie verzehrt denjenigen, dessen Zunge nicht durch den Geist gezüchtigt wird (Jak 3).

Ein direkter Angriff auf eine Person mit spöttischer Kritik oder beißender Verachtung, sarkastischem Humor oder versteckten Andeutungen können etwas in diesem Menschen zerstören. Aber genauso tödlich ist die Kritik an einer Person, die vor anderen geäußert wird. Das Gesetz der Liebe versiegelt die Lippen. Jedes Wort, das einen anderen verletzt, ist Mord, wenn es nicht in Liebe zu dieser Person gesagt wird oder nur zu demjenigen, der dafür verantwortlich ist, den Fehler zu berichtigen (Mt 18,15-18). Der Abwesende ist bei dem vom Geist geleiteten Gotteskind genauso sicher vor bösen Worten wie bei der Person, die bei ihm ist.

Versäumnis

Eine andere Art zu verletzen ist die, nichts zu tun oder zu sagen, wenn ein Wort oder eine Tat vor Schaden schützen würde. Wenn um ein Flachdach keine

Balustrade angebracht wurde, brachte es Blutschuld, wenn jemand vom Dach herabfiel (5Mo 22,8). Wenn jemand die Möglichkeit hat, Gutes zu tun und er tut es nicht, dem ist's Sünde (Spr 3, 27-28). Daher sind die Armen, die Hilflosen, die Hungernden in dem Maß in meiner Verantwortung, wie es mir möglich ist zu helfen. Zu schweigen wenn jemand fälschlich beschuldigt wird, ob dies vor Gericht ist oder im privaten Geschwätz, bedeutet die Verletzung mit zu verursachen. Daher ist Versäumnis eine weitere Art des Tötens (siehe auch 2Mo 21,29-31).

Zorn

Erstaunlicherweise schließt Christi Kommentar zum sechsten Gebot den inneren Zustand eines Menschen ein. Zorn untersteht Gottes Gericht (Mt 5,22). Dieses Gebot kam nicht ursprünglich von Jesus. Mose hatte Gottes Willen schon aufgeschrieben: *»Du sollst deinen Bruder in deinem Herzen nicht hassen ... und den Kindern deines Volkes nichts nachtragen und sollst deinen Nächsten lieben wie dich selbst«* (3Mo 19,17-18). Mangel an Liebe, genau wie ausdrücklicher Hass, ist eine Art von Mord.

Zorn ist nicht immer falsch. Wenn das so wäre, würde Gott der größte Sünder sein, denn er ist jeden Tag zornig (Ps 7,12). Und man beachte, dass David nicht sagte, Gott wäre nur über Sünde zornig. Er ist zornig über böse Menschen.[1] Der Zorn Gottes wird durch das Alte und das Neue Testament hindurch offenbar und ist das unvermeidliche Ergebnis seines heiligen Charakters, der unheiligen Einstellungen und Verhaltensweisen ausgesetzt ist.

Aber ist es einem sündhaften Sterblichen möglich, in seinem Zorn Gott ähnlich zu sein? Das muss schwer sein, denn die Bibel ist gefüllt mit Lehren gegen den Zorn. Wir sollen den Zorn ablegen (Eph 4,31; Kol 3,8); wer zornig ist, steht in Gefahr, unter das Gericht zu fallen (Mt 5,22); Zorn ist eines der Werke des Fleisches (Gal 5,19-20); er wirkt nicht Gottes Gerechtigkeit (Jak 1,20); und er ist das Vorrecht Gottes, nicht des Menschen (Röm 12,19). In den Sprüchen wird Zorn wiederholt verurteilt.

Aber Jesus war zornig (Mk 3,5), und es ist uns geboten zu zürnen und dabei nicht zu sündigen (Ps 4,4; Eph 4,26); langsam zum Zorn zu sein (Tit 1,7; Jak 1,19), und schnell darüber hinweg zu kommen (Eph 4,26). Es scheint gebilligt zu werden, unter gewissen Umständen zornig zu sein, aber die Bibel betont im Allgemeinen, dass Zorn ein Übel ist; Ausnahmen sind offenbar sehr begrenzt.

Zorn über die Sünde und sogar der Zorn über den Sünder kann etwas Gutes sein (2Kor 7,11). Jeremia war erfüllt vom Zorn Gottes (6,11) und Paulus war zornig über den Götzendienst der Athener (Apg 17,16). Doch Christus selbst enthielt sich des Zorns, als der Angriff sich gegen ihn persönlich richtete (1Petr

2,23-24), und er war *»wie ein Schaf, das stumm ist vor seinen Scherern; und er tat seinen Mund nicht auf«* (Jes 53,7).

Gerechtfertigter und ungerechtfertigter Zorn können eindeutig an der Ursache des Zorns unterschieden werden. Man sollte zornig über die Sünde sein, die Gott angreift oder andere Personen und den Sünder verletzt. Die Schwierigkeit daran, rechtmäßig empört zu sein, ist, dass unsere Motive unklar sind. Bin ich betrübt über eine Sünde, die Gott beleidigt oder Menschen verletzt, oder bin ich zornig über die Art und Weise, wie ich davon betroffen bin? Da sich die Motive vermischen, ist es am sichersten, den Zorn zu vermeiden, wenn die Sünde des anderen mich selbst direkt betrifft; so, wie es mir peinlich ist, wenn mein Kind etwas Falsches tut. Es ist besser zu warten, bis der Zorn sich gelegt hat, um sicherzugehen, dass die daraus entstehende Handlung nicht aus einer Mischung von gerechtfertigter und ungerechtfertigter Wut stammt. Zorn ist Sünde, wenn er aus den falschen Gründen geschieht oder das Resultat eine falsche Handlung ist.

Manche sagen, dass Gottes Zorn nur gerichtlich ist – er nimmt der Sünde gegenüber die Position eines Richters ein. Dahinter steht die Theorie, dass Gottes Zorn unpersönlich und sachlich ist und kein Gefühl der Empörung von seiner Seite beinhaltet. Dies entspricht aber nicht dem biblischen Bild eines Gottes, der vor Zorn brennt. Der Reaktion Jesu auf Sünde gegen sich selbst nach zu urteilen, ist es vielmehr ein Zorn über das, was die Sünde dem Sünder antut und denen, gegen die er sündigt, als darüber, was sie Gott selbst antut. Aber Gottes Beispiel deutet auch an, dass Menschen zornig werden können, vermutlich zum ersten Mal, wenn der Geist sie erfüllte. In einer Zeit, in der es »keine Sünde gibt außer der Sünde der Intoleranz«, müssen einige von uns aufgescheucht werden, um mit einem zornigen Gott gegen die Bosheit, Unterdrückung und das Böse dieser Welt anzugehen.

Damit diese Gefühle nicht aus den falschen Gründen entfacht werden, zeigt uns die Schrift zwei Wege, um die Kontrolle zu behalten: Nimm es leicht – werde nicht plötzlich zornig (sei langsam zum Zorn) (Jak 1,19) und lass es nicht brennen – lass es nicht bis zum nächsten Tag dauern (Eph 4,26). Entweder ein »niedriger Siedepunkt«, eine schnelle Reaktion ohne Reflexion, oder ein »langsames Brennen«. Das Fortdauern der Gefühlsausbrüche birgt das Risiko, dass auch gerechtfertigte Empörung aus dem Ruder läuft.

Gegen die klare Lehre der Schrift, dass (fast) jeder menschliche Zorn falsch ist, und die richtige Antwort ist, ihn zu kontrollieren (Spr 16,32), sagen viele christliche Psychologen, dass Zorn moralisch neutral ist und zum Ausdruck gebracht werden sollte.[2] Darauf antworten wir, dass Zorn auf dieselbe Weise neutral ist, wie Hass und Mord neutral sind: Manchmal sind sie gerechtfertigt; meistens sind sie falsch. Zorn selbst ist ein falsches Gefühl, wenn er in die falsche Richtung geht (gegen Gott, einen unschuldigen Menschen, eine Sache);

um einer falschen Sache willen geschieht (persönliche Angriffe); oder wenn er zu einem falschen Verhalten führt (Vergeltung, Rache, physische Gewalt).

Unter diesen Umständen sollte Zorn weder geleugnet noch gezeigt werden. Stattdessen sollte er als Sünde bekannt und Gottes Hilfe angewandt werden, um die Emotion zu kontrollieren.

Lloyd H. Steffen, der Autor von »On Anger«, deutet darin an, dass Zorn nicht immer schlecht ist: »Manchmal kann nur der Zorn bewirken, dass wir einen Missstand angehen oder eine Situation ändern.« Aber auf die unter Psychologen vorherrschende Ansicht, dass Zorn ausgedrückt werden sollte, antwortet er:

> Dem Zorn Luft zu machen ist wie einem Feuer Luft zu geben. Die Umgebung wird sich dadurch nur noch mehr erhitzen und rauchiger werden, der Schaden würde sich nur vergrößern. Dem Zorn Luft zu machen verzögert die Nachforschungen über seine Ursachen und den Anfang seiner Reparaturen ... Unser Zorn ist für gewöhnlich eine Antwort auf die Dinge, die wir als irgendwie verletzend empfinden, oder die uns davon abhalten, unseren Willen zu bekommen.[3]

Jemanden zu ermutigen, der sich wegen seines Zorns schuldig fühlt, indem man ihm versichert, dass an seiner absolut menschlichen Reaktion nichts falsch ist, und dass es die einzig gesunde Reaktion ist, den Zorn auszudrücken und keine Schuld zu empfinden, wird lediglich das echte Schuldgefühl des empfindsamen Christen »unterdrücken« und den Tag der biblischen Lösung hinauszögern. Diese Person benötigt vielmehr Ermutigung, im Licht der Schrift abzuwägen, ob ihr Zorn gerecht ist, und wenn nicht, ihre Sünde zu bekennen und somit alle Schuld zu beseitigen. Dann sollte sie auf Gottes Hilfe vertrauen, der Versuchung zu widerstehen.

Rassismus

Formal gesehen bezieht sich Rassismus auf den Gedanken, dass bestimmte rassenunspezifische Charakteristika, vor allem kulturelle Muster, das Ergebnis von Rasse sind. Ein Beispiel wäre es, von dem Verhalten einiger Leute einer bestimmten Rasse auf die Allgemeinheit zu schließen, und diese Art von Verhalten allen Angehörigen dieser Rasse zuzuordnen. Das Ergebnis ist oft Hass, Intoleranz oder ungerechte Diskriminierung. Da diese Einstellung oft leichtfertiger und stärker durch die dominierende Rasse in einer bestimmten Gemeinschaft ausgedrückt wird, wird das Label »Rassist« häufig denen zugeordnet, die ihre eigene Rasse als überlegen ansehen und andere unterdrücken. Aber rassistische Einstellungen sind sehr gut innerhalb der unterdrückten Minderheit möglich, selbst wenn die Behauptung ihrer eigenen Minderwertigkeit akzeptiert wird. Kein Volk ist gegen den Virus des Rassismus immun, gegen gottlose Einstellungen, die auf Unterschiede in den Rassen beruhen. Selbstverständlich können die gleichen sündigen Einstellungen und Verhaltensweisen ebenso gut auf Unterschiede in Kultur, Sprache, Stammeszugehörigkeit, sozial definierte Klasse oder Kaste beruhen wie auf Rasse.

Gemeinsame Verantwortung

Ungerechtes und liebloses Verhalten kann zum Merkmal einer Gruppe werden und zu gemeinsamer oder sogar institutionalisierter Ungerechtigkeit oder Unterdrückung führen. Gesetze selbst oder die Art und Weise, wie ein gesetzliches System arbeitet, kann einer Klasse von Menschen gegenüber diskriminierend sein. Auch hier muss es kein Gesetz sein, aber die Gesellschaft kann auf ungerechte und gnadenlose Weise funktionieren.

Die biblische Sichtweise der Diskriminierung

Eine Klassendiskriminierung, die einigen in einer Gesellschaft schadet, ist im Grunde genommen ein universales Phänomen. Für den Christen ist es schon eine Sünde, *Gefühle* der Überlegenheit zu haben (Phil 2,1-8). Solche Gefühle auf Klassenunterschiede zu gründen ist sowohl Sünde als auch Dummheit (Jak 2,1-9). Die Diskriminierung von Rassen ist weit verbreitet aber nicht so allumfassend wie die Diskriminierung von Klassen. Die Bibel sagt sehr wenig über Rassen, möglicherweise weil die heutige Unterscheidung, die auf physischen Merkmalen beruht, im Altertum nicht das gleiche Problem war.

Ironischerweise bekam der moderne Rassismus seinen größten Antrieb von Wissenschaftlern des letzten Jahrhunderts. Der Untertitel von Charles Darwins *Über die Entstehung der Arten* war »Die Erhaltung der begünstigten Rassen im Kampfe ums Dasein«. So gut wie alle Evolutionisten des neunzehnten Jahrhunderts vertraten die Theorie der überlegenen und unterlegenen Rassen.

Manche haben behauptet, dass die Bibel sowohl Rassentrennung als auch ungerechte Diskriminierung bejaht (zum Beispiel Sklaverei), aber das ist nicht wahr.[4] Gott hat zwar Trennung und Diskriminierung unter den Menschen verlangt, aber diese bezog sich immer auf religiöse Unterschiede, niemals auf Rassen- oder Klassenunterschiede.

Obwohl Sklaverei in der Schrift nicht verboten wird, kann Gottes Haltung dazu deutlich in den Einschränkungen erkannt werden, die er dem bereits bestehenden System der Sklaverei auferlegt (5Mo 15,12-18; 23,15-16 verglichen mit 22,1-4 und Phim). Seine Sicht der Diskriminierung von Armen, Schwachen, der Minderheit und der Unterdrückten ist klar und deutlich. Der Fremde sollte vollständig in das Gesetz der Liebe und in die soziale Gemeinschaft aufgenommen werden (2Mo 23,9; 3Mo 19,33-34; 5Mo 10,18); vom Gesetz gleichberechtigt behandelt werden (2Mo 12,49; 3Mo 24,22), ins religiöse Leben eingegliedert werden (2Mo 12,48-49; Jes 56,3; Hes 44,9) und vollkommen an Gottes Plan für die Zukunft teilnehmen (Jes 49,6; 52,14-15; Hes 47,22-23; Sach 2,11). Gottes schreckliches Gericht über Israel geschah zum Teil wegen der Art und Weise, wie sie Fremde behandelten (Jer 7,5-7; 22,2-5; Hes 22,7-15; Sach 7,10-14; Mal 3,1-5). Gott selbst steht dafür, den Fremden zu beschützen (4Mo 15,15-16).

Wenn Gott aller Ungerechtigkeit so deutlich entgegensteht, die Ungerechtigkeit eingeschlossen, die durch Klassen- und Rassendiskriminierung entsteht, warum nehmen Christen dann fast überall an ihren eigenen kulturellen Mustern der Diskriminierung teil, anstatt sich mit anderen Gläubigen zusammenzutun, um eine radikale, biblische Gegenkultur der Gerechtigkeit, der Gnade und Einheit zu bilden?

Ursachen für Rassismus

Stolz ist eine Grundursache. Und es ist ein so dummer Stolz, der auf physischen Merkmalen beruht, für die keiner die Verantwortung trägt. Wahrscheinlich beruht jedoch Rassenstolz mehr auf kulturellen Unterschieden als auf rein physischen. Wir verallgemeinern von den sehr realen, tiefgründigen und umfassenden Unterschieden der Kultur und nehmen an, dass die sehr sichtbaren physischen Unterschiede ein unentbehrlicher Teil der Charakteristika der Gruppe sind. Da die Menschen es natürlicherweise vorziehen, sich mit denen zu verbinden, die sie verstehen und mit denen sie übereinstimmen, scheint eine Trennung auf die ein oder andere Weise unvermeidbar. Welche natürliche Verbundenheit von Gruppen legitim ist und welche sündig, wird daher zum gegenwärtigen Dilemma. Es ist die Aufgabe eines Christen und der Gemeinde, daran zu arbeiten, dieses Dilemma mit Weisheit, Mitgefühl und Mut zu lösen. Der Stolz sagt »Unser Weg ist der Beste«, und schließt daraus, dass alle anderen Wege minderwertig sind.

Ignoranz erweitert dieses Urteil dahingehend, dass sie kulturelle Muster mit Hautfarbe identifiziert, und das beobachtete Verhalten von einigen wird verallgemeinert, um die ganze Gruppe zu charakterisieren. »Alle Indianer marschieren in einer einzigen Reihe ... zumindest die, die ich sah.« Stolz und die Ignoranz einer fehlerhaften Logik vereinigen sich also, um zu trennen und zu verletzen.

Zu Stolz und einer ignoranten Verallgemeinerung kommt die Angst als ein Hauptgrund für Rassen- und Klassenstreit, die Angst vor dem Unbekannten. Die Trennungsmuster vergrößern die Unwissenheit darüber, wie die andere Gruppe wirklich ist, und die bereits getroffene Entscheidung, alles als minderwertig zu unserer Lebensweise zu sehen, schafft eine Atmosphäre der Angst, in der die Vorstellung mehr Einfluss hat als die Realität. Eine weitere Angst ist die, durch den »Feind« verletzt zu werden, entweder durch seine vorsätzliche Feindseligkeit oder, indem man durch ihn eines wirklichen oder möglichen Vorteils beraubt werden könnte. Wenn die eigene Person, der Besitz oder die Position durch jemand anderen gefährdet wird, wird die Angst das Verhalten bestimmen, sei sie nun berechtigt oder nicht. Angst kann bewirken, dass ein Mitglied einer machtlosen Minderheit in seiner Einstellung und seinen Taten genauso rassistisch wird wie diejenigen, welche die Macht haben, Ungerechtigkeit aufzuerlegen. So verbinden sich Stolz und Angst oft mit Ignoranz und produzieren die volle Bandbreite von Einstellungen und Taten des Rassismus, von mangelnder Liebe über Hass und Gewalt zu strukturierter Ungerechtigkeit und Mord.

Die Afro-Amerikaner

Manche, wie der verstorbene Tom Skinner, ehemals ein führender schwarzer evangelikaler Prediger, sagen, dass die amerikanischen Rassenprobleme ein Problem der Weißen sind. Unter denen, die diesen Standpunkt vertreten, gibt es mindestens zwei unterschiedliche Schwerpunkte. Einige sagen, dass die Schwarzen und die Weißen heutzutage den Wirbelsturm ernten, den die amerikanischen Vorfahren gesät haben, indem sie Sklaverei betrieben. Die Einstellungen der Weißen und die Verhaltensmuster der Schwarzen, beide destruktiv gegen die Schwarzen, wurden während der 250 Jahre der amerikanischen Sklaverei erzeugt.

Spätere Studien weisen dies zurück und bezeichnen bestehende soziale Strukturen und persönliche Einstellungen als das Problem.[5] Diese Ansicht sieht in den Afro-Amerikanern ein großes Potenzial, aber ein Potenzial, das den meisten Afro-Amerikanern durch ein eng gewebtes soziales Gefüge verwehrt wird, das bei Armut und schlechter Ausbildung anfängt und zu Arbeitslosigkeit, unterbezahlten Jobs und Kriminalität führt.

Andere sagen, dass das Problem im Grunde genommen bei den Schwarzen liegt. Der frühere Standpunkt war, dass die Schwarzen als Rasse minderwertig sind; es war daher für andere angemessen, sie so zu behandeln und für die Schwarzen, ihre unterlegene Rolle zu akzeptieren. Die Evolutionisten des 19. Jahrhunderts bestärkten diese Position, einige religiöse Menschen vertreten sie bis heute, und manche verteidigen sogar die Institution Sklaverei. Vielleicht ist diese Ansicht durch die Studien von Arthur Jensen, Professor aus Berkeley und dem Nobelpreisträger der Stanford University William Shockley und einer Handvoll anderer zu neuem Leben erweckt worden, die auf die Möglichkeit hinweisen, dass geistige Merkmale genetisch gewonnen werden können.[6] Diese Ansicht wurde von einer großen Mehrheit von Verhaltensforschern, die sich weigern, diese Frage auch nur zum Thema wissenschaftlicher Untersuchungen zu machen, mit einem Gefühl von Empörung abgelehnt. Die Schlussfolgerung, zu der ein Großteil amerikanischer Akademiker, die Medien und politische Führer gekommen sind ist, dass die Gesellschaft, vor allem die weiße Mehrheitsgesellschaft, dafür verantwortlich ist, das Umfeld zu verändern (wie bereits gesagt wurde).

Aber eine andere Schlussfolgerung aus der gleichen Theorie der sozialen Konditionierung sagt, dass die Schwarzen die Hauptverantwortung für ihre eigene Befreiung tragen; zumindest kann ihre Befreiung nicht ohne ihre Mithilfe gewonnen werden. Charles Silberman, ein starker Verfechter der schwarzen Bewegung, vertritt diese Meinung:

> Der Schwarze wird nicht dazu in der Lage sein, sich mit den Weißen auf der gleichen Ebene zu messen, bis er es fertiggebracht hat, jede Ahnung von weißer Überlegenheit und schwarzer Unterlegenheit aus seinen Gedanken zu tilgen – bis er wirklich und von ganzem Herzen glaubt, dass er ein freier Mensch ist und sich dementsprechend verhält. In diesem Sinn kann daher nur der Schwarze das Problem des Schwarzen lösen ... Wenn alle Diskriminierung sofort enden würde, würde das allein die Stellung des Schwarzen nicht wesentlich verbessern. Es ist die unangenehme Tatsache, dass zu viele Schwarze unfähig – und unwillig – sind, in einer Gesellschaft ohne Rassentrennung zu konkurrieren.[7]

Wer hat Recht, die Schwarzen oder die Weißen? Der folgende Patt sollte bedacht werden:

> Wenn es Nigger im Himmel gibt, dann möchte ich dort nicht hin (ein führender Kirchenmann in einer privaten Unterhaltung).

> Wir haben damit angefangen, Bilder zu malen, welche die Leute dazu veranlassen werden hinauszugehen und die Schweine [Polizisten] zu töten ... wir werden nicht zögern entweder zu töten oder für unsere Freiheit zu sterben.[8]

Ungeachtet der Wahrnehmung oder der falschen Wahrnehmungen, wie sind wir in diese schreckliche Sackgasse gekommen, wo Schwarze in Ghettos der Armut, der Kriminalität, der Arbeitslosigkeit und der sich auflösenden Familien gefangen sind, während die weißen Christen dies nicht als großes Pro-

> blem sehen? Weiße Amerikaner schätzten Rassismus auf Platz 31 der Probleme, mit denen die Nation zu kämpfen hat ... Schwarze hingegen sagten in der gleichen Umfrage, dass Rassismus Amerikas Problem Nummer Eins sei.[9]

Die starke Spaltung oder Rassentrennung von Seiten der Afroamerikaner schien eine Randbewegung zu sein, als Malcolm X die Sache durch die *Nation of Islam* vorantrieb. Wenige hätten vorausgesehen, dass viele Afroamerikaner in den Neunzigern den Nachfolger von Malcolm X, Louis Farrakhan, als einen Helden der ganzen Rasse sahen. Sein aggressiver Rassismus, der nicht toleriert worden wäre, käme er von Weißen, wird von vielen Afroamerikanern gerechtfertigt und von einem großen Teil der Medien toleriert. Im Kielwasser seiner Führung traten schwarze Sprecher im Fernsehen für Entschädigungszahlungen ein: die einzige Möglichkeit, einen Rassenkrieg abzuwenden; die Aufdrucke auf T-Shirts verlangten 48 Millionen Dollar als gerechte Strafzahlung für die Versäumnis von Entschädigung nach dem Ende des Bürgerkriegs. Eine derartige Rhetorik wird nicht von sehr vielen ernst genommen, nicht einmal von denen, die diese T-Shirts tragen, aber die Bewegung einer neuen Rassentrennung wächst rapide.

Diese schwerwiegenden schwarzen Probleme können nicht vollständig durch menschliche Weisheit und politische Aktionen gelöst werden, nicht nur wegen ihrer immensen Komplexität, sondern weil das Grundproblem die Sünde ist. Deswegen hat die Gemeinde allein die Antwort, aber die Gemeinde hat versagt. Wir wenden uns nun dazu, dieses Versagen zu betrachten.

Man beachte, dass wir Amerikas schwerstes Rassenproblem behandelt haben, aber das darin zugrunde liegende Prinzip lässt sich ebenso auf Juden, amerikanische Ureinwohner, Hispano-Amerikaner und alle anderen ethnischen Gruppen anwenden, die zu Unrecht diskriminiert worden sind.

Rassismus in der Gemeinde

Politisches Handeln ist notwendig, aber nur eine Heilung des Geistes kann eine anhaltende Lösung hervorbringen. Nur das Werk der Wandlung des menschlichen Herzen durch Christus ist dem Problem der Sünde angemessen. Aber das Problem bleibt bestehen: Der Rassismus hat die Gemeinde mit dem gleichen Virus infiziert. Tatsächlich ist es so, dass die Spannung innerhalb der Gemeinde noch heftiger ist und einer Heilung weniger nahe als außerhalb. Wie kann die Gemeinde ihre eigenen Mitglieder reinigen und heilen und dann Gottes Werkzeug zur Reinigung und Heilung der Gesellschaft werden?

Die neue Geburt. Nur neue Menschen können eine neue Gesellschaft gründen. Aber dies geschieht nicht automatisch durch die Mitgliedschaft in einer Gemeinde.

Die schwersten Rassenprobleme traten in den Südstaaten und in Südafrika auf, wo die Rate der wiedergeborenen Gemeindemitglieder hoch ist. Historisch gesehen haben schwarze Christen, die unter weit stärkerer Provokation leiden mussten, rassistische Vorurteile eher überwunden als Weiße, wobei sich dies zu ändern scheint. Wie kann man Christen dazu bringen, sich wie Christen zu verhalten?

Lehre. Die Gemeinde hat die Verantwortung, die Wahrheit zu lehren, dass wir alle eins in Jesus Christus sind (Gal 3,26-28; Eph 2,11-14; 4,3-4; Kol 3,10-11). Aber da die Meinungen so sehr in der Kultur verwachsen und unbewusst vorhanden sind, muss die Gemeinde ihre Wahrheit kompromisslos anwenden und auf die hinterlistigen Auswüchse rassistischer Vorurteile und auf Gottes Hass über diese Sünde gegen die Einheit des Leibes hinweisen.

Persönliche Beziehungen. Die Lehre muss in der persönlichen Beziehung von Schwarzen und Weißen bei der Arbeit, in der Gemeinschaft, zu Hause und in der Gemeinde aktiviert werden. Die liebevolle Gemeinschaft, die vom Vater für die Mitgliedern seiner Familie vorgesehen war, muss gelebt werden. »Lehre« beinhaltet selbstverständlich geistliche Aufsicht, so dass die Mitglieder der Gemeinde Disziplin lernen, das zu leben, was gelehrt wird.

Wirklich erneuerte Menschen, die durch die Schrift gelehrt und diszipliniert werden, die Feingefühl gegenüber der Heiligen Schrift haben und dem Herrn der Gemeinde gegenüber gehorsam sind, können einen Unterschied machen. Schwarze und weiße Menschen dieser Art können gottesfürchtige, persönliche Beziehungen aufbauen und eine kulturell gebundene Gemeinde aufwecken. Die erweckte, befreite Gemeinde kann die Allgemeinheit darin beeinflussen, eine gerechtere und gütigere Gesellschaft zu bauen.

Struktur und Programm. Die Gemeinde muss nicht nur lehren und Einzelnen dabei helfen, den richtigen Weg zu finden, sie muss jeden direkten oder indirekten Gemeindegrundsatz der Rassendiskriminierung auslöschen.

Bestätigende Taten. Es wäre absurd, darauf zu bestehen, dass jeder, der eine andere Sprache spricht, derselben örtlichen Gemeinde angehören muss, wenn es für mehr als eine Sprachgruppe eine Gemeinde gibt. Es gibt auch andere »Sprachen« – kulturelle und theologische. Die Praxis der Anbetung unterscheiden sich radikal, und verschiedene grundsätzliche Themen sind den Menschen wichtig. Sind alle gezwungen, die gleiche örtliche Gemeinde zu besuchen, wenn es mehr als eine Form der Gemeinschaft gibt? Bedeutet »bestätigende Taten« zum Beispiel, dass die Schrift von jeder afroamerikanischen Gemeinde verlangt, Weiße so lange aggressiv zu rekrutieren, bis es ein Gleichgewicht der Rassen gibt, das der

Gesellschaft im Ganzen entspricht? Ich glaube, dass dies über die biblische Forderung hinausgeht. Andererseits ist dies, obwohl Gemeinden und andere Gruppen dazu neigen, sich innerhalb der kulturellen Verträglichkeit zu entwickeln, keine Berechtigung für die Kirche, formelle oder informelle Hindernisse gegen eine vollständige Teilnahme in den Weg zu stellen, sei es das Ansehen der Rasse, des sozialen Status oder eines anderes Merkmals, das nicht auf Moral beruht.[10]

Wir müssen jedoch kompromisslos für die Einheit des Leibes Christi arbeiten und uns zusammen um die Ankunft des Reiches Christi bemühen, in dem es keine Barrieren zwischen Schwarz und Weiß, hoher und niedriger Klasse, Mann und Frau, reich und arm geben wird.

Ein weiterer Beweis für Rassismus in der Gemeinde waren die patriarchalen, wenn nicht kolonialistischen Einstellungen und Beziehungen vieler Missionare in der Vergangenheit. Dies wurde in einigen Fällen durch einen neuen Rassismus ersetzt, einen Nationalismus, der unter einigen kirchlichen Führern in nicht-westlichen Nationen Anti-Weiße-Haltungen verursacht hat. Beide Arten von Rassismus sind derer, die Christen genannt werden, nicht würdig.

Die Prinzipien, die für den Rassismus in der amerikanischen Gemeinde gelten, sind genauso gut auf das viel weiter verbreitete weltweite Problem der Klassengesellschaft anwendbar, oder darauf, unchristliche Diskriminierung auf Grund des sozialen Status einer Person zu machen. Stammeskriege auf dem afrikanischen Kontinent zum Beispiel und das Kastensystem, das Hunderte von Indern in demütigenden Ketten hält, lassen das Übel des Rassismus in Nordamerika im Vergleich erblassen. Dennoch sind wir nicht für die Sünden der anderen, sondern für unsere eigenen verantwortlich. Und gemessen an dem zugefügten Leid ist Rassismus in den Vereinigten Staaten ein schmerzhaftes persönliches und soziales Übel.

Abtreibung und Kindstötung

Ungewollte Kinder und ungewollte Föten sind getötet worden, solange man denken kann, sowohl dann, wenn das Töten legal war, als auch, wenn es illegal war. Bis vor kurzem hat die Gemeinde nie ernsthaft über die Moral der Kindstötung, aus welchem Grund diese auch immer geschah, diskutiert. Doch weil seit kurzem neue Konzepte über »Persönlichkeit« und »Lebensqualität« in die Abtreibungskontroverse eingeführt wurden, werden jetzt auch Neugeborene in die Debatte einbezogen. Trotzdem gibt es für die Ethiker, welche die gesamte Autorität der Schrift anerkennen, keinen Platz für eine Ansicht, die das Töten von Säuglingen rechtfertigt, egal wie behindert oder ungewollt sie sind. Das Leben eines Kindes mit voller Absicht zu beenden ist nach dem strenggläubigen christlichen Glauben Mord.

Da viele der Argumente, welche die weit verbreitete und fatale absichtliche medizinische Nichtversorgung von Neugeborenen oder das tatsächliche Töten eines Kindes rechtfertigen sollen, denen der Abtreibungsbefürworter identisch sind, und weil bibeltreue Christen die Unmoral des Tötens einer unschuldigen Person nicht bestreiten, lassen wir die Frage der Kindstötung auf sich beruhen und wenden uns direkt der Frage der Abtreibung zu.

Um den Kontext klar zu stellen, sollte man die Stadien der menschlichen Entwicklung betrachten.

1. *Sperma.* Es gibt zwischen 250 und 300 Millionen Spermien bei einer einzigen Ejakulation.
2. *Zygote.* Ein Sperma und eine Eizelle vereinigen sich (Empfängnis) innerhalb von 48 Stunden nach dem Geschlechtsverkehr, und die befruchtete Eizelle tritt ihre vier bis sechs Tage lange Reise durch den Eileiter an, um sich in den Uterus (Gebärmutter) einzupflanzen. Bis zu der Hälfte aller Eizellen schafft die Einpflanzung nicht.
3. *Embryo.* Die befruchtete Eizelle (Zygote) oder das Ei ist eingepflanzt und der Embryo in seiner individuellen Lebensform etabliert, obwohl sich 4 Prozent aller Zwillinge *nach* der Einpflanzung trennen.
4. *Fötus.* Der Embryo hat alle physischen menschlichen Eigenschaften nach ungefähr acht Wochen entwickelt und wird von da an bis zur Geburt Fötus genannt.
5. *Säugling.* Nach der Geburt in die physische Unabhängigkeit von der Mutter ist der Säugling im Gegensatz zu den meisten Tieren zum Überleben immer noch total abhängig von anderen.
6. *Kind*
7. *Jugendlicher*
8. *Erwachsener*

Das Töten eines Menschen in den Stadien 5 (Säugling) bis 8 (Erwachsener) ist in der Kirchengeschichte durchgängig als Verletzung des sechsten Gebots angesehen worden. Spermien zu töten (Stadium 1) oder die Empfängnis zu verhüten ist von der römisch-katholischen Kirche als sündig abgelehnt worden, nicht aber von den meisten protestantischen Kirchen.[11] Die Kontroverse tobt zwischen Stadium 2 (Zygote) und Stadium 4 (Fötus) der menschlichen Entwicklung.

Der Beginn des Lebens

Der springende Punkt dieser Angelegenheit ist die Frage: In welchem Stadium beginnt der unsterbliche Mensch?

Vielleicht ist »Seele« die theologische Entsprechung der weltlichen »Person«. Historisch gesehen hat die Kirche das Thema der »Beseelung« diskutiert – ab wann besitzt der physische Körper eine Seele? Wird sie durch die biologische Generationenfolge von den Eltern weitergegeben? Oder gibt es eine Einheit, die »Seele« genannt wird und getrennt vom Körper existiert? Erschafft Gott eine Seele und »pflanzt« sie dem menschlichen Körper ein? Wenn ja, in welchem Stadium tut er das? Bei der Empfängnis? Bei der »Vereinigung« Bei der Geburt? Die Theologen sind sich nicht einig, weil die Schrift nichts sagt.

Die Frage nach dem Anfang der »Seele« ist für den Christen die Schlüsselfrage, denn er möchte wissen, ab wann das sich entwickelnde menschliche Wesen eine unsterblichen Seele besitzt. *Das* ist der Moment, in dem das menschliche Leben wirklich beginnt. Werden alle Spermien, welche die Eizelle nicht erreichen, wie ein Mensch in der Ewigkeit leben? Was passiert mit spontan abgegangenen Zygoten (befruchtete Eizelle) und Embryos? Werden sich nur Föten, welche die Geburt lebendig erreichen, als unsterblich herausstellen? Sogar die Vorstellung von dem, was der Begriff *Seele* bedeutet, ist aus den Angaben in der Bibel schwer zu bestimmen, ganz zu schweigen davon, ab wann die Seele da ist. Da die Bibel nichts direkt dazu sagt, wann die »Beseelung« stattfindet, sind wir, wenn wir entdecken wollen, wann das menschliche Leben beginnt, auf rationale Schlussfolgerung dessen angewiesen, was die Schrift über das Ungeborene sagt, und auf die Fakten wissenschaftlicher und philosophischer Ethik.

Aufgrund der jüngsten Fortschritte in unserem Wissen über das ungeborene Leben stimmen so gut wie alle überein, dass die Zygote (das befruchtete Ei) lebt und menschlich ist. In den siebziger Jahren stellten einige Abtreibungsbefürworter die Behauptung auf, dass der Embryo nur ein Gewebe oder ein Organ der Mutter ist, wie ihr Blinddarm, bevor das Gewicht der wissenschaftlichen Beweise erdrückend wurde. Im Grunde genommen stimmen alle überein, dass Zygoten, Embryos und Föten Individuen der menschlichen Spezies sind. Der einzigartige DNA-Code der Zygote bestimmt bereits seine unabhängige Existenz, den Prozess der Schwangerschaft eingeschlossen. Die Debatte hat sich daher von der Frage danach, wann das menschliche Leben beginnt, zu der Frage nach dem Wert der verschiedenen Lebensformen verschoben.

Der Wert des Lebens

Da Ungeborene schon eine Form des menschlichen Lebens sind, vertreten viele aus der Bewegung der Abtreibungsgegner die Ansicht, dass die Abtreibung der Zygote, des Embryos oder des Fötus eine Art von Mord ist und von einer moralischen Gesellschaft verboten werden müsste. Am anderen Extrem sind jene, die dafürhalten, dass es Unterschiede im Wert des menschlichen Lebens gibt und dass nicht alle menschlichen Wesen »Persönlichkeiten« sind. 1973 bewirkte der Richter Harry Blackmun mit dem Richterspruch des Falls *Roe versus Wade* des Supreme Court einen Wendepunkt, indem er den Gedanken einer »nützlichen Lebensform« einführte. Ein Leben zu beenden, das nicht nützlich ist, ist nicht nur erlaubt, sondern sogar obligatorisch für einen ethisch vernünftigen Menschen. Der Schlüsselaspekt, so heißt es, ist die »Qualität des Lebens«, nicht die »Unantastbarkeit des Lebens«. Zwischen diesen entgegengesetzten Ansichten schwankt die Mehrheit der Spezialisten und einfachen Leute in Amerika.

Das Recht zu wählen

Die Befürworter der Abtreibung sagen, dass Abtreibung im Amerika des neunzehnten Jahrhunderts gang und gäbe war, bis die medizinischen Vereinigungen eine Kampagne starteten, um dies aus Gründen des professionellen Eigennutzes unter ihre Zuständigkeit zu nehmen, und dass der etwas mildere zeitgenössische Blick auf Abtreibung durch einen britischen Parlamentsbeschluss von 1967 hervorgerufen wurde, der uns lediglich wieder zur »Normalität« zurückführte. Diese Lesart der Geschichte ist fragwürdig. Erstens war die Aktion der medizinischen Vereinigungen im letzten Jahrhundert moralischer Natur und basierte auf dem neuen medizinischen Beweis, dass das menschliche Leben vor der »Vereinigung« von Samen- und Eizelle begann. Zweitens passierten die zeitgenössischen Bewegungen zur Liberalisierung der Abtreibungsgesetze nicht einfach so spontan.

Das humanistische Manifest I, die Magna Charta des liberalen Establishments, befürwortete Abtreibung und Euthanasie in den Dreißigerjahren sehr. Außerdem machte die Frauenbewegung Abtreibung schon früh zu einem Schlüsselthema. Tatsächlich bewegten die großen Strömungen der zeitgenössischen Geschichte die Gesellschaft unaufhaltsam in Richtung der Liberalisierung von Abtreibung.

Zuerst kam der Naturalismus, der den Menschen bloß als ein Tier sah, dann der Humanismus, der den autonomen Verstand des Menschen zur alleinigen Grundlage für Werturteile erklärte, und schließlich die Ethik der Pflicht sich selbst gegenüber, die den Eigennutz zum Mittelpunkt aller Werte machte. Abtreibung zum Eigennutz der Mutter schien die einzig vernünftige Entscheidung. Die Richtung war so klar, dass ich 1970 im öffentlichen Radio vorhersagte, dass Abtreibung bald legalisiert würde und Euthanasie bald danach folgen werde. Woher ich das wusste? Ich las vierteljährlich *The Humanist* und wusste, was Sache war.

Es hat sich ein ganz neues Vokabular entwickelt: Eine ungewollte Schwangerschaft ist »Gewalt gegen den Körper einer Frau«, »das Eindringen in den körperlichen Raum einer Frau«. Es darf keinen »Zwang zum Gebären« geben, und jede Frau muss ihr Recht zur »optimalen Wahl der Fortpflanzung« bekommen. Schließlich ist der Fötus kein vollständiger Mensch wie die Frau. Die Autorin Beverly Harrison, eine Befürworterin der Abtreibung, stellt es so dar:

> Die Frage »Wann beginnt das menschliche Leben?« oder ... die präzisere moralische Frage »Wann sollen wir dem sich entwickelnden fötalen Leben den vollen Menschenwert zugestehen?« ist aus Gründen, die nichts mit dem moralischen Konsens zu tun haben, zum Angelpunkt der Debatte über die Moral von Abtreibung geworden. Der moralische Status des fötalen Lebens ist einfach nicht die offensichtliche Tatsache, die viele Abtreibungsgegner gelten lassen. Die Schlussfolgerung zu treffen, dass das fötale Leben, das, zugegeben, eine *Art* des menschlichen Lebens ist, bereits ein vollwertiges menschliches Leben ist, ist nicht zwingend. Denn die Behauptung des inneren Wertes des Menschen und die Opposition gegen das Töten sind die am *geringsten* kontroversen Aspekte der moralischen Debatte; die Frage nach dem Wert des fötalen Lebens ist zum Herzstück geworden, an dem alles andere zu hängen scheint.[12]
>
> Eine Wahl der Frau für oder gegen die Fortpflanzung ist grundlegend für ein angemessenes Verständnis dessen, was eine gute Gesellschaft ausmacht. Veränderte soziale Bedingungen der Fortpflanzung sind für das Wohlbefinden der Frau absolut entscheidend. Keine Gesellschaft, die Frauen auf der Ebene der Fortpflanzung nötigt, kann moralische Angemessenheit für sich in Anspruch nehmen.[13]

Aus dieser Sicht hat jede Frau ein unverletzbares Recht auf ein Privatleben (darauf, ihre eigene Entscheidung zu treffen, unabhängig von anderen), und dies war die Grundlage für die Entscheidung *Roe versus Wade*. Sie hat außerdem das Recht auf wirtschaftliches, emotionales und physisches Wohlbefinden und darauf, nur ein gewünschtes Kind zu bekommen.

Persönlichkeit

Wenn beide Seiten sich darüber einig sind, dass eine vollwertige menschliche Person ihr Recht darauf haben sollte – beschützt vor den Forderungen eines geringeren Rechtes einer anderen Person – weiterzuleben, wie kann man dann »vollständig menschlich« oder »Persönlichkeit« definieren?

Viele Eigenschaften sind vorgeschlagen worden, die meisten davon psychologisch oder soziologisch, nicht biologisch. Eine Person, heißt es, ist sich ihrer selbst bewusst, besitzt die Fähigkeit, ihren Blick in die Zukunft zu richten und zu verstehen, was fortlaufende Existenz bedeutet, sie ist sich anderer bewusst und wird »sozialisiert«. »Eine Person ist jemand, der die Fähigkeit besitzt, selbst bestimmte, bewusste Entscheidungen zu treffen und unabhängig von anderen zu überleben.« Das Problem mit psychologischen und sozialen Kriterien für die Definition von Persönlichkeit ist, dass Säuglinge, Schwerbehinderte und viele ältere Leute diese Kriterien nicht erfüllen können und somit entbehrlich würden, wenn sie zu einer Last werden oder die Rechte der echten »Personen« einschränken. Sogar die allgemein anerkannten Anzeichen von Gottes Abbild – begriffliches Denken, verständliches Sprechen, liebevolle Beziehungen, moralisches Bewusstsein – würden Kleinkinder, alte Leute und viele behinderte Menschen disqualifizieren. Und das ist genau der Grund, warum Euthanasie, Kindstötung und Abtreibung in den Gedanken der Verfechter des »Wert des Lebens« zusammenhängen. Tatsächlich war es eine politische Entscheidung, welche die Kampagne für das Recht auf Abtreibung von der ehemals gemeinsamen Kampagne von Abtreibung und Euthanasie abgespalten hat. Die Führung schlussfolgerte, dass die Legalisierung von Abtreibung einfacher erlangt werden könnte, so dass sie die Euthanasie-Kampagne zunächst fallen ließen. Damit hatten sie Recht.

Die Definition von »nützlichem Leben« als Grundlage für das gesetzlich garantierte Recht auf Leben ist kein neues Konzept. Leo Alexander, Direktor des neurobiologischen Bereichs der Abteilung für psychiatrische Forschung im *Boston State Hospital* und ehemaliger Hauptberater für Kriegsverbrechen in Nürnberg, dokumentierte die erstaunliche Entwicklung medizinischer Erkenntnisse in Deutschland zwischen den beiden Weltkriegen:

> Das führende philosophische Prinzip ... der Nazis war insofern an Hegel orientiert, als das, was als »rationale Nützlichkeit« (was ist nützlich?) bezeichnet wird und die entsprechende Doktrin und Planung die moralischen, ethischen und religiösen Werte ersetzt hatte. Die medizinische Wissenschaft in Nazideutschland kollaborierte mit diesem Hegelschen Trend vor allem in den folgenden Unternehmungen: der Massenvernichtung der chronisch Kranken im Interesse der Einsparung von »nutzlosen« Ausgaben für die Gemeinschaft als Ganzes; die Massenvernichtung derer, die sozial störend oder rassisch und ideologisch ungewollt waren; die individuelle, unauffällige Vernichtung jener, die der herrschenden Gruppe gegenüber unloyal erschienen; und das rücksichtslose Verwenden von »menschlichem Versuchsmaterial« in medizinisch-militärischer Forschung. Man bedenke, Ärzte nahmen an dieser Planung teil ... Dies alles geschah vor Hitler. Und es lag in den Händen der Mediziner.[14]

Malcolm Muggeridge beschreibt das gleiche Phänomen und weist darauf hin, dass der Prozess mit dem Konzept des »Wert des Lebens« begann und zunächst nur auf die chronisch Schwerkranken angewandt wurde, aber er wurde nach und nach erweitert, bis es, unter Hitler, zum Holocaust wurde.

Solche elitären Definitionen von echter Persönlichkeit oder »wertvollem Leben« führten letztendlich nicht nur zu dem Versuch, das jüdische Volk auszulöschen, in einem früheren Jahrhundert führten sie auch zu der Versklavung einer riesigen Anzahl schwarzer »Nichtpersonen«. Es war die Auswirkung des *Dred-Scott*-Urteils durch den Supreme Court (1857), den Obersten Gerichtshof, dass einige als subhuman oder weniger wert definiert wurden und dies wurde die Grundlage für die amerikanische Rechtfertigung der Sklaverei. Heute wird sie dazu verwendet, die Abtreibung ungeborener Kinder zu rechtfertigen.

Die psychologischen und sozialen Definitionen dessen, was ein echtes, volles, würdiges und nützliches menschliches Wesen ausmacht, sind von bibeltreuen Ethikern nicht akzeptiert worden, weil die Schrift menschliches Leben nirgendwo auf diese Weise bewertet, und auch deswegen, weil solche Versuche sich als hoffnungslos dehnbar herausgestellt haben. Für die Definition von *Person* ist unter Ethikern kein Konsens erreicht worden. In den Gesellschaften, die ein menschliches Wesen psychologisch und sozial definieren, haben sich keine Grenzen für die sich immer erweiternden Kategorien des »unnützen« menschlichen Lebens als möglich erwiesen. Daher neigen die Ethiker, die gegen die Abtreibung sind, dazu, Definitionen für das menschliche Leben eher aus biologischen Gesichtspunkten als aus psychologischen oder soziologischen zu suchen: An welchem Punkt zeigt die Wissenschaft, dass eine unabhängige menschliche Existenz begonnen hat?

Biologische Beweise

Einige haben gesagt, dass ein Kind zu einer lebendigen Seele wird, wenn Gott ihm den Lebensodem einhaucht (vermutlich bei der Geburt). Aber tatsächlich hat das ungeborene Kind eine eigene Art zu »atmen« oder das lebenserhaltende Oxygen aufzunehmen, und es gibt wenige, die sagen, dass es einen bedeutenden biologischen Unterschied zwischen einem Fötus im letzten Stadium und einem Neugeborenen gibt. Keines von beiden kann ohne die Hilfe von anderen überleben, und beide können es mit dieser Hilfe. Die Medizin fährt fort, den Zeitpunkt der »Lebensfähigkeit« immer früher anzusetzen, wann ein Kind außerhalb des mütterlichen Körpers überleben kann. Mit der Entwicklung eines künstlichen Uterus scheint es tatsächlich fast keine Grenzen mehr dafür zu geben, was als lebensfähiger Fötus oder sogar Embryo angesehen wird.

Die Abtreibungsgegner vertreten daher normalerweise die Ansicht, dass ein vollständiges menschliches Leben bei der Empfängnis beginnt, dass das Recht auf Leben einer Zygote über den Rechten der Mutter steht, außer vielleicht ihrem eigenen Recht zu leben. Diese Ansicht mag ein Problem darstellen, da eine Zygote sich teilen und zu Zwillingen werden kann. Manche sagen, dass sich vielleicht auch die Seele teilt. Sogar der Embryo kann sich teilen, und deswegen sagen andere, dass so, wie der Tod als die Beendigung von Herz- und Hirnaktivität definiert wird, das Leben mit Herz- und Hirnaktivität beginnt. Hirnströme sind schon sechs Wochen nach der Empfängnis gemessen worden.

Bernard Nathanson, ein Atheist und ehemals ein führender Vertreter und Durchführer von Abtreibungen, empfand eine derartige Abscheu bei der hässlichen Gewalt, die dabei angewandt werden muss, dass er ein führender Vertreter der Antiabtreibungsbewegung wurde. Er produzierte den Film *Silent Scream (Stummer Schrei)*, in dem er demonstrierte, dass erste neurologische Funktionen schon ab der sechsten Woche da sind, und dass der Embryo-Fötus zu diesem Zeitpunkt schon Schmerz empfinden kann. Obwohl dies angefochten wird, stimmen alle darin überein, dass alle biologischen menschlichen Funktionen ab dem zweiten Trimester (zwölf Wochen) vorhanden sind. Ab diesem Zeitpunkt kann der kleine Mensch seine Position verändern, auf Schmerz reagieren, an seinem Daumen lutschen und einen Schluckauf bekommen.

Nach diesem kurzen Überblick der biologischen Fakten, die bisher bekannt sind, scheint es offensichtlich, dass es keine klare, logische Abgrenzung in der Entwicklung des menschlichen Lebens von der Empfängnis bis zum Erwachsenenalter gibt. Auch wenn argumentiert wird, dass einem Embryo noch wesentliche menschliche Merkmale fehlen, wie z. B. Hirnaktivität, kann man doch nicht sagen, dass das Leben eines Fötus (von zwei bis drei Monaten bis hin zur Geburt) biologisch unterscheidbar ist von dem Leben, das er nach der Geburt erfahren wird.

Von einem biologischen Blickpunkt aus betrachtet, gibt es also zwischen der Abtreibung eines Fötus und dem Mord an einem Kind wenig Unterschied. Ein Embryo, und insbesondere eine Zygote, ist qualitativ anders, und es mag sein, dass es nicht möglich ist, kategorisch zu beweisen, dass ein volles biologisch-menschliches Leben zu diesem Zeitpunkt besteht. Aber es wäre unmöglich zu beweisen, dass die Zygote oder der Embryo keine volle menschliche Existenz besitzt. Die Last der Beweise liegt bei denen, die leugnen, dass das Leben voll menschlich ist und daher die Beendigung dieses Lebens erlauben. Dieses Argument wurde von Ronald Reagan in seinem Buch *Abortion and the Conscience of the Nation* genannt.

> Jeder, der sich nicht sicher ist, ob wir von einem zweiten menschlichen Leben sprechen können, sollte unbedingt im Zweifelsfall zu Gunsten des

> Lebens entscheiden. Wenn man nicht weiß, ob jemand tot oder lebendig ist, würde man ihn nicht begraben.[15]

Mit beredter Einfachheit umreißt er das Thema:

> Die wirkliche Frage heutzutage ist nicht, ob das menschliche Leben beginnt, sondern: *Was ist der Wert von menschlichem Leben?* Der Abtreibungsarzt, der die Arme und Beine eines winzigen Babys zusammenliest, um sicherzugehen, dass alle seine Teile aus dem Körper der Mutter herausgerissen worden sind, kann kaum bezweifeln, dass es sich um ein menschliches Wesen handelt.[16]
>
> Jeder Recht Sprechende, jeder Arzt und jeder Bürger muss erkennen, dass die wahre Frage ist, ob man die Unantastbarkeit allen menschlichen Lebens anerkennen und beschützen soll, oder ob man eine soziale Ethik annimmt, wo manches menschliche Leben wertgeschätzt wird und anderes nicht. Als ein Volk müssen wir uns zwischen der Ethik der Unantastbarkeit des Lebens und Ethik der »Qualität des Lebens« entscheiden.[17]

Der Präsident hatte das Gefühl, dass nicht nur den Millionen von Ungeborenen, denen ein weiteres Leben verwehrt war, Schaden zugefügt wurde, sondern auch den abtreibenden Müttern und Ärzten, die an den Folgen der moralischen Abstumpfung litten und auch der ganzen Gesellschaft. Wie Malcolm Muggeridge in seiner Einführung sagt: »Das Thema Abtreibung ist bei weitem das Wichtigste, das derzeit der so genannten westlichen Zivilisation gegenübersteht.«[18]

Das Gewicht der Beweise scheint eher bei den biologischen Argumenten jener zu liegen, welche die Heiligkeit des Lebens vertreten, als bei den psychologischen und soziologischen Argumenten jener, welche die Position der Qualität des Lebens vertreten. Aber was sagt die Bibel über dieses Thema? Schließlich ist die Abtreibungsfrage letztendlich theologisch und moralisch.

Biblische Beweise

Die Schrift spricht das Thema Abtreibung nicht direkt an. Das bedeutet jedoch nicht, dass Gott dieses Thema egal wäre, genauso wenig wie der Mangel an direkter Lehre über Völkermord, Selbstmord oder Euthanasie in der Bibel darauf hinweist, dass diese Taten moralisch neutral sind. *»Du sollst nicht töten«* ist das übergeordnete Prinzip, und dies deckt alle Formen hinsichtlich der Beendigung eines unschuldigen Lebens ab. Wenn jedes moralische Prinzip der Schrift universal normativ ist, es sei denn, die Bibel selbst grenzt die Anwendung ein, auf welche Ausnahmen zum sechsten Gebot wird dann in der Schrift hingewiesen? Ausnahmen sind nur gerechtfertigte Kriegsführung, Todesstrafe und Selbstverteidigung, wie wir später sehen werden. Jede andere Tötung fällt unter das Verbot. Die einzige Frage zu Abtreibung ist also, ob das ungeborene Leben eine unsterbliche Seele besitzt, die das Bildnis Gottes trägt.

Die ernsthaftesten Diskussionen zu biblischen Beweisen für oder gegen die Abtreibung drehen sich um 2. Mose 21,22-25. Wenn zwei Männer miteinander kämpfen und dabei eine schwangere Frau verletzt wird, so dass der Fötus »abgeht«, wird eine Bestrafung für den Folgeschaden verlangt. Liegt der Schaden bei der Mutter, dem ungeborenen Kind oder bei beiden? Die Frage wurde heiß diskutiert.[19]

Die Mehrheit der Gelehrten sagt, dass die Verletzung der Mutter gemeint ist, aber Luther und Calvin zu ihrer Zeit sowie jüdische Gelehrte heutzutage halten dafür, dass die Verletzung des Fötus ebenfalls das *Lex Talionis* verlangt, die Bestrafung Auge um Auge, inklusive der Todesstrafe im Falle des Todes. Ein derart unklarer und heiß diskutierter Abschnitt kann kaum dazu verwendet werden, den Status des Ungeborenen mit der unanfechtbaren biblischen Autorität durchzusetzen.

Wir sind daher auf die Stellen angewiesen, die über Gottes Sicht auf das Leben vor der Geburt sprechen. Am deutlichsten wird dies vielleicht in Psalm 139,13-16:

> *»Denn du bildetest meine Nieren. Du wobst mich in meiner Mutter Leib. Ich preise dich darüber, dass ich auf eine erstaunliche, ausgezeichnete Weise gemacht bin. Wunderbar sind deine Werke, und meine Seele erkennt es sehr wohl. Nicht verborgen war mein Gebein vor dir, als ich gemacht wurde im Verborgenen, gewoben in den Tiefen der Erde. Meine Urform sahen deine Augen. Und in dein Buch waren sie alle eingeschrieben, die Tage, die gebildet wurden, als noch keiner von ihnen da war.«*

Die Bibel spricht durchgängig von Empfängnis, wenn sie vom Anfang der persönlichen Geschichte spricht. 1. Mose 4,1 sagt: *»Und der Mensch erkannte seine Frau Eva, und sie wurde schwanger und gebar Kain.«* Hiob klagte: *»Vergehen soll der Tag, an dem ich geboren wurde, und die Nacht, die sprach: Ein Junge wurde empfangen!«* (Hi 3,3). David verfolgte die Spur seiner Sündhaftigkeit zurück bis zur Empfängnis und erkannte an: *»In Sünde hat mich meine Mutter empfangen«* (Ps 51,7).

Ein interessanter Bericht über fötales Leben wird in Lukas 1 gegeben. Johannes der Täufer, ein Fötus von sechs Monaten, hüpft vor Freude (1,44) bei der Ankunft seines Cousins Jesus, der aller Wahrscheinlichkeit nach eine Zygote war, höchstens aber ein Embryo. Elisabeth spricht Maria mit *»die Mutter* *meines Herrn«* an, nicht mit »die zukünftige Mutter meines möglichen Herrn«. Bei dem dramatischen Bericht über vier Leute, zwei Mütter und ihre ungeborenen Söhne, die miteinander in Beziehung treten, fällt es schwer, die Frage zu unterdrücken: Wenn Maria als schwangere, unverheiratete junge Frau einen Abtreibungsversuch unternommen hätte, was wäre abgetrieben worden – ein mögliches menschliches Wesen oder der ewige Sohn Gottes?

Die häufigen Bezüge in der Schrift auf Gottes Interesse und seinen Ruf an Menschen, die noch im Körper ihrer Mütter sind, sollte ein überzeugender Beweis dafür sein, dass Gott sie schon vor der Geburt als »vollständige Menschen« ansieht, abgesehen von der Tatsache, dass die Schrift, eine ähnliche Wortwahl über Menschen vor ihrer *Empfängnis* verwendet: *»Ehe ich dich im Mutterschoß bildete, habe ich dich erkannt, und ehe du aus dem Mutterleib hervorkamst, habe ich dich geheiligt«* (Jer 1,5). Tatsächlich wurden die Seinen zu Gottes Plan vor Grundlegung der Welt auserwählt (Eph 1,4). Nichtsdestotrotz, das Übergewicht an Beweisen zeigt, dass die Schrift das ungeborene Kind als jemanden mit einer individuellen Persönlichkeit ansieht.

Eine weitere Beweisführung deutet auf Identität von Leben sowohl vor als auch nach der Geburt hin. Sowohl im Hebräischen als auch im Griechischen wird ein einziges Wort sowohl für den Fötus als auch für das Kind verwendet.

> Das hebräische Wort *yeled*, das für Kinder allgemein verwendet wird, wird in 2. Mose 21,22 auch für Kinder im Mutterleib verwendet. Das griechische Wort *brephos* wird in Apostelgeschichte 7,19 auf die kleinen hebräischen Kinder bezogen, die auf Befehl des Pharao umgebracht wurden, und in Lukas 1,41.44 auf Johannes den Täufer, als er sich noch im Leib seiner Mutter befand. Dieser Gebrauch weist darauf hin, dass die biblischen Schreiber eine Kontinuität zwischen dem Leben vor und dem Leben nach der Geburt sahen.[20]

Es sollte erwähnt werden, dass wichtige Dokumente aus dem zweiten Jahrhundert, die von der Kirche anerkannt wurden, obwohl sie nicht zur Bibel gehören, die Abtreibung klar verbieten. Michael Gorman hat zwei von ihnen identifiziert:

> Liebe deinen Nächsten wie dich selbst ... Du sollst kein Kind durch Abtreibung ermorden oder ein Neugeborenes töten. *(Didache)*

> Du sollst deinen Nächsten mehr als dein eigenes Leben lieben. Du sollst kein Kind durch Abtreibung ermorden oder ein Neugeborenes töten. (*Brief des Barnabas*) [21]

Die Bibel beantwortet die Frage »Hat der Fötus eine unsterbliche Seele?« nicht direkt. Aber die Folgerungen aufgrund der Beweise in vielen Abschnitten, die von dem Ungeborenen sprechen, sind ganz klar auf der Ja-Seite. Das sehr schwache Argument des Schweigens ist alles, was für ein Nein spricht. Die moralische Frage ist daher, ob es akzeptabel ist, einem Wesen das Leben zu nehmen, das fast ganz sicher eine unsterbliche Seele besitzt und nach dem Bild Gottes geschaffen wurde. So, wie wir annehmen müssen, dass eine bewusstlose Person lebt, und sie nicht für tot erklären, bevor es sichere Beweise gibt, so ist es auch mit dem ungeborenen Kind. Die Beweise der modernen biologischen Forschung bekräftigen die biblischen Beweise dafür, dass das Leben des Fötus so heilig behandelt werden sollte wie das Leben eines Kindes.

Abtreibung als Mord

Sollte eine Person, die eine Abtreibung durchführt oder darum bittet, den gleichen Strafen unterliegen wie jemand, der ein Kind oder einen Erwachsenen tötet? Warum geben wir einem fehlgeborenen Embryo keinen Namen und halten ihm keine Begräbnisfeier? Warum trauern Eltern nicht auf die gleiche Weise, besonders wenn eine spontane Fehlgeburt in einem frühen Stadium auftritt?[22] Wir dürfen kein rein menschliches Urteil anwenden, um den relativen Wert verschiedener Leben zu bestimmen, aber die Schrift weist darauf hin, dass in der mosaischen Gesellschaft unterschiedliche Werte unter den Menschen existierten. Das bedeutet nicht, dass Gott jedes Menschenleben auf diese Weise bewertet, denn das Neue Testament lehrt uns, dass es in Christus keinen Unterschied zwischen reich und arm, frei oder unfrei, Jude oder Nichtjude gibt. Dennoch war die Strafe für Verletzung oder Tod nicht die gleiche für einen jüdischen Freien wie für einen Sklaven (3Mo 19,20), oder, was das betrifft, für Frauen und Kinder.

Obwohl das Neue Testament es uns nicht erlaubt, derlei Unterscheidungen zu machen, kann diese mosaische Unterscheidung uns als Muster dafür dienen, Abtreibung nicht als gleichwertig mit Mord zu betrachten. Sollte ein Teenager, der verführt und irregeleitet worden ist und eine »Pille danach« nimmt, für ein Kapitalverbrechen hingerichtet werden? Nach mühsamer Recherche bin ich zu dem Schluss gekommen, dass die Abtreibung einer Zygote oder eines Embryo moralisch falsch ist, weil es keine hinreichenden Beweise dafür gibt, dass er keine unsterbliche Seele besitzt, aber dass jemand, der eine solche Abtreibung macht, nicht wie jemand behandelt werden darf, der vorsätzlichen Mord begeht. Es ist unmöglich, eindeutig anhand der Schrift zu beweisen, dass die Zygote oder der Embryo eine unsterbliche Seele *hat*.

Was ist dann die Sünde? Sowohl das alte jüdische Gesetz als auch das zeitgenössische Gesetz ziehen einen Menschen für kriminelle Vernachlässigung oder rücksichtsloses Verhalten, das nicht willentlich gegen eine Person gerichtet ist und trotzdem zu seinem Schaden oder Tod führt, zur Verantwortung. Es ist moralisch falsch, eine Verletzung des sechsten Gebotes, aber es wird nicht mit der gleichen Strenge verurteilt wie die bewusste Gewalt gegen eine Person. Zum Beispiel kann das Schießen auf einen Schatten, der sich mitten in der Nacht leise durch das Schlafzimmer bewegt, mit dem Tod eines Familienmitglieds enden, aber die verwirrte und verängstigte Person würde nicht wegen Mordes angeklagt werden, eher vielleicht wegen ungewollten Totschlags. Die Zerstörung einer Zygote oder eines Embryo ist zumindest ein ähnliches Verbrechen, da keiner sicher sein kann, ob das Objekt der Gewalt nicht eine unsterbliche Seele besitzt.

Sollte die Todesstrafe für diejenigen gefordert werden, die einen Fötus willentlich abtreiben? Da die Schrift eine solche Strafe nicht vorschreibt, wäre es anmaßend von uns, dies zu tun, insbesondere da wir keine Todesstrafe für eine Reihe von Sünden fordern, für die das mosaische Gesetz die Todesstrafe *verlangt*.

Ich schließe, dass das Verhindern der Empfängnis vor, während oder nach dem Verkehr nicht in sich selbst falsch ist, aber die Abtreibung einer Zygote oder eines Embryo ist eine Sünde von rücksichtsloser Gewalt, ein möglicher Mord; und dass die Abtreibung eines Fötus ein Verbrechen ist, fast ganz sicher ein Mord, der eine strenge Bestrafung verdient, wenngleich nicht notwendigerweise die Todesstrafe.

Wie sollte solch eine Haltung auf die vielen schwierigen Probleme angewandt werden, die aus dieser großen zeitgenössischen moralischen Frage entstehen?

Anwendung

Das Recht zu wählen. Es heißt, dass jede Frau selbst das Recht hat zu wählen, was mit und in ihrem Körper geschieht. Aber das Recht der Selbstbestimmung ist durch die Rechte der anderen begrenzt. Ein Mensch hat das Recht zu wählen, wie er sein Einkommen ausgibt, aber wenn er sich dazu entscheidet zu heiraten und sich scheiden zu lassen, kann es sein, dass das Gericht sich auf die Folgen dieser zuvor getroffenen Entscheidungen beruft und damit seine freie Wahl über die Verwendung seines Geldes einschränkt.

Eine Frau, die sich dazu entscheidet, ein Kind zu gebären, ist nicht länger frei, sich so zu verhalten, als wäre sie keine Mutter; und wenn sie es doch tut, wird sie zu Recht wegen Kindesmisshandlung verurteilt. Die schwangere Frau hat zuvor die Entscheidung getroffen, Geschlechtsverkehr zu haben, eine Entscheidung, die eine andere Person mit Ansprüchen in ihr Leben gebracht hat, ein separates, kleines Individuum, dessen Rechte ihre eigene Freiheit zu wählen jetzt einschränkt. Entscheidungen führen oft zu Umständen, die physisch oder moralisch unwiderrufbar sind. Ihre Entscheidung in Bezug auf das, was in oder mit ihrem Körper geschieht, hätte früher getroffen werden sollen. Es ist zu spät, sich für oder gegen die Mutterschaft zu entscheiden. Die schwangere Frau ist bereits eine Mutter. Der Theologe Helmut Thielicke sagt folgendes: »Wenn die Befruchtung erst einmal stattgefunden hat, ist die Frage nicht mehr, ob die betroffenen Personen die Verantwortung für eine *mögliche* Elternschaft haben; sie sind Eltern *geworden.*«[23]

Eine weitere Art, die Frage nach dem »Recht zu wählen« zu stellen, ist diese: Wessen Wahl? Wer gibt dem ungeborenen Kind eine Wahl? Wer ist sein Fürsprecher? Wer steht ihm gegen die Gefahr von Gewalt bei, die weit ernster ist als die Gefahr, die er für seinen Gastkörper darstellt?

Wirtschaftliches und soziales Wohlbefinden. Wahrscheinlich ist dies der trivialste Grund, das Recht eines anderen Menschen auf Leben zu verletzen, aber vermutlich ist es auch die häufigste Motivation für eine Abtreibung. Kristin Luker zeigt uns das Profil der aktiven Abtreibungsbefürworterin in den USA. Sie ist gebildet, finanziell abgesichert, nicht religiös, hat weiße Hautfarbe und arbeitet nicht zu Hause. Tatsächlich ist es so, dass »94 Prozent aller Abtreibungsbefürworterinnen arbeiten«.[24] Es scheint so, als ob neben dem Drang nach persönlicher Autonomie der Wunsch nach Freiheit von den Einschränkungen des Elterndaseins und nach einem Leben im Wohlstand der Hauptgrund für die Bewegung der Abtreibungsbefürworter ist. Insbesondere in der dritten Welt, wo der Wunsch nicht Wohlstand sondern Entkommen aus der zermürbenden Armut ist, wird dies ein entscheidender Grund sein. Aber die Ironie ist, dass arme Leute nicht die Hauptfürsprecher der Abtreibung sind. In der Tat hielt Mutter Theresa von Kalkutta, Hauptanwältin der Armen, Abtreibung für das größte Verbrechen. Mutter Theresa sagte: »Es ist eine sehr, sehr große Armut, sich dafür zu entscheiden, dass ein Kind sterben muss, damit man leben kann, wie man es wünscht.«

Geistige Gesundheit der Mutter. Von größerem Wert als ihr materielles Wohlbefinden ist das geistige Wohlbefinden der Mutter. Aber kann der mögliche psychische Schaden mit dem sicheren Verlust des Lebens und dem möglichen Leid eines gewalttätigen, schmerzhaften und langwierigen Sterbens verglichen werden? Außerdem weisen Studien darauf hin, dass das Auftreten von psychologischen Schäden bei denen, die sich für eine Abtreibung entscheiden, wesentlich höher ist als bei denen, die sich für die Geburt entscheiden.

John Jefferson Davis sagt über das Thema des psychischen Leidens auf Grund einer ungewollten Schwangerschaft:

> Androhungen von Selbstmord werden häufig als psychiatrische Hinweise auf eine Abtreibung dargestellt. Aber ... die Selbstmordrate von schwangeren Frauen scheint in der Tat ein Sechstel der Rate von nichtschwangeren Frauen des gleichen Alters zu sein.[25]

Die populäre Gesundheitsliteratur fängt an, PAS oder das »Post-Abtreibungs-Syndrom« näher zu untersuchen. Sogar Befürworter der Abtreibung räumen die Existenz einer solchen diagnostischen Kategorie ein, obwohl unterschiedliche Ansichten über ihre Ursache und Heilung bestehen.[26]

Das Leben der Mutter. Historisch gesehen haben die Protestanten es als gerechtfertigt erachtet, das Leben von Ungeborenen zu beenden, wenn eine fortlaufende Schwangerschaft das Leben der Mutter gefährden würde. Dies ist auf der Grundlage sowohl von Selbstverteidigung als auch der Wahl des geringeren Übels – der Verlust der Ehefrau und möglicherweise Mutter wird als der größere Verlust für die Familie und die Gesellschaft betrachtet – gerechtfertigt worden. Die römisch-katholische Lehre hingegen erlaubt diese »tragische moralische Entscheidung« nicht. Es wird nicht als ethisch gerechtfertigt gesehen, bewusst das eine Leben zu beenden, nur um die Gefahr des Verlustes des anderen zu vermeiden, es sei denn, dass beide Leben in Gefahr sind.[27] Wie auch immer das Ergebnis der Diskussion über das Leben des Fötus gegen das Leben der Mutter sei, die praktische Wahrheit ist, dass auf Grund der rasanten Fortschritte in der Medizin dieses Dilemma äußerst selten geworden ist.

Ungewollte Kinder. »Niemand sollte dazu gezwungen werden, ein ungewolltes Kind in die Welt zu setzen.« Dieses Argument ist wahrscheinlich das niedrigste. Als Erstes werden viele ungewollte Kinder nach der Geburt sehr gewollt. Babys können Menschen für sich gewinnen. Des weiteren kann man heutzutage kaum sagen, dass ein Kind in den Vereinigten Staaten ungewollt ist, wo der Wunsch, ein Kind zu adoptieren, beinahe grenzenlos ist. Dies ist eine deutliche, praktische Antwort für unverheiratete Mütter, die 80 Prozent aller Abtreibungen vornehmen lassen. Wenn der Fötus kein menschliches Wesen ist, mag die Frage nach seinem Gewolltsein eine Grundlage haben, aber wenn er menschlich ist, hat die Behauptung von Ungewolltsein nicht mehr Gehalt, als im Falle eines ungewollten Kindes, das bereits geboren wurde. Sagen wir etwa: »Kein Elternteil sollte dazu gezwungen werden, ein ungewolltes Kind *aufziehen* zu müssen«?

Diese Frage führt zu einer weiteren: Was passiert mit ungewollten Kindern? Werden ungewollte Kinder nicht zu misshandelten Kindern? Ist es fair, ein Kind in die Welt zu bringen, das so einer Zukunft entgegenblicken muss? Dieses Argument wird nicht auf Kinder und Erwachsene angewandt, die möglicherweise einer unangenehmen Zukunft entgegensehen, sonst wäre die gesamte Rasse in Gefahr. Sicher, heutzutage ziehen viele den Selbstmord einem fortwährenden unerträglichen Leiden vor, aber Selbstmord ist selbstgewählt; Abtreibung nicht. Vor dem Urteilsspruch des Supreme Court 1973 wurde gesagt, dass Abtreibung auf Verlangen die Kindesmisshandlung verringern würde, aber während der ersten zehn Jahre, die auf dieses Urteil folgten, stieg die Kindesmisshandlung, obwohl 15 Millionen ungewollte Kinder abgetrieben wurden, um fast 400 Prozent. Eine Studie wies nach, dass 90 Prozent der Kinder, die geschlagen wurden, aus *geplanten* Schwangerschaften stammten. Aber in Wahrheit ist Abtreibung die ultimative Kindesmisshandlung, und Gewalt gegen das Ungeborene scheint eine Atmosphäre zu schaffen – sowohl persönlich als auch sozial –, in der Gewalt gegen die bereits Geborenen weniger abscheulich ist.

Zu sagen, man »will« ein Wesen nicht, das man ins Leben gerufen hat, ist eine grobe Leugnung eines kompakten Lebens, das bereits begonnen hat, und sehr scheinheilig. Warum sollte man nicht eher den Konsequenzen seiner früheren Entscheidungen ins Gesicht sehen und sichergehen, dass das Kind gewollt *wird*, entweder von seinen biologischen Eltern(teilen) oder von anderen, die anstehen und auf die Gelegenheit warten, zu adoptieren? Dies scheint der ehrenvollere, zivilisiertere und moralischere Weg zu sein als zu töten.

Noch ein Wort zum Gewolltsein. Überall da, wo die pränatale Bestimmung des Geschlechts alltäglich geworden ist, sind proportional weit mehr weibliche Föten abgetrieben worden als männliche. Es ist ironisch, dass Frauen, die ihre eigenen Rechte auf Kosten der Rechte ihrer Kinder auf Leben geltend machen wollen, damit in Wirklichkeit den Weg zu einer perversen Form des Völkermords ebnen, bei dem die Frauen die ersten Opfer sind.

Diejenigen, die gegen das Recht auf Abtreibung sind, sollten die Verantwortung übernehmen, Frauen mit ungewollten Schwangerschaften beizustehen. Wenn wir darum kämpfen, das Recht auf Abtreibung abzuschaffen, haben wir eine moralische Verpflichtung, Alternativen zu schaffen. Die Abtreibungsgegner müssen daran arbeiten, Beratung, Unterkünfte für unverheiratete Mütter, Adoptionsmöglichkeiten oder Hilfe für Eltern zur Verfügung zu stellen, die mit den speziellen medizinischen oder finanziellen Forderungen nicht zurechtkommen. Wir müssen unsere Liebe zu den Müttern demonstrieren, wenn wir darum kämpfen, ihre ungeborenen Kinder zu beschützen. Mitgefühl und Tränen scheinen passendere Waffen im Kampf für das Leben zu sein als bittere Worte und Bomben.

Vergewaltigung, Inzest und die Behinderten. Im Fall von Vergewaltigung und Inzest entstand das neue Leben nicht durch die Entscheidung der Mutter, so dass die Verantwortung der Mutter anders geartet ist. Was sie jetzt tut, ist ihre *erste* Wahl, nicht ihre zweite.

Letztendlich ist jedoch die Antwort auf dieses schreckliche Dilemma, dem ein Mädchen oder eine Frau sich gegenüber sieht, wenn sie unter derartigen Umständen schwanger wird, davon abhängig, ob der Fötus ein menschliches Wesen ist. Wenn er eines ist, dann ist es falsch, ihn zu zerstören, egal, woher er kommt. Ein weiterer Gewaltakt kann den ersten nicht wieder gutmachen. Der Mangel an Verantwortung der Mutter für die Empfängnis ändert nicht das unveräußerliche Recht des Kindes auf Leben. Das ungeborene Kind ist nicht der Angreifer, sondern eigentlich das zweite Opfer, das nicht die Todesstrafe für das Verbrechen des Vaters erhalten sollte.

Es gibt ein weiteres Problem, was die Gesetzgebung betrifft, die Abtreibung in Fällen von Vergewaltigung und Inzest erlaubt. Solche Gesetze laden dazu ein, das Verbrechen der Vergewaltigung zu trivialisieren, da Frauen mit ungewollten Schwangerschaften diese Ausnahme häufig als Schlupfloch benutzt haben und behaupteten, vergewaltigt worden zu sein, während in Wirklichkeit keine Vergewaltigung stattfand. Wenn die Vergewaltigung sofort angezeigt wird, wäre eine gesetzliche Ausnahme nicht notwendig, da der Vorgang eher verhütend wäre als abtreibend.

Abtreibung von Behinderten oder möglicherweise Behinderten machten in der Mitte der Achtziger in Amerika weniger als ein Prozent der Abtreibungen aus. Diese Ursache kann also kaum als Hauptgrund für Abtreibungen gesehen werden. Außerdem sind die Argumente dafür, einen behinderten Fötus abzutreiben, nur dann zwingend, wenn der Fötus kein menschliches Wesen ist. Wenn er menschlich ist, hat der behinderte Fötus, wie das behinderte Kind oder der Erwachsene, das Recht zu leben. Des weiteren muss in allen – außer in wenigen extremen Fällen – eine körperliche Behinderung nicht bedeuten, dass das Leben nicht lebenswert ist. Im Gegenteil, »die Selbstmordrate von behinderten Menschen ist praktisch null«.[28] Oft sind es die Eltern und die Gesellschaft, die sich belastet fühlen, und es sind die Eltern und die Gesellschaft, die das Glücksgefühl und die moralische Freiheit erleben können, die davon kommt, Behinderte als vollwertige Mitglieder in der Familie der »würdigen«, »nützlichen«, »voll menschlichen« und wertvollen Personen zu akzeptieren.

Das Abtreibungsgesetz. Wenn Abtreibung falsch ist, sollte sie gesetzlich verboten werden. Aber einige sagen, dass die Gesetze, welche die privaten religiösen Überzeugungen einiger Bürger vertreten, nicht allen anderen auferlegt werden sollen. Darin liegt ein Element von Wahrheit. Wenn Gesetze gemacht werden, die der Staat nicht durchzusetzen gedenkt, sind es schlechte Gesetze, weil sie eine gesetzlose Gesellschaft fördern. Aber Abtreibung als eine Privatangelegenheit zu bezeichnen, ist weit gefehlt. Abtreibung betrifft das ungeborene Kind sofort, und es betrifft schnell andere, wie zum Beispiel den Vater und hat bald Auswirkungen auf die ganze Gesellschaft. Es ist außerdem töricht zu sagen, dass Moral nicht gesetzlich geregelt werden sollte. Die meisten Gesetze betreffen den Bereich der Moral. Wenn die privaten religiösen Überzeugungen eines Einzelnen von ihm fordern würden, dass er Sklaven hält, viele Frauen hat, Schwarze diskriminiert oder Asiaten verstümmelt, würden die gleichen liberalen Verteidiger der persönlichen Rechte und Freiheiten nach einer Gesetzgebung suchen, die ihn aufhält. Die Schlüsselfragen sind: *Wessen* Rechte sind vorrangig? (Das der Mutter oder das des ungeborenen Kindes?) Und: *Welche* Rechte sind vorrangig? (Das Recht des Kindes zu leben oder einige weniger wichtige Rechte der Mutter?)

In Amerika bemüht man sich, die moralischen Standards zu verstärken und, mehr als alles andere, unschuldiges menschliches Leben zu beschützen. 1994 war die Mehrheit der Amerikaner dafür, die Abtreibung des Fötus (zweites und drittes Trimester) zu verbieten, nicht aber die der Zygote oder des Embryos unter bestimmten Umständen. Ich würde auf dieses Ergebnis hinarbeiten. Es wäre ein besseres Gesetz als gar keines und würde eine Atmosphäre für weitere Aufklärung schaffen, um zu einem Ideal zu gelangen, während die völlige Verletzung eines Gesetzes, das man nicht durchsetzen kann oder will, vermieden wird. Die Anzahl der Abtreibungen kann sich nur verringern, wenn im ersten Stadium strenge Bedingungen auferlegt werden, weil 90 Prozent der amerikanischen Abtreibungen im ersten Trimester vorgenommen werden.

Aber würden Einschränkungen zu den »schlechten alten Zeiten« führen, als Abtreibungen illegal geschahen und Frauen in den Hinterhöfen der Abtreibungsmühlen abgeschlachtet wurden? Die Zahl der Abtreibungen, die vor der Liberalisierung vorgenommen wurden, ist sehr aufgebläht worden, und zumindest in Skandinavien und Großbritannien, von denen es Berichte gibt, hat die Liberalisierung diese Zahlen nicht grundlegend verringert. Offensichtlich wünschen sich viele Leute immer noch die Anonymität, die nur in illegalen Einrichtungen gewährleistet werden kann. Des weiteren ist die Sterblichkeitsrate der Mütter im alten System stark übertrieben worden. Im Jahr 1971 – zwei Jahre vor der *Roe versus Wade* Entscheidung – gab es in den gesamten Vereinigten Staaten nur achtundsechzig Tote durch illegale Abtreibungen und Abtreibungsversuche. Man sollte diese Zahl mit den 15 Millionen ungeborenen Toten vergleichen, die in den zehn Jahren nach der Liberalisierung auftraten.

Lewis Smedes fasst dieses Thema überzeugend zusammen:

> Eine *pluralistische* Gesellschaft erlaubt es den Menschen nicht, ihrem Gewissen zu folgen, wenn ihr Gewissen sie dazu bringt, einen unschuldigen Menschen zu töten. Eine *freie* Gesellschaft wird in das Privatleben einer Person eindringen, wenn sie sicher ist, dass diese heimlich vorhat, einen unschuldigen Menschen zu töten. Eine *gerechte* Gesellschaft kann Gesetze verabschieden, deren Ausführung zu Ungerechtigkeit gegenüber einigen Menschen führt, falls es eine größere Ungerechtigkeit wäre, diese Gesetze nicht zu verabschieden, nämlich das Töten von unschuldigen Menschen. Eine *gnädige* Gesellschaft kann Gesetze verabschieden, welche den Eltern eine Last auferlegt, falls sie zum Töten von unschuldigen, ungeborenen Kindern ermutigen würde, wenn diese Gesetze nicht verabschiedet würden. Eine *weise* Gesellschaft kann Gesetze verabschieden, die sie nicht durchsetzen will, falls sie nicht legalisieren würde, das Töten von Menschen zu verabschieden. Zusammenfassend versagen alle Argumente, die darauf basieren, was eine gute Gesellschaft tut oder nicht tut an der Grenze des Rechts des Fötus auf Leben.[29]

Der Glaube daran, dass das Wort Gottes eindeutig sagt, dass keiner das unschuldige Blut eines anderen Menschen vergießen darf, weil Gott die Menschen nach seinem Bilde schuf, und der Glaube daran, dass ungeborene Kinder im Bilde Gottes geschaffen wurden, und daran, dass es die Pflicht des Staates ist, die Unschuldigen zu beschützen, sollte uns Christen dazu bringen, uns gegenseitig und unsere Mitbürger dazu zu ermahnen, Abtreibung als Antwort auf das Dilemma einer ungewollten Schwangerschaft abzulehnen, mitfühlende Alternativen innerhalb eines biblischen Rahmen vorzuweisen und zu verlangen, dass unsere Gesetze die Unantastbarkeit des menschlichen Lebens respektieren, die von der Empfängnis bis zum natürlichen Tod konstant ist.

Selbstmord und Euthanasie

Selbstmord und Euthanasie, wie Abtreibung und Kindstötung, haben eine intensive Kontroverse hervorgerufen, weil sich in der westlichen Zivilisation neue Einstellungen entwickelt haben. Wie bei Abtreibung und Kindstötung spricht die Bibel das Thema nicht direkt an. Bis vor kurzem haben die großen Kirchen diese vier Tätigkeiten als Verletzung des sechsten Gebots *»Du sollst nicht töten«* verdammt.

Nicht alle Gesellschaften haben Selbstmord und Euthanasie verdammt. In Japan zum Beispiel gilt Selbstmord zur Sühnung für die verlorene oder bedrohte Ehre als heldenhaft. Sogar als ein Ausweg aus unerträglichen Umständen ist Selbstmord ziemlich akzeptiert. Japanische Christen haben mir von dem ekstatischen Gefühl der Freiheit erzählt, das sie erlebten, bevor sie Christen wurden, wenn sie zu einem besonderen, landschaftlich schönen Ort reisten, der durch den Tod zahlloser Selbstmörder zu einem Ort der Zusammenkunft geweiht war, und von ihrer Enttäuschung, wenn ihr Plan zum Selbstmord durchkreuzt wurde.

Eine immer größer werdende Anzahl von Leuten im Westen teilt inzwischen ähnliche Ansichten. Gesellschaften, die Selbstmord gutheißen, stellen ausführliche Anleitungen dazu her, wie er am besten begangen werden kann. Gelehrte und pragmatische Lobbyisten werben in dicken Wälzern und in der staatlichen Gesetzgebung für neue Arten, wie Familien und andere einen »guten Tod« für die Leidenden finden können.

Wieso diese neuen, milden Ansichten? Stammen sie aus lange unterdrückten Reservoirs des Mitleid oder kommen sie von einer allumfassenden Geringschätzung für den Wert des Lebens? Wenn ein Mensch nicht mehr ist als ein zeitgebundenes Tier ohne Verantwortung gegenüber einer Gottheit und ohne Hoffnung über das Grab hinaus, warum sollte das menschliche Leben als »heilig« betrachtet werden?

Der christliche Blickpunkt auf das physische Leben ist sowohl höher als auch niedriger als der weltliche. Er ist höher, weil der Mensch nach dem Bild Gottes geschaffen wurde, weil Gott in ihm wohnt, weil er Gott gehört und für immer existieren wird; der weltliche Blickpunkt sieht den Menschen als ein Tier, das vom Aussterben bedroht ist. Auf der anderen Seite ist für den Christen das physische Leben zeitlich und nicht von ultimativem Wert; für den Ungläubigen ist es von höchstem Wert, weil es alles ist, was er hat.

Paradoxerweise sind daher für den Gläubigen Leben und Tod gleichzeitig mehr und weniger bedeutend als für den Ungläubigen. Der wahre Gläubige hält nicht am Leben fest, weil er es nicht verlieren kann und weil es ihm sowieso nicht gehört.

In Wirklichkeit, so lehrte uns Christus, finden wir, indem wir es verlieren und es als ersetzbar ansehen, seinen vollen, wahren Wert. Andererseits halten wir das Leben, weil es ein Geschenk Gottes ist und sein Wesen auf geheimnisvolle Art und Weise reflektiert – und weil es letztendlich ihm gehört –, in heiliger Obhut als einen der höchsten Werte. Das eigene Leben steht im Wert nicht höher als zum Beispiel Wahrheit, Ehre, Gerechtigkeit und Liebe. Aber sicherlich besitzt das Leben eines anderen wesentlich höheren Wert als die eigene größere Bequemlichkeit, eigenes Wohlbefinden, materieller Wohlstand oder eine Vielzahl anderer eigensüchtiger Rechte und Privilegien. Tatsächlich behandelt die Schrift das menschliche Leben als so heilig, dass die Haltung einer Gesellschaft zu dem Wert des menschlichen Lebens eine zuverlässige Prüfung ihrer moralischen Integrität und sozialen Dauerhaftigkeit ist.

Selbstmord

Selbstmord als Sünde. Vom christlichen Standpunkt her ist Selbstmord falsch, weil er das Verbot, ein unschuldiges menschliches Leben zu beenden, verletzt. In der Schrift wird er nirgendwo direkt oder durch eine Anspielung geduldet. Dennoch haften diesem Verbot schwierige Probleme an und scheinen sich um zwei gegensätzliche Pole zu sammeln. Ist Selbstmord auf der einen Seite eine so leichte Sünde, so anders als Mord, dass versuchter Selbstmord unbestraft bleiben sollte? Ist andererseits ein erfolgreicher Selbstmord eine unverzeihliche Sünde?

Die Frage für den bibeltreuen Gläubigen ist nicht, ob Selbstmord falsch ist, sondern eher, wie falsch Selbstmord ist. Es gibt eine Spannung zwischen zwei biblischen Prinzipien. Dem Gläubigen gehört sein Körper nicht, und außerdem ist er Gottes Wohnung, deswegen ist Selbstmord eine ernste Sache. Auf der anderen Seite gehört er ihm auf eine andere Weise, als die Körper von anderen, so dass Gewalt gegen den eigenen Körper eine weniger schlimme Sünde zu seine scheint als Gewalt gegen andere.

Inwiefern ist Selbstmord eine schlimme Sünde? Egal wie sehr wir versuchen, den Selbstmord zu entschuldigen, er ist eine Sünde, die Buße und Gottes Vergebung bedarf. Die Tat des Selbstmordes richtet sich nicht nur gegen sich selbst. Andere sind davon betroffen, oft tragisch. Häufig ist das die bewusste Absicht.

Andererseits, egal wie ernst die Sache ist, sie ist sicherlich verzeihlich, wie jede andere Sünde. Der Unterschied zwischen dieser Sünde und den meisten anderen ist der, dass auf eine Sünde normalerweise eine Zeit der Gnade folgt, die Reue erlaubt. Obwohl Reue notwendig ist, um die Gemeinschaft zu erneuern, die durch die Sünde gebrochen wurde (1Jo 1,8), sagen diejenigen, die glauben, dass sie ihr Heil niemals verlieren können, genauso wie diejenigen, die glauben, dass man es verlieren kann, dass eine einzige Sünde das Heil nicht verwirken kann. Würde ein Christ, der auf einmal sehr zornig wird und einen Herzanfall erleidet, ohne Vergebung auf Gott treffen? Ist Zorn unter solchen Umständen eine unverzeihliche Sünde? Nein, der erlöste Selbstmörder, der ungebeten vor Gottes Angesicht stürzt, wird vom Vater angenommen wegen des Einen, der sein eigenes Leben freiwillig als Opfer gab.

Selbstmord als Verbrechen. Selbstmord ist ganz eindeutig eine Sünde, die Gottes Gesetz verletzt, aber in der amerikanischen Gesellschaft wird er nicht wie ein Verbrechen behandelt – diejenigen, die Selbstmordversuche unternehmen, werden nicht wegen versuchten Mordes verfolgt. Ebensowenig bestrafen wir Leute, die sich selbst betrügen, die ihren eigenen Besitz zerstören oder verschwenden. Wir können sie für irregeleitet oder krank halten, aber nicht für kriminell, wie in dem Fall, wenn sie dies anderen antun würden. Das Interesse einer Regierung liegt darin, die Rechte der anderen in der Gesellschaft zu bewahren, nicht die eigenen. Aber da Selbstmord nicht wie ein Verbrechen behandelt wurde, ist es immer schwieriger geworden, jemanden wie Dr. Jack Kevorkian zu bestrafen, der anderen beim Selbstmord hilft. Tatsächlich ist es so, dass eine schnell wachsende Minderheit von Amerikanern die Meinung vertritt, dass Selbstmord, wie in der alten japanischen Tradition, heldenhaft sein kann – und auch diejenigen, die dabei helfen, sind dieser Meinung. Aber die Hilfe zum Selbstmord sollte nicht entkriminalisiert werden. Genau wie Lügen und Stehlen kriminell ist, wenn es sich gegen andere richtet, so ist es auch hier der Fall. Der Staat trägt die Verantwortung dafür, das Recht der anderen zu beschützen. Bei einem Selbstmord zu helfen ist sogar noch weniger zu rechtfertigen als bei einem Diebstahl oder einer Täuschung zu helfen. Die Emotionen und der geistige Zustand einer Person, die Selbstmord in Betracht zieht, sind normalerweise nicht zuverlässig, und die Motive desjenigen, der dazu um Hilfe gebeten wird, sind oft verdächtig. Wenn der Tod dieser Person mich von der Last ihres Lebens erleichtert, wie kann mir dann vertraut werden, den Plan zum Selbstmord objektiv zu betrachten? Des weiteren ist es ganz besonders schlimm, wenn man Ärzten erlaubt, als Mittäter zu funktionieren. Unter dem Mantel des Mitgefühls hat sich die Rolle des Lebensbewahrers zur Rolle des Beenders verschoben. Der in Bedrängnis geratene Beruf des Mediziners muss einen weiteren Schlag gegen seinen ehemals hohen Grad an öffentlichem Vertrauen entgegennehmen. Außerdem ist das Schreckgespenst, das aus einem assistierten Selbstmord einen unfreiwilligen »Selbstmord« macht, keine Phantasie. Es ist schon vorgekommen.

Selbstopfer. Selbstopfer ist kein sündiger Selbstmord. Wenn das so wäre, dann wäre Gott selbst am schuldigsten. Niemand nahm Christi Leben von ihm. Er hat es von sich aus hingelegt (Joh 10,18). Tatsächlich hat *»größere Liebe* (...) *niemand als die, dass er sein Leben hingibt für seine Freunde«* (Joh 15,13). Weit davon entfernt, dass schlimmste Verbrechen zu sein, ist es die größte aller Tugenden. Die Mutter, die sich selbst zu Tode hungert, um ihre Kinder zu ernähren, der Freund, der dem anderen die Rettungsweste überlässt und in die Nacht davonschwimmt – das sind Helden, keine Sünder.

Medizinische Versorgung zurückweisen. Eine weitere Art des selbstgewählten Todes, die kaum als sündig oder kriminell bezeichnet werden kann ist die, medizinische Hilfe zu verweigern – töricht vielleicht, aber nicht sündig. Obwohl ich denen nicht zustimme, die sagen, dass es falsch ist, Medizin zu nehmen (ein Zeichen des Unglaubens), wäre es sehr schwierig, im Licht der biblischen Lehre jene als sündig oder kriminell zu verdammen, die sich für ihren Weg »allein durch den Glauben« entscheiden. Die Bibel ist voll von Versprechen über Gottes heilende Kraft, und es gibt sogar einige Stellen, die medizinische Vorgänge offenbar nicht sehr hoch schätzen. Dies ist nicht der Ort, um den Beweis in der Schrift anzuführen, dass medizinische Hilfe nicht nur legitim, sondern ein Geschenk Gottes ist; ich muss denen allerdings Freiheit zusprechen, welche die Schrift so verstehen, dass der Wandel im Glauben medizinische Hilfe ausschließt.

Wenn diejenigen, die medizinische Hilfe zurückweisen, weil sie an Heilung durch den Glauben festhalten, nicht schuldig sind, dann sind es auch die nicht, die sie aus anderen biblisch gültigen Motiven zurückweisen. Wie kann es für einen Menschen an der Schwelle zum Tod eine Sünde sein, eine weitere Behandlung abzulehnen, die den Leidensvorgang nur verlängern würde? Er möchte bei Jesus sein, und Jesus ruft ihn heim. Warum sollte er sich nicht auf Jesus verlassen, damit er mit ihm nach dem Willen Gottes verfährt? Warum sollte er den Feind Tod verzweifelt abwehren, wie ein Ungläubiger ohne Hoffnung das tun würde, wenn dieser Feind genau der ist, der letztendlich sich selbst betrügt und den Gläubigen in die Vollkommenheit und die Freiheit des echten, ewigen Lebens weist? Wie der Dichter Arthur Hugh Clough es sagte: »Du sollst nicht töten, aber du musst dich nicht bemühen, mit Anstrengung am Leben zu bleiben.« Wenn er außerdem durch die Liebe zu seiner Familie motiviert ist, die er davor beschützen will, unter der finanziellen Last zu ersticken, ist er aufgrund von dieser Entscheidung ein schlechterer Mensch? Nein, wir sollten mit heidnischen Vorstellungen vom ultimativen Wert des physischen Lebens abschließen und lernen, durch den Glauben zu leben, besonders am Ende.

Ein letztes Wort zur Ethik des Selbstmordes. Im Leben eines Selbstmordopfers gibt es solche, die vorsätzlich oder durch Gefühllosigkeit dabei geholfen haben, eine Umgebung zu schaffen, welche die selbstmordgefährdete Person schließlich für unerträglich hielt. Letzten Endes ist ein Mensch jedoch für seine eigenen Entscheidungen verantwortlich; die Familie und die Freunde des Opfers können die Schuld seiner Entscheidung nicht tragen. Reue mag über das, was an echter oder eingebildeter Mittäterschaft vorhanden ist, vonnöten sein, aber damit fortzufahren, die Last der Schuld zu tragen hieße, Gottes Gnade zu leugnen.

Euthanasie

Andere vorsätzlich zu töten, was auch immer die Motive sind, verletzt Gottes Gebot und sollte vom menschlichen Gesetz verurteilt werden. Aber im zwanzigsten Jahrhundert ist ein neues Element zu dem Schmerz, einen geliebten Menschen leiden zu sehen, hinzugekommen. Der Triumph der menschlichen Kreativität in der Medizin, der großen Segen gebracht hat, hat auch Probleme geschaffen: das Hinauszögern des Sterbens und die astronomischen Kosten einer solchen Behandlung. Der kurze Aufschub des Todes, oft verbunden mit qualvollen Schmerzen und einem würdelosen Dahinvegetieren, kann zum Preis des finanziellen Ruins einer Familie erworben werden und bedroht mehr und mehr auch die Mittel des Staates.

Aktiv und Passiv. Um dabei zu helfen, das Dilemma zu lösen, unterscheiden Ethiker zwischen aktiver und passiver Euthanasie. Den Tod aktiv herbeizuführen ist in der westlichen Welt allgemein unter dem Eid des Hippokrates verdammt worden, der bis vor kurzem von allen Medizinern geschworen wurde. Aber einem Patienten passiv das Sterben zu erlauben ist zum Zentrum der Kontroverse geworden. Aus dieser Sicht ist es immer falsch, den Tod zu verursachen, aber es kann ethisch sein, die Behandlung einzustellen, die den Tod hinauszögert. Aus dieser Sicht kann es sogar ethisch sein, eine Behandlung vorzunehmen, die den Tod beschleunigt, wenn dies nicht der Zweck der Behandlung ist. Dies wird häufig das Prinzip des Doppeleffektes genannt. Wenn ein Medikament zum Beispiel dazu dient, den Schmerz zu erleichtern, die Nebenwirkungen jedoch den Prozess des Sterbens beschleunigen, wird dies als passive, nicht aktive, Sterbehilfe gesehen.

Gewöhnlich und außergewöhnlich. Eine weitere Unterscheidung teilt die medizinischen Methoden in gewöhnlich und außergewöhnlich. Diese Unterscheidung ist, vor allem an der Grenze zwischen den beiden, schwer nachvollziehbar. Aber die Begründung ist klar, dass, wenn eine Person dem sicheren, unmittelbar bevorstehenden Tod gegenübersteht, es nach dem Urteil der Ärzte ethisch sein kann, von der außergewöhnlichen (und teuren) Behandlung abzusehen, die zwingend wäre, wenn der Tod abgewendet werden könnte. Die tatsächliche Situation ist immer komplex, aber die Unterscheidung ist legitim und kann sich bei Gelegenheit als hilfreich erweisen.

Dieses Argument ist nur auf diejenigen anwendbar, die ganz eindeutig im unaufhaltsamen Prozess des Sterbens sind und nicht legitim bei der Behandlung von Kindern, die zum Beispiel mit medizinischer Hilfe überleben könnten. Außergewöhnliche Maßnahmen sind gerechtfertigt, um Zeit für die zusätzliche Behandlung der normalen Organe des Patienten zu gewinnen, damit sie die Funktion übernehmen. Wenn die Organe nicht länger funktionieren können, sind solche Maßnahmen nicht mehr zu rechtfertigen.

Verantwortung für die Entscheidung. Eine weitere wichtige Unterscheidung muss zwischen den Entscheidungen gemacht werden, die ein Mensch für sich selbst trifft und denen, die von anderen für ihn getroffen werden. Ein Christ kann, in einem Akt des Glaubens, medizinische Behandlung verweigern. Der Ungläubige sollte meiner Meinung nach die gleiche Freiheit haben, da er für sein eigenes Leben verantwortlich ist. Der Einzelne sollte dazu frei sein, medizinische Behandlung zu verweigern, aber er sollte nicht verlangen oder es in die Hand nehmen, seinen eigenen Tod aktiv herbeizuführen.

Diejenigen, die den Leidenden beraten, sei es der Pfarrer, die Familie, der Arzt oder Freunde, haben die ethische Verantwortung, ihm dabei zu helfen, seine eigene, freie, informierte Entscheidung zu treffen und von jeder subtilen Beeinflussung abzusehen, ganz zu schweigen von psychologischer Nötigung oder sozialer Manipulation.

Was ist mit denen, die wegen geistiger Unfähigkeit keine Entscheidung treffen können, wie jene, die im Koma liegen? Wenn ihr Zustand von mehreren zuverlässigen Ärzten als irreversibel beurteilt wird, sollten diejenigen, die für den Sterbenden verantwortlich sind, keine Schuldgefühle haben, wenn die außergewöhnlichen lebenserhaltenden Anstrengungen entzogen werden.

Das größte ethische Problem bei diesen Argumenten und mit Gesetzen, die dazu geschaffen wurden, unnötige physische und finanzielle Leiden zu ersparen, ist häufig, dass anderen nicht zugetraut werden kann, die Entscheidungen zu treffen, die im besten Interesse des Leidenden sind. Ihre eigenen Interessen beeinflussen sie, ob es materialistische Wünsche nach einem Anwesen sind oder das Abwenden von finanziellen Lasten, oder andererseits Schuldgefühle, die einen dazu bringen, den Tod um jeden Preis hinauszuzögern. Weil Ehrlichkeit und Objektivität unter derart stressigen Umständen schwer zu erreichen sind, halte ich dafür, dass die Verantwortlichen auf die Entscheidungen begrenzt sind, welche die Anwendung von außergewöhnlichen Maßnahmen betreffen und dass Entscheidungen über andere nur dann erlaubt sind, wenn es keine Hoffnung mehr darauf gibt, dass die geistigen Fähigkeiten der Person zurückkehren und sie ihre eigenen Entscheidungen trifft. Schließlich haben sich schon viele »todkranke Patienten« zu einem langen, sinnvollen Leben erholt.

Eine ernsthafte Auseinandersetzung darüber, ob diejenigen beseitigt werden sollen, die kein »nützliches Leben« haben, die stark leiden, oder die sich selbst, ihrer Familie oder der Gesellschaft eine Last sind, ist ein sicheres Zeichen von moralischer Dekadenz und kann ein Warnzeichen für den Niedergang einer Zivilisation sein, die das menschliche Leben nicht länger für unverletzbar hält.

Krieg

Gewalt wurde durch Satan, den Urheber des Bösen, in die menschliche Erfahrung eingeführt. Sie ist zuerst bei Kain ausgebrochen und gehört seither zur allgemeinen Menschheitserfahrung. Das Magazin *Time* berichtete, dass in den letzten fünfunddreißig Jahrhunderten der aufgezeichneten Geschichte nur ein Jahr von fünfzehn ohne Krieg war.[30] In den 5560 Jahren der aufgezeichneten Geschichte der Menschheit gab es 14531 Kriege oder 2,6 pro Jahr. Von 185 Generationen kannten nur zehn ungestörten Frieden. Und es wird immer schlimmer: »Seit 1900 sind fast 100 Millionen Menschen in 100 Kriegen gestorben – verglichen mit 3845000 im 19. Jahrhundert.«[31]

Ist Krieg ein absolutes moralisches Übel, der ultimative Ausdruck der menschlichen Sündhaftigkeit? Oder ist Krieg manchmal gut und Frieden manchmal ein moralisches Übel? Oder ist Krieg immer falsch, aber manchmal das geringere von zwei Übeln? Es gibt Heiden, die den Krieg glorifizieren und für den ultimativen Weg halten, echte Männlichkeit zu beweisen und zu entwickeln und die Zivilisation zu erweitern. Die Opportunisten führen Krieg allein um des möglichen Gewinns willen, so dass, wie Jakobus sagt, sie ihn in ihren Lüsten vergeuden können (4,1-3). Diejenigen, welche die Bibel ernst nehmen und Krieg und Gewalt als das böse Ergebnis unseres gefallenen Daseins sehen, haben eine große Bandbreite an Ansichten. Wir wollen sie unter zwei großen Kategorien betrachten: »Kein Widerstand« und »gerechtfertigte Gewalt«.

Kein Widerstand

Es gibt verschiedene Arten des Nichtwiderstandes oder des Pazifismus. Der weltliche Humanist und der liberale Kirchenmann finden, dass Krieg aus ethischen Gründen, die vielleicht zum Teil aus der Schrift abgeleitet sind, unmoralisch ist, hauptsächlich aber aus philosophischen Gründen. Unter den verschiedenen biblisch fundierten Friedenskirchen gibt es zwei Ansätze zu diesem Thema. Es gibt diejenigen, die sagen, dass es für einen Christen falsch ist, am Krieg teilzunehmen, weil Krieg falsch ist; und es gibt jene, die sagen, dass es ein Teil der besonderen Berufung eines Christen als eine elitäre geistliche »Priesterschaft« und »Aristokratie« ist, nicht teilzunehmen, dass aber einige Kriege eines weltlichen Staates, der von Ungläubigen verfolgt wird, gerechtfertigt sind.

Geschichtlicher Abriss der christlichen Standpunkte. Ab dem zweiten Jahrhundert bis zu der Zeit Konstantins war die Kirche einheitlich unmilitärisch. Christen sollten nicht in der römischen Armee dienen, und von der Zeit der Apostel bis 170 n. Chr. gibt es keinen Bericht, dass sie es taten. Es sollte angemerkt werden, dass die früheren Gründe der Gemeinde dafür, der römischen Armee nicht zu dienen, nicht nur der »Friedensgrund« war, sondern insbesondere die Unmöglichkeit, in der Armee zu sein, ohne an verschiedenen Götzendiensten teilzunehmen. Außerhalb der Armee mag es einem jungen Mann möglich sein, die skrupellose Verfolgung zu überstehen, aber in der Armee kann er das nur, wenn er abfällt. Nach Konstantin (viertes Jahrhundert) nahm die Kirche die Doktrin des gerechten Krieges an (S. 344).

Im Mittelalter nahm die Bewegung der Täufer eine Position des Nichtwiderstandes ein, und einige ihrer geistlichen Nachkommen bilden den Großteil der biblischen Friedenskirchen-Bewegung von heute. Wieder war der Aspekt des Friedens zunächst nicht einheitlich das Hauptanliegen. Die Gründungsdoktrin war weniger der Nichtwiderstand als das totale Nichteinlassen auf die Bürgerschaft dieser Welt.

Das Nichtteilnehmen beim Militär war sowohl bei der frühen Kirche als auch bei den frühen Anabaptisten das Ergebnis eines Lebensstils, der als Reaktion darauf entwickelt wurde, eine grausam verfolgte, hilflose Minderheit zu sein. Nichtsdestotrotz entwickelte sich der Pazifismus nach und nach mit Bestimmtheit zu einem zentralen Grundsatz für viele Anabaptisten, sogar als Verfolgung nicht länger ein Problem war. Die frühe Kirche hingegen gab ihren Standpunkt des Nichteinlassens schnell auf, als die Verfolgungen aufhörten und Christen vom Establishment akzeptiert wurden.

Die katholische Kirche und die Hauptvertreter der protestantischen Kirchen waren bis zu diesem Jahrhundert einheitlich für irgendeine Form des »gerechten Krieges«, bis viele liberale Protestanten zu glühenden Pazifisten wurden, nicht zwingend wegen der biblischen Lehre, sondern aus einer optimistischen Ansicht über das Gute im Menschen und die Perfektionierung der Gesellschaft. Diese Sichtweise wurde durch die Ereignisse der ersten Hälfte des Jahrhunderts zerschmettert, ging während des zweiten Weltkriegs in Rückzug und gelangte mit einer anderen Begründung zu der langsamen Erkenntnis, was nukleare Kriegsführung bedeuten könnte. Zu dieser späteren Zeit übernahmen viele römisch-katholische Wortführer den selektiven (nuklearen) oder vollständigen Pazifismus.

Das Beispiel Christi. Der Standpunkt des Nichtwiderstandes wird mit der Lehre und dem Beispiel Jesu Christi begründet. Einige Pazifisten glauben, dass die Lehre Christi »*Widersteht nicht dem Bösen*« sowohl Völker als auch Individuen betrifft. Andere Pazifisten sagen, dass diese Lehre nur Gläubige angeht. Liebe würde niemals eine andere Person verletzen. Selbst wenn sich mein Volk im Krieg befindet, mache ich mich schuldig, wenn ich daran teilnehme, besonders am Töten. Ich muss die andere Wange hinhalten, egal was die anderen tun.

Aber was wäre, wenn die Christen nicht bloß eine unbedeutende Minderheit sind, sondern von so großer Anzahl oder an so einflussreichen Stellen, dass das Volk besiegt wird und seine Freiheit verliert? Dies ist das Kreuz, das wir tragen müssen. Wir müssen nicht frei sein. Wir müssen nicht einmal leben. Aber wir *müssen* das tun, was richtig ist; wir *müssen* Menschen lieben, auch wenn wir gekreuzigt werden. Kannst du dir vorstellen, dass Christus eine Granate wirft oder einen Feind mit dem Bajonett ersticht?

Diese Lehre des Nichtwiderstandes durchzieht deutlich das Neue Testament. Ein Dunker Traktat (die Dunker sind eine im 18. Jahrhundert entstandene Täuferbewegung) von circa 1900 umreißt die biblische Grundlage zu diesen Standpunkt:

> Christus ist des »*Fürst des Friedens*« (Jes 9,6). Sein Reich ist *»nicht von dieser Welt«* (Joh 18,36). Seine Jünger kämpfen nicht (Joh 18,36). *»Die Waffen unseres Kampfes sind nicht fleischlich«* (2Kor 10,4). Wir sollen *»unsere Feinde lieben«* (Mt 5,44). Wir sollen *»das Böse mit dem Guten überwinden«* (Röm 12,21). Wir sollen *»für die bitten, die uns verfolgen«* (Mt 5,44)[32].

Diejenigen, die diesem pazifistischen Standpunkt entgegenstehen, tun dies auf der Grundlage der Hermeneutik (die biblischen Fakten werden nicht angemessen behandelt) und der Theologie (die Ansicht der Welt/des Lebens, die den Pazifismus untermauert, ist nicht biblisch).

Die Theorie des gerechten Krieges

Obwohl er als der Standpunkt des »gerechten Krieges« bezeichnet wird, sagen in diesem Jahrhundert nicht viele, dass je ein Krieg in christlichen Zeiten in dem Sinn gerecht war, dass eine Seite vollkommen im Recht ist und die andere gar nicht. Der Gedanke ist eher, dass obwohl die meisten Kriege nicht zu rechtfertigen sind, es einige doch sind. Viele Vertreter des »gerechten Krieges« gründen ihren Standpunkt auf philosophischer Ethik, aber hier haben wir es mit denen zu tun, die eine Grundlage in der biblischen Lehre suchen.

Heutzutage sagt die Mehrheit, dass der einzige legitime oder »gerechte« Krieg in einem Verteidigungskrieg besteht, weil Gott nicht länger ein erwähltes Volk hat, das er durch direkte Offenbarung in den Krieg schickt. Eine Minderheit vertritt den früheren Standpunkt, dass vorbeugende Angriffe oder ideologische Kreuzzüge unter bestimmten Bedingungen gerechtfertigt sind.

> Augustinus (frühes viertes Jahrhundert) schuf die erste große Synthese des christlichen Glaubens und der Kriegspraktik. Indem er sich stark auf die

> vorchristlichen Philosophen berief, argumentierte er für die Notwendigkeit der gerechten Kriege. Mit wenigen Ausnahmen wurde Augustinus' Verteidigung von Kriegen eine Standardhaltung aller größeren Kirchzweige von seiner Zeit bis heute. Er vertrat die Meinung, dass ein gerechtfertigter Krieg als Ziel den Frieden haben muss. Sein Zweck ist es, die Gerechtigkeit zu sichern, was normalerweise die Erhaltung des Staates einschließt. Er muss in Liebe geführt werden. Die Entscheidung darf nicht von privaten Bürgern getroffen werden, sondern von Herrschern, die für die Führung der Regierung zuständig sind, und der Krieg selbst muss mit einem Minimum an Grausamkeit geführt werden.[33]

Diese These wurde durch die römisch-katholische Kirche weiterentwickelt, besonders von Thomas von Aquin (1225-1274):

> Damit ein Krieg gerecht ist, müssen folgende Bedingungen erfüllt sein: Er muss (a) von einer legitimen Autorität erklärt werden, (b) einen gerechten und schwerwiegenden Grund haben, der den Übeln, die er hervorbringt, angemessen ist, c) nur dann unternommen werden, wenn alle Möglichkeiten einer friedlichen Lösung des Konflikts erfolglos erschöpft worden sind, (d) ernste Aussichten auf Erfolg haben, (e) mit der richtigen Absicht ausgeführt werden.[34]

Der Ansatz des gerechten Krieges fand seinen Höhepunkt in Grotius' großangelegter Studie *The Law of War and Peace* (Das Gesetz von Krieg und Frieden), welche diese Theorie effektiv in die internationale Gesetzgebung einführte.

Die früheren Aussagen wurden von einem zeitgenössischen Anwalt weiterentwickelt:

1. *Gerechter Grund.* Jede Aggression wird verdammt; nur der Krieg aus Verteidigung ist annehmbar.

2. *Gerechte Absicht.* Die einzige legitime Absicht ist die, einen gerechten Frieden für alle Beteiligten zu sichern. Weder Rache noch Eroberung noch wirtschaftlicher Gewinn oder ideologische Vorherrschaft sind gerechtfertigt.

3. *Letzter Ausweg.* Krieg darf nur dann begonnen werden, wenn alle Verhandlungen und Kompromisse versucht worden und nicht zustande gekommen sind.

4. *Formale Erklärung.* Da die Anwendung von militärischer Gewalt das Vorrecht der Regierungen ist und nicht von privaten Individuen, muss ein Kriegszustand offiziell von der höchsten Autorität erklärt werden.

5. *Eingeschränkte Zielsetzung.* Wenn das Ziel der Frieden ist, ist die bedingungslose Kapitulation oder die Zerstörung der wirtschaftlichen oder politischen Institutionen einer Nation eine unrechtmäßige Zielsetzung.

6. *Proportionale Mittel.* Die Waffen und die Gewalt, die verwendet werden, sollten auf das beschränkt werden, was notwendig ist, um die Aggression zurückzuweisen und weitere Angriffe zu vermeiden, d. h. einen gerechten Frieden zu sichern. Totaler oder uneingeschränkter Krieg kommt nicht in Frage.

7. *Zivile Immunität.* Weil der Krieg eine offizielle Handlung der Regierung ist, dürfen nur diejenigen kämpfen, die offizielle Ausführende der Regierung sind. Individuen, die nicht aktiv zu dem Konflikt beitragen (sowohl Kriegsgefangene und Opfer als auch zivile Nichtteilnehmer eingeschlossen), sollten Immunität gegen Angriffe besitzen.[35]

Einige Vertreter des gerechten Krieges sagen, dass dies zu eingeschränkt ist, und dass die Gerechtigkeit nach einer vorbeugenden Aggression verlangt, oder gar nach einem Kreuzzug:

> Wenn Selbstverteidigung überhaupt legitim ist, dann muss sie auch darin legitim sein, einen tödlichen oder lähmenden ersten Schlag zu tun. Man kann von niemandem verlangen, abzuwarten bis ein Verfolger den ersten Schuss abgibt und vielleicht trifft, bevor er selbst auf ihn schießt. Stark bedrohliches Verhalten hängt von seinen Umständen und Ausmaßen ab und wird allgemein als legitime Grundlage akzeptiert, einen Akt der Selbstverteidigung zu beginnen.[36]
>
> Ein Kreuzzug ... ist ein Krieg, der gekämpft wird, um etwas zu korrigieren, was von vornherein niemand hätte tun dürfen. Obwohl der Begriff *Kreuzzug* normalerweise zu einem Konflikt gehört, der eine Nähe zu christlichen Idealen oder Ethik anzeigt, kann er auch logisch auf das angewendet werden, was wir für gewöhnlich eine »Revolution« nennen, oder einen »Krieg der nationalen Befreiung«. Revolutionen und Befreiungskriege werden auch gekämpft, um vergangenes Unrecht gutzumachen und sind vermutlich eher durch ein Anliegen für ein ethisches Prinzip (wie Freiheit, Gleichheit oder das Recht auf Selbstregierung) als durch Land, Macht oder Geld motiviert.[37]

Die meisten zeitgenössischen christlichen Vertreter des gerechten Krieges weisen diese breitere Definition als unkontrollierbar und nicht zu rechtfertigen zurück. Themen von internationalem Rang sind so kompliziert, die Motive so gemischt und es ist so leicht, die Informationen zu kontrollieren, welche die allgemeine Bevölkerung erhält, dass fast jeder Krieg als Kreuzzug gerechtfertigt werden kann. Der Standpunkt der Mehrheit ist, dass keine Regierung genug wissen kann und kein Volk gut genug ist, einen gerechten Kreuzzug zu führen.

Bei dem vorbeugenden Schlag gehen die Meinungen auseinander. Die meisten sagen, dass eine vorbeugende Handlung als Selbstverteidigung gerechtfertigt werden kann und daher nicht wirklich die Definition des gerechten Krieges erweitert, wenn der erwartete Angriff sicher ist und unmittelbar bevorsteht. Diese einfache Logik der Vorbeugung ist durch das Einführen von Atomwaffen vielfach komplizierter geworden.

Auf all dies antwortet der Pazifist, dass weder die Lehre und das Beispiel Christi noch die Beispiele in der Geschichte uns erlauben, daran zu glauben, dass ein Krieg zu rechtfertigen ist. Lasst uns also zu den biblischen und theologischen Fakten kommen.

Eine Theologie des Friedens

Krieg im Alten Testament. Wenn Krieg und Frieden im Licht der Schrift bewertet werden, ist es wichtig, zwischen der Lehre des Alten Testaments und der des Neuen Testaments zu unterscheiden. Im Alten Testament bestand Gottes Volk aus einer Nation, die von allen anderen Nationen ausgewählt war, während im Neuen Testament Gottes Volk ein geistliches Königreich bildet, das unter den Menschen der Welt verstreut ist. Aus diesem Grund sind Gottes Gebote, die den Krieg des Volkes Gottes betreffen, im Alten und im Neuen Testament unterschiedlich. Im Alten Testament wurde Krieg nicht nur gutgeheißen, er wurde sogar von Gott geboten (siehe 4Mo 1-4; 26; 32,20-22; 5Mo 1,6-8; 3,3; Jos 6,2-3; Ri 5; 1Sam 15,2-3; 17; 2Sam 5,19-20; 2Chr 14,11-13; Ps 68; 83; 108; 124; 136).

Mögliche Gründe dafür, warum Krieg im Alten Testament gutgeheißen wird:

1. Der Hauptzweck des Gerichts ist die Rettung (Ps 83,17-19).
2. Die Feinde von Israel waren auch Gottes Feinde (Ps 139,19-22).
3. Krieg schien in einer Welt von unglaublicher Gottlosigkeit notwendig gewesen zu sein, um ein Volk ausreichend abzusondern, damit es die Offenbarung Gottes erhalten konnte und um eine Atmosphäre für das Kommen des Erlösers zu schaffen. Die Israeliten waren immer durch den Kontakt mit heidnischen Völkern verunreinigt (siehe Ps 106,34-39) wenn sie Gottes Gebot, den Feind zu vernichten, umgingen.
4. Das Volk, gegen das Krieg geführt wurde, hatte Zeit zu bereuen. Einige, wie Rahab, haben das getan. Gottes ursprünglicher und verständlicher Plan war es, umzusiedeln, nicht zu vernichten (2Mo 23,27-33).
5. Das Gericht für die Sünde kommt *immer*, in einigen Fällen früher als in anderen. Der Tod aller Menschen ist ein Teil von diesem Gericht. Gott benutzt für dieses Gericht verschiedene Instrumente, und im Alten Testament benutzte er das Volk Israel.
6. Wir verstehen den *Zorn* Gottes nicht wirklich. Er hat einen tiefen, unauf-

hörlichen Hass auf die Sünde, die, wenngleich nicht das einzige, so doch das Hauptobjekt seines Zorns ist (Ps 5,5). Wenn wir seinen Zorn auf die Sünde nicht verstehen, werden wir nie die Tiefe seiner Liebe verstehen, die eine Erlösung von dieser Sünde bietet.

7. Das physische Leben des Menschen ist nicht halb so wichtig wie das geistliche oder ewige, nicht halb so wichtig wie die Wahrheit und die Gerechtigkeit. Für die, welche nicht bereuen wollen gilt, je kürzer das Leben ist, desto weniger Anhäufung von Gerichtsurteilen. Dies ist besonders bei Kindern der Fall.
8. Im Alten Testament wurde der Krieg nach einer besonderen Offenbarung geführt, was auf unsere Epoche nicht zutrifft.

Gott wird ein Gott des Krieges genannt, der Herr der (militärischen) Heerscharen. Obwohl theologische Systeme unterschiedlicher Meinung über die Einheit des Alten und des Neuen Testaments sind, kann doch niemand bezweifeln, dass bestimmte Kriege im Alten Testament nicht nur gutgeheißen waren, sondern dass die letzten, großen Kriege gemäß der Prophetie des Neuen Testaments von Gott selbst geführt werden. Es kann daher nicht mit biblischer Autorität gesagt werden, dass das Führen eines Krieges immer unmoralisch ist. Die einzige Frage ist, ob die Gewalt, die vom Menschen begonnen wurde, in diesem Gemeindezeitalter je gerechtfertigt werden kann.

Krieg im Neuen Testament. Diejenigen, die die Position des Nichtwiderstandes vertreten, fragen oft: Was würde Jesus tun? Da er unser höchstes Beispiel ist, hat die Frage Gültigkeit; nicht aber die Annahme, dass jede seiner Aktivitäten für seine Nachfolger zwingend ist. Jesus hatte einen besonderen Auftrag. Er kam speziell, um zu sterben, so dass jeder Versuch, ihn davon abzubringen, als teuflisch gewertet wurde. Wir hingegen sind dazu aufgerufen, als Bürger in dieser Welt zu bleiben, und obwohl wir aufopferungsvoll leben und sogar »seinem Tod gleichgestaltet werden« sollen, ist unsere Berufung nicht die seine und vielleicht oder vielleicht nicht wie die seine der Tod für andere. Auch wenn jemand dazu aufgerufen wird, sein Leben für andere hinzugeben, kann es sein, dass manche dazu aufgerufen sind, sich wie Schafe der Märtyrerschaft zu ergeben und andere dazu, mutig dabei zu sterben, dass Leben eines anderen zu verteidigen. Auf keinen Fall kann es aber so sein, dass der Appell, Jesus nachzufolgen, als Grund für Nichtwiderstand unter allen Umständen gesehen werden kann. Außerdem, wenn wir Jesus als Vorbild sehen, was fangen wir mit der Tatsache an, dass Christus selbst gemäß der biblischen Prophetie am Ende des Zeitalters der größte militärische Eroberer aller Zeiten sein wird? Seine besonderen Rollen als Sündopfer und als Eroberer von allem zeigen gewiss ewige

Prinzipien, aber keine davon darf legitim als eine direkte Berufung von jemand anderem verwendet werden.

Eine weitere übliche Annahme ist die, dass Christen eine machtlose Minderheit in der Gesellschaft darstellen und der Pazifismus für sie somit zu einer durchführbaren Möglichkeit wird: Soll sich doch die allgemeine Bürgerschaft um die Staatsaffären kümmern. Aber die kleine Minderheit der apostolischen Zeiten, die unter der Knute des totalitären Rom lebte, ist nicht notwendigerweise ein Vorbild für Christen in einer Demokratie, in der sie staatliche Autorität teilen; tatsächlich sind Christen zeitweilig so zahlreich oder in solchen Stellungen, dass sie die Richtung der Regierung bestimmen.

Eine dritte Annahme ist die, dass Krieg immer ein Übel ist und ausgelöscht werden sollte. Sicher ist Krieg ein Markt für die Sünde. Aber sollte er in einer sündigen Welt ausgelöscht werden? Ist Gewalt nicht notwendig, um in dieser Welt Gerechtigkeit zu erlangen? Wenn Liebe vergeltende Gerechtigkeit nicht einschließt, dann ist Gott selbst lieblos.

Aber Christus lehrte uns eindeutig, bösen Menschen nicht zu widerstehen. Im Neuen Testament ist es Christen verboten, im Interesse des Reiches Gottes Gewalt anzuwenden. Christus hat ganz klar gelehrt, dass sein Reich nicht von dieser Welt ist und dass es nicht mit Gewalt erweitert werden soll (Joh 18,36). Dies würde die Kreuzzüge des Mittelalters ausschließen oder jeden anderen Krieg, der im Namen Gottes geführt wurde. Jesus ist der Fürst des Friedens, und die Friedensstifter haben seinen Segen (Mt 5,9). Er muss sich auf physischen Nichtwiderstand berufen haben, weil er die ganze Zeit geistliche Kriege führte und seinen Nachfolgern gebot, das Gleiche zu tun.

Der springende Punkt ist, ob sein Befehl, sich dem Bösen nicht zu widersetzen, ein absolutes Verbot war, irgendeine Art von Gewalt durch eine christliche Autorität anzuwenden, oder ob es ein generelles Prinzip war, das sich auf physischen Widerstand in privaten zwischenmenschlichen Beziehungen beschränkt. Jesus riet im gleichen Zusammenhang, die andere Wange hinzuhalten, als er jedoch geschlagen wurde, tat er es nicht (Joh 18,23). Er riet auch dazu, das Auge herauszureißen und die Hand abzuschlagen, wenn diese in sexuelle Sünde verwickelt waren, aber er schrieb diese Handlungen oder die Todesstrafe nicht vor, weder für eine Frau, die beim Ehebruch erwischt worden war, noch bei der Frau am Brunnen. In der Bergpredigt nannte er Prinzipien; nicht alle diese Gebote dort sind wörtlich gemeint. Gibt es im Neuen Testament sonst noch Beweise dafür, dass das Gebot, dem Bösen nicht zu widerstehen, absolut und universell gemeint ist? Ich kann sie nicht finden. Vielmehr werden die Regierungen von Gott eingesetzt und speziell autorisiert, um Gewalt anzuwenden und sich dieser Verantwortung zu stellen (Röm 13,1-7; 1Petr 2,13-14).

Wenn außerdem das hermeneutische Prinzip der Einheit der Schrift angewandt wird, passt Christi Lehre, die persönliche opfernde Liebe betreffend, mit dem Rest der biblischen Lehre und seinem eigenen Vorbild zusammen, während die Lehren von Paulus und Petrus über die menschliche Staatsgewalt ebenso mit dem Rest der biblischen Lehre und Gottes eigenem Vorbild übereinstimmen. Die beiden Prinzipien stehen nicht im Konflikt.

Das Neue Testament geht, indem es das Thema Krieg und Frieden anspricht, nicht über das Prinzip der staatlichen Autorität hinaus, welches die Anwendung von Gewalt beinhaltet. Schließlich wurde es während des längsten Zeitraumes von universalem Frieden in der überlieferten Geschichte geschrieben, der großen Pax Romana. Aber das Neue Testament spricht an vier Stellen von Militäroffizieren, und jeder von ihnen erscheint in einem guten Licht (Mt 8,5ff; Apg 10,1ff.). Zu behaupten, dass der Mangel an Verurteilung Zustimmung bedeutet, wäre ein unzulässiges Argument des Schweigens. An mindestens zwei Stellen allerdings (Lk 3,14; Apg 10) werden Anweisungen gegeben, wie man sich richtig zu verhalten hat, wie man von Gott angenommen werden kann, und an keiner Stelle wird das Verlassen der Armee verlangt. Weder Jesus noch Petrus sagten zu diesen Männern: »Geh hin und sündige nicht mehr.« Dennoch hätten wir jedes Recht, dies zu erwarten, wenn Militärdienst als falsch angesehen würde. Hätte Christus eine Prostituierte nur angewiesen, nicht zu viel Geld zu verlangen?

Wir haben also im Neuen Testament die Kombination von einer Bestätigung der staatlichen Gewalt und das Fehlen einer Verdammnis jener, die diese Gewalt ausüben; und dies unterstützt die allgemeine biblische Unterscheidung zwischen einer Regierung, dem privaten Individuum und der gerechtfertigten Antwort eines jeden auf das Böse. Die Regierung hat eine Verantwortung, das Böse aufzuhalten, seine Bürger zu beschützen und ihr Wohlergehen zu bewahren. Wenn sie die Verantwortung hat, ihre Bürger vor Verbrechern zu beschützen, hat sie dann nicht auch die Verantwortung, sie vor kriminellen Völkern zu beschützen? Wenn Christi Lehre des Nichtwiderstandes mit dem Rest der biblischen Lehre über menschliche Autorität harmonieren soll, dann wurde sie nicht den Völkern, der Polizei oder den Eltern in ihren offiziellen Funktionen gegeben.

Obwohl die Angaben des Neuen Testaments über das Thema des Mitwirkens eines Christen am Krieg nicht direkt und nicht ausführlich sind, sind die Grundprinzipien klar: Gott ähnlich zu werden bedeutet eine opfernde, liebende Reaktion zu zeigen, um in allen persönlichen Beziehungen eine nicht rachsüchtige, nicht Widerstand leistende Einstellung zu behalten, wenn es um die eigenen Rechte geht; und menschliche Regierungen sind verantwortlich, mit Rechenschaft gegenüber Gott, Gewalt zu benutzen, wenn es notwendig ist, um das gerechte Verhalten der Bürger zu gewährleisten.

Welche Theologie von Krieg und Frieden kann auf dieser Grundlage von anderen biblischen Prinzipien hergeleitet werden? Drei betroffene Gebiete sollten beachtet werden: Werte, Gottes Souveränität und die Verantwortung des Menschen.

Werte. *Krieg versus Frieden.* Normalerweise ist Frieden dem Krieg vorzuziehen. Normalerweise ist Gott auf der Seite des Friedens. Das wissen wir deswegen, weil Frieden der letzte Zustand derjenigen sein wird, die Frieden mit Gott gemacht haben. Also, »glückselig sind die Friedensstifter«. Immer. Doch manchmal muss der Krieg dem Frieden vorgezogen werden und ist möglicherweise der einzige Weg zum gerechten Frieden. Wenn die Menschen vom Krieg als dem geringeren von zwei Übeln sprechen und auch wenn Krieg einer Knechtschaft vorzuziehen sein soll, kann es doch nicht bedeuten, dass ein von Gott begonnener, von Gott gutgeheißener und von Gott geführter Krieg ein geringeres moralisches Übel ist. Wenn je ein Krieg nach dem Willen Gottes geführt wird, ist er moralisch gut. Er kann natürlich ein kleineres (oder größeres) menschliches Leid sein als andere Werte. Aber Frieden ist nicht der ultimative Wert, dem alle anderen Werte geopfert werden sollten.

Gerechtigkeit versus Liebe. Diese Zweiteilung wird oft zugunsten von Gerechtigkeit oder Liebe gemacht. Sie ist aber so nie biblisch. Wahre Liebe ist hart und wahre Gerechtigkeit wird durch Gnade gemildert. Manchmal ist Bestrafung der ehrlichste Ausdruck von Liebe für die Person, die sie erhält, genauso wie für die Leute, die Schutz vor dieser Person benötigen. Für Gott sind beides ultimative Werte.

Körperlich versus Geistlich. Obwohl oft der Anspruch erhoben wird, dass auch nur ein einziges menschliches (physisches) Leben unendlichen Wert besitzt, ist dies kein biblischer Standpunkt. Ein fortdauerndes physisches Leben ist nicht der höchste Wert. Viele Dinge haben einen höheren Wert, wie zum Beispiel liebevolle Beziehungen, Loyalität, Ehrlichkeit, Gerechtigkeit. Vielleicht sogar Freiheit, obwohl nur ein einsamer Held je unter dieser Voraussetzung handelt. Wer unmäßig am irdischen Leben festhält, so sagte Jesus, der wird es am Ende verlieren. Geistliches Leben ist unendlich wichtiger als das körperliche. Außerdem ist ein geistlicher Kriegszug wichtiger und gefährlicher als ein körperlicher es je sein kann.

Zeit versus Ewigkeit. Die Spanne des menschlichen Lebens ist kurz genug, ob es nun durch Krankheit, Unfälle oder Gewalt verkürzt wird oder bis zur schmerzhaften Schwachheit des Alters dauert. Es ist nichts im Vergleich zum ewigen Leben, das vor jedem Menschen liegt. Einen zu hohen Preis für die Zeit zu bezahlen ist im Licht der Ewigkeit töricht.

»Der Einzelne« versus »Die Gruppe«. Wenn ein Individuum für Gott und für die Person selbst so viel bedeutet, heißt das sicher: Je mehr Leute, desto höher ist der Wert. Daher weitet Krieg die Kosten menschlicher Verluste maßlos aus.

Gemeinde versus Staat. Gemeinde und Staat besitzen beide Wert, obwohl keiner von ihnen den höchsten Wert hat. Christus und die Märtyrer haben ihr Leben für die Gemeinde gegeben und Soldaten geben ihres dem Staat. Aber der moderne Volksstaat ist bestenfalls ein künstliches Erzeugnis und hat sicherlich keine biblische Grundlage, um ultimative Ergebenheit in Anspruch zu nehmen. Er darf weder rechtmäßig die Gemeinde kontrollieren, noch sündiges Verhalten von einem Christen verlangen. Auf der anderen Seite sollte die Gemeinde, obwohl sie sich prophetisch zum Staat äußert, nicht die Gewalt des Staates in Anspruch nehmen, um geistliche Ziele zu erreichen. Des weiteren ist die Gemeinde eine Brüderschaft, die keine nationalen Grenzen kennt, und die Staatsbürger des Himmels haben stärkere Bindungen mit Christen anderer Länder als mit Nichtchristen ihrer vergänglichen Staatszugehörigkeit dieser Erde. Die Gemeinde ist ewig und gehört Gott, deswegen muss ihr Wert viel größer sein.

Menschenrechte und Freiheit versus Ordnung. Rechte und Freiheit sind wertvoll, aber nicht von absolutem Wert. Die Rechte eines Menschen sind begrenzt, wenn durch sonst nichts als durch die Freiheit des anderen. Ordnung entscheidet also zwischen den Rechten und Freiheiten jener, deren Leben verbunden sind. Tyrannei ist eine Ordnung, die verrückt geworden ist, und Anarchie ist eine Freiheit, die verrückt geworden ist. Und dennoch sagt die Schrift sehr wenig über zivile Rechte und Freiheit, aber sehr viel über Ordnung. Die Ordnung um Rechte und Freiheiten willen umzustoßen mag ein zu großer Preis sein, den man zahlen muss.

Man muss bedenken, dass die biblische Lösung der Spannung zwischen den einzelnen Werten sich mehr zu einer Position des »gerechten Krieges« hinzuneigen scheint, aber man sollte auch bedenken, dass das Thema Werte sehr komplex ist.

Gottes Souveränität. Obwohl Menschen für ihr Verhalten verantwortlich sind, sei es im Einzelnen oder in der Gemeinschaft, hat Gott die souveräne Kontrolle und wird seine Ziele zu einem sinnvollen Ende bringen, ob durch das Werkzeug des Menschen – gerecht oder ungerecht – oder durch göttliches Eingreifen. Er wird nicht in einer peinlichen Niederlage von der Bühne der Zeit herunterschleichen. Recht und Gerechtigkeit werden endlich triumphieren, und im Vertrauen darauf kann sein Volk ruhen, ob unterdrückt oder frei.

Die Verantwortung des Menschen für den Krieg. Die Menschheit kann nicht Gott oder Satan die Schuld für den Krieg geben, denn der Mensch ist verantwortlich für den Krieg, eines der bedauerlichsten Ergebnisse seiner Sündhaftigkeit. Wegen dieser sündhaften, eigensüchtigen Neigung ist ein Konflikt unvermeidbar, und für dieses sündhafte Verhalten muss er sich vor Gott verantworten.

Ein zweiter Aspekt der menschlichen Verantwortung ist der, dass Menschen dazu auserwählt wurden, sowohl Werkzeuge von Gottes Gericht als auch von seiner Gnade zu sein. Gott hat zivile Regierungen zu den Hauptausführenden seines Gerichts auserwählt und die Gemeinde zu den Hauptausführenden seiner Gnade. Wenn er darauf warten würde, dass vollkommen gute und weise Menschen seine Zwecke auf der Erde vermitteln, würden seine Ziele nie erreicht werden. Die menschliche Regierung – ob Familie, Staat oder Arbeitgeber – wird daher durch die eigene Begrenzung und den eigenen Fall behindert. Dennoch ist sie Gottes Instrument.

Atomkrieg

Herkömmlicher Krieg versus Atomkrieg. Ist ein atomarer Krieg qualitativ unterschiedlich zu herkömmlicher Kriegsführung oder nur anders im Ausmaß? In einem Artikel, dessen bedeutsamer Titel »The ›End‹ of Just War Theory« (Das Ende der Theorie vom gerechten Krieg) lautet, sagt Donald Heinz eindeutig, dass atomare Kriegsführung nicht nur qualitativ unterschiedlich ist, sondern auch, dass sich ein Konsens zum so genannten »atomaren Pazifismus« entwickelt: »Denkende Christen müssen sich mit dem mächtigen Konsens in der protestantischen und römisch-katholischen Ethik abfinden, dass jeder oder fast jeder atomare Krieg mit der Begründung des gerechten Krieges unmöglich ist.«[38]

Um seine eigene radikale Veränderung der Einstellung gegenüber dem Gebrauch von Atomwaffen zu erklären, schreibt John C. Bennett:

> 1950 gab es wenige Diskussionen darüber, die Möglichkeiten eines atomaren Krieg einzugrenzen, sobald er einmal angefangen hatte. Jetzt, nach Jahren des Nachdenkens und der Diskussion, bleibt wenig Vertrauen darauf, dass eine geplante Einschränkung eingehalten würde, ob es um Ziele, verwendete Waffen oder geographische Gebiete geht. Auch wussten wir 1950 nichts über die möglichen Langzeitwirkungen nuklearer Explosionen auf die irdische oder atmosphärische Umwelt und auf das lebenserhaltende System für einen Großteils (oder der gesamten) der Menschheit. Heute erkennen wir, dass die Existenz der menschlichen Rasse bedroht wäre ... Wenn wir diese letzten beiden Veränderungen seit 1950 zusammennehmen, scheint es offensichtlich zu sein, dass es für jedes Volk unverantwortlich wäre, einen Atomkrieg oder das atomare Stadium eines Krieges zu beginnen. Kein denkbarer Grund könnte rechtfertigen, die menschliche Existenz oder die Fortdauer des zivilisierten Lebens zu riskieren ... Die römisch-katholischen Bischöfe sprachen für viele von uns, als sie sagten: »Die Gefahr der Eskalation ist so groß, dass es moralisch nicht zu rechtfertigen wäre, einen Atomkrieg in irgendeiner Form zu beginnen.«[39]

Das Ausmaß der Zerstörung. Selbstverständlich unterscheidet sich ein Atomkrieg im Ausmaß der Zerstörung radikal, aber ist die Eskalation größer als durch das Schwert oder Schießpulver? Hamburg erlitt während des zweiten Weltkriegs unter herkömmlichem Flächenbombardement vier mal mehr Verluste als Hiroshima durch die Atombombe. Ist jedoch in beiden Fällen das Ausmaß an Zerstörung größer als bei der Zerstörung von Kanaan durch Josua, als jedes lebendige Wesen Stadt für Stadt getötet wurde?

Zivilbevölkerung. Manche sagen, dass ein Atomkrieg deswegen qualitativ anders ist, weil die Zivilbevölkerung das Ziel der Kriegsführung ist. Andere halten dagegen, dass strategische Sprengköpfe einzig gegen militärische Ziele eingesetzt werden können. Aber das Thema ist aus zwei Gründen schwammig. Zum einen hat der Schutzes der Zivilbevölkerung, obwohl die Theorie des gerechten Krieges im Mittelalter diesen Gedanken entwickelte, historisch gesehen selten stattgefunden. Franklin Roosevelt sagte gegen die Japaner, als sie Nanking 1937 bombardierten:

> Die Regierung vertritt die Meinung, dass die allgemeine Bombardierung eines großen Gebietes, in dem ein großer Bevölkerungsanteil lebt, der friedliche Ziele verfolgt, ungerechtfertigt ist und den Prinzipien von Gesetz und Menschlichkeit entgegen steht.[40]

Aber ein paar Jahre später ließ sich Amerika unter Franklin Roosevelt in ein Vernichtungsbombardement sowohl gegen Deutschland als auch gegen Japan ein. Das Ziel war es, den Kampfeswillen eines Volkes zu brechen, und darin war dieses Vorgehen erfolgreich. Ein japanischer Pastor erzählte mir einmal, dass die Bombardierung von Hiroshima und Nagasaki Massen – vielleicht Millionen – gerettet hat, die in den Schlachten eines herkömmlichen Krieges gestorben wären.

Zum anderen mag es schwierig sein, den Schutz der zivilen Bevölkerung logisch zu verteidigen. Vielleicht entstand, wie Reinhold Niebuhr andeutet, das Konzept des Schutzes der Zivilbevölkerung eher durch Ritterlichkeit als durch genaue ethisch begründete Unterscheidungen. Es ist schwer zu verstehen, wie ein Soldat, der einberufen wurde um seinem Land in der Armee zu dienen, mehr oder weniger »unschuldig« ist als sein Bruder, der zurückgeblieben ist, um auf dem Hof zu arbeiten und Getreide zu produzieren, von dem sich die Armee ernährt. Das ganze Volk beteiligt sich – entweder sind alle Erwachsenen schuldig oder keiner außer denen, die an der Macht sind. Eines steht fest, wenn ein Volk sich öffentlich bereit erklärt, davon abzusehen, die Zentren der zivilen Bevölkerung des Gegners anzurühren, kann dieser sofortige Immunität für militärische Vorbereitungen erreichen, indem er sicherstellt, dass sich militärische Installationen in nächster Nähe zur Zivilbevölkerung befinden. Obwohl der Gedanke, »unschuldige« Zivilisten zu beschützen, logisch schwer zu vertreten und unmöglich ganz einzuhalten ist und er außerdem selten ausgeführt wird, schrecken die meisten Ethiker und ethisch sensiblen, zivilisierten Menschen vor dem Gedanken zurück, Zivilisten absichtlich anzugreifen.

Endergebnis. Es gibt beim Atomkrieg ein Element, dass deutlich anders zu sein scheint. Die Theorie des gerechten Krieges sagt, dass ein Krieg nur dann gerechtfertigt ist, wenn das angepeilte Endergebnis von größerem Wert ist als der mögliche Verlust beim Erreichen dieses Ziels. Was wäre bei einem umfassenden atomaren Austausch an denkbarem Wert übrig, verglichen mit dem Gesamtverlust an Menschen und Besitz? Trotzdem sagen manche, dass es die Freiheit von Unterdrückung, welche die Überlebenden gewonnen hätten, wert wäre, und dass sogar die Aussicht darauf, alles zu verlieren ein Volk nicht davon abhalten sollte, die Gerechtigkeit und die Freiheit zu verteidigen, selbst wenn das ein nationales Selbstopfer bedeutet. Obwohl die Ethik der Unterscheidung zwischen konventionellem und atomarem Krieg diskutiert werden kann, scheint es klar zu sein, dass es im Ergebnis einen qualitativen Unterschied gibt.

Atomarer Frieden. Das möglicherweise beängstigende Ergebnis hat zu dem geführt, was man als atomaren Frieden bezeichnen könnte. Als ein direktes Ergebnis des »Gleichgewichts des Schreckens« hat sich seit dem zweiten Weltkrieg die historisch durchschnittliche Zeit von zwanzig Jahren zwischen allgemeinen Kriegen fast verdreifacht. Einige begrüßen diesen Patt als das positive Ergebnis des Anlegens von atomaren Vorräten, aber wer glaubt, dass ein solcher Stillstand atomare Feindlichkeiten unbegrenzt verhindern kann?

Gottes Gericht. Wir leben also in Furcht vor der atomaren Apokalypse. Wird sie als tragische Fehlkalkulation eines Computers über uns kommen oder als berechnende Tat eines Verrückten? Wird sie Gottes Weg sein, ein gerechtes Gericht über eine rebellische Menschheit zu bringen? Kann sie vermieden werden?

Gott segnet immer noch die Friedensstifter, und da wir nicht in die geheimen Ratschläge Gottes eingeweiht sind, müssen sich natürlich alle Menschen bemühen, den Holocaust der Selbstvernichtung abzuwenden. Aber selbst dabei kann der Christ in der Sicherheit ruhig sein, dass kein Schicksal und keine bösartige Tat des Menschen Gottes souveränes Ziel und seinen Plan vereiteln kann. Die Prophetie der Schrift scheint darauf hinzudeuten, dass der letzte Feuersturm der Zerstörung direkt Gottes Werk sein wird, nicht das des Menschen. So oder so, das letzte Wort gehört auf jeden Fall Gott.

Möglichkeiten einer Antwort. Wir haben nicht länger die Möglichkeit, in einer atomfreien Welt zu leben, diese Möglichkeit hörte 1945 auf. Aber wir können und müssen auf einen Frieden durch Gerechtigkeit im atomaren Zeitalter hinarbeiten. Der Zerfall des ehemaligen sowjetischen Imperiums hat die Gleichung verändert aber nicht das Thema erledigt. Dies zu denken würde die Sündhaftigkeit der Menschen, die Anzahl und die zerstörerische Kraft der Waffen, die derzeit existieren und das Potential für eine feindliche, globale, politische Neugruppierung falsch berechnen.

Ein weiteres Element der Realität: Persönliche Hoffnung und innerer Frieden können nicht von der vorherigen Zusicherung von Unverletzbarkeit gegenüber den Verwüstungen des Krieges abhängen. Unsere Hoffnung liegt in Gott. Die letzte Gewalt, die ich erleiden kann ist der Tod, und das ist der Anfang von echtem Leben und wahrem, inneren Frieden. Außerdem: Ich *werde* sterben. Der Zeitpunkt und die Art des Todes ist das Einzige, was in Frage steht. Und das trifft für uns alle zu.

Das neue Dilemma, dem sich die Menschen im atomaren Zeitalter gegenübersehen, wurde vor einigen Jahren in dem Briefwechsel zwischen dem Schriftsteller Philip Toynbee und dem Erzbischof von Canterbury, Geoffrey Fisher, besonders deutlich angesprochen. Toynbee sagte, dass eine atomare Zerstörung so schrecklich wäre, dass die einzige Lösung sofortige Abrüstung und bedingungsloser Frieden mit den Russen wäre, auch durch Ergebung. Fisher antwortete:

> Ich bin davon überzeugt, dass es nie richtig ist, eine politische Ansicht nur aus Angst vor den Konsequenzen zu regeln ... Soviel ich weiß, kann es in der Vorsehung Gottes liegen, dass die menschliche Rasse sich auf diese Weise (Atomkrieg) selbst zerstört. Es gibt keinen Beweis dafür, dass die menschliche Rasse ewig existieren soll und viele Beweise in der Schrift sprechen vom Gegenteil. Obwohl, wie Sie sagen, das Leiden, das durch einen Atomkrieg verursacht würde, in seinen Ausmaßen entsetzlich wäre, muss man bedenken, dass ein Mensch nur begrenzt leiden kann; und ich weiß nicht, ob die betroffenen Männer und Frauen mehr leiden würden als die, die Tag für Tag ein schreckliches Unglück erleben. Es gibt keinen Gesamtmesswert für Schmerz. Auf jeden Fall darf ein politisches Ziel nicht einfach auf der Angst vor Schmerz beruhen. Ich bin nicht gefühllos. Christus zeigte uns durch seine Kreuzigung, wie man schöpferisch leiden kann. Er behauptete weder, das Leiden zu *beenden*, noch bat er seine Jünger, Leid zu *vermeiden*. Ich wiederhole also, ich kann eine politische Ansicht nicht allein darauf aufrichten, ob sie die menschliche Rasse vor einer Zeit des Leidens oder der Ausrottung retten wird oder nicht.[41]

Zusammenfassung. Zusammenfassend ist ein Atomkrieg wesentlich anders als die herkömmliche Kriegsführung, zumindest im Ausmaß der möglichen Zerstörung. Dieser Unterschied macht einen allgemeinen Atomkrieg wohl durch mindestens zwei Grundprinzipien der historischen Theorie des »gerechten Krieges« unannehmbar. Der Zweck muss die Mittel heiligen und man sollte das geringere von zwei Übeln wählen. Ich muss daher in diesem schrecklichen Dilemma schussfolgern, dass ein atomarer Krieg nicht als der normale Weg der Regelung internationaler Konflikte akzeptiert werden kann; alle ethisch empfindsamen Menschen sollten zuerst auf das Ideal der Kontrolle hinarbeiten, dann auf das der Einschränkung, danach auf das der Reduzierung und schließlich auf die Eliminierung von Atomwaffen.

Verbrechen und Bestrafung

Ein Verbrechen ist eine Handlung oder Unterlassung, von der die menschliche Autorität entschieden hat, dass sie bestraft werden sollte, normalerweise aus dem Grund, weil sie für andere als verletzend geachtet wird. *Verbrechen* und *Sünde* sind keine Synonyme. Nicht jede Sünde ist ein Verbrechen: Keine menschliche Gesellschaft kann Wollust, Begierde und Stolz bestrafen. Sünde betrifft Gott – sie verletzt seine Standards. Und nicht jedes Verbrechen ist sündig. In einer bestimmten Gesellschaft kann es ein Verbrechen sein, über Christus zu sprechen, aber es ist keine Sünde, das zu tun. Verbrechen und seine Bestrafung werden von einer Gesellschaft bestimmt, vermutlich zum Wohl ihrer Mitglieder und basieren hoffentlich auf moralischen Prinzipien. Da ein Verbrechen sich gegen andere richtet, verletzt es normalerweise das biblische Gesetz der Liebe und schadet häufig einem anderen Menschen. Daher fällt es unter das sechste Gebot mit seinen weiten und tiefen Implikationen. Die Bestrafung eines Verbrechens ist sicher ein Lebensthema – den Verbrecher um einen Teil seines Lebens oder sein ganzes Leben als freier Bürger zu berauben. Aber die Kontroverse dreht sich um die Ursache und die Art des Verbrechens sowie den Zweck und die Art der Bestrafung, die eine gerechte und gnädige Gesellschaft anwendet. Auf diese Themen wirft die Bibel ein großes Licht.

Philosophische Gesichtspunkte

Die Ursache des Verbrechens. Bis in das letzte Jahrhundert wurde Verbrechen allgemein als das Heraustreten einer sündhaften Neigung betrachtet, und selbst wenn moralische Verwicklungen nicht anerkannt wurden, wurde es allgemein als eine Tat gesehen, für die der Verbrecher selbst verantwortlich war. Dies begann sich im letzten Jahrhundert zu ändern, als die Menschen andere Erklärungen vorschlugen – physiologische, psychologische, soziologische. Zum Beispiel:

> Ein Franzose mit dem Namen Charcot, ein Neurologe, fing an, seine Arbeit auf Krankheiten zu konzentrieren, die organische, neurologische Zustände simulierten ... Diese Äußerungen Charcots, sowie schließlich ihre Akzeptanz, bezeichnen den Anfang der modernen Studien der so genannten »geistigen Erkrankung«. Mit Freud, einem Jünger von Charcot, und der Psychoanalyse trat ein neues System der Klassifizierung auf ... Geistig Kranke unternahmen ihr pathologisches Verhalten nicht »willentlich« und wurden daher nicht als »verantwortlich« dafür gesehen.[42]

Das Endergebnis der allgemeinen Akzeptanz dieses Ansatzes war, zwischen Verbrechern zu unterscheiden, die normal waren und daher für ihr Verbrechen verantwortlich waren und jenen, die nicht normal waren und eine Behandlung brauchten, keine Strafe. Es würde zum Beispiel genau so viel Sinn machen, jemanden dafür anzuklagen, ein Krüppel zu sein, wie einen geistig Kranken, ein Verbrechen begangen zu haben. Er benötigt liebevolles Mitgefühl, nicht Diskriminierung und Verfolgung. Eine legale Definition von Unzurechnungsfähigkeit, die vom *Supreme Court* im M'Naughten Urteil (1843) bestimmt wurde, wurde nach und nach verbessert, bis die meisten Gerichte der Vereinigten Staaten beschlossen, sich auf das Gesetz des *American Law Institute* zu verlassen, welches besagt, dass

> eine Person für kriminelles Verhalten nicht verantwortlich ist, wenn es ihr zum Zeitpunkt dieses Verhaltens als Ergebnis einer geistigen Erkrankung oder eines Gebrechens an der *wesentlichen Fähigkeit mangelt, zu erkennen,* dass ihr Verhalten falsch ist oder daran, ihr Verhalten an die Ansprüche des Gesetzes anzupassen.[43]

Mit dem Einzug der Soziologie wurde diese Art der Begründung, die in der Psychologie begann, noch weiter getrieben. Nicht nur die geistig Kranken, sondern alle Menschen sind das Produkt ihrer Umwelt, so dass nicht die Person, die ein Verbrechen begeht, schuldig ist, sondern die Gesellschaft (Umwelt), die eine solche Person hervorgebracht hat. Der berühmte Psychiater Karl Menninger schrieb ein Buch, dessen Titel alles sagt: *The Crime of Punishment.*[44] Seine Hauptthese war, dass die Verbrechen, die an Verbrechern begangen werden, größer sind als die Verbrechen, die sie begehen. In der Tat sind jedoch heutzutage viele führende Psychologen gegen das Konzept der geistigen Krankheit.

Wer soll beurteilen, welcher Mensch nicht normal oder »krank« ist? Das Verhalten eines jeden Menschen ist für ihn selbst normal. Kultureller Relativismus führt daher unerbittlich zu persönlicher Autonomie und dem Zurückweisen aller absoluten Verhaltensnormen. Wir haben das Ende dieses Prozesses noch nicht erlebt. Dankenswerterweise hat noch nicht die gesamte Gesellschaft die letztendliche Logik dieser Begründung akzeptiert, aber sie hat den Determinismus der Umwelt akzeptiert, so dass Menschen als das unvermeidliche Produkt von Familie und sozialen Umständen gelten.

In der ein oder anderen Form herrscht diese Ansicht immer mehr vor und hat tiefgreifende Effekte auf die Ansichten einer Gesellschaft über Verbrechen und Bestrafung. Die Schrift lehrt, dass die Umwelt einen sehr starken Einfluss auf einen Menschen hat. Verbrecher sind von ihrer Umgebung beeinflusst worden, und hoffentlich würde eine Veränderung der Umgebung ihnen dabei helfen, bessere Entscheidungen zu treffen. Doch es scheint schwer erfassbar, festzustellen, welche Elemente in der Umgebung eines Menschen am meisten Einfluss auf ihn ausgeübt haben und zu versuchen, eine Umgebung zu schaffen, die einem Menschen dabei helfen soll, sich zum Besseren zu bekehren.

Warum ist zum Beispiel die Verbrechensrate in der jüdischen Bevölkerung so niedrig und in der afroamerikanischen Bevölkerung so hoch? Die weitgehend anerkannteste Theorie ist die, dass Armut und alles, was damit zusammenhängt, die Ursache dafür ist. Aber Charles Silberman widerlegte, obwohl er fest auf der Seite der Schwarzen steht, diese Theorie in seiner anerkannten Studie *Criminal Violence, Criminal Justice* [45]. In seinem Buch über den Verbrecher zeigt er, dass die Verbrechensrate unter Schwarzen dramatisch höher ist als die von anderen ethnischen Gruppen, die in der gleichen Armut gefangen sind. Er sagt, dass die Elemente der schwarzen Kultur, die Gewalt bisher unterdrückt haben, diese jetzt zu ermutigen scheinen. Armut kann nicht als der alleinige Auslöser für kriminelles Verhalten bezeichnet werden, aber das vorherrschende Wissen besagt, dass eine Kombination von Umweltfaktoren das tut.

The Other Side interviewte eine Gruppe Gefängnisinsassen und stellte die Frage: »Wer ist dafür verantwortlich, dass Sie hier sind?«

> *Ezzo:* Der Staat ist dafür verantwortlich, dass ich hier bin. Ich wurde ursprünglich in eine Besserungsanstalt geschickt, für das schreckliche Verbrechen, dass ich die Schule geschwänzt habe ... Damals war ich noch kein Verbrecher, aber ich war einer, als ich rauskam.
>
> *Jones:* Wenn du wissen willst, wer verantwortlich ist, dann sieh dir an, wer im Gefängnis sitzt: Schwarze, Indianer, Puertorikaner, Chicanos und arme Weiße. Du wirst hier keine Reichen finden. In gewissem Sinn hat uns das System zu Armut und einem Leben des Verbrechens verurteilt. Zu die-

> sen Leuten zu gehören ist ein politischer, sozialer und wirtschaftlicher Umstand. Uns wird systematisch die Gerechtigkeit entzogen. Wegen unserer Hautfarbe oder Bildung konnten wir keine Jobs kriegen. Warum sind wir ungebildet? Weil uns die Lehrer in der Schule nur eins lehrten, und das hatte nichts mit dem zu tun, was wir wissen mussten. Darum mussten wir stehlen, um unsere Familien zu ernähren.[46]

Diese These hätte nicht klarer von einem gelernten Psychologen, Soziologen oder Kriminologen formuliert werden können. Die Verantwortung vom Verbrecher auf die Gesellschaft zu verschieben mag zwar unter der Maske eines mitfühlenden Humanismus geschehen, aber in Wirklichkeit ist es eine zerstörerische Grausamkeit, denn die psychologischen Kosten dafür, die eigene Verantwortung auf jemand anderen abzuladen sind der Verlust der Kontrolle über das eigene Schicksal. Die geistlichen Kosten sind noch höher. Sie schließen einen von der einzigen ultimativen Lösung aus: Die Gnade Gottes wird nur dem zugänglich, der Verantwortung für sein eigenes Handeln übernimmt.

Die Bibel ist viel realistischer. Sie erkennt den Einfluss der Umwelt an und damit die Verantwortung der Menschen, für andere genauso wie für sich selbst eine optimale Umgebung zu schaffen. Sie erkennt auch die Rolle der verantwortlichen Entscheidung an. Die Bibel ortet die Ursache für Verbrechen da, wo sie für immer bleiben muss, wenn wir echte Lösungen finden wollen: in der Verantwortung eines jeden, seine eigenen Entscheidungen für das, was richtig ist, zu treffen. Die Wurzel des Verbrechens ist Sünde, und letztendlich liegt die Verantwortung für Verbrechen beim Sünder. Mangel an Disziplin oder an Liebe, Zuhause, Versagen der Gerechtigkeit in der Gesellschaft, schlechter Umgang und eine mangelhafte Ausbildung können alle dazu beitragen, aber letzten Endes sündigen wir, weil wir Sünder sind und uns dafür entschieden haben zu sündigen.

Und jede Entscheidung zur Sünde sammelt sich an, bis ein Charakter geschaffen wurde, der dazu fähig ist, ein Verbrechen zu begehen. Wäre eine angemessene Provokation und wirklicher oder eingebildeter Schutz vor Strafe gegeben, könnte nur die Gnade Gottes einen Menschen von Verbrechen abhalten.

Einige behaupten, dass nicht die Verbrechen selbst zunehmen, sondern dass sich die Durchsetzung der Gesetze gebessert hat; noch mehr Verbrecher werden verhaftet, mehr Verbrechen gemeldet. Die meisten stimmen aber überein, dass die Verbrechensrate in Amerika sich erhöht. Einige beschuldigen die Gefängnisverwaltung und die Umwelt, und fast alle sind sich einig, dass das Gefängnissystem vollkommen versagt hat, wenn Rehabilitation der Zweck sein soll. Etwa 68 Prozent der Entlassenen kehren zurück. Andere beschuldigen die Gerichte und die Verfahren der Strafjustiz. Wieder andere geben den Schulen, der

Gewalt und Sexualität im Fernsehen, Drogen, Rassendiskriminierung, Arbeitslosigkeit und Armut die Schuld.

Ich glaube, der Zusammenbruch der Familie ist der negativste Einfluss der Umwelt. Das öffentliche Bildungswesen und die Medien teilen allerdings die Hauptverantwortung dafür, die Familie und moralische Werte durch ihre bewusste Befürwortung einer moralischen Relativität zu zerfressen. Diese negativen Kräfte neigen also dazu, sich gegenseitig zu bestärken.

Da die Umwelt einen Haupteinfluss auf die Bildung von menschlicher Persönlichkeit und Charakter hat, müssen wir daran arbeiten, sie so gerecht und gnädig wie nur menschenmöglich zu machen. Gleichzeitig müssen wir darauf bestehen, dass jeder Mensch für sein eigenes moralisches Schicksal verantwortlich ist und für jedes Verhalten, das andere verletzt, Rechenschaft geben muss.

Die Art des Verbrechens. Wir haben zwischen Sünde und Verbrechen unterschieden. Gott bestraft Sünde, der Mensch bestraft Verbrechen. Da der Mensch nicht dazu autorisiert ist, Sünde zu bestrafen, muss die Gesellschaft bestimmen, welche Sünden Verbrechen und daher strafbar sind. Wenn die Menschen sagen, dass Moral nicht gesetzlich geregelt werden sollte, spricht aus ihnen Ignoranz oder Vorurteil. Die meisten Gesetze haben mit Fragen der Moral zu tun. Indem man eine Angelegenheit zum Gesetz macht, wird sie zu einem moralischen Thema, auch wenn sie nicht von Natur aus moralisch ist. Aber wenn jemand sagt, *private* Moral sollte nicht gesetzlich geregelt werden, würden die meisten Menschen zustimmen. Private Sünde sollte nicht von menschlichen Gerichtshöfen bestraft werden. Aber was ist, abgesehen von den Sünden des Herzens, »privat«?

Letzten Endes ist keine Sünde wirklich privat, da jede Sünde im Leben des Sünders eine negative Auswirkung auf andere hat. Aber dennoch kann moralische Vollkommenheit nicht menschlich erreicht oder vom Gesetz erzwungen werden. Alles, was daher vom Gesetz getan werden kann, ist, eine Person für die ungerechtfertigte Verletzung des Besitzes einer anderen Person oder der Person selbst zur Rechenschaft zu ziehen, oder für ein Verhalten, das einen anderen gefährden kann. Wegen dieser berechtigten Unterscheidung zwischen Sünde und Verbrechen ist eine starke Bewegung zur Entkriminalisierung von Verbrechen, bei denen es keine Opfer oder Kläger gegeben hat, aufgekommen. Darunter sind hauptsächlich die Verwendung von Drogen, das sexuelle Verhalten von mündigen Bürgern, Trunkenheit, Glücksspiel, Landstreicherei, Prostitution und Pornographie. Wie man sehen kann, würde, wenn all das entkriminalisiert würden, ein Großteil der momentan überlasteten Durchsetzung der Gesetze wegfallen.

Aber gibt es bei diesen Taten keine Opfer? Trinken ist eine »Privatangelegenheit«, aber die Hälfte der Morde und Verkehrstoten in Amerika haben etwas mit Alkohol zu tun. Ist das ein Verbrechen ohne Opfer? Eine Gesellschaft, die Homosexualität und Pornographie zulässt, schafft eine Atmosphäre (Umwelt, wenn man so will), die die Ansicht der kommenden Generation über die menschliche Sexualität stark beeinfluss. Ist das eine reine Privatangelegenheit?

Jedes Verhalten, von dem eine Gesellschaft glaubt, dass es andere direkt oder möglicherweise verletzt, darf mit Recht für gesetzlos erklärt werden. Natürlich ist eine Gesellschaft dafür verantwortlich, dass sie nur Gesetze erlässt, die sie durchsetzen will und kann. Jedes Verhalten, privat oder öffentlich, mit oder ohne Opfer, das eine Gesellschaft für kriminell erklärt und dann nicht durchsetzt, unterminiert die Regeln des Gesetzes und fördert dadurch eine gesetzlose Gesellschaft.

Das entscheidende Element beim Erlassen von Gesetzen ist also nicht, ob eine Handlung privat ist, oder ob es ein direktes Opfer gibt, das sich beschwert, sondern ob diese Gesellschaft das Verhalten als möglicherweise oder tatsächlich verletzend für andere beurteilt und ob die Gesellschaft den Willen hat, die Gesetzgebung durchzusetzen.

Der Zweck von Bestrafung. *Rehabilitation.* Ob bei dem Gericht Israels im Alten Testament oder bei der Züchtigung von Gemeindegliedern im Neuen, Gottes Hauptziel bei Bestrafung war immer die Wiederherstellung des Sünders. *»Sollte ich wirklich Gefallen haben am Tod des Gottlosen, spricht der Herr Herr, nicht vielmehr daran, dass er von seinen Wegen umkehrt und lebt?«* (Hes 18,23).[47] Die Einstellung von humanitären Kriminologen, dass eine Rehabilitierung das Ziel der Strafe ist, hat starke biblische Vorbilder. Aber die zeitgenössische Theorie erklärt eine Rehabilitierung sozusagen zum einzigen gültigen Grund für Bestrafung. Außerdem sind wir durch die Psychologie und Psychotherapie soweit gekommen, dass wir unrealistische Erwartungen an unsere Fähigkeit zur Rehabilitation stellen. Die *New York Times* berichtete, dass die Bemühungen um die Rehabilitation von Verbrechern von den meisten westlichen Regierungen wieder aufgegeben worden sind.[48] Am interessantesten ist das Beispiel Schweden, wo die Gefängnisse als die fortschrittlichsten und humansten gelten. Der Anteil der überführten Verbrechen, die nach der Entlassung begangen wurde (Rückfälligkeit) ist über 70 Prozent, so hoch wie sonst nirgendwo auf der Welt. Das zentrale Ergebnis von Charles Silberman ist, dass man sehr wenig gegen das Verbrechensproblem tun kann.[49] Wir müssen unsere Erwartungen herunterschrauben. Er schließt, dass niemand weiß, was Kriminelle »rehabilitiert«. Er ist jedoch nicht entmutigt. Er argumentiert, dass die meisten Kriminellen tatsächlich erwischt werden und mit der verdienten

Strenge bestraft werden. Wie kann das bei einer Rate von durchschnittlich 12 Prozent an Festnahmen bei schweren Verbrechen sein? Weil Verbrecher damit fortfahren, Verbrechen zu begehen und eigentlich sogar damit rechnen, erwischt zu werden und eine Zeit im Gefängnis zu verbringen, als Kosten für ihr Geschäft. Eine gründliche Untersuchung der *Rand Corporation* an 49 bewaffneten erwachsenen Verbrechern stellte fest, dass sie zugaben, alle zusammen insgesamt 10500 schwere Verbrechen begangen zu haben, obwohl sie durchschnittlich die Hälfte ihres Lebens als Erwachsene hinter Gittern verbracht hatten![50] Tatsächlich ist, abgesehen von Wiedergeburt, das Einzige, von dem bekannt ist, dass es das Verhalten von Verbrechern bessert, das Alter. »Die kriminelle Aktivität ging mit dem Alter zurück, sogar bei den Profis. Durchschnittlich waren es im Jahr 38 schwere Vergehen als Jugendliche, achtzehn als junge Erwachsene und in den reiferen Jahren als Erwachsene sieben.«[51]

Abschreckung. Ein zweiter biblischer Grund für Bestrafung ist, andere abzuschrecken, etwas Falsches zu tun. *»Die da sündigen, weise vor allen zurecht, damit auch die übrigen Furcht haben«* (1Tim 5,20). Dies konnte am deutlichsten bei der Todesstrafe sowohl im Alten als auch im Neuen Testament gesehen werden (5Mo 17,12-13; Apg 5; Röm 13,1-7). Bestrafung ist eine Warnung für alle potentiellen Gesetzesbrecher. Dieser Zweck wird von denen geschmälert, die nur den Sinn der Rehabilitation zugestehen. Sie sagen, dass Bestrafung oder die Furcht davor nicht abschreckt. Professor Norval Morris stimmt dem nicht zu, obwohl er zugibt, dass »erstaunlich wenig darüber bekannt ist, was Verbrecher abschreckt«.[52]

> Aber die Frage ist nicht wirklich, ob das Strafgesetz abschreckt. Es scheint offenkundig klar zu sein, dass es abschreckt. Man kann das bei einem Polizeistreik ausprobieren. Man kann es in Situationen ausprobieren, in denen eine große Bandbreite von Strafgesetzen nicht durchgesetzt wird. In solchen Situationen, je nach Art der verschiedenen Verbrechen und wenn man alle Schwierigkeiten des Zählens bedenkt, nimmt das Verbrechen zu. Verbrechen gegen den Besitz, vor allem die kleineren Verbrechen gegen Besitz, vermehren sich sehr überraschend und rasant.[53]

Ernest Van den Haag gehört zu einer neuen Welle konservativer Strafrechtler, die den abschreckenden und vorbeugenden Wert einer Gefängnisstrafe gegenüber einer flüchtigen Rehabilitation betonen. Dies ist die Hauptaussage seines Buches *Punishing the Criminals*.[54] Anhand von Beispielen beschreibt er ein Experiment, in dem Studenten gebeten wurden, ihre eigenen Ergebnisse auszurechnen, indem sie überprüften, ob sie die richtigen Antworten gegeben hatten. Vierunddreißig Prozent schummelten, indem sie ihre Antworten korrigierten.

Als nächstes wurden sie ermahnt, ehrlich zu sein, aber die Schummelrate stieg auf 41 Prozent! Als jedoch glaubhaft damit gedroht wurde, alle Betrüger zu bestrafen, reduzierte sich das Schummeln auf 12 Prozent. Später sagte Van den Haag, als er vor einer Anhörung des Kongresses über Verbrechen und Strafe aussagte:

> Ich schlage vor, dass das Gesetz verfügt, dass die Gerichte Zweittäter wesentlich höher bestrafen als Ersttäter, die schwere Verbrechen begehen ... Was immer das erste Vergehen mildert, mildert nicht das Zweite. Jeder, der ein drittes Verbrechen begeht, muss als Berufsverbrecher gelten, (und) wenn sein Verbrechen gewalttätig war, oder wenn es, wie bei einem Einbruch, körperliche Anstrengung beinhaltet, sollte er nicht freigelassen werden, bevor er 40 ist. Wenige Menschen über 35 begehen Gewaltverbrechen. Das Alter rehabilitiert.[55]

Obwohl es keine Übereinstimmung darüber gibt, was eine Person wirklich von kriminellem Verhalten abschreckt, gibt es eine Art Konsens darüber, dass Gewissheit und Schnelligkeit beim Erwischen und Bestrafen abschrecken. Aber wenn sicheres und schnelles Bestrafen die größte Abschreckung sind, können wir kaum erwarten, dass unser System abschreckt.

> Die Eisenhower Kommission sagte aus ..., dass von einhundert registrierten Verbrechen, großen, schweren Straftaten, fünfzig bei der Polizei angezeigt werden. Für die fünfzig angezeigten Vorfälle werden zwölf Personen festgenommen. Von den zwölf Festgenommenen werden nur sechs für etwas verurteilt – nicht notwendigerweise für das Vergehen, für das sie angezeigt wurden. Von den sechs, die verurteilt werden, müssen 1,5 ins Gefängnis.[56]

Schutz der Unschuldigen. Ein dritter gerechtfertigter Zweck von zwei Arten der Bestrafung – Gefängnis und Hinrichtung – ist der, andere vor jemandem zu beschützen, der sich fähig zum Verbrechen erwiesen hat. Wegen der zunehmenden Frustration über das Nicht-Erreichen von Rehabilitation, scheint die westliche Gesellschaft zunehmend den vorbeugenden Zweck von Gefängnisstrafen zu betonen. Dennoch werden 95 bis 98 Prozent der gegenwärtigen amerikanischen Gefängnisinsassen in die Gesellschaft zurückkehren, und 68 Prozent von ihnen werden weitere Verbrechen begehen.

Die Schrift ist voll mit Ermahnungen, die Unschuldigen und Hilflosen zu beschützen – die Witwe, den Vaterlosen, den Fremden, den Schwachen. Die Regierung wurde eingesetzt, damit die Bürger *»ein ruhiges und stilles Leben führen mögen«* (1Tim 2,2). Daher muss jede gerechte Gesellschaft Strukturen schaffen, die ihre Bürger beschützen. Aber die Bibel sagt wenig Positives über das Einsperren. Es war nicht die Art von Bestrafung, die gewöhnlich auferlegt wurde. Des weiteren wird, obwohl die Durchführung der Todesstrafe für eine Bandbreite von Sünden die Gesellschaft vor wiederholten Vergehen beschützte, der Schutz der Unschuldigen nicht als Begründung für die Todesstrafe angegeben. Wir haben schon gesehen, dass die Gesellschaft in der gegenwärtigen Ordnung nicht besonders gut beschützt wird. Gefängnisstrafen sind kurz, frühe Bewährung die Regel und anschließende Verbrechen ziemlich sicher. Das zeitgenössische amerikanische System hat also auch in diesem Ziel versagt. Eine Art, die Rechte der Opfer und des Staates vor Verbrechen zu beschützen hat in der letzten Zeit einige Aufmerksamkeit gewonnen: Schadensersatz. Nach dieser Theorie erhält der Verbrecher Strafen zu dem Zweck, sowohl den Verlust, den das Opfer erlitten hat zu entschädigen als auch die Regierung dafür, dass sie den Verbrecher gefasst, verurteilt und eingesperrt hat. Entschädigung ist sicherlich ein biblisches Prinzip und war der Gedanke, der im Alten Testament hinter der Bestrafung durch eine Strafzahlung stand (3Mo 6,2-5; 4Mo 5,7).

Strafe. Vergeltung (Bestrafung zur Verteidigung der Gerechtigkeit) ist der einzige Zweck, der fast universal von selbsterklärten Humanisten innerhalb und außerhalb der Gemeinde abgelehnt wird. Sie wird als entsetzlich für ein zivilisiertes Volk gesehen, das vergeltende Rache schon lange abgelegt haben sollte. Aber, obwohl sie nicht der einzige oder wichtigste Grund ist, den die Schrift angibt, ist sie eindeutig ein Zweck der Bestrafung, der in der Bedeutung des Wortes *bestrafen* selbst innewohnt. Das Neue Testament nennt die Verteidigung der Gerechtigkeit ganz klar als ein Grundziel der Verbrechensbestrafung: Offizielle Regierungsmitarbeiter werden eingesetzt, um Täter durch Rache zu züchtigen (1Petr 2,14). Alle vier Zwecke der Verbrechensbestrafung sind biblisch gültig und sollten im Gesetz und in der Strafjustiz betont werden. Die biblische Rangordnung der Priorität ist vermutlich (1) Rehabilitation, (2) Gerechtigkeit, (3) Schutz der Unschuldigen, und (4) Abschreckung.

Unterschiedliche Arten von Strafen

Schlechtes Gesetz versus gutes Gesetz. Im Allgemeinen verstärken gute Gesetze moralische Standards, und schlechte Gesetze schwächen moralische Standards. Es gibt viele Arten, schlechte Gesetze oder Justizsysteme zu entwickeln.

Nicht durchsetzbare Gesetze (oder Gesetze, welche die Gesellschaft nicht durchsetzen will, so wie die amerikanische Prohibition) sind schlecht, weil sie den Respekt für das Gesetz untergraben, wenn sie nicht durchgesetzt werden und Korruption unter den Bürgern und den verantwortlichen Beamten fördern.

Ungerechte Gesetze gibt es auf unterschiedliche Arten. Es ist ungerecht, Beweise vom Hörensagen anzuerkennen oder jemanden ohne angemessene Beweise zu verurteilen. Es ist ungerecht, ein Opfer von sexueller Gewalt oder von Kindesmissbrauch wiederholten emotionalen und mentalen Angriffen, Scham und Einschüchterung im Gerichtssaal auszusetzen. Eine vorherrschende Art der Ungerechtigkeit in unserem gegenwärtigen System ist, dass die Armen ohne Beziehungen und die Ungebildeten proportional wesentlich häufiger verurteilt werden als jene, die sich die Vertretung durch einen Rechtsanwalt leisten können, die Freunde in hohen Positionen haben und wissen, wie man das System »bearbeitet«. Es ist ungerecht, jemanden zu einer Gefängnisstrafe zu verurteilen, der einen Ladendiebstahl im Wert von zehn Dollar begangen hat, aber kein Gesetz dagegen zu haben, dass der Besitzer der Ladenkette die Regierung illegal um Hunderte und Tausende von Dollars seiner Einkommenssteuer bringt.

Unangemessene oder ungleiche Bestrafung ist eine andere Form von schlechtem Gesetz. Im Oktober 1964 ermordete Gaetano Furnari in Sizilien einen Universitätsprofessor, der seine Tochter verführt hatte; in Manila wurde ein chinesischer Geschäftsmann dafür festgenommen, dass er fünf Jahre zuvor seine philippinische Sekretärin geküsst hatte. Sowohl der Mörder als auch der Küsser wurden zu vier Jahren Gefängnis verurteilt. Ungefähr zur gleichen Zeit las ich in einer Tokyoter Zeitung von einigen jungen Männern, die sich betranken, einen Schwan vom Schlossteich des königlichen Palastes einfingen, den Schwan grillten und zu vier Jahren Gefängnis verurteilt wurden. In einer Kolumne im Innenteil der gleichen Zeitschrift war der kurze Bericht über eine junge Mutter zu finden, die ihr Kind wissentlich in einem Sumpf ertränkt hatte; sie wurde zu einer zweijährigen Strafe verurteilt, mit aufgeschobenem Urteilsspruch. Irgendwie wird der Gerechtigkeitssinn verletzt. Gute Gesetze und die gute Durchführung von Gesetzen muss gerecht und dem Verbrechen angemessen sein. Ein gutes Gesetz begeht durch den Schutz der Unschuldigen keinen ungerechtfertigten Verstoß gegen die Rechte und Freiheiten der anderen. Dieses zarte Gleichgewicht ist schwierig, aber es ist das Ziel eines guten Gesetzes.

Nichtbestrafung. Ist es für eine Gesellschaft immer falsch, ein Verbrechen nicht zu bestrafen? Offensichtlich nicht, denn viele Verbrechen blieben in der Geschichte der Schrift ungestraft. Nicht nur ein König wie David, der Frauen stahl, sondern auch eine wehrlosen Frau, die im Akt des Ehebruchs festgenommen wurde und eine durstige Ehebrecherin am samaritischen Brunnen wurden nicht hingerichtet, wie das Gesetz es verlangte. Das bedeutet nicht, dass Verbrechen übersehen oder Strafjustiz untergraben werden sollten; das sagt die Schrift mit hinreichender Deutlichkeit. Aber es bedeutet, dass Gnade und Vergebung manchmal legitim sind, ohne dass sie die Gerechtigkeit verletzen.

Alternativen zur Gefängnisstrafe. Das amerikanische Haftsystem ist in erster Linie eine Strafe gegen Verbrechen, wohingegen es in der Schrift nicht zwingend zu diesem Zweck gedacht war. Das Gefängnissystem hat in drei der vier Zielen der Bestrafung total versagt. Es funktioniert nur als gerechte Art der Bestrafung gut; vergeltende Justiz wird gewährt.

Häufige Ausbrüche von Gewalt in Gefängnissen erlauben der Öffentlichkeit kurze Einblicke in die erschütternden Verhältnisse hinter Gittern. Die meisten Gefängnisse wurden vor 1920 gebaut, viele vor mehr als hundert Jahren und nur für einen Bruchteil der jetzt einsitzenden Häftlinge. Gewalt ist an der Tagesordnung und vorprogrammiert, Korruption eine Lebensart, Drogenkonsum und Homosexualität ungezügelt.. Es wird geschätzt, dass bis zu 80 Prozent der Insassen homosexuell sind oder homosexuelle Erfahrungen hatten, freiwillig oder unfreiwillig. Eine »Gefängnisreform« wird hauptsächlich in Berichten von Untersuchungskommissionen sichtbar, selten in Taten. Gibt es durchführbare Alternativen?

Der Entzug von Privilegien ist eine herkömmliche Art der Bestrafung, ob bei einem relativ milden Entzug, wie dem des Führerscheins, oder einem strengen, wie dem der Lizenz, als Arzt oder Anwalt zu praktizieren. Vielleicht gibt es andere kreative Wege, dem Verbrechen mit dem angemessenen Entzug von etwas Wertvollem zu begegnen, außer der Freiheit, in einer normalen Gesellschaft zu leben.

Es ist unwahrscheinlich, dass körperliche Züchtigung bald in der westlichen Welt anerkannt wird. Verbannung oder Exil, früher normal, ist ebenfalls aus der Gunst gefallen, abgesehen von der Verbannung von kriminellen Ausländern. Es scheint weniger grausam zu sein als die typische Umgebung eines Gefängnisses, aber das hängt zu einem großen Teil vom Ort des Exils ab. In einigen Gesellschaften wird der Militärdienst als Strafe genutzt. Keine dieser Arten der Bestrafung kann aus biblischen Gründen ausgeschlossen werden, aber es ist unwahrscheinlich, dass eine davon heutzutage in Amerika anerkannt wird.

Es gibt derzeit eine Art der Bestrafung, die sehr erweitert werden könnte – die Geldstrafe oder die Enteignung von Besitz. Von dem überführten Verbrecher könnte verlangt werden, dass er dem Opfer und der Regierung (für die Kosten der Festnahme und der Anklage) einen festgelegten Betrag zahlt, wenn nötig in monatlichen Raten. Dies könnte auf die 75 Prozent der Gefängnisinsassen beschränkt werden, die nicht der Gewaltverbrechen schuldig sind. Ein solches Programm zu überwachen würde einen Bruchteil der Kosten einer Haft ausmachen, und das Opfer hätte eine Hoffnung auf Wiedergutmachung für den erlittenen Verlust. Ein Nebenprodukt wäre es, Ersttäter aus dem Gefängnis, der »Schule des Verbrechens« und dem brutalisierenden Effekt des Gefängnisses, herauszuhalten. Charles Colson und seine Organisation *Prison Fellowship,* sind führend darin, diesen Ansatz zu vertreten. Seit Mitte der Neunziger hat eine größere Anzahl von Staaten zumindest Pilotprogramme zu alternativen Strafen eingeführt.

Andere Alternativen wären Aufgaben im Gemeindewesen oder eine Aufgabe, dem Opfer auf irgendeine Weise zu dienen oder für es zu sorgen. Dies mag besonders für jugendliche Kriminelle passen, von denen viele des Müßiggangs schuldig sind, der Unverbesserlichkeit und anderer Vergehen, die bei einem Erwachsenen nicht als strafbares Verbrechen gelten. Diese Jugendlichen bedrängen das System und sind der größte Verlust für die Gesellschaft. Eine Gesellschaft, die kreativ genug ist, einen Menschen auf den Mond zu schicken, muss sich hier auf der Erde sicher nicht mit einem gescheiterten Strafsystem begnügen.

Todesstrafe. Es gibt zwei vorherrschende Ansichten darüber, was die Schrift darüber lehrt, überführte Schwerverbrecher hinzurichten: jene, welche die Abschaffung der Todesstrafe vertreten und jene, welche die Todesstrafe bei vorsätzlichem Mord vertreten.

Abschaffung der Todesstrafe. England schuf die Todesstrafe im Dezember 1969 ab, und eine Menge anderer Nationen folgten. Nur in fünfzehn Staaten und im *District of Columbia* ist die Todesstrafe nicht gesetzlich. Die meisten der wichtigsten religiösen Organisationen in Amerika haben die Todesstrafe offiziell verlangt. Das Beenden eines menschlichen Lebens verletzt nicht nur liberale Gefühle (außer beim Ungeborenen und bei denen, die keine »echt menschliche« Existenz besitzen), es verletzt die Ethik des Neuen Testaments, wie viele Evangelikale sagen. Als Erstes werden die Gebote des Alten Testaments für nicht länger anwendbar gehalten, weil sie zum mosaischen System gehörten, welches aufgehoben wurde. Des weiteren sagt heutzutage niemand, dass die Todesstrafe so, wie sie im Alten Testament dargestellt wird, heute befolgt werden sollte.

Das mosaische Gesetz schreibt die Todesstrafe für achtzehn Verbrechen vor:

1. Mord – 2Mo 21,12-14.20; 22,2-3: 3Mo 20,2; 24,17.21; 4Mo 35,11-21.30; 5Mo 19,11-13
2. Aus Versehen den Tod einer schwangeren Frau oder ihres Babys (?) zu verursachen, wenn sie während eines Kampfes verletzt wird – 2Mo 21,22-25
3. Der Tod eines Menschen durch ein gefährliches Tier, das schon einmal getötet hat und dennoch nicht eingesperrt wurde (sowohl das Tier als auch der Besitzer sollen getötet werden) – 2Mo 21,28-30
4. Entführung – 2Mo 21,16; 5Mo 24,7

5. Vergewaltigung einer verheirateten Frau (aber nicht die Vergewaltigung einer Jungfrau) – 5Mo 22,25-29
6. Hurerei – 3Mo 21,9; 5Mo 22,13-21; Ausnahme 3Mo 19,20-22
7. Ehebruch – 3Mo 20,10; 4Mo 5,12-30; 5Mo 22,22-24
8. Inzest – 3Mo 20,11-12.14
9. Homosexualität – 3Mo 20,13
10. Sexueller Verkehr mit einem Tier – 2Mo 22,19; 3Mo 20,15-16
11. Seine Eltern zu schlagen – 2Mo 21,15
12. Seine Eltern zu verfluchen – 2Mo 21,17; 3Mo 20,9
13. Gegen die Eltern aufzubegehren – 5Mo 21,18-21
14. Zauberei, Hexerei – 2Mo 22,18; 3Mo 20,27
15. Gott fluchen – 3Mo 24,10-16
16. Menschen dazu verleiten, andere Götter anzubeten – 5Mo 13,1-16; 18,20; vgl. 2Mo 22,20
17. Einen Tod trotz Freispruch durch das Gesetz zu rächen – 5Mo 17,12
18. Absichtlich falsch gegen jemanden aussagen, dem die Todesstrafe droht – 5Mo 19,16-19[57]

Wichtiger als das Problem, die Standards des Alten Testaments heute anzuwenden, ist, dass biblische Vertreter der Abschaffung sagen, dass die Lehre Christi die Todesstrafe bewusst aufhebt. Die Geschichte von der Frau, die beim Ehebruch gefasst wurde (Joh 8) spielt in den meisten Diskussionen eine Rolle. Warum hielt Christus das Gesetz nicht aufrecht, wenn dies genau das war, womit seine Ankläger ihn versuchten? Er beschützte sie nicht nur vor der Hinrichtung, er übergab sie nicht einmal den Behörden, damit sie eine geringere Strafe erhielte. Aber noch wichtiger als sein Beispiel ist die Tatsache, dass Christus in seiner Lehre ausdrücklich das *Lex Talionis* des Alten Testaments (2Mo 21,23-25) ablehnte, das Verlangen nach einer gleichwertigen Vergeltung »Auge um Auge« (Mt 5,38-42). Einige sagen, dass Christi Erlaubnis der Scheidung (Mt 5,31-32; 19,9) vielmehr als das Vertreten der Hinrichtung für Ehebruch als ein Beispiel dafür gesehen wird, was er über alle anderen Gesetze dachte, die nach der Todesstrafe verlangen. Auch waren die Apostel nach Meinung der Gegner der Todesstrafe nicht für deren Gebrauch. Das Schwert in Römer 13 wird als ein Symbol für Autorität verstanden, so wie heute eine Polizeimarke. Der Offizier trug es als ein Symbol der Autorität, konnte es aber als Waffe benutzen, so wie ein Polizist eine Waffe trägt: nicht als ein Werkzeug zur Hinrichtung, sondern zur Verteidigung und Durchsetzung seiner Autorität. Können ein Polizeiausweis und eine Waffe beweisen, dass ein Staat die Todesstrafe praktiziert und braucht? Außerdem waren Schwerter nicht die herkömmlichen Instrumente für die Hinrichtung bei schweren Verbrechen, heißt es in der Argumentation.

Abgesehen davon soll das Gesetz der Liebe des Neuen Testaments die Todesstrafe ausschließen: »Die Vorstellung, dass wir seinen Körper töten könnten, während wir seine Seele lieben, schließt sich aus.«[58] Die Tat der Liebe wäre, einen Menschen nicht seines höchsten Wertes zu berauben – seines Lebens. Wie kann ein Mensch behaupten, für das Leben zu sein und dann willentlich das Leben eines anderen Menschen wegnehmen? Und schließlich soll doch der Tod Christi alles Sühneleid hinweg nehmen, so dass wir alle, obwohl wir die Strafe des Todes verdienen, am Fuße des Kreuzes auf der gleichen Ebene stehen.

Todesstrafe für vorsätzlichen Mord. Obwohl einige Vertreter der Todesstrafe dafürhalten, dass in Fällen von Vergewaltigung und Verrat die Todesstrafe angewandt werden sollte, meinen die meisten, die über das Thema schreiben, hauptsächlich Mord als das Hauptverbrechen. Sie weisen darauf hin, dass, obwohl das mosaische Zivilgesetz von Christus und den Aposteln aufgehoben wurde, der Befehl, diejenigen hinzurichten, die des Mordes schuldig sind, schon vor Mose bestand und in der ursprünglichen Ordnung der Schöpfung vorhanden war: *»Wer Menschenblut vergießt, dessen Blut soll durch Menschen vergossen werden«* (1Mo 9,6). Der Grund, den Mose angibt, gründet sich auf der Würde des Menschen, von der die Gegner der Todesstrafe sagen, sie würde verletzt: Weil der Mensch nach dem Bild Gottes geschaffen wurde ist nur die Todesstrafe eine angemessene Vergeltung. Obwohl die Struktur des Hebräischen sowohl als die Aussage einer Tatsache als auch eines Gebotes ausgelegt werden kann, sagt kein ernsthafter Bibelgelehrter, den ich kenne, dass ein Befehl nicht beabsichtigt war. Der überwältigende Beweis der Schrift ist der, dass Mose beabsichtigte, Gottes Ansicht zu vermitteln, dass die Person *bestimmt* hingerichtet werden soll (z.B. 3Mo 24,17; 4Mo 35,16-21). Die Lehre des Alten Testaments ist klar, ob die Praxis das nun ist oder nicht.

Fürsprecher der Todesstrafe sagen, dass das Neue Testament ebenfalls deutlich ist. Christus hob zwar einige Gesetze des Alten Testaments auf, aber speziell das Gesetz der Todesstrafe nicht. Außerdem, sagen sie, meinen die Anweisungen von Paulus über die zivile Obrigkeit (Röm 13) das Schwert nicht nur als ein Symbol der Autorität, sondern als ein Symbol der spezifischen Autorität zur Hinrichtung. Obwohl Enthaupten nicht die einzige Methode der Todesstrafe war, war es eine Methode. Außerdem wird argumentiert, dass ein Schwert kaum Einsperren oder Auspeitschen symbolisieren kann.

Weitere Argumente der Gegner der Todesstrafe besagen Folgendes: Wenn ein Mensch nicht in Liebe hingerichtet werden kann, wie kann Gott dann den Sünder hinrichten? Sicherlich sollten diejenigen, welche die schwere Verantwortung tragen, ein menschliches Leben zu beenden, dies widerwillig und mit Trauer tun, und nicht leichtfertig mit einem gestörten Vergnügen an Rache. Wie viele Menschen wiederum haben das Privileg, die Zeit ihres Todes im Voraus zu kennen und sich darauf vorbereiten zu können? Der Verbrecher in der Todeszelle hat die ungewöhnliche Möglichkeit zu bereuen und sich auf seinen ewigen Aufenthaltsort vorzubereiten. Aber viel wichtiger ist, dass Gerechtigkeit gleichwertig verteilte Liebe ist, und die Liebe für das schuldige Individuum kann sich nicht über die Liebe für all diejenigen in der Gesellschaft hinwegsetzen, die in Gefahr sind, wenn die Gewalttätigen ungestraft bleiben, während die Gerechtigkeit dahinsiecht.

Schreckt die Todesstrafe denn mehr ab als andere Strafen? Diese Frage wird heiß diskutiert. Die Welt der Verbrecher glaubt auf jeden Fall, dass sie abschreckt und wendet das Prinzip rücksichtslos an. Der Abschreckungswert, wenn vorhanden, wird stark vermindert, weil wenige erwarten, solch einem Schicksal zu begegnen. Selbst als die Todesstrafe in den Vereinigten Staaten voll in Kraft war, wurden weniger als ein Prozent der Mörder hingerichtet. Außerdem sind 75 Prozent der Morde Verbrechen aus Leidenschaft – Familienmitglieder oder enge Bekannte. Viele dieser Mörder wären gegenüber der Androhung der Todesstrafe blind. Natürlich wird derjenige, der sein Leben verwirkt, nicht wieder töten, soviel Abschreckung besteht zumindest. Isaac Ehrlich, ein Wirtschaftstheoretiker der *University of Chicago,* der eine hochwissenschaftliche Technik der Statistik anwandte, führte eine Studie durch, die darauf hinwies, dass jede Hinrichtung acht Morde verhindert.[59] Die Begründungen, die auf den Vergleichen der Hinrichtungsraten und Morden zwischen den Staaten oder verschiedenen Gesellschaften basieren sind wertlos, weil es so viele Varianten gibt, die zu der Mordrate beitragen.

Letzten Endes kann man die Frage nach Abschreckung vermutlich nicht beantworten, weil wir nie wissen können, wer *keinen* vorsätzlichen Mord im Sinn hatte und aus welchen Gründen er abgehalten wurde. Soviel wissen wir sicher: Die Bibel sagt, dass die Todesstrafe abschreckt (5Mo 17,12-13). Aber, wie wir zuvor gesehen haben, ist der Abschreckungswert unter den biblischen Zwecken, die für Bestrafung gegeben werden, der geringste.

Schlussfolgerung. Meine persönliche Schlussfolgerung soll vermitteln: Die Todesstrafe kann nicht in sich unmoralisch sein, weil sie von Gott geboten wurde. Andererseits bestand Gott selbst nicht darauf, weder bei dem ersten Mörder Kain, noch bei dem bekanntesten, David. Es kann daher nicht falsch sein, Gnade zu zeigen.

Zwei Argumente ziehen mich in gegensätzliche Richtungen. Zum einen war das Gebot prämosaisch, was bedeutet, dass Gott es für eine universale Anwendung im Sinn hatte. Andererseits führt das Neue Testament einen neuen Zugang zum Zivilrecht ein, und jede Bestätigung der Todesstrafe ist indirekt und bestenfalls dürftig. In Anbetracht dieser biblischen Spannung scheint es mir, dass die Todesstrafe eher als ein Vorrecht der menschlichen Regierung betrachtet werden sollte als eine Pflicht.

Die Todesstrafe ist daher legitim, sollte aber nur dann gelten, wenn die groben Ungerechtigkeiten beseitigt wurden. Mit Ungerechtigkeiten meine ich das ehemalige Muster in Amerika, bei dem 50 Prozent der Hingerichteten zwischen 1930 und 1967 schwarz waren. Wenn ein Schwarzer einen Weißen tötete, brachte ihm das ziemlich sicher den Tod, wenn ein Weißer einen Schwarzen tötete, fast nie. Außerdem waren Hinrichtungen hauptsächlich den Armen und Ungebildeten vorbehalten, die sich keine angemessene Vertretung leisten konnten oder nicht wussten, wie sie Hilfe suchen sollten. Häufig waren sie geistig zurückgeblieben und fast immer schlecht gebildet.

Eine weitere Art der Ungerechtigkeit, die fälschliche Hinrichtung eines Unschuldigen, ist überbetont worden. Die liberalsten Schätzungen aller Arten der Verbrechen, bei denen unschuldige Personen verurteilt wurden, sind bei 5 Prozent. In schweren Fällen, bei denen keine Kosten gescheut werden und kein Weg der Verteidigung ausgelassen wird, ist so ein Fehler sehr unwahrscheinlich, aber in den seltenen Fällen, in denen es vorkommen kann, wird man mit der Alternative konfrontiert, was das Fehlen dieser Strafe in einer Gesellschaft bewirken kann. Soviel der naturalistische Humanist auch protestiert, das Verlängern des physischen Lebens ist nicht der ultimative Wert.

Zusammenfassend würde die Todesstrafe, wenn sie Teil eines einigermaßen vernünftigen Systems wäre und nur in Fällen von vorsätzlichem Mord ohne strafmildernde Faktoren und mit sicheren Beweisen angewandt wird, vermutlich den Lebenswert und das Gefüge der Gerechtigkeit in einer Gesellschaft verstärken. Wenn sie aber nach Laune oder ungerecht angewandt wird, wäre es besser, dieses von Gott eingesetzte Vorrecht für eine menschliche Regierung aufzuheben.

Die christliche Verantwortung für Strafjustiz

Was können der einzelne Christ und die Gemeinde tun, um eine gerechte und gnädige Gesellschaft zu fördern, außer gerecht und gnädig zu sein und Gottes Standards zu lehren?

Rehabilitation. Da dies der Hauptzweck der Strafe ist und da es einen wachsenden Konsens gibt, dass unser gegenwärtiges System dem genau entgegengesetzt wirkt, müssen die Gemeinde und der einzelne Christ alles in ihrer Macht stehende tun, um die eine Sache zu fördern, die eine Rehabilitation bewirken kann: Wiedergeburt. Den Einzelnen dazu zu überreden, die Verantwortung für sein persönliches Versagen zu übernehmen, ist der erste Schritt. Aber die persönliche Schuld und Verantwortung ist eine grausame Botschaft, wenn sie dort aufhört und ihn hilflos der Veränderung überlässt. Er muss wissen, dass es Vergebung gibt und die Möglichkeit, in eine neue und andere Person umgewandelt zu werden. Er braucht die fürsorgliche Familie Gottes, besonders nach seiner Entlassung. Aber diese Dinge erhält der herkömmliche Gefangene nie von der christlichen Gemeinschaft.

Das wahrscheinlich bemerkenswerteste Beispiel dessen, was Gott tun kann und was Christen tun müssen ist Charles Colson, ein verurteilter Watergate-Verbrecher, und sein *Prison Fellowship*. Colson zeigt uns vielleicht den Weg, Christi ausdrücklichem Gebot zu folgen, die Gefangenen zu besuchen (Mt 25,36.39.43-45). Es ist schrecklich, wenn man bedenkt, was Christus denen vorhersagte, die die Gefangenen nicht besuchten.

Christen haben tatsächlich den einzigen zuverlässigen Schlüssel, einen Verbrecher zu verändern und aus ihm einen guten Bürger zu machen – auf der Erde *und* im Himmel!

Bestrafung. Wenn wir darauf bestehen, dass vergeltende Justiz als Hauptzweck der Verbrechensbestrafung wieder eingesetzt werden soll, müssen wir hart für ein gerechteres System der Strafjustiz arbeiten. Als Bürger einer Demokratie können wir nicht dasitzen und »Gesetz und Ordnung« rufen. Wir müssen denen genau zuhören, die sich unterdrückt fühlen, genau untersuchen, was eigentlich passiert und auf Gesetze und die Durchführung der Gesetze bestehen, die gerecht und menschlich sind. Obwohl unsere *Gefängnisse* diesen einen Zweck der Bestrafung erfüllen, tut es unser *System* nicht, weil die meisten Verbrechen ungestraft bleiben. Wir müssen für eine Justiz der konsequenten Verhaftung genauso arbeiten wie für eine Justiz der Verurteilung und Bestrafung.

Schutz der Unschuldigen. Immer weniger Amerikaner sind bereit, das Risiko der persönlichen Beteiligung beim Anzeigen eines Verbrechens zu übernehmen. Der Christ muss aus Liebe für die Unschuldigen handeln, indem er das Verbrechen durch direktes Handeln beendet, zumindest indem er jedes Verbrechen oder jede verdächtige Aktivität anzeigt. Das kann teuer werden, aber darum geht es bei der Liebe. Diese Handlung ist auch dem Verbrecher gegenüber eine Reaktion aus Liebe. Er muss davor bewahrt werden, noch größere Schuld auf sich zu laden und die Gelegenheit zu verstärkter Reflexion über seine bösen Wege und deren sicheres Ende bekommen.

Noch drastischere Bedingungen für eine Freilassung vor dem Prozess durch Kaution, längere Gefängnisstrafen und weniger Bewährung kann eine Gesellschaft in 25 Prozent der Fälle beschützen. Aber über 75 Prozent der verurteilten Verbrecher könnten auf alternative Arten bestraft werden, ohne Risiko, dass sie gewalttätig werden. Vielleicht sollten wir ein paar unserer sehr beschränkten Mittel der Strafjustiz zuwenden.

Abschreckung. Es wird gesagt, dass Abschreckung nicht so sehr von der Strenge der angedrohten Strafe abhängt, als von der Gewissheit und Schnelligkeit der Festnahme und Bestrafung. Salomo stimmte dem zu (Pred 8,11). Private Bürger können dabei helfen, die Festnahmen schneller und sicherer zu machen, indem sie Verbrechen und verdächtige Aktivitäten melden, aber sie können auch dazu beitragen, indem sie eine Reform der Gesetze und der Finanzen unterstützen. Der Arbeit der Strafjustiz könnten zum Beispiel mehr Steueraufkommen zugeteilt werden, so wie der Entwicklung von alternativen Systemen der Bestrafung. Dies würde nicht nur die überfüllten Zustände in den Gefängnissen verbessern (die zu deren Versagen beitragen), sondern auch Platz für den enormen Rückstand der anstehenden Fälle schaffen, die, wie so vieles andere, zu langen Verzögerungen bei der Anklage beitragen und eine Tendenz zu einer leichten Strafe und frühen Entlassung fördern.

Aber der größte Beitrag, den der Christ und die Gemeinde zur Abschreckung leisten kann, ist, Gottes heilige Standards und Gottes heiliges Gericht treu zu lehren.

Medizinische Ethik

Jesus ist »der große Arzt«. Historisch gesehen sind Christen an der vordersten Front der medizinischen Versorgung – sie gründeten die Krankenhäuser, spendeten großzügig an wohltätige Zwecke und erbrachten in den weltweiten Fortschritten der Medizin Pionierleistungen.

Heutzutage gibt es eine Explosion medizinischer Möglichkeiten, die Herausforderungen, Möglichkeiten und Gefahren darstellen. Der Begriff *Bioethik* ist erfunden worden, um das wachsende Spektrum der medizinischen Ethik zu reflektieren. Es ist mehr als nur die richtige Anwendung der medizinischen Vorgehensweise an dem Patienten. Themen wie Präventivmedizin, die Entdeckung und die möglichen Anwendungsweisen von Technologien, die Verteilung der Mittel und andere makroethische Themen sind in den Vordergrund getreten. Die Beziehung zwischen dem Mediziner und dem Wissenschaftler, dem Politiker und dem Wirtschaftswissenschaftler ist wichtiger geworden als die zwischen Mediziner und Pfarrer. Die Gemeinde muss in allen bioethischen Fragen die christliche Werte bestätigen, ohne den mitfühlenden, fürsorglichen Dienst am Einzelnen zu opfern.

Christen haben eine Möglichkeit, die sich aus dem Verlust ergibt. In seinem Überblick über Trends in der medizinischen Ethik behauptet Edmund D. Pellegrino, M.D., dass wir in einer Zeit der Krise leben. Unsicherheit herrscht vor. Medizinische Ethiker haben die Grundprinzipien angezweifelt, welche in der

Ethik des Hippokrates umrissen werden – Wohlwollen, Nichtbosheit, Vertraulichkeit und Tugend. Alternativen, inklusive Situationalismus, haben keine Lösung geboten. Das Feld ist also weit offen für die Bestätigung christlicher Werte.

> Die jüngsten Fortschritte in der Medizin bringen immer wieder neue Probleme für eine moralisch empfindsame Person. Einige dieser wissenschaftlichen Fortschritte sind so mit dem Potential zum Bösen beladen, dass sogar hingebungsvolle Humanisten, deren zentrale Überzeugung die Freiheit ist, angefangen haben, die Begriffe zu benutzen, die sie für unakzeptabel hielten, wie »normative Ethik« oder »öffentliche Moral«. Was tun wir mit Genmanipulation, Klonen, Organtransplantation, Psychochirurgie, sinnesverändernden Medikamenten, Experimenten an Föten – oder sogar an Menschen? Wie erhält die Gesellschaft das delikate Gleichgewicht zwischen individuellen Rechten und Pflichten einerseits und dem gesellschaftlichen Nutzen oder Schaden andererseits? [60]

Die Bibel spricht natürlich die vielen Probleme nicht direkt an, die durch die Entdeckung neuer Technologien auftreten. In biblischen Zeiten wurden »Balsam« (Jer 8,22), »Öle« (Jes 1,6; Lk 10,34; Jak 5,14) und »ein wenig Wein« (1Tim 5,23) bei verschiedenen Krankheiten verschrieben. Der Apostel Lukas war auch ein Arzt (Kol 4,14). Aber die Medizin war unterentwickelt, deswegen müssen, wenn man die heutige komplexe Welt der Medizin betrachtet, eher biblische Prinzipien als Vorschriften unser Fokus sein. Medizinische Ethik muss im Rahmen mehrerer klarer biblischer Prinzipien betrachtet werden:

1. Gottes Liebe für die Menschen erstreckt sich auch über ihre Körper, die er gemacht hat. Ein Aspekt von Gottes Wunsch, dass alle gerettet werden (2Petr 3,9) ist sein Wunsch, dass alle körperlich gesund sind.
2. Gottes Ziel in Christus ist, alle Krankheit und alles Leid zu beenden. Er wird dies durch die körperliche Auferstehung der Gläubigen und die Wiederherstellung der Schöpfung bewerkstelligen.
3. Krankheit und Leid sind ein Ergebnis des Sündenfalls, dessen Wirkung von allen erlebt wird, bis Christus wiederkommt. Sie ist sowohl ein Gericht für die Sünde (1Kor 11,30) als auch ein Anstoß, sich vor dem Tod mit der Ewigkeit auseinanderzusetzen.
4. Wir alle sterben. Nur ein göttliches Eingreifen, nicht der menschliche Scharfsinn, kann den Menschen vor den Konsequenzen des Todes bewahren.
5. So wie Christus durch Verständnis und direktes Eingreifen denen half, die an Krankheiten litten, so sollten dies die Nachfolger Christi tun. Solch ein

christlicher Dienst trennt diejenigen, die zu ihm gehören von denen, die nur behaupten, ihn zu kennen (Mt 25,31-46).

6. Krankheit und Leid können durch den Mangel an Fürsorge einer gedankenlosen Gesellschaft verursacht sein (z.B. Nacktheit, Hunger), durch die gerechten Konsequenzen unmoralischer Taten (z.B. Gefängnis, Drogenabhängigkeit) oder durch nichts anderes als das Leben in einer sündigen Welt (z.B. Erdbeben, Hungersnot). In jedem Fall ist es immer richtig, für die Kranken und Leidenden mit Mitgefühl und Gnade zu sorgen. Krankheit und Leid können nicht immer besiegt werden.
7. Obwohl einige besonders begabt und zu einem medizinischen Dienst berufen sind, sind alle Gläubigen vor Gott dafür verantwortlich, für die Kranken zu sorgen (körperlich und geistig), ob diese gläubig sind oder nicht. Diejenigen, die Fürsorge tragen, sollten mehr durch den Bedarf geführt werden als durch finanzielle Belohnung.
8. Für die Kranken zu sorgen ist kein Ziel in sich selbst. Es ist der Beweis für einen höheren Ruf (das Evangelium) und einer größeren Lösung (die Wiederherstellung aller Dinge).
9. Fortschritte in der Medizin (wie auch in allen anderen Zweigen der Wissenschaft) können, weit davon entfernt, sich unrechtmäßig in Gottes Angelegenheiten einzumischen, sogar zu Gottes Ehre beitragen. Gott ruft uns, die wir sein Bild tragen, mit ihm an der Schöpfung teilzunehmen. Das ist keine Rechtfertigung der Arroganz eines Wissenschaftlers, der Gott nicht anerkennt, oder der Sündhaftigkeit jener, die wissenschaftliche Fortschritte zu selbstsüchtigen oder bösartigen Zwecken missbrauchen.
10. Christen sollten immer für die Kranken beten, aber niemals sollte es nur beim Beten bleiben. Ich habe schon früher gesagt, dass selbst für den Patienten, bei dem nicht jede mögliche lebenserhaltende Maßnahme getroffen wird, Fürsorge und Unterstützung das Wesentliche ist.
11. Da die medizinischen Ressourcen nicht unbegrenzt sind, muss beim Auftreiben dieser Mittel der Wert aller Menschen berücksichtigt werden, sowie die Notwendigkeit, die Menge und die Art der Fürsorge für Einzelne nach ihrer Priorität zu ordnen.

Wie lassen sich diese Prinzipien heutzutage auf bestimmte medizinische Probleme anwenden?

1. *Organtransplantation und künstliche Organe:* Dies scheint innerhalb des menschlichen Potentials der Schöpfungskraft zu stehen. Es ist schwer einzusehen, wie diese Methode ethisch anders bewertet werden soll, als die Herstellung eines künstlichen Glieds. Natürlich hängen mehrere ethische Fragen damit

zusammen, wie zum Beispiel die Entscheidung, wann der potenzielle Spender tot ist, aber gegen die Methode selbst kann es kaum moralische Einwände geben.

2. *Befruchtung im Reagenzglas:* Dies steht mit der Frage der künstlichen Befruchtung im Zusammenhang, die im vorigen Kapitel besprochen wurde (S. 213). Ein schwerwiegender Nachteil dieser Methode ist der, dass sie gewöhnlich mehr als ein befruchtetes Ei erzeugt. Es scheint mit dem biblischen Prinzip der Ehe und der Heiligkeit des Lebens eher vereinbar zu sein, wenn die Anzahl der Eizellen in einem Reagenzglas beschränkt wird und für jedes nicht verwendete befruchtete Ei zu sorgen und somit eine zukünftige Einpflanzung möglich zu machen.

3. *Genmanipulation:* Das Genomprojekt ist eine 3 Milliarden Dollar teure, zwanzig Jahre andauernde internationale Untersuchung, die dazu dienen soll, die 100.000 Gene zu identifizieren, die sich in den menschlichen Chromosomen befinden und Wachstum und Entwicklung bestimmen. An der Oberfläche klingt das nach einer lohnenswerten Unternehmung der Wissenschaft. Mehr als fünfzehnhundert Krankheiten sind als genetisch übertragbar nachgewiesen worden. Kann es moralisch falsch sein, sich um deren Auslöschung zu bemühen, wenn dies ohne unangenehme Nebenwirkungen getan werden kann? Kürzlich hat sich zum Beispiel die Gentherapie bei der Vorbeugung der Fibrose der Zyste als wirksam erwiesen.

Andererseits scheinen die Möglichkeiten des Schadens unheilvoll und beinahe grenzenlos. Die Aussichten von Huxleys »Schöner neuen Welt« waren noch nie so präsent. Das unvermeidliche Ziel der Genforschung ist die »Eugenik«, die biologische Manipulation von Menschen. Gene sind die Bausteine der menschlichen Identität. Wie kann es richtig sein, die »Evolution der Menschheit« zu dirigieren, um unter der Kontrolle der Regierung eine Superrasse zu erschaffen? Die Schrecken solcher Ergebnisse haben wir bereits im Nazideutschland erlebt. C.S. Lewis fürchtete die Genversuche mehr als atomare Zerstörung, wegen ihres Potenzials, die Identität der Menschheit selbst zu bedrohen.

Ich bekenne ein tiefes Zögern, um nicht zu sagen einen Widerwillen gegen die Anwendung von Psychochirurgie, bewusstseinsverändernden Medikamenten, das Klonen eines ganzen Menschen oder dagegen, eine post-menschliche Spezies zu erschaffen. Die böse Ahnung stammt daher, dass ich die Beziehung zwischen Gehirn, Bewusstsein und Geist aus der Schrift nicht bestimmen kann. Es scheint unanständig, wenn nicht respektlos und unmoralisch, die Seele zu manipulieren. Nicht jeder teilt meine Sorge. Der Psychologe des *Fuller Theological Seminary* Paul Clement feierte bei der Konferenz zu menschliche Technik und der Zukunft des Menschen 1984 die Aussichten einer »Technologie des Geistes«, die durch Verhaltensänderung vermutlich solche Tugenden wie die Gaben des Geistes schaffen könnte. Meiner Ansicht nach ist dies der Bereich der wissenschaftlichen Entwicklung, der sehr genau auf ethische Gültigkeit untersucht werden und in seiner Entwicklung gründlich beobachtet werden muss. Da es wahrscheinlich ist, dass die Christen nicht alle oder keine der sogenannten Fortschritte auf diesem Gebiet aufhalten können, sollten wir fortfahren, die biblischen Standpunkte über die menschliche Identität im Angesicht der zunehmend unpersönlichen Modelle zu behaupten.[61]

4. *Die Verfügbarkeit der Gesundheitsfürsorge:* Die Verfügbarkeit von grundlegenden Standards in der Gesundheitsfürsorge für alle Menschen auf der ganzen Welt ist ein lohnenswertes Ziel. Christen sollten nicht danach fragen, *ob* für Gesundheitsfürsorge vorgesorgt ist, sondern *wie*. Christliche Barmherzigkeit ist damit vereinbar, auch denen eine Gesundheitsfürsorge zu bieten, deren Gesundheitsprobleme durch einen falschen Lebensstil (ob informiert oder nicht) hervorgerufen wurde.

John F. Kilner berichtet: Einer umfassenden Studie des Carter Center in Atlanta zufolge führt der unzulängliche Zugang zu Gesundheitsfürsorge in den Vereinigten Staaten jährlich zu über 130.000 Toten, über 1.770.000 möglicherweise verlorenen Lebensjahren vor dem Erreichen des Alters von 65 Jahren und über 10.440.000 Tagen zusätzlicher Krankenhauspflege (weil medizinische Probleme nicht dann vorgebeugt oder behandelt wurden, als es nötig war).[62]

Gewissenhafte Christen können nicht weiterhin in der Illusion leben, dass die Frage nach der Verteilung der medizinischen Mittel, selbst irgendwelche Rationalisierungsmaßnahmen an medizinischer Versorgung, beim Treffen von ethischen Entscheidungen keine Rolle spielt. Das ist einfach der derzeitige Zustand, und die Technologie sorgt mehr und mehr dafür, dass wir von dieser Sorge nicht so schnell befreit werden. Es ist nicht wirklich beruhigend, dass die Menschen, die heutzutage am schlechtesten versorgt sind, wesentlich besser dran sind als ihre Großeltern oder Urgroßeltern, die zu ihrer Zeit die bestmögliche medizinische Versorgung erhielten. Paulus diente nach dem Prinzip der Gleichheit, zumindest in den Gemeinden (2Kor 8,14). Wie wir gegenwärtig die Mittel und die Dienstleistungen verbrauchen, muss an den bestehenden Standards der Fürsorge gemessen werden. Die Versorgung mit Mitteln und Dienstleistungen durch z. B. neue Entdeckungen und Behandlungsmethoden, das Zusammenlegen von Technologien und bessere Ausbildung zu erhöhen, kann die schweren Entscheidungen nicht ersetzen, die getroffen werden müssen.

5. *Fötale Therapie:* Es ist inzwischen möglich, Chirurgie an der offenen Gebärmutter zu vollziehen, um fötale Defekte zu korrigieren. So kann zum Beispiel die Sterberate von 75 Prozent von einem von 2500 Babys, deren Zwerchfell nicht richtig geschlossen ist, in eine 75-prozentige Überlebensrate umgewandelt werden, indem eine kürzlich entwickelte intrauterine Operation vorgenommen wird.

6. *AIDS:* Die Schätzungen über die Anzahl der Menschen, die mittlerweile AIDS haben, derer, die mit HIV infiziert sind und darüber, welchen Verlauf diese Krankheit in Zukunft nehmen wird, variieren erheblich. Die Tatsache, dass sie sich mit einer epidemischen Geschwindigkeit durch die Gesellschaft bewegt und großes Leid verursacht, kann nicht geleugnet werden. Obwohl sie oft durch verbotenen sexuellen, normalerweise homosexuellen Verkehr übertragen wird, ist dies nicht immer so. Auch Transfusionen mit HIV-infiziertem Blut sind dafür verantwortlich. Das Mitgefühl und die Hilfe für diejenigen, die an AIDS leiden, sollte sich nicht von dem für jene unterscheiden, die an etwas vergleichbarem leiden, egal wie die Person sich diese Krankheit zugezogen hat. Die Suche nach einem Heilmittel sollte eine hohe Priorität haben. Außerdem sollte die Sorge für die Gesellschaft als Ganzes Gläubige dazu motivieren, politisch, privat und in der Gemeinde die Bewegungen zu unterstützen, welche die Ausbreitung der Krankheit bekämpft.

Weitere Gesichtspunkt zum Thema »Leben«

Versäumnis

Nicht jedes gesetzlich strafbare Versäumnis ist auch ein moralisches Versäumnis, und nur sehr wenig von dem, was unter moralische Schuld fällt, ist gesetzlich festgelegt. Ein Autoschaden oder eine medizinische Fehlhandlung, die unbeabsichtigt war, kann zum Beispiel zivilrechtlich verfolgt werden, ohne dass – aus biblischer Sicht – ein sündiges Versäumnis besteht. Wenn keine angemessenen Vorkehrungen getroffen wurden, kommt das moralische Element ins Spiel. Der ausführliche Briefwechsel zwischen führenden Asbest-Herstellern weist zum Beispiel darauf hin, dass sie sehr wohl über die Gefährlichkeit des Produkts in Herstellung und Verwendung Bescheid wussten und sich bewusst dafür entschieden, mit der Herstellung fortzufahren. Da die Ergebnisse mehrere Jahrzehnte lang nicht offenbar wurden, war sich die Öffentlichkeit dieser Nachlässigkeit nicht bewusst, was gewiss ein moralisches Versagen war.

In einem weiteren Beispiel erzählte mir ein Student von einem Nebenjob, bei dem er mit gefährlichen Chemikalien umgehen musste. Wenn eine staatliche Inspektion bevorstand, wurden die Chemikalien versteckt und die Inspektion blieb ohne Folgen. Aus ökonomischer Notwendigkeit heraus arbeiteten er und andere weiterhin bei diesem skrupellosen Arbeitgeber. Unbedeutende Arbeiter, so wie illegale Einwanderer und Leute mit wenig oder gar keiner Bildung sind häufig die Opfer dieser Art von Versäumnis, die sowohl krimineller als auch moralischer Natur ist.

Auf der anderen Seite gibt es viele Unterlassungen, die von der Regierung normalerweise nicht gesetzlich geregelt sind. In Matthäus 25, wo das letzte Gericht vorausgesehen wird, wird uns gelehrt, dass derjenige, der es unterlässt, den Hungrigen Speise zu geben, die Armen zu kleiden und für die Unterdrückten zu sorgen, dem strengsten Gericht unterliegen wird. Es ist also die Verantwortung der Gläubigen, ihrer Fähigkeiten angemessen auf Naturkatastrophen zu reagieren, die das Leben und die Gesundheit der Menschen bedrohen. Zumindest ist es eine moralische Nachlässigkeit, menschliche Probleme zu ignorieren, bei denen ich helfen könnte, auch wenn ich für eine Unterlassung nie von einem menschlichen Gericht verurteilt werde.

Das Potenzial, durch Versäumnis zu versagen, ist so gut wie grenzenlos. Aus diesem Grund sind wir dazu aufgerufen, empfindsame, mitfühlende Menschen mit Integrität zu sein. Wir sollen unsere eigene große Begrenztheit an Weisheit und Mitteln erkennen, mit denen wir den menschlichen Bedürfnissen begegnen können und um Gottes Gnade bitten, damit er unser Versagen zudeckt.

Die Rechte von Tieren

Die Frage »Haben Tiere Rechte?« kann nicht eindeutig mit ja oder nein beantwortet werden. Rechte von Tieren oder Rechte von Menschen, oder besser gesagt das Ausmaß ihrer Rechte, lassen sich von Gottes Gnade und kreativem Zweck ableiten. Die bessere Frage wäre vielleicht: »Was ist Gottes Zweck für Tiere?« oder: »Wie erwartet Gott, dass die Menschen über Tiere herrschen sollen (1Mo 1,26)?«

Christen müssen Gottes Plan von Eden in ihrer gegenwärtigen Behandlung von Tieren berücksichtigen. Man muss bedenken, dass Tiere und Menschen ein ähnliches »Leben« teilen (1Mo 1,30; 2,7). Es ist außerdem wahrscheinlich, dass wir dazu bestimmt waren, die gleiche vegetarische Nahrung zu uns zu nehmen (1Mo 29 – 30). Aber es gibt bedeutende Unterschiede. Tiere wurden nicht im Bilde Gottes geschaffen. Menschen haben Autorität über Tiere. Gott wies die Menschen an, Tiere zu benennen, sie zu beaufsichtigen (1Mo 1,26f.), und für sie zu sorgen (1Mo 2,15; 4,2).

Die Feindschaft, die jetzt unter den Tieren herrscht, war nicht Gottes urprüngliche Absicht für sie und wird nicht der Status der Tiere in der neu geschaffenen Welt sein. Wenn wir unbegrenzte Rechte über Tiere beanspruchen, nur weil wir Macht über sie haben, sind wir funktionale Darwinisten, die ein Paradigma des Überlebens-des-Stärkeren vorführen. Wenn wir uneingeschränkte Kontrolle über Tiere beanspruchen und 1. Mose 1,28 als göttliche Tarnung für unsere gefallenen Ziele beanspruchen, sind wir nicht besser.

Der Sündenfall hat die Harmonie, die ursprünglich zwischen Menschen und

Tieren herrschte, verändert, aber er änderte nicht Gottes ursprünglichen Plan. In der Welt nach dem Fall gestattete Gott den Verzehr von Tieren (z. B. Apg 10,13). Er befahl den Tod von Tieren, um den Tod Christi zu erwarten (z. B. 1Mo 22,13). Tiere können dazu benutzt werden, menschlichen Zielen zu dienen, so wie der Mensch Gottes Zielen dient (z. B. Lk 19,29-35).

Wie zu erwarten ist, spricht die Bibel die Frage der Tierversuche nicht an. Da es keinen wesentlichen Unterschied zwischen dem Verzehr von Tieren, um den Menschen zu ernähren und dem Konsum von Tieren, um die Gesundheit des menschlichen Lebens zu fördern, gibt, sehe ich kein biblisches Verbot dafür. Dennoch sollten Versuche niemals trivial, unnötig oder unaufmerksam gegenüber dem Leiden des Tieres sein. Da es kein biblisches Verbot gegen Tierversuche gibt, sehe ich keinen Bedarf dafür. Genauso kann ein Christ, der kein Leder oder Pelz tragen möchte, die Freiheit haben, davon abzusehen. Aber dieses Verbot kann den anderen nicht als biblischer Zwang auferlegt werden. Die Diskussion in der frühen Gemeinde über Fleischopfer für Götzen ist der heutigen Frage nach Fleischverzehr in gewisser Weise ähnlich. Paulus sagt *»Jeder aber sei in seinem eigenen Sinn völlig überzeugt!«* (Röm 14,5) und *»alles zwar ist rein«* (Röm 14,20).

Christen sollten die Schöpfung nutzen, nicht in erster Linie, um zu überleben, und sogar noch weniger, um Vergnügen daraus zu gewinnen, sondern immer, um Gott die Ehre zu geben. Das gilt nicht weniger für die Behandlung von Tieren, über die Gott den Menschen ausdrücklich die Autorität gab. Es ist kein Wunder, dass die Sprüche sagen *»Der Gerechte kümmert sich um das Wohlergehen seines Viehes, aber das Herz des Gottlosen ist grausam«* (Spr 12,10. Siehe auch 2Mo 23,5; 5Mo 5,14; 22,6-7).

Als Jesus Christus das Gebot, das Mord verbietet, bis zu den Tiefen des selbstsüchtigen menschlichen Herzen erforschte, schloss er alle schädlichen Handlungen und Einstellungen vom kleinsten Gedanken bis zur schlimmsten Tat mit ein. In diesem langen und komplexen Kapitel haben wir die bekanntesten Arten untersucht, mit denen Leute ihren Mitmenschen Schaden zufügen können und das Gesetz der Liebe leugnen. Vielleicht ist es nicht zuviel gesagt, dass alles, was nicht Liebe ist, Sünde ist.

Anmerkungen

1. Für eine ausführliche Einführung zu diesem Thema, siehe Leon Morris, *The Apostolic Preaching of the Cross* (Grand Rapids: Eerdmans, 1955).
2. Zu einer hilfreichen Auseinandersetzung mit diesem Thema siehe Charles Cerling jr., J. Pedersen und John Hower, *Journal of Psychology and Theology*, 2, Nr. 1, 2 und 4 (1974).
3. Lloyd H. Steffen, »On Anger,«, *The Christian Century,* 16. Januar 1985, 47.
4. Siehe James O. Buswell III, »Marriage« in *Slavery, Segregation and Scripture* (Grand Rapids: Eerdmans, 1964).
5. Siehe Herbert G. Gutman, *The Black Family in Slavery and Freedom, 1759 to 1925* (New York: Pantheon, 1979) und Alex Haley, *Roots: The Saga of an American Family* (New York: Doubleday, 1979).
6. Siehe *Chronicle of Higher Education,* 12 September 1977.
7. Charles E. Silberman, *Crisis in Black and White* (New York: Random House, 1964), S. 12, 70
8. *The Black Panther*, 31. Oktober 1970, S. 4.
9. Mark Olson, »White Follies, Black Shackles«, *The Other Side*, Juni 1979, S. 16.
10. Zur weiteren Besprechung dieses kontroversen Themas siehe *The Pasadena Consultation* über das Prinzip der homogenen Einheit (Pasadena, Calif.: LCWE, 1977; auch abgedruckt in *Missiology*, Oktober 1977); Donald McGavran, »The Priority of Ethnicity,« *Evangelical Missions Quarterly*, Januar 1983.
11. Siehe das Kapitel über »Sex, Ehe und die Familie«.
12. Beverly W. Harrison, *Our Right to Choose* (Boston: Beacon, 1983), S. 193.
13. Ebd., S. 199.
14. Leo Alexander, *The New England Journal of Medicine* (14. Juli 1949).
15. Ronald Reagan, *Abortion and the Conscience of the Nation* (Nashville: Nelson, 1984), S. 21.
16. Ebd., S. 22.
17. Ebd., S. 25.
18. Ebd., S. 11.
19. Siehe z. B. *Christianity Today*, 8. November 1968; 16. März 1973, und das *Journal of the Evangelical Theological Society* (Frühling 1976) zu der bemerkenswerten intellektuellen Pilgerreise eines Forschers des Alten Testaments, Bruce K. Waltke.
20. John Jefferson Davis, *Abortion and the Christian* (New Jersey: Presbyterian and Reformed, 1984), 17. Siehe auch John Warwick Montgomery, »The Fetus and Personhood,« *The Human Life Review*, Frühling 1975, S. 41ff.; und Harold O. J. Brown, *Death before Birth* (Nashville: Nelson, 1977).
21. Zitiert aus Michael J. Gorman, »Why is the New Testament Silent about Abortion?« *Christianity Today*, 11. Januar 1993, S. 29.
23. Helmut Thielicke, in *Theological Ethics*, Vol. 3, *Sex*, übers. von John Doberstein (Grand Rapids: Eerdmans, 1979), S. 227.
24. Kristin Luker, *Abortion and the Politics of Motherhood* (Berkeley: University of California, 1984), S. 195.
25. Davis, *Abortion and the Christian*, S. 30-31.
26. Siehe Anne C. Speckhard und Vincent M. Rue, »Postabortion Syndrome: An Emerging Public Health Concern,« *Journal of Social Issues* 48 (1992), S. 95-119.
27. Siehe Fred M. Frohrock, *Abortion: A Case Study in Laws and Morals* (Westport, Conn.: Greenwood, 1983), S. 31-32.
28. *MacNeil-Lehrer Report*, 22. April 1980.

29. Lewis Smedes, »The Arguments in Favor of Abortion Are Strong ...«, *Christianity Today*, 15. Juli 1962, S. 62.
30. *Time*, 9. März 1970, S. 46.
31. Ebd., S. 47.
32. Robert Culver, »Between War and Peace: Old Debate in a New Age«, *Christianity Today*, S. 24. Oktober 1980, S. 51.
33. Ebd., S. 32.
34. J. H. Ryan und F. J. Boland, *Catholic Principles of Politics* (New York: Macmillan, 1943), S. 254-55.
35. Arthur F. Holmes, »The Just War«, in *War: Four Christian Views*, Hg. Robert G. Clouse (Downers Grove, Ill.: InterVarsity Press, 1981), S. 120-21.
36. Harold O. J. Brown, »The Crusade or Preventive War,« in *War: Four Christian Views*, Hg. Robert G. Clouse (Downers Grove, Ill.: InterVarsity Press, 1981), S. 161-62.
37. Ebd., S. 158.
38. Donald Heinz, »The End of Just War Theory«, in *Theology, News and Notes,* März 1981, S. 5.
39. John C. Bennett, »Nuclear Deterrence Is Itself Vulnerable,« *Christianity and Crisis*, 13. August 1984, S. 297.
40. *New York Times*, 23. September 1937, 19. Eine ausführliche Diskussion über die Entwicklung von Massenbomben, siehe Robert C. Batchelder, *The Irreversible Decision* (Boston: Houghton Mifflin, 1962), S. 170-89.
41. Philip Toynbee, *The Fearful Choice* (London: V. Gollancz, 1958).
42. G. Roy Sumpter »Crime, Individual Culpability, and Punishment,« *Journal of the Evangelical Theological Society* (Herbst 1973), S. 224.
43. Ebd.
44. Karl Menninger, *The Crime of Punishment* (New York: Viking, 1968).
45. Charles Silberman, *Criminal Violence, Criminal Justice* (New York: Random House, 1978).
46. *The Other Side*, November/Dezember 1972, S. 39.
47. Siehe auch 2Thes 3,13-15; 1Tim 1,19-20; und 1Kor 5,5 verglichen mit 2Kor 2,6-8.
48. *New York Times*, 5. September 1977.
49. Silberman, *Criminal Violence, Criminal Justice.*
50. *The State* (Columbia, S.C.), 8. September 1977, 18-A.
51. Ebd.
52. Norval Morris, »Crime and Punishment in America,« *The Center Magazine*, Mai/Juni 1971, S. 33.
53. Ebd., S. 33-34.
54. Earnest Van den Haag, *Punishing Criminals* (New York: Basic Books, 1976).
55. William Raspberry, *The State* (Columbia, S.C.), 23. Juni 1977.
56. Norval Morris, »Crime and Punishment in America«.
57. Dave Llewellyn, »Restoring the Death Penalty: Proceed with Caution,« *Christianity Today*, S. 23. Mai 1975, S. 11.
58. John Howard Yoder, »Capital Punishment and the Bible,« *Christianity Today*, 1. Februar 1960, S. 5.
59. Isaac Ehrlich, *The Presbyterian Journal*, 26. Mai 1976, S. 11.
60. Pellegrino, Edmund D., »The Metamorphosis of Medical Ethics: A 30-year Retrospective,« *Journal of the American Medical Association* 269, 3. März 1993, S. 1158-62.
61. C. S. Lewis, *The Abolition of Man* (New York: Macmillan, 1965), S. 46f.

62. Zitiert in John F. Kilner, »The Ethical Allocation of Health Resources: Contributions from the Christian Community«, *Discernment: A Newsletter of the Center for Applied Christian Ethics* 2 (Frühling 1993), S. 2.
63. Anne Detweiler, »Furor over Fetal Therapy«, *Technology Review* 942 (Juli 1991), S. 16-17.

Kapitel 9

Glaubwürdigkeit: Eigentum und Wahrheit

Du sollst nicht stehlen.
Du sollst kein falsches Zeugnis ablegen.

Glaubwürdigkeit ist unser wertvollster Besitz, ihre Verletzung unser größter Verlust. Bin ich vertrauenswürdig? Wenn nicht, werden alle anderen Eigenschaften fragwürdig. Fehlende Aufrichtigkeit ist ein Grundproblem des Charakters, welches alle anderen Werte gefährdet und meine Beziehungen aushöhlt. Sogar Kommunikation ist letztlich von dem Vertrauen abhängig, dass das, was der andere sagt, vertrauenswürdig ist, dass ich mich auf sein Tun verlassen kann. Kein Wunder, dass Satan auch Vater der Lüge genannt wird, der größte Betrüger. Und Gott ist der Vertrauenswürdige. Obwohl Aufrichtigkeit also mit jedem Aspekt unseres Verhaltens als Christen zu tun hat, betonen das achte und das neunte Gebot besonders zwei Aspekte: das Eigentum und die Wahrheit.

Das Verbot zu stehlen (2Mo 20,15) anerkennt das Recht auf privates Eigentum. Praktisch alle Gesellschaften anerkennen das Recht, etwas zu besitzen, und schützen dieses Recht. Sogar der Kommunismus beseitigte es nicht völlig, da auch dort nur die Produktionsmittel und andere genau definierte Güter für den Staat reserviert sind.

Manche haben behauptet, dass das Erheben von Steuern das achte Gebot verletzen würde, besonders eine so starke Besteuerung, wie sie für einen Wohlfahrtsstaat erforderlich sei:

> Dass hier eine zivile Autorität als Mittler verwendet wird, macht aus einem unmoralischen Akt keinen moralischen. Wenn es für den Einzelnen falsch ist, etwas von anderen mit Gewalt zu nehmen, um seine eigenen Bedürfnisse zu befriedigen, dann ist es ebenso falsch, dafür die Macht einer Regierung in Anspruch zu nehmen.[1]

Hier scheint ein Professor der Wirtschafts- und Politikwissenschaften das Gebot so zu interpretieren: »Du sollst das Eigentum anderer nicht mit Gewalt an dich reißen.« Wir sollten aber nicht ethischer sein wollen als die Bibel selbst! So heißt es auch *»Du sollst nicht töten«*, aber die Schrift selbst nennt uns Ausnahmen. Ebenso sollen wir nichts mit Gewalt nehmen, aber der Staat ist berechtigt, Steuern einzufordern. Das können wir im ganzen Alten Testament beobachten, und sowohl Christus als auch die Apostel bestätigen es im Neuen Testament. Christus wurde beschuldigt, gegen das Zahlen von Steuern zu lehren (Lk 23,2), als er aber selbst gefragt wurde, bestätigte er das Recht des Staates auf Besteuerung und die Verpflichtung der Kinder Gottes, diese Steuern auch zu bezahlen (Mt 22,17.21; Mk 12,14.17; Lk 20,22.25). Auch Paulus bestätigt diese Pflicht in Römer13,7. Wir können daher schlussfolgern, dass jemand das achte Gebot nur dann verletzt, wenn er dem anderen etwas wegnimmt, wozu ihm die Bibel nicht das Recht gibt.

Wir haben das Verhältnis zwischen Diebstahl und seinen Wurzeln, die in der Habgier liegen, bereits im Detail im Kapitel »Wurzelnsünden- und tugenden« betrachtet. Daher können wir uns jetzt speziellen Bereichen zuwenden, in denen dieses Gebot normalerweise gebrochen wird, den Bereichen Beruf/Management, Arbeit/Freizeit, Wirtschaftssysteme, persönliche Aufrichtigkeit, soziale Verantwortung und Raub anderer Dinge als materiellen Eigentums.

Arbeitnehmer und Arbeitgeber

Obwohl sich das soziale Umfeld zur Zeit der Bibel radikal von unserer heutigen, demokratischen Gesellschaft unterschied, sind die Grundsätze, die in der Bibel für das Verhältnis von Sklaven und deren Eigentümern formuliert werden, in ihrem Schutz der Unterdrückten so mitmenschlich relevant, dass sie auch heute leicht im Bereich Beruf/Management angewandt werden können. Ja, die heutige Gesellschaft, in der Sklaverei nicht mehr akzeptiert wird, entstand erst unter dem Einfluss der Lehren des Neuen Testamentes.

In seinen Briefen an die Gemeinden in Ephesus (6,5-9) und Kolossä (3,22-4,1) nennt Paulus sowohl Prinzipien für Arbeitgeber als auch für Arbeitnehmer.

Pflichten, die für Arbeitnehmer und Arbeitgeber gleich sind

Beide sollen für Gott arbeiten. Arbeit wird als Dienst für Christus betrachtet, weil Gott selbst sowohl belohnt als auch bestraft. Es stimmt, irgendwann kommt der Zahltag, aber auch jetzt erhalten wir bereits Belohnungen und erleiden Verluste vom Herrn. Dadurch wird für den Christen seine Arbeitsbeziehung geheiligt und er erhält Richtlinien für sein Verhalten.

Der Arbeitnehmer soll sich »von Herzen« seinem Arbeitgeber unterstellen, in seiner Einstellung demütig sein und ehrfürchtig vor Gott, damit er seinem Chef nichts Böses antut. Ebenso demütig und ehrfürchtig vor Gott soll der Arbeitgeber seinem Angestellten begegnen, damit er diesem nichts Böses antut.

Außerdem sollen beide einander ehrlich begegnen, ohne Heuchelei. Sie sollen sich nicht in der Gegenwart des anderen in einer bestimmten Weise verhalten und anderswo genau gegensätzlich. Alles soll geradeheraus und offen geschehen und beide sollen einander vertrauen können, nicht nur, wenn es darum geht, öffentliche Vereinbarungen einzuhalten, sondern auch, indem sie dem anderen durch ihre Arbeit Gutes tun.

Schließlich sollen diese Dinge von ganzem Herzen geschehen, herzlich, ja sogar fröhlich. Dies mag die schwierigste Anforderung sein, besonders wenn sich der andere nicht wie ein Christ verhält. Es ist aber doch der Maßstab, den ihr gemeinsamer Herr fordert. Paulus sagt, dies bedeutet, dass ein Arbeiter seine Arbeit fleißig und treu erledigt. Und er sagt zum Inhaber der Firma, »ebenso« solle auch er sich verhalten.

Pflichten des Arbeitgebers

Der Vorgesetzte darf nicht drohen. Er hat die Macht über das Wohlergehen und den Lebensunterhalt seines Angestellten; deshalb darf er diese Macht nicht dazu verwenden, den anderen zu etwas zu zwingen. Wenn der Vorgesetzte etwas Unethisches oder Illegales von seinem Untergebenen fordert, etwa einen möglichen Kunden zu bestechen oder sexuelle Anzüglichkeiten zuzulassen, dann wird die Sünde des Betrugs oder der Unmoral durch den Einsatz von wirtschaftlichem Zwang noch schlimmer.

Außerdem müssen alle Arbeitsbestimmungen, zu denen auch die Bezahlung gehört, gerecht sein. Gefährliche Bedingungen am Arbeitsplatz, etwa in einer Kohlenmine oder in einer Chemiefabrik, sind sicher ungerecht. Das Gleiche gilt aber auch für die unterbezahlte Tätigkeit von ausländischen Arbeitern.

Schließlich erfordert die Gerechtigkeit auch eine gleiche und faire Behandlung. Ein gerechter Arbeitgeber darf nicht einer Person aus unfairen Gründen größere oder geringere Vorteile einräumen, indem er zum Beispiel seine Familie bevorzugt (Vetternwirtschaft), seine Freunde oder Angestellte einer bestimmten Rasse oder eines Geschlechts. Ist es etwa fair, das Gehalt eines Managers vom 29-fachen Einkommen eines durchschnittlichen Arbeiters im Jahr 1979 auf das 40-fache im Jahr 1985 anzuheben?

Zu dieser Zeit, als die KFZ-Industrie in den USA durch Importe gefährdet war, akzeptierten die Arbeiter eine Reduktion ihrer Gehälter, um ihr Produkt am Markt konkurrenzfähig zu erhalten. Zugleich aber schossen die Gehälter der Manager in die Höhe. Paulus würde dazu sagen: »Führung muss gerecht sein.«

Neben den Briefen von Paulus lehrt uns auch das Alte Testament einiges über die Verantwortung des Eigentümers, was sich auch auf die Verantwortung eines Vorgesetzten anwenden lässt. Gott ist völlig gegen die Sklaverei und er war es immer (5Mo 24,14; Jer 34,8-20). Er schuf aber Gesetze zur Regelung dieses Systems, und zwar nicht, weil er damit seine Zustimmung gab, sondern um die Sklaven zu beschützen. So durfte sein Herr dem Sklaven nicht schaden (2Mo 21,20ff). Andere Israeliten durften nur für eine bestimmte Zeitspanne in Sklaverei gehalten werden (2Mo 21,2-6), womit die Sklaverei in der Praxis zu einem Dienstverhältnis mit Zwangsverpflichtung wurde (3Mo 25,39ff). Wenn der Sklave freigegeben wurde, mussten ihm Besitztümer mitgegeben werden, damit er ein neues Leben in Freiheit beginnen konnte (5Mo 15,12ff). Natürlich sind diese Gesetze heute nicht direkt anwendbar, aber die in den Vorschriften enthaltenen Prinzipien sollen uns doch einiges lehren.

Die meisten Ermahnungen galten dem Herrn. Und das ist mit Sicherheit für jedes Verhältnis richtig, in dem der eine Teil stark und der andere schwach ist. Vorgesetzte dürfen nicht betrügen, unterdrücken oder verletzen und sie müssen, gemessen an der Zeit, faire Löhne zahlen (3Mo 19,13; 25,43; 5Mo 24,14ff; Spr 22,16; Mal 3,5; Mt 10,10; Lk 10,7; Röm 4,4; 1Tim 5,18; Jak 5,4). Der vorgesehene Ruhetag muss eingeräumt werden (2Mo 20,9-11; 23,12; 34,21; 5Mo 5,14; 15,18). Der Vorgesetzte darf die Rechte seiner Untergebenen nicht verachten (Hiob 31,13), sondern sollte ihnen geben, was ihnen gebührt und sie gut bezahlen (Spr 17,2; 27,18; Jer 22,13; Mt 24,45.47; Lk 12,35ff). Eigentlich wurde vom Herrn sogar erwartet, dass er seinen Diener wie einen Sohn (Spr 29,21) oder wie einen Bruder (Phlm 16) behandelte.

Pflichten des Arbeitnehmers

Der Angestellte seinerseits darf ebenfalls nicht betrügen oder gewalttätig sein (Zeph 1,9; Lk 16,10-11); er soll seinen Arbeitgeber ehren (Mal 1,6; 1Tim 6,1), ihm treu sein (Mt 24,45ff; Lk 12,35ff; 16,10; 1Kor 4,2; Tit 2,9-10), geduldig sein und seine Anordnungen befolgen (Eph 6,5; Kol 3,22; Tit 2,9; 1Petr 2,18), sogar wenn sein Chef es nicht verdient (1Petr 2,18-20). Er soll hart arbeiten und nicht faul sein (1Thes 4,11ff; 2Thes 3,7).

Ich möchte abschließend ganz klar sagen, was diese Lehre bedeutet: Ein Arbeitergeber, der seinen Angestellten weniger zahlt als den fairen Lohn (verglichen mit der Bezahlung anderer oder mit den Gewinnen des Unternehmens), bestiehlt seine Beschäftigten. Andererseits ist auch der Angestellte, der einfach grundlos zu spät kommt, der seine Zeit durch Plaudern vergeudet, sich bei der Arbeit nicht konzentriert, lange Pausen macht oder in den Tag hinein träumt, ein Dieb. Beide sündigen gegen Gott, ihren wirklichen Vorgesetzten.

Organisierter Arbeitskampf

Nehmen wir an, ein Arbeitnehmer erfüllt seine Pflichten nicht. Dann hat der Arbeitgeber die fast uneingeschränkte wirtschaftliche Macht, um Leistung zu fordern. Nehmen wir aber an, dass der Arbeitgeber seine Pflichten nicht erfüllt. Dann haben die Beschäftigten eigentlich nur zwei Möglichkeiten, entweder eine höhere Autorität um Hilfe anzurufen oder sich zusammenzuschließen, um gemeinsam zu verhandeln.

Gott ist die letztgültige, höchste Autorität, und eines Tages wird er alle Rechnungen ausgleichen. Aber bis dahin ist die öffentliche Hand die einzige höhere Autorität, und oft ist diese weniger mächtig als die Arbeitgeberseite. Viele multinationale Unternehmen sind weit mächtiger als die Länder, in denen sie tätig sind. Einige können das wirtschaftliche Leben eines Landes zum Erliegen bringen. In mächtigeren Ländern hat die Regierung zwar die Möglichkeit, private Unternehmen zu kontrollieren, sie tut es aber nicht wegen der herrschenden Korruption, sei sie offen oder unterschwellig. Dennoch werden in vernünftig und stark regierten Staaten die Rechte der arbeitenden Bevölkerung normalerweise durch Mindestanforderungen in einer Vielzahl von Bereichen geschützt. Sicherheitsstandards, Mindestlöhne und Diskriminierungsverbote sind durch Gesetze geregelt.

Was aber die Praxis betrifft, wie Gerechtigkeit in der Fabrik oder im Büro funktioniert, oder auch dort, wo die staatlichen Organe nur sehr zögerlich die Initiative ergreifen, so kann man nicht damit rechnen, dass der Arbeitgeber immer in gleicher Weise mit »Fairness und Gerechtigkeit in Demut und von

Herzen« handelt. Es bleiben also nur der organisierte Arbeitskampf der Arbeitnehmer. Sind aber solche Tarifverhandlungen, besonders dort, wo sie mit einer Streikandrohung verbunden sind, für Christen richtig?

Manche, wie z. B. jene, die bei der Gründung christlicher Gewerkschaften federführend waren, würden die Mitgliedschaft in einer nicht-christlichen Gewerkschaft als »unter einem Joch mit den Ungläubigen gehen«, also als falsch bezeichnen. Andere würden gewerkschaftliche Verhandlungen deshalb als für Christen falsch ablehnen, weil damit genauso Gewaltandrohungen verbunden seien, wie beim wirtschaftlichen Druck der Arbeitgeberseite.

Wenn auch manchmal der Widerstand der Arbeiter zur Ungerechtigkeit von Unternehmerseite beigetragen haben mag, so könnte aber doch zumindest passiver Widerstand gerechtfertigt sein. Ich sehe die Dinge daher so: Da das Unrecht von Seite der Arbeitgeber nur selten wirklich lebensbedrohend ist, rechtfertigt dies für den Arbeiter keine Gewaltanwendung. Hingegen könnte eine Streikandrohung zur Erzwingung eines bestimmten Verhandlungsausgangs angesichts von nicht wieder gutzumachendem Leid berechtigt sein.

Sich mit Ungläubigen zusammenzutun, ist in einer gefallenen Welt unvermeidbar (Joh 17,15-18), sei es als Bürger, Angestellte oder Gewerkschaftsmitglieder. Das »ungleiche Joch« bei Paulus hatte mit der Absonderung von religiöser und geistlicher Verunreinigung zu tun (2Kor 6,14 – 7,1), nicht damit, alle Kontakte mit Ungläubigen abzubrechen oder sich in den üblichen Angelegenheiten des täglichen Lebens nicht zusammenschließen zu dürfen. Das Risiko besteht natürlich trotzdem, dass man für eine falsche Aktion mitverantwortlich werden kann. Dies ist Teil des Risikos, »in der Welt« zu bleiben. Allerdings darf ich es mir als Christ nicht erlauben, in sündiges Verhalten mit hineingezogen zu werden, und ich muss darauf vorbereitet sein, die Konsequenzen für meine Weigerung auf mich zu nehmen, sollte ein solches Verhalten eingefordert werden. Zum Beispiel kann ich mich nicht an gewaltsamen Aktionen gegen die Polizei oder gegen Streikbrecher beteiligen, auch wenn die Gewerkschaftsführung dies verlangen sollte.

Es stimmt, dass manche Gewerkschaftsbosse genauso korrupt sind wie einige Firmenbosse. Vielleicht wird aber nur durch das Gleichgewicht solcher korrumpierter Mächte ein Mindestmaß an Gerechtigkeit erreicht. Die Geschichte zeigt uns immer wieder, dass der gefallene Mensch nur selten seine Rechte und Privilegien aufgibt, außer er wird dazu gezwungen. So würden viele Arbeiter in Amerika ohne organisierte Gewerkschaften zweifellos immer noch in unerträglichem Ausmaß unterdrückt werden. Damit sei nicht geleugnet, dass sich die Gewerkschaften, sobald sie mächtig wurden, ebenfalls als korrupt herausstellten. Ein Christ, ob Manager oder Arbeiter, ist jedoch immer verpflichtet, für den Arbeitgeber, dem er dient, unermüdlich zu arbeiten und gegen Korruption aufzutreten.

Wenn man Auch die Bildung von Gewerkschaften als biblisch legitim betrachtet, wie steht es aber mit der Berechtigung, die Mitgliedschaft in einer Gewerkschaft zu erzwingen? Besteht eine Gewerkschaft darauf, dass nur sie alle Arbeitnehmer eines Betriebes repräsentiert und dass niemand angestellt werden darf, der ihr nicht angehört, verstößt das gegen Grundsätze der Freiheit und des »Fair Play«. Andererseits beruht die ganze Macht einer Gewerkschaft auf dem Prinzip der Einheit. Arbeitgeber werden sich nur gezwungen fühlen, mit einer geeinten Arbeitnehmerschaft zu verhandeln. Ein Nichtmitglied wird daher nur dann von den Früchten geführter Verhandlungen profitieren können, wenn er nur einer sehr kleinen Minderheit von Nichtmitgliedern angehört. Wenn viele der Gewerkschaft ihren Beitritt verweigern, verliert diese ihre Macht. Es scheint unfair, dass ein Nichtmitglied dieselben Früchte ernten soll, ohne auch dieselben Pflichten auf sich zu nehmen. Es gibt aber meiner Meinung nach keine starke ethische Grundlage dafür, entweder eine Pflichtmitgliedschaft zu verlangen oder diese zu verbieten. Ich persönlich trete eher für eine freiwillige Mitgliedschaft ein, da dies dem Prinzip der Wahlfreiheit besser entspricht. Ich würde aber wahrscheinlich meine Haltung ändern, wenn ich einer Gewerkschaft angehören würde, die durch die Beitrittsweigerung vieler machtlos wurde und die dadurch ihre Möglichkeiten oder tatsächlichen Rechte und Vorrechte einbüßte, die sie früher zu einem gemeinsamen Vorgehen befähigt hatten.

Gewerkschaften mögen in einer gefallenen Welt, in der Arbeiter ungerecht behandelt werden, berechtigt sein. Verhalten sich die Arbeitgeber aber gerecht und wohlwollend, sehe ich nur wenig biblische Berechtigung für eine Gewerkschaftsbildung.

Mehr als nur Gerechtigkeit

Was aber sind neben der grundlegenden Gerechtigkeit und Fairness weitere legitime Forderungen an das Management? Muss das Management für Zufriedenheit am Arbeitsplatz, persönliche Verbesserungen, angenehme Arbeitsbedingungen, sichere Arbeitsplätze und Firmenpensionen sorgen? Ist Demokratie das einzig gültige humanitäre Ziel am Arbeitsplatz? Das heißt, müssen die Arbeitnehmer den Entscheidungen des Managements voll zustimmen, damit diese gerecht und fair sind?

Irving Bluestone, Vizepräsident der Vereinigten Autoarbeiter Gewerkschaft in den USA, meint ja:

> Eine Gesellschaft, die in demokratischen Prinzipien verankert ist, sollte jedem Einzelnen Würde, Respekt und eine Freiheit garantieren, die dem Wert

> freier Menschen entspricht. ... Der Gärstoff gewerkschaftlicher Aktivität in den 30er und 40er Jahren ... war nur der erste Schritt zur Erreichung eines umfassenderen Zieles: der industriellen Demokratie. ... Der nächste Schritt soll dem Arbeiter ein wichtigeres Kontrollmittel über seinen Arbeitsplatz in die Hand geben, indem er an Entscheidungen mitwirken kann, die seinen Arbeitsplatz beeinflussen.[2]

Diese neue Aufgabe stieß allerdings bei anderen bekannten Gewerkschaftsmitgliedern nur auf sehr geringen Widerhall. Ja sogar führende Gewerkschafter dürften nicht bereit sein, sich hinter eine solche Vorstellung von einer »wichtigen Tätigkeit« von Arbeitern zu stellen. Es scheint so, dass die Arbeiter an grundlegender Gerechtigkeit und fairer Behandlung interessiert sind, an höheren Löhnen und längerem Urlaub, an einem sicheren Arbeitsplatz und an ihrer Pensionierung, nicht aber an mehr. Umfragen in den USA ergeben mit großer Regelmäßigkeit, dass 80-90% aller Arbeiter mit ihrer Arbeit zufrieden sind.

> Verhaltensforscher und Humanisten verstehen nur schwer, wie Arbeiter aussagen können, dass sie ihre Arbeit mögen, wenn diese Tätigkeit Intellektuellen so langweilig erscheint. Dies brachte erst vor kurzem wieder der Verhaltensforscher David Sirota in einer Studie zum Ausdruck, die in einer Bekleidungsfabrik durchgeführt wurde. Er war überrascht herauszufinden, dass die meisten Näherinnen an der Maschine ihre Arbeit interessant fanden. ... Diese Beurteilung durch die Arbeiter wird auch durch eine Studie von Weintraub unterstützt, in der dieser 2.535 weibliche Näherinnen in 17 verschiedenen Fabriken von Massachusetts bis Texas befragte. Er fand heraus, dass »die meisten der Arbeiterinnen die Art ihrer Tätigkeit mögen«. ... Das, was die Verhaltensforscher so schwer begreifen können, lässt sich eigentlich ganz einfach erklären: Arbeiter haben ihrer Arbeit gegenüber deshalb eine ähnliche Einstellung, weil sie eine ausgewählte Bevölkerungsgruppe und nicht den Durchschnitt der Bevölkerung repräsentieren.[3]

Fein, ein Industrie-Ingenieur, meint dazu, dass Menschen nicht an ihrem Arbeitsplatz bleiben, wenn sie diesen nicht mögen, und dass viele Menschen eine sich wiederholende Tätigkeit durchaus schätzen. Daher dürften Arbeiter im Großen und Ganzen auch zu ihrem Arbeitsplatz passen.

Ich möchte zusammenfassen, dass die Heilige Schrift vom Arbeitgeber Gerechtigkeit und Fairness fordert. Zusätzlich sollte das Gesetz der Liebe einem Manager oder Eigentümer genügend Antrieb geben, seinen Mitarbeitern alle Vorteile zu gewähren, die möglich sind, ohne den Erfolg des Unternehmens zum Wohle der Beschäftigten und auch der Eigentümer zu gefährden. Gewinne der Aktionäre und des Managements sollen den Vorteilen der Beschäftigten entsprechen. Die Arbeiter wiederum können Gerechtigkeit und Fairness einfordern, sie sollten aber nicht andere Vorteile erzwingen wollen, besonders wenn sie dadurch das Wohl des Unternehmens aufs Spiel setzen könnten.

Arbeit und Freizeit

Wir unterhielten uns bereits im Abschnitt »Faulheit« (siehe S. 112) über das Thema Arbeit. Zwei Aspekte dieses Themas sollten wir noch zusätzlich besprechen: Was bedeutet es, überarbeitet zu sein? In welcher Weise sind wir für den Gebrauch unserer Freizeit verantwortlich?

Die protestantische Arbeitsethik

Arbeit ist ein Geschenk von Gott. Der treue Arbeiter folgt dem Beispiel des arbeitenden Gottes. Aber viele haben in letzter Zeit zur so genannten protestantischen Arbeitsethik Stellung bezogen, dass der Mensch zur Arbeit geschaffen sei und seine Erfüllung in der Arbeit finden solle. Es wird behauptet, dass der Mensch eigentlich gemacht wurde, um zu spielen, und dass Arbeit nur ein notwendiges Übel zur Versorgung sei, damit der Mensch seine private Erfüllung in der Familie und in Aktivitäten finden könne, die ihm Spaß machen.

So meint Theologieprofessor Robert K. Johnston, dass Spielen nach dem Maßstab des Alten Testaments durchaus legitim sei, wie man am Sabbat, den Festen, Tänzen und der Musik sehen könne. Das Neue Testament sage zwar darüber nichts aus, sei aber sehr lebensbejahend und das griechische Ideal sei eine Freizeit gewesen, die mit kreativem Spiel verbracht werden könne.[4] Der moderne westliche Mensch, mit seinen griechischen und jüdisch-christlichen Wurzeln stehe irgendwo dazwischen.

Wird die Arbeitsethik richtigerweise als »protestantisch« bezeichnet? Zu Beginn des 20. Jahrhunderts führte der deutsche Sozialhistoriker Max Weber eine große Studie unter dem Titel »Die protestantische Ethik und der Geist des Kapitalismus« durch.

> Weber hielt nach dem Ursprung der Philosophien dieser neuen Generation Ausschau und fand sie im Konzept der »Berufung«, einem Konzept, das weder in katholischen Ländern noch in der klassischen Antike existierte. Die Vorstellung einer Berufung ist ein Produkt der Reformation und eines war ohne Zweifel neu daran, die Pflichterfüllung in weltlichen Angelegenheiten als höchste Form moralischer Aktivität zu bewerten.[5]

Manche behaupteten, dass die Reformatoren die Erfinder der protestantischen Arbeitsethik gewesen seien, obwohl andere diese auf John Wesley zurückführen. Andere wiederum betonen, dass Augustinus, der bereits 1000 Jahre früher lebte und daher kein Protestant war, das Spiel als eines Christen unwürdig verurteilte und dass sein dominanter Einfluss die christlichen Vorstellungen darüber prägte. Wo immer der Ursprung zu finden ist, hielten die Nordeuropäer und die amerikanischen Protestanten Jahrhunderte lang an einer ernsthaften Arbeitsethik fest. Das alles wird jetzt in Frage gestellt.

Ganz selten, wenn überhaupt, hat in der Menschheitsgeschichte eine Gesellschaft die Moral harter Arbeit grundsätzlich in Frage gestellt oder eine Freizeitethik überhaupt diskutiert. Erst der jüngste Wohlstand einer Reihe von Nationen ermöglichte es den Massen, sich einem solchen Dilemma gegenüber zu sehen. Vor hundert Jahren hatte der Durchschnittsarbeiter in Amerika eine 66-Stunden-Woche. Heute würden solche Menschen als arbeitssüchtig bezeichnet.

Zuerst einmal muss Arbeit als Dienst gegenüber Gott verrichtet werden. Dadurch wird die Arbeit eines Christen »in jeder sozialen Struktur und in jedem Zeitalter der Geschichte relevant, und zwar genau deswegen, weil sie allem gegenüber neutral ist.«[6] Der Christ kann daher seiner Berufung in jedem politischen und wirtschaftlichen System folgen, solange damit Gott die Ehre erhält. Gott die Ehre zu geben bedeutet zugleich, der Menschheit zu nützen: »Arbeit muss in Jesu Namen zum Nutzen der Menschen verrichtet werden.«[7] Die Begründung für diese Aussage ist einfach: Wenn die Arbeit nicht sowohl Gott als auch Menschen zugute kommt, wie könnte sie dann Gott ehren?

Arbeit sollte dem Arbeiter auch nicht schaden, weder körperlich noch moralisch, psychologisch oder geistlich. Neben anderen Folgen dieses Prinzips zeigt Karl Barth das Übel des angespannten Arbeitens auf:

> Angespannt zu arbeiten heißt, die Arbeit in Selbstüberschätzung und unter Missachtung Gottes zu tun. ... Anspannung macht Arbeit zur Schinderei, zu einer verrückten Hetzerei, zum Leiden, nicht nur für den Arbeiter selbst, sondern auch für andere um ihn herum.[8]

Mit Anspannung meint Barth nicht den gesunden, inneren Druck, mit begrenzten Mitteln ein hohes Ziel zu erreichen, wodurch der Arbeiter herausgefordert wird, sein Bestes zu geben, sondern die stress-erfüllte, mürrische Spannung des Unglaubens. Untersuchungen haben immer wieder bestätigt, dass weniger die Menge der Arbeit zu arbeitsbedingten Gesundheitsproblemen beiträgt als die Einstellung zur Arbeit. Intensiv und lange zu arbeiten, seine Arbeit zu genießen und darin ein sinnerfülltes Leben zu finden, kann aus biblischer Sicht nicht falsch sein. Wird eine solche Einstellung zur Arbeit als »Arbeitssucht« eingestuft, müsste man Jesus selbst am meisten damit beschuldigen (Mk 3,20-21).

Es kann natürlich sein, dass jemandem sein Beruf nicht ein Bewusstsein göttlicher Berufung vermittelt, die als der wahre Lebenszweck empfunden wird. Wenn aber jemand eine solche Berufung hat und danach lebt, tut er das Richtige und sündigt nicht. Das Lebensziel lag für Paulus nicht in seinem Beruf des Zeltmachers, sondern mit Sicherheit in dem Ruf, die Heiden zu evangelisieren. Dafür war er geboren und erlöst.

Letztendlich ist der Mensch gerufen, um Gemeinschaft mit Gott zu haben, aber er könnte dazu berufen sein, Gott durch seine Arbeit am besten zu lieben und zu verherrlichen. Diese Sichtweise der Berufung wird von jenen bestritten, welche die Anbetung oder die Beziehungen zur Familie und zu Freunden als Hauptsinn des Lebens bezeichnen würden und die der Arbeit eine untergeordnete Stellung zuweisen. Aber diese Rangordnung von Lebenszielen ist künstlich und unbiblisch (siehe den Abschnitt über »Begehren nach Zeit« im Kapitel »Wurzelsünden und -tugenden«, S. 122). Mit Recht erkennen wir Mose, David, Daniel, Jesus und Paulus als wichtig in Gottes Absicht für die Arbeit, die sie vollbrachten. Wenn also Gott jemandem ein Sendungsbewusstsein schenkt, sollte er dieser Berufung mit vollem Einsatz folgen. Und hat er eine solche Berufung nicht, ist es nicht falsch darum zu bitten.

Wenn andererseits jemand zwanghaft arbeitet, um weiterer Verantwortung zu entgehen, wenn er aus falschen Motiven wie Habgier oder Stolz arbeitet, oder um seine Verantwortung in der Familie, Gemeinde oder Gesellschaft nicht wahrnehmen zu müssen, wenn er auf eine Art und Weise arbeitet, die seiner geistlichen Gesundheit oder aus ungerechtfertigten Gründen auch seiner körperlichen Gesundheit schadet, dann ist das Sünde und Buße ist nötig.

Freizeit

Freizeit, die ja ein Vorrecht weniger Privilegierter in unserer Welt ist, sollte auch zu Gottes Ehre verbracht werden. Sie ist nicht nur dadurch gerechtfertigt, dass sie moralisch neutral ist. Freizeit ist so etwas wie ein Schatz, der in die Pflege der Familie, den Dienst in der Gemeinde, die Hilfe in den Nöten anderer investiert werden sollte, aber auch in die Erneuerung der eigenen, körperlichen, psychischen und geistlichen Reserven.

Robert K. Johnston meint, dass wirkliches »Spielen« nicht auf ein bestimmtes Ziel oder einen Nutzen ausgerichtet sein darf. Da er aber diese Haltung nicht von der Bibel her belegen kann, bleibe ich dabei, dass Spielen ohne ein Ziel vor Augen an Hand der Bibel weder als wünschenswert noch als unerlaubt bezeichnet werden kann. Nützt das Spiel aber jemandem, scheint es dem biblischen Auftrag, dass alles, was wir tun, zu Gottes Ehre geschehen soll, eher zu entsprechen. Zum Beispiel kann eine Zeit des reinen Nichtstuns durchaus helfen, einen gehetzten Geist zu beruhigen, langfristige Untätigkeit kann aber biblisch kaum gerechtfertigt sein, da die Bibel Faulheit ganz klar verurteilt. Auch der 6-stündige, tägliche Fernsehkonsum eines Durchschnittsamerikaners kann wohl kein verantwortlicher Umgang mit einer Freizeit sein, die Gott die Ehre gibt und den Menschen nützt.

Wie jeder unfreiwillig Arbeitslose bezeugen kann, ist Arbeit ein Geschenk Gottes an den Menschen. Obwohl wenige es versucht haben, aus den sehr begrenzten Anhaltspunkten in der Schrift eine »Lehre der Freizeit« zu entwickeln, sollte aber auch letztere als wertvolles Geschenk und besonderer Schatz von Gott betrachtet werden.

Wirtschaftssysteme

Obwohl es viele Wirtschaftssysteme gibt, kämpften zwei von ihnen in der 2. Hälfte des 20. Jahrhunderts um die Vorherrschaft: der Kapitalismus und der Sozialismus. Weil jedes Wirtschaftssystem mit einem politischen System verknüpft ist, werden wirtschaftliche und politische Systeme leicht verwechselt. Für unsere momentane Betrachtung des aufrichtigen Umgangs mit Geld ist es aber wichtig, beides auseinander zu halten, wobei wir uns mehr mit dem Wirtschaftssystem als mit dem politischen System beschäftigen. Die Ethik politischer Systeme wird später im Kapitel »Der Christ in der Gesellschaft« behandelt werden.

Im Moment ist es wichtig festzuhalten, dass ein sozialistisches Wirtschaftssystem nicht unbedingt einem kommunistischen politischen System, ja nicht einmal einer kommunistischen Philosophie entsprechen muss. So ist z. B. Schweden eher sozialistisch, aber nicht kommunistisch. Andererseits ist der Kapitalismus die bevorzugte Wirtschaftsordnung vieler Diktaturen, er sollte also nicht mit Demokratie gleichgesetzt werden. Eine freie Marktwirtschaft lässt sich mit einem Regime, das seine Bürger unterdrückt, durchaus vereinbaren. Wir wollen daher Wirtschaftssysteme unabhängig von den politischen Strukturen betrachten, in denen sie funktionieren.

Kapitalismus kontra Sozialismus

Manche Christen finden eine biblische Begründung für den Kapitalismus, während andere die Schrift eher auf der Seite des Sozialismus sehen. Kapitalismus ist ein wirtschaftliches System, in welchem Privatpersonen oder private Unternehmen Eigentümer der Produktionsmittel sind, in diese investieren, für die

Güterverteilung sorgen und Reichtum ansammeln und verteilen. Sozialismus ist hingegen ein wirtschaftliches System, in dem das Eigentum und die Kontrolle durch die ganze Gesellschaft wahrgenommen wird. Befürworter des Kapitalismus scheinen die evangelikale Welt in den USA zu dominieren, im Rest der Welt überwiegen unter den Evangelikalen die Befürworter eines sozialistischen Modells. Allerdings gibt es auch in Amerika solche, die in der Wirtschaftstheorie einen sozialistischen Ansatz befürworten.

> Das System, das heute in der Welt zu einem großen Teil für Hunger, Unterentwicklung, Arbeitslosigkeit und andere soziale Missstände verantwortlich ist oder dazu beiträgt, ist der Kapitalismus. Kapitalismus ist von Natur aus ein System, das für Individualismus, Wettbewerb und Gewinnerzielung ohne oder unter geringer Berücksichtigung der sozialen Kosten spricht. Es gibt Gewinnen und privaten Vorteilen den Vorrang gegenüber sozialen Diensten und menschlichen Bedürfnissen. Damit ist es ein ungerechtes System, das ersetzt werden sollte.[9]

Orlando Costas, bis zu seinem Tod im Jahr 1988 Dekan der »Andover Newton Theological School«, übernahm die Sichtweise des Sozialismus mit ganzem Herzen:

> Der Heilige Geist wird uns leiten, Christus in den Armen und den wirklich Unterdrückten zu sehen, weil Christus ihnen zur Seite steht. ... Wenn man die Dinge erst einmal mit ihren Augen sieht, gibt es keine Alternative zum Sozialismus. Diese Leute befinden sich in ihrer Lage wegen ... eines »zivilisierten« Vorgehens, das in der Beherrschung und Kontrolle von Menschen, in der Ausbeutung ihrer Rohstoffe und der Benutzung ihrer billigen Arbeitskraft ganze Arbeit geleistet hat. Kapitalismus ist nicht etwas, was verwandelt oder reformiert werden könnte. Der wahre Kern des Kapitalismus liegt im Prozess der Versklavung von Menschen, der Ausbeutung ihrer Ressourcen ... Die einzige Alternative, die ich zum Kapitalismus kenne, liegt darin, das ganze auf den Kopf zu stellen und mit einer gerechten Verteilung des Besitzes zu beginnen.[10]

Paul Tillich, vielleicht der einflussreichste Theologe in der 2. Hälfte des 20. Jahrhunderts, war der Ansicht, alle wirklich konsequenten Christen seien Sozialisten. Er setzte den Kapitalismus mit dämonischer Besessenheit im wirtschaftlichen Bereich gleich:

> Religiöse Sozialisten nennen das kapitalistische System dämonisch, einerseits wegen der zugleich kreativen und zerstörerischen Kräfte, die dort am

> Werk sind und andererseits wegen des unvermeidlichen Klassenkampfes, unabhängig von subjektiver Moral und Frömmigkeit. Die Auswirkung des kapitalistischen Systems auf die Gesellschaft und auf jeden Einzelnen wird immer die typische Form des »Besitzens« annehmen, oder anders ausgedrückt des »besessen« Werdens. Damit ist es in seinem Wesen dämonisch.[11]

George Gilder, Autor von »Wealth and Poverty« (Reichtum und Armut, New York: Basic Books, 1978), sieht in seinen Antworten auf Fragen von »Christianity Today« die Dinge etwas anders:

> *Christianity Today:* Sie haben gesagt, dass »die Armen wissen, dass ihre Situation zu einem großen Teil ihr eigener Fehler oder ihre eigene Entscheidung ist« und »um Erfolg zu haben, brauchen die Armen vor allem den Ansporn durch die Armut.« Einer ihrer Kritiker schrieb, dass Gilders Theologie des Kapitalismus viel Glauben und Hoffnung enthält, aber wenig Nächstenliebe. Wie antworten sie darauf?
>
> *Gilder:* Diese sozialen Programme, die angeblich so wohltätig sind, sind in Wirklichkeit ihrem Wesen nach zerstörerisch. ... Die zentrale Wahrheit im Kapitalismus ist die, dass sein Fortschritt nicht vorhersagbar ist. Der Versuch, die Ergebnisse vorherzubestimmen, für den menschlichen Verstand die Fähigkeit in Anspruch zu nehmen, die Zukunft vorherzusagen, sorgfältig die genauen Auswirkungen zu berechnen und schließlich dieses Wissen zur Erstellung eines »Heilmittels« zu verwenden, führt zur Katastrophe. Der Kapitalismus beruht darauf, dass man die Zukunft als solche nicht erkennen kann und dass ständig Experimente durchgeführt werden, die einzelne Fassetten der Wahrheit offenbaren. Aus diesem Grund kann der Kapitalismus in der Praxis ein Teil der Vorsehung sein. ... Was den Sozialismus betrifft, so liegt ihm das Verlangen zugrunde, auf Grund von Analysen einen Gesamtplan zu entwickeln. Damit wird er zu einem System des Bösen. ... Der Kapitalismus ist jenes wirtschaftliche System, welches mit dem Christentum am besten übereinstimmt.[12]

Was sollen wir zu diesen mit Eifer vertretenen und einander ausschließenden Ansichten sagen? Vielleicht kommt der brillante französische Philosoph Jaques Ellul der Wahrheit am nächsten, wenn er beide Systeme verurteilt:

> Der Kapitalismus hat zunehmend das ganze Leben, sowohl individuell als auch kollektiv, dem Geld unterstellt. Geld wurde das Kriterium zur Beurteilung von Menschen und ihren Aktivitäten. Nacheinander haben sich der Staat, das Rechtssystem, die Kunst und die Kirchen der Macht des Geldes

gebeugt. ... Wir müssen die Wahrheit in den Beobachtungen von Karl Marx erkennen, dass Geld im kapitalistischen System zur Entfremdung führt.[13]

Ist der Sozialismus dann attraktiver? Dieser attackiert den Kapitalismus zu Recht dafür, dass er den Menschen dem Geld unterstellt und ungerechte wirtschaftliche Strukturen schafft. Der Sozialismus schreibt sich als Motto auf seine Fahnen: »Jedem nach seiner Arbeit«, woraus im Kommunismus wird: »Jedem nach seinen Bedürfnissen.«

Aber wie will der Sozialismus seine Ziele erreichen? Zuerst einmal, indem er das menschliche Leben strikt auf die Arbeit, auf die wirtschaftlichen Aktivitäten begrenzt. ... Aber genau das ist die Quelle wirklicher Entfremdung – hier nicht die Unterordnung des *Seins* unter das *persönliche Haben*, sondern die Unterordnung des *Seins* unter das *Tun* und unter das *gemeinsame Haben*. ... Die Unterschiede zwischen den Systemen sind angesichts solch ähnlicher Formulierungen gering.[14]

In der Tat geben uns weder die Theologie noch die Schrift selbst Kriterien in die Hand, um die beiden Systeme gegeneinander abzuwägen. Da kein wirtschaftlicher Mechanismus genau der christlichen Wahrheit entspricht, müssen wir uns rein auf Grund natürlicher Argumente entscheiden, wenn wir das wollen. Unsere Wahl wird aber keineswegs unseren christlichen Glauben zum Ausdruck bringen.[15]

Ich stimme mit Ellul überein, dass die Inhalte der Schrift nicht so zurecht gebogen werden dürfen, dass sie ein bestimmtes Wirtschaftssystem für richtig erklären. Andererseits können und müssen die Grundsätze der Schrift beständig von denkenden Christen angewandt werden, um die Irrtümer des Systems zu korrigieren, in dem wir leben. Dies könnte im übrigen zur Mitte des 20. Jahrhunderts geschehen sein, als fast alle kapitalistischen Staaten dem Druck der menschlichen Nöte nachgaben und Gesetze zur sozialen Absicherung schufen. Gleichzeitig gaben fast alle sozialistischen Regime dem Druck der menschlichen Natur nach und ermöglichten bis zu einem gewissen Grad private Unternehmen und funktionierende Märkte.

Befürworter eines Systems der freien Marktwirtschaft betonen die Freiheit und das Recht auf Privateigentum, während jene, die für eine kontrollierte Marktwirtschaft zum Wohle aller Bürger eintreten, Gerechtigkeit, Fairness und Gleichheit betonen. Kapitalismus ist für Freiheit, Sozialismus für Gleichheit. Weder wirtschaftliche Freiheit noch Gleichheit werden aber in der Schrift sehr klar vertreten.

Es stimmt, Freiheit ist in der Schrift ein wichtiger Wert, aber dabei geht es –

vor allem im Neuen Testament – vorrangig um die Freiheit im Geist und nur in minimalem Umfang um politische Freiheit. Die wirtschaftliche Freiheit, in unbegrenztem Ausmaß Geld zu erwirtschaften, kommt in der Schrift überhaupt nicht vor. Die einzige wirtschaftliche Freiheit, die angesprochen wird, ist die Freiheit von Armut und Unterdrückung. Durch Gesetze können die Bürger die Freiheit erhalten, Geld anzuhäufen, aber durch die Freiheit allein geschieht dies noch nicht. »Wirtschaftliche Freiheit« kann bedeuten, die Freiheit, etwas zu bekommen (Kapitalismus), oder die Freiheit zu bestehen (Sozialismus). Da die Freiheit, etwas zu bekommen, immer denen zum Vorteil gereicht, die intelligent, rücksichtslos und wirtschaftlich mächtig sind, ist es nur richtig, die biblische Betonung auf den Schutz der Schwachen und weniger Glücklichen zu legen.

Wessen Freiheit wird stärker eingeschränkt: die des Reichen, der daran gehindert wird, noch reicher zu werden (oder sogar gezwungen, von seinem Reichtum abzugeben), oder die des Armen, der in seiner Armut gefangen ist? Wer ist stärker unterdrückt: der, der etwas besitzt und daran gehindert wird mehr zu bekommen, oder jener, der Nichts besitzt und der von den Lebensumständen daran gehindert wird, überhaupt etwas zu bekommen? Welche Art der Freiheit betont die Bibel stärker?

Da die Schrift sehr deutliche Aussagen macht, was die Freilassung der wirtschaftlich Unterdrückten betrifft, ist die entscheidende Frage, ob das Recht auf Privateigentum in der Schrift als Recht auf die unbegrenzte Ansammlung von Gütern verstanden werden kann. Das Gesetz über das Jubeljahr (3Mo 25) setzt der ständigen Anhäufung durch den Starken zu Lasten des Schwachen und Unterprivilegierten klare Grenzen. Auch die Einführung einer Besteuerung setzt deutlich Grenzen. Es scheint daher unmöglich, das Recht auf Privateigentum an Hand der Bibel als unbeschränktes Recht zu interpretieren.

Während aus der Schrift nur schwer bewiesen werden kann, dass staatliche Regierungen das Recht zur Ansammlung unbegrenzten Reichtums garantieren müssen, ist die Schrift voll von starken Lehraussagen, dass eine Gesellschaft verpflichtet ist, die Armen zu schützen und für sie zu sorgen.

> *»Schafft Recht dem Geringen und der Waise, dem Elenden und dem Bedürftigen lasst Gerechtigkeit widerfahren! Rettet den Geringen und den Armen, entreißt ihn der Hand der Gottlosen!«* (Ps 82,3-4).

> *»Ist nicht vielmehr das ein Fasten, an dem ich Gefallen habe: Ungerechte Fesseln zu lösen, die Knoten des Joches zu öffnen, gewalttätig Behandelte als Freie zu entlassen und dass ihr jedes Joch zerbrecht? Besteht es nicht darin, dein Brot dem Hungrigen zu brechen und dass du heimatlose Elende ins Haus führst? Wenn du einen Nackten siehst, dass du ihn bedeckst und*

dass du dich deinem Nächsten nicht entziehst? Dann wird dein Licht hervorbrechen wie die Morgenröte, und deine Heilung wird schnell sprossen. Deine Gerechtigkeit wird vor dir herziehen, die Herrlichkeit des HERRN wird deine Nachhut sein. Dann wirst du rufen, und der HERR wird antworten. Du wirst um Hilfe schreien, und er wird sagen: Hier bin ich! Wenn du aus deiner Mitte fortschaffst das Joch, das Fingerausstrecken und böses Reden und wenn du dem Hungrigen dein Brot darreichst und die gebeugte Seele sättigst, dann wird dein Licht aufgehen in der Finsternis, und dein Dunkel wird sein wie der Mittag« (Jes 58,6-10).

»So spricht der HERR: Wegen drei Verbrechen von Israel und wegen vier werde ich es nicht rückgängig machen, weil sie den Gerechten für Geld und den Armen für ein Paar Schuhe verkaufen. Sie treten nach dem Kopf der Geringen wie auf den Staub der Erde, und den Rechtsweg der Elenden beugen sie. Und ein Mann und sein Vater gehen zu demselben Mädchen, um meinen heiligen Namen zu entweihen« (Am 2,6-7).

»Dann wird er auch zu denen zur Linken sagen: Geht von mir, Verfluchte, in das ewige Feuer, das bereitet ist dem Teufel und seinen Engeln! Denn mich hungerte, und ihr gabt mir nicht zu essen; mich dürstete, und ihr gabt mir nicht zu trinken; ich war Fremdling, und ihr nahmt mich nicht auf; nackt, und ihr bekleidetet mich nicht; krank und im Gefängnis, und ihr besuchtet mich nicht« (Mt 25,41-43).[16]

Die Bibel hat dem Kapitalisten viel mehr darüber zu sagen, wie sich sein Verhalten ändern muss, als dem Sozialisten. Da aber ein Wirtschaftssystem nicht ohne politische Sanktionen eingeführt werden kann, und weil Menschen immer radikale Egoisten sind und dadurch jedes Wirtschaftssystem zersetzen, ziehe ich den Schluss, dass keines der Systeme sich bei seiner Einführung auf biblische Forderungen stützen kann. Beide können nur auf die Untiefen der menschlichen Natur bauen und werden daher scheitern.

Daher sollte jeder Christen in beiden Systemen daran arbeiten, dass dieses System besser in Einklang mit den wichtigen biblischen Grundsätzen der Gerechtigkeit und Barmherzigkeit kommt. Kann Freiheit mit diesen viel grundlegenderen Konzepten verbunden werden, umso besser. Möglicherweise ist in einer gefallenen Gesellschaft eine Freiheit, die durch das schmerzliche Abwägen der Rechte einer Gruppe gegen die Rechte einer anderen errungen wird, die einzige Hoffnung, ein zumindest gewisses Maß an Gerechtigkeit zu erzielen.

Gewinne, Zinsen und Schulden im Kapitalismus

Obwohl der durch Handel erzielte Gewinn für den Kapitalismus viel grundlegender ist, macht die Schrift direktere Aussagen zum Thema Zinsen auf Kredite. Wir wollen daher zuerst der Frage der Kapitalanhäufung durch das Verleihen und Leihen von Geld gegen Zinsen nachgehen, was ein notwendiges Element des modernen Kapitalismus darstellt.

Große Geldsummen sind nötig, um Produktion und Marketing in größerem Umfang sicherzustellen. Im sozialistischen System können diese Mittel durch Steuern aufgebracht werden, in einem von Privatunternehmen dominierten System ist es aber im Normalfall nötig, Geld zu leihen, um einen Betrieb mit Kapital auszustatten. Sogar reiche Leute können sich im Normalfall solche Investitionen nicht leisten. Deshalb wird dadurch Geld angehäuft, dass von vielen Menschen Geld geliehen wird, wobei diese als Gegenleistung einen Anteil am Unternehmen (Aktien) erhalten. Eine andere Möglichkeit besteht darin, das Geld von einer Bank oder Versicherung als vermittelnder Organisation zu leihen, die ihrerseits bereits große Summen von einer Vielzahl von Kunden geliehen hat. Normalerweise werden Menschen nicht in ein Unternehmen investieren, wenn damit nicht die Hoffnung auf Gewinn verbunden ist. Daher muss das Unternehmen dem Verleiher Vorteile in Form von Zinsen oder Gewinnanteilen bieten können.

Die Bibel spricht sich aber wiederholt gegen ein Verleihen von Geld gegen Zinsen aus (Ps 15,5; Spr 28,8; Hes 18,8-9.13.17; 22,12). Obwohl das *Theologische Wörterbuch des Alten Testaments* argumentiert, dass – zumindest in 3. Mose 25,35ff – nur übermäßige Zinsen verboten werden, sind die meisten Ausleger der Ansicht, dass sich das hebräische Wort auf Zinsen jeder Art bezieht.[17] Auch können wir nicht argumentieren, dass die Wirtschaft des Alten Testaments landwirtschaftlich geprägt gewesen sei, und dass aus diesem Grund das Leihen und Verleihen von Geld nur in Notsituationen erlaubt war, weshalb sich diese Gesetze nicht auf die kapitalistische Gesellschaft anwenden ließen. Kultureller Relativismus darf biblische Normen nie einfach beseitigen. Aber ist diese Lehre eine allgemeine, biblische Norm? Oder ist sie nur Teil eines Zivilkodex zur Ordnung des Lebens im früheren Staat Israel?

Die Gebote gegen das Fordern von Zinsen werden durchgängig im Zusammenhang mit Ungerechtigkeit, Erpressung und Unterdrückung genannt. Man darf keine Zinsen verlangen, wenn man dem Armen etwas leiht (2Mo 22,25), man darf dem Unschuldigen keine »Geschenke« abverlangen (Ps 15,5) oder einen ungerechten Gewinn erzielen (Spr 28,8). Hesekiel, der sich so stark gegen das Fordern von Zinsen ausspricht, nennt in diesem Zusammenhang Habgier und Erpressung. Sogar die Kirche im Mittelalter erlaubte aus diesem

Grund, obwohl sie Handel jeder Art verachtete, das Leihen und Verleihen von Geld nur zu einem bescheidenen Zinssatz, der oft 5% betrug. Heute rechtfertigen die meisten kirchlichen Ethiker in kapitalistischen Gesellschaften Zinsen, die nicht bedrückend erscheinen.

Es ist auch interessant, dass ein Israelit von einem Landsmann keine Zinsen fordern durfte, während das bei anderen durchaus erlaubt war (5Mo 23,19-20). Daraus leiten einige ab, dass auch ein Christ einem Nichtchristen (oder einer neutralen Institution) Geld gegen Zinsen leihen dürfe, nicht aber einem Glaubensbruder. Oft mag es legitim sein, Prinzipien von einem alttestamentlichen Gebot für Israeliten abzuleiten. Management kann aber kaum von einem Gebot, das die Forderung von Zinsen von Nicht-Juden erlaubt, aber von Juden verbietet, ein für alle Zeiten und für alle Situationen gültiges Prinzip ableiten. Wir können aber feststellen, dass das Verlangen von Zinsen entweder nicht an *sich* unmoralisch und daher in manchen Fällen auch Christen erlaubt ist; oder aber Zinsen *sind* an sich unmoralisch und wurden den Israeliten nur als vorübergehende Ausnahme gestattet. In diesem Fall wäre es für einen geisterfüllten Gläubigen zu jeder Zeit falsch, Zinsen zu fordern.

Da das Neue Testament die Frage der Zinsen nicht direkt behandelt, ziehe ich selbst den Schluss, dass gerechte Zinsen nicht an sich unmoralisch sind. Allerdings wäre es in jedem ethischen System empfehlenswert, dem Beispiel des Alten Testaments zu folgen und keine Zinsen zu verlangen, wenn es darum geht, den Armen zu helfen oder einen gläubigen Mitbruder zu unterstützen.

Obwohl das Neue Testament nichts über Zinsen aussagt, gibt es aber doch eine kurze Empfehlung zum Thema Verschuldung: *»Seid niemandem etwas schuldig, als nur einander zu lieben«* (Röm 13,8). Dies wird von manchen so interpretiert, dass nach dem Neuen Testament Schulden jeder Art verboten seien. Dies dürfte aber keine korrekte Anwendung dieser isolierten Erwähnung von Schulden sein, da es im ganzen Abschnitt hauptsächlich um das Liebesgebot geht. Paulus betont hier, dass Liebe eine Verpflichtung ist, nicht nur eine Möglichkeit. Wir sind schuldig, einander zu lieben, weil wir durch Jesus sind wer wir sind und weil wir von ihm Liebe in Fülle erhalten haben.

Dass es aber besser ist, sich nicht zu verschulden, sagt uns schon der »gesunde Menschenverstand«, es wir aber auch biblisch in den Sprüchen untermauert (Spr 11,15; 22,7.26). Andererseits kann es keine Sünde sein, jemandem etwas zu leihen, da uns Christus selber auftrug: *»Gib dem, der dich bittet, und weise den nicht ab, der von dir borgen will!«* (Mt 5,42). Jesus lässt aber in diesem Vers durchblicken, dass es noch besser ist, jemandem, der um etwas bittet, das Erbetene zu schenken!

Es entspricht aber auch nicht den Regeln einer gesunden Auslegung, Gleichnisse so zu verwenden, dass das Verleihen von Geld gegen Zinsen als biblische

Rechtfertigung für den Kapitalismus betrachtet wird. Gleichnisse sind im Leben verankerte Geschichten, die einen bestimmten Punkt verdeutlichen. Die Einzelheiten sind nur Teil der Geschichte und dürfen nicht missbraucht werden, um davon ethische Prinzipien abzuleiten.

Obwohl ich nicht davon überzeugt bin, dass die Bibel eindeutig lehrt, dass Schulden jeder Art verboten sind, mag die folgende Definition des konservativen Finanzberaters Larry Burkett weiterhelfen:

> Eine schriftgemäße Definition von Schulden ist die Unfähigkeit, vereinbarte Verpflichtungen einzuhalten. Mit anderen Worten, wenn jemand etwas auf Kredit kauft, sind das noch nicht unbedingt Schulden, es ist ein Vertrag. Aber wenn die Bedingungen dieses Vertrags nicht eingehalten werden können, entstehen Schulden im Sinn der Bibel.[18]

> Ein Christ muss ganz von Schulden frei werden. ... Schulden sind immer dann vorhanden, wenn einer der folgenden Umstände eintritt:
> – Eine Zahlung für Geld, Güter oder Dienstleistungen ist überfällig.
> – Der Gesamtwert ungesicherter Verbindlichkeiten übersteigt den Wert der besessenen Wirtschaftsgüter. Anders ausgedrückt, wenn du zu irgendeinem Zeitpunkt alles verkaufen müsstest, würde dein Konto einen negativen Saldo aufweisen.
> – Auf dem Gebiet der finanziellen Verantwortung entstehen Ängste und die grundlegenden Bedürfnisse der Familie können auf Grund des früheren oder jetzigen Kaufverhaltens nicht gestillt werden.[19]

Auf Grund dieses kurzen Überblicks über die sehr begrenzten biblischen Aussagen zu diesem Thema ziehe ich die Schlussfolgerung, dass es weise ist, das Leihen und Verleihen von Geld zu vermeiden, wo dies möglich ist. Dass es aber zulässig ist, zu einem bestimmten Zinssatz zu leihen und zu verleihen, solange dieser Zinssatz nicht überhöht ist und den Leihenden stark belastet; schließlich aber, dass es besser ist, den Bedürftigen großzügig zu beschenken.

Viele der alttestamentlichen Passagen, die sich gegen das Verlangen von Zinsen aussprechen, verbinden dieses Verbot mit Verfügungen gegen jede Art der Gewinnerzielung. Ich gehe davon aus, dass das beständige Prinzip hier dasselbe ist: Die Erzielung eines Gewinns, der einem bescheidenen und fairen Zinssatz entspricht, könnte in Ordnung sein, höhere Gewinne sind nicht zu rechtfertigen, da sie zu Lasten anderer erzielt werden, ganz gleich ob diese dem zustimmten oder nicht.

Persönliche Glaubwürdigkeit

Persönliche Glaubwürdigkeit erfordert in jedem Wirtschaftssystem Ehrlichkeit, dass ich nicht betrüge, stehle oder andere übervorteile. Aber in einer relativ freien Wirtschaftsordnung gibt es verschiedene Versuchungen, die ich hier erwähnen möchte.

Konkurs

Mit der Verabschiedung liberalerer Konkursgesetze in einigen westlichen Ländern ist es heute möglich, Konkurs anzumelden, um Verpflichtungen zu umgehen, Besitztümer (und mit einem cleveren Anwalt sogar Reichtümer) zu erhalten und wieder ein Vermögen aufzubauen, an das frühere Gläubiger nicht mehr herankommen. In Konkurs zu gehen, mag legal sein, dadurch wird es aber nicht moralisch richtig. Ein formaler Konkursantrag mag zwar nötig sein, um den Übergang zu einem besseren Verhältnis zu den Gläubigern zu schaffen, eine moralisch integere Person wird dies aber nicht dazu nutzen, Schulden einfach loszuwerden. Natürlich ist es etwas anderes, wenn ein Gläubiger zustimmt, entweder aus Menschenfreundlichkeit oder zu seinem eigenen Vorteil, Schulden zu erlassen.

Gott ist auf der Seite dessen, der sein Wort hält, der zu seinem eigenen Nachteil schwört (z. B. indem er eine finanzielle Verpflichtung eingeht) und dann auch dazu steht (Ps 15,4). Nur der Böse leiht und zahlt nicht zurück (Ps 37,21), der Gerechte hingegen übernimmt die Verantwortung für alle seine Schulden und bleibt dafür verantwortlich, bis alle Schulden bezahlt sind oder bis er stirbt.

Gerichtsverfahren

> *»Bringt es jemand von euch, der einen Rechtsstreit mit dem anderen hat, über sich, vor den Ungerechten zu streiten, und nicht vor den Heiligen? ... Sondern es streitet Bruder mit Bruder, und das vor Ungläubigen! ... Warum lasst ihr euch nicht lieber unrecht tun? Warum lasst ihr euch nicht lieber übervorteilen?«* (1Kor 6,1.6-7).

Im Lichte dieser klaren Stelle können aufrichtige Gläubige nicht ohne Gewissensbisse gegen Glaubensgeschwister Prozess führen. Die Frage ist natürlich, was passiert, wenn jemand, der sagt, dass er gläubig ist, sich nicht so verhält? Paulus scheint genau davon zu sprechen, wenn er eine alternative Möglichkeit aufzeigt: Warum sich nicht lieber übervorteilen lassen, als Schande auf den Namen Jesu zu bringen?

Da Paulus andererseits einen Unterschied zwischen Gläubigen und Ungläubigen macht, könnte es legitim sein, gegen einen Nichtchristen oder ein unpersönliches Unternehmen zu prozessieren, solange dadurch nicht das Gebot *»Liebe deinen Nächsten«* (gleich ob Christ oder Nichtchrist) verletzt wird und solange es wirklich um Gerechtigkeit geht.

Geld zu fordern, das einem eigentlich nicht gehört, ist eine Form des Diebstahls, der durch ein Gerichtsverfahren auch nicht moralischer wird. Wenn jeder Christ eines Landes sich weigern würde, vor Gericht zu gehen, um so viel wie möglich zu erstreiten, nur weil er ein echtes oder eingebildetes Unrecht erlitten hat, würden die Versicherungsprämien der Unfall- und Haftpflichtversicherungen absacken. Alles, was über eine vernünftige und gerechte Abgeltung erlittenen Schadens hinausgeht, ist ein Betrugsversuch, ein Angriff auf die gesamte Gesellschaft, der für alle die Kosten von Produkten, Dienstleistungen und Versicherungsprämien in die Höhe treibt. Besonders die »Kultur des Klagens« in Amerika scheint einer wirtschaftlichen Katastrophe entgegen zu steuern, wenn der Habsucht und Unehrlichkeit von Konsumenten, Kunden und Rechtsanwälten nicht in irgendeiner Weise Einhalt geboten wird. Nicht immer ist es falsch, über eine normale Abgeltung hinaus Strafzahlungen zu verlangen, aber dies dürfte nur dann der Fall sein, wenn es um die böswillige oder absichtliche Vernachlässigung von persönlichen Rechten geht.

Andererseits sollten auch Firmenanwälte, Versicherungen und Unternehmen fair sein, wenn es um die Erfüllung berechtigter Forderungen geht. Sonst machen sich diese ebenso schuldig, zu betrügen und den Schwächeren zu unterdrücken.

Eine habsüchtige und korrupte Gesellschaft ertrinkt im Sumpf ihrer Gerichtsprozesse, welche die Folge ihrer eigenen Sünde sind. Erfolg in einem nicht gerechtfertigten Gerichtsprozess ist Diebstahl.

Armut und Reichtum

Sowohl das Alte Testament als auch das Neue Testament haben viel über Armut und Reichtum zu sagen. Was aber ist Armut? Was ist Reichtum? Darin wird es niemals Einigkeit geben.

Der Hauptgrund dafür liegt darin, dass jede Gesellschaft und Kultur festlegt, wie materielle Besitztümer abgesichert, verwendet und gesehen werden. Nehmen wir einmal an, wir würden darin übereinstimmen, dass Armut bedeutet, dass die verfügbaren Mittel chronisch nicht ausreichen, um die notwendigen Bedürfnisse zu stillen. Absolute Armut würde bedeuten, dass Ernährung, Wohnung und Bekleidung nicht ausreichen. In diesem Fall würde die Diskussion sofort um die Bedeutung der Begriffe »notwendig« und »ausreichen« gehen.

Wenn wir andererseits Reichtum so definieren, dass mehr materielle Güter zur Verfügung stehen, als für den normalen Lebensunterhalt nötig sind, was ist dann der »normale Lebensunterhalt«? Die Antwort auf diese Frage hängt zu einem gewissen Grad davon ab, was in einer bestimmten Gemeinschaft oder Gesellschaft unter Armut und Reichtum verstanden wird.

Das zweite Problem liegt darin, dass diese Fragen sehr persönlich und mit sehr intensiven Gefühlen behaftet sind. Es ist daher schwierig, die Fragen distanziert und objektiv zu beantworten, weil die Antwort meinen derzeitigen gesellschaftlichen Status gefährden könnte. Da die Schrift zu diesem Thema so viel zu sagen hat, wollen wir von den obigen Definitionen ausgehen und davon, dass eine Übereinstimmung bei der speziellen Anwendung dieser Definitionen unter Umständen nicht zu erreichen ist. Auch können wir annehmen, dass ein Großteil der Amerikaner und Westeuropäer reich sind, wenn Reichtum als Überschuss über die grundlegenden Bedürfnisse hinaus definiert wird. Schließlich können wir auch davon ausgehen, dass die Hauptbetonung der Schrift in diesem Bereich in der liebevollen Reaktion der Besitzenden gegenüber den Armen liegt. Dennoch bleiben gravierende Probleme bestehen.

Ein grundlegendes Problem stellen hier Aussagen des Alten Testaments und des Neuen Testaments über das Thema Reichtum dar, die völlig unterschiedlich zu sein scheinen. Jaques Ellul sagt dazu:

> Unbestreitbar wird der Reichtum im Neuen Testament verurteilt. Soweit ich weiß, gibt es dort keine einzige Stelle, die diesen rechtfertigt. Das Alte Testament dagegen stellt Reichtum als Segen dar, der von Gott beabsichtigt ist und ihm gefällt. Über kein anderes Thema scheinen die Aussagen der beiden Testamente so gegensätzlich zu sein als beim Reichtum.[20]

Wie sich das Alte und das Neue Testament in diesem Punkt zueinander verhalten wird immer noch diskutiert. Ist die Sichtweise des Alten Testaments Teil der allgemeinen weltlichen Struktur eines (vergänglichen) irdischen Reiches, das im Neuen Testament von einem geistlichen Reich, der Gemeinde, abgelöst wurde? Aber egal ob diese Erklärung richtig ist oder nicht, muss auf jeden Fall eingestanden werden, dass das Neue Testament an keiner Stelle lehrt, dass Reichtum ein Zeichen für Gottes Segen ist, und dass es die Reichen oft hart verurteilt.

> *»Es ist leichter, dass ein Kamel durch ein Nadelöhr geht, als dass ein Reicher in das Reich Gottes hineinkommt«* (Mt 19,24; Lk 18,25).

> *»Glückselig seid ihr Armen, denn euer ist das Reich Gottes«* (Lk 6,20).

»Aber wehe euch Reichen! Denn ihr habt euren Trost schon gehabt« (Lk 6,24).

»Verkauft eure Habe und gebt Almosen; macht euch Beutel, die nicht veralten, einen unvergänglichen Schatz in den Himmeln, wo kein Dieb sich naht und keine Motte zerstört! Denn wo euer Schatz ist, da wird auch euer Herz sein« (Lk 12,33-34).

»Kein Haussklave kann zwei Herren dienen; ... Ihr könnt nicht Gott dienen und dem Mammon. Dies alles hörten aber auch die Pharisäer, die geldliebend waren, und sie verhöhnten ihn« (Lk16,13-14).

Diese Stellen sind nur ein kleiner Ausschnitt. In der Themenkonkordanz *»Nave's Topical Bible«* finden wir sieben 2-spaltige Seiten mit biblischen Aussagen zum Thema »Arme« und 5 Seiten zum Thema »Reiche«, die sich mit den oben zitierten Bibelstellen inhaltlich decken. Mir wäre es lieber, die Bibel würde klar und konstant nur die ungerechten Reichen verurteilen, aber oft macht sie diesen Unterschied nicht. Liegt der Grund dafür vielleicht darin, dass niemand zugleich reich und gottesfürchtig sein kann? Oder nur darin, dass dies nicht häufig vorkommt? Ziehen wir alle biblischen Aussagen in Betracht, dann scheinen jene Verurteilungen, die allgemeine Aussagen treffen, darin begründet zu sein, dass die Versuchungen des Reichtums so stark sind, dass nur wenige erfolgreich damit umgehen können. Aus diesem Grund werden dann die Reichen oft zu einer Klasse von Menschen zusammengefasst und verurteilt. Dies sollte man aber nicht als Beweis ansehen, dass es nicht auch Ausnahmen geben kann. Die Bibel sagt nämlich nirgends, dass der Besitz von Reichtümern an sich sündig sei.

> Reichtum ist mit Sicherheit eine Versuchung – nicht etwas an sich Böses, aber eine Versuchung ..., weil er uns dazu drängt, unser Vertrauen stärker auf Geld als auf Gott zu setzen. ... Es ist fast unmöglich, viel zu besitzen und gerecht zu bleiben. Gerechtigkeit bedeutet nämlich die völlige Abhängigkeit von Gottes Handeln.[21]

Wie aber können wir dann gegen eine solch starke Versuchung ankämpfen? Das biblische Heilmittel gegen den Virus der Habsucht und gegen die tödliche Krankheit des Vertrauens in den Reichtum liegt darin, diesen wegzugeben.

> Wir haben sehr klare Aussagen, dass Geld dem Christen dazu gegeben ist, es wegzugeben. Beachte besonders die wunderbaren Worte von Paulus (2Kor 8,1-15). ... Wenn wir mit anderen Christen das Gesetz der Gleichheit bei

> Paulus studieren, dann sehen wir, dass Geld verwendet werden muss, um Bedürfnisse zu stillen, und dass alles, was dann noch bleibt, weggegeben werden muss.[22]

Die Bibel spricht sich nicht dafür aus, sich das Geld der Reichen anzueignen. Und obwohl es Stellen gibt, die uns beauftragen, etwas zu verkaufen und den Erlös wegzugeben, wird den Reichen, dort wo sie direkt angesprochen werden, nicht gesagt, sie müssten allen ihren Besitz aufgeben, sondern sie sollen reich sein für Gott und für jene, die in Not sind.

Vielleicht sollten wir uns im reichen Westen nicht Abraham zum allgemeinen Vorbild nehmen und uns in unserer Lehre nicht am Alten Testament orientieren. Vielmehr sind wir dann auf der sicheren Seite, wenn Jesus unser Vorbild ist und wenn das Neue Testament unsere Lehre bestimmt. Wenn wir dem Beispiel desjenigen folgen, der, obwohl er alles hatte, für uns arm wurde, und wenn wir uns seinen manchmal schmerzlichen Lehren unterstellen, werden wir dann nicht freiwillig alle überschüssigen Reichtümer aufgeben, um denen etwas zu geben, die geistlich oder physisch in Not sind?

Was aber bedeutet »überschüssig«? Jeder Mensch ist seinem eigenen Herrn gegenüber verantwortlich. *»Wer bist du, der du den Hausknecht eines anderen richtest?«* (Röm 14,4). Aber es muss *etwas* bedeuten, und zwar etwas, was wir konsum-verwöhnte Europäer scheinbar nur schwer begreifen können.

Einfacher Lebensstil

In dem Maß, in dem die Reichen dieser Welt immer reicher und die Armen immer ärmer wurden, haben viele Christen darauf so reagiert, dass sie sich einen einfacheren Lebensstil zu eigen machten. So haben im Rahmen des Kongresses für Weltevangelisation in Lausanne mehrere tausend Gemeindeleiter folgendes Versprechen abgelegt:

> Wir können nicht von der Hoffnung ausgehen, dieses Ziel ohne Opfer zu erreichen. Wir sind alle schockiert über die Armut von Millionen und beunruhigt über die Ungerechtigkeit, die diese verursacht hat. Jene von uns, die im Wohlstand leben, akzeptieren es als ihre Pflicht, einen einfacheren Lebensstil zu entwickeln, um freigebiger zu humanitärer Hilfe und Evangelisation beitragen zu können.[23]

Was aber ist ein einfacher Lebensstil? Darüber ließe sich ohne Ende diskutieren. Machen wir daher einen praktischen Versuch. Wenn wir »absolute Armut« als ein Leben unter dem Existenzminimum definieren, und »Armut« als ein

Leben nahe dem Existenzminimum, ohne jene Dinge, die andere Menschen als für die Erfüllung ihrer Bedürfnisse notwendig betrachten, dann könnte ein »einfacher Lebensstil« in der Erfüllung dieser grundlegenden Bedürfnisse bestehen.

absolute Armut	Armut	einfacher Lebensstil	Wohlstand	Reichtum
Unter dem Existenzminimum; Mangel an Nahrung und Wohnung	Existenzminimum, aber notwendige Dinge fehlen	Grundlegende Bedürfnisse in einer bestimmten Gesellschaft	Besitz, der über die grundlegenden Bedürfnisse hinausgeht	Wohlstand im Überfluss, gehortet, und beschützt; extravaganter Lebensstil

Wenn dies der biblischen Sichtweise in etwa nahe kommt, dann sollte jeder Gläubige, der mehr besitzt, als dies einem einfachen Lebensstil entspricht, bis an die Grenzen seines Gottvertrauens und seiner Liebe Opfer bringen. Damit könnte er denen helfen, die unter einem Niveau leben, bei dem die grundlegenden Bedürfnisse ihrer Gesellschaft erfüllt werden. Jedenfalls kann sich der Wohlhabende kaum zufrieden zurücklehnen, solange es noch Menschen gibt, deren grundlegende Bedürfnisse nicht gestillt sind.

Was aber sind solche notwendigen Dinge? Mit Sicherheit sollte dies nicht von den Verkäufern und Marketingleuten unserer getriebenen Konsumgesellschaft entschieden werden.

> Wie definiert man ein *Bedürfnis* in einer Gesellschaft, in welcher der Lebensstandard ständig steigt? ... Wie formulieren die Generäle der Vertriebsarmee in ihren tapezierten Büros an der Madison Avenue ihre Strategie, wie sie unsere »Bedürfnisse« erfüllen wollen? An welche Engel außer an unsere Habgier appellieren sie? An unsere Ängste? (Ist deine Familie geschützt?) An unsere sexuelle Besessenheit? (Hindert dich dein schlechter Atem am Küssen?) An unsere Schuld? Unseren Snobismus? (Du verdienst nur das Beste!)[24]

Sind Ersparnisse und Versicherungen Teil unserer »Bedürfnisse«? Ellul scheint hier einen sehr absoluten Standpunkt einzunehmen:

> Zuerst müssen wir einmal verstehen, was es bedeutet, wenn jemand Geld zur Seite legt oder sich versichert (die Frage nach Versicherungen ist eigentlich in der Frage nach dem Sparen inbegriffen; beides hat eine ähnliche

> Bedeutung). Beide Maßnahmen drücken den Wunsch aus, die Zukunft einzunehmen, sich gegen alles abzusichern, was so passieren könnte: z. B. Unfälle, Änderungen des Arbeitsplatzes oder der finanziellen Ausstattung. Manchmal denkt jemand an sein Alter, manchmal an die Zukunft seiner Kinder, aber auf jeden Fall ist es ein Weg, die Zukunft in den Griff zu bekommen. Konfrontiert mit den Unsicherheiten der Zukunft und den Risiken des Lebens legen Menschen eine Reserve auf die Seite, die als Schutzschild vor der Realität dienen soll. ... Aber ausgehend von der Suche nach Sicherheit, führen Ersparnisse sehr schnell dazu, Unabhängigkeit anzustreben. Die, die viel besitzen, behaupten, sie seien unabhängig und sagen, das mache sie frei. ... Die unausgesprochene Annahme ist dabei, dass Gott entweder nicht in der Lage ist, unser Leben in die richtige Richtung zu lenken, oder dass er es mit uns nicht gut meint.[25]

Ellul räumt die Möglichkeit ein, Geld für einen bestimmten Zweck zu sparen (für ein Geschenk oder dafür, ein Haus zum Leben zu kaufen), oder aber wenn ein bestimmter Beruf ein sehr unregelmäßiges Einkommen abwirft (bei Bauern oder Saisonarbeitern im Gastgewerbe). Er meint auch, das Urteil des Unglaubens treffe in gleicher Weise auch jene, die nicht genug haben, um etwas zu sparen, und die deshalb unter ihren Ängsten vor der Zukunft versklavt sind. Wenige Westeuropäer werden bereit sein, die kompromisslose Haltung von Ellul zu akzeptieren, aber wir kommen nicht umhin, uns mit dem grundlegenden Prinzip des Glaubens auseinander zu setzen.

Eine gemäßigtere Haltung nimmt Larry Burkett ein, der, ebenso wie Ellul, Sparen als Aktivität des Unglaubens versteht, wenn es darum geht, sich gegen zukünftige Schwierigkeiten zu schützen. Hingegen akzeptiert er Sparen als Vorsorge für bekannte, zukünftige Bedürfnisse. Ersparnisse oder Versicherungen, die zur Absicherung gegen einen nicht wieder gutzumachenden Schaden durch häufige Unfälle oder durch Feuer dienen, können sehr wohl im Glauben zurückgelegt werden, aber jeder Versuch, sich gegen alle Eventualitäten des Lebens abzusichern, sei vergeblich und entspreche dem Unglauben. Burkett sieht in dieser Hinsicht das größte Versagen bei den Erbschaften.

> Wenn ich jenen Bereich christlicher Finanzen identifizieren sollte, der am wenigsten verstanden wird, würde ich mich für die Erbschaften entscheiden. Nicht nur, dass viele Menschen ihr Leben dadurch ruinieren, dass sie ihr Leben lang Geld horten, sie ruinieren auch noch das Leben ihrer Kinder und Kindeskinder, indem sie ihnen ein großes Vermögen vermachen. ... Große Geldsummen, die Kinder geschenkt bekommen, werden ihnen meistens durch Verschwendung einen schlechten Dienst erweisen, und große Geld-

summen, die vertrauensvoll für die eigenen Kinder angespart werden, können dazu dienen, diese vom Willen Gottes abzuhalten. ... Erlaube deinen Kindern die Freude, auf ihre eigene Art und Weise etwas zu verdienen![26]

Wenn ich die verschiedenen Ansichten an Hand der Schrift vergleiche, komme ich zum Schluss, dass die Empfehlung von John Wesley korrigiert werden sollte: »Nimm alles, was du kannst, spare alles, was du kannst, gib alles, was du kannst.« Vielleicht könnte dieser Leitsatz als Zusammenfassung der persönlichen Verantwortung des Einzelnen dienen, wenn wir sorgfältig weitere Bedingungen formulieren: Verdiene alles, was du ehrlich verdienen kannst; spare alles, was du sparen kannst, um die dir bekannten zukünftigen Verpflichtungen zu erfüllen; gib alles, was du kannst, in hingebender Liebe und im Glauben an den Gott, der uns versorgt.

Einen Nachsatz noch zur persönlichen Glaubwürdigkeit: Das amerikanische Sprichwort »Finder behalten, Verlierer weinen« entspricht nicht der Bibel. Etwas zu behalten, was ich gefunden oder irrtümlich erhalten habe, etwa wenn mir die Kassiererin zu viel Wechselgeld herausgibt, ist Diebstahl (3Mo 6,2-7)!

Soziale Verantwortung

Der Staat

Wie wir gesehen haben, liegt die vorrangige Verantwortung des Staates darin, eine gerechte Gesellschaftsordnung zu schaffen und zu erhalten. Wenn zugunsten eines Königs, Diktators oder einer regierenden Oberschicht Macht ausgeübt wird, ist dies eindeutig gegen die Verkündigung der alttestamentlichen Propheten und gegen die Lehre Christi und der Apostel.

Außerdem taten aufgeklärte Regierungen aller Zeiten, besonders aber im 19. Jahrhundert, gut daran, neben der Gerechtigkeit auch Barmherzigkeit zu fördern. Bloße, kalte Gerechtigkeit reicht nicht aus, wenn es Benachteiligte gibt, welche die Fürsorge einer starken Regierung benötigen; Unterdrückte, die sich nach Befreiung sehnen, und Arme, die gefördert werden müssen. Daher ist es richtig, wenn der Staat sich für alle seine Bürger sozial verantwortlich fühlt, aber auch für die Armen und Unterdrückten anderer Länder.

Die Kirche oder Gemeinde

Sorge für die Mitglieder. Die gemeinschaftliche Verantwortung der Kirche beginnt mit der Verpflichtung, für ihre Mitglieder in vollem Umfang zu sorgen.

Diese Fürsorge ist nicht nur »geistlich« zu verstehen. Wenn es darum geht, den Lebensunterhalt der Glieder sicherzustellen, haben wir vor allem das Beispiel der ersten Gemeinde (Apg 2,44-45; 4,32-37; 6,1; 11,29-30; 2Kor 8 – 9). Die örtliche Gemeinde übernahm nicht nur die Verantwortung für die Armen und Witwen in den eigenen Reihen, sondern auch für jene in anderen Gemeinden, die in Not waren.

Wir haben aber nicht nur das neutestamentliche Beispiel; wir haben auch die Anweisungen von Paulus zur Versorgung der Witwen (1Tim 5,1-16) und darin eingeschlossen seine Anweisungen gegen die Bequemlichkeit (2Thes 3,6-15). In den Gemeinden wurde so gut für Witwen und andere bedürftige Menschen gesorgt, dass einige sogar versucht waren, dies auszunutzen, seien es jüngere Witwen oder gesunde, arbeitsfähige Männer. Paulus wandte sich klar dagegen, sich in irgendeiner Form seiner normalen Arbeitslast zu entledigen, und forderte die Betreffenden zur Arbeit auf. Diese Ermahnung zeigt, dass das Wohlfahrtssystem in den Gemeinden so gut funktionierte, dass scheinbar viele in der Versuchung standen, dieses zu missbrauchen. Paulus sagt uns, dass wir für diejenigen unter uns sorgen müssen, die wirklich in Not sind.

Sorge für andere. Zwar hat die Kirche primär die Verantwortung, für ihre Glieder zu sorgen, es ist ihr aber auch aufgetragen, für die Nöte anderer zu sorgen, soweit es ihr möglich ist. Wir sollen allen Menschen gegenüber großzügig sein, *»am meisten aber gegenüber den Hausgenossen des Glaubens«* (Gal 6,10).

Verhalten gegenüber der Regierung. Außerdem soll sich die Kirche in Fragen der Gerechtigkeit und der Barmherzigkeit prophetisch an den Staat wenden. Dafür mag sie enthauptet werden (wie Johannes der Täufer, als er den König zurechtwies) oder diskriminiert und lahmgelegt (wie es Jeremia erging). Oft hingen die Leiden der Propheten und der Apostel damit zusammen, dass sie den staatlichen Autoritäten mutig entgegentraten. Manchmal (wie bei Jeremia) war ihre Tätigkeit wirklich staatsfeindlich, manchmal war die Anschuldigung, gegen die bestehenden Gesetze zu verstoßen, auch nur ein Vorwand der Herrschenden (wie bei Christus und Paulus). Immer aber war es gefährlich, die Autorität der Regierenden herauszufordern. Genau darin besteht das Risiko, welches eine Kirche, die ihrem Herrn treu ist, auf sich nehmen muss, wenn der Staat Falsches tut.

Geld aufbringen und verwenden. Schließlich muss sich die Kirche tadellos verhalten, wenn es darum geht, Geld aufzubringen und zu verwalten. Nicht nur ist die Gemeinde dazu verpflichtet sicherzustellen, dass niemand Geld veruntreut oder auch nur den Anschein erweckt, er könnte es veruntreuen (dies finden wir in den Anweisungen des Paulus an die Gemeinde in Korinth), sondern sie muss auch darin völlig integer sein, wie sie ihre Finanzen aufbringt. Paulus neidete niemandem etwas, was nicht alle Nachfolger nach Paulus von sich sagen können! Christus trieb die Händler unter anderem auch deshalb aus dem Tempel, weil sie das »Geschäft Gottes« dazu missbrauchten, um ihr eigenes zu betreiben. Auch Petrus verfluchte Simon, weil er das Evangelium benutzen wollte, um daraus Gewinn zu ziehen (Apg 8,18ff).

Betrachten wir zuerst die Verwendung von Geld genauer. Alle, die heute persönlich profitieren, sei es der Pastor mit dem überhöhten Gehalt oder der Fernsehprediger, der im Luxus lebt, riskieren dieselbe Verurteilung. Gemeinden und christliche Organisationen können Programme und Gebäude errichten, die unangemessen oder sogar extravagant sind. Aber mehr noch als die falsche Verwendung oder Veruntreuung von Geld scheint die Versuchung groß, fragwürdige oder unehrliche Wege zu gehen, um zu diesem Geld zu kommen.

Paulus befahl den Gläubigen in fast unverschämter Weise Geld zu geben, Georg Müller hingegen mit seinen Waisen und Hudson Taylor von der China Inland Mission erzählten niemandem von ihren Nöten außer Gott. Eine dritte Möglichkeit ist, an jene, die auch im Dienst stehen, Informationen über finanzielle Nöte weiter zu geben, aber nur Gott um Geld zu bitten. »Volle Information, aber kein Anbetteln«, wird gesagt. Aber wer hat nun Recht?

Wollen wir gleich zu Beginn festhalten, dass keine Methode Gott gefällt, wenn sie nicht im Glauben ergriffen wird. In unserer menschlichen Schwäche mögen wir es zwar leichter finden, uns auf das Sichtbare und nicht auf das Unsichtbare zu verlassen. Wenn wir den Erfolg auf direktem Weg suchen, indem wir sichtbare Menschen um sichtbares Geld bitten, brauchen wir wenig Glauben. Ebenso gilt das Umgekehrte, dass unser Glaube gefördert werden kann, wenn wir nur Gott von unseren Nöten erzählen und alle Methoden scheuen, durch Werbung finanzielle Mittel aufzubringen. Andererseits kann jeder Weg auch im Unglauben eingeschlagen werden, sei es im offensichtlichen Unglauben, eher Menschen als Gott zu vertrauen, oder im sorgenden Unglauben, dass Gott es nicht schaffen könnte.

Keine Methode, finanzielle Mittel zu sichern, kann mit Hilfe der Schrift als der von Gott am ehesten gebilligte Weg bewiesen werden. Unglaube, der in einer Methode zum Ausdruck kommt oder durch diese gefördert wird, ist eindeutig nicht von Gott. Daher sind Methoden, die uns vor Unglauben bewahren und Vertrauen fördern und nicht nur erfolgreich Mittel sichern, zu bevorzugen. Legt man diese Kriterien an, dann drücken viele der heute angewandten Methoden, obwohl sie sehr erfolgreich angewandt werden, weder Vertrauen auf Gott noch die Bereitschaft zu grundlegendem Gehorsam aus.

Skrupellose Methoden zur Geldgewinnung kompromittieren das Evangelium am meisten. So wird Täuschung relativ häufig verwendet. Ein führendes afrikanisches Missionswerk stellte seinen treuen Unterstützern im November 1982 ein verhungerndes Kind, Kori, vor und startete einen herzerweichenden Aufruf um finanzielle Spenden. Der fatale Fehler lag darin, dass dasselbe Foto einige Monate später, im Juli 1983, verwendet wurde, wobei das Kind jetzt Sera hieß und an einem anderen Ort lebte. Keine der erzählten Geschichten geschah tatsächlich in genau der Weise, in der sie geschildert wurde. Es waren erfundene Geschichten, zusammengestellt an Hand der Realitäten im damals leidenden Uganda. Die Briefe endeten jeweils mit Empfehlungen von bekannten christlichen Leitern, die mit Sicherheit keine Ahnung hatten, was hier vor sich ging: Billy Graham, David Hubbard, Leighton Ford, alles Menschen, die im Aufbringen ihrer eigenen finanziellen Mittel ehrlich und tadellos sind.

Eine andere Form des Betrugs ist das »Ködern und Abzweigen«. Geld wird für eine Sache zweckgebunden gespendet, aber für eine andere verwendet, manchmal sogar zum persönlichen Vorteil eines im Luxus lebenden Leiters. Im Jahr 1980 sah ich, wie eine im Fernsehen gut bekannte Persönlichkeit für das Sammeln von 100.000 $ für die Kambodscha-Hilfe eintrat. Das war ein großzügiges Projekt angesichts der Tatsache, dass diese Person sich in ihrem eigenen Dienst mit vielen finanziellen Nöten konfrontiert sah. Der durchschnittliche Zuschauer wusste nicht, dass die Verantwortlichen mit einem Spendenaufkommen in Höhe von 1.000.000 $ rechneten. Natürlich wurde alles, was über die versprochenen 100.000 $ hinausging, einem anderen Zweck zugeführt, und die leidenden Kambodschaner trugen dazu bei, dass es sogar wesentlich mehr wurde.

Eine weitere skrupellose Methode ist die psychologische Manipulation, Menschen zu etwas zu veranlassen, was sie nicht tun würden, wenn man sie direkt und ehrlich fragte. Eine der üblichen Regeln bei Spendenaufrufen besagt, dass es mindestens einmal im Monat eine Krise geben muss, um das Spendenaufkommen zu maximieren. Ein Freund von mir in einem bekannten Missionswerk nahm die Dienste eines führenden Spezialisten auf dem Gebiet der Spendenwerbung in Anspruch und wurde sofort mit diesem Ansatz konfrontiert: »Aber wir haben nicht so viele Krisen«, antwortete er zurückhaltend. »Oh, die können wir machen«, war die Antwort des Experten. Und das tat er auch. Als ein Missionar in Südostasien bei einem lokalen Aufstand leicht verletzt, im örtlichen Spital behandelt und anschließend wieder entlassen wurde, erreichte ein »dringender« Anruf des Spendenexperten den Missionsleiter. Er solle sofort den Missionar wieder zurück ins Krankenhaus gehen lassen und die Presse mit ihren Kameras verständigen. »Ihr versäumt sonst eine finanziell sehr lukrative Krise«, meinte der Experte.

Ein weiterer Weg der Manipulation liegt darin, Briefe sehr persönlich und emotional zu gestalten und darin über viele Krisen zu berichten. Viele naive, manchmal selbst extrem arme Leute, die im Durchschnitt weniger als 20 $

spenden, glauben wirklich, den Mann oder die Frau am Fernsehschirm zum persönlichen Freund zu haben. Durch die Magie der Textverarbeitung und computerisierter Versandlisten flehen viele dieser »persönlichen« Briefe jetzt auf eine ganz persönliche Art und Weise.

Nicht alle Methoden sind skrupellos und vordergründig unehrlich. Manche sind einfach würdelos. Was denkt wohl die Öffentlichkeit über eine Zeitungsannonce, in der es heißt: »Der Name des Spenders wird in schöner Schrift auf einer Plakette eingraviert, die auf jedem Sitzplatz dieses zeitlosen Gebäudes befestigt wird, als bleibende Erinnerung an ein geschichtlich einmaliges Ereignis. Beiträge 1.500 $ pro Stuhl. Für Reservierungen rufen sie an unter dieser Nummer: (714) 971-4087«? Ungefähr zur selben Zeit erhielt ich einen persönlich gestalteten Brief von jemandem, von dem ich noch nie gehört hatte. Darin hieß es: »Heute hörte ich von einer Evangelisationsmethode, die in der Lage ist, bis Weihnachten dieses Jahres mindestens 200 Millionen Menschen mit dem errettenden Evangelium von Jesus Christus zu erreichen, und das zu unglaublich niedrigen Kosten von nur 2,5 Cent pro Person.« Er erklärte weiter, dass es sich dabei wirklich um einen Sonderpreis handle, da ein Drittel aller Zuhörer auf die Evangeliumsdarstellung positiv reagieren würden, was bedeute, dass die Errettung eines Menschen nur einen Spendenaufwand von 7,5 Cent nötig mache. Sind solche Methoden es wert, sie für den Herrn der Himmel anzuwenden?

Eine weitere unwürdige Methode sind Verträge, wie sie von vielen Stars im Fernsehen, in der Musik, bei Vorträgen oder für Bücher gefordert werden. Garantiert werden astronomisch hohe Summen für einen einzigen Auftritt, Hotelunterbringung der Spitzenklasse, Abschirmung von allen persönlichen Kontakten und die Verweigerung jeglicher Verantwortung außer für die Zeit auf der Bühne – die Liste ließe sich seitenlang fortführen. Irgendwie scheint das Starsystem, so wie es sich teilweise entwickelt hat, mit dem Namen dessen, der alles kostenlos weitergab, nicht mehr im Einklang zu stehen.

Auch unbiblische Lehren zum *Thema* Geld sind oft ein Problem. Viele TV-Prediger und Liedtexter vertreten das Wohlstandsevangelium: »Wenn du Jesus liebst (und besonders wenn du uns Geld schickst), dann wird es dir finanziell gut gehen, du wirst körperlich gesund sein und in allem, was du tust, erfolgreich.« Ein Interviewer sagte zu Richard DeVos, dem Gründer und Geschäftsführer von *Amway*: »Die Bibel sagt, dass der Menschensohn keinen Ort hatte, wohin er seinen Kopf hätte legen können. ... Sammelt euch keine Schätze auf Erden, sondern sammelt euch Schätze im Himmel. ... Die Sanftmütigen werden die Erde besitzen. ... Gott liebt die Armen. ...«, worauf DeVos antwortete:

> »Sie haben da einige nette Zitate gesammelt. Aber die Bibel sagt auch, dass der Arbeiter seines Lohnes wert ist und dass man nicht nach dem verlangen

soll, was dem Nächsten gehört. – Es geht Sie einfach nichts an. Und Gott sagt: ›Ich werde dich mit Reichtümern überhäufen, wenn du mir die Ehre gibst, weit mehr als du dir jemals vorstellen könntest.‹«[27]

Einer der tragischsten Aspekte der ganzen evangelikalen, materialistischen Geschäftswelt liegt darin, dass die gewöhnlichen Leute Gottes die unwürdigen »Stars« ebenso treu und freigebig unterstützen wie würdige Diener Gottes. Ich stimme da mit Don Bjork von *Worldteam* überein, wenn er sagt:

> Bekümmert ist das einzige Wort, mit dem wir unsere tiefe Besorgnis über den Starrummel Ausdruck verleihen können. ... Wir sind mehr und mehr bekümmert über die gefallenen »Stars«, den moralischen Abfall so vieler berühmter Evangelikaler und ihre immer noch bestehende Akzeptanz in der christlichen Öffentlichkeit, selbst dann, wenn Ehebruch, zerbrochene Familien, Habgier und Unehrlichkeit offensichtlich sind.[28]

Wollen wir uns als Antwort darauf Paulus anschließen, wenn er sagt: *»Denn wir treiben keinen Handel mit dem Wort Gottes wie die meisten«* (d.h. um daraus Gewinn zu ziehen, 2Kor 2,17).

Unternehmerische Integrität

Wie man sie verlieren kann. Außer dem Missbrauch der Angestellten gibt es für einen Unternehmer noch viele andere Wege, zu stehlen oder bei seiner Werbung zu lügen. Die Forderung überhöhter Preise, unangemessene Gewinne, schlechte Produkte, ja sogar geplanter Verschleiß sind durchaus gebräuchliche Methoden, den Konsumenten zu bestehlen. Im Bemühen, eine Wirtschaft weiter anzukurbeln, die weitgehend vom Konsumverhalten bestimmt wird, versucht die Werbung, die Konsumenten so zu manipulieren, dass diese Dinge kaufen, die sie nicht benötigen oder nur kurzfristig ersehnen. Dabei scheinen die Möglichkeiten, wie andere Menschen zum eigenen Vorteil missbraucht werden können, unbegrenzt zu sein.

Es gibt aber auch jene, die ihr Geschäft anders betreiben. Der Eigentümer eines erfolgreichen Unternehmens in Atlanta erzählte mir, dass sie vor kurzem ein neues Unternehmensmotto akzeptiert hätten: *»Lieber ein guter Name als großer Reichtum«* (Spr 22,1). Als ich über diesen mutigen Versuch nachdachte, eine Firma an Hand biblischer Prinzipien umzustrukturieren, dämmerte mir langsam, dass dieses Motto aus den Sprüchen die übliche Geschäftspraktiken auf den Kopf stellt, besonders in der Werbung. Für die meisten geht es letztendlich um großen Reichtum, nicht um einen guten Namen, der auf einem soliden

Charakter aufbaut. Wenn ein Unternehmen versucht, sich auf dem Weg der Werbung einen »guten« Namen zu machen, dann geht es ihm eigentlich um Gewinne. Wer hat je davon gehört, dass bestehende Mittel dazu eingesetzt werden, um die Glaubwürdigkeit des Unternehmens zu demonstrieren und dem Kunden so nachhaltig zu nützen, dass dadurch ein guter Ruf und ein guter Name entstehen? Was aber könnte klarer dem Ziel dienen, Gott durch ein Geschäft zu verherrlichen?

Multinationale Unternehmen. Wenn es stimmt, dass Macht korrumpiert und absolute Macht absolut korrumpiert (ein Ausspruch von Lord Acton), dann müsste die Versuchung, auf Kosten anderer Erfolg zu haben, zunehmen, je größer ein Unternehmen wird. Obwohl multinationale Unternehmen kaum als Quelle aller sozialen Probleme in unterentwickelten Ländern bezeichnet werden können, gibt es doch strukturelle Ungerechtigkeiten, an welchen sie beteiligt sind. Es wäre wahrscheinlich schwierig zu beweisen, dass es dem Volk in Tahiti oder dem Kotoko Stamm im Tschad wirtschaftlich oder körperlich viel besser gehen würde, wenn sie nie mit der westlichen Zivilisation in Kontakt gekommen wären. Andererseits stimmt es, dass jede Nation, und das gilt besonders für mächtige Nationen, beständig Ressourcen zum eigenen Vorteil ausbeutet, und zwar auch menschliche Ressourcen. Und die bereitwilligen Instrumente dieser Ausbeutung sind die Unternehmen.

Wenn zum Beispiel jedem Arbeiter, der in der Autoproduktion beschäftigt ist, ein Mindestlohn oder sogar ein annähernd gleicher Lohn gezahlt würde, und zwar bis hin zu den Zinnminen in Bolivien und den Gummiplantagen in Malaysia, dann könnten sich nur wenige Amerikaner ein Auto leisten. Obwohl die Armen also vielleicht nicht absichtlich von den Reichen beraubt werden, hält das bestehende System die Armen in ihrer Armut gefangen und bewahrt den Reichen ihre Güter. Ja, es ist sogar so, dass der Abstand zwischen Arm und Reich nicht konstant bleibt, was der Fall sein könnte, wenn die zunehmende Produktion sowohl Armen als auch Reichen gleichermaßen zugute kommen würde. Stattdessen wird dieser Abstand immer größer. Ein bekannter Befürworter der konservativen Sache, Michael Novak, hält sogar daran fest, dass ein immer größerer Abstand zwischen Arm und Reich nicht nur unvermeidlich sei, sondern sogar wünschenswert, da er die Überlegenheit einer freien Wirtschaft über eine kontrollierte Wirtschaft zeige.[29]

Die Entwicklung von Löhnen und Preisen ist nicht das Einzige, was zu Lasten der wirtschaftlich Schwächeren geht. Viele Unternehmen scheinen Sicherheitsstandards nur in dem Umfang einzuführen, in dem sie dazu gesetzlich gezwungen werden. Die gelegentliche, für alle sichtbare Tragödie ist dann nur die Spitze des Eisberges menschlichen Leids, das durch nachlässige und absichtlich unzureichende Sicherheitsstandards verursacht wird. Selbst wenn diese manchmal besser sind als der örtlich übliche Standard, sind sie wohl nicht zu rechtfertigen.

Automation. Eine weitere behauptete Art unternehmerischer Ungerechtigkeit ist die Automation. Ich konnte allerdings kein biblisches Prinzip finden, das gegen die Übertragung von menschlicher Arbeit auf rationeller arbeitende Geräte und Maschinen sprechen würde. Natürlich ist es durchaus möglich, eine solche Umstellung auf eine ungerechte und unbarmherzige Weise vorzunehmen, die Schuld für dieses Versagen sollte man aber nicht den Maschinen geben.

Bisher hat sich die optimistische Sicht eines Aristoteles vor mehr als 2000 Jahren bestätigt: »Wenn Webstühle selbst weben könnten, dann wäre die Sklaverei des Menschen zu Ende!«

Armut, Hunger und die Bevölkerungsexplosion

Armut. Es gibt drei Hauptarten von Armut in der Welt: *Kollektive* Armut (wozu auch die Armut einer bestimmten *Klasse* oder einer *Region* zählt) bedeutet, dass die zum Leben erforderlichen, materiellen Güter für eine ganze Bevölkerungsgruppe auf Dauer nicht ausreichend vorhanden sind. Dies kann auch in einer ganzen Nation wie in Indien der Fall sein.

Zyklische Armut ist die weit verbreitete, aber zeitlich begrenzte, unzureichende Versorgung auf Grund von Krankheiten, Ernteschäden oder eines wirtschaftlichen Zusammenbruchs wie in den 30er-Jahren in der westlichen Welt.

Individuelle Armut bezeichnet den Zustand der persönlichen Bedürftigkeit auf Grund erlittenen Unglücks oder der Arbeitsunfähigkeit eines Einzelnen. Dazu gehören Witwen, Waisen, Körperbehinderte, Ausgestoßene, Alte, geistig Behinderte oder Alkoholiker.[30]

Normalerweise denken wir bei Armut an die Armut Einzelner und wir sind irgendwie erleichtert, wenn wir diese auf Faulheit oder Disziplinlosigkeit zurückführen können. Die Bibel stellt fest, dass es diese Art der Armut gibt, sie sagt aber sehr wenig darüber. Stattdessen betont die Schrift immer wieder jene Armut, die mit Unterdrückung zusammenhängt. Diese Unterdrückung kann den Einzelnen oder viele Menschen betreffen, wobei ein ganzes Volk wegen dieser Unterdrückung oder Ungerechtigkeit unter der Verdammnis Gottes stehen kann. Diese gemeinschaftliche Ungerechtigkeit scheint bei den großen, herausragenden Ereignissen der Geschichte eine zentrale Rolle gespielt zu haben: Gewalt ist die einzige spezifische Sünde, die als Grund für die Sintflut genannt wird (1Mo 6,11.13); Unterdrückung und Ungerechtigkeit brachten Ägypten unter das Gericht Gottes (2Mo 1 – 12); Israel und Juda wurden wegen ihrer Ungerechtigkeit und ihres Götzendienstes ins Exil geschickt, wie die Propheten in ihren Anklagen immer wieder betonten. Sogar die Fleischwerdung Jesu hatte etwas mit diesem Thema zu tun. Deshalb sang Maria:

> *»Er hat Mächtige von Thronen hinabgestoßen und Niedrige erhöht. Hungrige hat er mit Gütern erfüllt und Reiche leer fortgeschickt«* (Lk 1,52-53).

Christus selbst verkündete seine Berufung so:

> *»Der Geist des Herrn ist auf mir, weil er mich gesalbt hat, Armen gute Botschaft zu verkündigen; er hat mich gesandt, Gefangenen Freiheit auszurufen und Blinden, dass sie wieder sehen, Zerschlagene in Freiheit hinzusenden, auszurufen ein angenehmes Jahr des Herrn«* (Lk 4,18-19).

Dieser Ausspruch von Christus wird normalerweise vergeistlicht, aber die Beschreibung seiner bevorstehenden Wiederkunft (Mt 25), durch Christus selbst macht völlig klar, dass er Menschen zum Teil auch danach richten wird, was sie dazu beitrugen, um körperliche Not und Unterdrückung zu lindern.

Gibt es in unseren gesellschaftlichen Strukturen etwas, was ungerecht ist und Leid verursacht? Irgendetwas im System selbst muss zum Problem beitragen, das seinerzeit vom Präsidenten der Weltbank und erfolgreichen Kapitalisten Robert McNamara sehr deutlich so beschrieben wird:

> Zwei Drittel der Menschheit ... stecken in der Falle einer grausamen Verstrickung von Umständen, die ihre Rechte auf lebensnotwendige Güter stark einschränken. Sie ... sind gefangen unter dem Zugriff von Hunger und mangelhafter Ernährung, Analphabetismus, unzureichender Schulbildung, schrumpfender Möglichkeiten und beißender Armut.[31]

Ich erwähne diese Stellungnahmen nicht, um ein bestimmtes Problem in unserem System für die gegenwärtige, menschliche Tragödie verantwortlich zu machen; dafür sind Spezialisten zuständig. Aber sowohl die Heilige Schrift, als auch die menschliche Geschichte weisen auf eine gemeinsame Verantwortung und auf eine Verantwortung des Einzelnen hin und rufen zu gemeinsamem Handeln, aber auch zu privater Wohltätigkeit auf. Die Lösung muss dabei beim einzelnen Menschen beginnen. Jeder ist aber auch verantwortlich, andere Menschen in seinem Einflussbereich mit einzubinden, um gemeinsame Lösungen zu finden, sei es eine Mutter mit ihren Kindern, ein Pastor mit seiner Gemeinde, ein Geschäftsmann mit seinen Richtlinien oder ein Beamter mit seinen Möglichkeiten, etwas zu ändern und die vorhandenen

Strukturen der Gesellschaft zu nutzen, um Gerechtigkeit und Barmherzigkeit zu fördern.

Hunger und Bevölkerungsexplosion. Der erschreckendste Aspekt der Armut liegt im Hunger und im Verhungern von Menschen. Niemand kann leugnen, dass die Hälfte der Weltbevölkerung so lebt, dass die minimalen Anforderungen an eine gesunde Ernährung nicht gewährleistet sind. Ein Drittel der Menschen leidet an Mangelernährung und Tausende Menschen verhungern jeden Tag. Aber hier endet bereits die einheitliche Beurteilung. Ist das Ausmaß des Leides größer als in der Vergangenheit? Worin bestehen die Ursachen und die Abhilfe? Die Antworten der Fachleute gehen hier weit auseinander.

Manche sagen, in jedem Zeitalter habe es Hunger gegeben und seien Menschen verhungert, und im 19. Jahrhundert seien zum Beispiel mehr Menschen verhungert als in den letzten hundert Jahren. Es habe nur keine Fernsehteams gegeben, um uns dies vor Augen zu führen. Niemand kann aber die schreckliche Situation von Millionen leugnen, die besteht, obwohl unsere Welt alle Menschen ernähren könnte.

Was die Ursachen und die mögliche Abhilfe betrifft, so gibt es vor allem zwei Ansichten: Manche meinen, das Problem sei die Überbevölkerung, andere wiederum, es liege in der Verteilung der bestehenden Ressourcen. Die reichen Nationen des Westens neigen eher zur erstgenannten Theorie, die meisten Führer der »Zwei-Drittel-Welt« sind von der zweiten Theorie überzeugt.

Niemand verneint, dass die Weltbevölkerung im 20. Jahrhundert explodierte, aber ist es wahr, dass es bald »nur mehr Stehplätze« geben wird, wie Karl Sax dies in seinem einflussreichen Buch gleichen Titels ankündigt?[32] Diese Sichtweise geht auf Thomas Malthus zurück, einen britischen Kirchenmann und Wirtschaftswissenschaftler, der im Jahr 1798 eine Wirtschaftstheorie formulierte, die sich seither als führende Bevölkerungstheorie behaupten konnte. In seinem »Aufsatz über die Grundsätze der Bevölkerungsentwicklung« behauptet Malthus, dass die Weltbevölkerung ohne entsprechende Maßnahmen geometrisch zunehmen werde: 2, 4, 8, 16, 32, 64, 128 usw. Davon ausgehend gab es eine ganze Reihe von Untergangspropheten, die sofort darauf hinwiesen, dass unsere Erde ein derart unendliches Wachstum nicht überleben könne. Auf Grund von Fortschritten in der medizinischen Versorgung, durch die Sterblichkeit drastisch reduziert werden konnte, stieg die Weltbevölkerung seither tatsächlich geometrisch an. Dadurch stimmten immer mehr Experten darin überein, dass der zunehmende Hunger in der Welt (oder zumindest die zunehmende Bewusstwerdung darüber) im Zusammenhang mit diesem Wachstum stehe.

Dr. Albert Szent-Györgyi, selbst Nobelpreisträger, zitiert Sir Howard Florey, einen der Entdecker des Penizillins, der sagte: »Sollte die derzeitige Bevölkerungsexplosion anhalten, wird in 600 Jahren jedem Menschen nur mehr 1 m^2 dieser Erde zur Verfügung stehen.« Györgyi fügt dem hinzu: »Wenn sich das Wachstum weiterhin so stark beschleunigt wie zuletzt, wird diese Situation viel früher erreicht sein und Menschen werden einander töten und essen müssen.«[33]

Die mehrheitliche Meinung der westlichen Welt ist also, dass die Überbevölkerung der wesentliche Grund für Armut und Hunger ist. Sogar oberflächlich betrachtet scheint es aber vernünftig, einen dritten Faktor anzunehmen, der sowohl zur Armut als auch zur wachsenden Bevölkerung beiträgt. Wahrscheinlicher ist aber noch, dass eine ganze Reihe komplexer Faktoren dafür verantwortlich sind. Dennoch halten die meisten führenden Köpfe der westlichen Welt an der These von Malthus als Haupterklärungsmuster, sowohl für die Ursache (das Bevölkerungswachstum) als auch für die Auswirkungen (Armut und Hunger), fest. Einige Wissenschaftler versuchten allerdings nachzuweisen, dass es keine notwendigen Grenzen gebe, wie viele Menschen unsere Erde ernähren könnte, und dass die Ursache des Problems daher woanders gesucht werden müsse.

Ihre erste Behauptung ist, dass Hochrechnungen des Bevölkerungswachstums nur mathematische Theorien und daher falsch seien, weil darin andere Faktoren, wie der wissenschaftliche Fortschritt und vor allem die menschliche Komponente, nicht berücksichtigt würden. Jean Mayer, Professor in Harvard, präsentiert in seinem Artikel »Zur Entwicklung einer nicht auf Malthus basierenden Bevölkerungspolitik« eine schlüssig begründete Analyse. Er behauptet, dass der zunehmende Hunger selbst die Bevölkerung dezimieren werde, wodurch alle streng mathematischen Hochrechnungen hinfällig seien.[34]

Herman Kahn ist vielleicht der optimistischste Vertreter in dieser Diskussion. Er argumentiert, dass es in der tatsächlichen Existenz des Menschen keine Grenzen eines gesunden Wachstums gebe. Damit befindet er sich klar in der Minderheit. Im Jahr 1981 erhielt er aber wesentliche Verstärkung durch einen Professor der Universität von Illinois, Julian L. Simon, der in seinem Buch *The Ultimate Resource* (»Die eigentlichen Ressourcen«) argumentiert: »Wir machen uns viele Sorgen über die Überbevölkerung, und das grundlos.«[35] Das wirkliche Problem liege seiner Meinung nach an »zu vielen negativen Nachrichten«, beruhend auf oberflächlichen oder widersprüchlichen Argumenten, die von den Neo-Malthusianern oder anderen Untergangspropheten verbreitet würden. Ihre Vorhersagen, meint Simon, hätten sich als allgemein anerkannte Weisheit etabliert und im letzten Jahrzehnt die Politik und die Geldausgaben negativ beeinflusst, was zu Lasten der Gesellschaft gehe.[36]

Diese Leute behaupten, dass viel mehr Ressourcen vorhanden seien als dies den Malthusianern bewusst sei. Die Wissenschaft werde immer neue Wege finden, mehr und alternative Formen von Energie und Lebensmitteln zu erzeugen. Auch werde die Bevölkerung ohnehin nicht mehr so schnell wachsen wie bisher. Die Menschen würden ihre Zahl selbst in dem Maße beschränken, in dem die Armut abnehme, oder, falls die Armut zunehme, werde ihre Zahl durch Katastrophen beschränkt bleiben. Wissenschaft, Bildung und aufgeklärte Politik trügen dazu bei, den Wohlstand zu heben, was wiederum dazu führe, dass die Menschen nicht mehr so viele Kinder haben wollten. Und selbst wenn dies nicht der Fall sei, werde die Bevölkerung durch Krankheiten, Hungersnöte und Kriege dezimiert werden, die in der Armut ihren Ursprung hätten.

> Überbevölkerung kann nicht die Folge von Unterentwicklung und Armut in der Dritten Welt sein, da die höchste Bevölkerungsdichte nicht in den armen, sondern in den reichen, entwickelten Ländern besteht. In England liegt die Bevölkerungsdichte bei 586 Menschen pro Quadratmeile, In Westdeutschland bei 606, Japan 708, Belgien 814 und in den Niederlanden bei 938. Die armen Länder haben eine vergleichsweise niedrige Bevölkerungsdichte. In Indien sind es 415 Menschen pro Quadratmeile, auf den Philippinen 310, in China 197, Mexiko 62, Panama 47, Brasilien 26, Tansania 25, Peru 25, Paraguay 12 und in Gabun 4.[37]

Angesichts der unterschiedlichen Argumente für den Zusammenhang zwischen Bevölkerungswachstum und Wohlstand kann ich nicht mit Sicherheit dafür eintreten, dass die Bibel eine Grenze des Bevölkerungswachstums fordert. Da aber den meisten informierten Menschen, darunter auch den Führern der größten Nationen der Erde, eine Begrenzung notwendig erscheint, müssen wir auch die Frage ansprechen, wie die Bevölkerung auf ethische Art und Weise begrenzt werden kann.

Abtreibungen und eine zwangsweise Begrenzung der Familie sind nicht akzeptabel, hingegen sind die Vermittlung von Überzeugungen und eine Hilfe zur Vorsorge ethische Wege, das Bevölkerungswachstum zu beschränken. Eine Aufklärung über die Vorzüge von Familien mit weniger Kindern und Vorsorgemaßnahmen, an denen auch Arme Anteil haben, sind ethisch gesunde Methoden.

Obwohl vielleicht keine ursächliche Verbindung zwischen Bevölkerungsumfang und Armut nachgewiesen werden kann, ist die Verknüpfung zwischen der Armut und einem anderen Faktor doch offensichtlich, nämlich dem Hunger. Reiche Menschen sind nicht hungrig. Sogar in einer Gesellschaft, in der viele Menschen verhungern, haben jene zu essen, die Geld besitzen. Dasselbe gilt für die allgemeine Weltbevölkerung. Obwohl es auch in reichen Ländern wie in den USA oder in Europa hungrige Menschen gibt, sind dies in einem armen Land viele, in einem reichen Land wenige. Und die Lösung des Problems?

Freigebigkeit. Jene die über die nötigen Ressourcen verfügen, sollen diese mit jenen teilen, die diese nicht besitzen – persönlich, über die Kirchen, durch Firmen und über die staatliche Politik. Das erfordern Gerechtigkeit und Barmherzigkeit. Und die Schrift klagt nicht nur jene an, die die Armen unterdrücken, sondern auch die, die sie vernachlässigen.

Umweltschutz

In den frühen 70er Jahren entwickelte sich in der westlichen Welt eine weit verbreitete Begeisterung für ökologische Zusammenhänge. Die Öffentlichkeit wurde sich der Tatsache bewusst, dass Umweltverschmutzung und die Ausbeutung der natürlichen Ressourcen mehr sind als nur Ärgernisse und mehr als eine Bedrohung der Lebensqualität. Wissenschaftler sprachen mit einer Stimme und bezeugten, dass es dabei eher um eine Bedrohung des Lebens an sich geht.

> Der Eriesee ist tot. Die Strände von Santa Barbara sind verlassen. Es ist gefährlich, die Luft in New York einzuatmen. Wir ertrinken in einem Meer von Abwässern. In einem normalen Jahr »produzieren« die USA 142 Millionen Tonnen Rauch und Abgase, 7 Millionen zu verschrottende Autos, 20 Millionen Tonnen Altpapier, 48 Milliarden gebrauchte Dosen und mehr als 200 Billionen Liter an Industrieabwässern.[38]

Die schwerwiegendste Verwüstung der Erde erfolgt durch die Luftverschmutzung, an zweiter Stelle folgt die Wasserverschmutzung. Wissenschaftler warnen, dass beide Ressourcen in ernsthafter Gefahr sind. Ein weiterer Grund zur Sorge ist der schnelle Abbau nicht erneuerbarer Rohstoffe wie Erdöl und Kohle. Obwohl es keine unmittelbare Bedrohung für den Menschen darstellt, ist auch das kontinuierliche Aussterben vieler Tierarten ein besonders schmerzlicher Verlust.

Sind die Wissenschaft und die Technologie dafür verantwortlich? Der Mensch selbst ist letztendlich der Verschmutzer und Zerstörer des sensiblen Gleichgewichts der verschiedenen Bestandteile der Natur. Ralph Nader, unermüdlicher Kämpfer für das Wohlergehen der Konsumenten, bezeichnete die Industrie als den Hauptschuldigen. Aber kann die Industrie der alleinige Verantwortliche sein? Hendrik Aay schürft da schon tiefer:

> Es ist doch die Struktur der unternehmerischen Industrie, die unsere Luft und unser Wasser stinkend macht und die den Lebensraum als Ware behandelt. Es sind doch die Regierungen auf jeder Ebene, die die Abfälle zu einer öffentlichen Bedrohung anwachsen lassen. Es ist doch die amerikanische Gesellschaft, die mit dem Gedanken des materiellen Fortschritts verheiratet ist.[39]

Die Ursache der Krise liegt ganz klar in der Sündhaftigkeit des Menschen, obwohl diese nicht immer bewusst ist. Manchmal geht es wirklich um ethisches Fehlverhalten zum eigenen oder gemeinsamen Nutzen, häufiger aber liegt das Problem im blinden Streben nach Wohlstand. In der westlichen Welt ist Konsumwachstum das erklärte politische und unternehmerische Ziel. So leben z.B. in den USA nur 6% der Weltbevölkerung, diese verbrauchen aber 40% der Rohstoffe dieser Erde.

Ein Aufsatz von Lynn White wurde berühmt wegen seiner Angriffe auf das Christentum als letztendlichem Verursacher der Zerstörung der Natur.[40] White, Professor an der UCLA, hält daran fest, dass die Wurzel in der Religion liege und dass daher auch die Lösung eine religiöse sein müsse, nämlich eine Abkehr von den »christlichen« Ansichten über die Natur zugunsten der Sichtweise anderer Religionen, vielleicht irgendeiner östlichen Religion. Sogar der Animismus, meint er, sei besser als der christliche Glaube.

Der Aufsatz von White und das zunehmende Interesse der Gesellschaft an Umweltfragen haben auch Christen dazu veranlasst, ihre biblische Lehre in dieser Frage zu überprüfen. Zwei Stellen aus der Schrift nehmen in der Diskussion eine zentrale Stelle ein:

> *»Und Gott segnete sie [Adam und Eva], und Gott sprach zu ihnen: ›Seid* ***fruchtbar und vermehrt euch, und füllt*** *die Erde, und* ***macht sie euch untertan****; und* ***herrscht*** *über die Fische des Meeres und über die Vögel des Himmels und über alle Tiere, die sich auf der Erde regen!‹«* (1Mo 1,28; Hervorhebung vom Autor).

> *»Und Gott, der HERR, nahm den Menschen und setzte ihn in den Garten Eden, ihn zu* ***bebauen*** *und ihn zu* ***bewahren****«* (1Mo 2,15 Hervorhebung vom Autor).

Erstens besagen diese Texte, dass der Mensch nicht nur für die Schöpfung Verantwortung trägt, er ist auch Teil der Schöpfung. Wir sind Teil der Schöpfung. Gott schuf uns aus dem *»Staub des Erdbodens«* (1Mo 2,7). Das bedeutet, dass alle Theologien, die auf einer dualistischen Sicht des Geistes gegenüber der Natur aufbauen, grundsätzlich fehlerhaft sind. Gott schuf die Natur als »gut« und den Menschen als »sehr gut«. Ökologische Fragen zu vermeiden oder zu ignorieren ist daher kein Zeichen für ein höheres Niveau geistlichen Wachstums, sondern für Unausgewogenheit und Unwissenheit. Weil wir ein Teil der Schöpfung sind, können wir nicht unabhängig von ihr leben.

Zweitens scheinen die Textstellen aus 1. Mose auf den ersten Blick eine unterschiedliche Botschaft zu übermitteln. Sollte sich der Christ von der Stelle über die Herrschaft in 1. Mose 1,28 leiten lassen (füllt, macht untertan, herrscht) oder vom Pflegemotiv in 1. Mose 2,15 (bebauen und bewahren)? Als Christ muss ich aber nicht zwischen den beiden wählen! Beide sind Gebote Gottes. Gott berief Menschen, kreativ zu sein und die Natur zu überwachen. Gott freut sich, wenn wir die Schöpfung nutzen, um damit Instrumente herzustellen, mit denen wir Gott preisen, Bewässerungssysteme, um Menschen zu ernähren, und Technologie, um weltweit wertvolle Informationen auszutauschen.

Gott beruft Menschen auch zu treuen Haushaltern seiner Natur. Er ist der Eigentümer (Ps 24,1). Die Natur gehört ihm. Wir sind nur Verwalter. Genauso sind wir auch Haushalter unseres eigenen Körpers, der eigentlich ihm gehört, und daher müssen wir auch für ihn sorgen. Wir sind Haushalter unserer Finanzen, die ebenfalls ihm gehören, und wir müssen sie verantwortlich für die Verbreitung des Evangeliums und die Ausbreitung seines Reiches einsetzen. Ebenso verhält es sich auch mit unserem Lebensraum. Wir können gute Verwalter sein, die gut für die Welt sorgen und sie zum Guten der Menschen und zur Ehre Gottes gebrauchen. Oder wir können sie egoistisch missbrauchen und sie zerstören, wie das sie Israeliten taten (2Mo 23,10-11; 3Mo 25,1-7). Auch wir können vertrieben werden! Deshalb tragen wir eine schwere Verantwortung für unsere persönliche Haushalterschaft.

Um ein guter Haushalter der Natur zu sein, müssen wir handeln. Loren Wilkinson betont: Sich das Problem bewusst zu machen und eine biblische Sicht einzunehmen ist nur der erste Schritt, um den Mythos »Als Christen können wir daran nichts ändern« sterben zu lassen. Neben den drei W, die jeder beachten sollte, »weniger benützen, weiterverwenden, wiederverwerten«, sollte ein Christ auch den Werten und Verlockungen einer Konsumgesellschaft »widerstehen«. Stattdessen sollte ein Christ über die Wunder und Zusagen in der Schöpfung *jubeln* und *Gott preisen.*

Die gefallene Natur der Schöpfung macht diese nicht wertlos oder nutzlos. Das zweite große Gebot, meinen Nächsten zu lieben wie mich selbst, verbietet es uns Christen, andere aus Eigennutz der Vorzüge der Schöpfung zu berauben. Die heutige »Vergewaltigung« der Natur beraubt aber offensichtlich die folgenden Generationen ihrer Vorteile, ja vielleicht sogar ihres Lebens. Auch werden die natürlichen Ressourcen heute lebender Menschen ausgebeutet, die selbst zur Armut verurteilt sind. Daher haben wir keine andere Wahl, als auf eine Wiederherstellung des ökologischen Gleichgewichts hinzuarbeiten und die Umweltverschmutzung und die Ausbeutung der Rohstoffe zu stoppen.

Manche Beobachter sind nicht davon überzeugt, dass die Zukunft unserer Umwelt wirklich so schlecht aussieht. Zum Beispiel glaubt Gregg Easterbrook, Mitherausgeber von *Newsweek* und *Atlantic Monthly*, dass die zur Verbesserung der Umwelt eingesetzten Gesetze ausreichten. Neue Maßnahmen seien nicht nötig. Er stellt fest, dass sich »die meisten ökologischen Kennzahlen in den USA seit 1970 verbessert und nicht verschlechtert« hätten.[42]

Daten, die dazu verwendet werden, um einen Anstieg der weltweiten Temperatur vorherzusagen, der oft auch als »Treibhauseffekt« bezeichnet wird, sind nicht eindeutig. Manche sagen, es sei tatsächlich so und die Folge würden Überflutungen, Wetterkatastrophen und zunehmende Probleme für Tiere und für den Ackerbau sein.[43] Andere sagen, viele Beweise, die gegen die ernsten Warnungen der Umweltschützer sprächen, würden ignoriert oder unterdrückt.[44] Wieder andere meinen, dass auch eine Erwärmung der Erdatmosphäre nicht überzubewerten sei, da es das auf natürliche Art und Weise früher auch schon gegeben habe, ja es werde sich sogar positiv auf die Umwelt auswirken.[45]

Was sollten wir dann angesichts dieser unterschiedlichen Behauptungen tun? Wir sollten weiter Beweise sammeln, um im politischen und persönlichen Leben vernünftige Entscheidungen treffen zu können. Besser auch, wir irren uns auf der Seite der Vorsicht, insbesondere da es ja unser verschwenderischer Lebensstil ist, der die Umwelt belastet. Außerdem verfügen wir über die Ressourcen, um »hinter uns wieder aufzuräumen«. Ein Wort zur Vorsicht ist hier auch am Platz. Manche Gruppen von Umweltschützern vertreten eine de facto religiöse, pantheistische Weltsicht, um ihre Agenda voranzutreiben. Wir müssen daher lernen zu unterscheiden.

Glücksspiel

Sollte das Thema Glücksspiel nicht eher unter der Überschrift »Persönliche Glaubwürdigkeit« als unter »Soziale Verantwortung« abgehandelt werden? Ich entschied mich bei der Betrachtung der Spielethik für den sozialen Zusammenhang, weil es sehr schwierig, wenn nicht unmöglich ist, aus der Schrift überzeugend nachzuweisen, dass Glücksspiel an sich sündig ist. Es ist aber überhaupt nicht schwer, biblische Gründe gegen das Glücksspiel als soziales Übel anzuführen.

Die Geschichte des Glücksspiels. Obwohl es Glücksspiele und andere Formen des Spielens bereits vor Niederschrift der Bibel gab, macht die Bibel keine Aussagen zu diesem Thema. Vielleicht ist das der Grund, warum die Lehre der Kirche in dieser Frage nicht einheitlich war. Kenneth Kantzer bietet Einsichten in die Geschichte des Glücksspiels in den USA:

> Amerika begann als Nation von Spielern. Die Seeleute von Columbus schlugen bei der Überquerung des Atlantiks ihre Zeit tot, indem sie Karten spielten. Im Jahr 1612 betrieb die britische Regierung eine Lotterie, um

damit die neue Niederlassung in Jamestown, Virginia, zu unterstützen. ... George Washington erklärte: »Spielen ist der Sohn des Neides, der Bruder der Ungerechtigkeit und der Vater des Unglücks«, zugleich aber führte er ein vollständiges Tagebuch mit Aufzeichnungen seiner Gewinne und Verluste am Kartentisch. Im Jahr 1776 verkaufte der Erste Amerikanische Nationalkongress Lotterielose, um damit die Revolution zu finanzieren. Zwischen 1790 und 1860 betrieben 24 von 36 US-Staaten regierungseigene Lotterien. Viele Schulen und hunderte Kirchgemeinden führten Verlosungen durch, um damit Finanzmittel aufzubringen.[46]

Cotton Mather und andere Puritaner predigten gegen das Spielen. Nach und nach begannen auch Methodisten und Baptisten die Puritaner und Quäker zu unterstützen, bis ein Staat nach dem anderen seine Lotterie einstellte und Spielen als illegal erklärte. Der letzte Staat war Louisiana, dessen Lotterie sich gegen Ende des 19. Jahrhunderts als Katastrophe herausstellte. Für das abgelaufene Jahrhundert kann aber gesagt werden, dass die Kirchen selbst, allen voran die römisch-katholische Kirche, ihre Türen für Glücksspiele öffneten. Daher haben die meisten amerikanischen Staaten das Glücksspiel wieder legalisiert und bis 1991 folgten 40 Staaten dem Beispiel von New Hampsire von 1964 und richteten eine öffentliche Lotterie ein.

Biblische Grundlage für eine Ablehnung. Was aber war nun die Begründung, als die Kirche das Glücksspiel als an sich sündig bezeichnete und ablehnte? Obwohl manche das Spielen als eine Form des Diebstahls brandmarkten, scheint dieser Vorwurf auf wackligen Beinen zu stehen, da es beim Diebstahl darum geht, etwas mit Gewalt oder heimlich zu nehmen, worauf man kein Recht hat. Im Fall des Glücksspiels stimmt aber der Verlierer im Vorhinein zu und das Verlustrisiko wird freiwillig eingegangen, in der Hoffnung, etwas zu gewinnen oder Spaß daran zu haben.

Andere wandten ein, Glücksspiel verstoße gegen das Verbot der Habgier. Dies trifft sicherlich auf den professionellen Spieler zu, es kann aber kaum von jemandem behauptet werden, der nur zum Zeitvertreib spielt. Und obwohl die meisten Spieler gegen das Gesetz der Liebe verstoßen mögen, indem sie zu Lasten eines anderen ihren eigenen Gewinn suchen, ist kaum zu beweisen, dass dem Spielen an sich Motive der Böswilligkeit oder ein Mangel an Liebe zugrunde liegen.

Kantzer definiert Glücksspiel als »künstlich erdachtes Risiko, das eingegangen wird, um selbstsüchtig und auf Kosten von anderen Gewinne zu erzielen, ohne ein positives Produkt oder ein soziales Gut zum Ziel zu haben.«[47] Eine solche Definition scheint mir auf praktisch alle Arten des Spielens anwendbar zu sein, sicherlich aber auf Glücksspiele. Sie sind künstlich eingerichtet, jemand gewinnt, jemand verliert, es gibt kein sichtbares, positives Produkt, obwohl das soziale Gut der Entspannung denkbar scheint. Ich leugne damit nicht, dass die Sünden der Habgier und des Egoismus bei den meisten Spielern eine Rolle spielen, und dass daher Spielen jeder Art für Christen unangebracht sein mag. Sind aber diese sündigen Motive Teil des Spielens selbst?

Das häufigste Argument gegen das Spielen liegt in der Souveränität Gottes. Absichtlich ein Risiko mit unsicherem Ausgang einzugehen bedeute, Gottes souveräne Kontrolle über unsere Angelegenheiten in Frage zu stellen, oder sogar, durch unseren Versuch, auf Kosten anderer etwas zu gewinnen, Gottes Mitwirkung erflehen zu wollen. Dasselbe Argument wurde in früheren Jahrhunderten gegen Versicherungen erhoben. Dabei wird gesagt, dass zwar das ganze Leben ein Risiko darstellt und wir ständig mit Chancen rechnen: der Bauer beim Wetter, der Versicherer mit der Langlebigkeit des Versicherten und der Geschäftsmann im Hinblick auf den Markt. Dabei würden aber nicht vorsätzlich Risiken eingegangen mit der Absicht, den Austausch eines Gegenwertes zu verhindern. Die genannten Leute sind hingegen bemüht, ihr Risiko zu reduzieren und das eingesetzte Kapital ehrlich zu vergüten, wodurch sie mit Recht und in aller Demut den Allmächtigen bitten können einzugreifen, sollten sie im Irrtum sein.

Das Argument gegen das Glücksspiel auf Grundlage der Souveränität Gottes wiegt schwerer als die anderen, es überzeugt aber aus zwei Gründen dennoch nicht: Erstens ist es wirklich nur auf den professionellen Spieler anwendbar. Und zweitens könnte das Argument sogar beim professionellen Spieler umgedreht werden. In der Schrift wurde das Glücksspiel nämlich genau deshalb verwendet, um Entscheidungen herbeizuführen, weil der Mensch begrenzt ist und weil nur Gott allein den Ausgang kennt und zugunsten des Einen oder des Anderen eingreifen kann: *»Das Los wird in den Schoß geworfen, aber nur der Herr trifft die Entscheidung«* (Spr 16,33; siehe auch 18,18). In der Tat war das Werfen eines Loses die Standardmethode, um Streitigkeiten zu entscheiden, das Versprochene Land aufzuteilen und Menschen in eine bestimmte Stellung zu berufen – alles Angelegenheiten, bei denen es um mehr geht als nur um Geld. Sogar ein Apostel wurde auf diese Art ausgewählt (Apg 1,26).

Das heutige Glücksspiel unterscheidet sich vom biblischen Vorbild, durch »Zufall« Entscheidungen zu treffen, darin, dass hier Leute gerade nicht etwas Wertvolles einsetzten und damit die Hoffnung auf Gewinn verbanden und ein Verlustrisiko eingingen. Trotzdem erflehte man gezielt das Eingreifen des souveränen Gottes, indem man den Ausgang einer wichtigen Entscheidung dem zufälligen Fallen des Würfels überließ. Damit wurde nicht Gottes Wille oder Autorität in Frage gestellt und noch weniger als gering betrachtet. Ich nehme an, dasselbe Motiv könnte auch heute im Denken eines Spielers eine Rolle spielen, obwohl ich zugebe, dass dies nicht sehr wahrscheinlich ist. Was ich meine ist: Wenn jemand bewusst Gott für das Ergebnis eines zufälligen Ereignisses vertraut, gleich ob geplant (»künstlich herbeigeführt«) oder ungeplant, dann kann kaum behauptet werden, dass er damit Gott widersteht.

Zusammenfassend finde ich es schwierig, an Hand der Schrift gewichtig zu argumentieren, dass alle Arten des Glücksspiels an sich böse sind. Es ist denkbar, dass jemand freigebig ist, nichts neidet, seinen Nächsten mehr liebt als sich selbst und ausdrücklich der souveränen Entscheidung Gottes vertraut, während er eine Cola auf den Ausgang eines Spieles wettet. Dass aber die meisten Spieler eines oder mehrere dieser Prinzipien verletzen, soll hier nicht geleugnet werden.

Die menschliche Erfahrung lehrt uns, dass sogar das Spielen zur Erholung den Neid fördert und von einer gebenden Lebensweise wegführt. Oft wird dadurch die Phantasie angeregt, dass das Glück eher zum Wohlstand führt als harte Arbeit. Viel zu oft wird der Spieler in den Sog eines unehrlichen Lebens hineingezogen. Aber selbst wenn es gelingen sollte, den häufigen negativen Folgen zu entgehen, ist es dann für den Starken richtig, das Glücksspiel durch sein eigenes Vorbild zu rechtfertigen und dadurch eine Atmosphäre zu schaffen, in der andere in Sünde fallen? Betrachtet man die Ergebnisse im wirklichen Leben, kommt man zu dem Schluss, dass Glücksspiel als Teil einer Gott wohlgefälligen Lebensführung nicht zu rechtfertigen ist.

Soziale Folgen des Glücksspiels. Was sind die sozialen Folgen des Glücksspiels? Spielsüchtige (zwanghafte Spieler) sind in den USA heute häufiger als Alkoholiker. Und die Auswirkungen auf die Familien, die durch Armut zerstört wurden, sind kaum weniger tragisch. Frank Trippett, Herausgeber des Magazins *Look,* erforschte das Phänomen der »Sauger«, wie er sie nennt, eingehend.

> Mein Spieler ist entweder ein Getriebener, von denen es in den USA zirka 6 Millionen gibt, oder ein chronisch Kranker, von denen es wahrscheinlich noch mehr gibt. Es geht um all jene, bei denen das Spielen starke Gefühle auslöst, etwas Verlockendes, das mehr und mehr das Leben desjenigen prägt, der es kennt und benötigt. Wenn du so nebenbei und gelegentlich einmal wettest, bist du nicht mein Spieler, auch nicht, wenn du nur das einsetzt, was du dir leisten kannst. »Wenn der Verlust nicht weh tut, ist es nicht wirkliches Spielen«, sagt mein Spieler. ... Meine Spieler schienen ihr besonderes Gefühl, dieses unwiderstehlich Verlockende, nicht bei der Beendigung eines Spiels zu empfinden, auch nicht beim Gewinn oder Verlust des Spiels, es ging um die Zeit davor, die Zeit der Unsicherheit. Während sie auf das Ergebnis des Spieles warteten, hatten sie diese besonderen Empfindungen, fast unbeschreiblich. Die Gefühle verschwinden, sobald das Ergebnis vor-

liegt, aber der Spieler will sie erneut, und so spielt er wieder, und wieder. Dass er dabei verliert ist unvermeidlich, denn so ist das Spiel ja aufgebaut.[48]

Psychologen sind noch weit von einer Einigung entfernt, worin der grundlegende Trieb zum Glücksspiel besteht, aber die Folgen sind allgemein bekannt: eine totale Besessenheit, so dass nichts und niemand anderes noch wirklich etwas bedeutet, eine phantastische Traumwelt vom Reichtum, die Unfähigkeit mit anderen mitzufühlen, ein zurückgezogenes Innenleben, Lügen, um die geheime Innenwelt zu bewahren und, sehr häufig, Armut. Trippett zitiert ein Zeugnis, das bei einem Treffen der Anonymen Spieler gegeben wurde:

> Wir sprechen über jene schrecklichen Jahre, die hinter uns liegen, über Geld ausborgen, Diebstahl und Veruntreuung, darüber, Tag für Tag hinter einer Fassade zu leben. Aber worüber wir wirklich nachdenken, ist über die Liebe, die wir verloren, über die Liebe, die wir nicht finden konnten, und über die Liebe, die wir nicht geben konnten. [49]

Das Glücksspielgeschäft in den USA wird von den großen Verbrechersyndikaten dominiert. Ein Boss des organisierten Verbrechens äußerte einmal, dass die Syndikate vom Glücksspielgeschäft ohne ihre anderen Hauptstützen nicht gut leben könnten, ohne das Drogengeschäft und die Prostitution. Schätzungen der Gesamteinnahmen der Syndikate sind zwar nur ungenau, sie bewegen sich aber bis zu einer halben Billion Dollar im Jahr.

Staatliche Lotterien. Warum sollten staatliche Regierungen in ein derart schmutziges Geschäft einsteigen wollen?

> Staatliche Regierungen gehen davon aus, dass Lotterien ihnen einen schmerzlosen Weg zu höheren Einnahmen ebnen. Aber nach Ansicht von Roy Kaplan (einem Soziologen, der in der Juliausgabe 1984 des Magazins »*The Annals of the American Academy of Political Science*« schrieb) sind Lotterien nur ein armseliger Ersatz für eine »zuverlässige, gerechte und verantwortliche Methode der Finanzaufbringung«. Lotterieeinnahmen machen durchschnittlich nur 3% der Gesamteinnahmen eines Staates aus. Hebt man die staatliche Einkommensteuer nur um 1/4% an, erreicht man damit dasselbe Ergebnis. Lotterien sind aber nicht nur weniger effizient als Steuern, sie sind auch weniger fair. Die Armen eines Landes geben einen viel höheren Prozentsatz ihres Einkommens für solche Glücksspiele aus als die Begüterten. Außerdem hat sich auch die Hoffnung, das legalisierte Glücksspiel würde dem organisierten Verbrechen schaden, als Illusion erwiesen.[50]

Jene, die staatliche Lotterien befürworten, behaupten, dass der Staat durch diese »schmerzlose« Art der Besteuerung hohe Einnahmen erzielen könne und dass damit zugleich die Gewinne der illegalen Glücksspiel-Anbieter beschnitten werden könnten. In Wirklichkeit werden die Einnahmen der professionellen Anbieter und die Möglichkeiten des organisierten Verbrechens noch verstärkt, weil der Staat eine völlig neue Gruppe von Spielern ins Leben ruft. Das passiert, weil die staatliche Lotterie nach etwa einem Jahr nicht mehr so interessant erscheint und der Staat damit beginnen muss zu werben, um neue Spieler anzulocken. Der Staat kann aber im Grad der Gewinnausschüttung mit den professionellen Anbietern nicht mithalten. Dadurch wird jeder neue Spieler zu einem potentiellen Kunden für die Profis. So wird der Staat zum Verbündeten für das organisierte Verbrechen, zum Ausbeuter der Armen, zum Förderer des sozialen Ruins und zum Verlierer im Spiel, mit wenig Aufwand und geringen Kosten Geld zu machen. Keine Lotterie hat bisher die optimistischen Prognosen erfüllen können und viele mussten innerhalb eines Jahrzehnts wieder schließen. Und wer kann die Kosten des Staates in der Bekämpfung des organisierten Verbrechens ermessen, die Kosten der begleitenden Korruption bei der Durchsetzung der Gesetze, gar nicht zu sprechen von den zusätzlichen Wohlfahrtsaufwendungen für die wachsende Anzahl spielender Verlierer?

Angesichts dessen, wie sich das Glücksspiel im öffentlichen Leben Amerikas in der Praxis entwickelte, scheint es für den Christen am ehesten verantwortbar zu sein, sich völlig des Glücksspiels zu enthalten, Glücksspiele von Gemeinden in jeder Form abzulehnen, und mit allen vernünftigen Menschen zusammenzuarbeiten, um staatliche Lotterien und Wettbüros zu bekämpfen.

Diebstahl von nicht-materiellem Eigentum

Verschiedene Formen des Diebstahls

»Du sollst nicht stehlen« bezieht sich nicht nur auf materielles Eigentum; auch viele andere Dinge können gestohlen werden – der Ruf zum Beispiel. Auch das ist eine Form des Diebstahls, die den Betroffenen seines wertvollsten Besitzes beraubt, nämlich seines Namens. Geschwätz ist immer wieder ein Mittel, um jemandem seine Stellung, seinen Job, eine Freundschaft oder sogar seine Ehe zu stehlen. Alle diese Arten des Diebstahls sind in den Auswirkungen viel schwerwiegender als der Diebstahl von materiellem Eigentum. Und doch können sie nur selten bestraft und niemals wieder gutgemacht werden.

Diebstahl geistigen Eigentums. Der Diebstahl von geistigem Eigentum ist oft verknüpft mit Betrug, um den Diebstahl zu vertuschen, womit auch das neunte

Gebot verletzt wird. Untersuchungen zeigen, dass die Mehrheit aller Schüler und Studenten schummeln und dass ein zunehmender Teil der Lehrer dieses Verhalten akzeptiert. In den USA gibt es zumindest ein Gerichtsurteil zugunsten des schummelnden Schülers und gegen ein »Ehrensystem«, das von Schülern verlangt, Schummler zu verpetzen. Plagiate, »die Aneignung oder Nachahmung der Sprache, Ideen und Gedanken eines anderen Autors, um sie als eigenes Werk auszugeben«,[51] sind bei Schülern ebenfalls häufig, aber auch bei Lehrern, die manchmal nicht nur gute Gedanken anderer Gelehrter stehlen, sondern auch die Arbeit ihrer eigenen Studenten!

Manchmal mag es schwierig sein festzustellen, wann die Gedanken eines anderen so assimiliert wurden, dass man sie als eigene betrachtet. Aber die Verwendung von Zitaten anderer in einer Weise, dass damit der Eindruck erweckt wird, es seien die eigenen Worte, oder die Verwendung eines Konzeptes, das original die Gedanken seines Verfassers widerspiegelt, widerspricht den Geboten gegen das Lügen und Stehlen.

Diebstahl geistigen Eigentums ist aber nicht auf Ausbildungsstätten beschränkt, sondern auch in der Industrie weit verbreitet. Wie viele Techniker oder Jungmanager mögen wohl nur deshalb von ihrer Firma abgeworben worden sein, um an deren Geheimnisse heranzukommen? In diesem Fall ist der Diebstahl kein persönlicher mehr, sondern ein gemeinschaftlicher.

Eine ähnliche Art des Stehlens ist es, den Vorteilen eines anderen zuvor zu kommen. Patente und Markenrechte sind dazu bestimmt, Erfinder und Künstler vor dieser Art der Beraubung zu schützen. Allzu oft kommt es aber auch vor, dass eine Kirchengemeinde die Autorenrechte stiehlt, indem sie Notenblätter für den Chor oder eine Karikatur für das Gemeindeblatt kopiert.

Es kann keine eindeutige Regel aufgestellt werden, wann geistiges Eigentum oder ein literarisches oder künstlerisches Werk für die Allgemeinheit zum öffentlichen Eigentum wird. Die Grenzen, wie lange ein Erfinder oder Künstler bzw. dessen Nachkommen vor Konkurrenz und Kopien geschützt werden sollten, sind eine Frage der Beurteilung, was eine faire Rendite darstellt. In einer zivilisierten Gesellschaft wird diese Frage gemeinsam beantwortet und durch Gesetze geregelt, obwohl natürlich auch hier Änderungen möglich sind.

Gesetze mögen sich ändern, Christen sind aber dazu verpflichtet, sich nach den Gesetzen zu richten, die gerade gültig sind. Und die Copyright-Gesetze sind ein ehrlicher Versuch, Menschen vor der Verletzung des achten Gebotes, *»Du sollst nicht stehlen«,* zu schützen.

Zeitdiebstahl. Schließlich ist es, zumindest in der westlichen Gesellschaft, möglich, jemandem Zeit zu stehlen. Der Angestellte, der zu spät kommt oder bei der Arbeit Zeit vertrödelt, stiehlt, technisch gesehen, keine Zeit, sondern das, was er seinem Arbeitgeber laut Vertrag schuldet. Aber jemanden im Rahmen einer Verabredung aus Nachlässigkeit oder absichtlich warten zu lassen, wird von den meisten Menschen in protestantischen Ländern als eine Form des Diebstahls betrachtet. »Zeit ist Geld«, sagen wir, und meine Zeit zu stehlen bedeutet damit zugleich, mein Geld zu stehlen. Dies lässt sich auch auf den Lehrer anwenden, der sorglos mit der Zeit seiner Schüler umgeht, oder auf den Arzt bezüglich der Zeit seiner Patienten, ebenso auch auf den Gast, der eine ganze Dinner-Party aufhält.

Menschen in anderen Kulturen sehen die Dinge nicht immer so. So wird gesagt, dass sich die Menschen in südlichen und östlichen Ländern mehr an bestimmten Ereignissen orientieren als an der Zeit. Es wird nicht erwartet, dass etwas pünktlich beginnt oder endet, ja nicht einmal, dass der Bus fahrplangemäß am Bahnhof ankommt. Ist in einer solchen Kultur zu spät kommen ein ethisches Problem? Oder sollten Europäer aufhören, Pünktlichkeit zu solch einem Thema zu machen, indem sie sich am Vorbild anderer Erdteile orientieren, die lockerer mit ihrem Leben umgehen?

Kulturelle Definition von Eigentum. Akzeptiert man, dass Stehlen bedeutet, jemandem etwas wegzunehmen, wofür es keine biblische Rechtfertigung gibt, dann könnte die genaue Grenze zwischen dem, was Privateigentum ist, und dem, was man einfach nehmen darf, von den Ansichten einer bestimmten Gesellschaft abhängen. Im alten Israel war es zum Beispiel ethisch zulässig, nach der Ernte das übrig gebliebene Getreide einzusammeln, während es für den Eigentümer ungesetzlich war, alles abzuernten, ohne etwas übrig zu lassen. In vielen Gesellschaften hingegen würde das »Einsammeln« als Diebstahl betrachtet werden. In Amerika darf man z. B. im Kaufhaus nach einem großen Abverkauf nicht einsammeln gehen. In Ägypten mag es zur Zeit Josephs in Ordnung gewesen sein, jemandes Land im Austausch gegen Hilfszahlungen zu enteignen, der Bürgermeister von Berlin sollte das aber besser nicht versuchen! In manchen Stämmen darf man alles, was außerhalb der Hütte stehen gelassen wird, an sich nehmen. Probiere das aber lieber nicht mit dem Rasenmäher deines Nachbarn. Treffen zwei Bevölkerungsgruppen aufeinander, deren Definition von Eigentum sich unterscheidet, kann es leicht zur Auseinandersetzung kommen. So waren für die Indianer Amerikas, die keinen privaten Landbesitz kannten, die Weißen, die völlig andere Regeln hatten, letztendlich Diebe.

Diese Unterschiede machen nicht notwendigerweise das Gebot zunichte, nicht zu stehlen. Alle Gesellschaften anerkennen das Recht auf Privateigentum und betrachten Raub als Verbrechen. Ein solches Verständnis relativiert auch nicht biblische Maßstäbe, da der Unterschied nicht in der Definition des Stehlens liegt, sondern in der Definition von Eigentum und davon, wann, was und von wem in legitimer Weise genommen werden darf. In der Definition des Privateigentums gibt es für eine Gesellschaft einen gewissen Spielraum, ihre eigenen Normen festzulegen. Daher ist es auch für den Christen in dieser Gesellschaft falsch, auch wenn er selbst Bürger einer anderen Gesellschaft ist, diese Normen zu verletzten. Unabhängig davon, ob eine solche Verletzung an sich sündig ist oder nur deswegen, weil sie als illegal oder inakzeptabel erklärt wurde, sollte sich ein Christ als tadellos erweisen.

Vielleicht fällt die Frage des Zeitdiebstahls in diese Kategorie. Wird dic Person, die Zeit verliert, dadurch brüskiert; das heißt, betrachtet sie diesen Verlust als nicht gerechtfertigt, dann sollte ein sensibler Christ nicht sorglos oder absichtlich das »nehmen, was einem anderen gehört«, denn die Schrift gibt ihm nicht das Recht, so zu verfahren.

Stehlen und Lügen sind oft miteinander verwoben und begünstigen einander. Außerdem liegt ihnen ein gemeinsames Prinzip zugrunde: Sie verstoßen gegen die Integrität. Wenden wir uns aber jetzt der Frage des Betrugs zu.

Wahrheit und Betrug

»Du sollst kein falsches Zeugnis gegen deinen Nächsten ablegen« (2Mo 20,16).

Meineid und Lüge

Genau genommen geht es beim 9. Gebot nur um Meineid, d. h. darum, bei Gericht absichtlich falsche Aussagen zu machen. Meineid ist eine besonders ernste Angelegenheit, da er die Integrität der Gerichte bedroht, die für die Menschen Gerechtigkeit sichern sollen. Wie bei allen 10 Geboten geht es aber auch hier um noch weitergehende Auswirkungen. *»Belügt einander nicht«* (Kol 3,9; vgl. auch 3Mo 19,11) ist ein durchgängiges Gebot in der Heiligen Schrift und das Gesetz selbst verknüpft Meineid mit allen möglichen Arten des Lügens: mit betrügerischen Geschäften, übler Nachrede, Vertragsbruch und vor allem mit falschem Schwören in Gottes Namen (3Mo 19,11-12.16). Im Alten wie im Neuen Testament wird uns gesagt, dass wir unsere Lippen davor bewahren sollen, irgendeine List auszusprechen (Ps 34,13; 1Petr 3,10). Lügen und jede Art der Falschheit ist auch ein wesentliches Thema bei Salomo in den Sprüchen und der Psalmist (Ps 119,163) ist nicht der Einzige, der lügen hasst. Gott hasst lügen so sehr, dass keine Lüge zum Himmel Zutritt haben wird (Offb 21,27) und dass in der Tat alle Lügner im Feuersee landen werden (21,8).

Was ist eine Lüge? »Worte auszusprechen, die der Realität nicht entsprechen«, ist keine nützliche Definition. Obwohl wir ständig Worte aussprechen, die der Wirklichkeit nicht entsprechen, lügen wir dadurch nicht notwendigerweise. Wir könnten uns auch irren. Bedeutet lügen, absichtlich Worte auszusprechen, die der Realität nicht entsprechen? Auch das ist ungenügend, da es durchaus möglich ist andere zu täuschen, ohne falsche Worte zu verwenden. Wir müssen daher die Definition der Sünde von der Verletzung der Wahrheit weiter fassen, damit auch die bewusste Absicht zu täuschen und jede Art der bewussten Täuschung beinhaltet sind. Zu lügen ist daher »der Versuch, absichtlich auf irgendeine Art zu täuschen«.

Das Wesen der Täuschung

Wie schlimm ist die Sünde der bewussten Täuschung? Für den Christen bestätigt jedes Wort und jede Handlung entweder die Wahrheit Gottes oder sie leugnen Gott (vgl. Kapitel 6 im Abschnitt »Gottes Namen zu Nichtigem aussprechen«). Mit anderen Worten: In dem Maße, in dem unsere Worte und Taten der Wirklichkeit entsprechen, entsprechen auch wir der letztgültigen Wirklichkeit, nämlich Gott selbst. Und dort wo wir der Wirklichkeit nicht entsprechen, erzählen wir Lügen über Gott und entweihen seinen Ruf. Wenn wir dies bewusst oder absichtlich tun, sündigen wir noch schlimmer. Das grundlegende Übel des Betrugs liegt daher darin, dass er das Wesen Gottes leugnet, der die Wahrheit ist (Hebr 6,18). Jesus sagte: *»Ich bin ... die Wahrheit«* (Joh 14,6). Er sagte auch, dass das Wort Gottes die Verkörperung dieser Wahrheit sei (Joh 17,17). Gott ist völlig zuverlässig. Darin besteht die Grundlage eines einheitlichen und in sich stimmigen Universums.

Wenn man Gott als »die Wahrheit« bezeichnen kann, dann kann Satan auch als »Vater der Lüge« beschieben werden (Joh 8,44). Er ist die ursprünglich verkörperte Lüge und er benutzt den Betrug, um zu zerstören. Dazu eignet sich der Betrug ideal, denn jeder Bruch mit der Realität ist in sich zerstörerisch. Deshalb verursacht auch jeder Lügner Zerstörung und erlebt sie auch; zuerst innerlich, dann in seinen Beziehungen und schließlich im Gericht, das ein heiliger Gott über ihn verhängt.

Es gibt keine sicherere Methode, um den Charakter zu zerstören, als die bewusste Täuschung. Jede andere Sünde mag erkannt und behandelt werden, aber der Betrug führt automatisch weg von der Realität, sodass die Wahrheit nicht einmal erkannt wird. Wie aber kann man dann Buße tun und nach Wiederherstellung streben? Falschheit ist ein grundlegender Bruch im Fundament der Seele, wodurch alles, was auf diesem Fundament errichtet wird, in Frage steht. Alles, was jemand an Glaubwürdigkeit besitzt, seine ganze Integrität, kommt auf dem Treibsand einer einzigen Lüge ins Schwanken. Betrug hält alle guten Eigenschaften als Geiseln.

Aber der Betrug verdirbt nicht nur schnell den Charakter, er löst auch keine Probleme. Er kompliziert sie. Der weise Salomo drückte dies poetisch so aus: *»Brot, das durch Betrug erworben wird, schmeckt dem Menschen süß, aber danach füllt es seinen Mund mit Kieselsteinen«* (Spr 20,17). Betrug zerstört alle Beziehungen. Hat jemand einmal einen anderen getäuscht und wird dies bekannt, dann ist es schwer, jemals wieder vertrauenswürdig zu werden. Man mag hoffen, die Lüge mit einer größeren Anzahl von Wahrheiten wieder auszugleichen, aber so funktioniert das nicht. Keine noch so große Menge an Wahrheit kann den unauslöschlichen Eindruck einer Lüge schnell wieder beseitigen. Die getäuschte Person wird sich nämlich richtigerweise fragen: »Wann wird es wieder passieren?« Betrug ist die Hauptursache für zerstörte, ehemals gute Beziehungen, weil gute zwischenmenschliche Beziehungen auf gegenseitigem Vertrauen aufbauen.

Schließlich wissen wir aber auch auf Grund des Gerichts, das den Lügner in diesem (Spr 21,6) und im zukünftigen Leben erwartet (Offb 21,8), wie böse Lügen ist. Gott zeigte sowohl zu Beginn der Gründung Israels als Nation im verheißenen Land (Jos 7,11ff) als auch am Beginn der Gemeinde (Apg 5,1-11), wie er über Lügen denkt. Achan und Ananias sind eindrückliche Beispiele, wie streng Gott Lügen richtet.

Verschieden Arten des Betrugs

Lügen ohne Worte. Ein abgewehrter Blick, eine »coole« Einstellung oder ein Zornausbruch können alle dazu dienen, die Wahrheit zu verbergen und jemanden ohne den Gebrauch von Worten durch einen Gesichtsausdruck, das allgemeine Verhalten oder eine bestimmte Handlung zu täuschen. Man kann sogar durch Schweigen täuschen. Wird jemand z. B. durch das leichtfertige Geschwätz einer Freundesrunde fälschlich beschuldigt, ist Schweigen dann ein »weniger sündhafter« Angriff gegen die Wahrheit?

Lügen mit wahren Worten. Auch die Verwendung wahrer Worte kann täuschen. So kann z. B. jemand aus dem Zusammenhang gerissen zitiert werden, wodurch die Bedeutung des ursprünglich Gesagten verzerrt oder nur ein Teil der Wahrheit wiedergegeben wird; so wie Satan es im Garten Eden tat oder Abraham, als er seine Frau als Schwester bezeichnete.

Hier noch ein aktuelleres Beispiel für Betrug mit wahren Worten: Bei einem Treffen evangelikaler Studenten verschiedener Seminare der USA im Jahr 1984 erklärte der Redner, dass Äußerungen, die in den Evangelien Christus zugeschrieben würden, nicht immer seine eigenen Worte seien. Vielmehr seien sie später hinzugefügt worden, um die Argumentation zu unterstützen. Auf die Frage von Studenten, ob eine solche Ansicht wohl von den Gliedern der Gemeinde akzeptiert würde, antwortete er: »Ihr müsst sehr vorsichtig vorgehen. So könnt ihr z. B. sagen: Der Autor im Markus-Evangelium teilt uns hier mit, dass Jesus sagte ...«

Auf diese Weise wird der Glaube des Laien nicht erschüttert und der Redner bekräftigt mit Worten weder Markus als Autor des Evangeliums noch die Authentizität dessen, was Jesus zugeschrieben wird. Er täuscht aber absichtlich seine Zuhörer, indem er ihnen vorspiegelt, er glaube dasselbe, was sie glauben. Und zudem wird er durch einen »evangelikalen« Theologen noch ermutigt, dies als Methode seines Dienstes zu betrachten.

Vortäuschen und Übertreiben. Vorzutäuschen, dass man etwas weiß, während man dies nur annimmt oder so empfindet, ist Betrug. Diese Versuchung ist besonders groß für den bekannten Experten, den Lehrer oder Arzt zum Beispiel. Eine weitere Form des Lügens, die für christliche Arbeiter eine große Versuchung darstellt, ist die Übertreibung. Oft wird das, was Gott tut, als noch wunderbarer dargestellt, selbst wenn die Versuchung zur Übertreibung aus weniger edlen Motiven unterdrückt wird, wie z. B. um seinen eigenen Ruf zu verbessern.

Kultur und Lüge. Wir versuchten für unser theologisches Seminar in Japan die öffentliche Akkreditierung zu erreichen. Sicher ein gutes Ziel, das zur Ehre Gottes erreicht werden sollte. Aber der Professor, der für das Projekt verantwortlich war, legte mir ständig Dokumente zur Unterschrift vor, die nicht den Tatsachen entsprachen. Schließlich rief er verzweifelt aus: »Vielleicht ist eine Lüge das Kreuz, das du tragen musst!« Das passte gut zu dem japanischen Sprichwort: »Auch eine Lüge ist eine nützliche Sache.« Als ich mich immer noch weigerte zu unterschreiben, gab der Professor auf und sagte abwertend: »Dein Problem ist, dass du dich nicht an die Art und Weise gewöhnt hast, wie Japaner Dinge erledigen.« Ging es dabei wirklich nur um ein Aufeinanderprallen zweier Kulturen? Hätten wir Gott in diesem Fall am besten durch eine kulturell akzeptable Täuschung gedient? (Ich muss hinzufügen, dass er der einzige japanische Kollege in dieser Funktion war.)

Aber obwohl es in jeder Kultur solche Versuchungen gibt, müssen wir auch zugeben, dass eine Ethik der Wahrheit durch kulturübergreifende Beziehungen erschwert wird. Die Inkas, die für drei Verbrechen die Todesstrafe verhängten – für Mord, Ehebruch und Lügen – wurden für die Spanier, die »zur Ehre Gottes« logen, zu einer leichten Beute. Die kulturübergreifende Vermittlung der Wahrheit wird durch Kulturunterschiede zweifellos noch komplizierter ich kenne aber keinen biblischen Grund, der dafür spricht, das oben beschriebene, grundlegende Verständnis von Wahrheit abzuändern. Der japanische Professor und die spanischen Invasoren machten sich ganz klar der Verletzung der Wahrheit schuldig.

Motivation: Eigennutz. »Zur Ehre Gottes« ist sicher nicht der vorrangige Grund, warum Leute lügen; normalerweise geschieht dies aus reinem Eigennutz. Bei einer Männerfreizeit suchte mich ein junger Geschäftsmann auf. Er und seine Frau waren tief verschuldet gewesen, als ihm sein Schwiegervater anbot, in das Familienunternehmen einzusteigen. Den beiden erschien dies als Gottes Fürsorge, da der Schwiegervater seit mehr als 25 Jahren einer der Leiter einer starken evangelikalen Gemeinde war. Aber jetzt machte ihm sein Gewissen Mühe. Die einzige Weise, in der ein kleines Unternehmen im wirtschaftlichen Dschungel Amerikas überleben könne, wurde ihm gesagt, sei, zwei verschiedene Bücher zu führen, eines, das für die öffentliche Kontrolle durch das Finanzamt bestimmt sei, und ein zweites zu Hause, aus welchem die wirkliche, finanzielle Situation ersichtlich sei. »Kann das richtig sein?«, wollte er wissen. Er war beunruhigt, aber nicht bereit, das Risiko auf sich zu nehmen, für die Wahrheit einzustehen. Als ich einige Jahre später wieder in dieser Gemeinde war, waren er und sein Schwiegervater immer noch Leiter in der Gemeinde und immer noch im selben Geschäft tätig, das nach denselben Grundsätzen geführt wurde.

Heuchelei. Die reifere Form des Betrugs wird gekennzeichnet durch ein Leben in Täuschung, das man oft auch als Heuchelei bezeichnet. Dabei geht es darum, als jemand zu erscheinen, der man eigentlich nicht ist. Gott hasst die Heuchelei. Warum brach der sonst so sanftmütige Jesus in Worte vernichtender Kritik aus, wenn er mit den religiösen Führern konfrontiert war (Mt 23)? Weil sie predigten, aber das Gepredigte nicht praktizierten (V. 3). Es fällt uns leicht, die Heuchelei der Pharisäer zu erkennen oder die Heuchelei des Briefschreibers, der sich öffentlich beschwerte, er sei ganz wütend, weil der Vorzugsschüler, den er für seine Abschlussprüfung um Hilfe bat, ihm die falschen Antworten lieferte. Aber bei uns selbst?

In der Männergruppe unserer Sonntagsschule wurde über betrügerische Methoden bei Politikern und über die Ungerechtigkeit der Gerichte diskutiert. Dann erwähnte der geistlichste Mann in der Gruppe, dass er die Chance gehabt habe, mehr Fische zu fangen, als es der gesetzlichen Obergrenze entspreche. Aus diesem Grund habe er etwas mehr Geld mitgenommen, für den Fall, dass er erwischt würde. Die Geschichte wurde dann noch vom Lehrer der Sonntagsschulklasse ergänzt, der einen Teil des zusätzlichen Fangs an seiner Schnur festband, damit es so erscheinen sollte, dass beide die Obergrenze nicht erreicht hätten. Unschuldig fragte ich: »Wenn ein Mann wegen eines Fisches betrügt, würde er dann auch wegen einer Million Dollar betrügen?« Darauf antwortete ein gelegentlicher Besucher, dass jeder Mensch seinen Preis habe. Dieser Kommentar führte zu einer längeren Debatte. Schließlich sei ein 25 Zentimeter großer Fisch kein sehr hoher Preis.

Aber es ist nicht leicht, anderen gegenüber zuzugeben, wie man wirklich ist. Monsignore Ronald Knox entlarvt die Wurzel unserer Heuchelei:

> Die »Torheit des Kreuzes« ... bedeutet, dass du bei jeder passenden Gelegenheit dazu bereit bist, dich von der Welt als jener Narr erkennen zu lassen, den Gott sieht. Und es ist demütigend darüber nachzudenken, wie viel in deinem verborgenen Denken sich darum dreht, genau das Gegenteil zu tun, um dich selbst ins Recht zu setzen, um deine Unwissenheit zu verbergen, deine Fehler wegzuerklären oder vorzugeben, dass mit deinem Ausrutscher etwas ganz anderes gemeint gewesen sei. Ja, im privaten Kreis, wo es uns nichts kostet, lachen wir über uns selbst. Wir bringen sogar unsere Freunde zum Lachen und pflegen unseren Ruf der Bescheidenheit, indem wir über unsere verschiedenen Niederlagen berichten – nachher, wenn wir uns sicher fühlen. Aber unser Selbstbewusstsein wirklich abzulegen, und nackt den Fußspuren unseres entblößten Herrn nachzufolgen, das ist ein selteneres Geschenk. [52]

Von allen Arten der Heuchelei ist die religiöse Heuchelei die schlimmste. Wenn sich ein böser Mensch religiös betätigt, bedeutet das nicht nur, dass Gott solche Falschheit ablehnt. Gott hasst die Heuchelei so sehr, dass die religiöse Aktivität die Situation des unbußfertigen Sünders nicht verbessert, sondern für Gott sogar ein Gräuel ist (Spr 15,8). Da ist es weit besser, wenn sich jemand überhaupt nicht religiös betätigt.

Selbstbetrug. Heuchelei ist der Versuch, andere zu betrügen, oft entstammt sie aber einem noch tiefer liegenden Problem, dem Selbstbetrug, oder ist zumindest damit verknüpft. Wir können uns über die Wirklichkeit täuschen, indem wir uns selbst davon überzeugen, dass wir besser oder schlechter sind, als es der Fall ist. Beides ist gleich gefährlich und zerstörerisch. Fehlende Ehrlichkeit zu sich selbst kann schweren Schaden anrichten. Sie ist die Quelle vieler seelischer und geistiger Probleme.

Eine besonders verbreitete Art der Selbsttäuschung ist das heutige Verständnis davon, was es bedeutet, ehrlich zu sein. Eine Bibelschülerin im höheren Semester kam einmal zu mir, um mich bezüglich einer früheren, unmoralischen Beziehung mit einem unbekehrten Mann um Rat zu fragen. Ich hatte den Eindruck, dass wir in dem Gespräch keine Fortschritte machten. Daher fragte ich nach: »Hast du dich jemals dafür entschieden, endgültig jegliche Beziehung mit ihm abzubrechen und keinen Kontakt mehr mit ihm zu pflegen?« Ihre Antwort zeigte klar ihr neues Verständnis von Wahrhaftigkeit: »Das wäre doch nicht ehrlich, oder?« Man müsse doch ehrlich zu den eigenen Gefühlen stehen und entsprechend handeln. Bedeute dies, sich unrichtig oder unweise zu verhalten, dann sei dies eben der Preis, den man bezahlen müsse, um »ehrlich« zu sich stehen zu können. Steht die Integrität der eigenen Gefühle auf dem Spiel, so werden dann alle eingegangenen Verpflichtungen, künftige Beziehungen und andere Werte relativ.

Angenommen, ein Mann hat eine attraktive Frau, die 35 Jahre lang zu ihm stand und »fünf wunderbare Söhne« großzog. Sie wirkt auf ihn aber sexuell nicht mehr so anziehend wie eine bestimmte andere Frau, die geschieden ist. Was soll er also tun? Er beschließt: »Ich habe zu viel Charakter, um noch länger mit einer Lüge zu leben.« So geschieht heute eine Umdeutung von Ehrlichkeit. In Wirklichkeit bedeutet ehrlich zu sich zu sein aber, ehrlich in *jeder Hinsicht* zu sein, auch in Bezug auf die eigenen Verpflichtungen, die geheiligten Beziehungen, auf Gott, auf das, was richtig ist, auf die Vernunft und auf seine Gefühle. Am ehrlichsten wäre es für diesen Mann daher, sich von seinen Wünschen und Gefühlen zu distanzieren und aufrichtig zu seinem Eheversprechen zu stehen.

Heuchelei ist abscheulich, Selbstbetrug ist bösartig, und wenn damit nicht aufgeräumt wird, dann kann einer, der sich daran gewöhnt hat zu lügen, an den Punkt kommen, wo er die Wahrheit nicht einmal mehr erkennt: *»Das Herz ist mehr als alles trügerisch und hoffnungslos verdorben; wer kann es verstehen?«* (Jer 17,9).

Ausnahmen

Unvollständige Wahrheit. Das Gebot Gottes, die Wahrheit zu sagen, bedeutet nicht, dass jemand in jeder Situation alles, was er weiß, erzählen muss. Christus erzählte seinen Brüdern nicht die ganze Wahrheit über seine Absichten, nach Jerusalem zu gehen (Joh 7,8-10). Gott beauftragte Samuel, nur einen Teil der Wahrheit weiterzugeben (1Sam 16,1-5). Jeremia täuschte auf eine ähnliche Art und Weise (Jer 38,24-27). In dem Christus gab es keine Falschheit (1Petr 2,22), und Gott kann nicht lügen (Hebr 6,18). Dennoch führt uns Gott nicht in die ganze Wahrheit ein. Er sagt uns nur jenen Teil der Wahrheit, der uns zum Guten dient. Jesus erklärt uns ausdrücklich, warum er in Gleichnissen sprach: *»... damit sie sehen und doch nicht sehen sollten.«* Auch eine Mutter wird ihrem kleinen Kind auf die Frage »Wo kommen denn die Babys her?« nicht alles erzählen, was sie darüber weiß.

Man muss nicht alles erzählen, was man weiß, um die Wahrheit zu sprechen.

Bedeutet dies aber, dass absichtliche Täuschung in der Schrift nun doch gut geheißen wird? Könnte man sagen, dass Täuschung nicht immer sündig ist, ebenso wie Töten nicht immer mit Mord gleichzusetzen ist und gewaltsame Aneignung nicht immer gleich Stehlen ist?

Das geringere von zwei Übeln. In einem interessanten Artikel über dieses komplexe Problem argumentiert Peter Wagner in der Mai-Ausgabe 1964 von »*Eternity*«, dass es manchmal nötig ist, sich für die Lüge als das geringere von zwei Übeln zu entscheiden. Jene Nichtjuden, die in Deutschland zur Nazi-Zeit Juden versteckten, mussten sich zum Beispiel entscheiden, entweder die SS-Truppen zu belügen oder die versteckten Juden dem sicheren Tod auszuliefern. Beide Möglichkeiten seien genau genommen sündhaft, daher hätten sie sich entsprechend dem Gebot der Liebe für das geringere von zwei Übeln entscheiden müssen.

Mehrere bekannte Theologen, Bernard Ramm, Edward John Carnell vom *Fuller Seminar,* Henry Stobb von *Calvin Seminar,* Lloyd Kalland vom *Gordon Seminar* und Arthur Koestler, ein katholischer Theologe, reagierten auf diesen Artikel. Obwohl jeder von ihnen unterschiedliche Ausnahmen formulierte, stimmten sie doch im Wesentlichen damit überein, dass Lügen unter bestimmten Umständen richtig sein könne. Manche äußerten sogar, es sei in diesem Fall richtig und gut, nicht nur das geringere von zwei Übeln.

Die Lehre von der tragischen, moralischen Wahl (der Gedanke, dass wir manchmal sündigen müssen, indem wir uns für die geringere von zwei unakzeptablen Wahlmöglichkeiten entscheiden) wird auch vom Herausgeber von *Christianity Today* vertreten:

> Wenn ein Christ sich zwischen einem Übel und einem anderen entscheiden muss, ist er hinsichtlich des Übels, das er wählt, nicht frei von Schuld. Lügt er, ist er schuldig, gelogen zu haben, was immer auch seine Motive gewesen sein mögen. In ihrer Forderung nach Wahrheit macht die Bibel keine Ausnahmen. Das Gebot der Sabbatruhe kannte Ausnahmen: Werke der Barmherzigkeit und notwendige Arbeiten waren erlaubt. Das Gesetz gegen das Töten kannte Ausnahmen: Zu bestimmten Zeiten waren im Alten Testament Krieg und Todesstrafe sogar von Gott befohlen. Aber vom Gebot, die Wahrheit zu sagen, gab es keine Ausnahme.[53]

John Mitchell war mit dieser Auslegung nicht einverstanden und antwortete darauf in *The Presbyterian Guardian*, Mai 1976:

> Es stimmt, dass Lügen im Gesetz Gottes nicht erlaubt ist. Es stimmt weiter, dass es hierzu keine Ausnahmen gibt. Ich würde aber betonen, dass die

> biblischen Beispiele, die manchmal als Ausnahmen bezeichnet werden, keineswegs Ausnahmen sind. Als Rahab log, um die israelischen Spione zu schützen, wurde diese Tatsache aufgeschrieben. Die Bibel lobt sie für ihren Glauben, aber nirgends lässt sie die Lüge an sich zu. ... Es ist wichtig, dass wir an solche Situationen mit völliger Zuversicht herangehen, dass unser souverän herrschender Gott einen Ausweg schenken wird, und dass wir nicht dafür verantwortlich sind, diesen für ihn zu finden, indem wir uns entscheiden zu lügen. Gott kontrolliert jedes Ereignis in unserem Leben als Christen, und er ist völlig in der Lage, es zu unserem Besten zu ordnen.

Und so geht die Diskussion weiter. Aber gibt es wirklich keine biblischen Ausnahmen zum Gebot gegen Täuschung und Betrug? Bevor wir die biblischen Texte weiter analysieren, möchte ich noch zwei wichtige Tatsachen wiederholen:

Die grundlegende Sünde liegt in der Täuschung, nicht nur in absichtlich falschen Äußerungen. Worte können mit den Tatsachen übereinstimmen und trotzdem Täuschung beabsichtigen. Worte können scheinbar mit den Tatsachen nicht übereinstimmen und trotzdem wahr sein. Mein kleiner Sohn sollte für mich einen Brief in den Postkasten werfen und fragte mich: »Nach Amerika oder nach Japan?« Obwohl der Brief nach Tachikawa, Japan, adressiert war, gab ich zur Antwort: »Amerika«. Keine Erklärung hätte ausgereicht, ihm die Wahrheit zu vermitteln, dass ein Brief mit Militäradresse in den Schlitz mit der Aufschrift »Amerika« zu werfen war, um seinen Bestimmungsort in Japan zu erreichen. Ich beantwortete daher seine Frage wahrheitsgemäß, obwohl die Wahrheit mit den Worten nicht übereinstimmte. Ich täuschte ihn also in dieser Sache nicht.

Die andere Hauptregel, der wir folgen, besagt, dass nur die Schrift unser Maßstab ist, und das gilt in beide Richtungen. Erlaubt die Schrift wirklich keine Ausnahmen, dann dürfen auch wir keine erlauben, ganz gleich wie quälend die Umstände sein mögen. Wenn aber die Schrift zu irgendeinem Gesetz oder Prinzip Ausnahmen zulässt, dann dürfen wir nicht versuchen, »geistlicher« zu sein als die Schrift selbst.

Ich behaupte, dass die Schrift Täuschung in drei Bereichen rechtfertigt: bei belanglosen, gesellschaftlichen Gepflogenheiten, im Krieg und bei der Bekämpfung krimineller Aktivitäten. Wenn es zutrifft, dass diese Ausnahmen biblisch gerechtfertigt sind, dann ist es keine Sünde, die bekannt werden muss, wenn wir in solchen Situationen irgendwie andere täuschen, auch mit Worten. Vielmehr ist dies dann moralisch legitim.

Belanglose gesellschaftliche Gepflogenheiten. Als Christus sich so verhielt als ob er weitermachen würde, obwohl er dies nicht beabsichtigte (Lk 24,28ff), oder als er seine Jünger lehrte, ein bisschen »Makeup« zu verwenden, um nicht jeden erkennen zu lassen, dass sie gefastet hatten (Mt 6,17-18), ging es ihm offensichtlich nicht um sündhaften Betrug. Obwohl in der Bibel eigentlich keine Witze erzählt oder kurzweilige Gesellschaftsspiele erklärt werden, dürften diese wohl in dieselbe Kategorie der gegenseitig akzeptierten, gesellschaftlichen Gepflogenheiten fallen. So macht das Unerwartete den Witz erst lustig. Daher wird er umso spaßiger empfunden, je mehr die Zuhörer vorher in eine falsche Richtung gelenkt (oder getäuscht) wurden. Je besser ein Fußball- oder Schachspieler täuschen kann, desto besser ist er auch.

Viele unserer Grußformeln und Ausdrücke im sozialen Umgang miteinander sind auch von dieser Art. Jene, die sich selbst und anderen schwere Lasten bezüglich der Aufrichtigkeit üblicher, sozialer Formen auferlegen, sind daher der Wahrheit nicht dienlich.

Man sollte sogar die üblichen Grußformeln verwenden, um sich so gut wie möglich an die Realität anzupassen. Wenn der andere fragt: »Wie geht's?«, ohne dabei innezuhalten und wirklich auf eine Antwort zu warten, dann denkt niemand, dass er jetzt eine genaue medizinische Beschreibung meines körperlichen oder seelischen Zustandes erwartet. Oft empfinde ich eine ausweichende Antwort wie »Man lebt« oder »Es geht« angenehmer, aber diese Antwort ist nicht moralischer oder inhaltsreicher als die üblichere und ebenso bedeutungslose Antwort »Gut«. Wenn wir an Humor, Spiele oder gesellschaftlich übliche Grußformeln den Maßstab des 9. Gebots anlegen, dienen wir damit nicht der Wahrheit. Stattdessen werden dadurch die schwerwiegenden Forderungen schriftgemäßer Aufrichtigkeit sogar abgeschwächt.

Auch wenn es stimmt, dass es nicht viele Hinweise für die Zulässigkeit von Täuschung im Bereich der belanglosen, gesellschaftlichen Gepflogenheiten gibt, und zwar weder dafür noch dagegen (vielleicht gerade weil sie belanglos *sind*), so gilt dieses Argument nicht hinsichtlich der Täuschung im Kriegsfall.

Täuschung im Krieg. Krieg wird aus verständlichen Gründen mit allen verfügbaren Waffen geführt, zu denen auch Psychologie und Täuschung gehören. Gott selbst führte in dieser Weise Krieg. Er trug nicht nur Josua auf, einen Hinterhalt zu legen (Jos 8,2), eine sehr tödliche Täuschung; in zumindest einem Fall legte Gott selbst einen Hinterhalt (2Chr 20,22). Elisa und Gott arbeiteten bei einem Projekt zusammen, bei dem der Prophet den feindlichen Truppen sagte: »Dies ist nicht der Weg und dies ist nicht die Stadt«, während es in Wirklichkeit doch die Stadt war. Als es dann an der Zeit war, einen Angriff auf den Feind zu starten, lehrte Gott Israel, die professionellste und offensichtlichste Form der Täuschung einzusetzen: Spione ins Land zu senden. Diese Spione wurden wie in einem guten Spionage-Thriller durch Rahab, eine Vorfahrin von

Jesus, versteckt. Bereits zu diesem Zeitpunkt begann sie zu täuschen, nicht erst als sie Worte sprach, die zum Ziel hatten, die heimischen Truppen in die Irre zu führen. Dabei wurde sie für diese Tat von Gott gelobt und belohnt (Hebr 11,31).

Manche haben argumentiert, dass Rahab nur für ihren Glauben gelobt wurde, nicht jedoch für ihre Tat. Aber einmal abgesehen von der Tatsache, dass an allen drei Stellen ausdrücklich gesagt wird, dass sie *für das* gelobt wurde, was sie getan hatte: Wie kann man Glauben und Werke auseinander dividieren? Jakobus, der ja betont, dass man Glaube und Werke nicht trennen darf, sagt sogar ausdrücklich von Rahab, dass sie dafür gerechtfertigt wurde, was sie tat (als Beweis ihres Glaubens) (Jak 2,25). Dadurch ist eine gefährliche, theologische Überlegung mit einem unendlichen Potential zum Missbrauch eingeführt, nämlich, dass man absichtlich für eine gute Sache sündigen und dann noch für seinen Glauben belohnt werden könne. Wenn jemand sündigt, sollte er dann nicht vielmehr zurechtgewiesen und nicht belohnt werden, besonders dann, wenn die Tat dazu bestimmt ist, die eigene Haut zu retten? Nein, Rahab handelte im Vertrauen, dass der Gott, der mit Israel war, stärker als alle Götter von Jericho sei. Deshalb tat sie auch das Richtige, sie hielt zu Gottes Volk und setzte in Worten und Taten Täuschung ein, in einer Situation, die man als Krieg bezeichnen könnte.

Andere argumentierten, dass das Verstecken der Spione in Ordnung war, dass sich Rahab aber versündigte, als sie die Unwahrheit sprach. Dies entspricht jedoch einer unzulässigen Definition der Täuschungssünde und öffnet die Tür für allerlei theologische Unklarheiten, wodurch in letzter Konsequenz Worte als heilig und unantastbar betrachtet werden, Taten hingegen nicht.

Wenn Krieg legitim ist (siehe den früheren Abschnitt über den Krieg, Seite 338 ff), dann müssen auch Hinterhalte, Tarnungen, Spionage, Täuschungsstrategien und kodierte Botschaften als wesentliche Bestandteile des Krieges, zulässig sein.

Täuschung bei der Bekämpfung Krimineller. Täuschung ist offenbar eine Form des Widerstandes, die, ebenso wie der körperliche Widerstand, normalerweise falsch ist, nicht aber, wenn wir uns einem Kriminellen oder dem Feind im Krieg widersetzen.

Die hebräischen Hebammen widersetzten sich einem gottfeindlichen und repressiven Regime durch Ungehorsam und Lüge. Aus diesem Grund *»tat Gott den Hebammen Gutes«* (2Mo 1,15-21). Wie könnte man behaupten, ihr Glaube sei gut gewesen, ihre staatsfeindlichen Handlungen aber schlecht? Oder wie könnte man sagen, ihr Ungehorsam sei gut gewesen, ihre Lüge aber schlecht? Die Bibel macht keinen solchen Unterschied. Sie stellt nur fest, dass Gott ihr Handeln für richtig erklärte.

Wenn ein Hausbesitzer, der sich auf Reisen befindet, eine Schaltuhr aktiviert, die seine Lichter ein- und ausschaltet, um damit potentiellen Einbrechern eine Lüge vorzutäuschen (nämlich, dass der Besitzer zu Hause sei), sündigt er mit Sicherheit nicht. Auch Täuschung in der Polizeiarbeit ist etwas Gutes, wenn sie dazu dient, einen Verbrecher dingfest zu machen. Versucht ein Räuber, sich in ein Haus Eingang zu verschaffen oder an den Besitz anderer heranzukommen, und kann er durch Betrug davon abgehalten werden (gleich ob mit wahren oder unwahren Worten), dann hat sich der »Lügner« nicht für das Geringere von zwei Übeln entschieden, sondern er hat das Richtige getan.

Wichtig ist dabei, dass wir derartige Täuschungen nicht auf Basis einer Situationsethik gutheißen, indem wir für uns selbst entscheiden, welche Handlungsweise für die meisten Menschen die liebevollere wäre. Wir sagen auch nicht, dass beide Handlungsweisen sündig seien und dass man eben manchmal eine tragische moralische Entscheidung treffen müsse (z. B. lieber zu lügen als zu töten). Nein, wir halten daran fest, dass jede Form des Betrugs eine überaus böse Sünde ist, außer in jenen Situationen, in denen die Schrift selbst Täuschung erlaubt oder befürwortet, nämlich bei belanglosen, gesellschaftlichen Gepflogenheiten, im Krieg und im Widerstand gegen kriminelle Aktivitäten. In diesen Fällen setzte entweder Gott selbst täuschende Handlungen ein, befahl sie oder sprach positiv von Menschen, die sich so verhielten.

Wir dürfen zu keinem biblischen Gesetz Ausnahmen zulassen, weil wir diese für vernünftig oder liebevoll halten. Werden Ausnahmen gemacht, dann ausschließlich auf Grundlage jener Ausnahmen, die von der Schrift selbst gut geheißen werden. Auf diese Art und Weise wird jede Ausnahme von der Schrift garantiert und kann nicht auf andere Lebensbereiche überschwappen und das Leben mit Betrug verseuchen, wo immer es uns vernünftig, liebevoll, wertvoll oder nötig scheint, irgendein gutes Ziel zu erreichen.

Das zweite Gebot kann nicht so verstanden werden, dass kein Künstler ein Objekt aus der Natur abbilden darf, weil es klare biblische Ausnahmen von diesem Gebot, »Bilder« zu machen, gibt. Mit Sicherheit kennt die Schrift auch Ausnahmen vom vierten Gebot (über den Tag der Ruhe) und vom sechsten Gebot (gegen das Töten). Wird das fünfte Gebot so verstanden, dass Kinder ihren Eltern gehorchen müssen, um sie zu ehren, dann gibt es auch dort Ausnahmen. Verstehen wir das siebente Gebot so, dass Sex außerhalb der Ehe moralisch falsch ist, dann besteht für das Opfer einer Vergewaltigung eine Ausnahme. Und definieren wir das achte Gebot gegen das Stehlen als »etwas mit Gewalt nehmen«, dann sind die Ausnahmen klar. In gleicher Weise: Wenn wir das neunte Gebot gegen Meineid so verstehen, dass darin alle Arten des Betrugs in allen Situationen enthalten sind, was tun wir dann mit den klaren biblischen Ausnahmen? Ich gebe gerne zu, dass es viel mehr Beweise für Ausnahmen vom Gebot des Tötens gibt, als Beweise für Ausnahmen vom Gebot gegen die Täuschung. Gleichzeitig muss ich aber darauf bestehen, dass diese Beweise reichlicher vorhanden sind als jene, die das zweite, das vierte, das fünfte und das siebente Gebot betreffen, obwohl diese Ausnahmen von den meisten Theologen und Laien ohne weiteres akzeptiert werden.

Ich fasse daher zusammen, dass es eine Sünde, eine Verletzung des neunten Gebots ist, absichtlich jemanden zu täuschen, wenn die Schrift nicht das Recht dazu gibt zu täuschen. Und obwohl ich nicht dazu verpflichtet bin, jeden über jede Sache aufzuklären, die mir bekannt ist, habe ich nicht das Recht, irgendjemanden absichtlich täuschen zu wollen, egal auf welche Weise – außer es handelt sich um allgemein akzeptierte und belanglose gesellschaftliche Gepflogenheiten, um einen Feind im Krieg oder um die Abwehr krimineller Aktivitäten.

Ich habe mich deshalb relativ detailliert mit möglichen Ausnahmen vom Gesetz der Wahrheit beschäftigt, weil diese Fragen für unser tägliches Leben so entscheidend wichtig sind und weil sie unter gebildeten und hingegebenen Gläubigen so heiß diskutiert werden. Ich möchte aber zum Abschluss noch einmal zum Hauptanliegen dieses Kapitels zurückkehren.

Gott ist die letztgültige Realität, und seine Zuverlässigkeit macht es möglich, dass unsere Welt besteht und sinnvoll ist. Wäre er unstabil und zufällig oder sogar absichtlich betrügerisch und launisch, dann wäre unsere Welt nicht nur einfach eine unberechenbare Scheinwelt, sie würde nicht einmal zusammenhalten. Sie könnte nicht existieren.

Und so ist es auch mit unserem Leben. In dem Maße, in dem wir mit der Wirklichkeit übereinstimmen, leben wir auch. Dort, wo wir uns aber von der Realität Gottes lösen, besonders wenn wir uns absichtlich für die Unwahrheit entscheiden, zerstören wir und werden zerstört. Darum fordert Gott Aufrichtigkeit und hasst jede Form der Unehrlichkeit. Die Wahrheit zu lieben bedeutet, die Lüge zu hassen. Wir haben uns mit der Unehrlichkeit in Bezug auf das Eigentum und auf die Wahrheit beschäftigt und haben versucht, alle ihre verschlungenen Wege des Bösen nachzuzeichnen, um uns zu helfen, unseren Weg hinaus ins helle Licht und zur reinen Schönheit Gottes zu finden. Er ist der, dem wir völlig vertrauen können. Durch seinen Geist können wir neugeschaffen werden, verwandelt in sein Ebenbild, in Menschen, die ebenso vertrauenswürdig sind.

Anmerkungen

1. Tom Rose, *The Presbyterian Journal,* 7. April 1976, S. 13.
2. Irving Bluestone, »Worker Participation in Decision-Making,« *The Humanist,* September/Oktober 1973, S. 11, 13-14.
3. Mitchell Fein, »The Myth of Job Enrichment«, *The Humanist,* September/Oktober 1973, S. 31.
4. Robert K. Johnston, *The Christian at Play* (Grand Rapids: Eerdmans, 1983), S. 85.
5. Henry Catherwood, *The Christian in Industrial Society* (London: Tyndale, 1964), S. 115.
6. Alan Richardson, *The Bible's Doctrine of Work* (London: SCM Press, 1952), S. 50.
7. Alfred A. Glenn, *Taking Your Faith to Work* (Grand Rapids: Baker, 1980), S. 57.
8. Karl Barth, *Church Dogmatics*, übersetzt ins Englische v. Geoffrey W. Bromiley, Bd.3 (Edinburg: T&T Clark, 1961), S. 553.
9. Eugene Tolan u.a., »World Justice an Peace: A Radical Analysis for American Christians«, *The Other Side,* Januar/Februar 1976, S. 50.
10. Orlando Costas, *The Other Side,* Januar/Februar 1976, S. 29-30, 39. (Starke Argumente für diese Position aus vielen verschiedenen Blickwinkeln, sowie eine gute, grundlegende Bibliographie finden sich in *The Other Side,* Januar/Februar und März/April 1976).
11. zitiert bei Richard John Neuhaus, *Doing Well and Doing Good: The Challenge to the Christian Capitalist* (Garden City, New York: Doubleday, 1992), S. 312.
12. *Christianity Today*, 4. Februar 1983, S.23ff. (für eine knappe, aber starke Darstellung eines biblischen Kapitalismus, sowie eine grundlegende Bibliographie siehe bei Ronald Nash, in *Christianity Today*, 23. März 1979).
13. Jacques Ellul, *Money and Power*, übersetzt ins Englische von LaVonne Neff (Downers Grove, Ill.: InterVarsity Press, 1984), S.20.
14. a.a.O., S.21.
15. a.a.O., S.24.
16. siehe auch 3Mo 19,9-10; 27,30.33; 4Mo 18,23-32; 5Mo 12,5-8; 14,22-29; 15,7ff; Hes 22,7.29.
17. Milton C. Fisher, »Nashak«, in *Theological Wordbook of the Old Testament*, Hrsg. R. Laird Harris, Gleason L. Archer und Bruce K. Waltke, 2. Bd. (Chicago: Moody Press, 1980), S. 605.
18. Larry Burkett, *Your Finances in Changing Times: God's Principles for Managing Money* (Glendale, Kalifornien: Campus Crusade for Christ, 1975), S. 64.
19. a.a.O., S. 83.
20. Jacques Ellul, *Money and Power*, S. 35.
21. a.a.O., S. 47.
22. a.a.O., S. 110-111.
23. Die Lausanner Verpflichtung, in *Let the Earth Hear His Voice,* Hrsg. J.D.Douglas (Minneapolis: Worldwide, 1975), S. 6.
24. John White, *The Golden Cow: Materialism in the Twentieth-Century* (Downers Grove, Ill.: InterVarsity Press, 1979), S. 73.
25. Jacques Ellul, *Money and Power*, S. 104-105.
26. Larry Burkett, *Your Finances in Changing Times,* S. 130-131.
27. »Success according to Richard DeVos«, in *Eternity*, Februar 1981, S. 24.
28. Don Bjork, *Harvest Today*, Winter 1980, S. 2.
29. Michael Novak, »The Grand Inquisitor, Born Again«, *National Review*, 14. September 1979, S. 1158.
30. *Encyclopedia Britannica*, 14. Aufl., unter »poverty« (Armut).

31. Robert McNamara, *One Hundred Countries, Two Billion People* (New York: Praeger, 1973), S. 30.
32. Karl Sax, *Standing Room only,* (Boston: Beacon, 1955).
33. Associated Press, 19. Januar 1966.
34. Jean Mayer, »Toward a Non-Malthusian Population Policy«, *Columbia Forum*, Sommer 1969, S. 10.
35. Julian L. Simon, *The Ultimate Resource* (Princeton: Princeton University Press, 1981).
36. *The Chronicle of Higher Education*, 30. September 1981; S. 19.
37. Eugene Tolan u.a., »World Justice and Peace: A Radical Analysis for American Christians«, *The Other Side,* Januar/Februar 1976, S. 52-53.
38. Robert Heilbroner, zitiert in *The Progressive*, April 1970, S. 4.
39. Hendrik Aay, »Confronting the Ecological Crisis«, *Vanguard*, November 1972, S. 13.
40. Der Aufsatz erschien zuerst in *Science*, 10. März 1967, und wurde in »The Einvironmental Handbook«, 1970, unverändert nachgedruckt.
41. Loren Wilkinson, »Myth 3: There Is Nothing a Christian Can Do« in »EcoMyth«, *Christianity Today*, 4. April 1994, S. 72.
42. Gregg Easterbrook, »Everything You Know about the Environment Is Wrong«, *The New Republic* Nr. 202, 30. April 1990, S. 14f.
43. Wallace S. Broecker, »Global Warming on Trial«, *Natural History*, April 1992, S. 6f.
44. Serwood Idso (Arzt im US-Ministerium für Landwirtschaft), *Carbon Dioxide and Global Change: Earth in Transition* (Tempe, Arizona: IBR Press, 1989).
45. Warren T. Brooks, »The Global Warming Panic«, *Forbes* Nr. 144, 25. Dezember 1989, S. 96f.
46. Kenneth S. Kantzer, »Gambling: Everyone's an Loser«, *Christianity Today*, 25. November 1983, S. 12.
47. a.a.O., S. 13.
48. Frank Trippett, »The Suckers«, *Look*, 19. Mai 1970, S. 37-38.
49. a.a.O., S. 37.
50. Überprüfung der »The Social and Economic Impact of State Lotteries«, von Roy Kaplan, *Annals of the American Academy of Political and Social Science*, Rezension in *The Wilson Quarterly*, Januar 1985, S. 25.
51. *The Random House Dictionary of the English Language,* 1968.
52. Sheed and Ward, *Gedankenanregungen.*
53. *Christianity Today*, 23. April 1976, S. 33.

Kapitel 10

Der Christ in der Gesellschaft

Wir haben nun die biblischen Moralvorstellungen betrachtet, die wir beachten müssen, die biblischen Prinzipien, die in unserem eigenen Leben Anwendung finden müssen, und das biblisch »Erlaubte« – gewisse Freiräume, die aufgrund biblischer Autorität nicht eingeschränkt werden dürfen. Wir haben den Rahmen der Zehn Gebote behandelt, doch nun stoßen wir zu Gebieten vor, die noch schwieriger sind; wir beschäftigen uns mit Dingen, die nicht offensichtlich Thema in Gottes Wort sind und die heftig umstritten sind: der Christ und die Gesellschaft, Gewissensfragen, persönliche Führung.

Ein Christ soll ethisch richtiges Verhalten vorleben und lehren. Doch welche Verantwortung hat er darüber hinaus? Hat er aus Gottes Wort die Ermächtigung zu versuchen, das Verhalten anderer zu kontrollieren? Ist es ihm von der Schrift her überhaupt *erlaubt,* das zu tun? Gibt es biblische Prinzipien, die uns eine Richtschnur geben, wie die verwirrende Vielfalt der Probleme zu behandeln ist, wenn sich privates und öffentliches Leben gegenüber stehen, die also die Beziehung des einzelnen Christen zu gesellschaftlichen Institutionen regeln? Und welche Rolle soll dabei die organisierte Kirche spielen?

Kirche und Staat

Im Laufe der gesamten Kirchengeschichte wurde immer wieder das Problem erörtert, ob es gestattet sei, auf eine Christianisierung der Gesellschaft hin zu arbeiten. In der Regierungszeit von Präsident Reagan wurde die Debatte erneut angefacht. Einige prangerten an, dass die »Religion politisiert« bzw. die »Politik religionisiert« würde. Andere wiederum vereinigten ganz enthusiastisch Kirche und Staat.

Obwohl manche durchaus etwas anderes behaupten, ist es keineswegs so, dass die eine oder die andere Position einer vorgegebenen theologischen Überzeugung entspricht. Liberale und Konservative findet man sowohl im einen als auch im anderen Lager gleichermaßen; darüber hinaus kommt es sogar vor, dass ein einzelner auf manchen Gebieten die Trennung von »Religion und Politik« fordert, während er auf anderen Gebieten ihre Vermischung befürwortet. Mit anderen Worten, die jeweiligen Tagesthemen bestimmen die Diskussion.

Wenn es um Themen wie Rassenproblematik geht, die gerechte Verteilung des Wohlstandes, staatlich garantierten Lebensunterhalt, Feminismus oder Rüstungskontrolle, dann kann man im Allgemeinen davon ausgehen, dass sich in erster Linie Liberale an der Diskussion beteiligen und die Fundamentalisten sich zurückhalten; wenn die Themen allerdings lauten: Abtreibung, Recht und Gesetz, Pornographie, die traditionelle Familie, ein großes Verteidigungsbudget oder Menschenrechte, dann ist es genau umgekehrt. Es ist nun nicht gerade so, dass der eine generell für eine starke Regierung ist und der andere es bevorzugt, dass die Regierung nur minimal eingreift; jede der beiden Positionen wünscht sich vielmehr, dass die Regierung sich intensiv mit Dingen befasst, die man selbst jeweils für wesentlich für das öffentliche Wohlergehen betrachtet; dass die Regierung sich aber andererseits aus manchen Dingen völlig zurückzieht, die man jeweils für Privatsache hält. Es sind lediglich jeweils unterschiedliche Programmpunkte. Um allerdings den Sieg zu erringen, wird das Geschrei angestimmt: »Politik und Religion dürfen nicht vermischt werden!« Wir vergessen dabei meist hinzuzufügen: »Zumindest nicht von unseren Gegnern.« Dieser (hoffentlich unbewusste!) Hochmut würzt die ohnehin schon komplexen Kontroversen mit zusätzlicher Verwirrung. Die Kirche hat diese Diskussionen allerdings nie befürwortet.

Ein Gang durch die Kirchengeschichte

In den ersten drei Jahrhunderten ihrer Existenz war die Kirche in sozialen Fragen sehr engagiert, allerdings nicht durch einen Regierungsauftrag. Christen waren vielmehr vom öffentlichen Leben durch intensive Verfolgungen ausgeschlossen. Dennoch waren sie überall bekannt für das Almosengeben (selbst die Armen gaben großzügig durch Sparsamkeit und Fasten), die Unterstützung von Witwen und Waisen (der heidnische Kaiser Julian sagte: »Diese frommen Galiläer füttern nicht nur ihre eigenen Armen durch, sondern auch unsere«), die Pflege von Kranken und Behinderten (sie bauten die ersten Krankenhäuser), die Unterstützung von Gefangenen und Sklaven (manche Christen verkauften sich selbst als Sklaven, um anderen damit die Freiheit zu erkaufen), das Bereitstellen von Arbeitsplätzen für Arbeitslose, das Versorgen von Menschen, die vom Unglück verfolgt wurden (in Pestzeiten versorgten nur noch Christen die Sterbenden), die Gastfreundschaft für Reisende.

Dann kam Kaiser Konstantin (312 n. Chr.), und aus der ausgestoßenen Minderheit wurde langsam die Staatskirche. Zunächst kontrollierte der Staat die Kirche, aber im Laufe der Jahrhunderte drehte sich das Verhältnis um und die Kirche begann, den Staat zu kontrollieren – oder zumindest exzessiv zu manipulieren. Papst Gregor VII. (Regierungszeit 1073 – 1085) sagte: »Der Papst allein darf die kaiserlichen Insignien benutzen; alle Fürsten sollten ihm – und ihm allein – die Füße küssen; er kann Kaiser absetzen; er kann die Untertanen böser Regenten von ihrer Loyalität entbinden.« Papst Innozenz III. (Regierungszeit 1198 – 1216) war der vielleicht mächtigste Papst; er verschob die Könige in Europa wie Schachfiguren ganz nach seinem Belieben. Die Päpste waren der Ansicht, dass sie in einem (theoretisch) christlichen Europa als Oberhaupt der Kirche jedes Recht dazu hatten, von jedem weltlichen Herrscher Loyalität einzufordern. Während jedoch Papst Gregor und Papst Innozenz im Großen und Ganzen gerechte und weise Herrscher waren, führten viele Päpste ein skandalträchtiges Leben und bewiesen damit, dass Macht immer dazu neigt, missbraucht zu werden.

Obwohl sie unterschiedliche Auffassungen zur Regierung hatten, haben alle Reformatoren an der Trennung von staatlicher und religiöser Führung festgehalten. Die Anabaptisten (Täufer) gingen sogar noch weiter und bestanden darauf, dass die staatliche Regierung nur für Nicht-Christen zuständig sei und Christen sich ganz außerhalb dieses weltlichen Systems bewegen sollten. Diese Position wird noch heute von einigen ihrer geistlichen Nachkommen vertreten, z. B. den Amish People und manchen Mennoniten. Dadurch werden auch andere stark beeinflusst, so dass auch Baptisten aller Richtungen die Trennung von Kirche und Staat energisch unterstreichen.

Dennoch waren die hauptsächlichen reformatorisch-protestantischen Lehren nicht für eine Trennung des *Einflusses*, sondern für eine Trennung der jeweiligen *Macht*, so dass sie einander nicht kontrollieren können. Kirche und Staat wurden als Partner gesehen in zwar getrennten, doch einander überschneidenden Verantwortungsbereichen, um Gottes Absichten in der Welt durchzusetzen.

Diese Sicht herrschte im nördlichen, protestantischen Europa vor, während das Vermächtnis der römisch-katholischen Verquickung von Kirche und Staat das südliche Europa bestimmte. Die Neue Welt übernahm den protestantischen Ansatz in den nördlichen Staaten und den römisch-katholischen in den Südstaaten, was sich bis heute so darstellt.

Das vielleicht erfolgreichste und am längsten andauernde Experiment mit dem »Protestantischen Modell« wurde von John Knox (1505 – 1572) in Schottland eingeführt, wo ein Jahrhundert lang angeblich die Gefängnisse leer waren und Kapitalverbrechen unbekannt waren. Das Wort Gottes in der Theologie von Johannes Calvin, wurde von einem ganzen Volk als Maßstab für das Leben akzeptiert. Diese handfeste presbyterianische Frömmigkeit schien allerdings ihre südlichen Nachbarn nicht zu beeinflussen, die tiefer und tiefer in die moralische Dekadenz abdrifteten, so dass England schließlich reif für eine Erneuerung unter der Predigt von George Whitefield und John Wesley war.

Dies führte zur »Evangelikalen Erweckung«, die oft als Beispiel dafür gebraucht wird, wie einzelne Christen (nicht die institutionalisierte Kirche, wie in Schottland) den Kurs der Regierung und das Geschick einer ganzen Nation verändern können.

Die britische Politik zwischen 1750 und 1850 wurde von anglikanischen Evangelikalen beherrscht, von denen viele aus der Wesley'schen Erweckung stammten. Die »Heiligen« oder die »Clapham-Sekte« (eine Gruppe von Anglikanern, die sich um John Venn, den Rektor der Heilig Geist Kirche in Clapham scharte), wie sie auch genannt wurden, trafen sich im Hause von Henry Thornton und gründeten dort die eindrucksvollste »pressure group«, die Großbritannien jemals gesehen hat. William Wilberforce, Grenville Sharp, Thomas Clarkson, Zachary Macaulay und Lord Shaftesbury waren entschlossen, die moralischen Übel in ihrem Land zu kurieren. Sie brachten die Abschaffung der Sklaverei zur Sprache, sie setzten sich ein für die Humanisierung von Fabriken und Gefängnissen, für Zahlungserleichterungen bei Verschuldeten, sie kämpften gegen jegliche Diskriminierung von Minderheiten. Der Sonntag wurde als Ruhetag gesetzlich verankert, und die staatliche Lotterie wurde abgeschafft. Bärenhatz, Bullenhatz und Hahnenkampf wurden unterbunden. Sogar gegen Fluchen und Ehebruch wurde vorgegangen.

Wie brachten sie das zustande? Sie trachteten danach, alle möglichen Kräfte zu mobilisieren. Sie nutzten politische Aktionen. Einige, die sich auf manchen Gebieten zunächst nicht auskannten, bildeten sich weiter zu anerkannten Fachleuten, um effektiv arbeiten zu können. Bis zum Jahr 1815 hatte die Hälfte der Parlamentsabgeordneten ihren alten Vergnügungen – das waren hauptsächlich die Jagd und die gesellschaftlichen Bälle – entsagt, und sie widmeten sich statt dessen der Gründung von neuen Studiengruppen zur Erforschung der Bibel.

Die Clapham-Sekte brauchte Geld. Die afrikanische Kolonie Sierra Leone wurde 1787 als Heimat für befreite Sklaven gegründet und zwanzig Jahre lang privat unterhalten. Agnew, ein schottisches evangelikales Mitglied des Parlaments, kaufte Tausende von Eisenbahn-Anteilen auf, so dass er Druck zugunsten der Schließung der Eisenbahn an Sonntagen ausüben konnte. Die Clapham-Christen kümmerten sich nicht nur um den Sklavenhandel mit Schwarzen (den sie abschaffen konnten), sondern sie sorgten sich auch um die verlorenen Seelen in noch nicht evangelisierten Gebieten der Welt. Erschüttert darüber, dass die riesige Ostindien-Gesellschaft missionarische Aktivitäten in Indien verhinderte, kauften sie zum Beispiel die Vorräte auf und übernahmen die gesamte Führung der Handelsgesellschaft mit dem Ziel, Indien für die Frohe Botschaft zu öffnen.

Sie bedienten sich auch des Boykotts. Hanna More, auch »Hohepriesterin der Evangelikalen Erneuerung« genannt, überredete die Damen der »feinen Gesellschaft«, als Teil der allgegenwärtigen Antisklaverei-Kampagne davon Abstand zu nehmen, Zucker von den Westindischen Inseln für ihren Tee zu benutzen. In der Tat war die stärkste Waffe der Evangelikalen die Beeinflussung der öffentlichen Meinung. Sie starteten öffentliche Kampagnen, die es tatsächlich fertig brachten, das Wertesystem eines gesamten Volkes in weniger als einer Generation umzukrempeln. Sie beabsichtigten, das Land von allen Übeln zu befreien: von der Sklavenhaltung, der Unterdrückung von Frauen und Kindern, dem »Sabbatbrechen« (Verunehrung des Sonntags), der Ungerechtigkeit, dem Ehebruch, der Gotteslästerung – was auch immer das Gesetz Gottes missachtete.

Kirche und Staat in Amerika

Die Kolonien in Nordamerika waren das geistliche Erbe der Protestanten von England und Schottland. Es gibt kaum Hinweise, welche die Meinung einiger Zeitgenossen stützen, dass die Gründerväter irgendetwas grundlegend anderes im Sinn hatten, als die wohlwollende Stärkung des Staates durch die Kirche und umgekehrt, wobei sie festhielten, dass weder die Kirche den Staat beherrschen oder kontrollieren sollte, noch der Staat die Kirche. Wir sollten dazu die Worte von Julius Poppinga bedenken, Rechtsanwalt und ehemaliger Präsident der Christlichen Rechtsgesellschaft:

> Die tatsächliche wörtliche Bedeutung des Ersten Zusatzartikels zur Verfassung (»First Amendment«) über die Religion ist lange Zeit unklar und verzerrt geblieben durch die unglückliche Metapher, die von Thomas Jefferson 1802 in einem Brief an die *Danbury Baptist Association* von Connecticut aufgebracht wurde. Er beschreibt darin den Ersten Zusatzartikel so, dass

> darin »eine Trennmauer zwischen Kirche und Staat errichtet wurde«. Jefferson schrieb nicht als Jurist, und sicherlich lag es nicht in seiner Absicht vorzuschlagen, dass dem religiösen Leben in Amerika am besten damit gedient sei, wenn man es von allem anderen abschottet. Doch sein sprachliches Bild hat sich festgesetzt. ...
>
> Wir entdecken nun, dass die Gründerväter zwei fundamentale, aber miteinander konkurrierende Ansätze hatten: erstens, dass die Regierung die Religion nicht fördern sollte, und zweitens, dass die Regierung die Ausübung der Religion nicht behindern sollte. Ganz wörtlich heißt es in der Verfassung: »Der Kongress darf kein Gesetz erlassen, das sich auf eine religiöse Vereinigung bezieht oder das die freie Ausübung der Religion verbietet.«[1]

Bei den Wahlen von 1984 wurden die Auswirkungen dieses Ersten Zusatzartikels auf die Beziehung zwischen Religion und Politik zu einem zentralen Thema, das viel emotionale Rhetorik freisetzte. Inmitten dieser Diskussionen widmete das Sprachrohr auf der Bühne von Kirche und Gesellschaft, *Christentum und Krise,* eine ganze Ausgabe der Analyse dieses Problems.[2] Zusätzlich zu den erwarteten Symposium-Beiträgen vom äußersten linken Flügel beleuchteten zwei der führenden Fachleute für Religion und Gesellschaft, Robert N. Bellah und John C. Bennett, kritisch, was die Trennung von Staat und Kirche *nicht* bedeutet.

> *Bennett:* Als Präsident Reagan bei dem berühmten Gebetsfrühstück in Houston sagte, dass »Politik und Religion notwendigerweise miteinander verknüpft« sind, da sprach er das Offensichtliche aus. Die Trennung von Kirche und Staat war nie gleichbedeutend mit der Trennung der Religion von der Gesellschaft oder der Kirche vom öffentlichen Leben mit seinen politischen Entscheidungen.[3]

> *Bellah:* Der liberale Staat befasst sich nicht mit grundlegenden metaphysischen Dingen. Die Beschäftigung damit ist nur ein Mittel, dessen sich der Einzelne zur Verfolgung seiner privaten Ziele bedient. Die Religion ist eine rein private Angelegenheit, deren Interesse für Lösungen nur das Individuum angeht und den Staat in keiner Weise mit einbezieht. Das ist, aus liberaler Sicht, die genaue Bedeutung der Trennung von Kirche und Staat.
>
> Doch ich würde behaupten, dass diese liberale Theorie nie die amerikanische Wirklichkeit beschrieben hat. ...
>
> Die liberale Theorie funktioniert nicht, weil sie nicht den realen Staat und die reale Religion beschreibt. Kein Staat, und schon gar nicht der moderne Staat, kann es vermeiden, Einfluss auf die Wechselfälle des Lebens zu nehmen: auf Krieg und Frieden, auf Reichtum und Armut, auf die Gleich-

> stellung der Rassen und der Geschlechter oder auch die fehlende Gleichstellung, auf Beziehungen in Familien, bei der Arbeit und in der örtlichen Gemeinschaft. Die Vorstellung vom neutralen Nachtwächterstaat war schon eine Fiktion, als sie zuerst aufkam, und heute ist sie mehr denn je eine Fiktion. Wie würde denn stattdessen die Religion der liberalen Theorie aussehen? Sie wäre eine rein private Angelegenheit von Individuen und der »Kirche oder Synagoge ihrer Wahl«. Sie würde sich um die Gefühle der Individuen kümmern und darum, dass man Wärme und Freundlichkeit innerhalb der religiösen Gruppe findet, aber das ist auch alles. Sie könnte sich nicht an das Volk oder an die Welt wenden, wenn es um Angelegenheiten der Moral oder ein geistliches Anliegen geht. ...
>
> Die liberale Theorie ist nicht nur deshalb gefährlich, weil sie eine Fiktion ist. Sie ist gefährlich, weil die Gesellschaft, die sie sich vorstellt, für den Menschen unerträglich wäre. Eine solche Gesellschaft würde sich zusammensetzen aus abstrakten atomisierten Individuen, die nichts Gemeinsames mehr hätten, und die ganz individuell das Recht hätten, alles zu tun, was ihnen beliebte, ohne allgemeingültige Werte außer dem dünnen Konsens, einander nicht zu schaden. Während eine solche abstrakte Freiheit den Amerikanern sehr entgegenkommt, normalerweise besonders auf solchen Gebieten wie Wirtschaft oder Sexualität, wünschen sie sich doch nicht wirklich, in einer Welt voller geistloser, formal freier Individuen zu leben, die von keiner gemeinsamen Kultur oder keiner Gruppenübereinkunft bestimmt wird.[4]

Die klare Absicht des Ersten Zusatzartikels war es, die amerikanische Bundesregierung davon abzuhalten, eine Staatskirche nach dem Europäischen Modell zu entwerfen, das die einzelnen Bundesstaaten dazu gezwungen hätte, ihre jeweiligen alteingesessenen Kirchen aufzugeben. Viele der Kolonien hatten Staatskirchen, allerdings von verschiedenen Denominationen und Konfessionen. Die Gründungsväter hatten nichts dagegen einzuwenden, denn diese Kirchen existierten auch in der neuen Republik einige Jahrzehnte lang weiter. Die potentielle Macht einer einheitlichen nationalen Kirche betrachteten sie allerdings nicht wohlwollend.

Was auch immer die Einstellung oder Absicht der »Kirche« gegenüber gewesen sein mag: Es ist klar, dass der vorherrschende Konsens einer religiös begründeten protestantischen Ethik als wesentlich betrachtet wurde, um die noch junge Demokratie zum Erfolg werden zu lassen. Darum beherrschte ein moralischer Konsens den Entwurf und die Interpretation von Gesetzen bis weit ins 20. Jahrhundert hinein.

Das Problem des Ersten Zusatzartikels liegt darin, dass er das anscheinend Unmögliche versucht. Je nachdem, wie er ausgelegt wird, scheint er zwei

Rechte zu garantieren, die einander widerstreiten – die Freiheit *der* Religion und die Freiheit *von der* Religion. Die Menschen sollen nicht durch die Religion zu etwas gezwungen werden, daher darf die Regierung die Religion nicht fördern; aber die Menschen sollen die Freiheit haben, ihre Religion auszuüben, deshalb sollte sich die Regierung nicht einmischen.

Aber angenommen, es wird notwendig, die Freiheit eines Bürgers zur Religionsausübung zu beschneiden, um einen anderen Bürger vor einer ungewollten Religion zu schützen, was dann? Wessen Rechte haben Vorrang? Früher hat die Regierung anscheinend den Rechten der religiösen Person auf freie Religionsausübung Vorrang gegeben, wohingegen in letzter Zeit die Gerichte zumindest die Rechte der Bürger bevorzugt haben, *vor der Religion geschützt* zu werden. Doch in dem Versuch, sich aus der Verstrickung zu lösen, die Religion zu bevorzugen, hat sich der Staat in ein weiteres Netz von Schwierigkeiten hinein manövriert. Die Verstrickung des Staates mit der Kirche ist ebenso weit verbreitet wie zuvor, und vielleicht ist das auch unvermeidlich. Der Unterschied besteht nur darin, dass die Verstrickung nun dahin tendiert, die Kirche zu behindern, während sie früher die Tendenz hatte, die Religion zu bevorzugen und zu unterstützen. Den Kirchen werden nicht nur in zunehmendem Maße zuvor eingeräumte Privilegien verweigert; die Tendenz scheint generell in Richtung Isolation der Religion vom öffentlichen Leben zu gehen.

Vielleicht war dieser Wechsel unvermeidbar, da durch Einwanderung ständig viele andere Wertesysteme und religiöse Traditionen hinzugekommen sind.

Mit Sicherheit ist die Säkularisation durch den unerbittlichen Vorstoß der liberalen Kirchengegner seit den 30er Jahren des 20. Jahrhunderts beschleunigt worden. Im sozialen Aufruhr der 60er und 70er Jahre begann die Kirche tastend nach Geschlossenheit zu suchen, um religiös-moralische Überzeugungen mit der Entwicklung der öffentlichen Politik in Einklang zu bringen. Obwohl in den späten 70ern und den 80ern starke Gruppierungen aufkamen, sowohl rechte als auch linke, ist das Ende der Entwicklung einer klar artikulierten einheitlichen Aussage, die zu einem Konsens führen könnte, noch längst nicht abzusehen. Wie sind die vorherrschenden Vorstellungen?

Aktuelle Vorstellungen

Es ist möglich, das Verhältnis zwischen Kirche und Staat auf verschiedene Arten zu ordnen: der Staat kontrolliert die Kirche; die Kirche kontrolliert den Staat; Kirche und Staat weisen sich gegenseitig ihre ausschließlichen Aufgaben zu; oder Kirche und Staat haben zwar unterschiedliche Verantwortungsbereiche, respektieren einander jedoch und haben die jeweiligen Autoritäten und Einflussbereiche untereinander ausgehandelt.

Unter historischen Gesichtspunkten ist keines dieser Modelle jemals in Reinform vorgekommen; es hat stets Übergriffe bei der Realisierung der Konzepte gegeben, egal was auch immer offiziell festgeschrieben war. Die Bibel macht dazu keine direkten Vorgaben; sie gibt allerdings klare Weisungen dazu, welchen Zweck die Kirche hat und welchen Zweck eine menschliche Regierung hat. Daraus schließen wir, dass die beste Übereinkunft diese ist, die beiden Beteiligten maximale Freiheit einräumt, die Aufgaben optimal zu erfüllen, die ihnen jeweils übertragen wurden. Aber es ist nicht einfach, dic ideale Einigung zu finden. Es scheint nur einen gewissen Freiraum zu geben, in dem soziale Institutionen arbeiten können. Wenn also nun die Autorität (oder die Freiheit oder die »Rechte«) des einen expandieren, wird folgerichtig diejenige des jeweils anderen dadurch beschnitten. Im gleichen Maße wie beispielsweise der Einflussbereich der staatliche Kontrolle über das Leben des Volkes zunimmt, verringert sich die Freiheit anderer sozialer Institutionen, in unabhängiger Autorität zu sprechen oder zu handeln. Wie kann nun jedes der vier Modelle die Erfordernisse maximaler Freiheit erfüllen, um die von Gott vorgegebenen Rollen sowohl der Kirche als auch des Staates auszufüllen?

Der Staat kontrolliert die Kirche. Wenn eine menschliche Regierung darauf abzielt, das religiöse Leben des Volkes zu kontrollieren, dann hat das nur selten positive Auswirkungen auf das religiöse Leben. Wenn die bisherigen Leistungen einer säkularen oder anti-christlichen Regierung in dieser Hinsicht eher schlecht waren, dann waren die Leistungen von Christen in einer totalitären Herrschaft oder in einer umfassenden Regierungsautorität auch nicht viel besser. Der Wille der Autorität, ganz gleich, wie gut er gemeint ist, knebelt unvermeidlich das freie Gewissen, wenn er auf das religiöse Leben eines Volkes ausgedehnt wird. Unsere puritanischen Erzväter verstanden das nur zu gut.

In der Theokratie des alttestamentlichen Israel, wo Gott selbst unmittelbar hinter der Regierung stand, da mag das ein effektives Abkommen gewesen sein; doch Gottes Volk hat nur selten je die Freiheit gehabt, Gottes Willen in voller Gewissensfreiheit zu tun, solange gefallene menschliche Geschöpfe die Aufsicht über das gesamte Leben ihrer Untertanen haben.

Die Kirche herrscht über den Staat. Im mittelalterlichen Europa dominierte die Kirche den Staat einige Jahrhunderte lang, und obwohl einige Leute dies auch heute vorantreiben wollen, ist es nicht sehr wahrscheinlich, dass so etwas in den demokratischen Ländern des 20. Jahrhunderts noch einmal geschehen kann. In einigen muslimischen Ländern kontrolliert der Islam den Staat, und in einigen katholischen Ländern hat es auch eine fast vollständige Kontrolle der Kirche noch im 20. Jahrhundert gegeben, doch scheint die Rückkehr zu diesen Verhältnissen in der westlichen Welt höchst unwahrscheinlich.

Für die ausgesprochenen Ängste der Liberalen, dass einige konservative Christen beabsichtigen könnten, ein rechtsgerichtetes totalitäres Regime mit zwingenden Moralforderungen aufzurichten, gibt es nicht die geringste Grundlage. Keine Person oder Personengruppe kann in einer modernen pluralistischen Demokratie einer unwilligen Mehrheit ihren Willen aufzwingen – davon abgesehen, noch nicht einmal einer unwilligen Minderheit. Jede Interessengruppe übt so viel Druck aus wie nur möglich, um Gesetze zu verabschieden oder Gesetze so auszulegen, dass sie den eigenen Interessen am ehesten entgegen kommen; aber das kann man wohl nur schwerlich »aufzwingen« nennen.

Es ist nur ihr gutes Recht, dass viele Konservative, die lange geschwiegen haben, nun entdeckt haben, dass sie ihre Stimme erheben können; doch das liberale Establishment hat große Probleme, das zu akzeptieren. Zuerst wurde der Aufschrei der Rechten als Illusion abgetan, die von den Medien hochgeschaukelt worden sei; dann wurde er seltsamerweise als unfair angeprangert und schließlich entschieden bekämpft als der Versuch einiger geistloser, un-amerikanischer, rechtsgerichteter Moralisten, die Herrschaft an sich zu reißen und anschließend dem freiheitsliebenden, wohlwollenden, intelligenten und moralisch relativ korrekten Amerikaner die schlimmste Art von puritanischer und viktorianischer Moral überzustülpen. Davon später mehr. Doch was sagt man nun von der emotionalen Reaktion einer einstmals seriösen Zeitung wie der *New York Times*, welche die Anschuldigung vorbrachte, dass »es bei diesen Vorstößen gewisse Ähnlichkeiten festzustellen gibt zwischen dem Vorgehen der Roten Garde, die China verwüstete, den augenrollenden islamischen Prinzipien des Ayatollah Khomeini ... und den Amerikanern, die sich selbst die Moralische Mehrheit nennen«?[5]

Man muss allerdings festhalten, dass es einige Evangelikale gibt, die sich wirklich für die Kontrolle der Kirche über den Staat einsetzen. Eine Gruppe drückt das sehr deutlich in ihrer Satzung aus:

> Die Bewegung *Christliche Regierung* ist ein Zusammenschluss von Bürgern der Vereinigten Staaten von Amerika, die vereint sind in dem Bemühen, durch Erziehung das Konzept der Christlichen Regierung zu fördern und dadurch dessen Realisierung in den Vereinigten Staaten zu erreichen.[6]

Mit ähnlichen Zielen, aber mit einer stärkeren Betonung des Alten Testaments und ohne eine politische Organisation, hat sich unter Reformierten eine Bewegung namens »Theonomie« etabliert. Obwohl zunächst das Hauptaugenmerk auf der Übereinstimmung der Gläubigen mit allen Vorschriften des Alten Testaments liegt, geht man davon aus, dass diese Vorschriften nicht nur für das Alte Israel Gültigkeit haben und auch keine reine Privatsache sind. Sie sind in Gottes Absicht universal und sollten deshalb jeder Gesellschaft auferlegt werden, wo immer es möglich ist.

Solche Bewegungen jedoch sind sehr klein, und die Wahrscheinlichkeit, dass die entsprechenden Ansichten sich durchsetzen können, scheint außerordentlich gering.

Selbst wenn die Kirche oder Kirchenvertreter die Regierung kontrollieren könnten, wäre das sicherlich keine gute Sache. Ein religiöser Totalitarismus ist um nichts besser als ein säkularer Totalitarismus. Die Inquisition beschränkt sich nicht nur auf eine bestimmte religiöse Richtung. Und selbst wenn wir davon überzeugt werden könnten, dass es für das öffentliche Wohlergehen das Beste wäre, dann könnten wir dennoch nicht daran mitwirken, denn Christus selbst verbietet es: *»Mein Reich ist nicht von dieser Welt«*. Weil es nicht akzeptabel ist, dass die Kirche die staatlichen Angelegenheiten beherrscht, hat zumindest die jüngste intellektuelle und politische Geschichte Amerikas wieder dahin tendiert, Kirche und Staat jeweils klar umrissene Bereiche zuzuweisen – ein vollkommen säkularer Staat, in dem die Religion vom öffentlichen Leben hermetisch abgeriegelt und in die völlige Privatisierung gedrängt wird.

Kirche und Staat haben jeweils klar umrissene Arbeitsgebiete. Zwei verschiedene Ideologien befürworten diese Position: Christen (mit verschiedenen Auffassungen, von völliger Ablösung von politischen Prozessen bis hin zu solchen, die nur »Trennung von Kirche und Staat« fordern) und Kirchengegner aller Schattierungen, die am liebsten jeglichen religiösen Einfluss auf die Öffentlichkeit ausschalten würden.

Christliche Isolation. Wir befassen uns hier nicht mit der politischen Einbindung eines christlichen Bürgers als Privatmann, sondern mit der Beteiligung der Kirchen an der Entwicklung der öffentlichen Politik.

Leighton Ford, sozial aktiver Evangelist und Hauptbegründer der Lausanner Bewegung, fasst den Konflikt prägnant zusammen:

> Soziale Verantwortung wird ganz unterschiedlich gesehen, mal als Ablenkung von der Evangelisation (»Warum sollte man die Möbel verschieben, wenn doch das ganze Haus brennt?«); mal als Ergebnis der Evangelisation (»Veränderte Menschen werden die Welt verändern«); mal als Vorbereitung zur Evangelisation (»Hungrige Menschen können keiner Predigt lauschen«); mal als Partner der Evangelisation oder als ein ganz wesentliches Element der Evangelisation. Manche (Nichtevangelikale) könnten sogar soziale Verantwortung als Äquivalent der Evangelisation sehen.[7]

Viele halten dagegen, dass die einzige legitime Aufgabe der Kirche geistlicher Natur ist – also Evangelisierung von Nicht-Christen und geistliche Ernährung von Christen. Es wird angeführt, dass die Lehre des Alten Testaments irrelevant sei, weil sie sich an eine gottgewollte Staatsregierung richtet, nämlich die des alten Israels, und Christus diese ausdrücklich zu Gunsten der Kirche ausgesetzt hat, indem er lehrte, dass sein Königreich nicht von dieser Welt sei. Diese Lehre wurde auch von den Aposteln bestätigt, die lehrten, dass unser Kampf ein geistlicher Kampf ist und die Waffen, die wir dazu benötigen, nicht von dieser Welt sind.

Es gibt eine lange und illustre Liste von Befürwortern der Auffassung, dass die Kirche sich an geistliche und moralische Themen halten solle. Die Glaubenserklärung von Westminster, die sowohl auf die Presbyterianische Kirche als auch auf die Gründung der amerikanischen Republik einen großen Einfluss hatte, scheint einen klaren Standpunkt zu diesem Thema zu haben:

> Synoden und Konzile sollen ausschließlich kirchliche Themen behandeln und beschließen; sie sollen sich nicht in öffentliche Angelegenheiten einmischen, die den Staat angehen, es sei denn, in Sonderfällen, in der Form von demütigen Eingaben oder als Ratschlag, um das Gewissen zu entlasten, wenn sie von der staatlichen Verwaltung dazu aufgefordert werden. (Kapitel XXXI, Abschnitt IV)

Diese Position wird von David Lutzweiler in Veröffentlichungen des offiziellen Blattes der Christlichen und Missionarischen Allianz, *The Alliance Witness,* noch deutlicher zum Ausdruck gebracht:

> Jesus Christus sah die Gesellschaft als ein sinkendes Schiff an, dessen Schäden nicht mehr behoben werden können, und er lehrte, dass alle Versuche, es noch einmal flott zu kriegen und es auf Dauer am Untergehen zu hindern, schließlich zum Scheitern verurteilt seien. Er lehrte seine Jünger zu versuchen, so viele Passagiere wie nur möglich zu retten, und selbst diese Mühe, so sagte er voraus, würde nur eine kleine Minderheit retten. ... Für den Christen ist der Sieg immer eine Sache des Geistes. Es ist ein individueller Sieg, nicht der Triumph einer irdischen Bewegung. ... Die ganze Welt kann in einer atomaren Wolke um ihn herum verschwinden, und er kann dennoch geistlich siegreich daraus hervorgehen, sein Charakter auf ewig gleichförmig dem Bild Christi; und was Gott angeht, ist dies der einzige Sieg, der wirklich zählt.[8]

Obwohl ich mich kurz kritisch mit dieser Position auseinander setzen will, muss ich zugeben, dass ich selbst die absolute Isolation der größten und einflussreichsten Kirche vom politischen Geschehen bevorzugen würde, wenn ich Teil einer kleinen christlichen Minderheit in einem muslimischen Land wäre.

Ich würde möglicherweise einen säkularen Staat vorziehen, vor allem, wenn er sich wohlwollend neutral jeder Religion gegenüber zeigen würde. Da ich allerdings in einem Volk mit starken protestantischen Wurzeln lebe, kann ich nicht mit Sicherheit sagen, welche Position ich unter anderen Umständen vertreten würde. Diese innere Spannung unterstreicht die Tatsache, dass das gesamte Thema »Verhältnis zwischen Kirche und Staat« letztlich unmöglich zu einer Lösung kommen kann, denn Gott hat uns sein bevorzugtes Modell nicht enthüllt. Vielleicht hat er es deshalb nicht getan, weil es kein ideales Modell für eine gefallene Menschheit gibt.

Wie auch immer, einige Christen sind nicht die einzigen, die befürworten, dass Kirche und Staat jeweils unterschiedliche Aufgabenbereiche wahrnehmen sollen. Viele Kirchengegner vertreten diese Position ebenfalls, und zwar militant, und ihr Standpunkt scheint immer mehr vorzuherrschen.

Der säkulare Staat. In einem »säkularen Staat« werden die Regierung und alle politischen Prozesse von der Religion streng getrennt gehalten und sogar von religiösen Einflüssen. Diese Trennung kannte man in den frühen Tagen der amerikanischen Republik nicht, in denen die Regierung die Religion bevorzugte und offen für religiöse Einflüsse war, gleichzeitig jedoch wohlwollend neutral gegenüber allen christlichen Konfessionen und Denominationen. Später griff diese Neutralität auf alle Religionen über. Doch der »säkulare« Staat, der daraus entstand, ist inzwischen nicht mehr nur nicht-religiös, sondern in steigendem Maße unreligiös und sogar anti-religiös.

> Wir scheinen in die unangenehme Position zu driften, dass die Regierung keine Werte im Rahmen irgendeiner traditionellen Religion mehr unterstützen kann (sei sie protestantisch, katholisch oder jüdisch); sie kann sie nur im humanistischen Rahmen unterstützen. Der praktische Effekt läuft darauf hinaus, aus dem Humanismus eine etablierte Religion zu machen.[9]

Immer mehr Mitglieder der intellektuellen »Elite« setzen sich dafür ein, dass die Regierung kein Recht hat, irgendwelche moralischen Standards gesetzlich vorzugeben außer dem, dass eine Person einer anderen keinen Schaden zufügen darf.

> Die Worte von John Stuart Mill bieten noch immer die klassische Erklärung der modernen demokratischen Auffassung von der Rolle der Regierung in Fragen der Moral: »Das einzige Ziel, dem die Menschheit individuell oder kollektiv verpflichtet ist, das sich in die Handlungsfreiheit eines beliebigen Mitgliedes der Gesellschaft einmischen kann, ist Selbstschutz. Der einzige Zweck, zu dem Macht rechtmäßig an irgendeinem Mitglied der zivilisierten Gesellschaft ausgeübt werden kann, ist der, Schaden von anderen abzuwenden.[10]

Die Regierung besteht aus Menschen, und deren Werte (was »man tun darf« oder was »man nicht tun darf«) bestimmen die Gesetze des Volkes. Dieses Gefühl dafür, »was man tun darf«, resultiert aus dem gesamten kulturellen Milieu, am meisten jedoch aus den religiösen Überzeugungen des Volkes. Angesichts dessen ist es klar, dass die so genannten privaten religiösen oder nicht-religiösen Überzeugungen der Menschen letztlich die Regeln bestimmen, nach denen die Menschen leben; selbst wenn Kirche und Staat organisatorisch völlig voneinander getrennt wären, so dass die Kirche daran gehindert würde, offiziell irgendetwas in der Öffentlichkeit zu tun. Richard John Neuhaus vertritt diese Position überzeugend in seinem sehr einflussreichen Blatt *The Naked Public Square*:

> Die Idee einer öffentlichen Religion ist der Anlass für große öffentliche Verwirrung. Es herrscht eine große Einigkeit bei der Vorstellung, dass Religion etwas ist zwischen einem Individuum und seinem Gott. ... Religion ist Angelegenheit der Kirche und des Privatlebens; dafür gibt es keinen Platz in der Öffentlichkeit. Diese und andere Axiome sind, wie man üblicherweise sagt, Teil des »american way«, der amerikanischen Lebensauffassung. Von Seiten des Gesetzes und der Politik wird diese Auffassung durch die »Trennung von Kirche und Staat« unterstützt, die so verstanden wird, dass man die Religion und eine auf der Religion basierende Moral vom öffentlichen Leben trennen muss. ... Dennoch: Die demokratische Realität, sogar, wenn man so will, die schlichte demographische Realität, sieht so aus, dass die meisten Amerikaner ihre Werte und Vorstellungen aus der biblischen Tradition ableiten.[11]

Die Wahrheit dessen, was Neuhaus schreibt, wird von Meinungsumfragen bestätigt, die durchgängig zeigen, dass über 90% der Amerikaner den Zehn Geboten zustimmen, egal ob sie wissen, was sie bedeuten oder ob sie es nicht wissen; und, was noch wichtiger ist, ungefähr der gleiche Anteil der Bevölkerung glaubt, dass unsere Gesetze auf den Zehn Geboten gegründet sind und dass sie das auch sein sollten. Dennoch ignorieren diejenigen, welche die Richtung des öffentlichen Lebens vorgeben, diese grundlegende Realität.

Neuhaus schreibt dazu:

> Die Abschaffung des Anspruchs auf religiöse Wahrheiten ... klingt wie eine gute und befreiende Sache, bis wir feststellen müssen, dass es im Grunde das Herunterschrauben aller moralischen Ansprüche auf die individuelle Leidenschaft bedeutet. Dann wird in der Tat jede Frage nach Werten zu einer Frage der Macht.[12]

Was ist letztlich das Resultat des neuen Pluralismus?

> Oft wird (der Pluralismus) benutzt, um darzulegen, dass keine normative Ethik, selbst nicht die unklarste und vorsichtigste Art von Ethik, unserem öffentlichen Leben »aufgezwungen« werden kann. In der Praxis bedeutet das, dass die Entscheidungen der Tagespolitik die Preisgabe des Normalen zugunsten des Abnormen widerspiegeln, die Kapitulation des Überlegenen vor dem von der Norm abweichenden. Tatsächlich ist es nicht nur von vorübergehendem Interesse, dass Begriffe wie *abnormal* oder *abweichend* von der Norm aus dem höflichen Vokabular der Elite in der amerikanischen Öffentlichkeit weitestgehend ausgemerzt wurden.
>
> (Der Lehrer) darf öffentlich Partei für den Atheismus ergreifen, und er kann auch ziemlich öffentlich darüber berichten, wenn er sexuelle Beziehungen mit den Mädchen oder Jungen seiner Klasse unterhält. Dies sind Dinge, bei denen es um verfassungsmäßig geschützten Glauben und Lebensführung geht. Er darf allerdings nicht öffentlich beten oder gar evangelisieren. Ist das absurd? Natürlich ist es das, aber es nicht allzu weit entfernt von der Logik, die uns schrittweise wegbewegt hat von der Unterstützung der Religion durch die Regierung (wenngleich auch nicht jeder Religion) über die Neutralität der Regierung gegenüber der Religion bis zur Feindseligkeit der Regierung gegenüber der Religion. Wir sind jetzt zu einem Punkt gekommen, an dem der privilegierte Status der Religion, der ganz eindeutig in der Absicht des Ersten Zusatzartikels zur Verfassung lag, zum größten Hindernis für die Religion wird.[13]

Also haben unsere Anstrengungen, die Religion völlig ins private Belieben der Bürger zu verbannen, nicht nur schlechte Ergebnisse gezeigt, indem die Ethik des öffentlichen Lebens relativiert wurde, sondern das Gleiche passiert jetzt auch in einer Art moralischem Rückstau im Privatleben des Einzelnen. Am Ende scheint unser Experiment zu beweisen, dass man die öffentliche Politik und die privaten moralischen Überzeugungen nicht voneinander trennen kann. Man kann sie nicht trennen, weil das eine unweigerlich das andere in Mitleidenschaft zieht – ob nun die gesammelten religiösen Überzeugungen des Volkes die Gesetzgebung beeinflussen oder die Struktur der Regierung ihrerseits das private Verhalten der Bürger beeinflusst. Da es zwischen Öffentlichkeit und Privatleben eine wesentliche Beziehung gibt, muss man die Frage stellen, in welchem Modell diese Beziehung am ehesten zum Wohl der Allgemeinheit zur Geltung kommt. Ich bin der Auffassung, dass die vierte Möglichkeit die Beste ist.

Kirche und Staat getrennt, doch mit gegenseitigem Einfluss. Kirche und Staat haben verschiedene Verantwortungsbereiche, doch es ist am besten, wenn sie sich aus den jeweils »fremden« Verantwortungsbereichen mit gegenseitiger Rücksichtnahme und ausgehandelter Macht und Einflussnahme zurückziehen.

Bevor wir für dieses Modell Stellung beziehen, ist es wichtig innezuhalten und auf den Einwand zu antworten, dass wir, wenn wir dem Beispiel Jesu Christi und der Apostel folgen, weder politisch aktiv werden noch irgendeinen Einfluss auf die Politik auszuüben versuchen sollten.

Wir können ziemlich sicher sein, dass sowohl Christus selbst als auch die Urkirche keine sozialen Aktivisten waren, denn ein führendes Magazin (*The Other Side*) für gesellschaftlich aktive Menschen beschreibt das sehr anschaulich:

> Der Haken an der Sache ist der, dass Jesus ganz offensichtlich nicht das Programm oder die Strategien von *The Other Side* gekauft hat. ... Jesus litt unter einem groben Diktator, der von einer ausländischen Militärmacht gestützt wurde. Um sich herum sah er einige wenige Menschen, die sehr reich waren, und viele, die entsetzlich arm waren. Dennoch schloss Jesus sich nicht der örtlichen Guerilla an. Er startete auch nicht eine volksweite gewaltlose Kampagne. Er organisierte die Arbeiter nicht zu Gewerkschaften, er begann keine Nahrungsmittelkooperation, und er schrieb auch nicht »Yankee go home« auf die Hauswände. ... Was Jesus über die Veränderung von Strukturen sagte, das ist nur sehr spärlich. Und das Gleiche kann man auch von der Urkirche und der »Wirtschaftslehre Jesu« sagen.[13]

Jacques Ellul, Professor für Geschichte und Soziologie von Institutionen an der Universität von Bordeaux und ein brillanter und produktiver Verfechter kontroverser Positionen, vertritt die Auffassung, dass Jesus sehr wohl die Möglichkeit gehabt hätte, politisch aktiv zu werden (mit den militanten Zeloten), und dass er sich stattdessen bewusst entschieden hat, in die andere Richtung zu gehen.[15] Das bestärkt die Ansicht, dass Jesu eigene Rolle entschieden apolitisch war, aber es bestätigt nicht, was Ellul behauptet – dass es nämlich zusätzlich Aufschluss darüber gibt, wie sich seine Jünger, die in einer anderen Situation stehen, verhalten sollten.

Zunächst müssen wir versuchen klar zu stellen, *warum* Jesus nicht politisch engagiert war. Nur die Tatsache allein, dass Jesus und seine Jünger etwas nicht getan haben, ist kein Grund an sich, dass andere es auch nicht tun sollten. Ob wir in dieser Sache ihrem Beispiel folgen sollen, hängt von den Gründen für ihre politische Enthaltsamkeit ab. Wenn diese Gründe auch auf uns heute zutreffen, dann sollten wir uns ebenfalls der politischen Betätigung enthalten. Wenn sie allerdings nicht zutreffen, dann haben wir die Freiheit, die Prinzipien des Wortes Gottes so gut wie möglich auf unsere gegenwärtige Situation anzuwenden. Anders als im Alten Testament sagt uns Gottes Wort nicht, warum es keine gesellschaftlichen Aktivitäten gab; deshalb müssen wir unsere diesbezügliche Antwort aus den uns zur Verfügung stehenden Anhaltspunkten ableiten.

Vertikale Beziehungen und die Ewigkeitsdimension haben Vorrang vor horizontalen Beziehungen und der zeitlichen Dimension. Menschen miteinander zu versöhnen oder die Umwelt für die Menschen in Ordnung zu bringen sind nur zeitliche Vorhaben. Selbst die Versöhnung der Menschen untereinander auf breiter und dauerhafter Basis wäre weniger wichtig, als Menschen mit Gott zu versöhnen und sie auf ihre ewige Heimat vorzubereiten. Das Neue Testament hat genau dieser Realität den Vorrang gegeben.

Prinzipien sind stärker als ein spezifisches korrigierendes Eingreifen. Prinzipien sind dauerhaft und universal, sie passen in jede Kultur, zu jedem Alter und in jede Gesellschaft. Wenn ein spezifisches Eingreifen gelehrt worden wäre, würde es möglicherweise nicht in geänderte Situationen passen. Zum Beispiel sind die Prinzipien Gerechtigkeit und Liebe Hauptthemen des Wortes Gottes; man kann sie in jeder Generation und in jeder Gesellschaft anwenden. Richard N. Longenecker stellt heraus, dass die Prinzipien, die im Neuen Testament gelehrt werden, sehr dazu geeignet waren, die herrschenden ungerechten sozialen Strukturen umzustürzen, was schließlich auch tatsächlich geschah.

> Wenn die Christen im 1. Jahrhundert davon sprachen, »Söhne Gottes« zu sein und »in Christus getauft« zu sein oder »Christus angezogen« zu haben (Gal 3,26-27), dann sprachen sie von ihrem Glauben mit Begriffen, die auch sozial eine neue Beziehung schildern, in der es *»weder Juden noch Griechen gibt, weder Sklaven noch Freie, weder Mann noch Frau«* (3,28) – drei Beziehungspaare, die mithin die Keimzelle aller wesentlichen menschlichen Beziehungen darstellen.[16]

Ein neues menschliches Ausgangsmaterial ist notwendig, um eine neue Gesellschaft aufzubauen. Der Mensch wird niemals mit einem Fahrrad auf den Mond gelangen, und er wird niemals einen Wolkenkratzer aus Holzbalken und Lehm bauen können. Ein neues Transportmittel, ein neues Baumaterial sind notwendig. Selbstverständlich gibt es keine *Garantie* dafür, dass eine neue Art von Mensch auch eine neue Gesellschaft hervorbringen wird. Es wird dadurch aber möglich gemacht. Die Erfindung von Stahl und Beton kann nicht garantieren, dass tatsächlich jemand einen Wolkenkratzer baut, aber es wird dadurch möglich gemacht.

Jesus Christus und Paulus hatten eine besondere Berufung. Christus war dazu gesandt, die Erlösung zu ermöglichen und nicht, zumindest nicht bei seinem ersten Kommen, alle gesellschaftlichen Auswirkungen dieser Erlösung zu vollenden. Satan versuchte ihn und wollte ihn dazu bringen, das politische Thema zuerst anzugehen; das hätte jedoch den Auftrag Jesu zunichte gemacht. In ähnlicher Weise hatte Paulus den besonderen Auftrag, den Heiden zu predigen und nicht das Römische Reich zu reformieren. Christus predigte das Evangelium nicht dem Römischen Reich – der Versuch einer Evangelisation vor der Vollendung der Erlösungsmöglichkeit hätte den ganzen Plan zunichte gemacht. In gleicher Weise hatte Paulus einen einzigartigen Auftrag, aber der beinhaltete nicht, in China zu missionieren – oder das Römische Reich zu regieren. Solche Aufgaben bekamen andere Menschen zu anderen Zeiten. Doch die Tatsache allein, dass die Aufgaben nicht ihre waren, bedeutet nicht, dass sie für andere nicht erlaubt sind.

Der Zustand von Staat und Kirche war ein anderer als heutzutage. Selbst wenn die besonderen Aufgaben von Jesus und Paulus keine politische Aktivität einschlossen, kann man annehmen, dass andere in der Urkirche am öffentlichen Leben teilgenommen haben können; außer vielleicht, wenn man die Tatsache bedenkt, dass die Gläubigen eine sehr kleine Minderheit in einer strengen Diktatur waren. Es hatte sich bereits durch verschiedene militante jüdische Sekten gezeigt, dass politisches Handeln zum Scheitern verurteilt war. Natürlich hätte Gott eingreifen und es ermöglichen können, doch Jesus erteilte dieser Möglichkeit absichtlich eine Absage. Die Zeit für ein himmlisches militärisches Eingreifen und das Aufrichten einer irdischen Regierung war noch nicht gekommen. Die Situation bei freien Völkern heute ist grundlegend anders als diejenige zur Zeit der Apostel. Faktisch ist es so, dass in einer Demokratie die Bürger für die Angelegenheiten des Staates mitverantwortlich sind; wenn man diese öffentliche Verantwortung außer Acht ließe, dann wäre das in gewisser Weise genau so, als ob ein christlicher König oder Regierungsvertreter Gesetz und Gnade außer Acht ließe.

Aus diesen Gründen, und vielleicht gibt es noch mehr, sehen die meisten Evangelikalen das Beispiel des Neuen Testaments nicht als verbindliches Modell an, dem Christen aller Zeiten folgen müssen. Vielmehr hat man daraus geschlossen, dass sowohl der einzelne christliche Bürger als auch die offizielle Kirche aktiv einen moralischen Einfluss auf das öffentliche Leben ausüben sollten.

Wir wollen nun das Gebiet abstecken, wie eine sich gegenseitig beeinflussende Beziehung zwischen Staat und Kirche im Großen und Ganzen aussehen kann. Der Staat ist verantwortlich dafür, alle seine Bürger zu schützen, wenn nötig mit Gewalt, und das Gemeinwohl zu fördern. Die Kirche ist ebenfalls dafür verantwortlich, das Gemeinwohl zu fördern, doch nur mit geistlichen Mitteln, wie z.B. durch Evangelisation, Lehre und Wohltätigkeit. Sie hat zunächst einmal die Verantwortung für das Verhalten ihrer eigenen Mitglieder und nur durch ihre Überzeugungskraft Verantwortung für das Verhalten anderer. Daher sollte der Staat 1. seine Macht nicht dazu benutzen, die Kirche bei der Erfüllung ihres Auftrags einzuschränken, und 2. sollte der Staat sorgfältig auf die Stimme der Kirche achten, wenn es um moralische Angelegenheiten geht. Die Kirche ihrerseits sollte 1. keine besonderen Privilegien verlangen, welche die Rechte anderer beschneiden, und 2. sollte die Kirche sich strikt davon fernhalten, Kompromisse einzugehen, um sich staatliche Förderungen zu sichern; ebenso wie sie den Staat nicht vergöttern soll, indem sie die vorherrschende Kultur als eine Form der »bürgerlichen Religion« ansieht.

Der Begriff *bürgerliche Religion* (»civil religion«) scheint seine derzeitige Bedeutungsnuance durch den klassischen Artikel von Robert N. Bellah mit dem Titel *Civil Religion in America* (»Bürgerliche Religion in Amerika«)[17] bekommen zu haben; doch es gibt nur wenig Übereinstimmung darüber, was der Begriff eigentlich bedeutet und welche Art von »bürgerlicher Religion« gut oder schlecht ist. Zum Beispiel haben Bellah und eine ganze Anzahl anderer Fachleute verschiedene Kapitel in dem Buch *American Civil Religion* geschrieben, und die Herausgeber geben darin mindestens fünf verschiedene Definitionskategorien an: 1. Volksreligion, 2. die transzendente Universalreligion des Volkes, 3. religiöser Nationalismus, 4. der demokratische Glaube, und 5. die protestantische bürgerliche Frömmigkeit.[18] Und das sind noch nicht alle Bedeutungsnuancen, die möglich sind!

Der frühere Herausgeber von *»Chistianity Today«*, Kenneth Kantzer, spricht am liebsten von einer bestimmten Art der »bürgerlichen Religion«:

> Es ist üblich geworden, die amerikanische bürgerliche Religion als eklatanten Götzendienst anzuprangern – den Amerikanischen Shintoismus, sozusagen. Ich für mein Teil danke Gott dafür. Doch da dieser Begriff inzwischen so viele Definitionen hat, sollten wir die Bedeutung für uns genau erklären: Wenn ich von »bürgerlicher Religion« spreche, dann meine ich »politische und soziale Überzeugungen«, »politische Wertesysteme«, »politische Philosophie« oder Walter Lippmanns »öffentliche Philosophie«.
>
> Etwas technischer ausgedrückt folge ich vielen Soziologen, die Emile Durkheims Definition der bürgerlichen Religion als solche Überzeugungen und Praktiken akzeptieren, die das Gewissen und Verhalten eines Volkes bestimmen, und zwar sowohl in politischer Hinsicht als auch in den allgemeinen Sozialstrukturen. Manche nennen dies allerdings nicht »bürgerliche Religion«.
>
> In diesem Sinne ist bürgerliche Religion der Mörtel, der ein Volk zusammenhält. Für die Existenz des Volkes ist sie unverzichtbar, und ihre Ausprägung bestimmt den Charakter eines Volkes. ...
>
> Die amerikanische bürgerliche Religion ist natürlich gestaltlos. Ihre Lehren und Praktiken verändern sich ständig. Einige grundsätzliche Überzeugungen haben sie allerdings seit ihrer Entstehung gekennzeichnet: die Regierung ist für das Wohl der Bürger da. Die Pflicht der Regierung ist es, das Wohlergehen der Bürger zu suchen, sie zu schützen, die Unschuldigen

> zu belohnen und die Schuldigen zu strafen. Ihre ethischen Grundsätze sind im Groben zu vergleichen mit dem zweiten Teil des Dekalogs, der Diebstahl, Ehebruch, Mord und falsches Zeugnis verbietet.[19]

Dieser Standpunkt kennzeichnet im allgemeinen die evangelikale Bewegung nach dem Zweiten Weltkrieg. Dies war im übrigen auch das Hauptunterscheidungsmerkmal, das die »Evangelikalen« von den »Fundamentalisten« absetzte. Die »Fundamentalisten« der 50er und 60er Jahre des 20. Jahrhunderts befürworteten häufig die Nichteinmischung in die »Politik« als Reaktion auf den sozialen und politischen Aktivismus von hochrangigen Kirchenvertretern und dem Nationalen Kirchenkonzil. Viele »Evangelikale« versuchten sich während dieser Zeit von den Fundamentalisten in dieser Hinsicht zu distanzieren, indem sie für soziale Einmischung und politisches Handeln eintraten. Gegen Ende der 70er Jahre allerdings, als das allgemeine politische Klima sich nach rechts verschob, wurden viele Fundamentalisten wie z. B. Jerry Falwell und seine Moralische Mehrheit (»Moral Majority«) – später Föderation der Freiheit (»Liberty Federation«) – sozial und politisch aktiv. Nachdem die Moralische Mehrheit abgeflaut war, betraten Pat Robertson und die Christliche Koalition die Bühne. Deren Themenkatalog unterschied sich drastisch von dem der älteren liberalen Religionsgemeinschaften und auch von vielen der neuen Evangelikalen, deren Themen nahezu identisch waren mit den früheren Hauptinteressen der Kirche. Doch der Wunsch, die Gesellschaft als Ganzes zu verändern, und die politischen Instrumente, mit denen dieser Umbruch erreicht werden sollte, waren im Großen und Ganzen die gleichen wie bei den Hauptvertretern der Liberalen und der Evangelikalen sowie einigen Fundamentalisten.

Der langjährige Sprecher des Evangelikalen Aktivismus, Carl F. H. Henry, gibt eine Zusammenfassung über eine gemäßigte Position der Rolle der Kirche:

> Die Evangelikalen können sozialen Notlagen heutzutage mit vier Überzeugungen begegnen:
>
> 1. Die charakteristische Kraft der christlichen Kirche für soziale Veränderungen ist die persönliche Erneuerung durch den Heiligen Geist, und die Verkündigung dieses göttlichen Angebots der Erlösung ist die vorrangige Aufgabe der Kirche. ...
>
> 2. Während die Kirche als Körperschaft oder Institution keinen göttlichen Auftrag in Bezug auf Rechtsprechung und keine besonderen Befugnisse hat, um Gesetzesentwürfe oder politische Parteien oder einzelne Politiker zu bestätigen, ist die Kanzel wohl dafür verantwortlich, die von Gott offenbarten Prinzipien von sozialer Gerechtigkeit als Teil des ganzen Ratschlusses Gottes zu verkünden.

> 3. Der natürlichste Übergang vom privaten zum sozialen Handeln findet im Alltagsleben statt, wenn ein Christ das Bedürfnis hat, seine Arbeit der Ehre Gottes zur Verfügung zu stellen und den Menschen zu dienen.
>
> 4. Als Bürger zweier Welten hat ein Kirchenmitglied die heilige Pflicht, Gottes Absichten der Erlösung durch die Kirche auszuweiten und auch Gottes Absichten bezüglich Gerechtigkeit und Recht durch eine Regierung auszuweiten. Christen sollen sich durch bürgerlichen Gehorsam auszeichnen, außer, wenn sie dadurch in Konflikt mit den Zehn Geboten kommen, und sie sollen jede politische Gelegenheit nutzen, um gerechte Gesetze zu unterstützen und zu fördern, um gegen soziale Ungerechtigkeit zu protestieren und ihrem Nächsten zu dienen.[20]

Dieser allgemeine Ansatz wurde von mehr als dreitausend evangelikalen Gemeindeleitern offiziell unterstützt, die im Juli 1974 das Lausanner Bündnis unterschrieben:

> Wir bekräftigen, dass Gott sowohl Schöpfer als auch Richter aller Menschen ist. Darum sollten wir seine Sorge um Gerechtigkeit und Versöhnung innerhalb der menschlichen Gesellschaft sowie um Befreiung der Menschen von jeder Form von Unterdrückung teilen. Weil der Mensch als Ebenbild Gottes geschaffen wurde, wohnt jeder Person eine Würde inne, und zwar unabhängig von Rasse, Religion, Hautfarbe, Kultur, Schichtzugehörigkeit, Geschlecht oder Alter. Aufgrund dieser Würde sollte man jede Person respektieren und ihr dienen und sie nicht ausbeuten. An dieser Stelle tun wir Buße sowohl für unsere Unterlassungen als auch dafür, dass wir bisweilen das Evangelisieren und das soziale Engagement als etwas angesehen haben, das sich gegenseitig ausschließt. Obwohl die Versöhnung mit Menschen nicht das Gleiche ist wie die Versöhnung mit Gott, und obwohl gesellschaftliches Handeln nicht das Gleiche ist wie Evangelisation, und obwohl politische Befreiung nicht das Gleiche ist wie Errettung, bekräftigen wir dennoch, dass sowohl Evangelisation als auch gesellschaftspolitische Beteiligung Teile unserer christlichen Pflicht sind. Denn beide sind notwendiger Ausdruck unserer Lehre von Gott und Mensch, unserer Liebe zu unserem Nächsten und unserem Gehorsam Jesus Christus gegenüber.[21]

Obwohl das dritte Modell in gewisser Weise sehr einladend erscheint (klare Aufteilung und Trennung der beiden Bereiche), scheint es doch bis jetzt darauf hinaus zu laufen, dass eine solche Beziehung weder möglich noch wünschenswert wäre. Zwei Traditionen befürworten diese Position, allerdings von gegensätzlichen Standpunkten aus. Die Trennung der Täuferbewegung von Kirche und Staat könnte sich als praktikabel erweisen und könnte einige Vorteile haben, vor allem dort, wo Christen eine verfolgte Minderheit sind; die weitverbreitete Kampagne der antireligiösen Kirchengegner hingegen, jede Spur einer religiösen Beeinflussung im öffentlichen Leben zu bekämpfen, konnte entlarvt werden – sie hat nur das Ziel, ein Wertesystem gegen ein anderes auszutauschen.

Die Färbung der öffentlichen Politik durch die Werte der Bürgerschaft, ob sie nun einen religiösen oder einen antireligiösen Hintergrund hat, ist unvermeidlich. Daher ist es eine grundsätzliche Heuchelei, säkulare humanistische Werte aufzustellen, als ob der Staat auf diese Weise neutral oder religiös keimfrei sein könnte. Die öffentliche Politik ist unvermeidbar beeinflusst von irgendeiner Art von ethischer Ideologie. Und ein Glaubensbekenntnis zugunsten eines relativistischen, vorurteilsfreien Ansatzes in Ethikfragen ist zumindest von seinem Wesen her pseudoreligiös und hat bereits im Privatleben der Bürger den Virus der sich selbst bedienenden, individuellen Selbstbestimmung verbreitet, die den Samen der Zerstörung schon in sich trägt. In einer Welt, die frei ist von jedem moralischen »du sollst«, setzt jedes Individuum seinen eigenen Standard, was gut (für die Person selbst) ist, und sowohl das öffentliche als auch das private Leben tendieren in immer stärkerem Maße zu Beziehungen nach dem Muster »Macht schafft Recht«.

Daraus schließen wir, dass die beste Einigung in einer wohlwollenden Kooperation zwischen Kirche und Staat besteht, in welcher der Staat Offenheit für religiös inspirierte moralische Einflüsse besitzt und die Kirche keine Sonderrechte sucht, sondern ihre moralischen Erklärungen auf moralische Fragen beschränkt.

Die Rolle der Kirche

Es besteht weithin Einigkeit darüber, dass die Kirche als Kirche die Prinzipien von Gerechtigkeit und Barmherzigkeit klar verkünden muss. Außerdem stimmen die meisten zu, dass es eine Verpflichtung der Kirche ist, entweder direkt oder durch ihre Vertreter, medizinische Pflege, soziale oder finanzielle Hilfe bereitzustellen, sich in Erziehungs- und Bildungsaufgaben einzubringen, die Armut zu bekämpfen und andere »Werke der Barmherzigkeit« zu tun. Dadurch beeinflusst die Kirche die Gesellschaft. Aber wie sieht es mit dem politischen Handeln aus?

Vorrangig geistliche Rolle. Die Kirche muss vor allem ihrer vorrangigen Verantwortung gegenüber der Welt nachkommen, nämlich der Evangelisation, damit Menschen aus dem Reich der Finsternis ins Reich des Lichts kommen können. Außerdem besteht ihre erste Verantwortung für sich selbst darin, die neuen Menschen aufzubauen. Aus diesem Grund muss gesellschaftliches Handeln zweitrangig sein. Wenn die Kirche nicht evangelisiert und Jünger schult, dann wird keine noch so große Anzahl an politischen Aktivitäten die Gesellschaft sehr viel verändern, und, was noch wichtiger ist, die grundlegende Aufgabe, den Himmel für die Ewigkeit zu bevölkern, wird unerledigt bleiben.

Auf der Suche nach Gerechtigkeit und Barmherzigkeit ist es die vorrangige Verantwortung der Kirche, ein solches Klima herzustellen, dass neue Bürger und neue Führer herangebildet werden können. Um das zu tun, muss die Kirche in sich gehen. Sie muss Christen heranbilden, die *hingebungsvoll, mutig, geisterfüllt und gut informiert* sind, und zwar sowohl über biblische Wahrheiten als auch über die Themen, welche die sündige, problembeladene Gemeinschaft bedrängt, in der sie leben.

Wenn die Kirche nicht dem Vorbild Christi folgt und sich darauf konzentriert, Menschen zu retten, sie geistlich zu ernähren, sie die ewigen Prinzipien zu lehren und das Leiden der Menschen direkt zu linden, dann läuft sie Gefahr, ihre grundsätzliche Lebensberechtigung zu verlieren. Darüber hinaus untergräbt sie ihre eigene Autorität in der Verkündigung einer ewigen Botschaft, insbesondere, wenn sie soziale oder politische Antworten gibt, die sich als falsch herausstellen. Daraus entwickelt sich ein Riss in der Glaubwürdigkeit, und der Mangel an Vertrauen zur Kirche bewirkt wiederum einen Mangel an Vertrauen zur Bibel und damit letztlich zu Gott. Wie C. S. Lewis schrieb:

> Dadurch erhebt sich die Frage nach der Theologie in der Politik. Das Problem der Abgrenzung zwischen beiden kann man nur annähernd folgendermaßen lösen: Die Theologie lehrt uns, welche Lösung wünschenswert ist und welche Mittel erlaubt sind, während die Politik lehrt, welche Mittel effektiv sind. So sagt uns die Theologie z. B., dass jeder Mensch einen angemessenen Lohn bekommen sollte. Die Politik sagt dazu, mit welchen Mitteln das am besten erreicht werden kann. Die Theologie wiederum sagt, welche dieser Mittel mit Gerechtigkeit und Nächstenliebe übereinstimmen. Bei den politischen Fragen kommt die Wegweisung nicht aus einer Offenbarung, sondern aus der natürlichen Vorsicht, aus dem Wissen über komplexe Fakten und der Erfahrung des Reifens. Falls wir diese Qualifikationen haben, dann können wir natürlich unsere Meinung darlegen; aber dann müssen wir auch deutlich machen, dass wir unsere persönliche Beurteilung abgeben und nicht im Auftrag des Herrn reden. Nicht viele Priester haben diese Fähigkeiten. Die meisten politischen Predigten lehren die Versammlung nichts weiter als nur, welche Zeitungen im Pfarrhaus gelesen werden.[22]

Der Kirche mangelt es nicht nur an biblischer Autorität und damit an besonderer Kompetenz, um über pragmatische Umsetzungen zu reden; es ist noch nicht einmal sicher, ob die Kirche sich für den richtigen Fall einsetzt, wenn Fragen der Gerechtigkeit und der Moral in komplexen politischen Realitäten versteckt sind.

> Die deutsche Kirche in den 30er Jahren des 20. Jahrhunderts wird manchmal als Beispiel für die entsetzlichen Folgen angeführt, die eine politische Nichteinmischung nach sich ziehen kann. »Wenn die deutsche Kirche sich bloß Hitler entgegengestellt hätte, statt einfach still zu sein«, so wird argumentiert, »um wie viel besser wäre die Welt gewesen.« Das ist ein bestechendes Argument, doch es hat zwei Schwachpunkte. Zunächst setzt es voraus, dass die deutsche Kirche, wenn sie politisch aktiv gewesen wäre, sich der Nazi-Bewegung widersetzt hätte. Das ist eine gewaltige Annahme. Kirchen haben oft guten Gewissens böse politische Bewegungen unterstützt. Die Zaren wurden auch von der Kirche unterstützt. Ihre kommunistischen Nachfolger erhalten die selbe Unterstützung von den Nachfolgern dieser Kirche.[23]

Angesichts dieser vielen ernsthaften und anhaltenden Unklarheiten ziehe ich den Schluss, dass die Kirche sich auf ihre primäre Aufgabe konzentrieren sollte, wie sie von Jesus und den Aposteln vorgelebt wurde und im Neuen Testament klar und deutlich gelehrt wird. Dennoch hat die Kirche, wie wir bereits festgestellt haben, eine Verpflichtung ihrer Gemeinschaft gegenüber als »Salz« und »Licht«. Wie sollte sie dieser Verantwortung nachkommen?

Prophetischer Dienst an der Gesellschaft. *Spezifische Fragen ansprechen.* Sollte sich die Kirche zu gewissen Themen *nur im Allgemeinen* äußern, oder sollte sie diese *spezifisch* zur Sprache bringen? Die Kirche hat mit Sicherheit das Recht, sich spezifisch zu äußern. Johannes der Täufer wandte sich nicht an Herodes mit dem allgemeinen Prinzip: »Ehebruch ist falsch.« Er sagte vielmehr: »Es ist *dir* nicht gestattet, *sie* zu haben.«

Sowohl Mittel als auch Lösungen ansprechen. Darf die Kirche mit ihrer Botschaft nur *Ziele* ansprechen, oder darf sie auch *Mittel* nennen? Die Kirche sollte sehr wohl von erstrebenswerten Zielen reden (z. B. der Abschaffung der Sklaverei) und auch von Mitteln und der politischen Umsetzung (keine Sklavenbefreiung durch Erschießen der Sklavenhalter). Die Kirche sollte sich nicht zu den pragmatischen Mitteln äußern, wenn sie keine besondere Kenntnis davon hat, aber sie hat die Verantwortung, die Gerechtigkeit und die Barmherzigkeit sowohl der politischen Mittel als auch der Ziele zu beurteilen.

Wenn sich die Kirche irrt. Was passiert, wenn die Kirche etwas Falsches sagt? Das ist sicherlich in theologischen Fragen bereits der Fall gewesen, und wir lösen das Problem nicht, indem wir fordern, die Kirche solle nicht mehr die

Bibel auslegen. Die Kirche irrt auch häufig bei evangelistischen Praktiken, und dennoch hören wir nicht auf, uns für Evangelisation einzusetzen. Wir sagen einfach: »Diese Interpretation ist falsch, und die Kirchenvertreter, die diese Deutung aufgebracht haben, vertreten nicht meine Meinung.«

Ich würde mich beispielsweise für Ladenschlussgesetze aussprechen, die den Sonntag schützen, während andere Kirchenvertreter dagegen sind. Die Ironie bei der Sache ist, dass ich möglicherweise moralisch Recht habe, politisch aber im Unrecht bin. Doch dieses Risiko muss man eingehen.

Zugunsten der größtmöglichen Effektivität sollte die Kirche die Themen für ihr gesellschaftliches Handeln auf Fälle beschränken, bei denen sie einen klaren biblischen Auftrag hat. Das Problem mit so vielen Themen sowohl der religiösen Linken als auch der religiösen Rechten ist es, dass sie sehr häufig nur eine Blaupause der nichtchristlichen Gesellschaft sind, ob es nun die Umbruch-Elite auf der linken oder die traditionellen Kulturbewahrer auf der rechten Seite sind. Das bedeutet, dass beide Themenkataloge mit nichtbiblischen Themen angefüllt sind, und daher ist die moralische Kraft jeglichen biblischen Auftrags, der noch im Themenkatalog erscheint, stark geschmälert. Haben Fragen wie Aufrüstung oder die Eigentumsrechte am Panama-Kanal wirklich den gleichen klaren biblischen Auftrag wie die Unantastbarkeit des Heims oder das Recht auf Leben? Es ist weitaus besser, unseren Themenkatalog so zu beschneiden, dass wir unsere Gefechtslinien auf einem klaren biblischen Auftrag aufbauen.

Das wird uns nicht nur Gottes eigene Autorität im Kampf für die Wahrheit mitgeben, sondern es wird auch dazu führen können, dass Gläubige für einen gemeinsamen Schlag zusammenstehen. Eine schöne Illustration für diese Wahrheit konnte man bei dem Experiment der »Evangelikalen für Soziales Handeln« sehen. Das Treffen zu *Thanksgiving* (Anm. d. Übers.: Erntedank-Feiertag am 4. Donnerstag im November) im Jahr 1973 versammelte ein breites Spektrum evangelikaler Führungspersonen, die sich zusammenschlossen und gemeinsam die »Chicagoer Erklärung über Evangelikale Anliegen« verfassten. Die Einheit zerbrach jedoch sehr bald wieder, und die vielversprechende Bewegung verlor schnell an Kraft, denn der Themenkatalog war zu lang geworden und enthielt zu viele umstrittene Einzelheiten, so dass die ersehnte kräftige vereinte Stimme für Gerechtigkeit und Barmherzigkeit nur zu einer schwachen, wenn nicht gar schrillen Stimme einer Gruppe von Loyalisten wurde, die auf einem ausführlichen, linkslastigen Themenkatalog beharrten, der sich sowohl mit politischen Mitteln als auch mit moralischen Zielen befasste.

Offizielle Stimme der Kirche. Darf die Kirche *öffentliche Erklärungen* abgeben, oder ist dieser prophetische Dienst daran gebunden, dass der Prediger als privater Bürger spricht? Wenn Billy Graham über ein gesellschaftliches Thema spricht, wie z.B. nukleare Abrüstung, dann hat das mehr Auswirkungen als

»Stimme der Kirche« als nahezu jede größere Resolution eines Kirchenkonzils. Wenn irgendein Christ sich zu Wort meldet, dann wirkt das wie die Stimme der Kirche auf die Menschen, die diesen Christen als verantwortlichen Sprecher der Christenheit ansehen. Der Prediger auf der Kanzel, der Laie auf der Straße, die Gesamtkirche im Konzil oder die Mutter mit ihren Kindern – sie alle sind »die Stimme der Kirche« für diejenigen, die bei ihnen nach geistlicher Wegweisung suchen.

Der christliche *Bürger* sollte die hauptsächliche Kampfkraft für Gerechtigkeit und Barmherzigkeit zur Verfügung stellen, und die *Kirche* sollte durch ihre Führer eine Partisanenpolitik vermeiden und hart daran arbeiten, wirklich christliche Bürger heranzubilden und sich zu klaren biblischen Moralthemen prophetisch zu äußern.

Gesetzlich geregelte Moral. Können Moralbegriffe gesetzlich geregelt werden? Die Vorstellung, dass man Moralvorstellungen nicht gesetzlich regeln kann gründet sich üblicherweise auf einem kulturellen oder ethischen Relativismus, der lehrt, dass moralisches Verhalten voll und ganz von der Kultur bestimmt wird, und dass nichts für alle Kulturen zu allen Zeiten richtig oder falsch ist. Es ist schwierig, diesen Ansatz konsequent zu Ende zu denken, denn dann muss man der Kultur der Mafia die gleiche Rechtmäßigkeit einräumen wie dem Obersten Gerichtshof.

Das Wahre an der Angelegenheit ist, dass »man weder einen Bereich privater Moralvorstellungen definieren kann noch einen Bereich privater staatsgefährdender Aktivitäten«[24] (Sir Patrick Devlin). Konsequenterweise gibt es auch keine theoretischen Grenzen, bis zu welchem Ausmaß das Gesetz gegen Unmoral vorgehen kann. Es ist in Wahrheit so, dass der größte Teil der Gesetzgebung sich auf Moralvorstellungen stützt. Wenn Moralbegriffe nicht gesetzlich geregelt werden können, dann kann gar nichts geregelt werden.

Die meisten vernünftigen Leuten stimmen im Allgemeinen damit überein, obwohl es scharfe Differenzen darüber geben würde, wo die Grenze zwischen privater Moral und öffentlicher Moral zu ziehen wäre. Homosexuelles Verhalten wird von den meisten Amerikanern als reine Privatangelegenheit angesehen. Aber ist das tatsächlich so? Wer zahlt die Arztrechnungen für homosexuelle Aidspatienten? Welche Rückschläge muss die bedrängte Familie hinnehmen, wenn Kinder mit der Auffassung indoktriniert werden, dass homosexuelle Beziehungen normal und schön sind? Das sind nun wahrlich keine privaten Themen mehr. Und das gleiche gilt für jede beliebige andere moralische Streitfrage.

Wenn die Regierung repräsentativ oder demokratisch ist, dann kann sie nur das Urteil der Gesellschaft bezüglich der moralischen Verhaltensmaßstäbe widerspiegeln, die von allen Staatsbürgern gefordert werden. Wenn in einer solchen Gesellschaft Moralvorstellungen gesetzlich geregelt werden, die für die Mehrheit nicht akzeptabel sind, oder auch nur für eine große Minderheit der Bürger, dann wird dieses Gesetz undurchsetzbar. Es ist ein schlechtes Gesetz, denn es fördert die Gesetzlosigkeit. Wenn daher ein Christ daran interessiert ist, dass Moralvorstellungen gesetzlich verankert werden, dann muss er nicht nur fragen, was richtig und gut für die Gesellschaft ist, er muss auch die Frage stellen: Was wird diese Gesellschaft akzeptieren? Es mag natürlich sein, dass er ganz prinzipiell auf verlorenem Posten kämpft. Wenn er aber tatsächlich beabsichtigt, einer Mehrheit die Verhaltensmaßstäbe einer Minderheit aufzuzwingen, dann sollte er bedenken, dass dadurch der Stoff des Gesetzes durchlöchert würde und am Ende sehr viel mehr als nur ein bestimmter moralischer Maßstab verloren ginge.

Die Rolle des einzelnen Christen

Prioritätenliste in sozialer Verantwortung. Wenn man dem Beispiel Christi folgt, dann sollte man als Christ seine Prioritäten so ordnen, dass die Versöhnung der Menschen mit Gott und die Ewigkeitsdimensionen des Lebens die wichtigsten Anliegen sind und oberste Priorität haben, während gleichzeitig eine innige Sorge um Menschen und ihre körperlichen und materiellen Bedürfnisse dazu führen, dass man sich auch auf diesem Gebiet engagiert.

Verantwortung für sich selbst. Als Grundlage für das soziale Wohlergehen ist der Christ verantwortlich dafür, für sich selbst zu sorgen (1Thes 4,11-12; 2Thes 3,10).

Verantwortung für die Familie. Darüber hinaus hat der Christ eine primäre Verantwortung für seine eigene Familie (1Tim 5,8). Das gesamte 5. Kapitel des 1. Timotheusbriefes handelt von der Verantwortung, für seine eigene Familie zu sorgen. In Verbindung damit stellt die Bibel klar die Verantwortung der Eltern bei der Erziehung ihrer Kinder heraus (5Mo 4,9-10; 11,18-19; Spr 13,24; 22,15; 23,13-14; Eph 6,1-4). Hier wird die Grundlage für eine Gesellschaft unter der Herrschaft Gottes gelegt.

Verantwortung für Mitchristen. Die nächste Verantwortung des Christen ist die für seine Mitchristen. *»Lasst uns also nun, wie wir Gelegenheit haben, allen gegenüber das Gute wirken, am meisten aber gegenüber den Hausgenossen des Glaubens!«* (Gal 6,10). Weite Teile des 1. Johannesbriefs betonen die liebende Verantwortung, die ein Christ für das körperliche Wohlergehen seiner Mitgläubigen hat.

Verantwortung für den Nächsten. Schließlich hat der Christ auch Verantwortung für seinen Nächsten – das ist jeder außerhalb der unmittelbaren Verantwortung für die menschliche und die göttliche Familie, der den Christen in gewisser Weise durch seine Beziehung als »Nächster« in Verantwortung bringt.

Verantwortung gegenüber der Gesellschaft. Die Verantwortung des Christen für seine Gesellschaft wird in einem demokratischen System besonders deutlich, in welcher der christliche Bürger Teil des regierenden Organs ist – nämlich des Volkes.

1. Der Christ hat die Verantwortung, diejenigen, die im Staat Macht ausüben, die »in Hoheit sind«, zu ehren und für sie zu *beten* (Röm 13; 1Tim 2,2).

2. Der Christ hat die Verantwortung, den bürgerlichen Gesetzen und der Staatsmacht zu *gehorchen* (Röm 13,1-10).

3. Der Christ hat die Verantwortung, *Steuern zu zahlen* (Röm 13,6).

4. Der Christ hat die Verantwortung, *Gerechtigkeit und Barmherzigkeit zu üben*, indem er Angestellte gerecht behandelt und daran mitarbeitet, dass Arme, Minderheiten (Ausländer), Unterdrückte und Schwache (Witwen und Waisen) entlastet werden. Die vielleicht eindringlichste Schriftstelle in dieser Hinsicht ist wohl Matthäus 25,31-46, wo Menschen im Voraus die Grundlage der Beurteilung bei einem der zukünftigen Gerichte erfahren: Menschen werden auf der Grundlage dessen gerichtet, ob sie die Hungrigen gespeist, den Durstigen zu trinken gegeben, die Heimatlosen beherbergt, die Nackten gekleidet haben und für die Kranken und die im Gefängnis gesorgt haben.

Es gibt noch weitere Richtlinien, die anscheinend mit den Prinzipien von Gottes Wort übereinstimmen, auch wenn man sie nicht als ausdrücklich offenbarten Willen Gottes betrachten kann:

5. Um unserer Verantwortung nachzukommen, nach Gerechtigkeit und Barmherzigkeit zu streben, sollte jeder Christ *das Wort Gottes eingehend studieren,* um Gottes Sicht bezüglich irgendeines speziellen aktuellen Themas erkennen zu können. Das Wort Gottes muss unsere Kontrollinstanz und Autorität sein.

6. Der Christ muss die *Probleme der Gesellschaft erforschen* – Drogen, Kriminalität, Slums, Armut, Einwanderer, Pornographie, Rassismus, Familienleben, Arbeitslosigkeit, Wohnverhältnisse, Krankheit, ungerechte Steuerpolitik, Diskriminierung, politische Korruption. Wie sehen die genauen Tatsachen aus? Was können wir bei diesen Problemen tun? Wann fangen wir an und wie? Da ich persönlich nicht allein die Bürde der ganzen Welt tragen kann: Auf welche bestimmten Problemfälle sollte ich mich in Gottes Augen konzentrieren?

7. *Wählen.* Der Christ, der in einer Demokratie lebt, nimmt Abstand von seiner Verantwortung, nach einer gerechten und barmherzigen Gesellschaft zu streben, wenn er absichtlich nicht zur Wahl geht. Aber macht eine einzige Stimme wirklich etwas aus? Ganz gleich, ob sie etwas ausmacht oder nicht; ein Christ sollte wählen. Und im Übrigen kann eine einzige Stimme tatsächlich etwas ausmachen.

Im Herbst 1842 wurde Madison Marsh mit einer Stimme Mehrheit in das Landesparlament von Indiana gewählt. Einer von denen, die ihn gewählt hatten, war Henry Shoemacher, der zu Pferd zwölf Meilen bis zum Wahllokal zurückgelegt hatte. Dieser Parlamentarier stand in der Verantwortung, sich an der Wahl eines Senators der vereinigten Staaten zu beteiligen. Mit einer Mehrheit von einer Stimme wurde Edward A. Hannegan gewählt, und der Abgeordnete Marsh war einer von denen, die für ihn gestimmt hatten. Im Jahr 1846 gab es Ärger zwischen den Vereinigten Staaten und Mexiko. Mit einer Stimme Mehrheit wurde der Krieg erklärt; mit der Stimme von Senator Hannegan. Die amerikanischen Streitkräfte gewannen den Krieg, und das führte dazu, dass das Südwestterritorium der Union zugeschlagen wurde. Daraus wurden die Bundesstaaten Texas, Kalifornien, Idaho und Oregon. Eine Stimme kann durchaus etwas ausmachen![35]

8. Der Christ sollte *das, was er glaubt, bezeugen*, und zwar in persönlichen Gesprächen, in Briefen, Artikeln, Predigten oder Leserbriefen, sowie sich die Gelegenheiten ergeben.

9. Der Christ kann *sich für einen Kandidaten einsetzen*, zu dem er Vertrauen hat; er kann für die Wahl von bestimmten Kandidaten eintreten oder die Gesetzgebung durch Briefe, Petitionen oder andere Aktionen beeinflussen.

10. Manchmal kann es für einen Christen angebracht sein, sich im *gewaltlosen Widerstand* zu engagieren, z. B. in Sitzstreiks oder Friedensmärschen.

11. Eines der mächtigsten Mittel, um einen gesellschaftlichen Wandel zu bewirken, sind *rechtliche Schritte* bezüglich einer gerechten Sache in einer Gesellschaft, deren öffentliche und private Werte in steigendem Maße eher durch Gerichtsbeschlüsse als durch die Gesetzgebung oder die ausführende Staatsgewalt bestimmt werden.

12. *Besondere Berufung.* Manche Christen sind dazu berufen, in ihrem Beruf zur Behebung körperlicher oder zeitlicher Mängel zu dienen. Menschen, die sich im medizinischen, sozialen oder politischen Bereich betätigen, können mit Sicherheit genauso von Gott gesandt sein wie Menschen, die das Schreinerhandwerk ausüben oder zur Seelsorge berufen sind. Es ist gewiss angemessen für einen Christen, ein Amt anzustreben.

Darüber hinaus sind Berufswahl und finanzielle Investitionen auch historisch betrachtet häufig die Mittel gewesen, mit denen Christen die Gesellschaft beeinflusst haben. Zum Beispiel hat der Architekt, der die meisten Gebäude der Internationalen Universität von Columbia gebaut hat, sich tatsächlich von der allgemeinen Architektur völlig abgewendet und sich stattdessen entschlossen, den Rest seines Lebens der Arbeit an Krankenhäusern zu widmen. Er hat das ausdrücklich mit der Absicht getan, den hohen Kosten der medizinischen Versorgung entgegenzuarbeiten, indem er kreative und innovative Ideen einbrachte, welche die Kosten zur Errichtung von Krankenhäusern senken konnten. Er hatte den Eindruck, dass die hohen Kosten im medizinischen Bereich für die Armen und auch für die Gesellschaft im Allgemeinen erdrückend sind.

Der Christ, der in Ruhe dabeisitzt, wenn das Böse die Oberhand gewinnt, und der sich noch damit entschuldigt, dass er für wichtigere »geistliche« Angelegenheiten verantwortlich ist, der muss für seinen Ungehorsam einmal Rechenschaft ablegen gemäß der Worte des Königs Lemuel:

> *»Öffne deinen Mund für den Stummen, für den Rechtsanspruch aller Schwachen. Öffne deinen Mund, richte gerecht und schaffe Recht dem Elenden und Armen!«* (Spr 31,8-9).

Die Rolle der Regierung

Die besten Anhaltspunkte dafür, dass die menschliche Regierung eine Institution ist, die von Gott eingesetzt wurde, finden wir eher im Neuen als im Alten Testament. Es ist sicher, dass Israel als ein menschlicher Staat gegründet wurde, und die Propheten betrachteten sicherlich alle menschlichen Regierungen als dem Gesetz Gottes verantwortlich; man muss jedoch schon eine blühende Phantasie haben, um beispielsweise 1. Mose 9,1-6 als Beweis dafür heranzuziehen, wie manche es versucht haben, dass Gott eine menschliche Regierung an sich oder in einer bestimmten Form gegründet hätte. Die menschliche Regierung jedoch als göttliche Verordnung wird in Gottes Wort eindeutig bestätigt:

> *»Jede Seele unterwerfe sich den übergeordneten staatlichen Mächten! Denn es ist keine staatliche Macht außer von Gott, und die bestehenden sind von Gott verordnet«* (Röm 13,1).

Zweck der Regierung

Dem Bösen Einhalt gebieten. Nach der Schriftstelle, die am meisten über Regierungen aussagt (Römer 13), ist der Zweck der menschlichen Regierung, dem Bösen Einhalt zu gebieten, insbesondere, um damit die Bürger zu schützen. Die menschliche Sünde schafft den akuten Bedarf für eine Zwang ausübende Zivilregierung.

Die meisten Menschen bevorzugen eine menschliche Regierung eher als gar keine Regierung; da jedoch Herrscher nur selten mit der minimalen Autorität zufrieden sind, die man braucht, um die Rechte der Bürgerschaft zu schützen, hat die Regierung immer die Tendenz, diese Rechte zu erweitern, um in zunehmendem Maß das Leben der Bürger zu kontrollieren. Aus diesem Grund betrachten manche keine Form der Regierung als wünschenswert. Diejenigen, welche die Idee der menschlichen Regierung aus ideologischen Gründen bekämpfen, sorgen sich um die Freiheit. Doch so erstrebenswert eine völlige Freiheit auch erscheinen mag, in einer Gesellschaft aus sündigen, selbstsüchtigen Menschen scheint Zwang die einzige Möglichkeit zu sein, einige Menschen davon abzuhalten, anderen zu schaden.

Das menschliche Wohlergehen fördern. Ein minimales Maß an Regierung könnte diesen Schutz in beträchtlichem Maß gewährleisten; wenn jedoch zusätzlich der Zweck ins Gespräch kommt, das »Wohlergehen zu fördern«, dann erscheinen die Möglichkeiten, die Regierung auszudehnen, geradezu grenzenlos. Aus diesem Grund sind manche der Ansicht, dass die einzige rechtmäßige Rolle der Regierung darin besteht, die Bürger vor Ungerechtigkeit zu schützen, vor allem da dies die einzige Rolle ist, die der Regierung in den klassischen Schriftstellen Römer 13 und 1. Petrus 2 zugeschrieben wird. Doch die einzige Regierung, die direkt von Gott überwacht war – das alte Israel – stellte auch mit Sicherheit Gesetze zur Förderung des Wohlergehens ihrer Bürger auf.

Darüber hinaus scheint auch das biblische Prinzip der Nächstenliebe ein solches Handeln zu fordern; vor allem im 20. Jahrhundert mit seinen Staaten, die viel zu groß und zu vielschichtig sind, als dass private Mildtätigkeit auch nur im Entferntesten den menschlichen Bedürfnissen und Nöten gerecht werden könnte. Dennoch bleibt der Hauptzweck einer menschlichen Regierung der, Gerechtigkeit zu verbürgen und die Menschen vor böswillig zugefügtem Schaden zu bewahren. Die meisten Zeitgenossen bewerten die Freiheit der persönlichen Wahl so hoch, dass sie sich jeglicher Beschränkung seitens der Regierung, die über das minimale Maß dessen hinaus geht, das zum Schutz der Menschenrechte notwendig ist, widersetzen, wo immer die Situation einen Widerstand zulässt.

Wenn die Regierung sich ausdehnt, entweder um das Böse unter Kontrolle zu halten oder um das menschliche Wohlergehen zu fördern, dann tut sie das auf Kosten der menschlichen Freiheit.

Freiheit ermöglichen. Die Bibel hat einiges über Freiheit zu sagen, aber nicht über *politische* Freiheit. Die Bibel spricht von der Freiheit von Sünden (Röm 6,14-23); Freiheit von der Macht der Finsternis (Kol 1,13); Freiheit von der Knechtschaft Satans (Joh 12,30-33); Freiheit vom mosaischen Gesetz (Röm 7,6; Gal 2,4; 4,5.21; 5,1) und Freiheit von der Knechtschaft des Todes (Röm 8,21-23). Es gibt eine glorreiche Freiheit in Christus (Joh 8,32.36); denn wo der

Geist des Herrn ist, da ist Freiheit (2Kor 3,17). Die biblische Freiheit ist eine geistliche Freiheit, kein allgemeines, absolutes, abstraktes philosophisches Konzept, sondern die Freiheit von etwas ganz bestimmtem: Freiheit von der Sünde.

Daher ist niemand letzten Endes völlig frei. Er kann eine Zeit lang frei sein von der Autorität des Gesetzes Gottes, aber das bedeutet, dass er Sklave der Sünde ist. Andererseits: Wenn Christus ihn von der Schuld und der Macht der Sünde befreit hat, dann konnte das nur geschehen, wenn sich der Mensch entschieden hat, sich selbst völlig der Autorität Christi zu unterstellen. Die Freiheit jedes Einzelnen, das zu tun, was ihm beliebt, ist nachdrücklich begrenzt durch seine Sterblichkeit, seine Sünde und seine Lebensumstände, die außerhalb seiner Kontrolle liegen. Daher ist Freiheit relativ. Wenn wir von Freiheit sprechen, dann sollten wir den Begriff immer definieren und einschränken: Welche Art von Freiheit? Freiheit wovon?

Geistliche Freiheit beispielsweise ist keineswegs die Erlaubnis, das zu tun, was mir beliebt, sondern die Möglichkeit, das zu tun, was ich tun sollte. Im Bereich der Politik ist Freiheit ebenso kein absolutes, Gott gegebenes Recht. Freiheit kann gar nicht absolut sein, denn meine Freiheit, das zu tun, was mir beliebt, wird sich früher oder später mit der Freiheit eines anderen überschneiden, der ebenso tun will, was ihm beliebt. Es ist völlig unmöglich, dass zwei Menschen gleichzeitig absolute Freiheit haben können, außer wenn sie beide vollkommen das Wohl des anderen im Sinn hätten, und das ist in einer gefallenen Welt eine Unmöglichkeit.

> Wenn wir mit dem Begriff »Wahlfreiheit« meinen, dass es den Menschen erlaubt sein sollte, mit Hilfe ihres freien Willens entweder eine ethische oder eine unethische Entscheidung zu fällen, ohne die Konsequenzen einer unethischen Entscheidung tragen zu müssen, dann führt das zu einer Absurdität, die konsequent zu Ende gedacht, das öffentliche Gesetz völlig außer Kraft setzen würde.[26]

Dennoch befürworten wir, dass die persönliche Wahlfreiheit in einer gerechten Gesellschaft so weit wie möglich ausgedehnt werden soll. Obwohl die Bibel die freie Wahl nicht besonders betont, so wird doch deutlich: Wenn Gott selbst in die menschlichen Angelegenheiten eingreift, dann tut er es, um die Gefangenen aus der ägyptischen Knechtschaft zu befreien und schließlich in der Tat durch den Messias die Fesseln aller Ungerechtigkeit zu lösen und die Gefangenen zu befreien (Jes 61,1; Lk 4,18).

Auch wenn der Fall der politischen Freiheit nicht ausdrücklich in der biblischen Lehre verankert ist, so kann diese Freiheit doch sicherlich auf der Grundlage der Prinzipien aus Gottes Wort stark befürwortet werden. Die Bibel lehrt zum Beispiel ganz klar, dass der Mensch in erster Linie Gott verantwortlich ist; dennoch kann es in einem feudalistischen oder totalitären Regime dazu kommen, dass die Freiheit des Einzelnen oft in einem solchen Ausmaß beschnitten ist, dass er seinem Gewissen nicht folgen kann, um dieser Verantwortung gerecht zu werden. Darüber hinaus hat Gott jeden einzelnen Menschen mit einem Ziel erschaffen, und ein gewisses Maß an Freiheit ist notwendig, um den Zweck Gottes zu erfüllen. Politische Freiheit ermöglicht es einem Bürger, seiner vorrangigen Verantwortung im Leben nachzukommen: der Verantwortung Gott gegenüber, nicht in erster Linie dem Staat gegenüber.

Ein anderes Prinzip hat zu tun mit dem Wert des Individuums, das nach dem Bildnis des grenzenlos freien Gottes geschaffen wurde. Wenn menschliche Freiheit unnötig von staatlichen Kontrollen beschnitten wird, dann wird nicht nur das Individuum, sondern auch das Bildnis Gottes im Menschen erniedrigt. Der Staat hat keinen göttlichen Eigentumsanspruch.

Der vielleicht stärkste Grund dafür, die maximale politische Freiheit zu befürworten, ist die Natur des Menschen. Der Mensch ist ein Sünder, und das gilt auch für alle menschlichen Autoritäten. In einer solchen sündenvollen Gesellschaft ist eine Überwachung notwendig, damit die menschlichen Autoritäten ihre Macht nicht zu Gunsten eines persönlichen oder parteipolitischen Vorteils missbrauchen oder anfangen, sich selbst göttliche Vorrechte einer unbeschränkten Macht anzumaßen. Daher muss die Macht des Staates Grenzen haben.

Formen der Regierung

Es gibt grundsätzlich zwei Möglichkeiten, ein Volk zu regieren: 1. absolutistisch (Monarchie – von einem Einzelnen regiert, und Oligarchie – von einigen wenigen regiert) oder 2. demokratisch (einschließlich Regierungsformen, bei denen das Volk Repräsentanten stellt, wie zum Beispiel eine Republik). Obwohl ein Christ unter jeder Form von Regierung leben kann, und obwohl die ideale Form eine Monarchie mit Gott als einem unendlich weisen und liebenden Monarchen wäre, so wäre es doch schwierig, aus dem Wort Gottes herzuleiten, dass irgendeine bestimmte Form der menschlichen Regierung absolut und immer richtig wäre.

Trotz des Niedergangs des Kommunismus und des plötzlichen Ansturms auf demokratischere Staatsformen leben die meisten Menschen auf der Welt noch immer in Regierungssystemen, welche die persönliche Freiheit stark beschneiden. Darum müssen die meisten Christen auf dem Planeten Erde mit dieser Realität zurecht kommen. Wie hilfreich, dass die Schreiber der biblischen Bücher unter ähnlichen Umständen gelebt haben!

Wegen der Sündhaftigkeit des Menschen wird das Potential des Bösen unberechenbar, wenn Macht in der Hand einer einzigen Person oder einer kleinen Gruppe liegt. Daher haben sich totalitäre Regime durchweg als böse für ihre unglücklichen Untertanen herausgestellt. Ich befürworte aus diesem Grund das Konzept einer verfassungsmäßigen Demokratie oder einer Republik, in der private Rechte und die Grenzen der Freiheit nicht Spielball des Willens von Machthabern werden. Dieses Konzept scheint die besten Sicherheiten in dem schwierigen Verhältnis zwischen Freiheit und Macht zu bieten. Sowohl die Regierung als auch die Bürger unterliegen dem gleichen verfassungsmäßigen Gesetz. Die Freiheit des Volkes ist dementsprechend durch die Regierungsmacht eingeschränkt, und die Regierung wiederum wird durch das freie Einverständnis derjenigen beschränkt, die regiert werden.

Das bedeutet nun nicht, dass die Demokratie völlig fehlerlos wäre. Die gleiche Sündhaftigkeit kann sehr wohl bedeuten, dass auch die Demokratie auf lange Sicht zum Scheitern durch Selbstzerstörung verurteilt ist. Unmittelbar bevor das amerikanische Experiment zur Demokratie begonnen wurde, äußerte sich Alexander Fraser Tytler, Historiker, Jurist und schottischer Staatsanwalt, folgendermaßen kritisch zum griechischen Experiment mit der Demokratie:

> Eine Demokratie kann nicht als dauerhafte Regierungsform existieren. Sie kann nur so lange existieren, bis die Wähler entdecken, dass sie sich selbst aus den öffentlichen Kassen hinaus wählen können; und das hat zur Folge, dass die Demokratie immer aufgrund einer lockeren Steuerpolitik zusammenbricht, worauf anschließend eine Diktatur errichtet wird.[27]

Kurz nach der Gründung Amerikas, in den 30er Jahren des 19. Jahrhunderts, schrieb der französische Gesellschaftsphilosoph Alexis de Tocqueville seine unvergleichliche Analyse der amerikanischen Gesellschaftsstruktur, *Demokracy in America,* in der er warnte, dass unser Individualismus diesem Experiment zum Verhängnis werden könnte.

1985 veröffentlichte der hervorragende Soziologe Robert Bellah ein Buch mit dem Titel *Habits of the Heart*, das innerhalb kurzer Zeit die akademische Gesellschaft erschütterte. Es erschütterte die Menschen, weil er die Schlussfolgerung zog, dass die Demokratie zum Scheitern verurteilt sei, wenn nicht irgendetwas unseren Drang zum immer radikaleren Individualismus stoppen würde. Bellah und seine beiden Kollegen betrachteten die Geschichte Amerikas und schlossen daraus, dass die grundlegende Idee Amerikas die Freiheit ist. Doch am Anfang bedeutete diese Freiheit, aufgrund unserer biblischen Wurzeln, das Wohl der Allgemeinheit zu suchen; wohingegen heutzutage, abgeschnitten von diesen biblischen Wurzeln, jeder nach der Freiheit trachtet und sie verteidigt, um das individuelle Eigeninteresse zu fördern.

> Was auf jeder Ebene versagt hat – von der Staatengemeinschaft über die nationale Gesellschaft und die örtliche Gemeinschaft bis hin zur Familie – ist ein enger Zusammenschluss. ... Wir haben das begangen, was für die republikanischen Gründer unserer Nation die Todsünde war: Wir haben unser eigenes Wohl als Individuum, als Gruppe, als Nation an erste Stelle gestellt.[28]

Wenn jede Einzelperson und jede ethnische Gruppe und jede Interessengruppe nur ihre eigenen Interessen fördert, notfalls gegen alle anderen, dann besteht für die Demokratie keine Hoffnung mehr, folgert Bellah.

Haben diese drei brillanten Analytiker damit prophetisch gesprochen? Ich bin davon überzeugt, dass das nicht der Fall ist. Doch im Interesse der Freiheit kann ich das Risiko, biblische Werte anzustreben, auf mich nehmen. Wenn der Sauerteig der biblischen Impulse in Richtung Gerechtigkeit, Fairness und Barmherzigkeit weiterhin die öffentlichen politischen Debatten beeinflussen kann, dann kann vielleicht die sündige Selbstsüchtigkeit der Wähler zumindest eine Zeit lang in Schach gehalten werden. Bis jetzt hat sich die Demokratie jedenfalls als besser vereinbar mit christlichen Werten gezeigt als ein menschlicher Absolutismus.

Gesellschaftliches Handeln der Regierung in einer freien Gesellschaft

Vermutlich stimmt die Allgemeinheit damit überein, dass der Staat seine Bürger vor Ungerechtigkeit schützen muss; doch diese Einmütigkeit verschwindet schon, wenn die Macht des Staates ausgedehnt wird, um das Wohlergehen all seiner Bürger zu garantieren. Alle wahren Christen stimmen zu, dass sowohl jeder einzelne Christ als auch die Kirche als Ganzes sich aktiv daran beteiligen sollten, menschliches Leid zu lindern. Wir würden auch zustimmen, zumindest theoretisch, dass die Kirche für das Wohlergehen ihrer Mitglieder sorgen soll, obwohl die Kirche leider diese Verantwortung größtenteils an den Staat abgetreten hat. Doch wird eine Privatinitiative jemals mithalten können, menschliche Bedürfnisse zu erfüllen, so wie es möglich ist, wenn man alle institutionellen Mittel ausschöpft?

Die meisten modernen Gesellschaften haben die Schlussfolgerung gezogen, dass eine private Initiative nicht in der Lage oder nicht willens ist, menschliche Bedürfnisse zu erfüllen, dass also der Staat allein die entsprechenden Mittel hat, die Bedürfnisse des ganzen Volkes zu erfüllen, und dass der Staat dies dementsprechend auch versuchen sollte. Das ist der offizielle Standpunkt nahezu aller Regierungen, ob absolutistisch oder demokratisch. Eine Minderheit von Wohlhabenden unter den Wählern widersetzt sich dieser Philosophie; manche aufgrund dessen, dass die Bibel diese Rolle des Staates nicht vorsieht, andere mit dem Argument, dass die staatliche Hilfe nicht funktioniert und auch gar nicht funktionieren kann. Doch zumindest im Moment scheint es ein sinnloses Nachhutgefecht zum Schutz der Vorteile von Privilegierten zu sein, wenn man die Beteiligung des Staates in der Sozialfürsorge bekämpft. Wie dem auch sei, wenn man irgendeine staatliche Rolle bei der Förderung menschlichen Wohlergehens anerkennt, welches sind dann die rechtlichen Mittel, diese in einer freien Gesellschaft durchzusetzen?

Die Mittel, mit denen man soziale Veränderungen in einer Demokratie durch staatliches Handeln erreichen kann, sind in allen drei Teilbereichen der Regierung zu finden.

Die Exekutive. Bei Wahlen liegt die Hauptmöglichkeit, die Regierung durch die Verwaltung auf Staats-, Landes- und örtlicher Ebene zu beeinflussen. Wenn man sich für einen Kandidaten einsetzt, der einer Sache verpflichtet ist, die man selbst auch für wichtig erachtet, dann hat das eine direkte Wirkung durch die gewählten Vertreter selbst und eine indirekte Wirkung auf die Ämter, die ihnen unterstehen.

Manche protestieren dagegen, wenn ein Lobbyist sich auf ein einzelnes Thema konzentriert, doch dies ist meistens ein geheuchelter Widerspruch, denn schließlich ist das der Sinn aller Interessengruppen: dass die Kräfte all derer zusammenwirken, die an einem bestimmten Thema interessiert sind. Eine Politik, die nur ein Thema kennt, brachte die Emanzipation im 19. Jahrhundert und die Bürgerrechtsgesetze im 20. Jahrhundert ins Rollen.

Manche Themen verdienen zweifellos mehr Beachtung als andere. Ob ein Thema wichtig genug ist, um alle anderen Fragestellungen in den Hintergrund treten zu lassen, das muss man jeweils der Beurteilung desjenigen überlassen, der eine bestimmte Position vertritt. Es kann unweise sein, wenn man einen Kandidaten nur wegen seiner Haltung zu einem bestimmten Thema wählt, denn dieser gewählte Abgeordnete könnte außerdem noch eine Menge nicht wünschenswerte Ziele haben zusammen mit dem einen wünschenswerten, um das man selbst bemüht ist. Man kann es jedoch schwerlich als moralisch böse oder undemokratisch betrachten, wenn man sich auf der Grundlage einer einzelnen vorrangigen Überlegung entscheidet. Glücklicherweise neigen die meisten Themen dazu, übergreifende Themenkomplexen zu bilden, so dass die Wählerschaft üblicherweise mit dem ganzen »Paket« zufrieden ist.

Die Legislative. Eine zweite Gelegenheit, die Regierung zu beeinflussen, ist durch die Legislative. Der gleiche Wahlprozess, der bereits bei der Exekutive beschrieben wurde, bildet die vorderste Angriffsfront auf den *status quo* oder das erste Bollwerk, um den *status quo* aufrecht zu erhalten. Doch die Bemühungen von Interessengruppen fangen bei der Wahl erst an. Die gleichen Bemühungen müssen dann auch beibehalten werden, um diejenigen, die im Amt sind, dahingehend zu beeinflussen, bestimmte Gesetze auszuarbeiten; denn die Wahl des »richtigen« Gesetzgebers kann nicht immer garantieren, dass er auch die »richtigen« Entscheidungen trifft.

Jurisdiktion. Die dritte Möglichkeit des Eingreifens hat man, wenn man ein Gericht anruft. Das Ziel sollte dabei sein, durch ein Gericht Recht zu bekommen, nicht nur moralisch im Recht zu sein. Das Streben nach moralischer Gerechtigkeit sollte durch die Gesetzgebung erfolgen.

Obwohl die Gerichtshöfe bisweilen bewusst einen gesellschaftlichen Wandel bewirken können, indem sie Gesetze umdeuten, scheint es mir für einen Christen die Sache nicht wert zu sein, sich um ein gerichtliches Verfahren zu bemühen. Nicht alle christlichen Anwälte stimmen allerdings mit dieser Meinung überein. Die Zeitschrift *Quarterly of the Christian Legal Society* rühmt Lord Denning als ein Beispiel für den idealen christlichen Anwalt und Richter.

> Dennings Weigerung, Gesetze anzuwenden, die er als altmodisch und ungerecht betrachtete, war unbeirrbar und kompromisslos. ... »In diesem Gerichtshof kleben wir nun nicht mehr an den Buchstaben der Gesetzesvorschriften. Wir urteilen nach ihrem tatsächlichen Gehalt. Wir füllen die Lücken.«[29]

Historisch betrachtet war es nie beabsichtigt, dass die Gerichtsbarkeit in einer solchen Gesetze schaffenden Weise auftreten sollte. Indem sie sich jedoch so darstellen, können Gerichte, die gesellschaftlich aktivistisch auftreten, die Macht der Legislative an sich reißen und das Gleichgewicht der Macht innerhalb der drei Zweige der Regierung stören.

Da die gesamten Strukturen der Regierung von Menschen geschaffen sind, ist es vielleicht nicht möglich, die Angelegenheit auf biblischer Grundlage zu klären, außer vielleicht, dass man darauf besteht, dass öffentliche Amtsträger ehrlich und innerhalb der Grenzen ihrer verfassungsmäßigen Macht handeln.

Nehmen wir ein praktisches Beispiel. Eine staatliche Behörde verfolgt die Politik, dass christliche Schulen nicht mehr die Freiheit haben sollen, nur Menschen mit einer bestimmten Glaubensüberzeugung und einem entsprechenden Lebensstil anzustellen. (Die Behörde besteht beispielsweise darauf, dass eine lesbische Agnostikerin als Sekretärin des Direktors eingestellt wird.) Dann sollten die Schule und alle anderen Verfechter der Freiheit zunächst bei der verantwortlichen Regierungsexekutive Einspruch einlegen. Wenn der Einspruch keinen Erfolg hat, kann man gerichtliche Schritte unternehmen, um von Seiten des Gerichtshofes Schutz zu finden. Sollte das Gericht mit den Anordnungen der

Behörde übereinstimmen, bleibt als letzte Möglichkeit, den Gesetzgeber zu ersuchen, diese spezielle Freiheit wieder zu gewähren, die eigentlich durch die allgemeinen Prinzipien der Verfassung garantiert werden sollte.

Obwohl es für Regierungsbeamte nicht angebracht ist, biblische Maßstäbe im Ganzen einzubringen, wenn sie in einer pluralistischen Gesellschaft ihren Verantwortungsbereichen nachkommen wollen, so können der christliche Abgeordnete, Gesetzgeber, Richter oder andere staatliche Beamte sicherlich aus dem Wort Gottes Einsicht bezüglich des Denkens des Obersten Gesetzgebers und Richters gewinnen.

Widerstand gegen die Regierung

Welches Verhältnis hat ein Christ zur staatlichen Autorität angesichts seiner Doppelrolle als Bürger des Himmels und Bürger irgendeines Staates auf der Erde? Manche sind der Auffassung, dass ein Christ nur ein wirklicher Bürger des Himmels ist, und dass er sich so weit wie möglich von der Einmischung in die Angelegenheiten des irdischen Staates fernhalten sollte. Andererseits erklären die meisten kirchlichen Traditionen: Je besser ein Christ sein himmlisches Bürgertum auslebt, umso besser wird er auch als Bürger auf der Erde sein. Sowohl diejenigen, die an der Trennung festhalten als auch diejenigen, die eine Einmischung befürworten, lehren jedoch, dass die übliche Reaktion des Christen auf staatliche Gewalt der Gehorsam ist.

Unterordnung

> *»Jede Seele unterwerfe sich den übergeordneten staatlichen Mächten! Denn es ist keine staatliche Macht außer von Gott, und die bestehenden sind von Gott verordnet. Wer sich daher der staatlichen Macht widersetzt, widersteht der Anordnung Gottes; die aber widerstehen, werden ein Urteil empfangen. Denn die Regenten sind nicht ein Schrecken für das gute Werk, sondern für das böse. Willst du dich aber vor der staatlichen Macht nicht fürchten, so tue das Gute, und du wirst Lob von ihr haben; denn sie ist Gottes Dienerin, dir zum Guten. Wenn du aber das Böse tust, so fürchte dich! Denn sie trägt das Schwert nicht umsonst, denn sie ist Gottes Dienerin, eine Rächerin zur Strafe für den, der Böses tut. Darum ist es notwendig, untertan zu sein, nicht allein der Strafe wegen, sondern auch des Gewissens wegen«* (Röm 13,1-5).

> *»Ordnet euch aller menschlichen Einrichtung unter um des Herrn willen: sei es dem König als Oberherrn oder den Statthaltern als denen, die von ihm*

gesandt werden zur Bestrafung der Übeltäter, aber zum Lob derer, die Gutes tun!« (1Petr 2,13-14).

Angeordneter Ungehorsam

Der Befehl, staatlicher Autorität zu gehorchen, ist deutlich; aber kann es auch jemals richtig sein, sich der staatlichen Macht zu widersetzen? Ein Christ *darf* sich nicht nur widersetzen; wenn irgendeine Macht von ihm Ungehorsam Gott gegenüber verlangt, dann *muss* er sich sogar widersetzen. *»Man muss Gott mehr gehorchen als Menschen«* (Apg 5,28-29; siehe auch Apg 4,17-20). Das Oberste Gericht befahl ihnen, nicht in Jesu Namen zu reden. Christus selbst hatte seinen Jüngern befohlen, jedem Menschen die Gute Nachricht weiterzusagen. Die Sache war damit klar. Das Naziregime befahl, unschuldige Juden festzunehmen und umzubringen. Ein christlicher Polizist oder ein einfacher christlicher Bürger musste Gott mehr gehorchen als den Menschen und die Unschuldigen beschützen. Ein solches Handeln bedeutet nicht, das kleinere von zwei Übeln zu wählen. Gehorsam dem Staat gegenüber, wenn dieser einen Befehl zur Sünde gibt, ist in sich schon sündhaft; und Ungehorsam ist in diesem Fall ein moralisches Gut. Daniel tat gut daran, sich den Befehlen des Königs zu widersetzen, nicht mehr zu beten, und seine Freunde handelten richtig, als sie sich weigerten, das Standbild anzubeten. Jochebed und die ägyptischen Hebammen werden gelobt, weil sie einem bösen Gesetz nicht gehorchten.

Aber was ist nun, wenn die verbotene Handlung gut ist und unter anderen Umständen als der Wille Gottes gerechtfertigt werden könnte, wenn es dazu aber keine biblische Anordnung für diese Handlung gibt? Das japanische Gesetz lässt der Verkündigung des Evangeliums fast völlige Freiheit. Doch das Verteilen von Literatur in öffentlichen Verkehrsmitteln ist verboten. Muss ein christlicher Missionar nun auf dieser speziellen Form des Evangelisierens bestehen? Kann er einen göttlichen Auftrag dafür in Anspruch nehmen? Befiehlt Gott dem Gläubigen, Bibeln in Länder zu schmuggeln, wo die Herstellung oder das Verteilen von Bibeln verboten ist? Ich ziehe die Schlussfolgerung, dass eine gute Handlung, wenn sie nicht vom Wort Gottes ausdrücklich angeordnet wird, manchmal gerechtfertigt sein kann, aber nicht verlangt wird. Man kann persönliche Führung in Anspruch nehmen, doch eine solche Führung hat keine klare biblische Autorität und sollte mit Vorsicht angewendet werden. Hier muss Vorsicht walten, da die Handlung nicht unbedingt notwendig sein muss, um Gott zu gehorchen. Möglicherweise bringt sie andere, wichtigere Werte in Gefahr, wie zum Beispiel die Freiheit des Zeugnisses bei anderen Gelegenheiten. Darüber hinaus muss der Gesetzesbrecher darauf vorbereitet sein, die Konsequenzen zu tragen. Paulus sagte: *»Wenn ich nun unrecht getan und etwas Todeswürdiges begangen habe, so* *weigere ich mich nicht zu sterben; wenn aber nichts an dem ist, wessen diese mich anklagen, so kann mich niemand ihnen preisgeben*« (Apg 25,11).

Wenn einem Christen daher befohlen wird, dem offenbarten Willen Gottes ungehorsam zu sein, dann *muss* der Christ dem menschlichen Befehl ungehorsam sein; wenn es ihm verboten wird, etwas Gutes zu tun, zu dem er keinen direkten Auftrag aus Gottes Wort hat, dann *darf* der Christ unter gewissen Umständen dem menschlichen Befehl ungehorsam sein.

Ziviler Ungehorsam

Doch was ist mit dem Widerstand, wenn der Staat zwar nichts von den Gläubigen verlangt im Hinblick auf ihr religiöses oder moralisches Verhalten, aber selbst Falsches tut? Man sollte sich in Erinnerung rufen, dass Paulus, als er die Gläubigen dazu aufrief, dem Staat zu gehorchen, nicht etwa von einem gerechten und wohlwollenden Staat sprach. Caligula und Nero waren zwei von den schlimmsten Verrückten, die jemals eine Schreckensherrschaft über ein Volk ausgeübt haben. Und die Christen selbst waren die Objekte ihres glühenden Hasses. Und dennoch schrieb Paulus: »Unterwerft euch.« Diese bösen römischen Kaiser und ihr grausames System waren die Autoritäten, die »von Gott eingesetzt« waren. Jeremia befahl den Gefangenen, die im Babylon des Königs Nebukadnezar lebten, dem Inbegriff eines gnadenlosen totalitären Systems: *»Sucht den Frieden der Stadt, in die ich euch gefangen weggeführt habe, und betet für sie zum HERRN! Denn in ihrem Frieden werdet ihr Frieden haben«* (Jer 29,7). Diese Lehren spiegeln allgemeine Prinzipien wider, aber sie verraten uns nicht, ob es auch biblische Ausnahmen gibt. Zumindest machen sie deutlich, dass es für einen Gläubigen keine Sünde ist, sich einer ungerechten Regierung unterzuordnen. Mit Sicherheit bleibt keine Möglichkeit für Christen in einer freien Gesellschaft, über einen Bruder oder eine Schwester zu Gericht zu sitzen, die sich einer totalitären Führung unterordnen.

Gleichzeitig müssen wir allerdings beobachten, dass beispielsweise Rahab aus Jericho und die ägyptischen Hebammen sich nicht untergeordnet haben – sie haben ihrer eigenen Regierung widerstanden. Für diesen Widerstand wurden sie von Gott belohnt, und sie erhielten sogar einen Platz unter den biblischen Glaubenshelden. Daraus schließen wir, dass es manchmal nicht falsch war, in einem ungerechten Regime Widerstand zu leisten.

Wie können wir diese beiden offenbar widersprüchlichen Konzepte in Übereinstimmung bringen? Normalerweise sollte der Gläubige ein gehorsamer Untertan sein, wenn nicht von ihm verlangt wird, dass er Gott ungehorsam wird; doch manchmal kann es Gottes Wille sein, einer ungerechten Verordnung oder einem gnadenlosen Regime Widerstand zu leisten. Wann?

Nach dem Zweiten Weltkrieg, als Bürgerrechte und Antikriegsbewegung im Kommen waren, schien es so, dass liberale Kirchenmänner für den zivilen Ungehorsam in der Tradition Rahabs eintraten, während die Konservativen es mit Jeremia hielten und Recht und Gesetz befürworteten. Die zunehmende Befürwortung des zivilen Ungehorsams führte zu einer Theologie der Befreiung bzw. ließ diese Theologie bei vielen liberalen Kirchenmännern zu einem Höhepunkt kommen.

> Die Theologie der Befreiung wurde durch die *World Conference on Salvation Today* (»Weltkonferenz über die Errettung heute«) bekannt, die vom Weltkirchenrat Anfang 1973 in Bangkok abgehalten wurde. Ihre Botschaft ist sehr einfach: Errettung ist Befreiung ... von der Ungerechtigkeit, von jeder Form der Unterdrückung und Ausbeutung, von allem, was einen Menschen davon abhält, »wirklich menschlich« zu sein. Obwohl die Befreiungstheologen persönliche Sünde anerkennen, schreiben sie deren Existenz unterdrückenden politischen und sozialen Strukturen zu; sie behaupten, dass allein solche Strukturen Sünde hervorbringen und fortbestehen lassen. Schuld ist etwas grundlegend Gesellschaftliches; daraus zieht man die Schlussfolgerung, dass keine Befreiung von persönlicher Sünde möglich ist, außer eben durch das Umstürzen jener unterdrückenden Strukturen, welche die Sünde unvermeidlich machen.[30]

Ungefähr zur gleichen Zeit begann sich eine neue Stimmung unter Fundamentalisten und Evangelikalen zu entwickeln. Obwohl die Mehrheit weiterhin für die Unterstützung von Recht und Ordnung als absoluter Forderung an den christlichen Bürger eintrat, begannen sich immer mehr von ihnen politisch zu engagieren und sich der staatlichen Macht auf verschiedene legale und illegale Weise zu widersetzen. Auslöser war vermutlich die Entscheidung des Obersten Gerichtshofes von 1973, die Abtreibung zu legalisieren. Bis zu den 80er Jahren bestand der Hauptunterschied zwischen liberalen und konservativen Befürwortern des Zivilen Ungehorsams in den Vereinigten Staaten nur noch darin, welche Gesetze man missachten sollte. Derjenige, der am deutlichsten Stellung bezogen hat für den zivilen Ungehorsam war der vielgelesene Konservative Francis Schaeffer.

> Gott hat dem Staat, den er verordnet hat, eine gewisse Macht *übertragen*; der Staat ist aber nicht autonom. Der Staat soll ein Vertreter der Gerechtigkeit sein, das Böse bekämpfen, indem er Übeltäter bestraft, und die Guten in der Gesellschaft beschützt. Wenn der Staat das Gegenteil davon tut, *dann hat er keine richtige Autorität*. Es handelt sich dann um eine Macht, die er

> widerrechtlich an sich gerissen hat, und als solche wird die Macht gesetzlos und zur Tyrannei. ... Das folgt aus Rutherfords These, dass Bürger eine *moralische* Verpflichtung haben, sich einer ungerechten und tyrannischen Regierung zu widersetzen. Wenn es definitiv keinen Platz für zivilen Ungehorsam gibt, dann hat sich die Regierung selbständig gemacht, und als solche ist sie an die Stelle des lebendigen Gottes gerückt.[31]

Die Befürworter der Gewalt im Widerstand gegen ungerechte oder unterdrückende staatliche Macht reichen also über das gesamte theologische Spektrum. Das Problem liegt nicht darin, ob man dem Staat ungehorsam werden soll, wenn er Ungehorsam gegenüber Gott verlangt, sondern ob der christliche Bürger verpflichtet ist, den Staat selbst zu zwingen, den Ungehorsam gegen Gott zu beenden. Die Frage ist nicht, ob ich mich weigern muss, mein ungeborenes Kind abtreiben zu lassen, wie man es von einem Christen in China verlangen könnte, sondern ob ich den Staat zwingen muss, damit aufzuhören, die Abtreibung von Föten finanziell zu unterstützen, oder sogar, ob ich den Staat zwingen muss, jeden von einer Abtreibung abzuhalten. Wann gebrauche ich also Waffen gegen den Staat – oder Bomben gegen die Abtreibungskliniken?

Ich glaube nicht, dass man das ganze Spektrum des zivilen Ungehorsams, das Francis Schaeffer befürwortet, durch Gottes Wort rechtfertigen kann. Die Apostel Paulus und Petrus sind nur allzu deutlich mit der zentralen These, dass die Unterwerfung unter die staatliche Macht das normative Verhalten des Christen ist. Ziviler Ungehorsam, wenn vom Bürger verlangt wird zu sündigen? Ja. Widerstand gegen menschliches Gesetz, das mit Gottes Gesetz in Konflikt kommt? Gelegentlich ja, in der Tradition der ägyptischen Hebammen. Doch wird Widerstand von den Gläubigen als normatives Verhalten *verlangt*? Wohl kaum. Und ich glaube auch nicht, dass Schaeffer das gemeint hat, obwohl es sich so anhört.

Widerstand mit Gewalt

Die nächste und vielleicht wichtigere Frage ist: Welche Methode des Widerstandes ist biblisch akzeptabel? Gesetzt den Fall, dass jemandem gegen sein eigenes Gewissen befohlen wird, etwas Falsches zu tun – dann ist die Antwort ziemlich einfach: Tu das Richtige und nimm die Konsequenzen in Kauf. Doch wie kommt man damit klar, wenn man die Übel eines Staates berichtigen will, wenn *der Staat* etwas Falsches tut oder von anderen verlangt bzw. anderen gestattet, etwas Falsches zu tun? Ist Gewalt erlaubt?

Der größte moderne Prophet des zivilen Ungehorsams, Gandhi, sagte: »Es ist meine Pflicht, nicht mit dem Bösen zusammenzuarbeiten. Und die britische

Herrschaft ist böse.« Doch er weigerte sich standhaft, in seinem Widerstand Gewalt anzuwenden. Gegen die grausamen Repressalien der Briten und den unerbittlichen Druck seiner eigenen Kollegen und angesichts der Gewalt der Massen, an deren Entfesselung er selbst Anteil hatte, stand er fest und ermahnte uns, dass wir die ganze Welt blind machen würden, wenn wir weiterhin der Lehre »Auge um Auge« folgten. Er setzte wiederholt sein Leben für das Prinzip aufs Spiel, dass ziviler Ungehorsam gegenüber der Ungerechtigkeit ein moralischer Imperativ ist, doch Gewalt zur Durchsetzung dieses Prinzips falsch ist. Für diese Überzeugung gab er sein Leben. Widerstand ja, aber nur passiver Widerstand. Francis Schaeffer ist da anderer Meinung:

> *Gewalt*, so wie der Begriff in diesem Buch verwendet wird, bedeutet »Zwang« oder »Behinderung«, die auf eine Person (oder mehrere Personen) oder auf eine Gesamtheit wie einen Staat ausgeübt werden.[32]
>
> Der richtige Gebrauch der Gewalt ist nicht bloß eine Nebensache. Eine solche Annahme ist reine Naivität. Sie lässt uns ohne ausreichende Heilmittel, wenn und falls der Staat totalitäre Züge annehmen sollte.[33]

Obwohl Schaeffer den bewaffneten Aufstand unter gewissen Umständen rechtfertigt, zeigt er deutliche Grenzen auf:

> In *Lex Rex* schlägt der Autor (Samuel Rutherford) die bewaffnete Revolution nicht als automatische Lösung vor. Stattdessen legt er die angemessene Reaktion bei Einmischung des Staats in die Freiheiten der Bürger dar. Besonders hebt er hervor, dass Widerstand angebracht ist, wenn der Staat absichtlich darauf bedacht ist, seine ethische Verpflichtung Gott gegenüber zu zerstören.
>
> In einem solchen Fall schlägt Rutherford *für einen Privatmann* drei angemessene Stufen des Widerstands vor: *Erstens* muss er sich durch Protest verteidigen (in einer zeitgenössischen Gesellschaft würde das meist durch rechtliche Schritte geschehen); *zweitens* muss er fliehen, wenn es überhaupt möglich ist; und *drittens* darf er, falls es notwendig ist, Gewalt anwenden, um sich zu verteidigen. Man sollte nicht Gewalt anwenden, wenn man sich durch Flucht retten kann, und man sollte nicht fliehen, wenn man sich durch Protest und die Anwendung verfassungsmäßiger Mittel zur Abhilfe retten und verteidigen kann.[34]

Er stellt dann heraus, dass ein gemeinsamer Widerstand einer Gruppe ganz ähnlich ablaufen könnte, nur dass Flucht für eine Gruppe oft nicht durchführbar ist.

Wenn aber darüber hinaus die Gruppe selbst eine rechtswirksame Regierung bildet, wie beispielsweise ein Staat in einer Föderation oder eine örtliche Gemeinschaft oder Kirche, dann hat sie das Recht und die Pflicht, sich gegen die höhere regierende Körperschaft zu stellen. Schaeffer rechtfertigt die Amerikanische Revolution, indem er zu beweisen versucht, dass sie als Maßnahme einer rechtmäßigen Regierung (der Kolonien) zur Selbstverteidigung gegen den Angriff einer äußeren Macht begonnen wurde.

Wir sollten beachten, dass auch Mose diese drei Schritte in der gleichen Reihenfolge unternommen hat, als er Israel zu seinem Aufbegehren gegen Unterdrückung und Versklavung führte.

Die Schritte 1 (Protest) und 2 (Flucht) sind eindeutig biblisch, doch bei Schritt 3 kommt körperliche Kraft dazu (die man normalerweise als »Gewalt« bezeichnet). In Angelegenheiten der Kirche ist die Gewaltanwendung eindeutig unbiblisch. Im Fall der Verteidigung von Unterdrückten passt passiver Widerstand viel besser zum Beispiel unseres Erlösers, und die Gefahr des Missbrauchs ist geringer. Man sollte aber nicht vergessen, dass der Erfolg Gandhis nur möglich war, weil seine Anhänger im Kontext einer humanitären Regierung aufbegehrten. Für Menschen, die unter einem skrupellosen totalitären Regime leben müssen, könnte ihr Vorbild irreführend sein. In einem solchen Fall wäre das Beispiel der Urkirche realistischer: dreihundert Jahre Märtyrertum als Löwenfutter und als menschliche Fackeln, welche die Orgien der verkommenen römischen Kaiser beleuchteten.

Doch die Frage bleibt: Wenn alle gewaltlosen Mittel ausgeschöpft wurden in dem Versuch, einem Übel Abhilfe zu schaffen, ist dann militärische Gewalt eine Möglichkeit, die Gläubigen offen steht, um ein böses Regime zu beseitigen? Falls der Krieg selbst jemals gerechtfertigt werden kann, dann darf sich der Christ für die Seite entscheiden, die er als gerechter empfindet, wenn zwei Regierungen existieren und sie miteinander in Konflikt geraten. Doch wenn es keine zweite Regierung gibt, wie zum Beispiel eine Revolutionsregierung, dann würde der private Bürger oder die Kirche oder irgendeine andere Gruppe von Privatbürgern das Wort Gottes verbiegen, wenn sie Zuflucht zur Gewalt nähmen.

Die Schulen

Staatliche Schulen und Werte

Obwohl Gottes Wort die Verantwortung zur Erziehung der Kinder den Eltern überträgt, kann die Gesellschaft als Ganzes ein rechtmäßiges Interesse daran haben, dass gesichert wird, die kommende Generation für eine nützliche Rolle in der Gemeinschaft entsprechend auszurüsten. Eine Gesellschaft hat außerdem ein Eigeninteresse an der Lese- und Schreibfähigkeit, den Fertigkeiten und der Sozialisation ihrer Bürger. Wenn der Staat nicht die Bildung für alle Kinder garantiert, dann zeigt es sich anscheinend aus der Geschichte, dass nur einige wenige Privilegierte eine formale Bildung genießen. Es gibt also auch ein humanitäres Element dabei, wenn man freie öffentlich Bildung für alle bietet.

Wenn eine Gesellschaft homogen ist – wie z.B. die amerikanische Gesellschaft im 19. Jahrhundert und die japanische Gesellschaft heute – dann kann die öffentliche Bildung mit Leichtigkeit allgemein verbreitete Werte vermitteln. Doch wenn eine Gesellschaft kulturell und religiös aufgesplittet ist, dann wird die allgemeine Bildung in zunehmendem Maß mit Problemen befrachtet.

Pluralismus in der Gesellschaft verlangt anscheinend Pluralismus in der Bildung. Doch in Amerika hat nach dem Zweiten Weltkrieg der Zusammenprall von Ideologien zu einem säkularen Staat geführt, der für sich in Anspruch nimmt, nicht nur religiös neutral zu sein, sondern ebenso wertneutral. Vielleicht gibt es keinen größeren Bildungsmythos – und keinen, der ein größeres Potential hat, Schaden anzurichten – als die Vorstellung einer wertfreien Erziehung. Einer der einflussreichsten Pädagogen Amerikas, Earl J. McGrath, zitiert zustimmend einen führenden Intellektuellen, Max Lerner, zu diesem äußerst wichtigen Thema:

> Es gab Zeiten, zu denen heiß darüber diskutiert wurde, ob Erziehung sich mit Werten befassen solle. In dieser Form ist dies eine unsinnige Diskussion zu einer hoffnungslos veralteten Frage. Man könnte genauso fragen, ob Religion sich mit dem Problem der Göttlichkeit befassen sollte. Jeder, der in der Erziehung eine Rolle spielt – Lehrer, Schüler, Familie, Verwaltung, Medien, gleichaltrige Freunde – steckt selbst bis zum Hals in Werten. Ob man will oder nicht, Erziehung ist immer mit Werten getränkt.[55]

Weltlichkeit. Das, was tatsächlich bei der immer weiter verbreiteten Auffassung heraus gekommen ist, dass Erziehung wertneutral sein kann und muss, ist definitionsmäßig ein sehr machtvoller und allgemein verbreiteter Wert: Säkularismus, Weltlichkeit. Der Staat (in diesem Fall die staatliche Schule oder der Lehrer) sagt nicht nur: Es ist für mich unangemessen, öffentlich eine bestimmte Moralvorstellung zu vertreten. Das allein wäre schlimm genug, und wenn dieser Gedanke bis zur logischen Schlussfolgerung weiterverfolgt würde, dann würde er die zivilisierte Gesellschaft zerstören. Doch darüber hinaus sind kultureller Relativismus und daraus folgend moralischer Relativismus bei vielen Befürwortern dieser Weltlichkeit beabsichtigt. Ein säkularer Staat könnte möglicherweise religiös neutral sein, ohne wertneutral zu werden. Doch der gegenwärtige Säkularismus ist nichts von beiden. Er ist antireligiös und ebenso gegen jegliche absoluten Werte.

Klärung von Werten (Ethikunterricht). In dem ethischen Vakuum, das entstand, als die Religion durch einen Beschluss des Obersten Gerichtshofs von den öffentlichen Schulen verbannt wurde, haben Erzieher versucht, eine Alternative dazu einzuführen: den Ethikunterricht. Der Unterricht, der dabei abgehalten wird, kennt nur ein eindeutiges Absolutum – die Toleranz allen Standpunkten gegenüber.

Als Beispiel ein typisches Problem, das einer Mittelstufenklasse vorgestellt wird: Mary, 16 Jahre alt, wird schwanger und hat jetzt mit der Entscheidung zu kämpfen, ob sie das Kind abtreiben lassen soll. Ihre Eltern wissen nichts von ihrer Notlage. Was hätte sie tun sollen? Was sollte sie jetzt tun? Während Schüler der achten Klasse sich mit diesem Problem herumschlagen, gibt der Lehrer ihnen nur eine Richtlinie vor: Sie dürfen nicht vorschnell urteilen, denn keine Lösung ist universal gültig für jeden.

Der Prozess des Nachdenkens über ein Verhalten ist das Ziel, und jeder Schüler ist Richter; es wird von ihm erwartet, dass er selbst entscheiden kann, welche Handlungsweise für ihn die Beste ist. Die Schlussfolgerung daraus ist: Man kann die Maßstäbe der Gesellschaft mit Füßen treten; und sicherlich wird dadurch jede letzte Autorität der elterlichen Werte zurückgewiesen. Das Ziel ist es zu lernen, verantwortliche unabhängige Entscheidungen zu fällen auf der Grundlage – ja, auf welcher Grundlage? Wenn die nicht-wertende Anerkennung jedes beliebigen Standpunktes das Verfahren ist, dann kann es definitionsgemäß keinen objektiven oder allgemeingültigen Maßstab geben. Dieser Ansatz ist eine ethische, moralische, ja »religiöse« Lehre von grundlegender Wichtigkeit und hat individuelle und gesellschaftliche Folgen.

Dogmatischer Relativismus. Sind unsere Herkunft und unsere Erfahrungen denn unvermeidlich und unumstößlich? Zuerst waren öffentliche Schulen *konfessions*neutral, doch die protestantischen Werte waren vorherrschend, und Juden und Atheisten mussten sich damit abfinden, während die Katholiken ihre eigenen Schulen eröffneten. Durch den Wandel in der Gesellschaft wandelten sich auch die Schulen, und sie wurden in zunehmendem Maß *religiös* pluralistisch; doch lehrten sie noch immer die durch die Religion vorgegebenen Werte: »jüdisch-christliche« Werte, wobei sich dieser Begriff hauptsächlich auf den zweiten Teil der Zehn Gebote bezieht. Doch noch immer fühlten sich Agnostiker und Atheisten dadurch diskriminiert und meldeten sich zunehmend lautstark zu Wort – wobei es ganz unerheblich zu sein scheint, dass diese Personengruppe, wie in Meinungsumfragen mehrfach bestätigt wurde, nicht mehr als 2% der Bevölkerung ausmacht.

Sie hatten im Vergleich mit ihrer Anzahl einen ganz unverhältnismäßig großen Einfluss, weil eine weitaus größere Gruppe bereits den moralischen Relativismus akzeptiert hatte, obwohl sie die Existenz Gottes und den Wert der Zehn Gebote nicht anzweifelt. Dies war die grundlegende Lehre eines im Verschwinden begriffenen säkularen Konsenses und im Grunde eine seltsame Entwicklung – absolute religiöse Werte, die von (fast) allen geteilt werden, im Zusammenspiel mit ethischem Relativismus als funktionierendes Dogma für die Mehrheit. Diese Entwicklung führte zum *ideologischen* Pluralismus.

Angenommen, dieser Abstieg war unvermeidlich, ist es dann ebenso unvermeidlich, dass sich ein *ethischer* Pluralismus als die offizielle Auffassung der öffentlichen Erziehung etabliert? Darf es dann keine restlichen Werte mehr geben, nur noch dogmatischen Relativismus? Obwohl sich viele weltliche Humanisten in gehobenen Positionen im Bildungswesen, in den Medien und im öffentlichen Leben für diesen Relativismus einsetzen, hat der Oberste Gerichtshof nichts dementsprechendes entschieden.

Ich behaupte, dass wertneutrale Erziehung unmöglich ist; der Versuch, eine völlige Relativität von Werten zu erreichen ist in einer säkularen oder religionsneutralen Gesellschaft nicht unvermeidlich; und einem Druck in diese Richtung sollte man standhalten.

Religiöser Pluralismus. Manche wünschen sich, sie könnten die Zeit zurückdrehen bis zu jenen Tagen, als Religion und allgemeine religiöse Werte den Schülern öffentlicher Schulen eingeschärft werden konnten. Der vielgelesene evangelikale Anwalt John W. Whitehead beispielsweise vertritt diese Auffassung mit einer ausführlichen Dokumentation über die Bedeutung des Ersten Zusatzartikels zur amerikanischen Verfassung in seinem Buch *The Separation Illusion*[36]. Eine starke Bewegung sorgt weiterhin für Druck, um das Gebet in den öffentlichen Schulen wieder einzuführen, doch ich habe zwei Probleme damit. Wenn man den gegenwärtigen breit gefächerten ideologischen Zustand der amerikanischen Gesellschaft betrachtet, dann ist das öffentliche Gebet zur Parodie eines echten Gebets geworden. Das Erste, was diesem Gedanken zum Opfer fiel, war die Vorstellung, im Namen des Herrn Jesus Christus zu beten. Aber das war eben nur das erste Opfer. Was letztlich dabei herauskommt, ist häufig ein »Gebet«, das eine selbstsüchtige Hoffnung auf allgemeines Wohlergehen ausdrückt (und zwar in körperlicher, materieller und weltlicher Hinsicht) und an ein namenloses Wesen oder eine unsichtbare Macht gerichtet ist. Ist ein schlechtes Gebet besser als gar keins? Bedeutet es nicht vielmehr, dass man Menschen bestenfalls das schlechte Beten lehrt und schlimmstenfalls den allmächtigen Gott beleidigt?

Mein zweiter Einwand ist mehr grundsätzlicher Natur. Ich kann mich nicht von der Goldenen Regel trennen. Wenn ich etwas dagegen hätte, dass mein Kind sich religiösen Riten und Werten in einer öffentlichen Schule beispielsweise in Saudi Arabien unterwerfen müsste, würde es dann nicht bedeuten, dass ich die anderen nicht so behandle, wie ich behandelt werden möchte, wenn ich Kinder von Juden, Moslems oder Atheisten meiner Religion aussetze? Das Argument, dass die Teilnahme an gemeinsamen Gebetsstunden freiwillig sei, kann man vielleicht auf Erwachsene anwenden, aber es greift nicht, wenn es sich um Kinder handelt.

Ich gebe zu, dass in einer homogenen Gesellschaft ganz unverhohlen religiöse Werte und sogar religiöse Handlungen zu Recht gefordert werden könnten; die kleine Minderheit von Andersdenkenden müsste dies dann so gut sie könnte ertragen. Aber in Amerika trifft diese Situation nicht länger zu – ideologische Vielfalt ist inzwischen zur harten Wirklichkeit geworden. Andererseits gibt es noch immer einen moralischen Konsens, obwohl kein religiöser Konsens mehr festzustellen ist, und genau dieser Konsens sollte in den öffentlichen Schulen heutzutage vorangetrieben werden. Diese Werte können religiös motiviert sein oder auch nicht. Warum wir uns damit beschäftigen und wie wir damit umgehen, eine Übereinstimmung zu erreichen, ist letztlich unwichtig – ob durch Bildungseinrichtungen oder über die Gesetzgebung, ob aus religiösen oder weltlichen Gründen. Wenn ein Konsens bezüglich eines bestimmten Wertes gegeben ist oder erreicht werden kann, dann sollte dieser Wert den Schülern öffentlicher Schulen übermittelt werden. Und es besteht sicherlich heutzutage keine Einigkeit darüber, alle Maßstäbe zugunsten einer irreführenden so genannten »wertneutralen« Ideologie über Bord zu werfen.

In der Vergangenheit war diese Einigkeit je nach Gemeinschaft sehr unterschiedlich, und es mag angemessen gewesen sein, den örtlichen Schulbehörden die Entscheidung über die Werte zu überlassen, die vermittelt werden sollten. Doch ein solcher ortsgebundener Wertekonsens ist immer seltener möglich, obwohl er dort, wo es ihn noch gibt, ziemlich gut funktioniert. Die Massenmedien, die in allen Bundesländern gleichen Lehrbücher und unsere unglaubliche Mobilität bringen einen kulturellen Konsens nur auf dem kleinsten gemeinsamen Nenner zustande, und das hat zur Folge, dass ein Ansatz, der von örtlichen Gegebenheiten ausgeht, immer weniger durchführbar ist. Es gibt allerdings mindestens zwei Möglichkeiten, bestimmte Werte in einer pluralistischen öffentlichen Schule zu lehren.

Gemeinsame Werte schaffen. Der Oberste Gerichtshof hat bestimmt, dass »öffentliche Politik« – oder ein allgemeiner Konsens – sogar vor einigen verfassungsmäßigen Rechten Vorrang hat, wie zum Beispiel der Freiheit, die Lehren der eigenen Religion zu praktizieren. Nach der Bestimmung des Obersten Gerichtshofs schreibt die öffentliche Politik dem Staat gesetzlich vor, die Integration von Schwarzen und Weißen zu fördern, selbst wenn dies den Überzeugungen einer religiösen Gemeinschaft widersprechen sollte (Urteil im Prozess der Finanzbehörde gegen die Bob Jones Universität von 1983). Auf diese Weise reicht bereits eine allgemeine Übereinstimmung bezüglich eines Wertes, um eine öffentliche Politik zu schaffen, selbst wenn die Beurteilung, wie in diesem Fall, nicht durch irgendein Wahlreferendum oder eine wissenschaftliche Umfrage zur Feststellung des Konsenses zustande kommt, sondern durch eine höchstrichterliche Entscheidung. Könnte man nicht denselben Ansatz auch für andere Werte nutzen, selbst wenn es zufälligerweise traditionelle Werte sind?

Staatsgesetze oder vielleicht sogar Bundesgesetze könnten eingesetzt werden, um das Lehren von mehrheitlich anerkannten Werten zu gestatten, wenn nicht gar zu fördern. Die letzten sechs der Zehn Gebote wären eine gute Ausgangsbasis für Christen, die eine solche Gesetzgebung fördern möchten. Nicht alle diese Gebote werden gleichermaßen akzeptiert, doch zur Zeit gibt es eine mehrheitliche Einigkeit, die sicherlich bei entsprechenden Bemühungen noch vergrößert werden könnte; nicht auf religiöser Basis, sondern dadurch, dass es sich deutlich gezeigt hat, dass solche Maßstäbe wesentlich für das Allgemeinwohl sind.

Das sechste und das achte Gebot gegen Mord und Diebstahl wären sicher am einfachsten zu »etablieren«; sie bräuchten auch keine neue Gesetzgebung. Die Ablehnung von Gewaltanwendung gegenüber Menschen sowie die Unantastbarkeit des persönlichen Eigentums wird vielleicht nicht mehr überall gelehrt, vor allem nicht in all seinen Auswirkungen, doch man könnte und sollte es wieder vermitteln. Obwohl Glaubwürdigkeit und Wahrheitsliebe durch die gängige Betonung der persönlichen Autonomie, der Selbstbestimmung und der moralischen Relativität ethischer Konzepte unterminiert werden, könnte auch das neunte Gebot gegen Betrug in den gegenwärtigen Grenzen mit Nachdruck gelehrt werden.

Ein großes Problem in dieser Hinsicht stellt das fünfte und siebte Gebot dar, die sich mit dem Heim und der menschlichen Sexualität beschäftigen. Es würde eine enorme Anstrengung an allen Fronten kosten, verlorenen Boden auf diesen Gebieten zurückzugewinnen, doch wir sollten sicherlich den Versuch wagen. Das zehnte Gebot gegen Neid und Habgier wieder zu etablieren ist wohl hoffnungslos.

Lokal begrenzte Angebote zur Werteerziehung. In einem zweiten Ansatz könnte ein echter Pluralismus aufgebaut werden, indem man jeder Person oder Gruppe gestattet, die Werteerziehung der eigenen Kinder von jedem gewünschten Standpunkt aus durch eine qualifizierte Person eigener Wahl durchführen zu lassen, und zwar als Teil der lehrplanmäßigen Bildung an einer öffentlichen Schule.[37]

Da Werte so außerordentlich unterschiedlich sind und an ihnen festgehalten wird, wäre das eine Erleichterung in unserer pluralistischen Gesellschaft. Zwar würde das nicht zu einer größeren Einigkeit über Werte in der Gesellschaft führen, doch wenn der einzige zulässige Wert darin besteht, dass alle Werte tolerant als gleichwertig betrachtet werden, dann wäre sicherlich sogar die Verstärkung unterschiedlicher Werte diesem Anti-Wert vorzuziehen. Zumindest wären wir uns darüber einig, dass Werte wichtig sind!

Es gibt jedoch noch eine andere Alternative: die Privatschule.

Private christliche Schulen

Ein verfassungsmäßiges Recht. Obwohl Entscheidungen des Obersten Gerichtshofs früher den einzelnen Bundesstaaten das Recht eingeräumt haben, dem Bildungsauftrag für alle Kinder an öffentlichen Schulen nachzukommen, so hat der Gerichtshof doch in letzter Zeit durchgängig zu Gunsten der Eltern entschieden, die ihren Kindern eine Alternative zu staatlichen Schulen bieten wollen. Der Staat hat das Recht, gewisse Maßstäbe vorzugeben, er darf jedoch nicht eine privat geregelte gleichwertige Bildung verhindern. William Bentley Ball, Fachmann für Verfassungsrecht, verdeutlicht diese Unterscheidung:

> Es ist ein großer Unterschied, ob man sagt: »Bildung ist eine Funktion des Staates« oder: »Bildung gehört zum Staat«. Wenn man sagt, dass der Staat ein rechtmäßiges Interesse an der Bildung einiger seiner Bürger hat, so ist das etwas ganz anderes, als wenn man sagt, er dürfe die Ausbildung aller Bürger kontrollieren.[38]

Obwohl der Oberste Gerichtshof in diesem Punkt eine klare Entscheidung getroffen hat, sind doch nicht alle örtlichen Behörden der gleichen Meinung. Daher ist Wachsamkeit nötig, um die Rechte der Eltern zu schützen, die wünschen, dass ihre Kinder eine Schulbildung erhalten, die sie sowohl mit ihrem Gewissen als auch mit den Bildungsmaßstäben des Staates vereinbaren können.

Wert der privaten christlichen Bildung. Eine private christliche Bildung mag in einer pluralistischen Gesellschaft legitim sein, doch ist sie auch wünschenswert, ist sie wertvoll? Es gibt einige Gründe, die geradezu nach privater Schulbildung verlangen, da die öffentlichen Schulen immer tiefer in den säkularen Humanismus als Grundvoraussetzung abrutschen.

Letztendlich ist es die einzige wirkliche Möglichkeit, die Realität zu begreifen, wenn man alle greifbaren Informationen in Zusammenhang stellt mit der einen fundamentalen Wahrheit – Gott. Daher kann man behaupten, dass die einzige wahre Bildung auf Gott ausgerichtet sein muss. Es muss sicher gestellt sein, dass die Voraussetzungen für diese Wahrheit je nach Fach unterschiedlich sind. Ich habe bereits an anderer Stelle festgestellt: Je mehr das jeweilige fachbezogene Thema sich mit dem Thema der göttlichen Offenbarung überschneidet, umso größer wird der Gegensatz und – in einer weltlichen Schule – die Kluft zwischen »Fachwissen« und biblischer Wahrheit. Daher gibt es beispielsweise einen statistisch dokumentierten großen Konflikt zwischen Fächern, die sich mit Verhaltensforschung beschäftigen, also mit der Natur des Menschen und der Gesellschaft, und dem Wort Gottes. In den Geisteswissenschaften ist der Konflikt geringer, und in den Naturwissenschaften tritt er kaum noch zu Tage, außer in Fragen, die sich mit der Entstehung des Menschen befassen. Andererseits treten bei Fächern, zu denen man in Gottes Wort wenig findet, wie z. B. Medizin und Agrarwissenschaften, so gut wie nie irgendwelche Glaubensunterschiede zwischen Universitätsprofessoren und der Öffentlichkeit zu Tage.

Wenn es also um bestimmte Fächer geht, dann muss ein weltlicher Ansatz nicht so grundsätzlich verschieden sein von einem »christlichen« Ansatz; dennoch gibt es andere Fächer, bei denen der religiöse Glaube des Kindes direkt angegriffen wird.

Wesentlich bedeutsamer allerdings als diese direkten Unterschiede zwischen einer fachbezogenen Lehrmeinung und der grundlegenden Realität ist allerdings die Tatsache, dass die Voraussetzungen des säkularen Humanismus den gesamten Bildungsprozess durchdringen und beeinflussen. Sie sollen an dieser Stelle nicht aufgezählt und erklärt werden; man sollte allerdings festhalten, dass es der naturalistische Ansatz ist, den oben erwähnten kulturellen Relativismus zugrunde zu legen, dass die signifikante Wirklichkeit – und vielleicht die ganze Wirklichkeit – auf das Materielle beschränkt wird, und dass der autonome menschliche Geist die einzige Grundlage für das Verständnis der Wirklichkeit ist. Wenn die Offenbarungen und das Reich des Geistes gestrichen werden und der Mensch selbst der Maßstab für das Gute wird, dann ist es noch nicht einmal nötig, all die anderen Ideologien wie die Selbstwert-Ethik oder den Umweltdeterminismus einzuführen, um das Bildungswesen auf Abwege zu bringen.

Nicht mehr das Annehmen der Wahrheit ist das Ziel der Bildung; noch nicht einmal die Suche nach der Wahrheit. Wahrheit in irgendeinem objektiven, absoluten Sinn existiert nicht mehr, daher gesellt sich in einer nicht endenden Suche nach persönlicher Selbsterfüllung zwischen den Relativitäten des sichtbaren Universums der Lehrer zum Schüler. Christliche Schulen bieten eine Alternative: Wahrheit und geistliche Werte werden erkannt und anerkannt. Darüber hinaus und auf einer anderen Ebene finden Eltern, die einen geordneten, disziplinierten Zugang zum Leben für wesentlich halten und die sprachlichen und mathematischen Fundamente traditioneller Bildung schätzen, Unterstützung in christlichen Schulen.

Es gibt jedoch auch Probleme bei der Bewegung für christliche Schulen. Manche Schulen liegen definitiv unter dem Bildungsstandard, und noch mehr von ihnen würden unter diesen Standard rutschen, wenn das Auswendiglernen weniger als die ideale Grundlage der Bildung angesehen würde.

Viele Schulen sind allerdings vom Lernangebot her sehr gut. Doch selbst bei diesen Fällen wird kritisiert, dass die Schüler vom »richtigen Leben« isoliert werden. Christliche Pädagogen halten dagegen, dass eigentlich die Bildung an öffentlichen Schulen eine »unwirkliche« oder künstliche Bildung sei, da sie von der letzten Realität isoliert werde. Es stimmt; die christliche Kritik mag zutreffend sein, doch der Schüler einer christlichen Schule ist tatsächlich von all dem Rummel und dem Umgang mit der Lebensauffassung und dem Lebensstil der Mehrheit abgeschottet, und er ist folglich weniger im Stande, sich nach dem Schulabschluss in einer säkularen Welt zurechtzufinden und durchzusetzen. Das kommt noch deutlicher zum Tragen, wenn ein Kind seine gesamte Bildung – von der Grundschule bis zur Universität – in einer christlichen Umgebung erworben hat. Und noch drastischer ist die Angelegenheit, wenn es um einen Sektor geht, der die größten Zuwachsraten auf dem Gebiet des christlichen Bildungswesens zu verzeichnen hat: der Unterricht zu Hause.

Die erreichbaren Daten zum »Sozialverhalten« bestätigen diese Befürchtungen der Kritiker nicht. Doch die meisten Menschen werden ihre diesbezügliche Entscheidung eher auf einer philosophischen als auf einer statistischen Grundlage treffen. Da es deutlich ist, in welche Richtung das öffentliche Bildungswesen in Amerika abdriftet, steht zu erwarten, dass eine immer größere Anzahl von Eltern sich aus Gewissensgründen dem Exodus hin zur christlichen Bildung anschließen.

Unterricht zu Hause

Eine andere Alternative zur öffentlichen Schulbildung, für die sich immer mehr Eltern entscheiden, ist der Unterricht zu Hause. Von 10.000 Schülern, die im Jahr 1970 zu Hause unterrichtet wurden, hat sich die Zahl nach Schätzungen des Amerikanischen Ministeriums für Bildung Mitte der 90er Jahre auf über 350 000 erhöht. Ungefähr 75% dieser Schüler sind Kinder von christlichen Eltern.[40]

Der Unterricht zu Hause hat Vorteile. Er kann zur Stärkung von Familienbindungen beitragen, er kann Bildung und Erziehung ins Leben integrieren, und er kann Kinder vor starken weltlichen Einflüssen und dem Gruppendruck Gleichaltriger schützen. Außerdem ist es grundsätzlich effektiver, nur einen oder zwei Schüler zu unterrichten als eine Klasse von dreißig Schülern, denn der Unterricht kann viel persönlicher ablaufen. Die weitverbreitete Ansicht, dass Kinder, die zu Hause unterrichtet werden, Defizite im Sozialverhalten aufweisen, lassen sich nicht belegen. Im Rahmen seiner Dissertation hat Larry Shyers sowohl Kinder, die zu Hause unterrichtet werden, als auch Kinder im Unterricht einer öffentlichen Schule im Alter zwischen acht und zehn Jahren durch geschulte Berater beim Spielen beobachten lassen. Shyers berichtet:

> Die Studie stellte keinen großen Unterschied im Hinblick auf Selbstbild und Durchsetzungsvermögen zwischen den beiden Kindergruppen fest; beides wurde durch Testverfahren zur Sozialentwicklung ermittelt. Doch die Videobänder zeigten, dass Kinder, die zu Hause von ihren Eltern unterrichtet wurden, durchgängig weniger Verhaltensauffälligkeiten zeigten.[41]

Was die Leistungen von zu Hause unterrichteten Kindern angeht, so fand das *National Home Education Institute* (»Nationales Institut für den Unterricht zu Hause«) in einer landesweiten Studie heraus, dass »die Erfolgsquote bei standardisierten Testverfahren bei um oder über 80 von jeweils 100 möglichen Punkten lag«.[42]

Unterricht zu Hause ist nicht für jeden geeignet. Die Eltern müssen Art und Qualität der Bildungsmöglichkeiten an erreichbaren öffentlichen und privaten Schulen in Erwägung ziehen, die Bedürfnisse des einzelnen Kindes sowie ihre eigene Fähigkeit zu lehren und ihre Bereitschaft, die Zeit und Anstrengung, die dazu notwendig sind, zu investieren. Gesetzliche Hindernisse für den Unterricht zu Hause sind in den letzten Jahren abgebaut worden, dennoch hat jeder Bundesstaat seine eigene Fortbildung für Lehrpersonen und eigene Lehrpläne. Manche Eltern entschließen sich, ihre Kinder nur für einen Teil der Grundschulzeit zu Hause zu unterrichten.

Jedes Kind wird allerdings zu Hause unterrichtet in dem Sinn, dass das Zuhause die erste, grundlegende und von Gott verordnete Umgebung ist, in der es die wesentlichen Lektionen des Lebens lernen kann. Gott hat den Eltern die vorrangige Verantwortung zur Erziehung ihrer Kinder gegeben, ganz gleich, für welche der unterschiedlichen Bildungsstrukturen sie sich entscheiden. Obwohl es Eltern von vielen »praktischen« Aufgaben bei der Bildung sehr entlastet, wenn ihre Kinder ihre Schulbildung in einer Institution erhalten, sollten die Eltern doch kontinuierlich in die Aufsicht, die Integration und die Beurteilung der Bildung ihrer Kinder eingebunden sein.

Das Dilemma ist nicht leicht zu lösen. In konservativeren Gemeinschaften ist der Bedarf an gesonderter Schulbildung weniger dringend, und in Gegenden, in denen es viele christliche Schulen gibt, ist die Trennung von der üblichen amerikanischen Kultur nicht so augenfällig. Vielleicht gibt es in diesem Bereich keine ideale allgemeingültige Lösung. Zwei Institutionen jedoch, die Gott verordnet hat, kann man mit großer Zuversicht als das beste Gegenmittel für alle Probleme bestätigen, die durch das von Menschen erdachte Bildungssystem entstehen, ob an öffentlichen oder privaten Schulen: die christliche Familie und die Kirche.

Werte können aus vielen Quellen stammen. Paulus versichert uns, dass das Gesetz dem Menschen als sein angeborenes moralisches Gewissen ins Herz geschrieben ist (Röm 2,14-15), und die meisten Zeitgenossen stimmen dem alten jüdischen Spruch zu, dass der hauptsächliche erzieherische Einfluss in der Familie ausgeübt wird: *»Erziehe den Knaben seinem Weg gemäß; er wird nicht davon weichen, auch wenn er älter wird«* (Spr 22,6).

Die Kirche hat ebenfalls viel Einfluss. Es wird geschätzt, dass es in den Vereinigten Staaten an einem beliebigen Sonntagmorgen mehr Kirchenbesucher als Zuschauer bei allen Sportveranstaltungen des ganzen Jahres zusammen gibt, obwohl das niemand angesichts der diesbezüglichen Berichterstattung der Zeitungen erwarten würde. Der Bericht einer Lebensversicherung über amerikanische Werte in den 80er Jahren (*The Connecticut Mutual Report on American Values in the 80s: The Impact of Belief*) erstaunte die Forscher und das breite Publikum, das dieser Report durch seine Dokumentation schnell für sich gewann, mit der Erkenntnis, dass der normale amerikanische Bürger immer noch durchweg traditionellen Werten verbunden ist. Diejenigen, die sich von der allgemeinen amerikanischen Bevölkerung in dieser Hinsicht deutlich absetzen, sind Leute aus dem Bildungswesen, Herausgeber, Politiker und Medienverantwortliche. Mit anderen Worten, die Elite, welche die Gesellschaft formt, steht für ein anderes Wertesystem. Der Einfluss der Kirche wird von solchen Daten nicht direkt bestätigt, doch eine Verbindung ist durchaus herzustellen.

Die Medien

Fernsehen

Sowohl Zeitungen und Zeitschriften als auch Filme beteiligen sich an der Festsetzung von Werten, doch den stärksten Einfluss hat mit Sicherheit das Fernsehen. »Bis zum Schulabschluss hat ein Kind ungefähr 20 000 Stunden vor dem Fernseher verbracht.«[45] Wenn man einen Vergleich zieht zum Einfluss der Kirche, so verbringt der typische Amerikaner mit einer durchschnittlichen Lebenserwartung ungefähr zwölf Jahre seines Lebens vor dem Fernseher, aber nur vier Monate in der Sonntagsschule.[46] Verglichen mit anderen Einflüssen zu Hause, verbringt der Durchschnittsamerikaner einer Studie zufolge etwas mehr als sieben Stunden täglich in der Einsamkeit der »Gesellschaft« von Figuren aus dem Fernsehen.[47] Es wird heiß darüber diskutiert, in welchem Ausmaß dies die Werte der Menschen beeinflusst, aber es würde schon seltsam anmuten, wenn die Industrie Milliarden für die Werbung in einem Medium ausgäbe, welches das Verhalten nicht beeinflussen könnte.

Manche behaupten, dass die Medien eher die Zustände der Gesellschaft widerspiegeln, als sie zu formen, und es ist sicherlich wahr, dass die Medien nur das produzieren, wofür die Menschen bereit sind zu zahlen. Das Geld hat immer noch die stärkste Stimme. Andererseits sehen sich die meisten Medienverantwortlichen als Vertreter der Veränderung, und sie versuchen bewusst, eine wertneutrale, wenn nicht gar antireligiöse, antikonservative Sichtweise zu verbreiten.

Niemand hat das klarer dargestellt als der Filmkritiker Michael Medved, der dokumentiert hat, wie Hollywood anerkannte Werte in Amerika sowohl ignoriert als auch herausfordert.[48] Vielleicht ist der Angriff Hollywoods auf die Religion das, was am meisten Besorgnis erregt. Medved erklärt die Medienprügel für die Religion mit dem Verlangen von Film-, Fernseh- und Musikbonzen, ernst genommen zu werden. Und die Religion, die ernsthafteste aller Angelegenheiten, wird so zu einem leichten Ziel. Medved schreibt:

> Das Beschimpfen der Religion, selbst in der kindischsten Art und Weise, gibt den Angreifern eine einzigartige psychische Befriedigung; sie gestatten es verzärtelten, starken und hoffnungslos seichten Mitgliedern des Hollywood-Clans, sich selbst als wagemutige junge Rebellen darzustellen, die furchtlos die höchste Autorität herausfordern. Empörte Reaktionen von kirchlichen Organisationen oder Einzelpersonen bestärken sie nur in dieser Art der Darstellung, während zweifelhafte Produzenten glücklich vorgeben, dass ihre Gefühllosigkeit irgendeinem höheren Zweck dient. Folglich kann der Macher von *Der Klecks* (»The Blob«) stolz auf seine Idee sein, dass sie mehr geschaffen haben als einen gekonnten Monsterfilm über einen großen Erdbeer-Wackelpudding, der eine Stadt auffrisst. Durch die Darstellung eines verblödeten und heuchlerischen Pfarrers als Schlüsselfigur dieser Stadt ist ihnen außerdem ein »ergiebiger« Schlag gegen religiösen Fanatismus gelungen.
>
> Solche Botschaften ernten Applaus in Hollywood, selbst wenn sie hoffnungslos vereinfacht und einseitig sind. Durch das Verhöhnen von Fanatikern und das Verspotten des herkömmlichen religiösen Glaubens kann ein Filmemacher unter seinen Kollegen an Ansehen gewinnen, selbst wenn seine Werke von einem größeren Publikum abgelehnt werden.[49]

Das offensichtliche Übel des Fernsehens und auch das am häufigsten angeprangerte ist die ständige Darstellung von Gewalt und Sexualität. Dies sollte man nicht unterbewerten, denn das Fernsehen kämpft bei der kulturellen Revolution in diesen Dingen sicherlich an vorderster Front. Doch der Angriff auf überlieferte Werte geht viel tiefer und ist viel breiter angelegt und nicht auf diese beiden vorrangigen Angelegenheiten beschränkt. Man sollte die Beobachtungen von James Hitchcock, Geschichtsprofessor an der Universität von St. Louis, bedenken:

> Hier (in den Massenmedien) werden die vorherrschenden Wertvorstellungen von vor zwanzig Jahren – Religion, Kapitalismus, Patriotismus, die Familie – erbarmungslos angegriffen. Unter dem Deckmantel der »Nachrichten« werden die Schwierigkeiten, die mit all diesen traditionellen Institutionen verbunden sind, überschwänglich hervorgehoben. Gewöhnlich werden sie als aussterbende Werte dargestellt, und zwar aussterbend deshalb, weil sie angeblich starr, verknöchert und rückschrittlich sind und ihre einzige Hoffnung sich auf ihre Fähigkeit gründet, sich bis zur Unkenntlichkeit zu verändern. In jenen Bereichen der Medien, die vorgeben, nur der Unterhaltung zu dienen, wird die mächtige Waffe der Lächerlichkeit ständig auf traditionelle Werte gerichtet und auf die Menschen, die für diese Werte eintreten. Solche Menschen werden gewohnheitsmäßig als unsicher, dumm, neurotisch und lächerlich beschrieben. In Fernsehfilmen wird beispielsweise Religion häufig als ein Einfluss gezeigt, der zu seelischer Verkrüppelung führt; nur sehr selten wird der Glaube als ein positives und unterstützendes Element im Leben eines Menschen dargestellt. Gläubige findet man entweder als Heuchler oder als Fanatiker.[50]

Unterhaltungsmusik

Nach der Meinung von Allan Bloom, einem anerkannten Philosophieprofessor der Universität von Chicago, ist Musik für die amerikanische Jugend heutzutage der einflussreichste Übermittler von Werten:

> Wir leben im Zeitalter der Musik. ... Eine sehr große Anzahl von jungen Leuten im Alter zwischen 10 und 20 Jahren leben für die Musik. Musik ist ihre Leidenschaft; nichts begeistert sie so sehr wie die Musik; sie können nichts wirklich ernst nehmen, was der Musik fremd ist. ... Rockmusik wird nicht in Frage gestellt und als völlig unproblematisch angesehen – so selbstverständlich, wie die Luft zum Atmen.[51]
>
> Doch Rockmusik hat nur einen Reiz: Sie ist barbarisch aufreizend, und

> zwar zu sexueller Begierde – nicht zur Liebe, nicht zum Eros; sondern zu einem unentwickelten sexuellen Begehren, das völlig ahnungslos ist und sich zudem nicht entwickeln kann. ... Die jungen Leute wissen, dass Rockmusik den Rhythmus des Geschlechtsverkehrs zeigt.[52]

Obwohl die zentrale Theorie von Blooms Bestseller besagt, dass die bessere Bildung die Demokratie im Stich gelassen hat und die Seelen der heutigen Jugendlichen verarmen lässt, stellt das Kapitel über die Musik in aller Deutlichkeit dar, dass die Unterhaltungsindustrie die Eltern und die Schulen umgangen und die Gedanken der Jugendlichen mit einer revolutionären Sicht von Sexualität eingefangen hat, die das ganze Leben verändert. Die meisten jungen Leute hängen ständig an ihrer Musik – beim Lernen, beim Joggen, beim Autofahren, selbst bei Verabredungen. Und die Botschaft, die unaufhörlich mit überwältigender Lautstärke auf viele von ihnen einhämmert, lautet: Du musst sexuelle Erfahrungen machen. Sofort. Es ist dein Recht, dafür bist du geschaffen, und jeden altmodischen Menschen, der dich von solchen Vergnügungen abhalten will, kannst du getrost abweisen.

Nachrichtenmedien – Zeitungen

Die Deklaration der Prinzipien der Amerikanischen Gesellschaft der Zeitungsherausgeber stellt in Artikel 5 fest: »Eine vernünftige Vorgehensweise verlangt allerdings für den Leser eine klare Unterscheidung zwischen einer Nachrichtenmeldung und der Meinung eines Journalisten. Artikel, die eine Meinung oder eine persönliche Interpretation enthalten, sollten klar gekennzeichnet werden.« Diese traditionelle Verpflichtung zur Objektivität in der Nachrichtenübermittlung ist mittlerweile unmöglich zu erreichen, da Nachrichtenreporter und Historiker sehr selektiv in Bezug auf das arbeiten müssen, was veröffentlicht wird, und ihre persönliche Voreingenommenheit wird unweigerlich ihre Auswahl bestimmen. Der ehrliche Journalist früher versuchte eifrig, seine Vorurteile dadurch auszugleichen, dass er sie erkannte und sich bemühte, dennoch objektiv zu berichten. Das ist heutzutage nicht mehr der Fall. »Engagierter Journalismus« wird mehr und mehr zum allgemeinen Ansatz. Der Journalist gibt freimütig seine Voreingenommenheit zu, und er bedient sich seines Handwerks, um die Ideen zu verbreiten, die er für wertvoll erachtet.

Jahrelang habe ich die Berichterstattung der Zeitung *The State* (»Der Staat«) verfolgt, die in Columbia/South Carolina erscheint. Die Herausgeber dieser Zeitung fühlen sich theoretisch noch immer der Objektivität verpflichtet. Dennoch braucht man noch nicht einmal den Leitartikel zu lesen um sehr schnell herauszufinden, dass *The State* allerlei umstrittene Themen befürwortet: Abtreibung,

Alkoholkonsum, Wetten, unbeschränkte Ladenöffnungszeiten an Sonntagen, Freigabe der Pornographie. Die Themen, die groß herauskommen sollen und solche, die unterschlagen werden oder irgendwo als Randnotiz erscheinen, machen sehr schnell deutlich, was den Herausgebern wichtig ist. Wenn die Gesetzgebung sich mit irgendeinem der »Hauptthemen« befasst, dann ist es Teil der Kampagne dieser Zeitung, wen sie interviewt und wie das Interview abgefasst wird. Sogar die Formulierung der Überschriften ist häufig eine wohlwollende Stellungnahme zu einem Thema. Manchmal ist selbst ein Artikel tendenziös und mit Vorurteilen behaftet; das geht bis hin zur Wortwahl, um das Unerwünschte herunterzuziehen, das Erwünschte jedoch besonders hervorzuheben. Zum Beispiel wurden in dem langwierigen Streit in der *Southern Baptist Convention* (»Vereinigung der Baptisten der südlichen Bundesstaaten«) die eher Konservativen als »Fundamentalisten« abgestempelt, wohingegen die eher Liberalen als »Gemäßigte« bezeichnet wurden. Statt nun beide Gruppierungen entweder so zu benennen, wie sich selbst bezeichnen (konservativ bzw. gemäßigt) oder beiden die Bezeichnung des jeweiligen Gegners beizulegen (Fundamentalisten bzw. Liberale), benutzte die Zeitung die gegnerische Bezeichnung nur bei der Streitpartei, die der Presse am wenigstens akzeptabel erschien. Und dennoch: *The State* ist gemessen an Medienmaßstäben noch eine konservative Zeitung.

Doch ein viel tiefergehendes Problem als die offene Auseinandersetzung über traditionelle Werte besteht darin, dass in den Medien eine subtile und weit gestreute Infiltration von grundlegend antichristlichen Philosophien stattfindet, wie ich sie schon zuvor erwähnt habe: Naturalismus, Materialismus, Humanismus, Determinismus, Relativismus. Diese Einflüsse bemerkt nur ein äußerst kritischer Beobachter, und dennoch verändern sie auf subtile Weise die Werte unserer Gesellschaft.

Gegenmaßnahmen

Das Wort Gottes und kritische Wachsamkeit. Die Reaktion auf den Einfluss der Medien ist in erster Linie persönlich, und die Gegenmaßnahme ist das Wort Gottes. Wir müssen unseren Geist durch die Werte der Heiligen Schrift erneuern lassen, und wir müssen unsere Wahrnehmung schärfen lassen, um kritisch lesen und beobachten zu können, ständig abzuwägen und, wenn nötig, den schlechten Einfluss im Ganzen auszublenden. Man muss sich bewusst dazu entschließen, ernsthaft im Wort Gottes zu forschen, so dass der Geist erneuert sowie das ethische und geistliche Urteilsvermögen geschärft werden können. Man sollte sich mindestens genauso häufig und intensiv der Wahrheit Gottes aussetzen wie nichtchristlichen Werten. Ethische Gefühllosigkeit entwickelt sich oft schleichend und wird zur tödlichen Krankheit, bevor man noch überhaupt bemerkt, dass man befallen ist. Die beste Vorbeugung dagegen ist das Wort Gottes.

Christliche Medien. Der Kauf von Fernsehzeit für christliche Sendungen und der steigende Einfluss christlicher Veröffentlichungen und christlicher Radio- und Fernsehsendungen sind ein Teil der Antwort. Damit christliche Sendungen und Veröffentlichungen wirklich zu geeigneten Gegenmaßnahmen werden, könnte eine ernsthafte Selbstbetrachtung im Lichte des Wortes Gottes sowie Buße und radikale Veränderungen nötig werden.

Christen in den Medien. Die Medien werden sich grundsätzlich und in sich nur dann wandeln, wenn sich die Leute ändern, die für die Medien verantwortlich sind. Daher sehen viele darin einen Aufruf an entsprechend begabte Christen, sich die notwendige Ausbildung und Erfahrung anzueignen, um die weltlichen Medien in großer Anzahl zu durchsetzen und sie auf diese Weise von innen her zu verändern. Auch kreative evangelistische Ansätze bei Medienverantwortlichen haben bereits Erfolg gezeigt.

Druck ausüben. Wie sieht es aus mit einem direkten Angriff eines Interessenverbandes gegen die offenkundigen Übel im Fernsehen und in den anderen Medien? Ist es Christen gestattet, über das organisierte Schreiben von Protestbriefen hinaus die Medien wirtschaftlich zu boykottieren? Ich kann kein biblisches Prinzip entdecken, das einer solchen Handlungsweise entgegenstehen würde, nämlich sich zusammenzuschließen, um wirtschaftlichen Druck auf die Werbekunden der Sender und so indirekt auch auf den Sender selbst auszuüben. Drohungen, die nicht in die Tat umgesetzt werden können, sind allerdings mehr als nutzlos; wenn jedoch die *National Federation of Decency* (»Bundesweite Vereinigung für Sittlichkeit«) oder eine andere Organisation es tatsächlich fertig bringt, die Einnahmen der Beteiligten um einen bedeutsamen Prozentsatz zu verringern, dann kann sich dieser Ansatz als brauchbar erweisen.

Ob ein Christ durch sein Gewissen gezwungen werden soll, persönlich jedes Produkt zu boykottieren, das irgendeine unerwünschte Sendung unterstützt, das ist eine ganz andere Frage. In dem komplexen Wirtschaftssystem, in dem wir leben, müsste man anscheinend schon diese Welt verlassen, um völlig »rein« zu bleiben und sicher zu sein, dass nicht auch nur ein Cent der eigenen Ausgaben auf irgendeine Weise jemals einer üblen Person oder Sache zugute käme. Wenn jedoch ein bestimmter Werbekunde eines Senders, eine Mediengesellschaft oder eine bestimmte Sendung ganz offensichtlich antibiblische Werte propagiert, dann kann ein persönlicher Boykott als die einzig sinnvolle Reaktion erforderlich sein.

Wir haben nun kurz die hauptsächlichen Institutionen der Gesellschaft betrachtet und versucht herauszufinden, an welchen Punkten das Wort Gottes Aufschluss darüber gibt, wie sich der einzelne Christ und die Kirche als Ganzes gegenüber der Regierung, dem Bildungssystem und den Medien verhalten soll. Diese Themen sind äußerst vielschichtig; das Licht aus den diesbezüglichen Anweisungen aus Gottes Wort ist oft nur schwach und indirekt, doch wir haben schließlich immer noch die Verheißung des Geistes, der uns durch das Wort Gottes leitet. So wollen wir nun nicht verzweifeln, sondern weiter vorwärts gehen, um die Welt immer genauer zu verstehen, in die wir hineingestellt sind und auch das Wort Gottes immer mehr zu begreifen, das Gott uns anvertraut hat, um unseren Weg durch diese Welt zu erleuchten.

Anmerkungen

1. Julius Poppinga, »*Religion and the First Amendment: Choosing Sword or Shield«, Theology News and Notes*, Dezember 1980, S. 3.
2. *Christianity and Crisis*, 29. Oktober 1984.
3. *Christianity and Crisis*, 29. Oktober 1984, S. 397.
4. Ebd.; S. 391-92.
5. *The Moral Majority report*, August 1984, S. 6.
6. *The Christian Patriot*, Nr. 6, Januar 1974.
7. Leighton Ford, *Evangelical Newsletter*, 13. Novmber 1981.
8. David Lutzweiler, *The Alliance Witness*, 22. July 1964, S. 2.
9. Kenneth Kantzer, »The Christian As Citizen«, *Christianity Today Institute*, 1985, S. 31.
10. Lewis B. Smedes, »On Cleaning Up America«, *Theology News and Notes*, Dezember 1980, S. 8.
11. Richard John Neuhaus, *The Naked Public Square* (Grand Rapids: Eerdmans, 1984), S. 20-21, 139.
12. Ebd., S. 142.
13. Ebd., S. 146, 148.
14. *The Other Side*, Oktober 1978, S. 15.
15. Jacques Ellul, *The Ethics of Freedom*, ins Engl. übers. von Geoffrey W. Bromiley (Grand Rapids: Eerdmans, 1976), S. 371ff.
16. Richard Longenecker, *New Testament Social Ethics for Today* (Grand Rapids: Eerdmans, 1984), S. 33-34.
17. Robert N. Bellah, »Civil Religion in America«, *Daedalus*, Winter 1967.
18. Russell E. Richey und Donald G. Jones (Hrsg.), *American Civil Religion* (New York: Harper and Row, 1974).
19. Kenneth Kantzer, *Christianity Today*, 13. Juli 1984, S. 14.
20. Carl F. H. Henry, »Evangelicals and the Social Struggle«, *Christianity Today*, 8. Oktober 1965, S. 11.
21. J. D. Douglas (Hrsg.), *Let the Earth Hear His Voice* (Minneapolis: World Wide Publications, 1975), S. 4-5.
22. C. S. Lewis, *God in the Dock*, herausgegeben von Walter Hooper (Grand Rapids: Eerdman, 1970), S. 94.
23. Malcolm T. Nygren, »The Church and Political Action«, *Christianity Today*, 14. März 1969, S. 10.
24. Sir Patrick Devlin, zitiert bei Burton M. Leiser in *Liberty, Justice, and Morals: Contemporary Value Conflicts* (New York: Macmillan, 1973), S. 13.
25. *The Presbyterian Journal*, 27. Januar 1971, S. 11.
26. Harold O. J. Brown, »The Passivity of American Christians«, *Christianity Today*, 16. Januar 1976, S. 8.
27. *The State* (Columbia, S.C.), 1. Juni 1974.
28. Robert N. Bellah u. a., *Habits of the Heart* (Berkeley: University of California Press, 1985), S. 285.
29. *Quarterly of the Christian Legal Society*, Frühjahr 1981, S. 6-7.
30. Rene de visme Williamson, »The Theology of Liberation«, *Christianity Today*, 8. August 1975, S. 7.
31. Francis A. Schaeffer, » *Christian Manifesto* (Wheaton, Ill.: Crossway Books, 1981), S. 91, 101, 130.

32. Ebd., S. 106.
33. Ebd., S. 107.
34. Ebd., S. 103-104.
35. Earl J. McGrath, »Relating Faith and Learning«, *Private Higher Education: The Job Ahead*, Bd. 12 American Association of Presidents of Independent Colleges and Universities, 1983, S. 25.
36. John W. Whitehead, *The Separation Illusion* (Milford, Oreg.: Mott Media, 1977).
37. Eine ausgezeichnete Darstellung der Rechtsgrundlage dieses Verfahrens findet man in *Religious Released Time Education: The Overlooked Open Door in Public Schools* von Samuel E. Ericsson, Kimberlee Colby und Robert Payne, Center for Law and Religious Freedom of the Christian Legal Society, 1982.
38. William Bentley Ball, »Law and Educational Mission of Christianity«, *Theology, News and Notes*, Dezember 1980), S. 9.
39. Robertson McQuilkin, »The Behavioral Sciences under the Authority of Scripture«, *Journal of Evangelical Theological Society*, März 1977.
40. Siehe *»Schooling in family Values«*, *U.S. News and World Report*, 9. Dezember 1991, S. 73; und Barbara Kantrowitz, »In a Class of Their Own«, *Newsweek*, 10. Januar 1994, S. 58. Einige schätzen die Zahl der Kinder, die in den USA zu Hause unterrichtet werden, auf 700.000-1.000.000. Siehe dazu James Davidson Hunter, *Culture Wars: The Struggle to Define America* (New York: Basic Books, 1991), S. 208.
41. Zitiert in Isabel Lyman, »Better Off at Home?« *National Review*, 20. September 1993, S. 62.
42. Ebd.
43. Siehe dazu John W. Whitehead und Wendall R. Bird.
44. Durchgeführt von Research and Forecasts, Inc. Commissioned by Connecticut Mutual Life Insurance Co., Hartford, 1981.
45. Michael Parenti, *Make Believe Media: The Politics of Entertainment*, (New York: St. Martin's Press, 1992), S. 163.
46. Malcolm Muggeridge, »Christ and Media«, *Journal of Evangelical Theological Society*, September 1978, S. 195.
47. A. C. Nielson Report, Januar 1984.
48. Michael Medved, *Hollywood vs. America: Popular Culture and the War on traditional Values* (New York: Harper Collins, 1992).
49. Ebd., S. 88.
50. James Hitchcock, »Competing Ethical Systems«, *Faculty Dialogue*, Winter 1984/85, S. 35.
51. Allan Bloom, *The Closing of the American Mind* (New York: Simon and Schuster, 1987), S. 68.
52. Ebd., S. 73.

Kapitel 11 Fehlbare Entscheidungen

Obwohl unser Maßstab für christliche Lebensführung – das Wort Gottes – unfehlbar ist, unterliegt unser Verständnis wie auch die Anwendung dieses Maßstabes möglicherweise dem Irrtum. In diesem letzten Kapitel wenden wir uns zwei sehr wichtigen Bereichen zu, für die Gott eigentlich keine unmittelbare Offenbarung schenkt, die uns sozusagen den entscheidenden Anstoß gibt.

Erstens geht es um die Streitfrage: Was tun, wenn wir meinen, in einer bestimmten Sache gehe es nicht um eine ethische Frage, während andere Christen das Gefühl haben, das Gegenteil sei der Fall? Bleiben wir fest dank unserer Freiheit als Christen, beugen wir uns den Bedenken unserer Brüder oder schlagen wir einen anderen Kurs ein?

Zweitens geht es um die Frage: Hat Gott eine besondere Erwartung an die anscheinend neutralen Entscheidungsbereiche in unserem Leben wie Beruf, Ehepartner und Lebensunterhalt? Falls ja, dann wird aus dieser Entscheidung eine ethische Frage, weil es moralisch nicht recht ist, den Willen Gottes zu übersehen oder abzulehnen. Doch unsere Erforschung des göttlichen Willens ist als fehlbar zu betrachten, weil es hier nicht um eine unfehlbare Offenbarung geht, wie sie die Schreiber der Bibel erfahren haben. Und doch, ob fehlbar oder unfehlbar, wie gehen wir vor, um die größtmögliche Gewissheit über den Willen Gottes zu erlangen?

Erstens: Um das Thema der fehlbaren Entscheidungen in einen Zusammenhang mit unseren vorherigen Betrachtungen zu stellen, weisen wir darauf hin, dass wir bemüht gewesen sind, den Willen Gottes so darzustellen, wie er in der Heiligen Schrift aus zwei verschiedenen, und doch sich ergänzenden Quellen offenbart wird: klare allgemeine Grundbestimmungen und klare allgemeine Prinzipien. Wenn eine biblische Lehre nicht klar ist oder ihre allgemeine Gültigkeit nicht deutlich zu erkennen ist, können wir sie zwar anwenden, jedoch ohne die Autorität, die in dem Satz »so spricht der Herr« liegt. Beispiele für klare allgemeine Grundbestimmungen sind die Zehn Gebote, die im mittleren Teil dieses Buches den Rahmen unserer Betrachtungen bilden. Beispiele für klare allgemeine Prinzipien sind Liebe, Selbstbeherrschung, Genügsamkeit, Demut; sie wurden in früheren Kapiteln ergänzend zu den Prinzipien behandelt, die aus den unmittelbaren Anweisungen abgeleitet wurden. Ein Hauptproblem der letzteren besteht darin, die Zielgruppe zu definieren, für die Gott sie vorgesehen hat; ein Hauptproblem mit allgemeinen Prinzipien liegt darin, diese mit Autorität auf die Gegenwart anzuwenden.[1]

Wir haben versucht, die Aussagen der Heiligen Schrift in ihrer Gesamtheit zu berücksichtigen; dabei stehen wir mit Überzeugung zu jenen Fragen, die den Willen Gottes klar erkennen lassen und räumen weniger Sicherheit in anderen wichtigen Fragen ein. Anschließend werden wir uns mit solchen Themen befassen, zu denen es keine unmittelbare Offenbarung in der Bibel gibt; doch es gibt den Lichtstrahl biblischer Grundsätze, durch die ein Thema so beleuchtet wird, dass es uns möglich ist, Entscheidungen nach dem Willen Gottes zu treffen.

Ethische Fragen, in denen Christen nicht übereinstimmen

Das Leben wäre bestimmt einfacher und in der Gemeinde ginge es viel ruhiger zu, wenn alle Christen der gleichen Meinung in der Frage wären, was recht und unrecht ist. Warum können sich Christen nicht einig sein? Warum sind Glauben und Handeln oft unvereinbar? Warum sind Christen in ethischen Fragen ganz unterschiedlicher Meinung? Es gibt mehrere Gründe.

Gründe für Uneinigkeit unter Christen

Die Autorität der Heiligen Schrift. Viele Christen stimmen mit anderen Christen nicht überein, wenn es um die Frage geht, was recht und unrecht ist, weil sie mit der klaren Lehre der Bibel zu diesem Thema nicht übereinstimmen. Der erste und zugleich wichtigste Grund, der für Uneinigkeit sorgt, ist demzufolge die Uneinigkeit bezüglich der Autorität der Bibel. Diejenigen, die diese nicht anerkennen, können jedes klare biblische Gebot ablehnen, sofern es ihnen nicht vernünftig erscheint; es wird abgelehnt auf der Basis jener Autorität, die tatsächlich anerkannt *wird*. Dazu gehören das persönliche Urteil, kultureller Konsens, religiöse Autorität oder was auch immer. Selbstverständlich gibt es oft

Meinungsverschiedenheiten zwischen solchen Leuten und denen, welche die Heilige Schrift als höchste Autorität anerkennen.

Andererseits gibt es diejenigen, die an die Schrift als höchste Autorität glauben, doch in einem bestimmten Bereich fällt ihnen Gehorsam sehr schwer oder der Preis dafür ist ihnen zu hoch. Es gibt mehrere Mittel und Wege, mit schwierigen Geboten dieser Art umzugehen. Man kann sie als gültig anerkennen und doch verletzen, wobei man die Schwäche der menschlichen Natur und die Unmöglichkeit, die Ansprüche des Gesetzes zu erfüllen, als Vorwand nimmt.

Wiederum gibt es diejenigen, welche die klare Lehre der Schrift »umdeuten«, um die Anwendung des Gebotes auf das heutige Leben ungültig zu machen. Zum Beispiel wird oft behauptet, dass eine besonders anstößige biblische Norm nur für die Zeit und den Ort eine kulturelle Bedeutung hat, für die sie ursprünglich gegeben wurde. Auf diese Weise ist das Gebot insoweit nützlich, als es zeigt, wie das zugrunde liegende Prinzip heutzutage anzuwenden wäre. Bei dieser Art, an das Thema heranzugehen, ist der Ausleger zur Autorität geworden. Streitigkeiten über ethische Normen werden unvermeidlich, da jeder einzelne Ausleger nach eigenem Maßstab darüber bestimmt, welche Gebote nun gültig sind und welche nicht. Dies ist ein anderer Weg, die Autorität der Heiligen Schrift zu untergraben und er führt zum offenen Widerspruch mit denen, welche die klare Lehre der Schrift als letzte Autorität betrachten.

Zum Beispiel geht ein führender evangelischer Theologe und Anthropologe von folgendem Sachverhalt aus: In bestimmten afrikanischen Stämmen ist für die leitende Rolle unter anderem die wirtschaftliche Stärke Voraussetzung, die den Unterhalt zweier oder mehrerer Frauen gewährleistet; daher fordert er, dass die Voraussetzung der Polygamie auch auf die Kirchenleitung übertragen werden sollte. Es heißt, Paulus habe eigentlich nicht gegen Polygamie gelehrt; er habe lediglich die Anforderungen an führende Personen *aus seinem eigenen Kulturkreis* genannt. Demnach wird ein zuverlässiger Ausleger nicht die kulturelle Form einer Anweisung betonen, sondern deren Prinzip auf die gegenwärtige Kultur anwenden. Anstatt eines Verbotes der Polygamie für den Ältestendienst wird aus der Lehre des Apostels Paulus die Befürwortung der Polygamie.

Diese Beispiele haben alle die gleiche Ursache: Aus unterschiedlichen Gründen wird der Gehorsam verweigert, wenn es darum geht, die klare Lehre der Schrift zu einem bestimmten sittlichen Gebot zu befolgen.

Unwissenheit. Eine weitere Ursache von Streit ist Unwissenheit. Einige Leute streiten über ethische Fragen, weil sie nicht wissen, was die Bibel lehrt. Dies ist oft der Fall unter Christen, die erst vor kurzem zum Glauben gekommen sind und einfach die Schrift nicht gelesen haben; doch es trifft auch auf diejenigen zu, die durch Tradition oder durch ein bestimmtes theologisches oder kirchliches System in ihrem Verständnis der Schrift beeinflusst werden.

So wurde zum Beispiel die Sklaverei von vielen Christen gerechtfertigt, weil sie – obschon der Autorität der Schrift verpflichtet – blind waren durch Tradition.

Umstrittene Bedeutungen. Unter denen, welche die Schrift verstehen und uneingeschränkt dem Gehorsam ihr gegenüber verpflichtet sind, gibt es oft Meinungsverschiedenheiten darüber, was die Schrift tatsächlich zu einem gegebenen Thema lehrt. Unser Augenmerk wird nun darauf gerichtet sein, wie an umstrittene Themen dieser Art heranzugehen ist. Oft streiten scheinbar gleichermaßen gottesfürchtige und biblisch geschulte Leute darüber, was Gott wohlgefällig ist, wenn etwas nicht eindeutig und unmittelbar in der Bibel angeordnet wird.

Es ist sehr schwierig, eine Sache aus der Sicht des Gegners zu sehen, was den Umgang mit umstrittenen ethischen Fragen zusätzlich erschwert. Wenn ich in einer Sache bestimmte Überzeugungen habe und andere Leute diese nicht teilen, dann müssen diese in geistlicher Hinsicht ignorant oder rebellisch sein. Wenn sie bestimmte Überzeugungen haben und ich nicht, halte ich sie wiederum für ignorant oder geistlich arrogant. Der Konflikt ist unvermeidlich.

Eine Methode, um Konflikt zu vermeiden, besteht darin, die Begriffswahl so zu treffen, dass ein Widerspruch bereits im Vorfeld ausgeschaltet wird. Zum Beispiel schreibt Bobby Clinton in seinem ansonsten zu diesem Thema sehr hilfreichen Lehrbuch mit dem Titel *Disputed Practices*: »*Eine umstrittene Handlungsweise* ist eine Handlungsweise, die *keinen* innewohnenden moralischen Wert hat, *jedoch* einige Leute haben diesbezüglich religiöse Überzeugungen.«

Der Autor behauptet, dass eine Angelegenheit keine moralische Bedeutung hat, obwohl sich einige Leute darüber aufregen, gerade weil sie der Auffassung sind, dass es eine moralische Frage *ist*. Der Autor hat die Angelegenheit mit den Worten eines Menschen definiert, der ein freies Gewissen hat: die Sache ist »amoralisch«. Doch es wird niemals eine Lösung des Konfliktes geben, solange die Person, die frei von Zweifeln ist, nicht einsieht, worum eigentlich gestritten wird: Es wird nicht über ein »in sich amoralisches« Anliegen gestritten, sondern darüber, ob ein gewisses Anliegen moralisch ist oder nicht.

Eine weitere Ursache von Unklarheit ist das Missverständnis bezüglich der Begriffe »stark« und »schwach«, wie sie von dem Apostel Paulus in Römer 14 gebraucht werden. Wer ist der schwächere Bruder? In der Aussage des Apostels Paulus ist es derjenige, der Skrupel hat. Ist er schwächer in seiner Überzeugung? Gewiss nicht. Zumindest in dieser Sache hat er die stärkere Überzeugung. Ist er geistlich schwächer? Nicht unbedingt, obwohl derjenige, der in irgendeiner Sache dem Apostel Paulus nicht zustimmt, Gefahr läuft, genauso schwach im Glauben zu sein.

Doch darum geht es in der Rede des Apostels Paulus in Römer 14 nicht. Der Starke ist derjenige, der stark im Glauben ist. Er hat das unerschütterliche Vertrauen, dass Gott ihn nicht richtet, vor allem, weil es an sich keine Sünde ist, Götzenopferfleisch zu essen und bestimmte jüdische Feiertage nicht einzuhalten. Er ist stark genug in diesem Vertrauen, um frei im Gewissen zu sein, während sein Bruder schwach im Glauben ist, zweifelnd, ob die umstrittene Handlungsweise tatsächlich moralisch neutral ist. Es ist offensichtlich, dass die meisten ernsthaften Christen in manchen Dingen »stark« und in anderen »schwach« sind; sie halten bestimmte umstrittene Handlungsweisen für falsch und andere für gut. Was als amoralisch oder unmoralisch gilt, wird sogar innerhalb der gleichen Glaubensgemeinschaft unterschiedlich gesehen.

Im Wesentlichen geht es dem Apostel Paulus in Römer 14 und 2. Korinther 8 und 10 um Folgendes: Wir müssen die annehmen, die anderer Meinung sind; dabei dürfen wir weder diejenigen herabsetzen, die wir für unbiblisch streng halten, noch diejenigen, die wir für unbiblisch kompromissbereit halten. Solche, die im Gewissen frei sind, neigen dazu, diejenigen, die unfrei sind, als geistlich niedriger einzustufen. Und die »Unfreien« neigen dazu, die »Freien« als geistlich niedriger einzustufen. Paulus verurteilt beide Haltungen. »Nehmt einander an« als echte, würdige Christen, sagt er. Doch wie entscheidet man ganz praktisch in dieser Frage? Bedeuten derartige Überlegungen etwa, dass jeder frei ist zu handeln, wie es ihm am besten passt?

Stellungnahme zu unterschiedlichen Meinungen

Einstellung. Das Ziel eines Christen ist es, Gott zu gefallen und nicht sich selbst. Sein Wunsch ist nicht, sich für das zu entscheiden, was am wenigsten nachteilig ist, sondern für das, was das Höchste und Beste ist. Er ist nicht darauf bedacht, Bestrafung zu vermeiden, sondern vielmehr darauf, seinem himmlischen Vater Freude zu bereiten. Er testet nicht aus, wie viel Finsternis er ertragen kann, sondern er ist bestrebt zu erfahren, wie er sich so weit wie möglich dem Licht nähern kann.

Er ist nicht von einem negativen Gehorsam geprägt, der von ihm gefordert wird, sondern von einem positiven Eifer, Gott auf jegliche Weise zu gefallen. Wenn das seine Ausrichtung ist, wird er nicht nach persönlicher Neigung zwischen zwei Auslegern wählen. Vielmehr wird er bald erkennen, dass nicht alle Gelehrten fromm sind und nicht alle Frommen gelehrt sind. Eine der wichtigsten Ursachen, die Verwirrung in ethischen Fragen erzeugt, liegt darin, dass so wenige derer, die als Theologen gerühmt werden, gleichermaßen als fromm gelten, und dass wenige derer, die für ihre persönliche Frömmigkeit bekannt sind, auch Meister der biblischen Auslegung sind. Jeder Christ muss die Verantwortung übernehmen und sich sowohl darum bemühen, die Bibel gründlich zu verstehen, als auch zu seinem Lebensziel zu machen, Gott ähnlicher zu werden. Nur jemand, der es in beiden Bereichen zugleich weit gebracht hat, ist ein zuverlässiger Ratgeber in den ethischen Fragen, über die sich Christen nicht einig sind.

Studieren der Schrift. Sobald sich die Einstellung eines Menschen in einer umstrittenen Frage herausgebildet hat, und er sehnlichst wünscht, allein Gottes Willen zu tun, gilt es als nächstes herauszufinden, ob es tatsächlich um eine moralische Frage geht. Wenn die Heilige Schrift über eine Frage des Lebenswandels nicht klar und deutlich spricht, muss der Christ nach einem biblischen Prinzip forschen, das ihn anleitet. Die Schrift ist eher ein Buch der Prinzipien als ein Buch der Vorschriften. Bei jeder Frage wird ein biblisches Prinzip angepeilt – entweder um den Christen anzuleiten oder um ihm die Freiheit zu lassen, nach eigenem Ermessen zu handeln.

Oft geht es dabei um bestimmte Prinzipien. Zum Beispiel ist das biblische Prinzip der Reinheit auf eine ganze Reihe von Aktivitäten anzuwenden, die nicht direkt als biblische Vorschrift behandelt werden, so wie z. B. der Kauf und Verkauf von Pornographie. Das Gesetz der »Pressefreiheit« erklärt dieses Verhalten in einigen Kulturkreisen als legal, doch das biblische Prinzip der Reinheit lässt es als sündhaft vor Gott erscheinen.

Allgemeine Prinzipien. Es gibt allgemeine Grundsätze, die für eine ganze Reihe von Themen gelten und als besonders hilfreich erscheinen, wenn es um Entscheidungen geht, die umstrittene oder fragwürdige Handlungsweisen betreffen. Viele haben diese Grundsätze in Form von Fragen ausgedrückt, die gestellt werden müssen, wenn man vor solchen Entscheidungen steht. Es folgt ein Beispiel hierfür, das aus mehreren Quellen zusammengestellt wurde.

13 Testfragen für umstrittene Angelegenheiten

1. Dient das, worum es geht, dem Herrn? Bringt es ihm Ehre? *»Ob ihr nun esst oder trinkt oder sonst etwas tut, tut alles zur Ehre Gottes!«* (1Kor 10,31; siehe auch Röm 14,6-8).

2. Kann ich es in seinem Namen tun (in seiner Vollmacht, ihn einbeziehen)? Kann ich ihm dafür danken? *»Und alles, was ihr tut, im Wort oder im Werk, alles tut im Namen des Herrn Jesus, und sagt Gott, dem Vater, Dank durch ihn!«* (Kol 3,17).

3. Könnte Jesus mit mir gehen? Würde Jesus es tun? *»Wohin sollte ich gehen vor deinem Geist, wohin fliehen vor deinem Angesicht?«* (Ps 139,7).

»Christus ... lebt in mir« (Gal 2,20). *»Denn hierzu seid ihr berufen worden; denn auch Christus hat für euch gelitten und euch ein Beispiel hinterlassen, damit ihr seinen Fußspuren nachfolgt«* (1Petr 2,21; siehe auch Mt 28,19-20; Joh 14,16-17.23).

4. Gehört es »in den Tempel des Heiligen Geistes«? *»Oder wisst ihr nicht, dass euer Leib ein Tempel des Heiligen Geistes in euch ist, den ihr von Gott habt, und dass ihr nicht euch selbst gehört? Denn ihr seid um einen Preis erkauft worden. Verherrlicht nun Gott mit eurem Leib!«* (1Kor 6,19-20; siehe auch Eph 4,30).

5. Tue ich es aus Glauben? Habe ich Zweifel? *»Wer aber zweifelt, wenn er isst, der ist verurteilt, weil ‹er es› nicht aus Glauben ‹tut›. Alles aber, was nicht aus Glauben ist, ist Sünde«* (Röm 14,23). *»Geliebte, wenn das Herz ‹uns› nicht verurteilt, haben wir Freimütigkeit zu Gott«* (1Jo 3,21).

6. Ist es von echtem Nutzen? Dient es zur Erbauung (nicht einfach, »ist es harmlos«)? *»So lasst uns nun dem nachstreben, was dem Frieden, und dem, was der gegenseitigen Erbauung ‹dient›«* (Röm 14,19). *»Was ist nun, Brüder? ... alles geschehe zur Erbauung«* (1Kor 14,26; siehe auch Röm 15,2; 1Kor 10,8; Eph 4,12-16).

7. Entspringt es oder führt es hin zu der Liebe zur Welt und ihrem Wertesystem? *»Liebt nicht die Welt noch was in der Welt ist! Wenn jemand die Welt liebt, ist die Liebe des Vaters nicht in ihm«* (1Jo 2,15; siehe auch Mk 9,47; 11,14-15).

8. Bedeutet es, dass ich mich mit einem Nichtgläubigen verbinde? *»Geht nicht unter fremdartigem Joch mit Ungläubigen! Denn welche Verbindung haben Gerechtigkeit und Gesetzlosigkeit? Oder welche Gemeinschaft Licht mit Finsternis?«* (2Kor 6,14).

9. Entspringt es einer Gebundenheit oder hat es die Macht, dahin zu führen? *»Alles ist erlaubt, aber nicht alles ist nützlich; alles ist erlaubt, aber nicht alles erbaut«* (1Kor 10,23).

10. Ist der Beweggrund Stolz oder Liebe? *»Was aber das Götzenopferfleisch betrifft, so wissen wir, dass wir alle Erkenntnis haben. Die Erkenntnis bläht auf, die Liebe aber erbaut. Wenn jemand meint, er habe etwas erkannt, so hat er noch nicht erkannt, wie man erkennen soll«* (1Kor 8,1-2; siehe auch Röm 12,1-2).

11. Ist es eine gottesfürchtige Gesinnung, die den Rahmen für meine Entscheidung in dieser Sache vorgibt? *»Übrigens, Brüder, alles, was wahr, alles, was ehrbar, alles, was gerecht, alles, was rein, alles, was liebenswert, alles, was wohllautend ist, wenn es irgendeine Tugend und wenn es irgendein Lob ›gibt‹, das erwägt!«* (Phil 4,8; siehe auch Röm 12,1-2).

12. Was sagt meine Gemeinde dazu? *»Denn wer in diesem dem Christus dient, ist Gott wohlgefällig und den Menschen bewährt«* (Röm 14,18). *»Denn es hat dem Heiligen Geist und uns gut geschienen, keine größere Last auf euch zu legen als diese notwendigen Stücke«* (Apg 15,28; siehe auch Röm 14,16).

13. Würde ich so etwas tun, wenn die Wiederkunft Jesu unmittelbar bevorstünde? *»Und nun, Kinder, bleibt in ihm, damit wir, wenn er geoffenbart werden wird, Freimütigkeit haben und nicht vor ihm beschämt werden bei seiner Ankunft! ... Geliebte, jetzt sind wir Kinder Gottes, und es ist noch nicht offenbar geworden, was wir sein werden; wir wissen, dass wir, wenn es offenbar werden wird, ihm gleich sein werden, denn wir werden ihn sehen, wie er ist. Und jeder, der diese Hoffnung auf ihn hat, reinigt sich selbst, wie er rein ist«* (1Jo 2,28; 3,2-3; siehe auch Mt 24,44-51; Lk 23,34-35; 1Thes 5,2-4).

Dies ist keine Liste zum Auswendiglernen, es sind lediglich Beispiele für allgemeine Grundsätze, die uns helfen, in strittigen Fragen zu entscheiden. Viele sehen darin eine nützliche Checkliste.

Christen, die ein bestimmtes Verhalten als falsch ansehen, weil dadurch biblische Grundsätze verletzt werden, müssen ihre Haltung gegen den Standpunkt derer behaupten, die darin keine Frage von Recht und Unrecht erkennen können. Doch wie verhält man sich, wenn man selbst davon überzeugt ist, dass es sich *nicht* um eine sittliche Frage handelt? Jemand hat sich von ganzem Herzen allein an den Willen Gottes gebunden, er hat gründlich die Bibel studiert, er hat bedacht, was Bibelgelehrte über sämtliche Aspekte der betreffenden Angelegenheit gesagt haben und er ist zu dem Schluss gekommen, dass die Bibel hierzu weder direkt noch indirekt etwas lehrt und dass er in dieser Sache Freiheit hat. Er ist festen Glaubens das Rechte zu tun, doch ein Bruder oder eine Schwester ist überzeugt, dass er das Falsche tut. Hat er irgendeine Verpflichtung gegenüber seinem Bruder?

Die Reaktion des »Freien« gegenüber dem »Unfreien«. Die Schrift lehrt, dass der Freie mehrfache Pflichten gegenüber demjenigen hat, der in einer bestimmten Sache Skrupel hat.

Er muss *seinen Bruder annehmen*, der anders denkt als er (Röm 14,1; 15,7), und er muss ihn als Bruder von gleich hohem Wert vor Gott achten. Jede Tendenz, ihn als unwissend abzustempeln, jedes Zeichen von Unfreundlichkeit im Zuge der Zurechtweisung verletzt diesen biblischen Grundsatz.

Er muss sich für die Haltung entscheiden, die *seinen Bruder erbaut* und jene meiden, die ihn verletzen oder zugrunde richten würde (Röm 14,13.15-16.19.21; 1Kor 8,1.9-13). Wenn ich der Meinung bin, dass mäßiger Alkoholkonsum erlaubt ist, doch mein Trinken auf irgendeine Art und Weise zum Stolperstein für andere werden könnte, zum Hindernis in ihrem Wachstum und Weiterkommen als Christen, dann bin ich nicht länger frei, mein gutes Recht in dieser Sache auszuüben. Persönliche Freiheit ist kein Freibrief, nach Belieben zu handeln, sondern es ist die Stärke, auf meine Rechte zugunsten anderer zu verzichten. Manche vertreten die Meinung, dass die Bindung des Gewissens durch andere folgende Einschränkung findet: Wenn durch meine Freiheit tatsächlich jemand zum Sündigen (Straucheln) gebracht wird, muss ich um seinetwillen auf meine Freiheit verzichten; doch wenn sie für ihn lediglich anstößig ist, bin ich zu nichts verpflichtet.

Die Zeitschrift *The Other Side* wurde von Lesern angefochten, weil darin ein Ausdruck vorkam, den sie als unpassend, ja sogar als obszön empfunden hatten. Der Mitherausgeber John Alexander antwortete darauf:

> Ein für allemal ist es an der Zeit zu verstehen, dass sich der Abschnitt in 1. Korinther 8 nicht darauf bezieht, die zu beunruhigen, die anderer Meinung sind. Schwächere zum Straucheln zu bringen bedeutet, sie zu verleiten, etwas zu tun, was sie für sündhaft halten. Wir bezweifeln, dass unser Witz Leser dazu verführt hat, Ausdrücke in einer Art und Weise zu gebrauchen, die sie für falsch halten.[3]

Ganz sicher bedeutet »Anlass zum Straucheln« »Anlass zum Sündigen« und ein »freier« Mensch ist nicht frei, diese Freiheit auszuüben, wenn dadurch ein anderer Mensch verleitet wird, seinem Beispiel zu folgen; entweder um tatsächlich zu sündigen oder um sein Gewissen zu verletzen, indem er etwas tut, was er als Sünde empfindet. Einem Menschen Anlass zum Sündigen durch Verletzung seines Gewissens zu geben ist natürlich nicht die einzige Möglichkeit, ihn zur Sünde zu veranlassen. Wenn ich ihn durch unnötiges Beharren auf meinen Rechten dazu bringe, in die Sünde des Zorns oder der Empörung zu fallen, ist das auch eine Ursache, die ihm Anlass zum Sündigen gibt. Die Frage stellt sich, ob »Anlass zum Sündigen geben« die einzige Bedeutung des Wortes *Straucheln* ist. Ich bin der Meinung, dass Paulus dieses Wort in seiner ganz gewöhnlichen Bedeutung gebrauchte, die beides beinhaltet: »Anlass zum Sündigen geben« und »Anstoß erregen«.

Die Pharisäer waren »aufgebracht«, als Christus ihre Tradition außer Kraft setzte (Mt 15,12). Sie waren enttäuscht und empört, doch sie waren weit entfernt davon, seinem Beispiel zu folgen. So kommen im Brief an die Korinther beide Bedeutungen zum Tragen, weil Paulus beide Grundgedanken mit einbezogen hat. Wenn meine Freiheit jemand anderem Anlass zum Sündigen gibt oder wenn sie ihm lediglich ein Anstoß ist, gilt es, meine Freiheit um seinetwillen aufzugeben.

Derjenige, für den keine ethische Frage im Spiel ist, muss sich trotzdem entscheiden, das zu tun, was *seinem Bruder wohlgefällt* (Mt 7,12; 22,39; Röm 14,15.18; 15,2; 1Kor 10,24.28-33). Das ist das Gesetz der Liebe. Es besagt, dass ich verantwortlich bin für das Wohlbefinden meines Bruders, folglich soll sein Gewissen meine Richtschnur sein. Liebe ist bereit, eigene Neigungen, eigenes Wohlbefinden und eigene Ansprüche zu opfern, um dem Bruder zu dienen. Für diese aufopfernde Liebe gibt es jedoch biblische Grenzen.

Nicht allein der »freie« Mensch ist durch das Gesetz der Liebe gebunden. Der »unfreie« Mensch muss ebenso in liebevoller Rücksichtnahme handeln. Er darf anderen nicht unnötig seine Zweifel auferlegen. Er darf keine Forderungen an sie stellen oder gar zulassen, dass sie sich durch seine Gewissenszweifel binden lassen, es sei denn, die Sache ist ihm so ernst, dass er sie sowohl anderen als auch sich selbst verbieten muss.

Der »freie« Mensch kann jedoch vom »unfreien« diese Art von liebevoller Rücksichtnahme nicht einfordern. Seine einzige Möglichkeit ist die, sich so lange liebevoll und freudigen Herzens zu fügen, bis sein Bruder sich aus Liebe entscheidet, ihn frei zu geben. Der Grund ist leicht zu verstehen. Derjenige, der eine bestimmte Überzeugung in einer Sache hat, würde durch Einlenken sein Gewissen verletzen, und das ist Sünde nach der Schrift. Derjenige, der keine Überzeugung in der Sache hat, ist frei, seine Freiheit auszuüben, ohne dass sein Gewissen verletzt wird. Für den einen geht es um das Rechte, für den anderen nur um Rechte. Deshalb sollte der Leitsatz für den wahrhaft freien Menschen lauten: »*Sein* Gewissen sei *mein* Wegweiser.«

Wenn natürlich jemand der Überzeugung ist, dass es eigentlich Sünde ist, sich der Einstellung des »unfreien« Bruders zu beugen, so steht in diesem Fall ein Gewissen gegen das andere, was wiederum ein Thema für sich ist, wie wir noch sehen werden.

Kein Christ sollte sich durch das Gewissen eines anderen Christen gebunden fühlen. Diese willentliche Bindung des eigenen Verhaltens durch das Gewissen eines anderen kommt nur dann in Frage, wenn die Person, die Anstoß nehmen könnte, sich nahe genug befindet, um Anstoß zu nehmen. Es besteht für mich kein Zwang, auf meine Krawatten und Manschettenknöpfe zu verzichten, weil einige Brüder in Pennsylvania diese für weltlich halten. Ich lebe in Süd-Carolina und gehöre nicht zu den Amish-People (strenge weltabgewandte christliche Glaubensrichtung in den USA). Befindet sich die Person mit einem »unfreien« Gewissen vom geographischen Standort her gesehen in größerer Entfernung, so hat diese keinen berechtigten Grund, persönlich Anstoß zu nehmen; der »freie« Mensch, für den keine ethische Frage im Spiel ist, sollte sich nicht gebunden fühlen.

Dieser Grundsatz der liebevollen Rücksichtnahme beschränkt sich naturgemäß auf diejenigen, die in einer engeren Beziehung zueinander stehen. Beispiele für verantwortungsvolle Beziehungen wären in abfallender Reihefolge die Angehörigen der eigenen Familie, Gemeinde, einer Institution, Freunde und die unmittelbaren Nachbarn.

Es ist nicht richtig, durch das Gewissen eines anderen gebunden zu sein, wenn dessen Skrupel das Wohlergehen anderer Menschen beeinträchtigen.

Das beste Beispiel hierfür steht in Zusammenhang mit der Rettung der Verlorenen. Wenn jemand nicht zu Jesus kommen kann wegen einer Sache, die von dem »freien« Christen als nicht ethisch beurteilt wird, so wird die Frage seiner Erlösung zu einer Gewissensfrage. Gewissen steht gegen Gewissen: Der »Freie« ist verpflichtet, es mit seiner Freiheit so zu halten, dass alle unnötigen Hindernisse aus dem Weg geräumt werden für den, der Christus braucht. Dieser Grundsatz wird klar und deutlich in 1. Korinther 9,12.18-23 in den Vordergrund gestellt, wo Paulus wiederholt betont, dass er seine persönlichen Bedürfnisse und Handlungsweisen dem Ziel unterordnet, Menschen für Christus zu gewinnen.

Mehr noch, dieser Grundsatz der Anpassung um der Rettung der »Vielen« willen darf u. U. nicht auf eine bestimmte persönliche Angelegenheit begrenzt werden. Es könnte notwendig werden, Freiheit zu lehren, wenn es um eine Angelegenheit geht, die unter Berücksichtigung der Ziele Christi eine ganze Gemeinschaft zu einem unnötigen Hindernis für Ungläubige werden lässt.

Paulus war kein Mensch mit zwei Gesichtern, wenn er sich den Umständen entsprechend vom Gewissen anderer binden ließ oder in der gleichen Sache in Freiheit handelte. Er handelte so, wie es jenen gefiel, denen er gerade nahe stand. Er war in Wahrheit frei, so oder so zu handeln. Sein Weg konnte in jede beliebige Richtung führen. Doch den höchsten Vorrang hatte sein Ziel, Menschen für Christus zu gewinnen. Wenn es um dieses Ziel ging, konnten ihn die Zweifel eines christlichen Bruders nicht binden.

Das Ehepaar, das mit mir auf dem Boden in unserer Wohnung in Tokio saß, hatte sich unlängst zum christlichen Glauben bekannt und bereitete sich nun auf die Taufe vor. Die zwei waren ein wenig aufgeregt und kicherten, während jeder vom anderen erwartete, mit der nächsten Frage herauszurücken. Endlich brach sie hervor: »Muss eine Frau auf Make-up verzichten, um eine echte Christin zu sein?« Es schien eine lächerliche Frage zu sein. Sie allein unter allen Frauen würde Make-up tragen. Ihre Ehe war beinahe wegen seiner Affäre mit einer Frau zerbrochen, die hübscher war als sie, und es war der Eintritt Jesu in ihr Leben, der die beiden und ihre Ehe rettete.

Doch auf den zweiten Blick war der Gedanke gar nicht so lächerlich. Meine Frau trug kein Make-up; einige Schwestern der Missionsgemeinschaft betrachteten Make-up als weltlich. Doch seit der Begegnung mit dem besorgten japanischen Ehepaar begann meine Frau Make-up zu tragen. Außer montags. Zumindest nicht am ersten Montag des Monats – am Gebetstag für die Missionare. Sie wollte auf ihre Freiheit, Make-up zu tragen nicht verzichten, wenn der Verzicht bedeutete, dass sie zu einem Hindernis für das Evangelium werden könnte; für sie war das Tragen von Make-up keine Frage der Moral. Das ungehinderte Wachstum von neugeborenen Gläubigen hatte Vorrang vor der Notwendigkeit der Rücksicht auf die Empfindsamkeit älterer Christen. Doch andererseits wollte sie ihre Freiheit auch nicht zur Schau stellen und Make-up in Gesellschaft derer tragen, die daran Anstoß nehmen könnten.

In diesem Gewissenskampf muss derjenige, der frei in seinem Handeln ist, diese Freiheit den Verlorenen zuliebe aufrecht erhalten, auch wenn er damit bei dem Bruder, der gebunden ist, Anstoß erregt.

Umfassend könnte man sagen, dass jegliche Skrupel, die das Wachstum von Christen hindern, bei den »freien« Christen wiederum zu einer Gewissensangelegenheit werden, um einer Bindung zu widerstehen. Wenn zum Beispiel eine Gemeinde ihren Nachwuchs vergrault, indem sie Gemeinschaft auf der Grundlage von Maßstäben verweigert, über die es in der Bibel keine eindeutige Aussage gibt (wie z. B. eine besondere Form der Musik), sollten die Gemeindeleiter die Schrift gründlich durchforschen und entscheiden, ob dieser Maßstab von der Bibel unterstützt wird.

In bestimmten Beziehungen könnte es die Aufgabe des Stärkeren im Glauben sein, der weiß, dass keine ethische Frage vorliegt, den Schwächeren im Glauben zu unterweisen. Die Unterweisung kann durch Worte oder durch Handeln erfolgen. Das hängt von der Wichtigkeit der Angelegenheit und vom Grad der Verantwortlichkeit ab.

Wenn es um eine Nebensächlichkeit geht, welche die Verkündigung des Evangeliums oder das Wachstum im Glauben nicht beeinträchtigt, wird es kaum notwendig oder von der Liebe geboten sein, diese Frage aufzuwerfen. Wenn z. B. die älteren Leute in der Gemeinde meinen, dass die passende Kleidung für einen Pastor aus Anzug und Krawatte besteht, warum sollte man lässige Kleidung tragen, während man diese Gemeindeglieder besucht?

Wenn der »freie« Mensch keine Verantwortung für die geistliche Entwicklung eines anderen Menschen hat, sollte er einfach in Liebe handeln und auf seine Rechte der anderen Person zuliebe verzichten.

Als Gastredner habe ich nicht die Aufgabe, die Glaubensgemeinschaft über die Vorzüge anderer Bibelübersetzungen als ihrer gewohnten aufzuklären. Auch wenn ich mich frei fühle, andere Übersetzungen zu gebrauchen, warum sollte ich eine Atmosphäre schaffen, die meiner Verkündigung nicht dienlich ist? Doch wenn eine persönliche Verantwortung vorliegt, wie z. B. bei den Eltern eines minderjährigen Kindes, beim Pastor einer Gemeinde oder beim Lehrer in der Schule, dann muss der Stärkere im Glauben sich bemühen, denen zur Freiheit zu verhelfen, die in irgendeiner wichtigen Angelegenheit unfrei sind. Als theologischer Lehrer z. B. unterrichtete ich meine Schüler darüber, was eine gute und genaue Übersetzung ist, welche Übersetzungen besser sind und weshalb.

Sowohl der »freie« als auch der »gebundene« Mensch muss eine Entscheidung treffen, *die dem Frieden dient* (Röm 14,16-17.19.20; 15,5-6). Frieden ist in der Familie Gottes von sehr hohem Wert. Es ist jedoch nicht der höchste Wert. Man sollte daher die Wahrheit nicht aufs Spiel setzen, um Frieden zu schaffen. Rechte – Ja; Rechthaberei – Nein. Die Lösung einer Streitfrage liegt eher beim freien Menschen als bei dem gebundenen. Ein Kompromiss um des Friedens willen bedeutet für den freien Menschen meistens, einige seiner Rechte zu opfern. Für den gebundenen Menschen würde ein Kompromiss bedeuten, gegen sein Gewissen zu handeln, und das kann er nicht tun.

Reaktion einer Person mit einem gebundenen Gewissen. Was ist mit demjenigen, der in einer bestimmten Angelegenheit im Gewissen gebunden ist und merkt, dass diese für andere keinen ethischen Stellenwert hat? Vielleicht kommt bei ihm der Verdacht auf, dass er sich eine unbiblische Beschränkung auferlegt. Was könnte er nun tun? Als erstes sollte er den Entschluss fassen, Gott um jeden Preis gehorsam zu sein. Denn: *»Alles aber, was nicht aus Glauben ist, ist Sünde«* (Röm 14,23).

Er kann in dieser Sache nicht wie ein freier Mensch handeln, solange sein Gewissen nicht vollständig frei ist, d. h. ohne die geringste Spur von Zweifel. Also folgt der nächste Schritt: im Wort Gottes nachforschen. Viele Christen sind durch Zweifel gebunden, die nicht biblisch begründet sind. Das Gewissen ist einfach ein moralisches Urteilen, geprägt durch vorangegangene Aufnahme von Information. Der Geist muss ständig durch Gottes Wort erneuert werden. Das ist die Wahrheit, die einen Menschen frei macht.

Als »freier« Mensch hat er als Erstes den anzunehmen, der verschieden ist von ihm selbst. Er muss ihn annehmen, ohne ihn als geringer zu beurteilen – denn dieser steht und fällt seinem Herrn (Röm 14). Außerdem muss er in Liebe handeln, darf seinen Bruder nicht schikanieren und muss sich für den Frieden einsetzen.

Die Verantwortung, seinem Bruder zu helfen, hängt von ihrer Beziehung zueinander ab. Für ihn selbst gilt der Maßstab des völligen Gehorsams in dem, was er für richtig hält. Doch in Bezug auf die anderen reicht diese Verantwortung von der eines Vaters, der sein Kind die biblischen Maßstäbe lehren soll, so wie er sie versteht, über die geringere Verantwortung eines Verkünders, die Wahrheit zu lehren, so wie sie von ihm verstanden wird, ohne Gehorsam zu erwarten, bis hin zu gar keiner Verantwortung denen gegenüber, die in keiner Beziehung zu ihm stehen.

Zusammenfassend sollte das biblische Ziel für alle Beteiligten an einer umstrittenen Angelegenheit ein zweifaches sein: erstens, die Schrift mit wachsender Klarheit zu verstehen; und zweitens, dem Willen Gottes voll und ganz zu gehorchen. Erkenntnis sollte also nicht einseitig die Sache der »Freien« und Frömmigkeit das Spezialgebiet der »Treuen« in Bezug auf das eigene Gewissen sein. Erkenntnis und Frömmigkeit müssen für beide das Ziel sein. Oder wir sollten vielleicht besser sagen: Erkennen, um Gott zu gefallen.

Gottes Willen erkennen in Angelegenheiten, zu denen die Schrift schweigt

Die Heilige Schrift wurde gegeben, um uns den Willen Gottes zu offenbaren. Dieser offenbarte Wille ist für alle Menschen derselbe: in moralischer Hinsicht Gott ähnlich zu sein. Doch hat Gott überhaupt einen persönlichen Willen für jeden einzelnen Gläubigen, der über diesen offenbarten allumfassenden Willen hinausgeht? Wenn Gott einen auf den einzelnen Gläubigen zugeschnittenen Plan hat, umfasst dieser Plan dann auch Dinge jenseits der grundlegenden Vorgaben für das Leben wie z. B. die Begabung des Einzelnen? Erstreckt sich der Plan auch auf jedes Detail eines einzelnen Tages?

Zur Einführung

Was den Willen Gottes betrifft, müssen wir in erster Linie erkennen, dass in der Bibel der Schwerpunkt auf dem liegt, was klar offenbart ist. Sogar in den Abschnitten, die davon sprechen, dass Gott seine Kinder leitet und führt, liegt der Blickpunkt meist auf Führung in Bezug auf das rechte Handeln und Denken (Ps 25,8-15; 32,8; 73,23-26). *»Denn das ist Gottes Wille: eure Heiligung«* (1Thes 4,3). *»Der Herr ist mein Hirte«,* gewiss; doch er ist vorrangig darauf bedacht, uns auf *»rechter Straße«* zu führen (Ps 23).

Dieser klar offenbarte Wille Gottes, uns in sein Ebenbild umzuwandeln, reicht sicherlich aus, einen Menschen Zeit seines Lebens zu beschäftigen. Was jemand ist und was er wird, ist von viel größerer Bedeutung, als das, was er an Aufgaben erfüllt (siehe 1Kor 12,31–13,3). Doch auch der wichtigste Auftrag für das Handeln eines Christen ist in der Schrift klar offenbart: *»Wie der Vater mich gesandt hat, so sende ich euch«* (Joh 20,21). Wir sind berufen zur Zusammenarbeit mit Gott in seinem großen Vorhaben der Weltevangelisation. Als

Zeugen Jesu haben wir eine Lebensaufgabe, nämlich alles, was wir unternehmen, in Einklang mit seinen Zielen in der Welt zu bringen.

Hat Gott aber – bezogen auf die einzelnen Lebensbereiche Beruf, Heirat, Erziehung, Wohnort, Gesundheit, Geldangelegenheiten – ein besonderes Ziel für jeden Menschen? Wenn ja, ist es möglich, den Willen Gottes in solchen Dingen zu erkennen und ihm bewusst zu folgen?

In seinem einflussreichen Buch *Decision Making and the Will of God* benötigt Garry Friesen mehr als 400 Seiten, um seine These zu beweisen, dass Gott keinen persönlichen Willen oder Plan für den einzelnen Gläubigen hat.

> Der Hauptgedanke ist folgender: Gott hat keinen idealen, ausführlichen Lebensplan für jeden einzelnen Gläubigen entworfen, den wir entdecken müssten, um die richtigen Entscheidungen zu treffen.
>
> Die Auffassung von einem »persönlichen Willen Gottes« kann durch Vernunft, Erfahrung, biblisches Beispiel oder biblische Lehre nicht begründet werden.[4]

Seine These lautet: Wir haben die Freiheit und Verantwortung, alle Entscheidungen in der Kraft göttlicher Weisheit zu treffen.

> In den Bereichen, für welche die Bibel kein Gebot und kein Prinzip (nicht moralische Entscheidungen) bereit hält, ist der Gläubige frei und verantwortlich, selbst über sein Handeln zu bestimmen. Jede innerhalb des moralischen Willen Gottes getroffene Entscheidung ist Gott wohlgefällig.[5]

Zu Beginn können wir bestätigen, dass zwei wichtige Behauptungen dieser Sichtweise richtig sind und dass sie dringend benötigte Abhilfen für den weitverbreiteten Missbrauch der herkömmlichen Sichtweise darstellen.

Die erste wichtige Verbesserung ist die Erkenntnis, dass ein Großteil von der Lehre göttlicher Führung in der Bibel von sittlicher Führung handelt.

Zweitens, behauptet Friesen, dass es viele Fälle von Missdeutung in der herkömmlichen Auffassung von der göttlicher Führung gibt. Diese Behauptung trifft in so hohem Maße zu, dass wir einen besser bekannten Fall von Missdeutung ausführlicher behandeln. Doch ein Pendelschlag hin zum anderen Extreme ist nicht sehr hilfreich. Wir müssen nicht dogmatischen Subjektivismus durch objektiven Rationalismus ersetzen, obwohl es in der Tat einfacher ist, sich auf einen extremen Standpunkt zu stellen, als im Mittelfeld biblischer Spannung zu stehen.

Ich spreche von Missdeutung als »weit verbreitet«, weil es mir nicht gelungen ist, einen einzigen namhaften Bibelgelehrten zu finden, der irgendeine der von Friesen genannten Art von Missdeutung befürwortet. Die Beispiele für

Missdeutung sind zahlreich und sie haben sehr schlimme Auswirkungen auf das gemeindliche Leben wie auch auf einzelne Christen, doch es ist eine Karikatur, sie als »herkömmliche Sichtweise« zu behandeln.

Steht Friesen allein auf diesem Standpunkt? Nein, nicht gerade allein. A. W. Tozer, ein Autor, der viel zum Thema Heiligkeit schrieb, äußerte sich Jahrzehnte zuvor in ähnlicher Weise:

> Mit Ausnahme der Dinge, die ausdrücklich befohlen oder verboten sind, entspricht es dem Willen Gottes, dass wir frei nach unserem Verstand unsere Entscheidungen treffen ... In fast allen Dingen, die unser alltägliches Leben in der Welt betreffen, gefällt es Gott, wenn wir Gefallen haben ... Gottes Entscheidung für uns kann nicht nur *eine einzige* sein, sondern *irgendeine* aus einer Vielzahl von möglichen Entscheidungen.[6]

Zum Teil mag die Popularität Friesens in der steigenden Welle von Unzufriedenheit mit den um sich greifenden Auswüchsen wie Institutionalismus und dem Anspruch von Unfehlbarkeit im vorzeitigen Erkennen des göttlichen »Plans« bis hinein in die Einzelheiten des alltäglichen Lebens begründet sein – ohne von den seltsamen Methoden zu sprechen, den Willen Gottes herauszufinden. Doch ich vermute, dass es eine tiefere Ursache gibt.

Es hat eine Veränderung der Interessen ergeben. Weg von den klaren Geboten und den wichtigen Grundsätzen der Schrift (wie z. B. Gottes erklärte Absicht der Weltevangelisation) hin zu einem einzelnen Ziel der persönlichen Erfüllung. Gleichzeitig gibt es ein Streben nach Freiheit und persönlicher Unabhängigkeit, um diese Erfüllung zu erlangen. In gewisser Hinsicht scheinen Friesens Bemühungen diese Generation zurück zur Gesetzeslehre Gottes und zum Gehorsam den Grundgedanken der Schrift gegenüber zu führen. Doch die erste Auswirkung seiner Botschaft ist für viele ein Gefühl der Befreiung aus der alten Bindung zugunsten eines schwer zu definierenden, aber absolut verbindlichen Willen Gottes in Bezug auf alle Entscheidungen im Leben. Diese ungezwungene Freiheit passt gut zur herrschenden zeitgenössischen Haltung der persönlichen Unabhängigkeit auf dem Weg zur persönlichen Erfüllung.

Andererseits wiegt die Verantwortung schwer; Einsamkeit und Unsicherheit erweisen sich oft als ein hoher Preis für diese Freiheit. Das Gefühl, dass Gott eine Entscheidung gar nicht beachtet, die für mich von überragender Bedeutung ist, und die Erkenntnis, dass ich allein bin und die volle Verantwortung für das Ergebnis einer jeden Entscheidung trage, sind schwere Lasten. Doch die seelischen Auswirkungen eines welchen Standpunktes auch immer sind nicht ausschlaggebend für den Gläubigen. Es geht darum zu erfahren, was die *Wahrheit* in diesem Zusammenhang ist. Gibt uns die Schrift Antwort darauf?

Ich schlage vier Argumentationsketten aus der Bibel vor, welche die herkömmliche Auffassung untermauern, gemäß derer Gott tatsächlich einen Plan für jedes seiner Kinder hat, einen Vorzug in Bezug auf viele Entscheidungen, die wir treffen, und die Verpflichtung, sein besonderes Ziel in jedem einzelnen Leben zu verwirklichen.

Der Rahmen für göttliche Führung

Göttliche Führung gehört in der traditionellen Sichtweise gleichzeitig zu den tiefsten Bedürfnissen und zu den höchsten Vorrechten eines Christen. Was sagt die Bibel dazu?

1. Der allgemeine Grundton der Schrift. Der Grundton der Schrift würde sowohl im Alten als auch im Neuen Testament sogar den oberflächlichen Betrachter zu dem Schluss führen, dass Gott ein Interesse an den nicht moralischen Entscheidungen seines Volkes hat und dass er alles daran setzt, damit sein Wille geschieht. Spielte es eigentlich eine Rolle, wo Israel während seiner Wüstenreise lagerte? Und doch führte Gott das Volk auf übernatürliche Weise durch die Wolken- und die Feuersäule, aber auch durch die ganz natürliche Weisheit eines erfahrenen menschlichen Anführers. Wie konnte es eine Rolle spielen, wen Isaak heiratete, solange es jemand war, der denselben Glauben hatte? Und doch ging Gott so weit, den Diener Abrahams zu einem ganz bestimmten Mädchen zu führen (1Mo 24). Das sind nicht die einzigen Beispiele; die ganze Schrift ist übersät mit Berichten über Gottes Führungen in nicht moralischen Angelegenheiten.

Das Leben Christi war so geplant, dass sogar unabwendbare Ereignisse auf ihre Zeit warten mussten. Es steht oft geschrieben, dass »die Zeit ... noch nicht erfüllt« war. Mit anderen Worten, es war nicht egal, *was* er tat und *wann* er es tat. Es gab einen Plan. Seine Speise war es, den Willen seines Vaters zu tun (Joh 4,34). Er tat nichts aus sich selbst, sondern so, wie ihn der Vater lehrte (Joh 5,19-20.30; 8,28). Dieser Wille Gottes bezieht sich nicht auf moralische Maßstäbe, sondern auf Gottes besonderen Willen für das Leben Jesu. Jesus war ständig vom Heiligen Geist geführt (z. B. Mt 4,1) und achtete auf die zeitliche Planung Gottes in Bezug auf jeden Abschnitt seines Lebens. Gab es solche Planung allein für Gottes Sohn oder ist er uns auch darin ein Vorbild wie in vielen anderen Dingen, um uns durch sein Verhalten zu zeigen, dass Gott ihn mit einer bestimmten Absicht dahin und dorthin geschickt hat und dass sein ganzes Leben dazu bestimmt war, diesen Zweck zu erfüllen?

Die Bibel vermittelt dem unvoreingenommenen Betrachter den starken Eindruck, dass die Beispiele nicht nur (oder nicht immer) wegen ihrer besonderen Bedeutung für den Erlösungsplan ausgewählt wurden, sondern auch als Fenster in Bezug auf die Handlungsweise Gottes dienen.

Für Saulus war es ganz natürlich, laut zu rufen: *»Was soll ich tun, Herr?«* (Apg 22,10). Gott antwortete, indem er begann, ihm seine Offenbarung über die Berufung von Paulus kundzutun, ohne jeden Hinweis auf die moralischen Gesetze, die Paulus gerade so empfindlich verletzte.

War diese Art von Erfahrung nur für eine Elite vorbehalten?[7] Niemand kann leugnen, dass viele biblische Gestalten wie Paulus zu einem besonderen Zweck geschaffen und erlöst wurden. Gott hatte einen besonderen Entwurf, einen Plan, eine Lebensvorgabe für sie und er bestätigte dies, oft sogar im Voraus. Doch diejenigen, die behaupten, dass dies nur auf wenige Auserwählte zutrifft, müssen mit vielen biblischen Belehrungen rechnen.

2. Gottes souveränes Ziel. Gottes Souveränität und die Verantwortung des Menschen sind ausschlaggebende Grundsätze für das Verständnis der göttlichen Führung. Das unfassbare Geheimnis des Zusammenspiels dieser beiden Grundsätze hilft uns zu verstehen, weshalb es so schwierig ist, alle Fragen rund um das wichtige Thema der göttlichen Führung in menschlichen Angelegenheiten zu klären. Die Schrift zeigt klar, dass Gott am Schaltpult sitzt und weiß, wohin der Weg führt, weshalb Paulus schreibt: *»Und in ihm haben wir auch ein Erbteil erlangt, die wir vorherbestimmt waren nach dem Vorsatz dessen, der alles nach dem Rat seines Willens wirkt«* (Eph 1,11).

Hier handelt es sich nicht um eine zufällige Lehre oder Sonderlehre; sie ist auch nicht mit Einschränkungen verbunden. *Alle* Dinge sind Gott nicht nur bekannt, sondern auch von ihm beschlossen. Andererseits enthält die Bibel – auch wenn sie an keiner Stelle vom »freien Willen« des Menschen redet – viele Ermahnungen bezüglich der vollen Verantwortung, die wir als Menschen für unsere Entscheidungen tragen. Wie können die beiden Themen miteinander in Einklang gebracht werden? Das ist nicht so einfach.

So manche haben einen Ausgleich gesucht, indem sie die eine Seite der Wahrheit betont und die andere vernachlässigt haben. Doch wie auch immer die Lösung sein mag, sie hat durchschlagende Auswirkungen auf die Frage nach Gottes Plänen und seiner Führung für die Menschen. Auch wenn die beiden Dinge eng miteinander verbunden sind, muss man doch die Unversehrtheit von Gottes souveränem Willen einerseits und die Verantwortung des Menschen andererseits, in gleichem Maße anerkennen.

Zu unserem persönlichen Heil identifizieren wir uns mit Gottes souveränem Plan, indem wir ihn suchen und im Gebet des Glaubens diesen Plan bestätigen, während gleichzeitig Gott uns sucht, sich uns offenbart, unsere Lebensumstände ordnet und uns den Glauben schenkt. Bei der Evangelisation wiederholt sich dieser Vorgang, indem wir Teil von Gottes souveränem Ziel für einen anderen Menschen werden. Tatsächlich ist Fürbitte in einer bestimmten Angelegenheit das Bestreben, eins zu werden mit einem göttlichen Ziel in Bezug auf dessen ersehnte Erfüllung in der Zukunft. Weshalb sollten wir annehmen, dass Gottes Führung auf irgendeine andere Weise geschehen könnte? Was auch immer die allerletzte Wahrheit über die Art und Weise des Zusammenhangs zwischen Gottes souveränem Willen und der Verantwortung des Menschen sein mag, so viel steht fest, wir haben die Verantwortung mitzuwirken – in Bezug auf die Errettung zu glauben, fürbittend zu beten und zu evangelisieren. Selbstverständlich ist dieses Muster auf die Frage der Führung genauso anzuwenden. Gottes souveränes Ziel mag verborgen sein, doch wir sind alle aufgefordert, durch den Glauben in einer verantwortungsvollen Beziehung zu diesem Ziel zu stehen.

Die grundlegende Verantwortung eines einzelnen Menschen ist der Glaube – Glaube, dass Gott einen Willen hat, dass er unser Mitwirken gemäß unserem Gehorsam in diesen Plan einfügt und dass er sogar dann, wenn wir fehlen, alle Dinge zusammenwirken lässt zu unserem Besten und zu seiner Ehre (Röm 8,28).

Glaube beinhaltet Gehorsam seinem Willen gegenüber, so wie er in der Bibel offenbart ist, demütige Annahme seines in den Umständen unseres Lebens verwirklichten Willens und tatkräftiges Mitwirken durch Gebet, indem wir uns mit dem Teil seines Willens identifizieren, der sich in unserer zeitlichen und räumlichen Existenz noch enthüllen wird.

Auf diese Weise setzen wir unser Vertrauen auf *Gott* und nicht auf unser eigenes Urteil über seine verborgenen Pläne. So erkennen wir, dass wir nicht unfehlbar sind in unserem Bemühen, den Willen Gottes in einer bestimmten Angelegenheit herauszufinden, und dass weder unser Irrtum noch unsere Sünde seine ewigen Ziele durchkreuzen können. Er wird alles, was er beabsichtigt, vollbringen.

Vielleicht ist die nachdrückliche biblische Lehre von Gottes souveränen Absichten der Schlüssel, um die göttliche Führung zu verstehen. Er weiß genau, wohin der Weg führt, und er wird ans Ziel kommen. Überdies sind wir aufgerufen, an der Verwirklichung seiner Vorhaben mitzumachen.

Einige meinen, Gott hätte nur in wichtigen Dingen einen bestimmten »Willen«; die unwichtigen Dinge würden für ihn nicht von Belang sein. Doch das kann ein Schuss in die Luft sein. Wenn ich zugestehe, dass es eine berechtigte und wichtige Unterscheidung gibt, kann das, was zunächst als unbedeutend erschien, sich am Ende als das Wichtigste erweisen. Was kann geringere Folgen haben, als die Tatsache, wo und wann wir ein Bad nehmen? Trotzdem wurde die Laufbahn eines der bedeutendsten Führerpersönlichkeiten durch so eine Entscheidung der Tochter des Pharao in die Wege geleitet. Dass ein Herrscher aus dem Orient für eine Nacht ein Sklavenmädchen nahm (dazu noch in einer guten Absicht und auf das Drängen seiner Ehefrau hin) wurde nicht als eine Frage der Moral angesehen und schien auch keine sehr bedeutende Angelegenheit zu sein. Aber tatsächlich hatte die Beziehung Abrahams zu Hagar einen Konflikt zur Folge, der viertausend Jahre später mit größerer Heftigkeit wütet als je zuvor, und zwar in der Auseinandersetzung zwischen Arabern und all den anderen, insbesondere den Nachkommen Sarahs. »Unbedeutende« Entscheidungen haben die Angewohnheit, »bedeutend« zu werden!

In Bezug auf alles, was geschieht, macht die biblische Lehre über Gottes souveränen Willen klar, dass er tatsächlich einen Plan für die Angelegenheiten des Menschen hat und dass unsere erste und wichtigste Bindung an diesen Plan das Gebet ist.

3. Das Wesen des Gebets. Das Gebet ist für uns ein wichtiges Mittel, um von Gott die versprochene Weisheit zu erlangen, Kraft und all die notwendigen Mittel, um seine Anliegen in der Welt zu erfüllen. Weshalb sonst sollten wir diese grenzenlose Zusage der Gebetserhörung haben, wenn wir nicht Gott bitten müssten, uns das zu geben, was uns am meisten fehlt? Die Bitte um Führung war oft auf den Lippen des Volkes Gottes.

Elisabeth Elliot schreibt, dass Führung »diejenige Art von Hilfe ist, um die in der Bibel am meisten gebetet wird«[8]. Warum beteten die Heiligen biblischer Zeiten und erwarteten daraufhin eine Wendung der Dinge, wenn die Entscheidungen, die sie trafen, Gott gleichgültig sein sollten? Nein, Führung ist zugleich auch ein Versprechen Gottes, wie wir noch sehen werden, und das Gebet ist eins der von Gott eingesetzten Mittel, um dieses Versprechen fest zu machen.

4. Die Rolle des Heiligen Geistes. Die Rolle des Heiligen Geistes schließt die Aufgabe der Führung mit ein. Im Alten Testament war Gott so eifrig darauf bedacht, seinen Willen zu offenbaren, dass es heißt: *»Denn der Herr, HERR, tut nichts, es sei denn, dass er sein Geheimnis seinen Knechten, den Propheten, enthüllt hat«* (Am 3,7). Wie tat Gott das? Oft wird nicht beschrieben, wie die Führung geschah, aber manchmal schon: durch Visionen, wundersame Ereignisse, gewöhnliche Ereignisse, innere Impulse der Eingebung – auf vielfältige Art und Weise (Hebr 1,1). Doch im Zeitalter der Gemeinde benutzt Gott eine vollkommen neue Art der Mitteilung – Gott selbst nimmt Wohnung in jedem Gläubigen und nimmt teil an jedem Entscheidungsprozess (Joh 14,16-26).

Eine Teilaufgabe des Heiligen Geistes ist es, verständlich zu machen, was die Schreiber der Bibel unter seiner Inspiration geschrieben haben; doch er hat noch weitere Aufgaben zu erfüllen. Er gibt jedem Gemeindeglied eine Gabe, Gott in der Gemeinde zu dienen (1Kor 12,7.31; 14,1.39). Geistliche Gaben haben mit nicht moralischem Handeln zu tun und sind etwas, was er austeilt, »wie er will«. Gott hat in dieser Sache einen Willen, einen eigenen Plan für jeden Gläubigen. Welche Aufgabe ich in der Gemeinde wahrnehme, ist von ihm geplant und bestimmt, nicht von mir. Es liegt ihm etwas daran, ob ich seinem Plan Folge leiste. Der Heilige Geist wird den Gehorsamen führen, er wird Menschen suchen, die den Willen Gottes erkennen und tun, auch in Bezug auf seine Umsetzung im geistlichen Dienst. Wir wiederum wirken mit im Gebet, um seinen Willen zu erkennen und umzusetzen – wir *»eifern um die größeren Gaben«,* wie Paulus in 1. Korinther 12,31 sagt.

Die Bestimmung für die Übernahme konkreter Aufgaben und die Führung darin ist nur ein Beispiel für die Art und Weise, wie der innewohnende Führer »seine geliebten Kinder leitet« und dabei in uns wirkt, um Gottes souveräne Absichten zu verwirklichen.

In der Schrift wird am stärksten die Führung in moralischer Hinsicht betont, ob es nun um das Versprechen dieser Führung, um Ermahnungen, sie zu suchen, oder um Zeugnisse erlebter Führung geht. Das ist der Grund, weshalb dieses Buch dem Thema Ethik gewidmet ist! Doch viele Bibelabschnitte könnten sich sowohl auf nicht moralische persönliche Führung beziehen, als auch auf moralische Führung; andere Abschnitte wiederum sind ganz klar auf persönliche Führung bezogen. Es folgt ein Beispiel, das den Tenor der Bibel wieder gibt: *»Wer ist nun der Mann, der den HERRN fürchtet? Ihn wird er unterweisen in dem Weg, den er wählen soll«* (Ps 25,12).

Der ganze Psalm 25 ist eine sehr schöne Beschreibung von Führung; er beinhaltet Führung in ethischen Dingen, Errettung vor Feinden (nicht moralisch) und persönliche Führung in Vers 12 . Das ist kaum zu leugnen, denn der folgende Vers spricht von Wohlstand und vom Erbe für die Nachkommen des Psalmschreibers, was keine Angelegenheit der Ethik ist.

Psalm 48 ist überhaupt nicht ethisch ausgerichtet. Der Psalmist rühmt Gott für seine Siege zum Wohle Jerusalems. Der Schluss gipfelt in einem Lobpreis Gottes als dem Führer: *»Ja, dieser ist Gott, unser Gott immer und ewig! Er wird uns leiten«* (V. 15). Die Führung betrifft zwar eher eine Gruppe als eine einzelne Person, doch es ist eindeutig nicht moralische Führung. In Psalm 139 gibt David seinem Erstaunen darüber Ausdruck, dass Gott ihn durch und durch kennt (Verse 1-6) und dass Gott immer mit ihm ist (Verse 7-12). In keinem von diesen Versen spricht David von sittlichen Dingen, sondern nur von Dingen des alltäglichen Lebens. Er schreibt weiter, an welchen Ort auch immer er sich begeben würde, *»auch dort würde deine Hand mich leiten und deine Rechte mich fassen«* (V. 10). Als nächstes macht er eine Aussage, die man als den biblischen Schlüsseltext in Bezug auf Gottes souveränen Plan für das Leben des Einzelnen bezeichnen kann:

> *»Denn du bildetest meine Nieren. Du wobst mich in meiner Mutter Leib. Ich preise dich darüber, dass ich auf eine erstaunliche, ausgezeichnete Weise gemacht bin. Wunderbar sind deine Werke, und meine Seele erkennt es sehr wohl. ... Meine Urform sahen deine Augen. Und in dein Buch waren sie alle eingeschrieben, die Tage, die gebildet wurden, als noch keiner von ihnen ‹da war›. Für mich aber – wie schwer sind deine Gedanken, o Gott! Wie*

gewaltig sind ihre Summen! Wollte ich sie zählen, so sind sie zahlreicher als der Sand. Ich erwache und bin noch bei dir« (Ps 139,13-14.16-18).

David macht die klare Aussage, dass Gott ein Interesse an allen Bereichen seines Lebens hat und dass er einen Plan für ihn bestimmt hat, noch ehe er geboren wurde.

Die vielleicht deutlichste Beschreibung persönlicher Führung stammt von dem weisesten aller Menschen, nämlich von Davids Sohn Salomo:

»Vertraue auf den HERRN mit deinem ganzen Herzen und stütze dich nicht auf deinen Verstand! Auf all deinen Wegen erkenne nur ihn, dann ebnet er selbst deine Pfade!« (Spr 3,5-6).

Nicht nur Dichter und Könige waren davon überzeugt, dass es Gottes Absicht ist, die Führung zu übernehmen, sondern auch die Propheten haben diesen Gedanken betont.

Jesaja mahnt das Volk, nicht bei Totengeistern und Wahrsagern Wegweisung zu suchen, sondern bei ihrem lebendigen Gott (Jes 8,19). Es ist kaum anzunehmen, dass die Leute wegen ethischer Führung einen Wahrsager befragen würden! Der gleiche Prophet gibt all jenen eine wunderbare Zusage, welche die Bedingungen erfüllen (Vertrauen und Gehorsam), die gewöhnlich dem Versprechen *»Und beständig wird der HERR dich leiten«* (Jes 58,11) vorangehen. Hier geht es ganz deutlich um allgemeine Führung, da das Versprechen im Zusammenhang mit vielen anderen nicht-ethischen Verheißungen genannt wurde, die jenen gelten, die ihre Bosheit ablegen und den Unterdrückten helfen.

Eine der lehrreichsten Lektionen zum Thema Führung ist das schöne Gleichnis vom Hirten und seinen Schafen, das in beiden Testamenten vorkommt. Der Hirte beschützt seine Schafe und sorgt für sie, doch er leitet auch jedes einzelne Schaf auf seinem täglichen Weg, so dass es ein Leben in voller Genüge hat (z. B. Ps 23; 77,20; 78,52.72; Joh 10).

Jakobus verspricht schlicht und einfach Weisheit allen, die erkennen, dass sie diese nicht haben und im Glauben darum bitten (Jak 1,5-6). Es geht hier in diesem Zusammenhang um Weisheit in der praktischen Frage, wie man sich in schwierigen Verhältnissen verhalten soll.

Die folgenden vier Richtlinien biblischer Lehre bekräftigen die Überzeugung, dass Gott einen Plan für jedes seiner Kinder hat: die grundlegenden Gedanken der Schrift, wie sie in den Lebensgeschichten biblischer Gestalten zum Ausdruck kommen; die immer wieder erkennbare Lehre, dass Gott ein souveränes Ziel mit allen Dingen hat; das Wesen des Gebets; die Rolle des Heiligen Geistes; und die direkten Lehren der Schrift.

Unabhängig davon, wie man die Frage der göttlichen Führung betrachtet, werden jene, die von der Autorität der Schrift überzeugt sind, erkennen, dass es den biblischen wie den nichtbiblischen Weg gibt, wie es allgemein heißt, »weise Entscheidungen zu treffen« oder anders ausgedrückt, »den Willen Gottes zu entdecken«. Betrachten wir nun diese Grundsätze näher.

Prinzipien für Entscheidungen im täglichen Leben, die Gott gefallen

Das Leben unter göttlicher Führung. Wie erlangt man die Erkenntnis des göttlichen Willens in Dingen, die nicht offenbart sind? Sprüche 3,5-6 ist vielleicht die deutlichste Bibelstelle in Bezug auf göttliche Führung. Nicht jeder, sondern ganz bestimmte Personen sollen diese Führung erleben. Eigentlich geht es hier in diesem Versprechen nicht darum, dass Gott uns die Richtung mitteilen wird. Er verspricht, selbst unsere Schritte zu *lenken* (siehe auch Sprüche 16,9). Mit anderen Worten, wenn wir die Bedingungen erfüllen, werden wir tatsächlich nach dem Willen Gottes handeln. Die Führung ist *Gottes* Verantwortung!

Die wichtigste Bedingung, um Führung durch Gottes Hand zu erfahren, ist der Glaube: *»Vertraue auf den HERRN mit deinem ganzen Herzen und stütze dich nicht auf deinen Verstand.«* Damit ist nicht gemeint, dass wir unseren Verstand nicht gebrauchen sollen, sondern dass wir uns nicht ausschließlich auf ihn verlassen sollen, so wie es die Menschen in dieser Welt normalerweise tun. Wir sollen uns stattdessen völlig auf den Herrn verlassen.

Der Folgevers *»Auf all deinen Wegen erkenne nur ihn«* ist keine zusätzliche Bedingung; er verstärkt vielmehr die erste Bedingung des Vertrauens. Das Wort, das mit »erkennen« übersetzt wurde, wird im Alten Testament oft gebraucht. Es geht dabei um mehr, als die Dinge nur über den Intellekt zu erfassen; es bedeutet so viel wie »persönlich erleben«, »erfahren«. Es beinhaltet ähnlich wie bei der Beziehung zwischen Mann und Frau für die Beziehung zwischen Mensch und Gott ein Leben der Zusammengehörigkeit, des miteinander Teilens und der Liebe. Mit anderen Worten besteht durch das Versprechen, geführt zu werden, für diejenigen, die Gott lieben und jeden Tag mit ihm leben, ein völliges Einsseins mit ihm in vollkommener gegenseitiger Hingabe und grenzenlosem Vertrauen.

Eine solche Beziehung ist die Grundlage für die Erfüllung des göttlichen Planes im Leben. Ausgehend von diesem Schlüsselvers könnte man sogar sagen, dass man fortwährend den Willen Gottes erfahren kann, ohne dass man sich dessen auf Verstandesebene unbedingt bewusst werden müsste. Doch ein solches Versprechen gilt nicht für diejenigen, welche die Bedingungen nicht erfüllen.

Warum ist unsere Sicht so verschwommen? Warum ist die Realität nicht klar erkennbar? Warum gibt es Verwirrung sogar in so wichtigen Angelegenheiten wie den Richtlinien für das christliche Leben? Warum gibt es Unsicherheit über Gottes Absichten in dieser Welt und Zweifel darüber, dass er uns die Mittel bereitstellen wird, damit wir leben und seine Ziele verwirklichen können?

Ganz einfach aus dem Grund, weil wir den Anforderungen nicht gerecht werden: *»Wer meine Gebote hat und sie hält, der ist es, der mich liebt; wer aber mich liebt, wird von meinem Vater geliebt werden; und ich werde ihn lieben und mich selbst ihm offenbaren«* (Joh 14,21). Nur solche werden Gott in seiner Fülle erleben, deren Glaube sich im Gehorsam bewährt.

Gott zu vertrauen bedeutet nicht nur, ihm unser Leben zu übergeben und zu glauben, dass er die Führung übernimmt. Glaube ist nicht nur eine passive Haltung; Glaube ist handelnder Gehorsam, der aktiv nach dem Willen Gottes forscht. Der erste Schritt auf dem Weg der Erkenntnis dessen, was Gott vorhat, ist unbedingte Hingabe, seinen Willen zu tun, und eifriges Handeln, um ihn zu entdecken. Gott führt nicht jemanden, der nicht engagiert und bemüht und nicht informiert ist. Mit anderen Worten, wie generell in der Beziehung mit Gott, ist die Einstellung ausschlaggebend. Und in diesem Fall bedeutet das Versprechen, bei richtiger Einstellung, mehr als die Zusage, dass richtige Wegweisungen folgen werden. Wenn es sich darauf beschränken würde, könnte ich töricht sein und die Anweisungen falsch verstehen oder sie in meiner Verwirrung falsch anwenden. Doch bei einer richtigen Herzenshaltung wird Gott tatsächlich mein Leben *führen*.

Das Versprechen der Führung gilt nicht nur für die »großen« Dinge oder für offensichtlich wichtige Entscheidungen im Leben wie Heirat oder Berufswahl. Gott nennt ausdrücklich sowohl die Hauptwege des Lebens als auch die weniger wichtigen Nebenwege, denn nur Gott allein weiß, welche unbedeutenden Entscheidungen zu lebensbestimmenden Ereignissen führen können.

Natürlich gibt uns Gott normalerweise keine beschriftete Straßenkarte für den ganzen Weg mit; meistens führt er uns Schritt für Schritt, indem er gerade genügend Licht schenkt, damit wir den nächsten Schritt erkennen. Diese Vorgehensweise hält uns in der Abhängigkeit von ihm, der führt, so dass unser Weg eher ein Weg des Glaubens ist, als ein Weg des Schauens. Darüber hinaus hat diese schrittweise Führung den Vorteil, dass sie uns so lange im Unklaren über die kommenden Schwierigkeiten lässt, bis wir weise und stark genug geworden sind, um damit umgehen zu können.

Gott will uns auf alle Fälle führen. Soll das bedeuten, dass wir erst dann handeln, wenn er uns eine klare Offenbarung seines Willens zuteil werden lässt? Das ist damit sicher nicht gemeint. Wenn wir mit Gott wandeln und unser Geist aus dem Willen Gottes genährt wird, so wie er in der Schrift offenbart ist, gilt es einfach, eine Entscheidung zu treffen; und was immer wir auch tun, wird dem Willen Gottes für uns entsprechen. Wenn das nicht der Fall sein sollte, läge es in seiner Verantwortung, uns zu (umzu)lenken. Wird er unsere Lebensumstände so beeinflussen, dass wir in die richtige Richtung gedrängt werden, oder wird er unseren eingeschlagenen Weg so führen, dass am Ende seine Ziele erreicht werden? Ich glaube nicht, dass diese schwierige Frage mit voller Autorität aus der Schrift heraus beantwortet werden kann. Wahrscheinlich benutzt Gott beide Möglichkeiten. Ungeachtet dessen können wir in der Gewissheit handeln, dass Gott sein Versprechen hält, unsere Lebenswege zu lenken.

Doch gibt Gott uns nicht auch *direkte Anweisungen*? Können wir nicht erwarten, dass Gott uns seinen Willen klar und deutlich zeigt, so dass wir ihn verstehen und eine vernünftige Handlungsentscheidung treffen, wenn unser Geist die Hauptverbindung in unserer Beziehung zu Gott darstellt? Abgesehen von der Frage, *wie* Gott »unsere Wege lenkt« (was uns größtenteils verborgen bleibt), stellt sich uns auch die Frage, wie Gott »uns den Weg weist«?

Wegweisungen empfangen: den Willen Gottes verstehen. *Die Heilige Schrift.* Der erste Schritt ist der, danach zu streben, den Willen Gottes durch das Lesen und Studieren der Heiligen Schrift zu verstehen. Der biblische »Weg der Weisheit« ist gleichbedeutend mit moralischer Redlichkeit und dem Einklang mit dem offenbarten moralischen Gesetz Gottes.

Diese Art von Weisheit ist im Wort Gottes zu finden; sie ist als *erster und bedeutendster* Teil göttlicher Führung zu verstehen. Doch göttliche Weisheit schöpft man aus der Schrift nicht nur durch die unmittelbaren Gebote. Die Grundsätze der Bibel, die das Leben im Allgemeinen und Gottes Absicht mit der Welt betreffen, haben eine viel größere Reichweite dadurch, dass die Führung in göttlicher Weisheit darin mit eingeschlossen ist.

Das Gebet. Der zweite Grundsatz lautet, Gottes Willen im Gebet zu suchen. *»Wenn aber jemand von euch Weisheit mangelt, so bitte er Gott, der allen willig gibt und keine Vorwürfe macht, und sie wird ihm gegeben werden«* (Jak 1,5). Gott nach seinem Willen (Weisheit) in irgendeiner Entscheidung zu fragen bedeutet nicht, dass wir ihn einmal bitten und es dann sein lassen. Die Schrift lehrt uns klar, dass wir beharrlich bitten müssen, um eine Antwort zu erhalten (Mt 7,7). Genauso hat Paulus gehandelt, als er den Herrn dreimal um Heilung bat. Der Wille Gottes wurde ihm schließlich offenbart, doch in dem Fall lautete er so, dass er nicht geheilt werden sollte (2Kor 12,8-9).

Im Gebet geht es nicht nur darum, Weisheit für die bestmögliche Entscheidung zu empfangen; Gebet ist besonders deshalb notwendig, um die Kraft, den Willen Gottes zu *tun*, zu erbitten. Oft liegt unser Problem nicht darin, dass wir nicht wissen, was er von uns erwartet, sondern darin, dass wir nicht bereit sind, seinen Willen auszuführen. Solange wir nicht dazu bereit sind, können wir kaum damit rechnen, weitere Erleuchtung zu empfangen. Wir könnten sonst Gottes

Willen nicht völlig verstehen. Christus kannte im Garten Gethsemane den Willen des Vaters, doch sein Gebet in großer Todesangst führte ihn schließlich zur Hingabe an den ihm bereits bekannten Willen Gottes durch die wiederholte Bitte um Befreiung durch Gott (Mt 26,37-44).

Die meisten halten das Gebet nur deshalb für notwendig, um Gott zu bitten, seinen Willen kundzutun. Gebet ist in dieser Hinsicht wichtig, doch oftmals ist es noch wichtiger, wenn wir um göttliche Führung beten, die Bereitschaft zu erlangen, den Willen Gottes zu tun. Deshalb konzentriert sich das Gebet um Führung auf folgende Bitten:

1. Die Bitte um *Glauben*, dass Gott sein Versprechen hält und die näheren Umstände meines Lebens so lenkt, dass seine Absichten vollständig erfüllt werden.
2. Die Bitte um Kraft, seinem Willen *gehorsam* zu folgen, was auch immer es mich kosten mag.
3. Die Bitte um *Weisheit*, die Lehre der Schrift und die Lebensumstände zu verstehen, die eine Entscheidung herbeiführen.

Falls es Geheimnisse um das Wesen der göttlichen Führung gibt, so gibt es noch viel größere Geheimnisse um das Gebet; und wie wir gesehen haben, sind die zwei eng miteinander verbunden. Elisabeth Elliot, Missionarin und Schriftstellerin, die berufen wurde, die Geheimnisse göttlicher Führung in einem viel größeren Maße zu erfahren als die meistens von uns, sagt dazu Folgendes:

> Als Jesus seine Jünger lehrte, wie sie beten sollten, erklärte er ihnen die damit verbundenen Geheimnisse nicht – z. B. weshalb ein Jünger beten sollte, dass Gottes Name geheiligt werde oder dass Gottes Reich komme (ist sein Name nicht heilig, wird sein Reich nicht kommen, auch wenn wir nicht darum bitten?), oder wie das Gebet die Versorgung mit der täglichen Nahrung oder die Führung Gottes beeinflusst. Er hat die Warum-Fragen nicht erklärt. Er sagte ihnen einfach, was sie beten sollten. Dies ist nicht der geeignete Rahmen, um alle Bitten, die er sie gelehrt hat, genauer zu betrachten, doch es lohnt sich festzuhalten, dass zwei davon genau das angesprochene Thema betreffen: »Dein Wille geschehe« und »Führe uns nicht in Versuchung«. Die Tatsache, dass in dem kurzen Gebet, das Jesus seine Jünger lehrte, auch die Bitte um Führung vorkommt, gibt uns die Gewissheit, dass diese Bitte durchaus ihre Berechtigung hat.[9]

Die Gemeinde. Ein sehr wichtiger, bei der Erkundung des göttlichen Willens mitwirkender und im Amerika des zwanzigsten Jahrhunderts am meisten vernachlässigter Faktor ist das Wort der Gemeinde. Besonders in Entscheidungen, die den Gottesdienst betreffen, ist dies eines der wichtigsten Elemente göttlicher Führung. Die Vorstellung vom Alleinflug, bei dem wir Führung in erster Linie als eine persönliche Angelegenheit betrachten, scheint nicht ganz der Bibel zu entsprechen.

Der biblische Weg, die Absicht des Geistes Gottes zu erkennen, ist der, gemeinsam danach zu forschen (Apg 13, 2-3; 15,22; 28; 16,10). Natürlich dürfen wir die Verantwortung nicht an die Gruppe abgeben, denn schließlich wird jeder für seine Entscheidungen verantwortlich gemacht. In seinem Brief an die Christen in Galatien weist Paulus klar darauf hin, dass er den in Apostelgeschichte 15 erwähnten Beschluss des Apostelkonzils nur deshalb befolgte, weil er das Gefühl hatte, das Richtige zu tun. Doch sogar der große Apostel Paulus unternahm seine Reisen entsprechend dem Wort Gottes, das an die Gruppe erging.

Rat bei einzelnen Christen zu suchen gehört vielleicht zum üblichen Vorgehen, sich durch die Gemeinde beraten zu lassen, doch eigentlich ist es nicht dasselbe und sollte auch nicht dieselbe Bedeutung haben. Die »Stimme der Gemeinde« wird gehört, wenn die Verantwortlichen im gemeinsamen Gebet den Willen Gottes erfragen.

Trotzdem gilt: *»Pläne scheitern, wo keine Besprechung ist; wo aber viele Ratgeber sind, kommt etwas zustande«* (Spr 15,22, siehe auch 11,14; 12,15; 19,20; 20,5.18; 24,6). Wenn man bei anderen Menschen Rat sucht, gibt es Prinzipien, die man beachten muss. Ein geistlich reifer Christ ist der einzige, der zuverlässigen Rat in geistlichen Dingen geben könnte. Wenn man Rat in technischen Dingen benötigt, sollte man den besten Fachmann heranziehen, unabhängig davon, ob er ein Christ ist oder nicht. Allein die Tatsache, dass jemand seit langer Zeit Christ oder berühmt ist, kann keine Garantie dafür sein, dass sein Rat gut ist. Es sollte eine Person sein, welche die Schrift kennt und in menschlichen Angelegenheiten Erfahrung besitzt, jemand, der sich als weiser Ratgeber bewährt hat.

Um eine objektive Beurteilung zu geben, sollte der Ratgeber unparteiisch und in keiner Weise in die Angelegenheit verwickelt sein. Wir sollten keinen suchen, der »mild« ist und von dem man erwarten kann, dass er uns in der Wahl der einfacheren Lösung unterstützt. Manche Leute lassen sich so lange beraten, bis sie die Antwort gefunden haben, die sie selbst wünschen.

Wenn jemand die Schrift nach Grundsätzen durchforscht hat, die sich auf die Angelegenheit beziehen, wenn er ernsthaft gebetet und die Gemeinde um Rat gefragt hat (in Angelegenheiten, für die eine Beratung durch die Gemeinde zu empfehlen ist) und er hat trotzdem keinen klaren Hinweis auf den Willen Gottes erhalten, dann stellt sich die Frage: Was nun?

Vernunft. Wenn es um eine Entscheidung geht, die keinen Aufschub duldet, sollte man eine vernünftige Entscheidung treffen und handeln, und zwar im Glauben. Handeln in dem Glauben, dass Gott, der versprochen hat, uns zu führen, es auch wirklich tun wird. »Wegweisung« ist zugesagt, ob nun »Wegweisung*en*« empfangen wurden oder nicht. Gott wird unser Handeln in sein Ziel mit uns einbinden oder er wird uns ganz sicher in eine andere Richtung führen.

Je länger ein Gläubiger seinen Geist aus der Lehre der Schrift genährt hat und je länger er in einer engen Beziehung mit Gott selbst als dem Führenden lebt, umso vertrauenswürdiger wird sein geistliches Urteilsvermögen sein. Eltern müssen ihre kleinen Kinder jeden einzelnen Schritt führen, doch diese elterliche Führung wandelt sich, bis der Teenager schließlich von verinnerlichten Prinzipien und erfragten Ratschlägen geleitet wird; die Eltern müssen nur in Ausnahmefällen eingreifen. So kann Gott durch wunderbare Kraftwirkungen eingreifen oder durch den Druck unumkehrbarer Umstände, wie es in früheren Zeitepochen der Fall war, als der Heilige Geist noch nicht in gewöhnlichen Gläubigen wohnte und die Schrift noch nicht vollständig war; auch in unseren Tagen kann Gott auf diese Weise eingreifen, um einen unreifen Gläubigen vor groben Fehlentscheidungen zu bewahren oder um seine Absichten zu bewahren. Es ist durchaus möglich, dass er einen Lot des 20. Jahrhunderts packt und ihn trotz dessen Verfehlung oder Auflehnung in Sicherheit bringt (1Mo 19,16). Es kann natürlich auch sein, dass Gott einem sehr reifen Heiligen eine besondere Erfahrung zuteil werden lässt. In der Regel ist es aber unsere Verantwortung, Lebensentscheidungen nach unserem besten Urteilsvermögen zu treffen. Dieses Urteilsvermögen könnte man in biblischer Wortwahl als Weisheit bezeichnen. Der menschliche Verstand sollte bezüglich der göttlichen Führung nicht in Frage gestellt werden. Es ist Gottes gute Gabe, richtig beurteilen zu können. Ich habe den Verstand als an vierter Stelle in der Rangfolge stehend genannt, aber in Wahrheit sind der Umgang mit der Heiligen Schrift, das Gebet und die Bewertung gemeindlicher Beratung allesamt mentale Vorgänge. Keiner von ihnen findet Berücksichtigung, ohne nicht auch die anderen in Betracht zu ziehen. Der Geist des Menschen ist die Arena, in der alle Faktoren zusammentreffen und sämtliche Entscheidungen gefällt werden.

Nun gebrauchen wir unseren Verstand nicht nur beim Lesen der Schrift, wir verlassen uns auch darauf, wenn wir die näheren Umständen unseres Lebens beurteilen. Das beinhaltet auch die Aussagen von anderen, besonders diejenigen von Personen, die Autorität in unserem Leben ausüben, darunter auch die Gemeinde. Doch zu den »näheren Umständen« gehören auch geistliche Gaben und natürliche Begabungen, unsere vergangenen Erfahrungen und unsere Neigungen. Verschiedene Tests, Bestandsaufnahmen und Fachleute stehen uns zur Verfügung, um uns zu helfen, diese »näheren Umstände« zu beurteilen; die

Anwendung dieser Hilfsmittel ist zwar jedem freigestellt, doch sie ist völlig im Einklang mit einer Entscheidung im biblischen Sinne, um sich nach dem Willen Gottes zu richten.

Im Lichte dieses weit verbreiteten neutestamentlichen Weges – der Weg des Vertrauens auf ein geheiligtes Urteilsvermögen – wäre es vielleicht angemessener, von »einer guten Wahl« oder von »der besten Möglichkeit« zu sprechen als vom »richtigen Weg«. Wenn sich nämlich die Entscheidung nicht als sehr klug erweist, ist niemand kompromittiert – was könnte auch von einem unvollkommenen Sünder erwartet werden? – und viel wichtiger, die Schuld wird nicht Gott zugewiesen. Die Pläne für die alltäglichen Dinge des Lebens sollte man mangels eines klaren Hinweises göttlicher Führung am besten nur mit einem Bleistift machen! Trotzdem können wir zuversichtliche Entscheidungen treffen, weil Gott versprochen hat, uns zu führen und zu »lenken«.

Innere Überzeugung. Nachdem die Entscheidung im Lichte der Lehre der Bibel, des Nachsinnens verbunden mit Gebet, der Rücksprache mit den verantwortlichen geistlichen Leitern und der sorgfältigen Erwägung der Begleitumstände getroffen wurde, können wir uns darauf verlassen, dass uns Gott in Dingen, die ihm wichtig sind, eine innere Überzeugung seines Einverständnisses vermittelt. Manche sagen, diese innere Stimme habe nichts mit Führung zu tun.

Diese Überlegung erscheint mir befremdlich. Lässt sich denn an irgendeiner Stelle in der Bibel eine Erklärung dafür finden, auf welche Weise die Schreiber der Bibel inspiriert wurden? Es wird uns gesagt, dass die Schreiber der Bibel »vom Heiligen Geist getrieben wurden« (2Petr 1,21) und das ist wohl ein guter Anhaltspunkt für die Art und Weise, wie der Heilige Geist in uns wirkt, um seine Ziele zu erreichen. Wie überführt er denn das Gewissen (Joh 16,8-11)? Ist nicht sein Ruf an die Sünder ein innerer Impuls? Es wird uns nicht erklärt, wie Gott in einem Gläubigen wirkt, doch aus der Bibel ist mit Sicherheit zu entnehmen, dass Gott in ihm wohnt, dass er unsere Seele tröstet und erquickt und unseren Verstand erleuchtet, um die biblische Wahrheit erfassen zu können. Ist es daher unvernünftig anzunehmen, dass Gott bei der von ihm zugesagten Führung ähnlich vorgehen könnte?

Zusätzlich zur Analogie des nicht erklärbaren Geheimnisses der Inspiration und zu den Parallelen weiterer zahlreicher Beispiele von göttlicher innerer Beeinflussung gibt es jedoch noch weitere Beweise. Im Neuen wie im Alten Testament kommt es oft vor, dass Gott denen inneren Frieden verspricht, die ihm wohl gefallen (z. B. Johannes 14,27, wo Friede und Führung durch den Heiligen Geist im gleichen Abschnitt verheißen werden). Es gibt mindestens einen Anlass, bei dem Paulus dieses Versprechen als Grundlage nimmt, um seine Entscheidungen zu treffen:

»Als ich aber nach Troas kam zu predigen das Evangelium Christi, und mir eine Tür aufgetan war in dem Herrn, da hatte ich keine Ruhe in meinem Geist, weil ich Titus meinen Bruder nicht fand, sondern ich nahm Abschied von ihnen und fuhr nach Mazedonien« (2Kor 2,12-13).

Sogar der Umstand, dass seinem Dienst eine göttliche Beauftragung zugrunde lag, reichte nicht aus, um den Geist des Apostels Paulus zur Ruhe zu bringen. Vielleicht hat er sich geirrt, doch er ist seinem inneren Drang gefolgt, der sein Handeln auf ganz natürliche Weise rechtfertigte, ohne dass es einer Rechtfertigung bedurfte.

Folglich ist eine von Gottes Methoden der direkten Kommunikation mit einem geliebten Mitarbeiter die göttliche Überwachung seiner Gefühlsregungen. Dies darf jedoch nicht getrennt von den eher objektiven Mitteln der göttlichen Führung berücksichtigt werden; das Vorhandensein oder das Fehlen der inneren Ruhe sollte nicht als einzige oder ausschlaggebende Möglichkeit der Führungsweise Gottes betrachtet werden. Außerdem sollte sie nicht als Gottes »unfehlbare Stimme« betrachtet werden, denn meist ist der innere Impuls eher ein Ausdruck unserer eigenen Wünsche als des Willens Gottes. Doch in Abstimmung mit den objektiven Mitteln der göttlichen Führung hat die innere Überzeugung einen wertvollen Anteil an der Suche nach dem Weg, der in den Augen des Herrn der beste ist.

In der Regel wird der innere Frieden einkehren, sobald wir die Entscheidung getroffen haben. Das bedeutet nicht, dass wir ein gutes Gefühl dabei haben müssen; es kann sein, dass es uns gefühlsmäßig sehr schlecht geht, weil die Entscheidung gegen unsere natürlichen Wünsche gerichtet ist. Es bedeutet nicht, dass wir sofort eine überwältigende Zuversicht bezüglich der Entscheidung verspüren. In der Regel ist die Überzeugung, richtig entschieden zu haben, eine wachsende, sich festigende Gewissheit, die »bestätigt wird durch die Zeichen, die noch folgen«. Das heißt, dass in der Regel die Umstände selbst den Beweis erbringen, ob man eine Entscheidung nach dem Willen Gottes getroffen hat.

Wenn die Bestätigung ausbleibt oder wenn die eingetroffenen Umstände die ursprüngliche Entscheidung in Frage stellen, muss man diese noch einmal überdenken, so wie Paulus und seine Mitarbeiter dies wiederholt getan haben, als sie durch Kleinasien reisten (Apg 16,6-20). Niemand ist unfehlbar bei dem Versuch, den Willen Gottes zu entdecken; ein Merkmal des Glaubens ist Demut. Glaube umschließt erstens ehrliches Bekennen, dass wir doch nicht die beste Wahl getroffen haben, und zweitens eine stille Zuversicht, dass uns Gott in diesem Fall so lange die Unruhe im Geist lässt, bis wir die bestmögliche Wahl getroffen haben; oder er wird drittens die Umstände so verändern, dass wir uns auf die rechte Bahn lenken lassen.

Wie kann man zwischen den Eingebungen des Heiligen Geistes und den eigenen Gefühlen unterscheiden? Weil die Schrift keine Antwort darauf gibt, nehme ich an, dass es auch nicht so wichtig ist, diese Frage zu beantworten. Wenn die Zeit da ist zu handeln, sollte man einfach im Vertrauen auf das eigene Verständnis der »näheren Umstände« handeln und die Ergebnisse Gott überlassen.

In den meisten Entscheidungen des täglichen Lebens sollten wir geradewegs das tun, wozu wir geneigt sind (1Kor 10,27). Mit anderen Worten erwartet Gott von uns in den meisten Fällen, das zu tun, dem wir von uns aus den Vorzug geben würden.

Als Zusammenfassung wäre ein persönliches Zeugnis vielleicht angebracht. In den alltäglichen Entscheidungen, die man fortlaufend jeden Tag treffen muss, tue ich einfach, »was als Nächstes ansteht«. Wenn die Entscheidung sich als wichtig erweist für mein weiteres Leben, für das Leben anderer oder für Gottes Werk, nehme ich mir in der Regel Zeit, um zu beten, oder ich lade andere ein, die davon mit betroffen sind, um gemeinsam mit ihnen zu beten. Wenn der Ablauf eines Mitarbeitertreffens ins Stocken gerät, legen wir eine Pause ein, um zu beten, und erleben dann, dass sich die Hindernisse in Luft auflösen. Doch in den meisten Fällen mache ich einfach Gebrauch von meinem Verstand und versuche dabei, die biblischen Grundsätze zu beachten, die zur betreffenden Angelegenheit etwas aussagen; dann treffe ich eine Entscheidung und handle.

In Bezug auf die wichtigeren Entscheidungen des Lebens oder wenn die Umstände so verwirrend sind, dass ich den Überblick verliere, ziehe ich mich meistens für ein paar Tage zurück, um zu fasten und zu beten. Das Hauptziel war die Gemeinschaft mit dem Herrn, und mit der Zeit wurde daraus eine unvergessliche Erfahrung mit ihm. Ich kann mich auch Jahrzehnte später noch lebhaft an die Erlebnisse hoch oben auf dem Berg erinnern. Doch diese Zeit der Gemeinschaft beinhaltet auch etwas sehr Praktisches; sie ist nicht nur eine unbeschreibliche mystische Erfahrung. Ich lese viel in der Heiligen Schrift und sinne – verbunden mit Gebet – über die Bedeutung des Gelesenen für mein Leben nach und erkläre mich zum Gehorsam bereit. Die ganze Zeit über habe ich meine Lebensumstände im Blick und richte mein Augenmerk neu auf die Stärken und Schwächen, auf die Fehler und Erfolge aus der Vergangenheit, auf zukünftige Hoffnungen und Träume, Möglichkeiten und Grenzen. Ich schreibe meinen »Gedankenfluss« auf, mein Urteil, was die einzelnen Aspekte meiner Lebenssituation betrifft, und ich beobachte wie und ob sie zusammenpassen, besonders aber, ob sie zu dem, was Gott in seinem Buch sagt, passen. Allmählich beginnen sich die Dinge dann zusammenzufügen, ein Licht beginnt das Dunkel und die Unklarheit meiner Gedanken zu erhellen und ein klares Urteil, was den nächsten Schritt betrifft, beginnt Gestalt anzunehmen. Schließlich bin ich in der Lage, den Schritt in der Gewissheit zu wagen, dass Gott es wieder einmal getan hat. Er eröffnet mir tatsächlich den Weg, und er wird sein Versprechen halten, mich den Weg zu führen, den er für richtig hält.

Gefahren, die zu vermeiden sind

Intuition zum herrschenden Prinzip erheben. Aus der Schrift haben wir erkannt, dass die Überwachung unserer Gedanken und Gefühle ein Teil von Gottes Fürsorge ist, durch die er uns hilft, richtige Entscheidungen zu treffen. Die Schwierigkeit besteht darin, zwischen dem Impuls des Geistes und der Reaktion unserer Gefühle zu unterscheiden, da letztere persönliche Neigungen, Müdigkeit, Krankheit oder viele andere Einflüsse widerspiegeln können. Die innere Stimme eines Menschen reicht nicht aus, um als zuverlässige Grundlage für Entscheidungen zu dienen.

Wie G. Allen Fleece, der ehemalige Vorsitzende der *Columbia International University* einmal sagte: »Auch Glücksspieler haben Ahnungen. Wenn Sie zu mir kommen und sagen: ›Ich fühle mich geführt …‹, dann antworte ich: ›Auch dem Spieler geht es so‹«. Einer meiner Freunde, der zu den Brüdergemeinden gehört, in denen oft Älteste, die zu Gast sind, gebeten werden zu predigen, berichtete mir Folgendes: Eine Versammlung in Daytona Beach, Florida, hatte 18 Briefe von Brüdern aus dem kalten Norden erhalten, alle mit dem Hinweis: »Der Herr hat mir eine Botschaft für euch gegeben« – und dies für ein und denselben Sonntag im Monat Februar!

Ein junger Mann, der zum christlichen Glauben gefunden hatte, nachdem er seine Frau und seine Familie verlassen hatte, kam zu mir in die Seelsorge. Er ging nicht mehr zur Gemeinde, weil der Herr ihm die ganze Weisheit, die er brauchte, durch den Heiligen Geist und durch die Gemeinschaft mit einem Freund gab. Er begann eine Beziehung zu einem nichtchristlichen Mädchen, und nachdem er eine Zeitlang mit ihr gelebt hatte, fragte er den Herrn, was sein Wille in der Sache wäre. Er erfuhr durch einen prophetischen Ausspruch, dass er mit ihr zusammenbleiben sollte und dass sie Eheleute fürs Leben sein sollten. Die junge Frau wurde schwanger, doch sie war seiner Einladung zum Glauben an Jesus Christus noch nicht gefolgt. Trotz einer Lebensführung, die zugleich mehrere biblische Grundsätze verletzte, »kannte« dieser Mann den Willen Gottes ohne Gemeinde, ohne Bibel und ohne viel Gebet – einfach durch »Offenbarung«.

Dieser Subjektivismus oder dieses Folgen der persönlichen Intuition ist falsch. Gefühle und innere Erkenntnis sind nicht verkehrt, doch es ist falsch, wenn man ihnen die entscheidende Autorität über sein Leben gibt. Subjektive bestätigende Hinweise sind einfach bestätigend, aber nicht unabhängig entscheidend.

Ein Freund, der Pilot ist, erzählte mir folgendes Beispiel: Wenn er beim Fliegen durch eine Wolke keine klare Sicht hat, ist das Schlimmste für ihn, seinem Instinkt zu folgen. Selbst wenn er senkrecht fliegt, könnte er nämlich das Gefühl haben, gerade zu fliegen. Für ihn ist es ausschlaggebend, seiner technischen Ausrüstung zu vertrauen und allein aufgrund deren Anzeigen seinen Flug zu steuern, auch wenn ihm dabei nicht wohl zumute ist. So müssen wir in bestimmten dunklen Lebensabschnitten auf unsere Ausrüstung vertrauen – auf das Wort Gottes. Im Dunkel und im Sturm dürfen wir uns nicht auf unsere Gefühle verlassen, wenn wir nicht durcheinander gewirbelt und abstürzen wollen.

Rationalismus. Die dem völligen oder übermäßigen Vertrauen in das Gefühl entgegengesetzte Gefahr ist das völlige oder übermäßige Vertrauen in unseren eigenen Verstand. Christen sollten nie vernunftwidrig sein. Jedoch muss die Vernunft ständig vom Wort und vom Geist Gottes gesteuert sein. Wenn ein Gläubiger mit der gleichen Haltung und der gleichen Zurüstung an eine Entscheidung herangeht wie ein Ungläubiger – gesunder Menschenverstand allein –, dann hat sich dieser Gläubige nicht der Führung Gottes anvertraut. Rationalismus ist eine ungeeignete Vorgehensweise, weil sie sich uneingeschränkt auf den Verstand des Gläubigen verlässt, so wie sich das Handeln nach der eigenen Intuition uneingeschränkt auf das Gefühl des Gläubigen verlässt.

Magie. Ich spreche hier von »Magie«, um jene Auffassung von göttlicher Führung zu beschreiben, gemäß derer eine Person erst dann handelt, wenn ein übernatürliches Zeichen geschieht, das den Willen Gottes anzeigt. Sicher greift Gott auch auf übernatürliche Weise ein; doch das ist nicht das vorrangige Mittel der göttlichen Führung und sie sollte in der Regel auch nicht ohne anderweitige Bestätigung bleiben.

Viele Leute benutzen die Schrift selbst auf diese Art und Weise. Auch wenn nur wenige die Bibel aufschlagen und einen beliebigen Vers auswählen, der ihnen als göttliche Offenbarung dient, gibt es doch einige, die diesen magischen Weg betreten und der sich kaum von anderen Handlungen wie dem Kaffeesatzlesen unterscheidet.

Die Zahl derer, die den Zufallsweg wählen, mag sich vermindert haben, doch es gibt viele, die bei ihrer täglichen Bibellese nach Hinweisen auf Gottes Willen suchen. Es ist Tatsache, dass sich einige weigern, eine wichtige Entscheidung zu treffen, ohne eine Bestätigung aus der Schrift dafür zu haben und damit meinen sie einen Vers, der direkt den Sachverhalt anspricht, für den sie beten. »Ihr habt diesen Berg lange genug umwandert« soll als Gottes Anordnung gelten, ein bestehendes geistliches Amt in den Bergen aufzugeben. Dieses »Wort von Gott« hat keinerlei Zusammenhang mit der Bedeutung, die in der

Bibel gemeint ist. Es mag vorkommen, dass Gott gelegentlich auf die menschliche Schwachheit Rücksicht nimmt und einem unreifen Gläubigen auf diese Art hilft, seinen Weg zu finden, doch das ist nicht der Zweck, zu dem die Bibel geschrieben wurde.

Wenn ein auffälliges Übereinstimmen von gegenwärtigen Lebensumständen mit den Worten aus einem biblischen Text (außerhalb der Bedeutung liegend, die ihnen der Bibelschreiber zugemessen hat) eine Art übernatürliche Führung ist, könnte man genauso gut vom Eingreifen Gottes sprechen, wenn man eine ähnliche Parallele in einem Roman oder in einem Zeitungsartikel entdeckt. Mit anderen Worten liegt das Wunder (wenn es eines ist) in den unerwarteten und ungewöhnlichen Umständen und nicht in der Tatsache, dass das benutzte Buch ein heiliges Buch ist. Seine Heiligkeit hat nichts mit irgendeiner orakelhaften Form der Benutzung zu tun.

Andere Formen von außergewöhnlichen Ereignissen werden ihrem Ursprung nach als göttlich eingestuft und manchmal als klare Zeichen für den göttlichen Willen dargestellt. Dass Gott durch Umstände wirkt, ist auf vielfältige Weise in der Schrift deutlich zu erkennen, und ein unerklärlicher Umstand kann durchaus als Zeichen von Gottes persönlichem Eingreifen gedeutet werden. Doch das »Vlies legen«, d. h. gezielt den Willen Gottes durch ein bestimmtes Wunderzeichen zu erfragen, kann tatsächlich bedeuten, Gott zu versuchen, so wie Satan es Jesus einflüsterte, als er ihm den Vorschlag machte, »ein Vlies zu legen«.

Ein junges Paar, aus jeweils traurigen Familienverhältnissen kommend, ging durch eine überaus stürmische Zeit des Werbens füreinander. Ihre Unreife und emotionale Instabilität schäumte in meiner Gegenwart über, als sie kamen, um sich bezüglich ihrer Vermählung Rat zu holen. Er erwartete schon damals, während sie noch nicht einmal richtig verlobt waren, unbedingte Unterordnung ihrerseits; sie hingegen war noch immer in einen anderen verliebt, mit dem sie zeitweise zusammengewohnt hatte. Ich riet ihnen zur Vorsicht, doch eine Woche später kamen sie mit der Ankündigung, Gott habe ihnen offenbart, dass sie heiraten sollten. »Wir haben Gott gebeten, uns in der Bibel Gründe aufzuzeigen, weshalb wir bis zum Ende der Woche nicht vermählt sein sollten; andernfalls wäre es dann für uns Gewissheit, dass sein Wille für uns unsere Vermählung ist.«

Es gibt keine Grenzen, Tests und Wege Gott gegenüber zu erfinden, um mit scheinbarer Zustimmung von Gott das zu erreichen, was man will. Sobald Gottes wunderbares Eingreifen eingetroffen ist, muss man nicht länger Verantwortung für den Ausgang der Entscheidung tragen.

Andere behaupten, dass eine »offene Tür« – eine gute Gelegenheit oder ein deutlicher Erfolg in einem bestimmten Unternehmen – als klares Zeichen von Gottes Willen anzusehen ist. Doch durch eine offene Tür zu gehen setzt nicht mehr Urteilskraft voraus als die eines Tieres, das ein Labyrinth durchläuft. Wer hat die Tür geöffnet? Wohin führt sie? Und noch verwirrender wird es, wenn es mehr als eine »offene Tür« gibt.

Göttliches Eingreifen mag manchmal zur Art und Weise gehören, wie Gott führt, doch sollten wir dieses nicht überbewerten und als den ausschlaggebenden Weg ansehen, Gottes Führung zu verstehen. Auch sollte man nicht annehmen, dass ein ungewöhnliches Ereignis für sich schon ausreicht, um den Willen Gottes in einer Sache herauszufinden.

Obwohl die meisten Umstände nicht auf Gottes Willen schließen lassen, gibt es einige, die schlüssig *sind*. Der fehlende Anlass ist ein sicheres Zeichen, dass eine bestimmte Entscheidung nicht gottgewollt ist, zumindest bezogen auf den gegebenen Zeitpunkt. Wenn ein Mädchen dich abweist, wenn der Arbeitgeber dich entlässt, wenn die Gemeinde keinen Ruf in den Dienst ergehen lässt, dann sind das klare Hinweise, wen man nicht heiraten sollte oder wo man nicht arbeiten sollte. Positive Umstände können eher den Willen Gottes ausdrücken: eine wunderbare Heilung oder Bewahrung vor einem Unfalltod zeigen an, dass Gott noch etwas mit diesem Menschen vorhat. Doch im Großen und Ganzen sollten nicht die Umstände allein, ob »wunderbar« oder gewöhnlich, über eine Entscheidung *bestimmen*, obwohl sie bei der Entscheidung durchaus eine Rolle spielen.

Unfehlbarkeit. Wenn jemand glaubt, stets absolute Sicherheit in der Beurteilung seines Weges zu haben, so wird er große Enttäuschungen erleben. Er ist gefangen, unabhängig davon, ob die Entscheidung richtig war oder falsch. Wenn es eine gute Entscheidung war, wird er in seiner Arroganz über die eigene Unfehlbarkeit bestätigt werden. Wenn es eine falsche Entscheidung war, muss er die Schuld dafür tragen, vor Gott versagt zu haben.

Doch Gott hatte nie die Absicht, seine Kinder an seiner Unfehlbarkeit teilhaben zu lassen. Sogar der Apostel Paulus, der vom Heiligen Geist geführt und unfehlbar war in Bezug auf das Schreiben der Heiligen Schrift, erhob nicht den Anspruch, im alltäglichen Leben unfehlbar zu sein.

Ein Nebeneffekt der Erkenntnis, dass mein Urteil und meine Entscheidungen fehlbar sind, ist nicht nur die Befreiung von Arroganz einerseits oder Schuld andererseits, sondern auch die Freiheit, Entscheidungen zu treffen, die begangenen Fehler wieder gutmachen. Mein Vater sagte hierzu Folgendes:

> *Gottes Wille für mich geschieht immer in der Gegenwart.* Gott leitet mich gemäß meinen Kräften und Grenzen, doch er führt mich da, wo ich jetzt gerade bin. Er leitet mich nicht entsprechend der Vorstellung von dem, was ich sein könnte, hätte ich in der Vergangenheit anders gehandelt. Sein Wille für mich ist ein gegenwärtiger Wille, angesichts all der vergangenen Ge-

schehnisse. Oh, wenn wir das Geheimnis verstehen könnten, indem wir die Vergangenheit an ihn abgeben und seinen großartigen gegenwärtigen Willen durch mehr als vergebliche Reue über vergangene Fehler nicht länger hinderte. Hier ist jemand, der glaubt, einen großen Fehler mit seiner Ehe begangen zu haben. Er ist ein Christ und will nichts als Gottes Willen geschehen lassen, doch er hat keine Hoffnung auf inneren Frieden oder Sieg wegen dem geschehenen Fehler. Doch nun ist er verheiratet und Gottes vollkommener Wille gilt ihm an dem Platz, wo er jetzt ist. Genau da kann er den Frieden finden, der über alle Vernunft ist, was auch immer die Probleme sein mögen. Wenn er den Frieden nicht findet, liegt es nicht an der falschen Entscheidung von damals, sondern an seiner jetzigen Einstellung. Gottes Wille für mich ist gut. Gott hat keinen »zweitbesten Willen« für mich. Sein Wille in diesem Augenblick ist sein einziger Wille und er ist gut.[10]

Trivialisierung. Eine weitere Art, die wunderbare Gabe der göttlichen Führung zu missbrauchen, ist, sie zu trivialisieren. Das kann in zwei Richtungen geschehen. Jede kleine Entscheidung im Leben kann zu einer gottgewollten Entscheidung erhoben werden; oder in entgegengesetzter Richtung gibt es keine Entscheidung, die als der einzig gültige Wille Gottes in der gegebenen Sache betrachtet wird. Wir haben die zweite Richtung der Trivialisierung ausführlicher behandelt, doch an dieser Stelle sollten wir festhalten, dass es Gott nicht ehrt, zu erkennen, dass er alle Dinge nach dem Ratschluss seines Willens wirkt, und mit Nachdruck darauf zu bestehen, »Gottes alleinigen Willen« in jeder alltäglichen Entscheidung zu erkennen.

Pastor Peter Letchford erzählt von einem Jugendtreffen, bei dem der Redner nicht wie geplant erschien. Am Schluss der Versammlung kam der Redner endlich und Peter Letchford fragte ihn, ob er den Bus verpasst hätte.

»Nein«, entgegnete der junge Mann.

»Sonstige Schwierigkeiten?«

»Nein … Sie werden es nicht verstehen. Ich habe gebetet.«

»Wofür denn?«

»Ob ich einen blauen oder einen braunen Anzug anziehen sollte.«

Die meisten ernsthaften Gotteskinder sind wirklich betroffen von einer solch schrecklichen Verzerrung der göttlichen Führung. Ich wünschte, alle könnten Elisabeth Elliot zuhören:

> »Wenn dich ein Heide zum Essen einlädt«, schrieb der ansonsten strenge heilige Paulus, »und du gehen möchtest, fühl dich frei und iss alles, was dir vorgesetzt wird.« Stellt euch das vor! »Wenn du möchtest, wenn dir danach ist zu gehen, dann geh.« Das hat mich zuerst schockiert. Eine Einladung zu

> einem heidnischen Fest ist etwas, was ich im Traum nicht angenommen hätte, ohne lange und ernsthaft darüber zu beten. Gott möchte vielleicht, dass ich hingehe, wohlgemerkt, aber Gott behüte, doch nicht, weil es Spaß macht. Er möchte bestimmt, dass ich aus irgendeinem gewichtigeren Grund hingehe, wie z. B. um Zeugnis vor den Anwesenden abzulegen (was nicht lustig wäre, Gott stehe mir bei). Folglich muss ich sehr sorgfältig nachforschen, um meine eigenen Wünsche von seinen zu trennen. Paulus behandelte die ganze Sache recht unbekümmert. Es könnte jeden Tag vorkommen und es könnte, wie auch das Überqueren der Straße, gefährlich werden. Doch Paulus wandte sich an Christen und er nahm an, dass, falls sie gingen, Gott mit ihnen ging. Darüber gab es nichts zu beten und zu fasten.[11]

Jede Entscheidung so zu behandeln, als ob es dafür eine ausdrückliche Bestimmung gäbe, mag den Anschein haben, Gott zu verherrlichen, doch in Wirklichkeit wird Gott dadurch herabgewürdigt, und das entspricht nicht der Lehre der Bibel und auch nicht dem Verhalten irgendeiner Person der Bibel.

Verantwortung auf andere abschieben. Das Bedürfnis nach Führung kann sich auch in dem Versuch äußern, der Verantwortung für die eigenen Entscheidungen aus dem Weg zu gehen. Begabte Menschen hingegen könnten der Versuchung unterliegen, dem, was vom Plan Gottes bereits enthüllt ist, vorauszueilen und sich in die Gefahr der Sünde der Anmaßung oder des arroganten Selbstvertrauens zu begeben. Weniger selbstbewusste Menschen können eher der Versuchung unterliegen, die Verantwortung zur Entscheidung an andere abzugeben oder den vorwärtsstrebenden Zielen Gottes im Unglauben hinterherzuhinken. Der Unglaube kann die Schatztruhe der göttlichen Führung genauso zuschließen wie der Ungehorsam.

In gewissen gemeindlichen Kreisen der sechziger und siebziger Jahre war es üblich geworden, die Rolle der Ältesten oder des Pastors so sehr überzubetonen, dass alle wichtigen Entscheidungen vom »Hirten« getroffen wurden. Diese unbiblische Art des »Herrschens über die Herde« mag einen Anschein von geistlicher Disziplin haben, tatsächlich ist es aber eine unrechtmäßige Aneignung der Autorität, die allein Gott gehört. Auch wenn der Gläubige die Verantwortung für die Wahl seines Berufes, seines Arbeitsplatzes, seines Ehepartners nicht wahrnimmt, wird er trotzdem von Gott für diese Entscheidungen verantwortlich gemacht. Eines Tages wird er Rechenschaft geben müssen für das Ergebnis dessen, was in sein Leben investiert wurde (1Kor 3,10-15).

Privatisierung. In die entgegengesetzte Richtung und passend zur Überbetonung der persönlichen Unabhängigkeit und des Individualismus im 20. Jahrhundert geht die weit verbreitete völlige Privatisierung der Entscheidungen – meine Entscheidungen sind meine persönliche Angelegenheit.

Über den notwendigen Beitrag der Gemeinde und die Ratschläge von anderen bei der Entscheidungsfindung haben wir bereits gesprochen. An diesem Punkt wäre es gut, einen weiteren Grundsatz zum Gesamtbild der göttlichen Führung hinzuzufügen. Die Sprüche, das Buch, welches größten Wert auf das gemeinschaftliche Element beim Treffen von Entscheidungen legt, hebt die Rolle der Eltern sehr stark hervor. Wenn wir diesen Aspekt der göttlichen Führung außer Acht lassen, geschieht das in Bezug auf Weisheit und gute Entscheidungen zu unserem Nachteil. Wie viele unglückliche Ehen hätten verhindert werden können, wäre dieser einfache Ratschlag Salomos häufiger beachtet worden. Ausgewogenheit ist sicher notwendig. Ein Erwachsener sollte seinen Teil der Verantwortung nicht an seinen Vater oder seine Mutter abgeben.

Das waren sieben Gefahren auf dem Weg der Entscheidungsfindung nach dem Willen Gottes; sie rühren daher, dass ein Aspekt der göttlichen Führung überbetont wird, während die anderen vernachlässigt werden. Zum Schluss müssen wir noch einmal eine der kostbarsten Wahrheiten des christlichen Lebens hervorheben – Gott hat ein bestimmtes Ziel für jedes seiner Kinder und er hat dieses Ziel denen zugesichert, die in ihrem Herzen gehorsam und voll Vertrauen sind.

Während ich untersuchte, was die Gelehrten und die Gläubigen über göttliche Führung gesagt haben, trat die Zusammenfassung eines Gläubigen aus einer vergangenen Zeit häufiger in den Vordergrund als alle übrigen. Georg Müller ist zu Recht berühmt dafür, den Willen Gottes auf konsequente und höchst bemerkenswerte Art erfahren zu haben; dies geschah über einen Zeitraum von mehreren Jahren hinweg, während seines ungewöhnlichen Dienstes in einem Waisenhaus in Bristol, England, und in seiner weltweiten Missionsarbeit. Vielleicht können folgende von ihm stammende Worte über den göttlichen Willen hilfreich sein:

Wie ich Klarheit über den Willen Gottes bekomme

1. *Gib deinen eigenen Willen auf.* Ich trachte anfangs danach, mein Herz in einen solchen Zustand zu versetzen, dass es keinen eigenen Willen in einer bestimmten Sache mehr hat. Neun Zehntel der Schwierigkeiten, welche die Leute haben, liegen genau hier. Neun Zehntel der Schwierigkeiten sind weggeräumt, wenn unsere Herzen bereit sind, den Willen Gottes zu tun, was auch immer dieser Wille sein mag. Wenn man wahrhaftig diesen Zustand erreicht hat, ist es nur ein kurzer Weg bis zur Erkenntnis seines Willens.
2. *Sei nicht abhängig von Gefühlen.* Nachdem dies erreicht ist, überlasse ich das Ergebnis nicht den Gefühlen oder den bloßen Eindrücken. Wenn ich das tue, begebe ich mich in die Gefahr der Selbsttäuschung.

3. *Suche nach dem Willen des Geistes im Wort Gottes.* Ich suche nach dem Willen Gottes durch oder in Verbindung mit seinem Wort. Geist und Wort gehören zusammen. Wenn ich nur auf den Geist schaue und nicht auf das Wort, begebe ich mich ebenfalls in die Gefahr großer Täuschung. Wo der Heilige Geist uns tatsächlich führt, tut er das im Einklang mit der Schrift und nicht im Gegensatz dazu.
4. *Beachte günstige Fügungen.* Als nächstes berücksichtige ich die Entwicklung günstiger Umstände. In Verbindung mit Gottes Wort und Geist wird dadurch sein Wille erkennbar.
5. *Bete.* Ich bitte Gott im Gebet, mir seinen Willen mitzuteilen.
6. *Warte.* Auf diese Weise – durch Gebet, durch Forschen im Wort und Überlegen – komme ich zu einer ausgewogenen Entscheidung nach bestem Wissen und Vermögen; und wenn ich den inneren Frieden habe, auch nach zwei- oder dreimaligem Bitten, handle ich entsprechend.
   In unwichtigen Dingen als auch in sehr wichtigen Geschäften und Angelegenheiten habe ich diese Methode immer als wirksam erfahren.

In diesem letzten Kapitel haben wir uns von dem wunderbaren Thema über den offenbarten Willen Gottes, damit seine Kinder ihm ähnlich werden, hin zu dem geheimnisvollen und schwierigen Thema der »fehlbaren Entscheidungen« gewandt. Obwohl diese Entscheidungen der Gefahr des Irrtums unterliegen, haben wir auch hier »gute Nachrichten« gefunden. Es besteht die Möglichkeit, mit denjenigen in Frieden zu leben, die sich von uns unterscheiden, und es ist möglich, auf unserem Lebensweg zu gehen und dabei gute Entscheidungen zu treffen, in der Gewissheit, dass »dieser Gott unser Gott ist, und er wird uns führen bis an unser Lebensende«.

Anmerkungen

1. Zu einem exegetischen Versuch zur Bestimmung der von Gott beabsichtigten Zielgruppe und der Reaktion, die erwartet, vgl. Kapitel 18 und 19 in meinem Buch *Understanding and Applying the Bible* (Chicago, Moody Press, 1983).
2. Bobby Clinton, *Disputed Practices* (Coral Gables, Fla.: West Indies Mission [now Worldteam], 1975, S. 13.
3. John Alexander, *The Other Side*, Juni 1979, S. 4.
4. Garry Friesen und J. Robin Maxson, *Decision Making and the Will of God: A Biblical Alternative to the Traditional View* (Portland, Oreg.: Multnomah Press, 1980), S. 145.
5. Ibid., S. 151-52.
6. A. W. Tozer, *How the Lord Leads* (Harrisburg, Pa.: Christian Publications, n. d.).
7. Friesen, *Decision Making*, S. 90.
8. Elisabeth Elliot, *A Slow and Certain Light* (Nashville: Abingdon, 1982), S. 43.
9. Elliot, *A Certain Light*, S. 44.
10. Robertson C. McQuilkin, Good News about Guidance (Columbia, S. C.: Columbia Bible College, n. d.), S. 5-6.
11. Elliot, *A Certain Light*, S. 100.

Nachwort

Wir haben versucht, Unmögliches zu leisten – sämtliche Hauptthemen der offenbarten göttlichen Maßstäbe für die menschliche Lebensgestaltung zu untersuchen. Wir haben vorgeschlagen, diese Untersuchung eher biblisch als philosophisch vorzunehmen und dies mehr auf der Ebene einer Einführung als zu versuchen, es auf irgendeine Weise erschöpfend zu behandeln, mit dem weitreichenden Ziel, die breite Fläche aller Aspekte der göttlichen Offenbarung über ethische Angelegenheiten abzudecken. Schließlich haben wir versucht, die biblische Lehre auf unsere heutige Situation so getreu wie möglich anzuwenden.

Trotzdem wir mit den feststehenden und umfassenden biblischen Prinzipien begonnen haben, haben wir uns hin zu kontroversen Einzelheiten weiterbewegt und uns zum Schluss mit dem Problem fehlbarer Entscheidungen beschäftigt. Ich habe nicht vermieden, umstrittene Angelegenheiten zu diskutieren; das wäre nicht fair gewesen, weder gegenüber der Schrift noch gegenüber dem Leser. Aber solche Diskussionen können frustrierend sein, insbesondere dann, wenn wir keine klare biblische Lösung für ein Problem entdecken können. Doch ich habe versucht, objektiv zu sein und mir nicht im Sinne des Ausspruches »So spricht der HERR« göttliche Autorität anzumaßen, wenn ich durch die biblischen Fakten nicht zu solch einer festen Überzeugung gelangen konnte. Dies ist frustrierend für solche, die auf jede Frage eine autoritative Antwort haben wollen. Auf der anderen Seite, wenn ich in der Schrift eine klare Aussage zu einem kontroversen Thema erkenne, egal wie unpopulär sie sein mag, muss ich sie bekräftigen, sonst handle ich gegen mein Gewissen. Dies ist zweifellos frustrierend für solche, die davon abweichen. Aber was will ich denn damit erreichen? Ich möchte ihnen Raum verschaffen für ein unbelastetes Gewissen.

Haben sich die Konsequenzen für die persönliche Lebensweise mitunter als überwältigend erwiesen? Für viele trifft dies sicher zu. Ein Student, der gerade sein Examen machte, sagte einmal zu mir: »Es ist, als gehe ich ins Krankenhaus, um mir einen Zehnagel entfernen zu lassen, nur um zu entdecken, dass ich voller inoperabler bösartiger Geschwulste bin.« Nicht ganz. Bösartigkeit ja, aber nicht inoperabel! Im Verlauf unserer Studien haben viele geweint, als sie die Abgründe menschlicher Perversion darin entdeckt haben und die anscheinend hoffnungslose Aufgabe, einen aktzeptablen Grad gottgemäßer Heiligkeit zu erreichen. Es gibt immer dieses nagende Bewusstsein, dass da eine Heiligkeit ist *»ohne die niemand den Herrn schauen wird«* (Hebr 12,14). *»Ich elender Mensch! Wer wird mich retten von diesem Leibe des Todes? – Ich danke Gott durch Jesus Christus, unseren Herrn!«* (Röm 7,24-25).

Die Ausführungen dieses Buches erstrecken sich nicht darauf, die großen Quellen Gottes für geistliches Wachstum und die Umwandlung in das Bild Christi zu entdecken. Aber damit wir nicht etwa den Weg der Bemühungen um Gottes Maßstab für ein geheiligtes Leben verfehlen, der Gegenstand dieses Buches, lassen Sie mich kurz zusammenfassen, was Gottes Plan für den Christen ist, damit er diesem Maßstab durch Wachstum immer näher kommt.

Gott selbst ist die Quelle für ein geheiligtes Leben. Der uns innewohnende Heilige Geist arbeitet nicht nur mit uns persönlich zusammen, er versorgt uns auch mit wunderbaren Mitteln für unser Wachstum und für unseren Sieg, die wir sehen und berühren und benutzen können – die Schrift, das Gebet und die Gemeinde.

Aber diese Quellen funktionieren nicht automatisch. Wir müssen eine besondere Antwort haben, um ihre Auswirkungen in unserem Leben zu erfahren. Diese Antwort ist nicht schwer zu verstehen, auch nicht einer besonderen Elite vorbehalten, sozusagen einer geistlichen Minderheit. Es ist dieselbe unkomplizierte Antwort, die uns die Errettung einbringt – Glaube.

Natürlich hat biblischer Glaube einen Minus- und einen Plus-Pol. Wenn die Verbindung gelöst ist, wird der Leben spendende Strom nicht fließen. Glaube in Bezug auf das Minus-Pol bedeutet bedingungslosen Verzicht gegenüber dem erkannten Willen Gottes, und in Bezug auf das Plus-Pol bedeutet er, auf Gott und seine Hilfsmittel zu vertrauen statt auf die eigenen. »Gehorsam und Vertrauen, auf nichts anderes sollst du bauen«, um im Leben als Christ erfolgreich zu sein.

So ist das Geheimnis, ein Leben zu führen, das einem heiligen Gott gefällt, keine Leistung, die auf persönlicher Intelligenz oder diszipliniertem Verhalten beruht, sondern eine Haltung. Natürlich ist die Haltung des Glaubens nicht passiv. Wahrer Glaube ist äußerst aktiv, er strebt mit ganzer Entschlossenheit nach Heiligkeit. Aber erfolgreiches Wachstum hin zum Ziel der Christusähnlichkeit hängt von einer persönlichen Beziehung ab, und so wie man in diese rettende

Beziehung durch Glauben eintreten muss, so wird diese Beziehung auch in einer Haltung des biblischen Glaubens aufrecht erhalten.

Wir schließen nun mit diesem besonderen Hinweis auf das Vertrauen in den Einen, der uns umgestaltet hat, der uns weiterhin umgestaltet und der uns schließlich umgestalten wird in das Bild seines geliebten Sohnes. Er ist der Eine, der uns befähigen wird, ihm Ehre zu bringen an diesem großen Tag, wenn wir vor ihm stehen werden, und von dem gesagt wird: *»Kein Geschöpf ist vor ihm unsichtbar, sondern alles bloß und aufgedeckt vor den Augen dessen, mit dem wir es zu tun haben«* (Hebr 4,13).

Themen- und Sachregister

Personenregister

Bibelstellenregister

Markus

Lukas

1. Korinther